DER KORAN

Aus dem Arabischen
wortgetreu übersetzt
und mit erläuternden Anmerkungen
versehen von

Dr. L. Assmann

VOLTMEDIA

ISBN 3-937229-76-0

© Voltmedia GmbH, Paderborn

Das Werk einschließlich aller seiner Teile ist urheberrechtlich geschützt. Jede Verwertung
außerhalb der engen Grenzen des Urheberrechtsgesetzes ist ohne Zustimmung des Verlages
unzulässig und strafbar. Das gilt insbesondere für Vervielfältigungen, Übersetzungen, Mikro-
verfilmung und die Einspeicherung und Verarbeitung in elektronischen Systemen.

Einbandgestaltung: Oliver Wirth, Bonn
Satz & Layout: Bernhard Heun, Rüssingen
Gesamtherstellung: Oldenbourg Taschenbuch GmbH, Kirchheim

SURENVERZEICHNIS

Einführung   9

1.	Einleitung des Koran	19
2.	Die Kuh	20
3.	Die Familie Amrans	44
4.	Die Weiber	58
5.	Der Tisch	73
6.	Das Vieh	85
7.	Die Zwischenmauer	98
8.	Die Beute	114
9.	Die Buße	120
10.	Jonas (Friede sei mit ihm)	131
11.	Hud	140
12.	Joseph (Friede sei mit ihm)	149
13.	Der Donner	157
14.	Abraham (Friede sei mit ihm)	161
15.	Al'Hidschr	165
16.	Die Bienen	169
17.	Die Nachtreise	177
18.	Die Höhle	185
19.	Maria	193
20.	TH	198
21.	Die Propheten	205
22.	Die Wallfahrt	211
23.	Die Gläubigen	217
24.	Das Licht	222
25.	Al'Furkan	228
26.	Die Dichter	232
27.	Die Ameise	239
28.	Die Geschichte	245
29.	Die Spinne	252

30.	Die Römer	257
31.	Lokmann	261
32.	Die Anbetung	264
33.	Die Verschworenen	266
34.	Saba	272
35.	Die Engel	276
36.	JS	280
37.	Die sich Ordnenden	284
38.	Z	289
39.	Die Scharen	293
40.	Der Gläubige	298
41.	Die deutlich Erklärten	304
42.	Die Beratschlagung	308
43.	Der Goldprunk	312
44.	Der Rauch	316
45.	Das Knien	319
46.	Al'Ahkaf	322
47.	Der Krieg	326
48.	Der Sieg	329
49.	Die inneren Zimmer	332
50.	K	334
51.	Die Zerstreuenden	336
52.	Der Berg	339
53.	Der Stern	341
54.	Der Mond	343
55.	Der Allbarmherzige	345
56.	Der Unvermeidliche	348
57.	Das Eisen	350
58.	Die Streitende	354
59.	Die Auswanderung	357
60.	Die Geprüfte	360
61.	Die Schlachtordnung	362
62.	Die Versammlung	363
63.	Die Heuchler	364
64.	Der gegenseitige Betrug	366
65.	Die Ehescheidung	368
66.	Das Verbot	370
67.	Das Reich	372

68.	Die Feder	374
69.	Der Unfehlbare	376
70.	Die Stufen	378
71.	Noah	379
72.	Die Dschinnen	381
73.	Der Verhüllte	383
74.	Der Bedeckte	385
75.	Die Auferstehung	387
76.	Der Mensch	388
77.	Die, so gesendet sind	390
78.	Die Verkündigung	392
79.	Die Entreißenden	393
80.	Er runzelte die Stirn	395
81.	Die Zusammenfaltung	396
82.	Die Zerspaltung	397
83.	Die unrichtig Messenden	398
84.	Die Zerreißung	400
85.	Die Türme	401
86.	Der Nachtstern	402
87.	Der Allerhöchste	403
88.	Der Bedeckende	404
89.	Die Morgendämmerung	405
90.	Die Landschaft	406
91.	Die Sonne	407
92.	Die Nacht	408
93.	Der helle Tag	409
94.	Die Aufschließung	410
95.	Die Feige	411
96.	Das geronnene Blut	412
97.	Al'Kadar	413
98.	Der deutliche Beweis	414
99.	Das Erdbeben	415
100.	Die schnelleilenden Rosse	416
101.	Der Klopfende	417
102.	Das Bestreben sich zu vermehren	418
103.	Der Nachmittag	419
104.	Der Verleumder	420
105.	Der Elefant	421

106.	Die Koraischiten	422
107.	Die Zuflucht	423
108.	Al'Chautsar	424
109.	Die Ungläubigen	425
110.	Die Hilfe	426
111.	Abu Laheb	427
112.	Das Bekenntnis der Gottes-Einheit	428
113.	Die Morgenröte	429
114.	Die Menschen	430

Anmerkungen 431

EINFÜHRUNG

Unter dem Koran versteht man die Sammlung der Botschaften, von denen Mohammed (um 570-632 n.Chr.) glaubte, sie seien ihm von Gott über einen Engel „Gabriel geoffenbart" worden. Die Verkündigungen in Mekka und später in Medina erstrecken sich über einen Zeitraum von rund zwanzig Jahren (ca. 612-632 n. Chr.).

Der Name Koran, der auf Arabisch *qara'a* „er las" oder „er trug vor" zurückgeht, bezeichnet die Tätigkeit des Vortragens. Wahrscheinlich steht im Hintergrund das altsyrische Wort *qeryana*, das bei den syrischen Christen soviel wie Lesung der Liturgie bedeutete. Der Koran selbst besteht aus 114 Kapiteln oder Suren. Die Herkunft dieser Bezeichnung ist unsicher. Man führt sie auf hebräisch *sura* „Reihe" oder altsyrisch *surta* „Schrifttext" zurück. Jede dieser Suren hat einen bestimmten Namen, der als kennzeichnendes Wort am Textanfang vorkommt. Manche Suren werden sogar mit dem ersten Wort des Textes bezeichnet. Mit Ausnahme von Sure 9 beginnt jede Sure mit den Worten: „Im Namen des barmherzigen und gütigen Gottes". Die Suren sind so angeordnet, daß sie an Umfang abnehmen, so daß die letzten nur aus wenigen Sätzen bestehen. Man nimmt sogar an, daß die Suren 105 und 106 einmal eine einzige Sure gewesen sind.

Der Koran ist auch die einzige zuverlässige Quelle über das Leben des Religionsstifters. Mohammed, der in ärmlichen Verhältnissen in Mekka aufgewachsen ist, soll zunächst bei seinem Großvater Abdal-Muttalib und dann bei seinem Onkel Abu Talib Aufnahme gefunden haben. Seine wirtschaftliche Lage verbesserte sich, als er die ältere, wohlhabende Witwe Chadidschah heiratete. Frei von finanziellen Sorgen beschäftigte er sich mit religiösen Fragen und versenkte sich in Meditationen über den Sinn des Lebens. Endlich fand er einen Ausweg aus seinen schweren inneren Kämpfen, als er die Bekanntschaft der Lehren der damaligen Offenbarungsreligionen wie Judentum und Christentum machte. Es kann heute als gewiß gelten, daß sich Mohammed die Kenntnis dieser Offenbarungsreligionen nur auf mündlichem Wege beschaffte. In ihm setzte sich schließlich die Überzeugung durch, daß Gott (Allah) entweder selbst oder durch seinen Boten, den Engel Gabriel, seinen Willen kundgemacht habe.

Gott verlangt an erster Stelle die völlige Unterwerfung des Menschen, welche die Verehrung von anderen Götter ausschließt. Diese Unterwerfung muß der gläubige Mensch durch tägliche Huldigung allein oder in Versammlungen mit anderen Gläubigen zum Ausdruck bringen. Man nimmt heute an, daß etwa um 610 n. Chr. Mohammed zum vollen Bewußtsein seiner Rolle als Prophet Gottes gekommen ist.

Diesen „Qur'āne", d.h. zum Vortrag bestimmte Gottesworte, hat er zuerst im Kreis seiner engen Verwandten vorgetragen. Meistens handelt es sich um sehr kurze Qur'āne, mit denen offensichtlich Mohammed eigene Zweifel beseitigen wollte. Dann folgen Schilderungen für einen größeren Kreis von Zuhörern, deren Thema das nahe Weltende ist. Nachdem alle Toten gestorben sind, erfolgt die Auferstehung aller Toten. Nachdem sie alle vor Allahs Thron gebracht und ihre irdischen Taten mit großer Strenge beurteilt wurden, kommen die Gläubigen ins Paradies, das mit bunten Farben als ein wundervoller, mit allen Genüssen ausstaffierter Ort beschrieben wird. Noch ausführlicher werden die Qualen der Hölle beschrieben, wo die Gottesleugner und alle Frevler furchtbare Qualen erdulden müssen.

Doch Mohammed hatte mit seinen Vorträgen keinen Erfolg und erntete nur bitteren Spott bei den Mekkanern. Die Abneigung und Verstimmung der Mekkaner nahm solche Ausmaße an, daß er und seine wenigen Anhänger schweren Verfolgungen ausgesetzt waren. Nach zehn Jahren sah er die Aussichtslosigkeit dieser Bekehrungsversuche in seiner Heimatstadt Mekka ein und knüpfte Kontakte zu den Bewohnern der Stadt Jathrib, dem späteren Medina („Stadt des Propheten"), die zehn Tagesreisen von Mekka entfernt war. Diese Lossagung, „Hidschrah", vom eigenen Stamm und seine Auswanderung nach Jathrib fand 622 n. Chr. statt.

In dieser neuen Stadt, die durch Stammesquerelen zerstritten war, erreichte Mohammed in kurzer Zeit eine führende Stellung und wurde als Autorität in religiösen Fragen anerkannt. Unter seinen Gegner bildeten die Juden in Medina die wichtigste Gruppe. Noch mehr als die Mekkaner brachten sie ihn in Verlegenheit, weil sie ihm kritische Fragen stellten. Da Mohammed davon überzeugt war, daß die Ka'ba – ein würfelförmiges, rohes Gebäude von 10 Meter Länge, 12 Meter Breite und 15 Meter Höhe, in der sich zwei heilige Steine befanden – das Haus Allahs und somit Mekka ehrwürdiger und heiliger als Jerusalem war, setzte er alles daran, diesen Ort aus den Händen der Ungläubigen zu befreien. Zunächst unternahm er von Medina aus kleinere Raubzüge gegen Mekka, das sich seinerseits mit Feldzügen rächte und sogar Medina belagerte. Nach und nach wurden die meisten Stämme

West- und Zentralarabiens in diese Auseinandersetzung hingezogen. Im Jahre 630 erreichte Mohammed sein langersehntes Ziel und konnte Mekka fast kampflos erobern.

Wie die erste Form des Korans ausgesehen hat, darüber gibt es nur Vermutungen. Da die Kaufleute in Mekka sich schon für ihre geschäftlichen Aufzeichnungen der Schrift bedienten, ist es nicht ausgeschlossen, daß auch Mohammed Teile des Korans einem Schreiber diktierte. Seine Anhänger lernten die von Mohammed vorgetragen Koranstellen auswendig und haben sicherlich auch größere Abschnitte niedergeschrieben. Wir wissen, daß bei seinem ersten Auftreten den Jüngern so lange die Koranstellen vorgesagt wurden, bis sie fest in ihrem Gedächtnis hafteten. Für eine von Mohammed besorgte Sammlung von Suren spricht auch, daß der Religionsstifter vermeiden mußte, daß durch unterschiedliche Aufzeichnungen des Korans in seiner Gemeinde Streit und Unsicherheit entsteht. Sicherlich müssen diese auf Veranlassung Mohammeds niedergeschriebenen Korankapitel nicht unbedingt mit dem späteren Korantext identisch sein. Mohammed aber, der sich nicht scheute, Koranstellen zu verändern und aufzuheben, hatte kein Interesse daran, die Suren nach der Zeit der Abfassung und nach dem Inhalt in eine feste Ordnung zu bringen.

Die arabische Überlieferung, die Mohammed unterstellt, daß er nur wenig schreiben und lesen konnte, um so den göttlichen Charakter seiner Offenbarungen zu betonen, berichtet, daß er kurz vor seinem Tod auf seinem Sterbebett Rohr und Schrifttafel gefordert habe, um seine Offenbarungen niederzuschreiben, damit die Muslime vor Irrtümern bewahrt würden. Andere arabische Quellen berichten, es habe Versuche nach Mohammeds Tod gegeben, eine vollständige Niederschrift des Korans mit Hilfe von Zetteln, Steinen, Palmstengeln und den Herzen der Menschen zu erstellen, womit die Erinnerung seiner Jünger umschrieben wurde.

Dieser frühe Korantext war mit Sicherheit zahlreichen Änderungen unterworfen, da diese Suren aber Mohammed von Gott durch einen Engel übermittelt wurden, kann er nicht aus eigenem Antrieb diese Änderungen vorgenommen haben, sondern nur Gott selbst hatte die Macht Koranstellen zu ändern oder zu tilgen. Obwohl der Satan nicht abließ, Mohammed falsche Verse unterzuschieben, wurden diese Unwahrheiten immer von Gott getilgt. Die späteren islamischen Theologen vertraten die Meinung, daß einige Koranstellen nur vorübergehend Geltung hatten. Wenn sich die Verhältnisse änderten, erlosch auch ihre Wirksamkeit. So wurden die Stellen getilgt, in denen Mohammed von Gott angewiesen wurde, Beleidigungen

– II –

und Verfolgungen geduldig zu ertragen. Nach dem Sieg Mohammeds über die Mekkaner hatten solche Anweisungen jeden Sinn verloren. Ein berühmtes Beispiel für eine solche Aufhebung sind die „satanischen Verse", die 1988 in dem gleichnamigen Werk des Schriftstellers Salman Rushdie behandelt wurden. Als die iranische Regierung ein hohes Kopfgeld auf seine Ermordung wegen der Verhöhnung des Islams aussetzte, kam es zu weltweiten Protesten.

Die „satanischen Verse" gehören der Zeit an, als Mohammed harte Auseinandersetzungen mit den Mekkanern führte, die ihm seine Angriffe auf die einheimischen Götter vorwarfen. Wenn er seine Polemik einstellen würde, wurden ihm Zugeständnisse in Aussicht gestellt. Die arabische Überlieferung berichtet nun: Mohammed saß eines Abend mit seinen Anhängern an der Ka'ba und las ihnen die Sure 53 „Der Stern" vor. Als er zu dem Vers kam: „Was glaubt ihr denn von Lat, Uzza und Manat, der dritten und letzten? Sollen euch die Söhne gehören und ihm die Töchter? Dies wäre wirklich eine ungerechte Verteilung!", da soll ihm Satan zwei Verse in den Mund gelegt haben, die unterschiedlich überliefert sind:

1. Variante: „Das sind die erhabenen Kraniche. Auf ihre Fürbitte darf man hoffen."
2. Variante: „Ihre Fürbitte ist Gott genehm."
3. Variante: „Auf ihre Fürbitte darf man hoffen. Ihresgleichen wird nicht vergessen."

Unklar in diesem Text ist, was man unter „Kraniche" (arab. *garaniq*) verstehen soll. Meistens wird es mit „hochfliegende Vögel", übersetzt. Andere Interpreten übersetzen es mit „engelhafte Wesen", die als Fürsprecher tätig sind.

Im weiteren Verlauf der Geschichte wird nun erzählt, daß die Zuhörer diese Verse Mohammeds als Anerkennung der drei Hauptgötter Mekkas (Lat, Uzza und Manat) verstanden. Als Mohammed diese Sure vorgelesen hatte, sei er niedergefallen und habe gebetet. Seine Zuhörer, außer seinem ärgsten Widersacher Walid ibn Al Mugira, folgten seinem Beispiel. Jener nahm stattdessen Erde und streute sie sich auf sein Haupt. Alle waren mit Mohammed sehr zufrieden und sagten zu ihm: „Wir wissen, daß Allah tötet und lebendig macht, schafft und erhält, aber diese Göttinnen beten für uns bei ihm. Da du nun ihnen einen Anteil an der göttlichen Verehrung neben ihm gegeben hast, wollen wir dir nachfolgen."

Noch am selben Abend bemerkte Mohammed, daß Satan ihm diese Verse eingegeben hatte, weil sie nicht mit den Lehren des Korans übereinstimmten. Die Biographen Mohammeds bemerken, daß er den ganzen Tag über allein zu Hause saß. Als er am Abend dem Engel Gabriel diese Verse vortrug, sagte der Engel zu ihm: „Habe ich dich diese beiden Verse gelehrt?" Da erkannte Mohammed seinen Irrtum und sagte: „Ich habe Allah Worte beigelegt, die er nicht offenbart hat. Zu Mohammeds Beruhigung wurde ihm dann der Satz der Sure 53,22 offenbart, der schon oben angeführt wurde. Die Sure 53,19 erhielt dann die Fortsetzung, wie man sie heute im Koran liest.

Die äußere Form der Koransuren läßt sich am besten mit Hilfe eines transkribierten Textes aufzeigen. Die kurze Sure 109 lautet:

Qul ya aiyuha l-kafiruna.
La a'budu ma ta'buduna
Wa-la antum'abiduna ma a'buda
Wa-la ana 'abidun ma 'abadtum
Wa-la antum 'abiduna ma a'budu
Lakum dinukum wa-liya dini

Übersetzung:

Sag: Ihr Ungläubigen!
Ich verehre nicht, was ihr verehrt
Und ihr verehrt nicht, was ich verehre
Und ich verehre nicht, was ihr bisher immer verehrt habt
Und ihr verehrt nicht, was ich verehre
Ihr habt eure Religion, und ich die meine

Der Koran ist in einem Arabisch geschrieben, das in Mekka gesprochen wurde. Eine nicht unbedeutende Zahl von Wörtern, die im Koran vorkommen, stammt aus anderen Sprachen und wurde arabisiert. Der Anteil der fremdsprachigen Wörter unter den Eigennamen, religiösen Ausdrücken, Ausdrücken der Gemeinsprache, Orthographie etc. verteilt sich so:

Äthiopisch	5%	Gräco-Romanisch	10%
Persisch	5%	Syrisch	70%
Hebräisch	10%		

Der hohe Anteil des Syrischen erklärt sich dadurch, daß diese Sprache, die man besser Syrisch-Aramäisch nennen sollte, über ein Jahrtausend im Vorderen Orient die Gemeinsprache war, bevor sie ab dem 7. Jahrhundert vom Arabischen allmählich verdrängt wurde.

Wie das obige Textbeispiel zeigt, wird auch durch die Sprache verdeutlicht, daß die Verse von Gott stammen. Er tritt als Sprecher mit dem Befehl „Sag!" oder durch die Anrede „Ihr Gläubigen …" auf. Der Stil der in Prosa abgefaßten Suren ist durch zahlreiche Eigentümlichkeiten der poetischen Sprache geformt, so daß in der arabischen Tradition Mohammed gelegentlich als „Dichter" bezeichnet wird. Auffallend an dem obigen arabischen Text ist zunächst der parallele Bau der Satzglieder, deren Ausgänge sich reimen. Man kann deshalb den Sprachstil des Korans als Reimprosa bezeichnen. Viele Probleme bereitet der Forschung die Erklärung von Buchstaben oder Buchstabengruppen, die kein Wort bilden. Diese in 29 Suren vorkommende Erscheinung erklärt man als eine Zusammenziehung von Wörtern oder als Zahlzeichen oder sogar als mythische Symbole. Diese geheimnisvollen Buchstaben gehen bis auf die Zeit Mohammeds zurück. Vielleicht haben sie etwas mit der Anordnung und Gruppierung der Suren zu tun.

Mit Sicherheit gab es zu Lebzeiten Mohammeds noch keine komplette Sammlung der Suren. Wahrscheinlich hat Mohammed mit dieser Arbeit begonnen. Als Beweis für diese These wird auf die erste vollständige Koranausgabe von Abū Bakr verwiesen, dessen Kalifat von 632-634 dauerte. Man war zu dieser Zeit sehr beunruhigt, daß durch die zahlreichen Kämpfe allmählich die Kenner des Korans aussterben würden, so daß die Kenntnis der heiligen Texte verloren ginge. Deshalb entschloß sich Abū Bakr eine solche Ausgabe zu erstellen und beauftragte Zaid Ibn Tabit, einen Sekretär des verstorbenen Mohammed, mit dieser Arbeit. Von manchen Gelehrten wird die Existenz einer solchen Koranausgabe bezweifelt und darauf verwiesen, daß sie mit Sicherheit nicht allgemein anerkannt wurde. Die Auseinandersetzungen, die zur Erstellung einer zweiten Ausgabe unter dem Kalifen Utmān (644-656) führten, legen diesen Verdacht nahe. Es war nämlich bei den Feldzügen nach Armenien und Aserbaidschan unter den Soldaten zu Streitigkeiten wegen der richtigen Lesarten des Korans gekommen.

Mit dieser Ausgabe soll der schon oben erwähnte Zaid Ibn Tabit beauftragt worden sein, dem drei erfahrene Helfer zur Seite standen. Diese Kommission war angewiesen worden, sich bei sprachlichen Problemen an den Dialekt von Mekka zu halten. Die Arbeit der Kommissionsmitglieder bestand vor allem darin, alle Koranversionen zu vergleichen und offensichtlich ausgelassene Stellen wieder einzufügen. Eine Kopie dieser Koranausgabe wurde in alle wichtigen Städte des islamischen Reiches geschickt, zugleich aber wurde angeordnet, daß alle anderen Koranversionen zu vernichten seien. Dieser „utmanische Korantext" hat seit 650/56 einen allgemeingültigen Charakter und ist die Vorlage für alle heutigen Koranausgaben.

Schon in der Frühzeit des Islams beschäftigten sich die Korangelehrten mit der Abfassungszeit der einzelnen Suren, weil sie der Ansicht waren, daß geschichtliche Ereignisse für die Deutung von Wichtigkeit sind. Da für Mohammed die Zeit in Mekka und danach in Medina von grundlegender Bedeutung für seine Offenbarungen waren, teilte man die Suren in mekkanische und medinische ein. Deshalb enthalten die muslimischen Koranausgaben am Anfang der Suren den Hinweis, wo sie offenbart wurden. So z.B. Sure 28: Die Geschichte; mekkanisch; bestehend aus 88 Versen. Es gibt jedoch in der arabischen Überlieferung erhebliche Abweichungen, ob eine Sure in Mekka oder Medina entstanden ist.

Mekkanische Suren:

6, 7, 10, 11, 12, 14, 15, 16, 17, 18, 19, 20, 21, 23, 25, 26, 27, 28, 29, 31, 32, 34, 35, 36, 38, 39, 40, 41, 42, 43, 44, 45, 46, 50, 51, 53, 54, 56, 67, 69, 70, 72, 73, 74, 75, 77, 78, 79, 80, 81, 82, 83, 84, 85, 86, 88, 90, 91, 92, 93, 94, 95, 97, 100, 101, 102, 103, 104, 105, 106, 107, 108, 109, 111, 113, 114.

Medinische Suren:

2, 3, 4, 5, 8, 9, 13, 22, 24, 33, 47, 48, 55, 57, 58, 59, 60, 63, 65, 66, 76, 98, 110

Die anderen Suren gelten sowohl als mekkanisch als auch als medinisch. Obwohl diese arabische Tradition sehr alt ist, kann sie nur einen ersten Ansatz für eine Datierung der Suren liefern. Von westlichen Koranforschern wurde im 19. Jahrhundert mit Hilfe der Sprache und der Deutung der Suren eine glaubwürdige Zeitbestimmung entwickelt. Diese westlichen Theorien gehen von der Annahme aus, daß sich im Laufe der zwanzigjährigen Offenbarungszeit der Stil der Suren verändert habe. Die Sätze, die zu Beginn der

Offenbarung in Mekka kurz und in einer poetischen Sprache abgefaßt waren, wurden länger und waren reine Prosa. Der deutsche Koranforscher Theodor Nöldeke teilte die mekkanische Periode in drei Phasen ein:

Mekkanische Zeit:

1. Kurze Sätze, „rhetorischer Schwung"; viele Schwüre.
   Unter Heranziehung des geschichtlichen Hintergrundes ergibt sich folgende Reihenfolge:
   96, 74, 111, 106, 108, 104, 107, 102, 105, 92, 90, 94, 93, 97, 86, 91, 80, 68, 87, 95, 103, 85, 73, 101, 99, 82, 81, 53, 84, 100, 79, 77, 78, 88, 89, 75, 83, 69, 51, 52, 56, 70, 55, 112, 109, 113, 114, 1.

2. Die Sätze sind länger; viele Beispiele aus Natur und Geschichte.
   54, 37, 71, 76, 44, 50, 20, 26, 15, 19, 38, 36, 43, 72, 67, 23, 21, 25, 17, 27, 18.

3. Die Sprache ist gedehnt, matt und prosaisch. Es kommen Wiederholungen vor.
   32, 41, 45, 16, 30, 11, 14, 12, 40, 28, 39, 29, 31, 42, 10, 34, 35, 7, 46, 6, 13.

Medinische Zeit:

Sprachlich kaum von der dritten mekkanischen Periode zu unterscheiden. Aber diese Suren enthalten Angriffe gegen die Juden und Christen. Sie behandeln Gesetze und rituelle Vorschriften.
2, 98, 64, 62, 8, 47, 3, 61, 57, 4, 65, 59, 33, 63, 24 58, 22, 48, 66, 60, 110, 49, 9, 5.

Datierungen, die von einer Entwicklung der Gedanken Mohammeds ausgehen, was für den gläubigen Muslimen absolut unmöglich ist, kommen zu dem Ergebnis, daß in seiner ersten Offenbarungszeit Mohammed mehr die Güte und die Allmacht Allahs stärker betont.

Dieser Teil des Islams wäre auch die ursprüngliche Botschaft Mohammeds gewesen, die sich so zusammenfassen läßt: Allah ist gütig und allmächtig, die

Menschen müssen ihn voller Dankbarkeit verehren, mit ihrem Reichtum großzügig umgehen und Mohammed als Propheten anerkennen. Dieser Kern der Lehre Mohammeds wurde später, als Mohammed sich mit einer Opposition und Widerständen unter seinen Gläubigen auseinandersetzen mußte, durch sog. „Straflegenden" erweitert. Darunter versteht man die ausführlichen Beschreibungen des Jenseits, des Jüngsten Gerichtes, der Hölle und des Paradieses. Nach seiner Auswanderung nach Medina beschäftigte sich Mohammed, wie oben schon dargelegt wurde, mehr mit den religiösen und sozialen Vorschriften seiner Gemeinde. Diese Gedankenentwicklung benutzt die moderne Koranforschung, um die zeitliche Datierung, wie sie Nöldeke vortrug, zu korrigieren und zu verbessern.

Die Hauptquelle der Offenbarungen Mohammeds bildet ohne Zweifel das Judentum. Schon die ältesten Suren aus der mekkanischen Zeit, besonders die Prophetengeschichten, sind jüdischen Ursprungs. Geringer ist der Einfluß des Christentums im Islam, aber letztlich gehen die gemeinsamen Glaubenssätze von Islam und Christentum wiederum auf den jüdischen Glauben zurück. Wie Mohammed sich die Kenntnisse der jüdischen Religion erwarb, ist umstritten. In Mekka und Medina gab es viele Juden, aber vielleicht noch nachhaltiger wirkten auf ihn die besonders stark ausgeprägten jüdischen Elemente im arabischen Christentum. Was die schriftlichen Quellen des Judentums und Christentums anbelangt, so schöpfte Mohammed seine Kenntnisse weniger aus der Bibel als aus den apokryphen, d.h. den nicht zu den Büchern der Bibel gehörenden Evangelien. Deshalb ist die Feststellung nicht falsch, daß der Koran die Form ist, in der das Christentum Eingang in Arabien gefunden hat. Die Anhänger Mohammeds wurden von den Andersgläubigen „Zabier" genannt, womit die Mitglieder christlicher Sekten bezeichnet wurden. Die Muslime betrachteten sich gern als Nachfolger der „Hanfa", die sich vom alten Götterglauben Mekkaner abgewandt und sich dem jüdischen bzw. christlichen Glauben zugewandt hatten.

ا

ERSTE SURE

Einleitung des Koran

Geoffenbart zu Mekka

Im Namen des allbarmherzigen Gottes

Lob und Preis Gott dem Weltenherr, dem Allerbarmer, der da herrschet am Tage des Gerichts. Dir wollen wir dienen, und zu dir wollen wir flehen, auf daß du uns führest den rechten Weg, den Weg derer, die deiner Gnade sich freuen, und nicht den Weg derer, über welche du zürnest, und nicht den der Irrenden.

ZWEITE SURE

Die Kuh

Geoffenbart zu Medina

Im Namen des allbarmherzigen Gottes

ALM.[1] Dies ist das nicht zu bezweifelnde Buch, eine Richtschnur für die Frommen, so da glauben an die Mysterien, und das Gebet verrichten, und von dem, was wir huldvoll verliehen, Almosen geben, und da glauben an das, was wir dir offenbart, und an den jüngsten Tag. Sie folgen der Leitung ihres Herrn und werden glücklich sein. Den Bösen aber ist es gleich, ob du ihnen die Wahrheit verkündest oder nicht, sie glauben nicht. Herz und Ohr hat Gott ihnen versiegelt, ihre Augen verhüllt, und große Strafe wartet ihrer. Da gibt es Menschen, welche wohl sprechen: „Wir glauben an Gott und an das Weltgericht", und doch nicht glauben, um Gott und die Gläubigen zu täuschen – aber sie täuschen nur sich selbst, und wissen es nicht. Ihr Herz ist krank, und Gott überläßt es seiner Krankheit, aber große Strafe wird sie ihrer Lügen wegen treffen. Spricht man zu ihnen: „Verführt doch die Welt nicht", so antworten sie: „Sollen wir denn wie die Toren glauben?" Aber wahrlich, sie selbst sind Toren, und wissen's nicht. Treffen sie mit Gläubigen zusammen, so sprechen sie: „Auch wir glauben", kommen sie aber wieder zu ihren Verführrern[2], so sagen sie: „Wir halten es mit euch und jener spotten wir nur". Aber Gott spottet ihrer, und läßt sie beharren in ihrem Irrtume. Sie haben die Wahrheit mit dem Irrtume vertauscht, und ihr Handel bringt ihnen keinen Gewinn, denn sie sind vom rechten Weg abgeleitet. Sie sind demjenigen zu vergleichen, der ein Feuer anzündet, und wenn dieses alles um ihn erleuchtet hat, Gott das Feuer auslöscht, und sie in Finsternis versetzt, auf daß sie nicht sehen. Taub, stumm und blind sind sie – darum bessern sie sich nicht. Oder ähnlich: Wenn in Finsternis und unter Donner und Blitz regenschwangere Wolken vom Himmel stürzen, so stecken sie, im Donnergetöse, aus Todesangst die Finger in die Ohren, aber Gott ergreift die Ungläubigen. Des Blitzes Strahl blendet ihr Auge, so er aber alles um sie erleuchtet, wandeln sie in seinem Licht. Wird Finsternis wieder, so stehen sie fest gebannt, und so Gott nur wollte, um ihr Gesicht und Gehör wäre es geschehen, denn Gott vermag alles. O Menschen, dienet eurem Herrn, der euch, und die vor euch, geschaffen, auf daß ihr ihn verehret. Er bereitete euch zum Teppich die Erde und den Himmel zum Gewölbe, er läßt Wasser vom Himmel strömen, um Früchte zu eurer Erhaltung hervorzubringen, stellt ihm daher nicht, gegen besseres Wissen und Gewissen, andere Götter zur Seite. Bezweifelt ihr das, was wir unserem Diener geoffenbart, nun so bringt doch, wenn auch nur eine ähnliche Sure hervor, rufet eure Zeugen außer Gott[3] zu Hilfe, wenn ihr wahr sprechet. Könnt ihr dies aber nicht, wie ihr es auch wirklich nicht könnt, so fürchtet das Feuer, das Menschen und Steine[4] verzehrt, bestimmt für die Ungläubigen.

Verkünde denen, so da glauben und das Gute tun, daß sie kommen werden in Gärten, von Bächen durchwässert, und so oft sie deren Früchte genießen, werden sie sprechen: Diese Früchte haben auch früher schon zur Speise uns gedient, so ähnlich werden sie sein. Auch reine und unbefleckte Frauen werden ihnen zuteil, und ewig sollen sie dort verweilen.

Fürwahr, Gott braucht sich nicht zu schämen, wenn er Gleichnisse von Insekten und noch Kleinerem nimmt, denn die Gläubigen wissen, daß nur Wahrheit von ihrem Herrn kommt. Die Ungläubigen aber sprechen: „Was soll Gott mit diesem Gleichnisse?" – Er führt viele dadurch irre, und weist viele dadurch zurecht, aber nur die Frevler werden irre. Die das nicht zu verletzende Bündnis Gottes zerreißen, und was Gott vereinigt trennen, und auf Erden Verderben stiften wollen, sie werden untergehen. Wie wollt ihr Gott leugnen? Ihr wart ja einst tot, er hat euch Leben gegeben, er wird euch wieder töten und wieder lebendig machen – dann werdet ihr zu ihm zurückkehren. Er ist es, der alles auf der Erde für euch geschaffen, dann die Himmel ausdehnte und sie zu sieben Himmeln bildete, er, der Allwissende.

Als dein Herr zu den Engeln sprach: „Ich will auf Erden einen Statthalter setzen",[6] da sprachen sie: „Willst du hinsetzen einen, der zerstörend darin wütet und Blut vergießet? Wir aber singen dir Lob und heiligen dich." Er aber sprach: „Ich weiß, was ihr nicht wisset." Darauf lehrte er den Adam die Namen aller Dinge, und zeigte sie dann den Engeln und sprach: Nennt mir die Namen dieser Dinge, wenn ihr wahrhaftig seid? Sie antworteten: Lob dir! Wir wissen nur das, was du uns gelehrt, denn du bist der Allwissende und Allweise. Darauf sprach er: Adam, verkünde du ihnen die Namen. Als er dieses getan, sprach er: Habe ich euch nicht gesagt, daß ich kenne die Geheimnisse des Himmels und der Erde, und weiß, was ihr bekennet und was ihr verheimlicht. Darauf sagten wir zu den Engeln: Fallet vor Adam nieder, und sie taten so, nur der hochmütige Teufel[7] weigerte sich, er war ungläubig.

Wir sprachen: O Adam, du und dein Weib bewohnet das Paradies und genießet, von was ihr wollt, nur *diesem* Baum nähert euch nicht, sonst werdet ihr Sünder. Aber der Satan vertrieb und verjagte sie daraus, und wir sagten: Hinweg von hier! Einer sei des anderen Feind, euer Wohnsitz sei nun die Erde, und genießet ihrer auf unbestimmte Zeit. Darauf lernte Adam von Gott Worte des Gebets und kehrte zu ihm zurück, denn er ist der Verzeihende und Barmherzige. Wir sprachen: Entfernt euch von hier allesamt; es wird euch von mir eine Anleitung werden, wer dieser Leitung folgt, der wird weder Furcht noch Trauer kennen. Die aber, so nicht glauben und unsere Zeichen[8] verleugnen, werden Gefährten des Höllenfeuers und ewig darin bleiben.

O Kinder Israels, gedenket des Guten, was ich euch getan, haltet fest an meinem Bündnisse, und auch ich will fest daran halten, und verehret nur mich, und glaubet, was wir zur Bestätigung euerer früheren Offenbarungen nun offenbart,[9] und seid nicht die Ersten, welche nicht glauben daran, und vertauschet es nicht mit Nichtigem, und nur mich verehret. Kleidet die Wahrheit nicht in das Gewand der Lüge, und verhehlet sie nicht gegen euer besseres Wissen. Verrichtet das Gebet, spendet Almosen, und beugt euch mit den sich Beugenden.[10] Wie wollt ihr sonst die Menschen zur Frömmigkeit mahnen, wenn ihr das eigene Seelenheil vernachlässigt? Ihr leset die Schrift[11], wollt ihr sie denn nicht auch verstehen? Verrichtet in Geduld euer Gebet, was den Demütigen ein Leichtes ist, denen, so da glauben, daß sie einst ihrem Herrn entgegeneilen und zu ihm zurückkommen werden. Ja, ihr Kinder Israels, erinnert euch doch des Guten, welches ich euch erzeigt, indem ich vor den übrigen Völkern euch bevorzugte. Fürchtet den Tag, an welchem keine Seele für die andere Genugtuung leisten kann, und keine Fürbitte angenommen und kein Lösegeld gezahlt wird, wo nichts Hilfe bringen kann. Denket daran, wie wir euch erretteten vom Volke des Pharao, das euch hart unterdrückte, und eure Söhne tötete, und nur euere Frauen leben ließ, dies sei euch Beweis der großen Güte eueres Herrn. Denket daran, wie wir für euch das Meer spalteten zu euerer Errettung, und vor eueren Augen das Volk des Pharao ertränkten. Denket daran, wie ihr, als ich vierzig Nächte mit Moses mich besprach, das Kalb vergöttert habt, was wir später euch verziehen, damit ihr dankbar werdet. Auch gaben wir dem Moses die Schrift und die Offenbarung[12] zu euerer Richtschnur. Damals sprach Moses zu seinem Volk: O mein Volk, ihr habt euere Seelen durch dieses Kalb verunreinigt, kehrt zu euerem

Schöpfer zurück und tötet euch selbst,[13] das wird euerem Schöpfer wohlgefallen, und er wird wieder sich zu euch wenden, denn er ist der Verzeihende
und Barmherzige. Als ihr spracht: „O Moses! Nicht eher wollen wir dir glauben, bis wir Gott mit eigenen Augen gesehen", da kam Strafe über euch, damit
ihr einsehet. Darauf weckten wir euch nach euerem Dahinsterben wieder zum
Leben, damit ihr es dankbar erkennet.[14] Die Wolken gaben wir euch zum
Schatten, und ließen das Manna und die Wachteln herabfallen, sprechend:
Genießet diese vorzügliche Speise. Fürwahr die Bösen, nicht gegen uns, gegen
sich selbst waren sie ungerecht. Sagten wir: Geht in diese Stadt und esset darin
zur Sättigung, so viel ihr möget, und betretet andächtig das Tor und sprechet:
„Hitatun"[15], wir wollen euere Vergehen euch vergeben und der Frommen
Heil erhöhen, so verwechselten die Frevler dies Wort mit einem anderen, das
ihnen nicht geboten.[16] Darum haben wir über die Frevler unseren Zorn vom
Himmel gesandt, weil sie gottlos sind.

Als Moses um Wasser für sein Volk flehte, da sagten wir: „Schlage mit deinem Stab auf den Felsen", und es sprudelten zwölf Quellen hervor, auf daß
alle ihre Quelle erkannten.[17] Esset und trinket nun von dem, was Gott gegeben, und verübet kein Böses mehr auf Erden. Als ihr sagtet: „O Moses, wir
können uns, bei dieser einerlei Speise, nicht länger mehr gedulden, bitte deinen Herrn für uns, daß er uns der Erde Früchte hervorbringe, Gemüse, Gur-
ken, Knoblauch[18], Linsen und Zwiebeln", da erwiderte er: „Wenn ihr denn
das Schlechtere dem Besseren vorzieht, so kehret nach Mizer[19] zurück, dort
findet ihr das Verlangte." Mangel und Armut war darob ihre Strafe. Sie waren
dem göttlichen Zorn verfallen, weil sie nicht glaubten an seine Wunder, und
die Propheten ungerechterweise töteten, und ungehorsam und feindselig
handelten.

Die Gläubigen, seien es Juden, Christen oder Sabäer, wenn sie nur
glauben an Gott, an den Jüngsten Tag und das Rechte tun, so wird einst
ihnen Lohn von ihrem Herrn, und weder Furcht noch Traurigkeit wird
kommen über sie. Als wir das Bündnis mit euch schlossen und den Berg
über euch erhoben,[21] da sagten wir: Haltet an dem, was wir euch geoffenbaret, mit Festigkeit, gedenket seines Inhalts, und bewahret ihn. Doch bald
darauf wart ihr ungehorsam, und wenn Gott euch nicht geschützt und sich
euerer erbarmt hätte, schon längst wäret ihr vertilgt. Ihr wißt ja, was denen
unter euch widerfahren, die den Sabbat entweiht, wir sagten zu ihnen:
„Werdet Affen und ausgeschlossen von der menschlichen Gesellschaft", auf
daß sie seien ein Beispiel für Mit- und Nachwelt und eine Warnung den
Frommen.

Als Moses zu seinem Volke sprach: „Gott gebietet euch, ihm eine Kuh zu opfern", da erwiderten sie: „Spottest du unserer?" Er aber sagte: „Da sei Gott für, daß ich zu den Toren gehören sollte." Darauf sagten sie: „Bitte deinen Herrn für uns, daß er uns unterrichte, wie diese Kuh sein soll." Er antwortete: „Sie sei weder zu alt, noch zu jung, sondern von mittlerem Alter, so zwischen beiden, und nun tut, wie euch befohlen." Sie sagten weiter: „Bitte deinen Herrn für uns, daß er uns lehre, von welcher Farbe sie sein darf." Er antwortete: „Die Kuh sei roter und gelber Farbe, dem Auge des Beschauenden angenehm." Sie sprachen nochmals: „Bitte nochmals deinen Herrn für uns, daß er uns genau über ihre Beschaffenheit belehre, da unsere Kühe alle einander gleich sind, und wir Gottes Befehl gern pünktlich erfüllten." Er sprach: „Es sei eine Kuh, die nicht abgemagert ist durch Pflügen und Bewässern des Feldes, sondern sie sei gesund und ohne Fehl." Darauf sagten sie: „Nun kommst du mit der Wahrheit", und brachten die Kuh zum Opfer. Doch wenig fehlte, und sie hätten es unterlassen. Wenn ihr nun jemanden ermordet habt, und über den Täter streitet, so wird Gott herausbringen, was ihr verheimlicht. Wir befahlen: Schlaget den Leichnam mit einem Teil der Kuh, und so wird Gott den Toten wieder lebendig machen. Er zeigt euch seine Wunder, auf daß ihr weise werdet.[22] Aber bald darauf ward euer Herz verhärtet wie Stein, ja viel härter noch, denn die Steine – aus einigen entquellen Bäche, andere spalten sich und es fließet Wasser daraus, andere stürzen um aus Furcht vor Gott, aber wahrlich, Gott ist euer Tun nicht unbekannt.

Ihr wünscht, daß sie euch glauben sollen?[23] Aber ein Teil von ihnen hat das Wort Gottes vernommen, und es darauf mit Absicht verdreht gegen besseres Wissen und Gewissen. Begegnen sie den Gläubigen, so sagen sie: „Auch wir glauben." Wenn sie aber unter sich zusammenkommen, so sagen sie: „Wollt ihr ihnen denn erzählen, was Gott euch geoffenbart, auf daß sie desfalls vor euerem Herrn mit euch streiten? Seht ihr denn dies nicht ein?" Aber wissen sie denn nicht, daß Gott kennt das, was sie verheimlichen und was sie veröffentlichen? Zwar gibt es unwissende Leute unter ihnen, welche die Schrift nicht verstehen, sondern nur lügenhafte Sagen, und wissen es nicht. Wehe denen, welche die Schrift mit ihren Händen schreiben, und um geringen Gewinnes wegen sagen: „Dieses ist von Gott." Wehe ihnen ob ihrer Hände Schrift, wehe ihnen ob ihres Gewinnes.[24] Sie sagen zwar, das Höllenfeuer wird nur wenige Tage uns quälen, sage ihnen aber: Habt ihr diese Versicherung von Gott? Wird er wohl euretwillen seine Verheißung brechen? Oder sagt ihr etwas von Gott, was ihr nicht wisset? Wahrlich, wer Böses tut und der Sünde verfällt, den trifft ewiges Höllenfeuer. Wer aber glaubt und das Gute übt, der kommt ins Paradies auf ewiglich.

Als wir mit den Kindern Israels einen Bund schlossen, da befahlen wir: Verehret nur Gott allein, seid gütig gegen eure Eltern, Verwandte, Waisen und Arme, und wünschet den Menschen nur Gutes, verrichtet das Gebet und spendet Almosen. Doch bald darauf fielet ihr, mit Ausnahme weniger, ab und entfernet euch davon. Als wir ein Bündnis mit euch schlossen: kein Blut zu vergießen, niemanden aus seiner Wohnung zu vertreiben, da bezeugtet ihr, festzuhalten daran. Doch bald mordetet ihr euch untereinander und vertriebet einen Teil von euch aus seinen Wohnungen. In Ungerechtigkeit und Feindschaft nur steht ihr euch bei. Doch kommen sie als Gefangene zu euch, so löset ihr sie wohl aus, da doch deren Vertreibung euch verboten war. Glaubt ihr denn nur einen Teil der Schrift und den anderen wollt ihr leugnen? Wer solches tut, den wird Schande treffen in diesem Leben und die härteste Strafe am Tag der Auferstehung, denn Gott bleibt nicht unbekannt, was ihr tut. Dies sind diejenigen, welche dieses Leben um den Preis des zukünftigen erkaufen. Ihre Strafe wird nie gemildert, und nimmer wird ihnen Hilfe.

Einst offenbarten wir Moses die Schrift, ließen ihm noch andere Boten folgen, rüsteten Jesus, den Sohn Miriams, aus mit Überzeugungskraft[25] und gaben ihm den heiligen Geist[26]. Aber so oft die Boten kamen mit solchem, was euch nicht gefiel, da bliebet ihr halsstarrig, und einen Teil derselben beschuldigtet ihr des Betrugs, und einen anderen Teil derselben brachtet ihr um. Sie sagten (die Juden): Unsere Herzen sind unbeschnitten. Aber Gott hat sie ihres Unglaubens wegen verflucht, und nur wenige waren gläubig. Als nun die Schrift von Gott[27] ihnen ward, ihre frühere bestätigend, und obgleich sie früher um Hilfe gegen die Ungläubigen gefleht, so wollten sie dennoch, obschon sie Kenntnis davon hatten, diese leugnen. Gottes Fluch ruht auf diesen Ungläubigen. Um Nichtiges haben sie ihre Seelen verkauft. Sie leugnen die Offenbarung Gottes aus Neid, daß Gott in seiner Huld sich seinen Dienern nach Gefallen offenbart. Zorn auf Zorn kommt über sie. Schmähliche Strafe trifft die Ungläubigen. Sagt man zu ihnen: Glaubet an das, was Gott geoffenbart, so antworten sie: Wir glauben nur an das, was uns geoffenbart wurde, und so verleugnen sie alles darauf Folgende, obgleich es Wahrheit ist und Früheres nur bestätigend. Sprich zu ihnen: Warum habt ihr denn, wenn ihr Gläubige seid, die früheren Propheten Gottes getötet? Als Moses zu euch kam mit Wunderkraft, da verehrtet ihr dennoch ein Kalb und habt euch vergangen. Als wir ein Bündnis mit euch schlossen und den Berg über euch erhoben, sprechend: Nehmet an, was wir offenbaren, mit Festig-

— 25 —

keit und höret, da sprachen sie: Wir hörten es wohl, aber wir gehorchten nicht, und sie mußten, ihres Unglaubens wegen, das Kalb trinken.[28] Sage ihnen: Schlimmes zu ertragen, befiehlt euch euer Glaube, so ihr gläubig sein wollt. Sage ihnen: Wenn ihr denn einst eine besondere Wohnung bei Gott, getrennt von den übrigen Menschen, hoffet, so solltet ihr ja den Tod wünschen, insofern ihr wahrhaftig seid, aber nimmer wünschen sie ihn, ihrer Hände Werke wegen,[29] da Gott die Bösewichter kennt. Du wirst finden, daß gerade sie, mehr noch als die Götzendiener, dieses Leben gierig wünschen. Jeder bittet, daß er doch tausend Jahre leben möchte. Aber lebte er auch tausend Jahre, so würde er doch der Strafe nicht entgehen, denn Gott weiß, was sie getan haben. Sage ihnen: Wehe dem, der da ist ein Feind Gabriels, der dir, mit dem Willen Gottes, die Offenbarung eingegeben, bestätigend die, welche sie schon besitzen, als eine Richtschnur und Verheißung den Gläubigen. Wehe dem, der da ist ein Feind von Gott, seinen Engeln, seinen Boten, von Gabriel und Michael. Fürwahr! Gott ist der Ungläubigen Feind. Wahrlich, überzeugende Wunderkraft haben wir dir gegeben, und nur Gottlose können sie bezweifeln. So oft sie auch unseren Glauben beschwören, ein Teil von ihnen verwirft ihn doch, ja die meisten glauben nicht daran. Als der Bote Gottes zu ihnen kam, das ihnen früher Geoffenbarte bestätigend, warf ein Teil der Schriftgelehrten das göttliche Buch hinter den Rücken, als wüßten sie nichts davon. Sie folgten den Plänen, welche die Satane gegen den König Salomo ersonnen.[30] Aber Salomo war nicht ungläubig, sondern die Teufel waren es und lehrten die Menschen Zauberkünste, die den beiden Engeln in Babel, dem Harut und Marut,[31] mitgeteilt waren. Doch lehren sie diese Kunst niemanden, es sei denn er spräche: „Wir sind geneigt zu der Versuchung". Darum sei kein Ungläubiger. Von ihnen lernte man auch das, was Uneinigkeit stiftet zwischen Mann und Frau, aber sie vermögen niemandem, außer nur mit Gottes Zulassung, zu schaden. Was sie lehrten, stiftet Schaden und bringt keinen Nutzen. Und dabei wußten sie, daß, wer solches erkauft, kein Teil habe am künftigen Leben. Für Unseliges haben sie ihre Seelen verkauft, möchten sie es einsehen! Wären sie doch Gläubige gewesen und Gottesfürchtige, so wäre ihnen von Gott schönerer Lohn geworden! Hätten sie das doch zu Herzen genommen.

O ihr Gläubigen, saget nicht *Raina*, sondern *Ontsorna*,[32] und gehorcht, der Ungläubigen aber wartet große Strafe. Die Ungläubigen, die Schriftbesitzer sowohl wie die Heiden, wünschen nicht, daß euch Gutes werde von euerem Herrn, aber Gott in seiner Barmherzigkeit ist huldvoll gegen wen er will, denn Gott ist unendlicher Gnade. Wenn wir Verse (im Koran) abschaf-

– 26 –

fen oder vergessen, so geben wir bessere, oder doch gleich gute dafür. Weißt du denn nicht, daß Gott allmächtig ist?[33] Oder weißt du nicht, daß er ist Beherrscher des Himmels und der Erde, und ihr außer ihm keinen Schützer und Helfer habt? Oder wollt ihr und fordert ihr von euerem Propheten, was man einst von Moses forderte?[34] Wahrlich, wer den Glauben mit dem Unglauben verwechselt, der ist schon vom rechten Weg abgeirrt. Ein großer Teil der Schriftbesitzer wünschet, daß ihr, nachdem ihr gläubig geworden, wieder ungläubig würdet, aus Neid ihrer Seele, da sie die Wahrheit sehen,[35] aber verzeihet und vergebet, bis Gott gebietet, denn er ist der Allmächtige. Verrichtet das Gebet, bringet Almosen, und was ihr hier für euer Seelenheil Gutes tut, das findet ihr einst bei Gott wieder, denn Gott weiß, was ihr tut. Sie sagen zwar: Nur Juden und Christen kommen ins Paradies, sagt ihnen aber: Bringet euere Beweise vor, wenn ihr wahrhaftig seid. Fürwahr, wer sein Angesicht zu Gott wendet und tugendhaft ist, der erhält Belohnung von seinem Herrn, und weder Furcht noch Trauer kommt über ihn. Die Juden sprechen: Die Christen haben keine Gewißheit.[36] Die Christen sagen: Die Juden haben keine Gewißheit. Und doch lesen beide die Schrift. Ähnliches sprechen die, welche gar keine Offenbarung kennen. Aber Gott wird einst, am Tage der Auferstehung, über das, worüber sie uneinig sind, entscheiden. Wer ist schlechter als der, welcher die Gotteshäuser, wo Gottes Namen hochgepriesen werden soll, verwehren will und sie zu zerstören sich bestrebt? Nur mit Zittern können solche sie betreten. In dieser Welt trifft sie Schmach und in jener große Strafe. Gott ist Herr über Ost und West, und wohin ihr euch wendet, da ist Gottes Auge, denn Gott ist allgegenwärtig und allwissend. Da sagen einige: Gott habe Kinder gezeugt. Fern sei dies! Ihm gehört Himmel und Erde. Alles gehorcht ihm. Der Schöpfer des Himmels und der Erde, so er nur befiehlt, so er nur spricht: Es werde! – so ist es da. Sie sagen: Wir wollen nichts wissen, bis Gott selbst mit uns redet, oder du Wunder uns zeigest. So sprachen auch andere vor ihnen schon, ihre Herzen sind sich ähnlich. Wahrlich, denen, welche glauben wollten, haben wir hinlängliche Beweise schon gegeben. Wir haben dich gesandt in Wahrheit, mit fröhlicher Botschaft und auch Strafen verkündend, aber die zur Hölle bestimmten werden dich nicht einmal befragen.[37] Juden und Christen werden nicht eher mit dir zufrieden sein, bis du zu ihrer Religion übergehest. Sprich aber: Nur die Unterweisung Gottes ist wahre Richtschnur. Wahrlich, so du ihrem Verlangen nachgekommen wärest, nachdem dir doch Erkenntnis geworden, keinen Schutz und keine Rettung hättest du von Gott zu erwarten. Die, welche die Schrift, so wir ihnen gegeben, so lesen, wie sie gelesen werden soll, die werden auch glauben daran. Die aber, so nicht daran glauben, stürzen sich ins Elend. O ihr Kinder Israels, erinnert euch des Guten, welches ich euch getan, daß ich euch vor den übrigen Nationen bevorzugt habe. Fürchtet den Tag, an welchem eine Seele für die andere nichts vermag, und kein Lösegeld angenommen, und keine Fürbitte nützen, und keine Rettung sein wird. Als der Herr den Abraham durch mancherlei Gebot prüfte, und er als treuer Diener sich bewährte, da sagte er: Ich setze dich als höchsten Priester für die Menschen ein. Er aber fragte: Und meine Nachkommen? Gott antwortete: Die Frevler umfasset mein Bündnis nicht. Und als ich für die Menschen ein Versammlungshaus errichtete und eine Zufluchtsstätte[38], sagend: Haltet den Ort Abrahams als Bethaus, da schlossen wir einen Bund mit Abraham und Ismael, daß sie dieses Haus reinigen[39] für die sowohl, welche um dasselbe herumgehen, wie für die, welche es besuchen und sich dort anbetend niederwerfen.

Als Abraham sagte: O mein Herr, mache diese Gegend zur friedlichen Ruhestätte, und seine Bewohner, die so da glauben an Gott und das Jüngste Gericht, ernähre mit ihren Früchten, da antwortete Gott: Auch den Ungläubigen will ich speisen, aber nur mit Wenigem, und ihn dann verstoßen in das Höllenfeuer. Eine harte Wanderung wird das sein. Als Abraham und Ismael den Grund zu diesem Haus legten, da flehten sie: O Herr, nimm es gnädig von uns an, denn du bist der alles Hörende und alles Wissende. O Herr, mache uns ganz dir ergeben[40] und unsere Nachkommen zu einem dir ergebenen Volk. Zeige uns unsere heiligen Gebräuche. Wende dich zu uns, denn du bist der Versöhnende und Barmherzige. O Herr, laß einen Gesandten[41] unter ihnen auferstehen, der deine Wunder ihnen bekanntmache, und sie die Schrift und Erkenntnis lehre, und sie heilige, denn du bist der Mächtigste und Weiseste. Wer kann wohl die Religion Abrahams verachten? – nur der, dessen Herz töricht ist. Wir liebten ihn schon auf dieser Welt, und auch in jener gehört er zu den Frommen. Als sein Herr zu ihm sagte: Sei gottergeben, antwortete er: Ich bin dem Herrn der Welten ergeben. Diese Religion vererbte Abraham seinen Kindern, und auch Jakob sprach: O meine Kinder, wahrlich, diese Religion hat Gott für euch auserkoren, sterbet nur als wahre Moslems. Wart ihr Zeuge, als Jakob sterben wollte, da sagte er zu seinen Söhnen: Wen wollt ihr verehren, wenn ich tot bin? Sie antworteten: Deinen Gott wollen wir anbeten, und den Gott deiner Väter Abraham und Ismael und Isaak, den einzigen Gott, ihm wollen wir ergeben sein. Dieses Volk ist dahin. Was es verdient, ist ihm geworden, und auch euch wird werden nach euerem Verdienste, und ihr werdet nicht nach dem gefragt werden, was jene getan.[42]

– 28 –

Sie sagen: Seid Juden oder Christen, dann seid ihr auf dem rechten Wege. Darauf erwidert: Wir befolgen die Religion Abrahams, der kein Götzendiener war. Saget: Wir glauben an Gott und was er uns geoffenbart, und was er geoffenbart dem Abraham, Ismael und Isaak und Jakob und den Stämmen, und an das, was dem Moses, Jesus und den Propheten von ihrem Herrn geworden. Wir kennen keinen Unterschied zwischen diesen. Wir bleiben ihm ergeben. Glauben sie nun wie ihr glaubt, dann sind sie auf dem rechten Wege, wenden sie sich aber davon ab, dann sind sie Sektierer. Dir aber wird Gott gegen sie Bestand geben, denn er hört und weiß alles.

Die Religion[43] Gottes haben wir, und was ist besser als Gottes Lehre? Ihm dienen wir. Wollt ihr über Gott mit uns streiten? – Er ist unser und euer Herr, unsere Handlungen gehören uns, euch die eurigen, und ihm sind wir rein ergeben. Oder wollt ihr sagen: daß Abraham, Ismael, Isaak, Jakob und die Stämme Juden oder Christen gewesen? – Seid ihr weiser als Gott? Wer ist aber frevelhafter als der, welcher die Zeugnisse Gottes verheimlicht?[44] Gott ist nicht unbekannt, was ihr tut. Dies Volk ist dahin. Was es verdient, ist ihm geworden, und auch euch wird werden nach eurem Verdienst, und ihr werdet nicht gefragt werden nach dem, was jene getan.

Die Toren sagen: Warum wendet er sie von ihrer früheren Gesichtsrichtung ab?[45] Sage ihnen: Gott gehört der Osten und Westen, er leitet, wen er will, auf den rechten Weg. Wir haben euch als vermittelndes Volk auserkoren,[46] damit ihr Zeugen gegen die Menschen seid. Aber auch der Prophet wird Zeuge gegen euch sein.[47] Die Gesichtsrichtung haben wir geändert, damit man unterscheiden könne zwischen denen, welche dem Propheten folgen, und denen, so ihm den Rücken wenden.[48] Manchem zwar ist dies unangenehm, doch dem nicht, den Gott regiert. Gott belohnt euren Glauben, denn Gott ist gegen die Menschen gnädig und barmherzig. Wir haben gesehen, daß du dein Gesicht zum Himmel emporhebst,[49] und wir haben ihm die Richtung nach einem Orte hin gegeben, der dir wohlgefällt. Richte dein Gesicht nach dem Tempel Haram[50], wo du dich auch befindest, dorthin wende dein Gesicht. Die Schriftbesitzer wissen wohl, daß diese Wahrheit von ihrem Herrn ist. Wahrlich! Gott kennt ihr Tun. Und wenn du den Schriftbesitzern noch so viele Beweise brächtest, sie würden dennoch deiner Gesichtsrichtung nicht folgen, darum folge du auch der ihrigen nicht, folget ja unter ihnen selbst hierin einer dem anderen nicht. So du aber, nachdem Erkenntnis dir geworden, zu ihrem Willen sein würdest, so gehörtest du zu den Frevlern. Die Schriftbesitzer kennen ihn (den gottgesandten Propheten), so gut sie ihre eigenen Kinder kennen, aber ein großer Teil von ihnen sucht die Wahrheit, obgleich sie wissend, zu verheimlichen. Die Wahrheit kommt von deinem Herrn, darum gehöre nicht zu den Zweiflern. Jedes Volk hat zwar eine bestimmte Richtung, wohin es sein Gesicht wendet, wendet ihr euch aber zu dem Besseren, dann wird Gott einst, wo ihr auch sein möget, euch zurückbringen, denn Gott ist allmächtig. Woher du auch kommen magst, immer wende dein Angesicht nach dem Tempel Haram, denn diese Wahrheit kommt von deinem Herrn, und Gott bleibt nicht unbekannt, was du tust. Woher du auch kommen magst, nach Harams Tempel wende dein Antlitz, damit die Menschen keinen Gegenstand des Streites wider euch haben, sondern nur wider die Frevler. Diese fürchtet nicht, sondern nur mich. Ich will dann meine Gnade euch schenken und euch auf den rechten Weg lenken. Wir sandten euch unseren Propheten aus eurer Mitte, unsere Wunder euch zu bringen, auf daß er euch heilige, und euch lehre Schrift und Erkenntnis, und euch unterrichte in dem, was ihr noch nicht wisset. Denket an mich, auf daß ich auch eurer gedenke. Seid mir dankbar und werdet keine Ungläubige. O ihr Gläubigen, flehet in Geduld um Hilfe, denn Gott ist mit den Geduldigen.

Saget nicht von denen, welche für die Religion Gottes[51] getötet worden: „Sie sind tot", sondern: „Sie sind lebendig", denn das versteht ihr nicht. Wahrlich, wir wollen euch in Versuchung führen durch Furcht, Hunger und durch Schaden, den ihr an Vermögen und Leben und Feldfrüchten erleiden werdet. Aber Heil verkünde den fromm Duldenden, denen, die im Unglück sprechen: Wir gehören Gott an und wir kehren einst zu ihm zurück. Über diese kommt Segen und Barmherzigkeit von ihrem Herrn. Sie sind auf dem richtigen Wege. Auch Al-Safā und Al-Marwa[52] sind Heiligtümer Gottes, und wer nach dem Tempel wallfahrtet und ihn besucht, der begeht nichts Böses, wenn er um diese herumgeht. Wer aus eigenem Antrieb Gutes tut, dem wird großer Lohn von Gott, dem Lohnenden und Allwissenden.

Diejenigen, welche verheimlichen die deutliche Lehre und Leitung, die wir geoffenbart und den Menschen deutlich in der Schrift gelehrt, werden von Gott verflucht, und alle Fluchenden[53] werden sie verfluchen. Die aber, so da bereuen und sich bessern und eingestehen, nehme ich wieder gnädig auf, denn ich bin versöhnend und barmherzig. Die aber, so da leugnen und als Leugner sterben, sie trifft Gottes Fluch, und aller Engel und aller Menschen Fluch. Ewig wird er auf ihnen ruhen, ihre Strafe wird nicht gelindert, und nimmer werden sie Schutz finden. Aber euer Gott ist ein einziger Gott, es gibt keinen Gott außer ihm, dem Allbarmherzigen. In der Schöpfung des Himmels und der Erde, in dem Wechsel der Nacht und des Tags, in dem

Schiffe, welches das Meer, mit Menschen Nützlichem, durchsegelt, in dem Wasser, das Gott vom Himmel strömen läßt, die Erde nach ihrem Todesschlafe neu zu beleben, in der Verbreitung der vielerlei Tiergattungen, in der Winde- und Wolkenbewegung, welche ohne Lohn zwischen Himmel und Erde dienen, gibt's für nachdenkende Menschen der Wunder genug. Und dennoch gibt es Menschen, die außer Gott noch Götzen annehmen, und sie lieben, wie man nur Gott lieben soll, doch die Liebe der Gläubigen zu Gott ist noch inniger. O möchten doch die Frevler, wenn die Strafe sie ereilt, es einsehen, daß Gott allein ist alle Macht. Er ist der streng Bestrafende.

Wenn einst die Verführten von den Verführern sich absondern, und diese die Strafen sehen und wie alle Bande zerreißen, da werden sie sprechen: Könnten wir doch ins Leben zurückkehren, so wollten wir uns von ihnen, so wie sie sich jetzt von uns, absondern. Dies wird Gott ob ihrer Werke ihnen zeigen. Schmerzlich werden sie seufzen und nimmer werden sie aus dem Höllenfeuer kommen.

O Menschen, genießt, was gut und erlaubt auf Erden ist, und folget nicht den Schritten des Satans, ist er ja euer offener Feind, und befiehlt euch nur Böses und Schändliches, und Dinge von Gott zu sagen, die ihr nicht wisset. Sagt man: Folget dem, was Gott geoffenbart! – Und so sprechen sie: Nein, wir folgen der Gewohnheit unserer Väter. Aber waren ihre Väter denn nicht Unverständige und falsch Geleitete? Doch die Ungläubigen sind dem Tier gleich, das nur Schall und Stimme des Rufes und weiter nichts hört. Taub, stumm und blind sind sie, und wissen es nicht.

Ihr Gläubigen, genießet des Guten, das wir euch zur Nahrung gegeben, und danket Gott dafür, so ihr ihn verehret. Euch ist nur verboten: Gestorbenes, Blut und Schweinefleisch, und was nicht im Namen Gottes geschlachtet ist.[54] Wer aber gezwungen, unfreiwillig oder ohne böse Absicht davon genießt, der hat keine Sünde davon, denn Gott verzeiht und ist barmherzig. Denen, so da verheimlichen, was Gott in der Schrift geoffenbart, und es um niedrigen Lohn vertauschen, wird Feuer das Eingeweide verzehren. Gott wird am Auferstehungstage sie nicht anreden und sie nicht für rein erklären. Große Strafe wartet ihrer. Die, so Irrtum mit wahrem Unterrichte, Strafe mit Erbarmen vertauschen, welche Feuerstrafen werden sie erdulden! Deshalb erdulden, weil Gott dies Buch in Wahrheit offenbarte, und sie, darüber streitend, dem Irrtum verfallen.

Die Gerechtigkeit besteht nicht darin, daß ihr das Gesicht nach Osten oder Westen (beim Gebete) richtet, sondern der ist gerecht, der an Gott glaubt und an den Jüngsten Tag und an die Engel und an die Schrift und die

Propheten, und mit Liebe von seinem Vermögen gibt den Anverwandten, Waisen und Armen und Pilgern, überhaupt jedem, der darum bittet, der Gefangene löst, das Gebet verrichtet, Almosen spendet, der da festhält an eingegangenen Verträgen, der geduldig Not und Unglück und Kriegsgefahr erträgt, *der* ist gerecht, *der* ist wahrhaft gottesfürchtig.

O ihr Gläubigen, euch ist bei Totschlag das Vergeltungsrecht vorgeschrieben. Ein Freier für einen Freien, ein Sklave für einen Sklaven, und Weib für Weib. Wenn aber der Anverwandte dem Mörder verzeiht, so kann dieser doch nach rechtlichem Spruche und nach Billigkeit bestraft werden. Diese Milde und Barmherzigkeit kommt von eurem Herrn. Wer aber darauf doch noch sich rächt, den erwartet große Strafe. Dieses Wiedervergeltungsrecht erhält euer Leben, so ihr vernünftig und gottesfürchtig seid.

Euch ist vorgeschrieben: Wenn einer von euch mit Tod abgeht und Vermögen hinterläßt, so soll er davon, nach Billigkeit, seinen Eltern und Verwandten vermittelst Testament verschreiben. Das ist Pflicht für Fromme. Wer aber dieses Testament, nachdem er es kennt, verfälscht, der lädt Schuld auf sich, denn Gott ist der alles Hörende und alles Wissende. Vermutet man aber, daß der, welcher das Testament ausgestellt, einen Irrtum oder eine Ungerechtigkeit begangen, und man sucht die Sache gütlich zu vermitteln, dann lädt man keine Schuld auf sich, denn Gott ist verzeihend und barmherzig.

Ihr Gläubigen, auch eine Fastenzeit ist euch wie euren Vorfahren vorgeschrieben, damit ihr gottesfürchtig seid. Eine bestimmte Zahl von Tagen sollt ihr fasten. So aber einer krank oder auf Reisen ist, der faste ebenso viele andere Tage dafür. Doch wer es vermag und dennoch unterläßt, der soll zur Sühne einen Armen speisen. Doch besser ist's, dies freiwillig zu tun, noch besser, wenn ihr die Fasten dabei beobachtet. Könntet ihr das doch einsehen! Der Monat Ramadan[55], in welchem der Koran offenbart wurde, als Leitung für die Menschen und deutliche Lehre des Guten, werde von denen, so da gegenwärtig sind, gefastet. Wer aber krank oder auf Reisen ist, der faste zu einer anderen Zeit, denn Gott will es euch leicht und nicht schwer machen. Daß ihr nur die bestimmten Fasttage haltet und Gott verherrlicht dafür, daß er euch leitete, damit ihr dankbar seid. Wenn dich meine Diener über mich befragen, so sage ihnen, daß ich nahe bin und gern die Gebete der Flehenden erhöre, wenn sie zu mir beten, doch müssen sie auch auf mich hören, an mich glauben, auf daß sie rechtgeleitet seien. Es ist euch erlaubt, in der Nacht der Fastenzeit euren Frauen beizuwohnen, denn sie sind euch, und ihr ihnen eine Decke.[56] Gott weiß, daß ihr euch dieses versagt habt, aber nach seiner Güte erläßt er euch dieses. Darum beschlafet sie und begehret, was Gott euch erlaubt, esset und trinket, bis man beim Morgenstrahl einen weißen Faden von einem schwarzen unterscheiden kann.[57] Dann aber haltet Fasten bis zur Nacht, bleibet von ihnen[58], ziehet euch ins Bethaus zurück. Dies sind die Schranken, welche Gott gesetzt, kommt ihnen nicht zu nahe. So lehret Gott die Menschen seinen Willen, auf daß sie ihn verehren. Bringt euch auch nicht sündlich selbst um euer Vermögen, bestechet auch den Richter nicht damit, auf daß ihr einen Teil des Vermögens eures Nächsten unrechtlich, gegen besseres Wissen und Gewissen erhaltet.

Auch über den Mondeswechsel werden sie dich fragen, so sage ihnen: Er dienet, den Menschen die Zeit und die Wallfahrt nach Mekka zu bestimmen. Die Gerechtigkeit besteht nicht darin, daß ihr von hinten in euere Häuser geht, sondern darin, daß ihr Gott fürchtet, und dann geht nur in euere Häuser zur Türe hinein.[59] Fürchtet nur Gott, auf daß ihr glücklich seid. Tötet für den Weg Gottes[60] die, so euch töten wollen, jedoch beginnet *ihr* nicht die Feindseligkeit, denn Gott liebt nicht die Sünder. Tötet sie, wo ihr sie auch trefft, vertreibt sie, von wo sie euch vertrieben, denn die Versuchung ist schlimmer als Totschlag. Bekämpfet sie aber nicht in der Nähe des heiligen Tempels. So sie euch aber dort angreifen, dann erlegt sie auch da, dies sei das Los der Ungläubigen. Wenn sie sich aber bessern, dann ist Gott versöhnend und barmherzig. Bekämpfet sie, bis die Versuchung aufgehört und die Gottes-Religion gesiegt. So sie sich aber bessern, dann hört alle Feindseligkeit auf, die nur gegen Frevler bleibt. Selbst der Monat Haram, für den Monat Haram, und Mekkas Heiligtum als Vergeltungsrecht.[61] Wer euch feindselig angreift, den greift auf ähnliche Weise an, und fürchtet Gott, und wisset, daß Gott ist mit denen, so ihn verehren. Für Gottes Religion gebet gern eueren Anteil,[62] und stürzet euch nicht mit eigener Hand ins Unglück. Tut Gutes, denn Gott liebt die, so da Gutes tun. Vollzieht die Pilgerschaft und den Besuch des Gotteshauses, und wenn ihr daran verhindert seid, so bringt ein kleines Opfer wenigstens, jedoch scheret dann das Haupt nicht, bis das Opfer seine Stätte erreicht hat.[63] Wer aber krank ist oder ein Kopfübel hat, der löse dies durch Fasten, Almosen oder sonst ein Opfer aus. Wenn ihr vor Feinden sicher seid, und es verschiebt jemand den Besuch des Gotteshauses bis zur Pilgerfahrt, der bringe ein kleines Opfer. Wer das aber nicht kann, der faste drei Tage auf der Pilgerfahrt, sieben, wenn er zurückkommt, zusammen zehn Tage. Dasselbe soll der tun, dessen Hausleute nicht zum heiligen Tempel gewandert sind. Fürchtet Gott und wisset, daß er der mächtig Strafende ist. Die Wallfahrt geschehe in den bekannten Monaten[64]. Wer in diesen die Wallfahrt unternehmen will, der muß sich enthalten des Beischlafs, allen

Unrechts und eines jeden Streites während der Reise. Das Gute aber, so ihr tut, bemerkt Gott. Versehet euch auch mit dem Notwendigen zur Reise, doch das am meisten Notwendige ist – Frömmigkeit. Darum verehret mich, die ihr vernünftigen Herzens seid. Auch ist es kein Vergehen, wenn ihr Vorteile von eurem Herrn euch erbittet.[65] Wenn ihr mit starken Schritten vom Berge Arafat[66] herabkommt, so seid Gottes eingedenk am heiligen Orte, und denket daran, daß er euch gutleitende Lehre gab, und daß ihr zuvor zu den Irrenden gehörtet. Dann gehet eilenden Schrittes, wie andere tun,[67] und bittet Gott um Gnade, denn er ist versöhnend und barmherzig. Wenn ihr nun die heiligen Gebräuche vollendet, dann denket an Gott, so wie ihr an euere Väter denkt, ja noch stärker seid seiner eingedenk.

Es gibt Menschen, die sprechen: O Herr, gib uns unseren Teil in dieser Welt! Diese haben keinen Teil an der zukünftigen. Andere wieder sprechen: O Herr, erzeige uns in dieser und in jener Welt Gutes und befreie uns vom Höllenfeuer! Diese werden ihren Teil, den sie verdient, erhalten, denn Gott ist schnell im Zusammenrechnen.[68] Seid Gottes eingedenk in den bestimmten Tagen.[69] Wer in zwei Tagen dies zu tun sich beeilt, der lädt keine Schuld auf sich, auch nicht der, welcher noch länger bleibet, so er nur Gott fürchtet. Darum fürchtet Gott, und wisset, daß ihr einst zu ihm versammelt werdet.

Da gibt es einen Menschen, der durch seine Reden über diese irdische Welt dich in Erstaunen setzt, und Gott über die Gesinnung seines Herzens zum Zeugen anruft, und doch ist er dein heftigster Gegner[70]. So wie er sich aber von dir entfernt, richtet er Verderben auf der Erde an, und zerstört alles, Wurzel und Keim.[71] Gott aber liebt das Verderben nicht. Sagt man zu ihm: „Fürchte Gott", dann ergreift ihn Stolz und Frevellust. Die Hölle ist sein Lohn, sie ist ihm eine unselige Lagerstätte. Ein anderer wieder verkauft aus Verlangen nach der Gnade Gottes sich selbst gar.[72] Gott ist huldvoll gegen seine Diener.

O ihr Gläubigen, nehmet die Lehre ganz an, die so vernünftig ist, und folget nicht den Fußstapfen des Satans, der euer offener Feind ist. Solltet ihr aber abweichen, nachdem die deutliche Lehre euch geworden, so wisset, daß Gott ist allmächtig und allweise. Oder erwarten sie etwa, daß Gott selbst mit den Engeln in Wolkenschatten zu ihnen komme? Doch schon ist es bestimmt, daß einst alles zu Gott zurückkehren soll.

Frage die Kinder Israels, was für deutliche Belehrung ich ihnen gegeben. Wer aber die Huld Gottes, nachdem sie ihm geworden, vertauscht, dem ist er ein streng bestrafender Gott. Glänzend ist den Ungläubigen das irdische

Leben, und darum verspotten sie die Gläubigen. Doch am Tage des Gerichts werden die Frommen weit über ihnen stehen, denn Gott ist gegen den, der ihm gefällt, gnädig ohne Maß.

Die Menschen hatten einst *einen* Glauben, und Gott schickte ihnen Propheten, Heil zu verkünden und Strafen anzudrohen. Durch sie offenbarte er die Schrift in Wahrheit, um die Streitpunkte unter den Menschen zu entscheiden. Aber gerade diese stritten, nachdem die Schrift ihnen geworden, aus Neid miteinander. Aber Gott leitet die Gläubigen, in ihren verschiedenen Ansichten der Wahrheit, nach seinem Willen, denn Gott leitet auf den rechten Weg, wen er will. Oder glaubt ihr ins Paradies einzugehen, ohne daß euch überkommen, was die vor euch Lebenden erduldet? Unglück, Schmerz und Drangsal war ihr Los, so daß der Gesandte Gottes und die Gläubigen mit ihm ausriefen: Wann kommt die Hilfe Gottes? „Wahrlich! Gottes Hilfe ist nah", hieß es dann.

Sie werden dich fragen, was für Almosen sie geben sollen, so sage ihnen: Gebet von euerem Vermögen den Eltern, Anverwandten, Waisen, Armen und dem Wanderer[73]. Das Gute, das ihr tut, kennt Gott. Der Krieg ist euch vorgeschrieben, und er ist euch verhaßt? Aber vielleicht, daß ihr etwas hasset, was gerade gut, und vielleicht, daß ihr etwas liebt, was euch gerade schädlich ist. Gott weiß das, ihr aber nicht.

Wenn sie dich über den Krieg im Monate Haram befragen, so antworte: Schlimm ist's, Krieg in diesem zu führen, doch abzuweichen vom Weg Gottes, ihn und seinen heiligen Tempel zu verleugnen und sein Volk aus demselben zu vertreiben, ist weit schlimmer noch. Die Versuchung ist schlimmer noch als der Krieg.[74] Sie werden nicht ablassen, euch zu bekämpfen, bis es ihnen gelungen, euch von eurem Glauben abzubringen. Wer unter euch seinem Glauben abtrünnig wird und als Ungläubiger stirbt, dessen gute Werke bleiben in dieser und jener Welt unbelohnt. Das Höllenfeuer ist sein Teil, und ewig wird er darin bleiben. Die aber, so da glauben, und auswandern und kämpfen für die Religion Gottes, die dürfen der Barmherzigkeit Gottes gewärtig sein, denn Gott ist versöhnend und barmherzig.

Auch über Wein und Glücksspiel werden sie dich befragen. Sage ihnen: In beiden liegt schwere Versündigung, aber auch Nutzen für die Menschen, doch ist die Versündigung den Nutzen überwiegend. Wenn sie dich fragen, wieviel Almosen sie zu geben haben, so sage ihnen: den Überfluß. Diese Vorschrift hat euch Gott gelehrt, auf daß ihr eingedenk seid dieser und der zukünftigen Welt. Wenn sie dich über das Verhalten gegen Waisen befragen, so sagen ihnen: Das beste ist, huldvoll gegen sie zu sein. Wolltet ihr euere

Habe mit der ihrigen vermischen? – Es sind ja euere Brüder. Gott weiß den Ungerechten vom Gerechten zu unterscheiden, und wenn er will, kann er euch deshalb in Angst bringen, denn er ist mächtig und weise.

Nehmt keine Götzendienerin zur Frau, bis sie gläubig geworden. Wahrlich eine gläubige Sklavin ist besser, als die freie Götzendienerin, und wenn sie auch noch so sehr euch gefällt. Verheiratet auch *keine* an einen Götzendiener, bis er gläubig geworden, denn ein gläubiger Sklave ist besser, als der freie Götzendiener, und wenn er auch noch so sehr euch gefällt. Diese rufen euch zum Höllenfeuer, Gott aber zum Paradies und zur Sündenvergebung, nach seinem Willen. Er zeigt den Menschen seine Wunder, auf daß sie seiner gedenken.

Auch über die monatliche Reinigung der Frauen werden sie dich befragen. Sage ihnen: Dies ist ein Schaden, darum sondert euch während der monatlichen Reinigung von den Frauen ab, kommt ihnen nicht zu nahe, bis sie sich gereinigt haben. So sie sich aber gereinigt, möget ihr nach Vorschrift Gottes zu ihnen kommen, denn Gott liebt die Frommen und Reinen. Die Weiber sind euer Acker. Kommt in eueren Acker auf welche Weise ihr wollt, weihet aber zuvor euere Seele.[75] Fürchtet Gott und wisset, daß ihr einst vor ihm erscheinet. Heil verkünde den Gläubigen. Machet Gott nicht zur Unterlage euerer Eidschwüre[76]: gerecht, fromm und friedfertig unter den Menschen zu sein. – Gott ist ja der alles Hörende und alles Wissende. Ein unvorherbedachtes Wort in eueren Eiden wird Gott nicht bestrafen. Wohl aber bestraft er jeden Vorbedacht eueres Herzens. Gott ist gnädig und milde. Die, welche geloben, sich von ihren Frauen zu trennen, sollen vier Monate es bedenken. Nehmen sie das Gelübde dann zurück, so ist Gott versöhnend und barmherzig. Bestehen sie aber dann durchaus auf Ehescheidung, so hört und weiß es Gott auch. Die geschiedene Frau muß dann noch so lange warten, bis sie dreimal ihre Reinigung gehabt, und sie darf nicht verheimlichen, was Gott in ihrem Leibe geschaffen, wenn anders sie an Gott und den Jüngsten Tag glaubt. Doch billiger ist's, daß der Mann, wenn sie es wünscht, sich wieder ihrer annimmt, und sie gegenseitig miteinander nach bekannter Vorschrift umgehen, jedoch hat der Mann die Herrschaft über sie. Gott ist mächtig und weise. Die Ehescheidung ist zweimal erlaubt, dann müßt ihr sie in Güte behalten, oder mit Vermögen entlassen. Es ist euch nicht erlaubt, etwas von dem zu behalten, was ihr ihnen vordem geschenkt, es sei denn, daß man fürchtet, die Gebote Gottes nicht erfüllen zu können. Fürchtet ihr aber wirklich, die Gebote Gottes nicht erfüllen zu können, so ist es keine Sünde, wenn sie sich durch ihr Vermögen auslöst. Dies sind die Vorschriften Gottes, übertretet sie nicht. Wer sie übertritt, gehört zu den Frevlern. Trennt er sich nochmals von ihr,[77] so darf er sie nicht wieder nehmen, oder sie müßte zuvor einen anderen Mann geheiratet haben, und dieser sich von ihr scheiden lassen, dann ist es keine Sünde, wenn sie wieder sich vereinigen, insofern sie vermeinen, die Gebote Gottes erfüllen zu können. Dies sind Vorschriften Gottes, welche er bekanntgemacht dem Volke, das verständig ist. Wenn ihr euch nun von eueren Frauen trennt, und ihre bestimmte Zeit ist um,[78] so müßt ihr sie entweder nach Billigkeit behalten, oder entlassen. Haltet sie aber nicht mit Gewalt zurück. Wer solches tut, der versündigt sich. Haltet die Zeichen Gottes[79] nicht zum Spott, und erinnert euch seiner Huld, die er euch erwiesen, und der Schrift und der Erkenntnis, die er euch geoffenbart, zur Mahnung. Fürchtet Gott und wisset, daß er allwissend ist. Wenn ihr euch von eueren Frauen scheidet, und ihre bestimmte Zeit ist gekommen, dann hindert sie nicht, einen anderen Mann zu nehmen, wenn sie sich nach Billigkeit einigen wollen. Dies ist eine Mahnung denen, so da glauben an Gott und den Jüngsten Tag. Dies ist euch Gerechtigkeit und Reinheit. Gott weiß das, ihr aber nicht.

Die Mutter[80] soll ihre Kinder zwei volle Jahre säugen, wenn der Vater will, daß die Säugung vollständig sei. Ihm liegt es dann ob, ihr Nahrung und Kleidung nach Billigkeit zu geben. Niemand ist aber gezwungen, über seine Kräfte zu leisten. Weder Vater noch Mutter können hinsichtlich des Kindes hierzu gezwungen werden. Der Erbe[81] hat dieselben Pflichten. Wenn sie das Kind vor dieser Zeit, nach gemeinschaftlicher Beratung und Übereinstimmung, entwöhnen wollen, so haben sie keine Sünde davon. Wenn ihr wollt, so könnt ihr auch eine Amme für das Kind nehmen, wenn ihr nur den Lohn, den ihr eingegangen, nach Billigkeit, ihr gebt. Fürchtet Gott und wisset, daß Gott alles sieht, was ihr tut.

Wenn ihr sterbet und Frauen hinterlaßt, so müssen diese vier Monate und zehn Tage warten. Ist diese Zeit um, dann ist es keine Sünde, wenn sie mit sich nach Billigkeit verfahren. Gott weiß, was ihr tut. Auch ist es keine Sünde, wenn ihr vor dieser Zeit schon den Antrag zu heiraten einer Frau macht, oder diese Absicht noch in der Brust verborgen haltet, denn Gott kennt ja doch euere Wünsche. Versprecht euch aber nicht heimlich mit ihnen, wenigstens tut es in keuschen Worten. Die Verbindung selbst aber schließt nicht vor der bestimmten Zeit. Wisset, daß Gott weiß, was in euerem Herzen vorgeht, darum nehmet euch wohl in acht. Wisset aber auch, daß Gott auch gnädig und milde ist. Auch ist es keine Sünde, sich von der Frau zu trennen, wenn ihr sie noch nicht berührt, oder ihr noch kein Vermächtnis verschrieben habt, doch müßt ihr dann, der Reiche und der Arme, jeder nach Umständen und Billigkeit, für ihren Unterhalt sorgen. Dies ist für Gerechte Pflicht. Entlasset ihr sie, bevor ihr sie berührt, aber nachdem ihr ein Vermächtnis verschrieben habt, so erhalte sie die Hälfte des Verschriebenen, wenn nicht anders sie oder der, welcher die Ehepakten in Händen hat, in dieser Hinsicht Nachgiebigkeit zeiget. Zeigt ihr aber Nachgiebigkeit, so nähert ihr euch um so mehr der Frömmigkeit. Jedenfalls vergesset die Milde nicht unter euch, denn Gott sieht alles, was ihr tut. Beobachtet genau das Gebet, besonders das Nachmittagsgebet, betet mit Ehrfurcht zu Gott. Seid ihr in Furcht, so betet zu Fuß oder zu Pferde. Seid ihr aber in Sicherheit, so gedenkt Gott, der euch belehrte, da ihr noch unwissend wart.

Wenn jemand von euch stirbt und hinterläßt Frauen, der bestimme ihnen ihren Unterhalt auf ein ganzes Jahr, ohne sie aus dem Hause zu vertreiben. Verlassen sie dasselbe freiwillig, so habt ihr keine Sünde davon, wenn sie nach Billigkeit mit sich verfahren. Gott ist der Allmächtige und Allweise. Auch den geschiedenen Frauen müßt ihr nach Billigkeit Unterhalt geben, wie es Frommen ziemt. Dieses hat euch Gott in deutlicher Vorschrift gegeben, auf daß ihr es erkennet. Habt ihr noch nicht auf die geblickt, welche ihre Wohnungen verließen – es waren ihrer Tausende – aus Todesfurcht?[82] Da sprach Gott zu ihnen: Sterbet! Darauf belebte er sie wieder, denn Gott ist gnädig gegen die Menschen, doch die meisten Menschen danken ihm nicht dafür. Kämpfet für die Religion Gottes und wisset, daß Gott alles hört und weiß. Wer wohl will Gott ein Anleihen auf gute Zinsen machen?[83] Vielfältig verdoppelt gibt er es ihm wieder. Er streckt die Hand aus und zieht sie ein,[84] und zu ihm kehrt ihr einst zurück.

Hast du noch nicht hingeblickt auf jene Versammlung der Kinder Israels, nach Moses Zeit, als sie zum Propheten sprachen: Gib uns einen König, daß wir für die Religion Gottes kämpfen.[85] Er antwortete: Wollt ihr vielleicht, wenn der Krieg euch befohlen wird, nicht kämpfen? Sie erwiderten: Wie sollten wir nicht kämpfen für die Religion Gottes, sind wir ja bereits mit unseren Kindern aus unseren Wohnungen vertrieben! Als ihnen aber der Krieg nun geboten wurde, da flohen sie, bis auf wenige. Gott aber kennt die Frevler. Als der Prophet ihnen nun sagte: Gott hat den Talut[86] zum König über euch eingesetzt. Da sagten sie: Wie sollte er König über uns sein, da wir des Zepters würdiger sind als er? Auch besitzt er ja kein Vermögen dazu. Er aber sagte: Gott hat ihn für euch auserwählt und ihn ausgezeichnet mit Vorzügen an Geist und Körper. Gott gibt die Regierung, wem er will. Gott ist allmächtig und allweise. Der Prophet sagte ferner zu ihnen: Ein Zeichen seiner Herrschaft wird sein: Die Bundeslade, in welcher die Gottheit wohnt, wird zu euch kommen, und die Reliquien, welche Moses und Arons Familie hinterlassen haben.[88] Engel werden sie tragen. Dies sind für euch Zeichen, insofern ihr gläubig seid. Als nun Talut mit dem Heere auszog, da sagte er: Gott will euch an diesem Flusse prüfen. Wer daraus trinken wird, der hält es nicht mit mir, wer aber nicht aus demselben trinkt, der ist mit mir. Jedoch der sei aufgenommen, der mit der flachen Hand ein wenig daraus schöpfet. Aber, bis auf wenige, tranken alle daraus.[89] Als sie nun über dem Flusse waren, er und die Gläubigen mit ihm, da sagten sie: Wir haben heute keine Kraft, gegen Galuth[90] und dessen Heer zu kämpfen. Die aber, so da glaubten, daß sie einst zu Gott kommen würden, sagten: Wie oft hat nicht schon, mit dem Willen Gottes, ein kleines Heer ein weit mächtigeres besiegt, denn Gott ist mit den geduldig Ausharrenden. Als sie nun dem Kampfe mit Galuth und seinem Heere entgegenzogen, da beteten sie: Gieße Geduld über uns aus, stärke unsere Füße und hilf uns gegen dieses ungläubige Volk. Sie besiegten, mit dem Willen Gottes, den Feind, und David tötete den Galuth. Ihm gab Gott darauf das Reich und Weisheit und lehrte ihn, was er nur wollte. Würde Gott die Menschen nicht durch Menschen selbst in Schranken halten, die Erde wäre schon längst dem Verderben anheimgegeben. Aber Gott ist gnädig gegen die Erdbewohner. Dies sind die Zeichen Gottes, die er dir in Wahrheit geoffenbart, denn du bist einer seiner Gesandten.

Unter den Propheten haben wir einige vor anderen bevorzugt. Mit einigen sprach Gott selbst, andere bevorzugte er noch mehr. Dem Jesus, Sohn Marias, gaben wir Wunderkraft, und rüsteten ihn aus mit dem heiligen Geiste[91]. Hätte Gott es gewollt, so würden die später Lebenden, nachdem ihnen so deutliche Belehrung geworden, nicht verschiedener Ansicht sein. Aber sie sind verschiedener Meinung. Einer glaubt, der andere leugnet. So Gott es nur wollte, sie stritten nicht, aber Gott tut, was er will.

O ihr Gläubigen, gebet Almosen von dem, was ich zu eurem Unterhalt euch verliehen, bevor da kommt der Tag, an welchem kein Unterhandeln, keine Freundschaft und keine Fürbitte stattfindet. Frevler sind die Ungläubigen.

Gott ist Gott, außer ihm gibt's keinen Gott. Er ist der Lebendige, der Ewige. Ihn ergreift nicht Schlaf, nicht Schlummer. Sein ist, was im Himmel, sein ist, was auf Erden. Wer kann bei ihm Vermittler sein, ohne seinen Willen? Er weiß, was da war und was da sein wird, und die Menschen begreifen seine Allwissenheit nur insofern, als er will. Über Himmel und Erde ist sein Thron ausgedehnt, und die Überwachung beider ist ihm keine Bürde. Er ist ja der Erhabene und Mächtige. Zwingt keinen zum Glauben, da ja die wahre Lehre von der falschen deutlich und klar unterschieden ist. Wer den Tagut[92] verleugnet und an Gott glaubt, der hält sich an eine Stütze, die nimmer zerbricht. Gott ist der alles Hörende und alles Wissende. Gott ist der Beschützer der Gläubigen. Er führt sie aus der Finsternis ans Licht. Der Ungläubigen Beschützer aber ist Tagut. Er führt sie aus dem Lichte in die Finsternis. Sie gehören zur Gesellschaft des Höllenfeuers, und ewig werden sie darin verbleiben.

Hast du nicht auf jenen[93] hingeblickt, der mit Abraham über Gott den Herrn stritt, der ihm die Herrschaft verliehen? Abraham sagte: Mein Herr ist der, der da lebendig macht und tötet. Er aber antwortete: Auch ich mache lebendig und töte. Abraham erwiderte: Siehe, er bringt die Sonne von Osten her, bringe du sie doch einmal von Westen. Das verwirrte den Ungläubigen. Gott leitet die Frevler nicht.

Oder hast du nicht auf jenen[94] hingeblickt, der an einer Stadt vorüberging, die bis auf den Grund zerstört war, und sagte: Wie wird Gott diese, da sie tot ist, wieder beleben? Gott ließ ihn darauf sterben, und erst nach hundert Jahren weckte er ihn wieder und fragte ihn: Sage, wie lange hast du hier zugebracht? Er antwortete: Einen Tag, einen Teil eines Tages nur. Er aber erwiderte: Nein, hundert Jahre sind's. Sieh' auf deine Speise und deinen Trank, noch sind sie nicht verdorben. Betrachte auch deinen Esel, damit wir dich für die Menschen als Beweiszeichen einsetzen. Betrachte diese Gebeine, wie wir sie auferwecken und mit Fleisch bedecken. Als er dieses Wunder sah, rief er aus: Nun weiß ich, daß Gott allmächtig ist.

Als Abraham sprach: O Herr, zeige mir, wie du die Toten lebendig machst! Sagte er: Willst du noch immer nicht glauben? Wohl, erwiderte er, aber nur mein Herz zu beruhigen, frage ich. Gott sagte darauf: Nimm vier Vögel und zerstückle sie, und eilends werden sie zu dir kommen, dann weißt du, daß Gott allmächtig und allweise ist.[95]

Die, welche ihr Vermögen für die Religion Gottes hergeben, gleichen einem Samenkorn, das sieben Ähren bringt, und jede Ähre enthält hundert Samenkörner. Gott gibt reichlich dem, der ihm gefällt. Gott ist allgütig und allweise. Wer sein Vermögen für die Religion Gottes hergibt und die Gabe nicht wiederfordert, und auch keinen Zank deshalb beginnt,[96] den erwartet Lohn vom Herrn, den trifft weder Furcht noch Trauer. Worte der Freundlichkeit und Milde sind besser als die unfreundliche Gabe. Gott ist reich und milde. O ihr Gläubigen, vermindert doch nicht den Wert eurer Gaben durch Vorwürfe und Unfreundlichkeit, wie die, welche nur Almosen geben, damit es die Leute sehen, aber nicht glauben an Gott und den Jüngsten Tag. Sie gleichen dem auf der Erde liegenden Kieselsteine, mag es auch noch so viel auf ihn regnen, er bleibt dennoch hart. Ihr Erwerb bringt ihnen keinen Gewinn. Gott leitet die Ungläubigen nicht. Die aber, welche Almosen geben aus Begierde, Gott zu gefallen, und aus wahrer Seelenstärke, gleichen einem Garten, der auf einem Hügel liegt, und auf den ein starker Regen fällt, und der seine Früchte doppelt bringt. Und wenn der Regen ihn nicht tränkt, so befeuchtet ihn doch der Tau. Gott weiß, was ihr tut. Wünschet wohl einer von euch einen Garten zu haben mit Palmen, Weinstöcken, mit Quellen bewässert, alle Arten Früchte enthaltend, und nicht zugleich auch hohes Alter und Nachkommen, die ihm ähnlich sind? Wie aber, wenn nun Sturm mit Feuerflammen ihn verzehre? – Diese Zeichen lehret euch Gott, auf daß ihr nachdenket.

O ihr Gläubigen, gebet Almosen von den Gütern, die ihr erwerbt, und von dem, was wir euch aus der Erde Schoß wachsen lassen. Sucht aber nicht das Schlechteste zum Almosen aus, solches, was ihr wohl selbst nicht annehmen würdet, es sei denn, ihr werdet getäuscht. Wisset, daß Gott ist reich und hochgepriesen. Der Satan droht mit Armut und befiehlt euch Schändlichkeiten, Gott aber verheißt euch Vergebung und Reichtum. Gott ist milde und weise. Er gibt Weisheit, wem er will, und wem Weisheit geworden, der hat großes Gut. Nur Weise bedenken das. Was ihr an Almosen gebet, und was ihr gelobet, Gott weiß es. Den Frevlern wird kein Schutz. Macht ihr eure Almosen bekannt, so ist's gut, doch wenn ihr das, was ihr den Armen gebet, verheimlicht, so ist es besser. Dies wird euch von allem Bösen befreien. Gott kennt, was ihr tut. Sie, die Frevler, zurechtzuweisen, liegt dir nicht ob. Gott leitet, wen er will. Was ihr an Almosen gebet, ist für euerer Seele Heil. Was ihr gebet, gebet nur in Absicht, Gottes Antlitz einst zu schauen. Was ihr den Armen Gutes tut, wird euch einst belohnt werden. Die Armen, welche im Religionskriege beschäftigt sind, können nicht im Lande umhergehen und ihren Unterhalt suchen. Die Toren halten sie, ihrer Bescheidenheit wegen, für reich. An ihren Sitten kannst du sie erkennen, sie fordern nichts mit Ungestüm. Was ihr ihnen Gutes tut, Gott ist es bekannt. Die, welche von ihrem Vermögen Almosen geben, bei Nacht und bei Tag, heimlich und öffentlich, haben Lohn von ihrem Herrn zu erwarten, und weder Furcht noch Trauer kommt über sie.

Die, welche vom Wucher leben, werden einst wieder auferstehen als Besessene, vom Satan berührt,[97)] deshalb, weil sie sagen: „Kaufhandel ist mit Wucher gleich." Aber Gott hat den Handel erlaubt und den Wucher verboten. Wer denselben nun, von Gott gewarnt, unterläßt, dem wird Vergebung des Vergangenen, wenn er seine Angelegenheiten nach Gottes Willen führt. Wer aber von neuem Wucher treibt, der ist ein Gefährte des Höllenfeuers, ewig wird er darin verbleiben. Dem Wucher gibt Gott keinen Segen, das Almosen aber mehrt er. Gott liebt die Gottlosen nicht. Die aber, welche glauben, Gutes tun, das Gebet verrichten und Almosen geben, haben Lohn von ihrem Herrn zu erwarten, und weder Furcht noch Trauer kommt über sie. O ihr Gläubigen, fürchtet Gott und gebt zurück den Wucher, den ihr in Händen habt, insofern ihr Gläubige seid. Tut ihr das aber nicht, so ist euch Krieg verkündet von Gott und seinem Propheten. Doch bekehret ihr euch, dann soll das Kapital eueres Vermögens euch bleiben. Tut niemandem unrecht, dann wird auch euch kein Unrecht geschehen. Fällt einem Schuldner die Zahlung schwer, so seht ihm nach, bis dies ihm leichter wird. Erlasset ihr sie aber ganz als Almosen ihm, um so besser für euch. Könntet ihr das doch einsehen! O fürchtet den Tag, an welchem ihr zu Gott zurückkehren werdet, dann wird jeder Seele der Lohn, den sie verdient, und niemandem Unrecht geschehen. O ihr Gläubigen, wenn ihr bei einer Schuld auf eine bestimmte Zeit euch verpflichtet, so macht dies schriftlich. Ein Schreiber schreibe, so wie es rechtens ist, dies für euch nieder. Der Schreiber schreibe nur und nicht anders, als wie es ihn Gott gelehrt.[98] Er schreibe, wie es der Schuldner ihm vorsagt, nach Wahrheit, er fürchte Gott seinen Herrn, und verfälsche nichts. Ist aber der Schuldner schwachsinnig oder töricht, oder vermag sonst nicht vorzudiktieren, so tue es, wie es rechtens, sein Vormund, und nehmet zwei Männer von euch zu Zeugen. Sind aber keine zwei Männer vorhanden, so nehmet einen Mann und zwei Frauen, welche ihr wollt, zu Zeugen. Wenn die eine dann sich irrt, so kann die andere ihrem Gedächtnis zu Hilfe kommen. Die Zeugen mögen sich nicht weigern zu kommen, wenn sie zu zeugen gerufen werden. Verschmäht es nicht, die Schuld, sie sei groß oder klein, und die Zahlungsfrist niederzuschreiben. So ist's gerecht vor Gott, dient als Versicherung und überhebt jeden Zweifel. Doch wenn ihr Geschäfte, die gleich gegenwärtig zwischen euch abgemacht sind, abschließt, so ist es kein Vergehen, wenn ihr nichts niederschreibt, doch nehmt Zeugen bei eueren Geschäften, aber daß nicht dem Schreiber oder Zeugen Schaden entstehe. Tut ihr aber anders, so begehet ihr Ungerechtigkeit. Fürchtet Gott, er wird euch unterrichten, denn er weiß alles. Seid ihr aber auf der Reise und habt keinen Schreiber, so nehmt ein Unterpfand. Traut aber einer dem anderen ohne das, so gebe der, dem angetraut wird, das Angetraute wieder und fürchte Gott. Verhehlet kein Zeugnis. Wer Zeugnis verheimlicht, der hat ein böses Herz, und Gott weiß, was ihr tut. Gott gehört, was im Himmel und was auf Erden. Er wird euch über das, was in euerem Herzen ist, mögt ihr es veröffentlichen oder verheimlichen, zur Rechenschaft ziehen. Er verzeiht, wem er will und bestraft, wen er will, er, Gott, der über alle Dinge mächtig ist. Der Prophet glaubet an das, was ihm offenbart worden, und alle Gläubigen glauben an Gott, an seine Engel, an seine Schrift und an seine Propheten. Wir machen keinen Unterschied zwischen seinen Propheten. Sie sagen: Wir hören und gehorchen. Dich aber, o Herr, bitten wir um Gnade, denn zu dir kommen wir einst. Gott zwingt niemanden, über seine Kräfte zu tun, aber den Lohn dessen, was man Gutes oder Böses getan, wird man erhalten. O Herr, bestrafe uns nicht, wenn wir ohne oder mit Absicht gesündigt. Lege uns nicht auf das Joch, das du denen aufgelegt, die vor uns lebten. Lege uns nicht mehr auf, als wir tragen können. Verzeihe uns, vergib uns, erbarme dich unser. Du bist unser Beschützer. Hilf uns gegen die Ungläubigen.

DRITTE SURE

Die Familie Amrans[1]

Geoffenbart zu Medina

Im Namen des allbarmherzigen Gottes

ALM. Gott ist Gott und außer ihm gibt's keinen Gott. Er ist der Lebendige und Ewiglebende. Er hat dir geoffenbart die Schrift in Wahrheit, bestätigend das früher schon Geoffenbarte. Er offenbarte die Thora[2] und das Evangelium schon früher als Leitung für die Menschen, und nun offenbarte er den Koran[3]. Wahrlich die, welche die Zeichen Gottes leugnen, erhalten große Strafe, denn Gott ist mächtig und vermag sich zu rächen. Gott ist nichts verborgen, was auf Erden, was im Himmel. Er ist's, der euch nach seinem Willen im Mutterleib geschaffen. Außer ihm, dem Mächtigen und Weisen, gibt's keinen Gott. Er offenbare dir die Schrift, in welcher mehrere Verse klar und deutlich sind, welche die Grundsäulen der Schrift bilden. Andere sind dunkel und bildlich zu nehmen. Diejenigen nun, welche im Herzen zweifeln, wollen aus Begierde Spaltungen zu veranlassen, und aus Begierde zu deuten, jene Gleichnisse erklären. Aber nur Gott kennt ihre wahre Bedeutung. Die aber, welche fest in der Erkenntnis sind, sprechen: Wir glauben daran, das Ganze ist von unserem Herrn. So denken aber nur die, welche verständigen Herzens sind. O Herr, laß unser Herz nicht mehr irren, nachdem du uns auf den rechten Weg geleitet hast, und schenke uns deine Barmherzigkeit, denn du bist ja der Gnadenspender. O Herr, gewiß wir zweifeln nicht daran, du wirst einst an einem bestimmten Tage die Menschen versammeln, denn Gott widerruft sein Versprechen nicht. Den Ungläubigen aber werden Vermögen und Kinder bei Gott nichts helfen. Sie sind Nahrung des Höllenfeuers. Nach Art und Weise des Volkes des Pharaos und derer, welche vor ihnen gelebt, zeihten sie meine Zeichen Lügen, aber Gott hat sie in ihren Verbrechen erfaßt, und Gott ist der streng Bestrafende. Sprich zu den Ungläubigen: Ihr sollt besiegt und in die Hölle verstoßen werden, und dort eine unselige Lagerstätte haben. An jenen zwei Heerscharen, die aufeinander stießen, habt ihr ein Wunder gesehen.[4] Die eine Schar kämpfte für die Religion Gottes, die andere war ungläubig. Diese hielt jene für zweimal so stark als sich selbst. Gott stärkt mit seiner Hilfe, wen er will. Wahrlich dies war ein merkwürdiges Ereignis für nachdenkende Menschen.

Den Menschen ward eingepflanzt Trieb und Begierde zu Frauen, Kindern, Gold und Silber, edlen Pferden, Viehherden und Äckern. Doch dies alles ist nur Nahrung für dieses Leben, aber die schönste Rückkehr ist zu Gott. Saget selbst: Kann ich Besseres als das euch verkünden? Die Frommen werden von Gott einst erhalten Gärten von Quellen durchströmt, und ewig werden sie darin verweilen. Unbefleckte Frauen und das Wohlgefallen Gottes wird ihnen zuteil, denn Gott sieht huldvoll auf seine Diener, auf die, welche sprechen: O Herr, wir sind Gläubige, verzeihe uns unsere Sünden und befreie uns von der Strafe des Höllenfeuers! So sprechen die Geduldigen, die Wahrheitsliebenden, die Andächtigen, die Almosenspender und die im Morgengebete um Sündenvergebung flehen. Gott selbst hat es bezeugt, daß es keinen Gott gibt außer ihm, und die Engel und alle vernunftbegabten Menschen bestätigen es in Wahrheit, daß es keinen Gott gibt außer ihm, dem Mächtigen und Weisen. Die wahre Religion vor Gott ist der Islam[5]. Nicht eher wurden die Schriftbesitzer uneins, als bis ihnen die Erkenntnis geworden, da wurden sie, aus Neid, uneins untereinander. Wer nun die Zeichen Gottes leugnet, der wisse, daß Gott schnell ist im Zusammenrechnen. Wenn sie mit dir streiten, so sage: Ich und meine Anhänger sind Gott ergeben. Zu den Schriftbesitzern und den Ungelehrten[6] sage: Wollt ihr den Islam annehmen? So sie ihn annehmen, sind sie auf rechtem Wege, so sie sich aber weigern, mußt du sie dazu bereden, und Gott sieht wohlgefällig auf seine Diener. Denen aber, welche die Zeichen Gottes leugnen und die Propheten töten ohne Grund und diejenigen morden, welche Recht und Gerechtigkeit predigen, ihnen verkünde peinvolle Strafe. Ihre Werke sind für diese und für jene Welt verloren und niemand wird ihnen helfen. Hast du noch nicht auf jene hin geblickt, die einen Teil der Offenbarung erhalten haben? Als man sie auf die Schrift Gottes hinwies, daß sie die Streitpunkte entscheide, da wendete sich ein Teil von ihnen um und entfernte sich.[7] Dies taten sie deshalb, weil sie sprechen: „Das Höllenfeuer trifft uns nur eine bestimmte Anzahl von Tagen", und so fielen sie durch eigen Erdachtes in der Religion dem Irrtum anheim. Wie aber dann, wenn wir sie versammeln an dem Tage, der keinem Zweifel unterliegt, und jede Seele erhält, was sie verdient? – Auch ihnen wird dann kein Unrecht geschehen. Bete: O Gott, der du das Reich besitzest, du gibst die Herrschaft wem du willst, und entziehst sie von wem du willst. Du

– 45 –

erhöhest wen du willst und erniedrigest wen du willst. In deiner Hand ist
alles Gute, denn du bist über alle Dinge mächtig. Auf die Nacht läßt du folgen den Tag, und auf den Tag die Nacht. Aus dem Tode läßt du Leben hervorgehen und den Tod aus dem Leben, und ernährest wen du willst, ohne
solches abrechnen zu wollen.

Ihr Gläubigen, nehmet auch keine Ungläubigen, wenn Gläubige vorhanden, zu Beschützern. Wer aber solches tut, der hat von Gott in nichts Beistand zu hoffen, oder er müßte denn Gefahr von ihnen befürchten. Gott
selbst aber wird euch beschützen und zu ihm werdet ihr einst kommen.
Sprich: Möget ihr verheimlichen was in euerem Herzen, oder es veröffentlichen, Gott weiß es, denn er weiß was im Himmel und was auf Erden, und
Gott ist über alle Dinge mächtig. An jenem Tage wird jeder das Gute, welches er getan, gegenwärtig finden und wird wünschen, daß zwischen ihm
und dem Bösen, das er getan, eine große Kluft sein möge. Gott selbst aber
wird euch beschützen, denn er ist huldvoll gegen seine Diener. Sprich ferner:
So ihr Gott liebt, so folget mir, und Gott wird euch wieder lieben und euch
euere Sünden vergeben, denn Gott ist verzeihend und barmherzig. Sprich
ferner: Gehorchet Gott und seinem Propheten. Wendet ihr euch aber ab, so
wisset, daß Gott die Ungläubigen nicht liebt. Wahrlich, Gott hat den Adam,
Noah und die Familie Abrahams und die Familie Amrans vor allen übrigen
Menschen bevorzugt. Ein Geschlecht entstand aus dem anderen, und Gott
hört und weiß alles.

Gedenke des Gebetes der Frau Amrans[8]: O Herr, ich gelobe dir die Frucht
meines Leibes, sie sei dir geweiht, nimm sie von mir an, du Allessehender und
Allwissender! Als sie nun niedergekommen, sprach sie: O mein Herr, siehe,
ich habe ein Mädchen geboren (Gott wußte wohl, was sie geboren), aber ein
Knabe ist nicht gleich einem Mädchen[9]. Ich habe sie Maria genannt und gebe
sie und ihre Nachkommen in deinen Schutz gegen den gesteinigten Satan[10].
Gott nahm sich ihrer mit Wohlgefallen an, und ließ einen trefflichen Zweig
aus ihr hervorsprießen. Zacharias übernahm die Sorge für sie. So oft er nun
auf ihre Kammer kam, fand er Speise bei ihr. Er fragte sie: Maria, woher
kommt dir dies? Sie antwortete: Von Gott, denn Gott speiset wen er will, ohne
es abzurechnen. Darauf flehte Zacharias zu seinem Herrn und sprach: O Herr,
laß von dir mir werden ein gutes Kind, denn du bist ja Erhörer der Gebete. Als
er noch betend in der Kammer stand, riefen ihm die Engel zu: Gott verkündet dir den Johannes, welcher bestätigen wird das von Gott kommende
Wort[11]. Er wird sein ein verehrungswürdiger und enthaltsamer Mann und
ein frommer Prophet. Er aber sprach: O mein Herr, wie soll mir noch ein

– 46 –

Sohn werden, bin ich ja schon in hohem Alter und meine Frau ist unfruchtbar? Der Engel erwiderte: Gott tut was er will. Darauf erwiderte er: O Herr, gib mir ein Zeichen. Er antwortete: Dies soll dir ein Zeichen sein, drei Tage lang wirst du nicht anders als nur durch Gebärden mit den Menschen reden können. Gedenke oft deines Herrn und lobe ihn des Abends und Morgens.[12] Die Engel sprachen ferner: O Maria, Gott hat dich erhoben, geheiligt und bevorzugt über alle Frauen der Welt. O Maria, sei Gott ganz ergeben, verehre ihn und beuge dich mit denen, die vor ihm sich beugen. Dies ist eine geheime Begebenheit, dir offenbaren wir sie. Du warst nicht dabei, als sie das Los warfen, wer von ihnen die Sorge für Maria übernehmen sollte, warst auch nicht dabei, als sie sich darum stritten. Die Engel sprachen ferner: O Maria, Gott verkündet dir das von ihm kommende Wort, sein Name wird sein: Messias Jesus, Sohn Marias. Herrlich wird er sein in dieser und in jener Welt, und zu denen gehören, die Gott nahe stehen. Er wird in der Wiege schon und auch im Mannesalter zu den Menschen reden und wird sein ein frommer Mann. Maria erwiderte: Wie soll ich einen Sohn gebären, da mich ja kein Mann berührt? Der Engel antwortete: Gott schaffet was und wie er will. So er eine Sache beschlossen und spricht: Es werde! – so ist's. Er wird ihn auch unterweisen in der Schrift und Erkenntnis, in der Thora und dem Evangelium und ihn senden zu den Kindern Israels, sagend: Ich komme zu euch mit Zeichen von euerem Herrn. Ich will aus Ton die Gestalt eines Vogels euch machen und ihn anhauchen, und er soll, mit dem Willen Gottes, ein lebendiger Vogel werden. Die Blinden und die Aussätzigen will ich heilen, und mit dem Willen Gottes Tote lebendig machen, und euch sagen, was ihr esset und sonst vornehmet in eueren Häusern. Dies alles wird euch ein Zeichen sein, wenn ihr nur gläubig seid. Ich bestätige die Thora, die ihr vorlängst erhalten, erlaube aber einiges, was euch sonst verboten. Ich komme zu euch mit Zeichen von euerem Herrn. Fürchtet Gott und folget mir, denn Gott ist mein und euer Herr. Ihn verehret, das ist der rechte Weg.

Als Jesus sah, daß viele von ihnen nicht glauben wollten, sprach er: Wer will mir für Gottes Sache beistehen? Darauf erwiderten die Apostel: Wir wollen Gottes Sache verfechten. Wir glauben an Gott, bezeug' es uns, daß wir Gläubige sind. O Herr, wir glauben an das, was du geoffenbart, wir folgen deinem Gesandten, darum schreibe uns ein in die Zahl der Zeugen. Sie, die Juden, ersannen eine List, allein Gott überlistete sie, denn Gott übertrifft die Listigen an Klugheit. Gott sprach nämlich: Ich will dich, o Jesus, sterben lassen und dich zu mir erheben, und dich von den Ungläubigen befreien,[13] und die, welche dir gefolgt sind, will ich über die Ungläubigen setzen bis zum

– 47 –

Auferstehungstage. Dann kehret ihr zu mir zurück, und dann will ich die Streitpunkte zwischen euch entscheiden. Die Ungläubigen werde ich in dieser und in jener Welt hart bestrafen und niemand wird ihnen helfen. Die Gläubigen aber, die Gutes tun, werden ihren Lohn empfangen. Die Frevler aber liebt Gott nicht. Diese Zeichen und weise Erkenntnis machen wir dir bekannt. Vor Gott ist Jesus dem Adam gleich, den er aus Erde geschaffen, und sprach: „Werde", und er ward.[14] Diese Wahrheit kommt von Gott, sei daher kein Zweifler. Wenn jemand nun mit dir, nachdem dir die wahre Erkenntnis geworden, über diese streiten will, so sprich: Kommt, laßt uns zusammenrufen unsere und euere Söhne, unsere und euere Weiber, unsere und euere Leute, und zu Gott beten und Gottes Fluch über die Ungläubigen erflehen. Das ist eine wahre Begebenheit[16], und außer Gott gibt es keinen Gott, und Gott ist mächtig und weise. Kehren sie um, wahrlich, so kennt Gott die Frevler.

Sprich: O ihr Schriftbesitzer, kommt und laßt uns folgende Vereinigung zwischen uns finden: Laßt uns nur Gott allein verehren und ihm kein anderes Wesen gleichsetzen, auch keinen von uns außer Gott vergöttern und als unseren Herrn anerkennen. Weigern sie sich dessen, so sprechet: Seid wenigstens Zeuge, daß *wir* wahrhaftig gottergeben sind. O ihr Schriftbesitzer, streitet doch nicht in betreff Abrahams.[17] Ward ja die Thora und das Evangelium erst nach seiner Zeit offenbart. Wißt ihr das nicht? Streitet immerhin über Dinge, die ihr wissen könnt, aber warum über Dinge streiten, die ihr *nicht* wissen könnt? Gott allein nur weiß es, ihr aber nicht. Abraham war weder Jude noch Christ, sondern er war fromm und rechtgläubig und kein Götzendiener. Diejenigen stehen dem Abraham am nächsten, welche ihm folgen, und dieser Prophet (Mohammed) und die Gläubigen. Gott ist Beschützer der Gläubigen. Einige von den Schriftbesitzern möchten euch verführen, aber sie verführen nur sich selbst, und wissen es nicht. O ihr Schriftbesitzer, leugnet doch nicht die Zeichen Gottes, müßt ihr sie ja selbst bezeugen. O ihr Schriftbesitzer, bemäntelt doch die Wahrheit nicht mit der Unwahrheit, um die Wahrheit zu verbergen, da ihr es ja besser wißt. Einige der Schriftbesitzer sagen: Glaubet des Morgens an das, was den Gläubigen offenbart wurde, und des Abends leugnet es wieder, damit sie zurückkehren.[18] Glaubet nur dem, der eueres Glaubens ist. Sprich: Die Leitung ist Leitung Gottes, wenn sie auch einem anderen, ebenso wie sie euch geworden, zugekommen. Oder wollen sie vor Gott mit euch streiten? Sage ihnen: Alles Treffliche ist in Gottes Hand, er gibt es, wem er will, denn Gott ist gütig und weise, er begnadigt mit seiner Barmherzigkeit, wen er will, denn Gott ist groß in seiner Gnade.

Es gibt manchen unter den Schriftbesitzern, dem du wohl ein Talent anvertrauen kannst. Er wird es dir wiedergeben. Aber auch manchen, der einen ihm geborgten Denar dir nicht zurückgibt, wenn du ihn nicht stets zur Zahlung drängst. Das kommt daher, weil sie sagen: Wir haben gegen die Unwissenden[19] keine Verpflichtung, und sprechen so von Gott Lügen, gegen besseres Wissen. Wer aber seine Verpflichtung hält und Gott fürchtet, den liebt Gott. Wer aber mit dem Bündnis Gottes Handel treibt und mit seinem Eid, um eitlen Gewinnes wegen, der hat keinen Anteil am zukünftigen Leben. Am Auferstehungstage wird Gott nicht mit ihnen reden, sie nicht anblicken und sie nicht für rein erklären, vielmehr wartet ihrer schwere Strafe. Viele von ihnen lesen ihre Verfälschungen so aus der Schrift vor, daß ihr glauben solltet, so sei es in der Schrift enthalten. So steht es aber nicht darin. Sie sagen: So ist sie von Gott. Und sie ist nicht so von Gott, und sie sprechen von Gott Lügen, gegen besseres Wissen. Es geziemet dem Menschen nicht, daß Gott ihm sollte Schrift, Weisheit und Prophetentum geben, und darauf zu den Leuten sagen: Betet mich und nicht Gott an,[20] sondern es ziemt sich zu sagen: „Vervollkommnet euch in der Schrift, die ihr ja kennet und übet euch darin." Gott befiehlt euch nicht, daß ihr Engel oder Propheten als Gebieter anerkennen sollt. Sollte er auch wohl, nachdem ihr Muslime geworden, euch den Unglauben gebieten? Als Gott mit den Propheten ein Bündnis schloß, sagte er: Das ist die Schrift und Erkenntnis, welche ich euch gebe. Hierauf wird ein Gesandter zu euch kommen und das, was ihr jetzt habt, bestätigen. Ihm müßt ihr glauben und ihn müßt ihr unterstützen. Gott sprach ferner: Seid ihr ernstlich entschlossen, mein Bündnis anzunehmen? Sie antworteten: Wir sind entschlossen. Darauf sprach Gott: So seid Zeugen, und ich werde mit euch Zeuge sein. Wer dann zurücktreten wird, der gehört zu den Frevlern. Wollen sie denn eine andere, als die Religion Gottes? Zu ihr bekennet sich, was im Himmel und was auf Erden, sei es freiwillig oder gezwungen, und zu Gott kehrt alles einst zurück. Sprich: „Wir glauben an Gott und an das, was er uns geoffenbart, und an das, was er dem Abraham, Ismael, Isaak, Jakob und den Stämmen geoffenbart, und an das, was Moses, Jesus und den Propheten von ihrem Herrn geworden. Wir machen zwischen keinem von diesen einen Unterschied. Wir sind Muslime." Wer eine andere Religion, als den Islam annimmt, dessen nimmt sich Gott nicht an, der gehört in jener Welt zu den Verlorenen. Wie sollte Gott auch ein Volk leiten, welches geglaubt und bezeugt, daß der Gesandte wahrhaftig ist, und dem deutliche Zeichen zugekommen, und das dennoch später ungläubig geworden? Nein, Gott führet die Frevler nicht auf den rechten

Weg. Der Fluch Gottes und der Engel und aller Menschen Fluch trifft sie. Ewig werden sie darin verharren, nichts mildert ihre Qual und nimmer wird ein gnadenvoller Blick sie treffen, mit Ausnahme derer, welche Buße und Gutes tun, denn Gott ist verzeihend und barmherzig. Die aber, welche, nachdem sie wieder geglaubt, nochmals in Unglauben verfallen und in diesem immer zunehmen, deren Buße wird nimmer angenommen, denn sie beharren doch im Irrtum. Wer dem Unglauben huldigt und als Ungläubiger stirbt, von dem werden alle Schätze Goldes der Erde, wenn er sich damit auslösen will, nicht angenommen, vielmehr wartet seiner schwere Strafe und niemand kann ihn retten. Nicht eher werdet ihr Gerechtigkeit erlangen, bis ihr von dem, was euch lieb ist, Almosen gebet, und all euer Almosen, was ihr gebet, weiß Gott. Alle Speisen waren, bevor die Thora gegeben, den Kindern Israels erlaubt, außer die, welche Israel sich selbst versagt.[21] Sprich: Bringet die Thora und leset sie, wenn ihr wahrhaftig seid. Wer aber darauf Gott Lügen andichtet, der gehört zu den Frevlern. Sprich: Gott ist wahrhaftig, befolget darum die Religion des rechtgläubigen Abraham, der kein Götzendiener war. Das erste Betshaus für die Menschen war das zu Bakka[22], zum Segen und zur Richtschnur der Welt. In ihm sind deutliche Zeichen. Es ist der Ort Abrahams. Wer ihn betritt, wird sicher sein. Gott befahl den Menschen, welchen es möglich ist, nach diesem Hause zu wallfahren. Wer aber ungläubig sein will, der bedenke, daß Gott auch ohne diese Welten reich genug ist.[23] Sprich: Ihr Schriftbesitzer, warum leugnet ihr die Zeichen Gottes? Gott ist Zeuge dessen, was ihr tut. Sprich: Warum wollt ihr die Gläubigen von der Religion Gottes abhalten, und sie verdrehen, da ihr sie ja selbst bezeugen müsset? Aber Gott ist euer Tun nicht unbekannt. O ihr Gläubigen, wenn ihr einem Teil der Schriftbesitzer folget, so werden sie aus Gläubigen zu Ungläubigen euch machen wollen. Wie könnt ihr aber Ungläubige werden, da euch die Zeichen Gottes vorgelesen werden und sein Gesandter unter euch ist? Wer aber fest Gott anhängt, der wird auf den rechten Weg geführt. O ihr Gläubigen, fürchtet Gott mit wahrer Ehrfurcht und sterbet nicht anders denn als Moslems. Haltet fest am Seile Gottes[24] und lasset nicht los davon, und seid eingedenk der Wohltaten, die euch Gott erzeigt. Ihr wart Feinde, er aber vereinigte euere Herzen, und ihr seid, durch seine Gnade, Brüder geworden. Ihr wart am Rande des Höllenfeuers, und er befreite euch. Deshalb machte euch Gott seine Zeichen bekannt, auf daß ihr auf den rechten Weg geleitet werdet, auf daß ein Volk aus euch werde, welches die beste Religion verehret, welches nur das gebietet, was recht, und verbietet, was unrecht ist. Dieses Volk wird glücklich sein. Seid nicht wie jene, die sich getrennt haben,[25]) und die, nachdem ihnen die deutliche Lehre geworden, dennoch uneinig sind. Ihrer wartet große Strafe. An jenem Tage werden einige weiße, andere schwarze Gesichter haben. Zu denen, die schwarze Gesichter haben, wird Gott sagen: Seid ihr Ungläubige geworden, nachdem ihr Gläubige gewesen? Nun, so nehmet hin die Strafe eueres Unglaubens. Die aber, deren Gesichter weiß sind, werden die Gnade Gottes genießen, und zwar ewiglich. Dies sind die Zeichen Gottes, welche wir dir in Wahrheit offenbaren. Gott will seine Geschöpfe nicht mit Ungerechtigkeit behandeln. Was im Himmel und was auf Erden, gehört Gott, und zu ihm kehren einst alle Dinge zurück. Ihr seid das beste Volk, das je unter Menschen entstanden. Ihr gebietet nur das Recht und verbietet das Unrecht, und glaubet an Gott. Hätten die Schriftbesitzer geglaubt, wahrlich, es würde besser um sie stehen. Es gibt zwar auch Gläubige unter ihnen, die meisten aber sind Frevler. Sie werden euch nur wenig schaden können, und wenn sie mit euch kämpfen, werden sie vor euch fliehen, da sie keine Hilfe haben. Schmach trifft sie, wo man sie auch findet, es sei denn, daß sie Gott und Menschen sich unterwerfen. Der Zorn Gottes trifft sie, und Mangel kommt über sie, weil sie die Zeichen Gottes leugneten, und die Propheten ungerechterweise mordeten, und Aufruhr und Frevel stifteten. Doch die Schriftbesitzer sind nicht alle gleich. Es gibt rechtschaffen Denkende unter ihnen, welche allnächtlich über die Zeichen Gottes nachdenken, und Gott verehren, und an Gott glauben und an den jüngsten Tag. Diese wollen nur das Recht, und wehren dem Unrecht, und wetteifern in der Ausführung guter Werke. Solche gehören zu den Frommen. Was sie Gutes getan, bleibt nicht unbelohnt, denn Gott kennt die Frommen. Den Ungläubigen wird bei Gott nichts helfen, weder Vermögen, noch Kinder. Sie werden Gefährten des Höllenfeuers und ewig darin bleiben. Was sie in dieser Welt verschwendet, gleicht einem heftigen kalten Wind, der über die Saat der Menschen, welche sich selbst ins Verderben gestürzt, dahinfährt und sie zerstört. Gott ist nicht ungerecht gegen sie, vielmehr sie selbst sind ungerecht gegen sich.

O ihr Gläubigen, schließt keine Freundschaft mit solchen, die nicht zu euerer Religion gehören. Sie lassen nicht ab, euch zu verführen, und wünschen nur euer Verderben. Ihren Haß haben sie bereits mit dem Munde ausgesprochen, aber noch weit Schlimmeres ist in ihrer Brust verschlossen. Wir haben euch davon schon Beweise gegeben, wenn ihr sie nur verstanden habt. Seht nur, ihr liebt sie – sie aber lieben euch nicht. Ihr glaubet an die ganze Schrift, und sie, wenn sie euch begegnen, sprechen sie wohl: Wir glauben. Wenn heimlich unter sich aber, beißen sie sich aus Zorn gegen euch in die

Fingernägel. Sprich: Sterbet vor Zorn, wahrlich, Gott kennt das Innerste des Herzens. Wenn es euch gut geht, werden sie betrübt sein, aber sich freuen, wenn es euch übel geht. So ihr aber nur geduldig seid und Gott fürchtet, so wird ihre List euch nichts schaden, weil Gott ihr Tun übersieht. Denkest du noch daran, als du mit Tagesanbruch von deiner Familie dich entferntest, um den Gläubigen ein Lager für den Krieg zu bestimmen?[26] Gott hörte und wußte es. Zwei Heerhaufen von euch ängstigten sich und wurden kleinmütig, aber Gott unterstützte beide. Auf Gott müssen die Gläubigen vertrauen. Auch bei Badr[27] hat Gott euch beigestanden, da ihr an Anzahl schwächer wart. Darum fürchtet Gott und seid dankbar. Und als du zu den Gläubigen sagtest: „Ist es euch nicht genug, wenn euch euer Herr mit dreitausend vom Himmel gesandten Engeln verstärket?" Wahrlich, wenn ihr Geduld zeiget und Gott fürchtet, so wird, wenn der Feind euch plötzlich überfällt, euer Herr euch mit fünftausend gezeichneten Engeln[28] verstärken. Gott verkündet euch diese frohe Botschaft, auf daß euer Herz dadurch Vertrauen gewinne. Es gibt keine andere Hilfe als bei Gott, dem Allmächtigen, dem Allweisen. Ob Gott die Ungläubigen mit der Wurzel ausrotten, oder niedertreten, oder nach und nach aufreiben soll, ob er sich ihrer wieder annehmen, oder ob er sie bestrafen soll, das – geht dich nichts an. Genug, sie sind Frevler. Was im Himmel und was auf Erden, gehöret Gott, er verzeiht wem er will, und bestrafet wen er will. Gott ist versöhnend und barmherzig.

O ihr Gläubigen, greifet nicht so gierig nach dem Wucher mit allen seinen Verdoppelungen.[29] Fürchtet Gott, auf daß ihr glücklich seid. Fürchtet auch das Feuer, das den Ungläubigen bestimmt ist. Gehorchet Gott und seinem Gesandten, auf daß ihr begnadigt werdet. Wetteifert miteinander um die Gnade eueres Herrn, und um das Paradies, das so weit ist als Himmel und Erde, und bestimmt für die Frommen, für die, welche in guten und bösen Zeiten Almosen geben, und ihren Zorn mäßigen, und den Menschen gern vergeben, denn Gott liebt die guten Menschen. Aber auch die, welche, nachdem sie Böses getan und sich versündigt, Gottes eingedenk sind, und um Vergebung ihrer Sünden bitten – und wer könnte außer Gott ihre Sünden vergeben? – und in dem Bösen, das sie geübt und erkennen, nicht beharren, werden Gnade von ihrem Herrn erhalten, und Gärten von Wasserquellen durchströmt, und ewig darin verbleiben. Herrlicher Lohn der fromm Handelnden!

Schon vor euerer Zeit hat Gott Strafgerichte ergehen lassen. Wandert nur auf der Erde umher und sehet, welch ein Ende die genommen, welche Gottes Offenbarungen für Betrug hielten. Hier (im Koran) ist deutliche Lehre,

Richtschnur und Ermahnung für die Frommen. Seid daher nicht verzagt und nicht traurig. Ihr werdet die Oberhand behalten, wenn ihr nur Gläubige seid. Werdet ihr im Kriege verwundet, auch euere Gegner werden gleichfalls verwundet. Wir lassen die Tage unter den Menschen so abwechseln, auf daß Gott diejenigen kennenlernt, so da glauben und Märtyrer aus euch macht.[30] – Die Frevler aber liebt Gott nicht. Die Gläubigen will Gott prüfen und die Ungläubigen vertilgen. Gedenkt ihr denn, ins Paradies einzugehen, ehe Gott diejenigen kennt, die für ihn gekämpft und standhaft ausgehalten haben? Ihr wünschtet ja den Tod, bevor er noch nahe war. Nun habt ihr ihn gesehen, und werdet ferner noch ihn sehen. Mohammed ist nichts anderes als ein Gesandter. Andere Gesandte vor ihm sind bereits gestorben. Wenn nun auch er sterben oder getötet werden sollte, wolltet ihr da wohl wieder in euere früheren Fußstapfen zurückkehren?[31] Wahrlich, wer in diese zurückkehrt, der schadet Gott nicht das mindeste. Die Dankbaren wird er belohnen. Kein Mensch kann sterben ohne den Willen Gottes, wie geschrieben in dem Buche, das die Zeitbestimmung aller Dinge enthält.[32] Wer seinen Lohn in dieser Welt will, der soll ihn erhalten. Die Dankbaren werden wir belohnen. Wie mancher Prophet kämpfte nicht mit solchen, die zehntausendfach stärker waren. Sie ließen dennoch den Mut nicht fallen ob dem, was sie im Religionskampfe erduldeten, und betrugen sich nicht schwach und nicht verächtlich. Gott liebt die, so in Geduld ausharren. Sie führten keine andere Sprache als: Verzeihe, o Herr, unsere Sünden, und was wir in unseren Angelegenheiten vergangen haben, stärke unsere Füße, und stehe uns bei gegen die Ungläubigen. Gott gab ihnen dafür Lohn in dieser, und herrlichen Lohn in jener Welt, denn Gott liebt die, so da Gutes tun.

O ihr Gläubigen, wenn ihr auf die Ungläubigen höret, so werden sie euch in die früheren Fußstapfen zurückbringen wollen, auf daß ihr abfallet und ins Verderben stürzet. Doch Gott ist euer Beschützer. Er ist der beste Helfer. Das Herz der Ungläubigen füllen wir mit Schrecken, weil sie Gott noch andere Dinge zugesellen, wozu ihnen kein Recht gegeben ist. Dafür wird das Feuer ihre Wohnung sein. Ein schlimmer Aufenthalt für die Frevler. Schon hatte Gott seine Verheißung erfüllt, da ihr, mit seinem Willen die Feinde geschlagen, ihr aber wurdet verzagt und strittet über die Befehle, und wurdet aufrührerisch, obgleich er euch die Erfüllung euerer Wünsche gezeigt.[33] Einige unter euch waren nur um dieses, andere um das Leben in jener Welt besorgt.[34] Er ließ euch in die Flucht jagen, um euch zu prüfen, doch hat er euch bereits vergeben, denn Gott ist huldvoll gegen die Gläubigen. Erinnert euch, wie ihr die Anhöhe hinanliefet, und euch nach niemandem umsahet,

– 53 –

und der Prophet euch nachrief! Da ließ Gott Not auf Not über euch kommen, damit ihr nicht über den Verlust der Beute und über sonstige Begegnisse traurig werden durftet, denn Gott kannte euere Vorsätze. Nach dieser Not ließ er, zur Erquickung, einen Teil von euch in tiefen Schlaf fallen. Ein anderer Teil quälte und beunruhigte sich selbst, indem sie Fälschliches und Törichtes von Gott dachten und sprachen: Wird wohl die Verheißung uns in Erfüllung gehen? Antworte: Das Ganze ist Gottes Sache. Sie verbergen Gedanken in ihrem Herzen, welche sie dir nicht entdecken, sie sagen: Wäre uns die Verheißung in etwas in Erfüllung gegangen, so wären wir hier nicht geschlagen worden. Antworte: Und wäret ihr auch in eueren Häusern geblieben, so hätten doch die, denen der Tod bestimmt war, hinaus auf den Kampfplatz gehen und dort sterben müssen. Gott wollte dadurch die Gesinnungen und Gedanken eueres Herzens prüfen. Wahrlich, Gott kennt das Verborgenste in euerer Brust. Die, welche am Tage der Schlacht zwischen beiden Heeren die Flucht ergriffen, wurden vom Satan, irgendeines Vergehens wegen,[35] dazu verführt. Doch Gott hat es ihnen schon vergeben, denn Gott ist versöhnend und huldvoll.

O ihr Gläubigen, seid nicht wie die Ungläubigen, welche von ihren Brüdern, die im Lande umherreisen oder in den Krieg gehen, sagen: „Wären sie bei uns zu Hause geblieben, so würden sie nicht gestorben und nicht getötet worden sein." *Gott bestimmt es so*, um ihr Herz zu betrüben. Gott ist's, der Leben und Tod gibt, und er sieht alles, was ihr tut. Und wenn ihr auch für die Religion Gottes getötet werdet, oder sonstwie sterbet, so ist doch die Gnade und Barmherzigkeit Gottes besser, als alle Schätze, die ihr hier sammelt, denn wenn ihr sterbet oder getötet werdet, so werdet ihr zu Gott versammelt.

Hinsichtlich der Barmherzigkeit, welche du ihnen (den Ungläubigen) von Gott verkündet, bist du zu milde gewesen. Hättest du dich strenger und hartherziger gezeigt, so würden sie sich von dir getrennt haben. Verzeihe ihnen nun und bitte um Vergebung für sie. Ziehe sie zu Rate in dieser Kriegssache. Hast du dich beratschlagt, dann vertraue auf Gott, denn Gott liebt die, die so ihm vertrauen. Wenn Gott euch beisteht, so kann euch niemand besiegen. So er euch aber verläßt, wer könnte, außer ihm, euch dann helfen? Darum, ihr Gläubigen, vertrauet auf Gott!

Wahrlich, es ist nicht Art des Propheten, daß er betrüge.[36] Wer betrügt, der wird am Auferstehungstage mit dem Gegenstande des Betrugs erscheinen müssen, und jede Seele erhält dann den Lohn, den sie verdient, und keinem wird Unrecht geschehen. Sollte auch wohl der, welcher nach dem Wohlgefallen Gottes gelebt, ebenso wie der, welcher den Zorn Gottes auf sich geladen, dahinfahren und die Hölle seine Wohnung sein? Es ist eine unglückselige Reise dorthin. Bei Gott gibt es verschiedene Grade der Belohnung und Bestrafung, und er weiß alles, was ihr tut.

Gott hat auch dadurch sich gütig gegen die Gläubigen gezeigt, daß er ihnen einen Gesandten aus ihrer Mitte schickte, der sie lehre seine Zeichen, und sie heilige, und sie unterrichte in der Schrift und in der Weisheit,[37] da sie früher in offenbarem Irrtum lebten. Als ihr jenen Unfall (bei Uhud) erlittet, da sagtet ihr: – obgleich ihr früher zwei gleiche Vorteile erlangt – woher kommt uns das? Antworte: Von euch selbst kommt's, denn Gott ist über alle Dinge mächtig. Was euch am Tage der Schlacht zwischen beiden Heerhaufen betroffen, das geschah mit Gottes Willen, damit er die wahren Gläubigen und die Heuchler kennenlerne. Als man zu ihnen sagte: Kämpfet für die Religion Gottes und haltet den Feind zurück! Da antworteten sie: Verstünden wir was vom Kriege, gerne wären wir euch gefolgt. Da waren sie dem Unglauben näher als dem Glauben. Sie sprachen mit dem Munde aus, was nicht mit ihrem Herzen übereinstimmte. Gott aber wußte, was sie verheimlichten. Die, welche zu Hause geblieben, sagten von ihren Brüdern: Wären sie uns gefolgt, so wären sie nicht getötet worden. Antworte ihnen: „So haltet doch einmal den Tod von euch selbst zurück, wenn ihr wahrheitsliebende Menschen seid." Du darfst keineswegs die für tot halten, welche für die Religion Gottes gefallen, sie leben vielmehr bei ihrem Herrn, der sie hinlänglich versorgt. Sie freuen sich über die Wohltaten, welche ihnen Gott schenkt, und freuen sich über die, welche noch nicht bei ihnen sind, aber ihnen bald nachfolgen werden. Weder Furcht noch Trauer kommt über sie. Sie freuen sich über die Güte und Gnade Gottes, und daß er die Belohnung der Gläubigen nicht verkürzt. Alle die, welche Gott und seinem Gesandten gefolgt, und nachdem sie verwundet worden, dennoch Gutes getan und Gott fürchteten, werden großen Lohn empfangen. Zu ihnen sagten die Leute: Die Bewohner Mekkas haben sich schon mächtig gegen euch gerüstet, fürchtet sie daher. Dies vermehrte nur ihr Vertrauen, und sie sprachen: Gott ist unsere Zuversicht, er ist der beste Beschützer. Sie kamen daher auch mit der Huld und Gnade Gottes zurück, ohne daß ein Unglück sie getroffen. Sie strebten nach dem Wohlgefallen Gottes, denn er ist von großer Huld. Der Satan[38] will euch Furcht vor seinen Freunden einflößen, aber diese fürchtet nicht, sondern nur mich, wenn ihr Gläubige sein wollt. Betrübe dich nicht über die, welche dem Unglauben so eilig nachjagen, sie können ja doch Gott keinen Schaden zufügen. Gott wird ihnen keinen Teil geben wollen am zukünftigen

Leben, vielmehr wartet ihrer große Strafe. Wahrlich die, welche den Unglauben gegen den Glauben vertauschen, können Gott nicht schaden, aber ihrer wartet große Strafe. Die Ungläubigen mögen nur nicht glauben, daß zu ihrem Seelenheile ein langes und glückliches Leben besser sei. Nein, wir schenken ihnen dies nur, damit sich ihre Frevel immer mehren und ihre Strafe um so schmachvoller werde. Auch wird Gott die Gläubigen in dem Zustande, in welchem ihr euch jetzt befindet, nicht länger lassen, als bis er die Schlechten von den Guten gesondert. Auch offenbart Gott euch seine Geheimnisse nicht, sondern er erwählt hierzu einen seiner Gesandten, wen er gerade will. An Gott und seine Gesandten glaubet daher. Wenn ihr glaubet und fromm seid, dann wartet eurer großer Lohn. Auch die Geizigen mögen nicht glauben, daß das, was ihnen durch die Güte Gottes geworden, zu ihrem Glücke sei. Es gereicht ihnen vielmehr zum Verderben. Was sie ergeizigt haben, soll am Auferstehungstage als Halsband ihnen umgehängt werden. Gott ist Erbe des Himmels und der Erde, und er weiß alles, was ihr tut. Gott hat wohl gehört die Stimmen derer, so da sagten: Gott ist arm, und wir sind reich.[39] Ihre Rede wollen wir aufzeichnen, ebenso wie die ungerechte Ermordung der Propheten, und zu ihnen sagen: Nehmet nun hin die Pein des Verbrennens. Dies wird ihnen für das Böse, welches sie mit ihren Händen ausgeübt, und auch weil Gott gegen seine Diener nicht ungerecht ist. Andere sagen: Gott hat einen Bund mit uns geschlossen, keinem Gesandten zu glauben, es sei denn, er komme zu uns mit einem Opfer, welches das Feuer verzehrt[40]. Antworte: Es sind ja schon vor mir Gesandte mit deutlichen Beweisen und mit dem, was ihr nun verlanget, gekommen, warum habt ihr sie, wenn ihr wahrheitsliebende Menschen seid, denn getötet? Beschuldigen sie dich des Betrugs? Auch die Gesandten von dir, welche gekommen mit deutlichen Beweisen und mit der Schrift und mit dem erleuchtenden Buche, haben sie des Betruges beschuldigt. Jeder wird den Tod kosten, und ihr werdet am Auferstehungstage eueren Lohn empfangen. Wer dann weit vom Feuer entfernt und in das Paradies gelassen wird, der wird glücklich sein. Das irdische Leben ist nur zerbrechliches Geräte. Ihr werdet geprüft werden an euerem Vermögen und an euch selbst, und ihr werdet von denen, die vor euch die Schrift erhalten haben,[41] und von den Götzendienern schwere Beleidigungen anhören müssen. Doch seid geduldig und gottesfürchtig, denn so ist's vom Schicksal beschlossen. Als Gott ein Bündnis mit denen schloß, welchen er die Schrift gab, mit dem Auftrage, sie den Menschen bekannt zu machen und sie nicht zu verheimlichen, da warfen sie dieses Bündnis hinter ihren Rücken und verkauften es um geringen Preis. Ein schlechter Handel ist das. Glaube nicht, daß die, welche sich ihrer Taten freuen und gelobt zu werden wünschen, über das, was sie nicht getan, glaube nicht, daß sie der Strafe entgehen. Große Strafe wartet ihrer, denn Gott ist die Herrschaft über Himmel und Erde, er ist der Allmächtige. In der Schöpfung des Himmels und der Erde. In dem Wechsel des Tages und der Nacht liegen für denkende Menschen deutliche Beweise genug. Diese sind Gottes eingedenk, wenn sie stehen, und wenn sie sitzen, und wenn sie liegen. Beim Nachdenken über die Schöpfung des Himmels und der Erde rufen sie aus: O Herr, nicht umsonst hast du dies alles geschaffen, Lob sei dir! Errette uns von der Strafe des Feuers. O Herr, wen du ins Feuer stürzest, den überhäufst du auch mit Schande, und die Frevler haben keinen Erretter. O Herr, wir haben einen Prediger[42]) gehört, uns mahnend zum Glauben mit den Worten: Glaubet an eueren Herrn! Und wir haben geglaubt. Vergib auch, o Herr, unsere Sünden und verzeihe unsere Vergehungen, und laß uns sterben mit den Frommen. Erfülle auch, was du uns durch deine Gesandten verheißen, und beschäme uns nicht am Tage der Auferstehung. Du brichst ja nicht dein Versprechen. Diesen antwortete der Herr: „Ich lasse keine gute Handlung untergehen, mag sie ausgeübt haben, wer es auch sei, Mann oder Weib." Die ausgewandert sind und aus ihren Häusern vertrieben wurden, und für meine Religion gelitten, und für sie kämpfend umgekommen sind, will ich von aller Schuld befreien und sie bringen in Gärten, welche Wasserbäche durchströmen. Diese Belohnung ist von Gott. Bei ihm ist die schönste Belohnung! Werde auch nicht irre durch das Glück der Ungläubigen im Lande.[43]) Nichtiger Genuß ist's. Bald ist die Hölle ihre Wohnung – ein unglückseliger Aufenthalt! Die aber, welche ihren Herrn verehren, kommen in Gärten von Wasserbächen durchströmt, und bleiben ewig darin. Ein göttliches Geschenk! Was bei Gott ist, ist besser für die Frommen, als was hier. Auch die Schriftbesitzer, die an Gott glauben und an das, was euch und was ihnen geoffenbart worden, und sich Gott unterwerfen und die Zeichen Gottes nicht um geringen Preis vertauschen, sie empfangen ihren Lohn von Gott, denn Gott ist schnell im Zusammenrechnen. Ihr Gläubigen aber, seid geduldig, wetteifert untereinander in der Geduld und Standhaftigkeit, und fürchtet Gott, auf daß ihr glücklich werdet.

VIERTE SURE

Die Weiber[1)]

Geoffenbart zu Medina

Im Namen des allbarmherzigen Gottes

O ihr Menschen, fürchtet Gott, der euch von einem Manne[2)] geschaffen, und aus diesem dessen Frau[3)], und aus beiden viele Männer und Frauen entstehen ließ. Verehret Gott, zu dem ihr füreinander betet, und ehrfürchtet die Mutter, welche euch geboren, denn Gott wachet über euch. Gebet den Waisen ihr Vermögen und tauschet nicht Schlechtes für Gutes[4)], und verzehret ihr Vermögen nicht zum Vorteil des eurigen, denn das ist große Sünde. Fürchtet ihr, gegen Waisen nicht gerecht sein zu können, so nehmt nach Gutbefinden nur eine, zwei, drei, höchstens vier Frauen. Fürchtet ihr aber auch so noch, nicht gerecht sein zu können, so nehmt nur eine, oder lebet mit Sklavinnen, die ihr erworben.[5)] So wird es euch leichter werden, vom Rechten nicht abzuirren. Gebet auch freiwillig den Weibern ihre Morgengabe. Erlassen sie aber aus eigenem Antriebe euch davon, so genießet es freudig und nützlich. Den Schwachsinnigen gebet das Vermögen, welches euch Gott zu ihrer Erhaltung gegeben, nicht in die Hände, sondern ernähret sie damit und kleidet sie und redet auf freundliche Weise mit ihnen. Prüfet die Waisen, bis sie das Heiratsalter erreicht[6)], findet ihr sie dann fähig, sich selbst vorzustehen, so übergebet ihnen ihr Vermögen, aber daß es ja nicht, wenn sie großjährig, schnell und verschwenderisch aufgezehrt werde. Der reiche Vormund enthalte sich, etwas von ihnen zu nehmen, der arme genieße von ihrem Vermögen nach Verhältnis der Billigkeit.[7)] Wenn ihr nun das Vermögen ihnen einhändigt, so nehmet Zeugen dabei, denn Gott fordert Rechenschaft. Den Mannspersonen gebühret ein Teil von dem, das Eltern oder Anverwandte hinterlassen. Aber auch den Frauenspersonen gebühret ein Teil von der Hinterlassenschaft der Eltern und Anverwandten, sei es nun wenig oder viel, ein bestimmter Teil gebühret ihnen. Wenn bei der Teilung gegenwärtig sind: Anverwandte, Waisen und Arme, so gebet allen davon, und – wenn wenig da ist – redet ihnen freundlich zu. Die, welche sich betrüben, daß sie hilflose Kinder zurücklassen und deshalb sich grämen, mögen Gott vertrauen und nur solche Reden führen, die sich geziemen. Die, welche das Vermögen der Waisen ungerechterweise aufzehren, fressen Feuer in ihre Leiber hinein und werden an Höllenflammen braten müssen.

Hinsichtlich euerer Kinder hat Gott folgendes verordnet: Männliche Erben sollen soviel haben als zwei weibliche. Sind *nur* weibliche Erben da, und zwar mehr als zwei, so erhalten sie zwei Dritteile der Verlassenschaft. Ist aber nur eine da, so erhält sie die Hälfte.[8] Die Eltern des Verstorbenen erhalten jeder, wenn der Erblasser ein Kind hinterlassen, den sechsten Teil des Nachlasses. Stirbt er aber ohne Kind und die Eltern sind die Erben, so erhält die Mutter den dritten Teil.[9] Hat er Brüder, so erhält die Mutter nach Abzug der gemachten Legate und Schulden des sechsten Teil. Ob euere Eltern oder ob euere Kinder euch nützlicher sind, das wißt ihr nicht. Diese Verordnung ist von Gott, dem Allwissenden und Allweisen. Die Hälfte von dem, was euere Frauen hinterlassen, gehöret euch, wenn sie kinderlos sterben. Hinterlassen sie aber Kinder, so gehöret euch nach Abzug der gemachten Legate und Schulden der vierte Teil des Nachlasses. Auch den Frauen gehöret der vierte Teil von dem, was ihr hinterlasset, wenn ihr kinderlos sterbet. Hinterlasset ihr aber Kinder, so bekommen sie nach Abzug der gemachten Legate und Schulden nur den achten Teil eueres Nachlasses. Wenn ein Mann oder eine Frau einen entfernten Anverwandten zum Erben einsetzt, und der Erblasser hat einen Bruder oder eine Schwester, so erhält jeder dieser beiden den sechsten Teil des Nachlasses. Hat er aber mehrere Brüder oder Schwestern, so erhalten sie nach Abzug der gemachten Legate und Schulden den dritten Teil des Nachlasses, zu gleichen Teilen.[10] Diese Verordnung ist von Gott, dem Allwissenden und Allgütigen. Dies sind die Anordnungen Gottes. Wer nun Gott und seinem Gesandten gehorcht, den führet er in wasserreiche Gärten, und ewig wird er darin verbleiben. Dies ist eine große Glückseligkeit. Wer aber Gott und seinem Gesandten zuwider handelt und seine Verordnungen übertritt, den führet er ins Höllenfeuer, und ewig soll er darin verweilen. Schmachvolle Strafe wird er erleiden. Wenn euere Frauen sich durch Ehebruch vergehen, und vier Zeugen aus euerer Mitte bezeugen dies, dann kerkert sie in euerem Hause ein, bis der Tod sie befreit oder Gott ihnen sonst ein Befreiungsmittel anweist. Wenn zwei Männer unter sich durch Unzucht sich vergehen,[11] so strafet beide. Wenn sie aber bereuen und sich bessern, dann lasset ab von ihnen, denn Gott ist versöhnend und barmherzig. Wahrlich, bei Gott ist Versöhnung für die, welche in Unwissenheit gesündigt und es bald bereuen. Diesen wendet sich Gott wieder zu, denn Gott ist allwissend und allweise. Aber keine Versöhnung wird denen, die Böses tun, bis der Tod sie trifft, und dann erst sprechen: Ich bereue. Auch denen nicht, die als Ungläubige sterben. Für diese ist schwere Strafe bestimmt.

O ihr Gläubigen, es ist nicht erlaubt, Frauen durch Erbschaft, gegen ihren Willen, sich anzueignen[12]. Hindert sie auch nicht, einen anderen zu nehmen, um einen Teil ihrer Morgengabe dadurch zu erhalten, es sei denn, sie hätten ein offenbares Vergehen begangen. Gehet vielmehr billig mit ihnen um. Wenn ihr sie aber hasset, so kann es leicht sein, daß ihr gerade etwas hasset, worin von Gott großes Glück für euch bereitet ist. Wenn ihr eine Frau gegen eine andere vertauschen wollt, und ihr habt der einen bereits ein Talent gegeben, so dürft ihr nichts davon wiedernehmen. Solltet ihr es auch wohl wiedernehmen? – Eine Schandtat wäre dies und offenbare Sünde. Wie dürftet ihr auch etwas wiedernehmen, da ihr beieinander gewesen und ein festes Bündnis geschlossen hattet? Ihr dürft auch keine Frau heiraten, die euer Vater geheiratet – es sei denn schon längst geschehen[13] – denn solches ist schändlich und abscheulich und eine üble Weise. Ferner ist euch verboten zu heiraten: euere Mütter, euere Töchter und euere Schwestern. Euere Muhmen und Basen, von Vater und Mutter Seite, euerer Brüder Töchter, euerer Schwester Töchter, die Ammen, welche euch gesäugt, euere Milchschwestern, die Mütter euerer Weiber und euere Stieftöchter, die ihr in eueren Schutz genommen, und von solchen Weibern geboren sind, welchen ihr schon beigewohnt. Habt ihr ihnen aber noch nicht beigewohnt, so ist's keine Sünde, jene zu nehmen, die Frauen euerer Söhne, die von euch herstammen, zwei Schwestern zugleich – es sei denn schon längst geschehen – denn Gott ist versöhnend und barmherzig. Auch dürft ihr keine freien, bereits verheirateten Frauen nehmen, nur euere Sklavinnen machen eine Ausnahme. So schreibt Gott es euch vor. Alles übrige, was hier nicht verboten, ist erlaubt. Ihr könnet euch nach dem Verhältnisse eueres Vermögens Frauen nehmen, nur keine schlechten und liederlichen. Gebet ihnen aber für die Vorteile, die ihr durch sie habt, ihre Morgengabe. Doch ist es nicht verboten, einen Vertrag, wenn er nur nicht verordnungswidrig, desfalls mit ihnen abzuschließen. Denn Gott ist allwissend und allweise. Wer aber nicht Vermögen genug besitzt, um freie, gläubige Frauen heiraten zu können, der nehme gläubig gewordene Sklavinnen, denn Gott kennt eueren Glauben, und ihr seid ja alle eines Ursprungs. Doch heiratet sie nur mit Einwilligung ihrer Herren und gebet ihnen nach Billigkeit ihre Morgengabe. Auch diese müssen züchtig und dürfen nicht schlecht sein, noch sich fremde Liebhaber halten. Vergehen diese sich nach der Verheiratung durch Ehebruch, so sollen sie die Hälfte derjenigen Strafe, welche freien Frauen auferlegt ist, erleiden.[14] Sklavinnen sind nur demjenigen erlaubt, welcher freie Frauen fürchtet, der Sünde wegen, in welche sie leicht verfallen. Doch ist's besser, keine Sklavin zu nehmen, denn Gott ist versöhnend und barmherzig. Gott will euch das bekanntmachen und euch leiten nach den Vorschriften derer, die vor euch lebten,[15] und euch gnädig sein, denn Gott ist allwissend und allweise. Gott will huldvoll gegen euch sein. Diejenigen aber, die ihren Gelüsten folgen, wollen, daß ihr weit, weit abschweifet. Gott will es euch leicht machen, denn der Mensch ist ein schwaches Geschöpf.[16]

O ihr Gläubigen, verschwendet euer Vermögen nicht für Eitles[17], es sei denn im Handel mit gegenseitiger Bewilligung. Werdet keine Selbstmörder, denn Gott ist barmherzig gegen euch. Wer aber sündhaft und ungerechterweise dies dennoch tut, der muß an Höllenflammen braten, was für Gott sehr leicht auszuführen ist. Wenn ihr der schweren Sünden[18], welche euch verboten, euch enthaltet, so wollen wir euch befreien von allem Übel und euch auf ehrenvolle Weise ins Paradies führen. Verlanget nicht nach dem, was Gott vorzugsweise dem einen oder anderen unter euch geschenkt. Der Mann wird erhalten, was er verdient, ebenso die Frau. Bittet daher um die Huld Gottes, denn Gott weiß alles. Einem jeden haben wir Verwandte gegeben, welche das erben können, was Eltern und Verwandte hinterlassen. Habt ihr aber desfalls mit jemandem einen Vertrag gemacht, so müßt ihr seinen Anteil herausgeben, denn Gott ist aller Dinge Zeuge. Männer sollen vor Frauen bevorzugt werden, weil auch Gott die einen vor den anderen mit Vorzügen begabt, und auch weil jene diese unterhalten. Rechtschaffene Frauen sollen daher gehorsam und verschwiegen sein, auf daß auch Gott sie beschütze. Denjenigen Frauen aber, von denen ihr fürchtet, daß sie durch ihr Betragen euch erzürnen, gebet Verweise, enthaltet euch ihrer, sperret sie in ihre Gemächer und züchtiget sie. Gehorchen sie euch aber, dann suchet keine Gelegenheit, gegen sie zu zürnen, denn Gott ist hoch und erhaben. Fürchtet ihr eine Trennung zwischen Ehegatten, so beauftraget Schiedsrichter aus seiner und ihrer Familie, und wollen sie dann friedliche Einigung wieder, so wird Gott ihnen huldvoll sein, denn er ist allwissend und allweise. Verehret nur Gott allein und setzet ihm kein Geschöpf zur Seite und seid gütig gegen Eltern, Verwandte, Waisen, Arme, gegen eueren Nachbarn, sei er euch nahe oder fremd,[19] gegen euere vertrauten Freunde, den Wanderer und gegen euere Sklaven, denn Stolze und Hochmütige liebt Gott nicht. Die Geizigen und die, welche auch anderen Menschen den Geiz anraten und das verheim-

— 61 —

lichen, was Gott von seiner Güte ihnen zuteil werden ließ, sind Ungläubige, und für sie ist schimpfliche Strafe bestimmt. Die, welche mit ihrem Vermögen Gutes tun, nur damit es die Leute sehen, und nicht an Gott glauben und an den Jüngsten Tag, haben den Satan zum Gefährten, und der ist ein schlimmer Gesellschafter. Welche Seligkeit aber stünde ihnen bevor, so sie an Gott glaubten und an den Jüngsten Tag, und Almosen spendeten von dem, was Gott ihnen gegeben, da Gott ja allwissend ist! Wahrlich, Gott tut niemandem Unrecht, nicht einmal soviel als eine Ameise schwer. Bei einer guten Handlung aber verdoppelt er den Lohn und gibt nach seiner Güte große Wiedervergeltung.[20] Wie wird es den Ungläubigen sein, wenn wir aus jeder Nation gegen sie selbst Zeugen aufrufen? Und wie diesem Volke, wenn wir dich zum Zeugen gegen sie auffordern? An jenem Tage werden die Ungläubigen, und die sich gegen seinen Gesandten empört, wünschen, daß die Erde sie bedecke, aber vor Gott können sie nichts verbergen. O ihr Gläubigen, betet nicht in trunkenem Zustande, bis ihr wieder wisset, was ihr redet,[21] auch nicht, wenn ihr befleckt seid durch Samenverlust, es sei denn auf der Reise, bis ihr euch gewaschen habt. Wenn ihr krank oder auf der Reise seid, oder euere Notdurft verrichtet, oder euere Frauen berührt, und findet kein Wasser, so nehmet feinen reinen Sand und reibet Angesicht und Hände damit, denn Gott ist huldvoll und versöhnend. Hast du nicht die beobachtet, denen ein Teil der Schrift geworden?[22] Sie verkaufen nur Irrtum und wollen, daß ihr vom rechten Wege abweichet, aber Gott kennet euere Feinde, und Gott ist hinlänglicher Schutz und Helfer. Einige von den Juden rücken Worte von ihrer wahren Stelle[23] und sprechen: Wir haben gehört und gehorchen dennoch nicht. Höre du nun auf uns, was du doch nicht verstehst, und sieh auf uns.[24] Zweideutiges spricht ihre Zunge und Schimpfreden gegen die Religion. Sagten sie aber: Wir hören und gehorchen, höre auch du und blick auf uns,[25] wahrlich das wäre besser für sie und richtiger. So aber fluchet Gott ihrer, ihres Unglaubens wegen. Nur wenige von ihnen werden gläubig werden.

O ihr, denen die Schrift geworden, glaubet an das, was wir zur Bestätigung euerer früheren Offenbarungen jetzt geoffenbart, bevor wir euer Antlitz zerstören und es dem Hinterteile gleich machen, oder euch verfluchen, wie wir die verflucht, die den Sabbat entweihten[26] – und Gottes Befehl ward vollführt. Wer irgendein Geschöpf Gott zur Seite setzet,[27] dem verzeihet Gott nicht. Andere Sünden aber außer dieser verzeiht er wohl, wem er will, denn wer ein Geschöpf Gott zur Seite setzt, der hat eine schwere Sünde ersonnen. Hast du nicht die beobachtet, welche sich selbst für gerecht halten?[28] Aber Gott rechtfertigt, wen er will, und tut niemandem Unrecht, auch soviel nicht, als das leichteste Häutchen eines Fruchtkerns.[29] Sieh nur, welche Lügen sie über Gott ersinnen, und das ist doch offenbare Sünde. Hast du nicht die beobachtet, denen ein Teil der Schrift geworden?[30] Sie glauben an falsche Götter und sagen von den Ungläubigen, daß sie auf richtigerem Wege als die Gläubigen geleitet würden. Diese hat Gott bereits verflucht, und wen Gott verflucht, der findet keinen Helfer. Können sie wohl Teil am Himmelreiche haben, da sie nicht das Geringste den Menschen zukommen lassen? Und beneiden sie nicht andere um die Vorzüge, welche Gott nach seiner Güte ihnen verliehen? Wir haben bereits der Familie Abrahams Schrift und Weisheit und ein großes Reich gegeben.[31] Einige von ihnen haben zwar geglaubt an ihn[32], andere aber haben sich von ihm weggewendet. Diesen ist die verzehrende Höllenflamme genügende Strafe. Wahrlich die, welche unseren Zeichen nicht glauben, werden an Höllenflammen braten, und so oft ihre Haut verbrannt ist, geben wir ihnen andere Haut, damit sie um so peinlichere Strafe fühlen, denn Gott ist allmächtig und allweise. Die aber, welche glauben und tun, was recht ist, wollen wir in wasserreiche Gärten führen, und sie sollen ewig darin verweilen, bei unbefleckten Frauen und unter immerwährendem Schatten sollen sie dort wohnen.

Gott befiehlt euch ferner, das euch Anvertraute seinem Eigentümer zurückzugeben, und wenn ihr zwischen Menschen richtet, nur nach Gerechtigkeit zu richten. Dies ist eine herrliche Tugend, zu welcher euch Gott ermahnet, denn er hört und sieht alles. O ihr Gläubigen, gehorchet Gott, gehorchet seinem Gesandten und eueren Vorgesetzten, und seid ihr in irgend etwas uneinig untereinander, so bringet es vor Gott und seinen Gesandten, so ihr an Gott und den Jüngsten Tag glaubet. Das ist die beste und schönste Entscheidung. Hast du die nicht beobachtet, welche vorgeben, daß sie glauben an das, was dir und was vor dir geoffenbart wurde, und dennoch sich der Entscheidung götzendienender Richter unterwerfen, obgleich ihnen befohlen ist, Götzen nicht zu glauben? Allein nur der Satan will sie in tiefen Irrtum führen. Sagt man zu ihnen: Kommet dem nach, was Gott geoffenbart und was sein Gesandter befiehlt, so wirst du sehen, wie sie sich unwillig von dir abwenden. Wie wird es ihnen aber sein, wenn ein Unglück sie trifft ob dem, was sie mit ihren Händen ausgeübt? Dann werden sie zu dir kommen und bei Gott schwören, daß sie nur das Gute und nur Frieden stiften wollen. Aber wahrlich, Gott kennet die Gedanken ihres Herzens. Darum entferne dich von ihnen, zuvor aber ermahne sie, und mit kräftiger Rede sprich ihnen zu Herzen. Wahrlich, wir schicken nur deshalb Gesandte, auf daß ihnen nach dem Willen Gottes gehorcht werde. Kommen sie nun zu dir, nachdem sie sich versündigt, und bitten Gott um Verzeihung, und auch der Gesandte bittet für sie um Vergebung, so sollen sie Gott gnädig und barmherzig finden. Aber beim Herrn geschworen, sie werden nicht eher vollkommen gläubig, bis sie dich in ihren Streitigkeiten zum Schiedsrichter genommen haben werden. Sie werden dann in ihrem Herzen keine Ungerechtigkeit in deiner Entscheidung finden, und beruhigt sich unterwerfen. Hätten wir ihnen befohlen: Tötet euch selbst, oder: Verlasset euere Wohnungen, nur wenige würden das getan haben. Hätten sie aber das getan, wozu wir sie gemahnt, wahrlich, es würde besser um sie stehen und ihr Glaube mehr Stärke erhalten haben, und wir hätten ihnen, nach unserer Güte, großen Lohn gegeben und sie geleitet auf den rechten Weg. Wer Gott und seinem Gesandten gehorcht, der wird zu denen kommen, gegen welche Gott gnädig gewesen, zu den Propheten und Gerechten, zu den Märtyrern und Frommen. Das ist wahrlich die schönste Gesellschaft! Diese Gnade ist von Gott, der alles zur Genüge weiß.

O ihr Gläubigen, gebrauchet Vorsicht im Kriege. Ziehet in einzelnen Kohorten oder auch in Gesamtmasse gegen sie. Bleibt einer von euch zurück, und es begegnet euch ein Unfall, so sagt er: Wie gnädig war mir Gott, daß ich nicht bei ihnen gegenwärtig war! Hingegen, wenn Gott euch einen glücklichen Erfolg gibt, dann heißt 's (denn zwischen euch und ihm bestand doch keine Freundschaft[33]): O, wäre ich doch mit ihnen gewesen, großes Heil hätte ich mir erworben! Laßt daher nur solche für die Religion Gottes kämpfen, welchen dieses Leben feil ist für das zukünftige. Wer für die Religion Gottes kämpfet, mag er umkommen oder siegen, wir geben ihm großen Lohn. Was hält euch denn zurück, für Gottes Religion zu kämpfen und die schwachen Männer, Frauen und Kinder zu verteidigen, so da sprechen: O Herr, führe uns aus dieser Stadt, deren Bewohner Sünder sind, gib uns, nach deiner Güte, einen Beschützer und Erretter! Die Gläubigen werden daher nur für die Religion Gottes kämpfen, die Ungläubigen aber für die Religion des Tagut[34]. Bekämpfet die Freunde des Satans, denn die listigen Pläne des Satans sind doch nur schwach. Hast du nicht beobachtet diejenigen, welchen gesagt wurde: Enthaltet euch des Kampfes, verrichtet nur das Gebet und gebet Almosen?[35] Als ihnen aber der Kampf vorgeschrieben ward, da fürchtete ein Teil von ihnen die Menschen, wie man Gott fürchtet, oder noch mehr, und sprach: O Herr, warum hast du uns den Krieg befohlen und gibst nicht zu, unser herannahendes Ende abzuwarten?[36] Sage ihnen: Der Gewinn des Lebens hienieden ist nur klein, der im zukünftigen ist weit besser für den, der Gott fürchtet. Dort habt ihr auch nicht im entferntesten Unrecht zu erwarten. Wo ihr auch sein möget, wird euch der Tod erreichen, und wäret ihr auch auf dem höchsten Turme. Wird ihnen Gutes, dann sagen sie: Es kommt von Gott, wird ihnen Böses, dann sagen sie: Es kommt von dir.[37] Sage ihnen: Alles ist von Gott. Wie kommt es, daß dieses Volk noch so weit davon ist, zu begreifen, was ihm gesagt wurde? Das Gute, was dir wird, ist von Gott, das Böse aber ziehst du dir selbst zu.[38] Wir haben dich nun zu den Menschen als Gesandten geschickt, und Gott ist dafür hinlänglicher Zeuge. Wer nun dem Gesandten gehorchet, der gehorchet Gott. Wer sich aber abwendet, zu dem haben wir dich nicht als Hüter geschickt. Sie sprechen zwar von Gehorsam, sobald sie aber von dir entfernt sind, ersinnet ein Teil von ihnen etwas ganz anderes, als was du mit ihnen gesprochen. Gott wird das, was sie ersinnen, aufzeichnen, du aber entferne dich von ihnen und vertraue auf Gott, denn er ist hinreichender Schutz. Wollen sie denn gar nicht über den Koran aufmerksam nachdenken? Wäre er nicht von Gott, so müßten sich doch viele Widersprüche darin finden. Kommt ihnen eine Sage, bewirke sie Ruhe oder Furcht, sie verbreiten sie gleich. Würden sie es aber dem Gesandten oder ihren Vorgesetzten mitteilen, so würden sie erfahren, was daran ist, und eines Besseren belehrt werden. Ohne die Gnade und Barmherzigkeit Gottes gegen euch,[39] wärt ihr, mit Ausnahme weniger, dem Satan gefolgt. Kämpfe daher für die Religion Gottes, und verpflichte *nur dich* zu Schwierigem. Doch ermuntere auch die Gläubigen zum Kampfe, vielleicht will Gott den Mut der Ungläubigen niederhalten. Denn Gott ist an Kriegsmacht und Gewalt zu strafen ihnen überlegen.

Wer eine Sache zwischen Menschen auf eine gute Weise vermittelt, der soll einen Teil davon haben, und wer auf eine schlechte Weise vermittelt, der soll auch seinen Teil erhalten, denn Gott überschaut alles. Wenn ihr freundlich gegrüßt werdet, so erwidert mit noch freundlicherem Gruße, oder wenigstens auf dieselbe Weise, denn Gott vergilt alles. Gott! Außer ihm gibt's keinen Gott. Er wird am Auferstehungstage euch wieder versammeln, was nicht zu bezweifeln ist, denn wer ist wohl in seinen Verheißungen wahrhaftiger als Gott? Warum seid ihr der Ruchlosen wegen in zwei Parteien geteilt?[41] Hat sie doch Gott ihrer Vergehungen wegen verstoßen. Wollt ihr wohl den auf den rechten Weg bringen, welchen Gott dem Irrtum anheimgegeben? Für den, welchen Gott irreführt, findest du nie den rechten Weg. Sie wünschen, daß ihr Ungläubige werdet, so wie sie Ungläubige sind, und eben solche Bösewichter wie sie. Schließet daher eher kein Freundschaftsbündnis mit ihnen, als bis sie für die Religion Gottes auswandern. Weichen sie aber ab, so ergreifet und tötet sie, wo ihr sie auch finden möget, und nehmet keine Freundschaft und Unterstützung von ihnen an, mit Ausnahme derer, die zu einem Volke fliehen, mit dem ihr einen Freundschaftsbund geschlossen, oder derer, die zu euch kommen, weil ihr Gewissen es ihnen verbietet, gegen euch oder gegen ihr eigenes Volk zu kämpfen, denn so es Gott zugelassen hätte, so würden sie euch bekämpft und besiegt haben. Wenn sie nun euch verlassen und nicht bekämpfen, sondern euch Frieden anbieten, so erlaubt euch Gott nicht, sie anzugreifen. Es werden sich andere finden, welche wünschen, in ein Bündnis mit euch zu treten und gleichzeitig auch mit ihrem eigenen Volke verbunden zu bleiben. So oft diese aufrührerisch werden, sollen sie zugrunde gehen. Wenn sie euch nicht verlassen und keinen Frieden euch bieten, sondern ihre Hände gegen euch erheben, dann greifet und tötet sie, wo ihr sie auch findet. Wir geben euch vollkommene Gewalt über sie. Ein Gläubiger darf einen anderen Gläubigen nicht töten, es geschehe denn unvorsätzlich. Wer aber einen Gläubigen ohne Vorsatz tötet, der soll zur Sühne einen Gläubigen aus der Gefangenschaft befreien und ein Lösegeld an die Familie des Getöteten zahlen, es müßte ihm denn diese solches erlassen. Ist der Getötete von einem Volke, das in Feindschaft mit euch lebt, er selbst aber war ein Gläubiger, so ist die Sühne, einen Gläubigen aus der Gefangenschaft zu befreien. Ist das Volk aber in Freundschaft mit euch, dann muß ein Lösegeld der Familie gezahlt und ein Gläubiger aus der Gefangenschaft befreit werden. Wer aber dies nicht zu zahlen vermag, der soll dafür zwei Monate nacheinander fasten. Diese Buße ist von Gott, und Gott ist allwissend und allweise. Wer aber einen Gläubigen vorsätzlich tötet, dessen Lohn ist die Hölle, und ewig soll er darin bleiben. Der Zorn Gottes wird auf ihm ruhen, er wird ihn verfluchen und ihm große Strafe bereiten.

O ihr Gläubigen, wenn ihr ausgeht zum Kampfe für die Religion Gottes, so seid behutsam und saget nicht zu jedem, der euch grüßet: Du bist kein Gläubiger, um ihn der Güter dieses Lebens zu berauben, denn bei Gott ist mehr Beute. So wart ihr vordem, aber Gott ist gütig gegen euch gewesen. Drum unterscheidet wohl, denn Gott weiß, was ihr tut.[42] Die Gläubigen, welche nicht durch Krankheit verhindert zu Hause sitzen bleiben, haben nicht gleichen Wert mit denen, die Vermögen und Leben für die Religion Gottes verwenden. Die Vermögen und Leben verwenden, werden vor den ruhig zu Hause Bleibenden mit einer weit höheren Stufe von Gott begnadigt werden. Zwar hat Gott allen das Paradies versprochen, jedoch werden die Aufopfernden vor den ruhig Bleibenden von Gott bevorzuget mit einer höheren Stufe, mit Versöhnung und Barmherzigkeit, denn Gott ist versöhnend und barmherzig. Die, welche sich versündigt, und von den Engeln getötet wurden, und von diesen befragt: Zu welchem Glauben gehöret ihr?

– 66 –

antworteten: Wir waren schwach auf dieser Erde.[43] Aber die Engel antworteten: War denn Gottes Erde nicht weit genug, daß ihr nicht hättet auswandern können? Darum sei ihre Wohnung die Hölle. Eine schlimme Reise ist's dorthin. Die schwachen Männer, Frauen und Kinder, welche keine Mittel und keinen Ausweg finden konnten, seien hiervon ausgenommen. Diesen mag es Gott verzeihen, denn Gott ist gütig und versöhnend. Wer der Religion Gottes wegen auswandern muß, der wird manchen auf der Erde zu demselben gezwungen und dennoch hinlänglich versorgt finden. Wer sich von seinem Hause entfernt, um zu Gott und seinem Gesandten hinzuwandern, den wird Gott belohnen, und wenn ihn auch auf dem Wege der Tod erreichen sollte, denn Gott ist gnädig und barmherzig. Wenn ihr zu Lande ausziehet, so ist es keine Sünde, wenn ihr das Gebet abkürzt, im Falle ihr fürchtet, von Ungläubigen angegriffen zu werden,[44] denn die Ungläubigen sind eure offenen Feinde. Wenn du (Mohammed) bei ihnen bist und zum Gebete mit ihnen dich erhebst, so soll ein Teil von ihnen mit dir sich zum Gebete erheben und die Waffen ergreifen. Wenn diese das Gebet beendet, sollen sie hinter euch sich stellen, und ein anderer Teil, der noch nicht gebetet, vortreten und mit dir das Gebet verrichten. Auch sie sollen auf ihrer Hut sein und ihre Waffen ergreifen. Die Ungläubigen wünschen, daß ihr euere Waffen und Geräte vernachlässigen möchtet, um euch auf einmal überfallen zu können.

Ihr habt keine Sünde, wenn ihr bei Regenwetter, oder wenn ihr krank seid, die Waffen ablegt, doch seid auf euerer Hut.[45] Den Ungläubigen hat Gott eine schmachvolle Strafe bestimmt. Habt ihr euer Gebet beendet, dann seid Gottes eingedenk, ihr möget stehen, sitzen oder auf der Seite liegen.[46] Seid ihr aber außer Gefahr und sicher, dann saget das Gebet ganz her, denn es ist den Gläubigen vorgeschrieben, das Gebet zur bestimmten Zeit zu verrichten. Seid nicht nachlässig hinsichtlich der Aufsuchung eines ungläubigen Volkes, möget ihr auch Unbequemlichkeiten dabei zu ertragen haben, auch sie haben deren zu ertragen, so wie ihr, und haben das nicht von Gott zu hoffen, was ihr zu erwarten habt, denn Gott ist allwissend und allweise. Wir haben dir die Schrift in Wahrheit offenbart, auf daß du zwischen Menschen richtest, wie Gott es dich gelehrt. Sei daher kein Verteidiger des Betrügers, sondern bitte Gott um Vergebung, denn er ist verzeihend und barmherzig.[47] Verteidige auch die nicht, die einander sich betrügen, denn Gott liebt nicht den sündhaften Betrüger. Diese verbergen sich vor Menschen, aber Gott bleiben sie nicht verborgen. Gott ist bei ihnen, wenn sie des Nachts Reden ersinnen, die ihm nicht gefallen. Ihr Tun ist Gott bekannt. Ja, in diesem Leben wart ihr wohl ihr Verteidiger. Wer aber wird am Tage der Auferstehung sie vor Gott verteidigen oder sie beschützen können? Wer Böses getan und sich versündigt hat und Gott um Vergebung bittet, der wird Gott versöhnend und barmherzig finden. Wer Sünde begangen, der hat gegen sich selbst gesündigt, und Gott ist allwissend und allweise. Wer aber eine Sünde oder Ungerechtigkeit begeht und legt diese hernach einem Unschuldigen zur Last, der belädt sich mit dem Verbrechen der Verleumdung und offenbarer Ungerechtigkeit. Hätte dir die Gnade und Barmherzigkeit Gottes nicht beigestanden, so hätte ein Teil von ihnen dich zu verführen gestrebt.[48] Aber sie verführen nur sich selbst und vermögen durchaus nicht, dir zu schaden. Gott hat dir Schrift und Weisheit geoffenbart und dich gelehrt, was du vorher nicht wußtest, und die Gnade Gottes war groß gegen dich. An dem größten Teil ihrer heimlichen Reden ist nichts Gutes, mit Ausnahme derer, welche Almosen, Gerechtigkeit, oder was Menschen beglücket, anraten. Wer solches tut, aus Verlangen, Gott zu gefallen, der erhält großen Lohn. Wer aber, nachdem ihm die wahre Leitung geworden, sich vom Gesandten entfernt und einen anderen Weg als den der Gläubigen verfolgt, dem wollen wir geben, was er erstrebt.[49] Dafür aber werfen wir ihn in Höllenflammen. Wahrlich eine schlimme Reise ist's dorthin. Wer Gott ein anderes Wesen zur Seite setzt, dem verzeiht er nicht, alle anderen Sünden aber außer dieser verzeiht er, wem er will. Wer Gott ein Wesen zur Seite setzt, der verfällt in einen sehr großen Irrtum. Sie (die Ungläubigen) rufen außer ihm weibliche Gottheiten an und den aufrührerischen Satan. Diesen hatte Gott verflucht, worauf dieser sagte: Nun will ich einen bestimmten Teil deiner Verehrer nehmen und verführen, ihnen verbotene, böse Begierden einhauchen und ihnen befehlen, den Tieren die Ohren abzuschneiden,[50] und ihnen befehlen, Gottes Geschöpfe zu mißbrauchen.[51] Wer nun außer Gott den Satan sich zum Beschützer nimmt, der wird augenscheinlich seinen Untergang finden. Der Satan verspricht ihnen wohl und regt ihr Verlangen auf, aber was der Satan verspricht, ist nur Trug. Ihre Wohnung wird die Hölle sein, und sie werden keine Ausflucht finden. Die aber, so da glauben und Gutes tun, wollen wir in wasserreiche Gärten führen, und ewig sollen sie darin verbleiben, wie es Gott in Wahrheit versprochen, und wer ist in seinen Aussagen wahrhaftiger als Gott? Weder euer Verlangen noch das Verlangen der Schriftbesitzer wird in Erfüllung gehen.[52] Wer Böses tut, der soll dafür bestraft werden, und er wird außer Gott keinen Beschützer und Erretter finden. Wer aber Gutes tut, sei es Mann oder Frau, und übrigens ein Gläubiger ist, der wird ins Paradies kommen und nicht das entfernteste Unrecht zu erleiden haben. Wer hat wohl einen besseren Glauben als der, welcher ganz Gott ergeben ist und nur das Gute tut und der Religion des rechtgläubigen Abraham folgt? Denn den Abraham nahm Gott unter die Zahl seiner Freunde auf. Gott ist alles, was im Himmel und was auf Erden. Er umfaßt alle Dinge.

Sie werden dich in betreff der Frauen befragen.[53] Sage ihnen: Gott hat euch in betreff ihrer bereits belehrt, ebenso wie er euch Vorschriften gegeben über die Waisen weiblichen Geschlechtes, denen ihr doch nicht gebet, was vorgeschrieben, und sie auch nicht heiraten wollt, und über schwächliche Knaben, und über die Gerechtigkeit, mit welcher ihr gegen Waisen zu verfahren habt. Was ihr hierin Gutes tut, das weiß Gott. Wenn eine Frau von ihrem Ehemanne Zorn oder Abneigung zu fürchten hat, so ist es keine Sünde, die Sache gütlich unter sich beizulegen, denn Wiedervereinigung ist besser als Scheidung. Das Gemüt des Menschen hat an sich Neigung zum Geize.[54] Wenn ihr nun euere Frauen freundlich behandelt und euch fürchtet, ihnen Böses zu tun, so weiß Gott wohl, was ihr tut. Es kann nicht sein, daß ihr alle euere Weiber gleich liebet, wenn ihr es auch wolltet, nur wendet euch nicht von einer Frau mit sichtbarer Abneigung ab, laßt sie hierüber lieber in Ungewißheit, jedoch wenn ihr euch vertragt und euch fürchtet, ihr Böses zu tun, so ist Gott versöhnend und barmherzig. Wenn sie sich aber trennen, so wird Gott beide mit seinem Überflusse segnen.[55] Denn Gott ist groß und weise, und ihm gehöret, was im Himmel und was auf Erden. Wir haben denen, welchen wir die Schrift vor euch gegeben, und auch euch befohlen, Gott zu fürchten, und wenn ihr auch ungläubig sein wollt, so gehöret ihm doch, was im Himmel und was auf Erden, denn Gott ist sich selbst genug[56] und des Preises wert, denn sein ist, was im Himmel und was auf Erden. Er ist ein zureichender Beschützer. Wenn es ihm gefällt, so kann er euch hinwegnehmen, o ihr Menschen, und ein anderes Geschlecht an euere Stelle setzen, denn Gott ist allmächtig. So jemand wünschet die Belohnung in dieser Welt, nun – bei Gott ist die Belohnung in dieser und in jener Welt. Er hört und sieht alles.

O ihr Gläubigen, bleibet bei der Wahrheit[57], wenn ihr vor Gott Zeugnis ablegt, sei es auch gegen euch selbst oder euere Eltern und Anverwandte, gegen Reiche oder Arme, denn Gott steht höher als diese. Folgt daher nicht eueren Begierden, auf daß ihr nur nach Gerechtigkeit schwöret. Wie ihr euch dabei drehen und wenden möget, oder euch dessen ganz entziehen wolltet, so weiß Gott, was ihr tut.

O ihr Gläubigen, glaubet an Gott und seinen Gesandten und an die Schrift, die er seinem Gesandten, und an die Schrift, welche er früher schon geoffenbart hat. Wer aber nicht glaubt an Gott und seine Engel, an seine Schrift und seinen Gesandten und an den Jüngsten Tag, der ist einem großen Irrtum verfallen. Die, welche glauben, dann wieder nicht glauben, dann wieder glauben und endlich wieder nicht glauben,[58] deren Unglaube ist so angewachsen, daß Gott ihn nicht verzeiht, und sie nimmer auf den rechten Weg leitet. Verkündet es den Ruchlosen, daß sie große Strafe erleiden werden. Die, welche außer den Gläubigen Ungläubige zu Beschützern nehmen, werden sie wohl bei diesen Macht suchen können, da ja alle Macht bei Gott ist? Er hat euch ja schon in der Schrift (im Koran) offenbart:[59] Wenn ihr die Zeichen Gottes hören werdet, so werden sie[60] nicht daran glauben, sondern sie nur verspotten. Darum setzet euch nicht zu ihnen, oder sie müßten denn von anderen Dingen sich unterhalten.[61] Denn sonst werdet ihr wie sie. Gott aber wird gewiß die Ruchlosen und Ungläubigen in der Hölle zusammenbringen. Die euch beobachten, sagen, wenn Gott euch einen Sieg gibt: Waren wir nicht mit euch? Und wenn die Ungläubigen einen Vorteil erlangen, dann sagen sie zu diesen: Waren wir euch nicht überlegen und haben wir euch nicht gegen die Gläubigen verteidigt?[62] Allein Gott wird am Auferstehungstage zwischen euch richten, und Gott wird den Ungläubigen keine Gelegenheit geben, etwas über die Gläubigen zu vermögen. Die Heuchler sind trügerisch gegen Gott, aber er wird sie betrügen. Wenn sie das Gebet verrichten, so stehen sie gedankenlos. Sie wollen nur von den Leuten gesehen sein, aber an Gott denken sie nur wenig. Sie schwanken zwischen Glauben und Unglauben, sie gehören weder diesem noch jenem an. Wahrlich, wen Gott in die Irre führt, der findet nimmer den rechten Weg.

O ihr Gläubigen, nehmet außer den Gläubigen nicht Ungläubige zu Beschützern an. Wollt ihr wohl Gott eine offenbare Gewalt gegen euch geben?[63] Die Heuchler werden in die tiefste Tiefe der Hölle kommen, und du wirst keinen Helfer für sie finden. Doch die, welche bereuen und sich bessern, und festhalten an Gott und in ihrer Religion aufrichtig sind gegen Gott, die werden den Gläubigen zugezählt, den Gläubigen aber wird Gott gewiß großen Lohn geben. Wie sollte Gott euch auch strafen wollen, wenn ihr dankbar und gläubig seid. Ist er ja selbst dankbar und allweise!

Öffentlich Böses von jemandem reden, liebt Gott nicht, es sei denn jemandem ein Unrecht geschehen, denn Gott hört und weiß alles. Wenn ihr eine gute Handlung veröffentlichen oder verheimlichen oder irgendein Böses verzeihen möget, so ist Gott, der Allmächtige, huldvoll. Die, welche nicht glauben an Gott und seine Gesandten und einen Unterschied machen wollen zwischen Gott und seinen Gesandten, und sprechen: Einigen Propheten wollen wir glauben und anderen nicht, und so einen Mittelweg zu halten suchen, das sind wahre Ungläubige, und diesen Ungläubigen ist schimpfliche Strafe bestimmt. Die aber, welche glauben an Gott und seine Gesandten und zwischen keinem unter diesen einen Unterschied machen, werden wir belohnen, denn Gott ist huldvoll und barmherzig. Die Schriftbesitzer werden von dir verlangen, daß du ihnen eine Schrift vom Himmel bringen mögest.[64] Haben sie ja von Moses noch schwereres verlangt, indem sie sagten: Zeige uns doch Gott auf eine anschauliche Weise, und ob dieser Sünde hat ein himmlisches Feuerwetter sie verzehrt.[65] Darauf machten sie das goldene Kalb, nachdem wir ihnen überzeugende Lehren gegeben hatten. Doch dieses verziehen wir ihnen und gaben dem Moses volle Gewalt über sie. Als wir einen Bund mit ihnen schlossen, da hatten wir den Berg über sie erhoben[66] und zu ihnen gesagt: Gehet anbetend zum Tore dieser Stadt.[67] Wir sagten ferner zu ihnen: Entweihet den Sabbat nicht, worauf wir feste Bundesversicherung von ihnen erhielten. Weil sie nun ihr Bündnis zerrissen und die Zeichen Gottes geleugnet und die Propheten ungerechterweise getötet und gesagt haben: Unsere Herzen sind unbeschnitten[68] – wahrlich Gott hat sie ihres Unglaubens wegen versiegelt, und darum werden auch nur wenige glauben – und weil sie nicht (an Jesum) geglaubt und wider die Maria große Lästerungen ausgestoßen,[69] darum haben wir sie verflucht.[70] Sie haben ferner gesagt: Wir haben den Messias, den Jesus, Sohn der Maria, den Gesandten Gottes, getötet. Sie haben ihn aber nicht getötet und nicht gekreuzigt, sondern einen anderen, der ihm ähnlich war[71]. In der Tat sind die verschiedenen Ansichten hierin nur Zweifel, weil man keine bestimmte Kenntnis hatte, sondern nur vorgefaßten Meinungen folgte. Sie haben ihn aber nicht wirklich getötet, sondern Gott hat ihn zu sich erhoben, denn Gott ist allmächtig und allweise. Aber vor ihrem Tode werden die Schriftbesitzer alle an ihn glauben. Aber am Auferstehungstage wird er Zeuge gegen sie sein. Den Juden haben wir, ihrer Ungerechtigkeit wegen, manches Gute verboten, was ihnen früher erlaubt war, weil sie weit abwichen von der Religion Gottes und Wucher nahmen, was ihnen doch verboten, und das Vermögen anderer Menschen ungerechterweise aufgezehrt haben. Diesen Ungläubigen haben wir große Strafe bestimmt. Denjenigen aber unter ihnen, welche fest sind in der Erkenntnis, und den Gläubigen, welche glauben an das, was wir dir und was wir vor dir geoffenbart haben, und die das Gebet verrichten und Almosen geben und an Gott glauben und an den Jüngsten Tag, diesen wollen wir großen Lohn geben. Wahrlich, wir haben uns dir offenbart, wie wir uns offenbart haben dem Noah und den Propheten nach ihm, und wie wir uns offenbart haben dem Abraham, Ismael, Isaak und Jakob und den Stämmen, dem Jesus, Hiob, Jonas, Aaron und Salomon. Wir haben auch dem David die Psalmen eingegeben. Einige Gesandte haben wir dir früher schon genannt, andere nicht. Mit Moses hat Gott sich mündlich unterhalten. Gesandte haben Gutes verkündet, aber auch Strafen, damit die Menschen gegen Gott keine Entschuldigungsausreden, nachdem diese Gesandten einmal gekommen, mehr haben, denn Gott ist allmächtig und allweise. Gott wird Zeuge sein dessen, was er dir nach seiner Erkenntnis offenbart, und auch die Engel werden Zeuge sein, und Gott ist ein hinlänglicher Zeuge. Die Ungläubigen, welche auch andere von der Religion Gottes ableiten, sind einem großen Irrtum verfallen. Die, welche nicht glauben und Böses tun, finden keine Verzeihung bei Gott. Sie werden nimmer den rechten Weg geleitet, sondern den Weg zur Hölle, und ewig werden sie darin verbleiben, was für Gott ein Leichtes ist.

O ihr Menschen, nun ist der Gesandte zu euch gekommen, mit der Wahrheit von euerem Herrn. Darum glaubet, und es wird besser um euch stehen, wenn ihr aber auch nicht glaubet, so gehöret doch Gott alles, was im Himmel und was auf Erden, und Gott ist allwissend und allweise. O ihr Schriftbesitzer, überschreitet nicht die Grenzen euerer Religion und saget nichts anderes von Gott, als was wahr ist.[72] Wahrlich, der Messias Jesus, der Sohn Marias, ist ein Gesandter Gottes, und sein Wort, das er in die Maria übergetragen, und sein Geist. Glaubet daher an Gott und seinen Gesandten, saget aber nichts von einer Dreiheit[73]. Vermeidet das, und es wird besser um euch stehen. Es gibt nur einen einzigen Gott. Fern von ihm, daß er einen Sohn habe. Ihm gehöret, was im Himmel und was auf Erden, und Gott ist ein hinlänglicher Beschützer.[74] Christus ist nicht so stolz, um nicht ein Diener Gottes sein zu wollen, die Engel sind's auch nicht, die Gott doch so nahe stehen. Wer aber zu stolz ist, sein Diener sein zu wollen, und sich hoffärtig aufbläht, den wird Gott einst am Tage des Gerichtes vor sich bringen. Denen aber, so da glauben und Gutes tun, wird er ihren Lohn geben und nach seiner Gnade ihn noch vermehren. Die Stolzen und Übermütigen aber erwartet große Strafe, und sie werden außer Gott keinen Beschützer und keinen Erretter finden.

O ihr Menschen, nun sind euch überzeugende Beweise von euerem Herrn geworden, und wir haben euch ein helles Licht offenbart.[75] Die nun glauben an Gott und ihm fest anhängen, die wird er einführen in seine Barmherzigkeit und Huld und sie zu sich leiten auf dem rechten Wege.

Sie werden dich noch weiter befragen. Sage ihnen: Gott gibt euch folgende Anweisung in betreff der entfernteren Anverwandten[76]: Stirbt ein

Mann ohne Kinder, und er hat eine Schwester, so erhält diese die Hälfte seiner Hinterlassenschaft,[77] und er erbt sie, wenn sie ohne Kinder stirbt.[78] Sind aber zwei Schwestern da, so erhalten sie zwei Dritteile seiner Hinterlassenschaft. Sind aber mehrere Brüder und Schwestern da, so erhält eine Mannsperson soviel als zwei Frauenspersonen. So lehrt es euch Gott, auf daß ihr nicht irret, denn Gott kennet alle Dinge.

FÜNFTE SURE

Der Tisch[1]

Geoffenbart zu Medina

Im Namen des allbarmherzigen Gottes

O ihr Gläubigen, haltet euere Verträge. Es ist euch erlaubt, das unvernünftige Vieh zu essen, mit Ausnahme dessen, was euch verboten,[2] und mit Ausnahme der Jagd während ihr auf der Wallfahrt seid, was sonst wohl erlaubt ist,[3] denn Gott verordnet, was er will. O ihr Gläubigen, entweihet nicht die heiligen Gebräuche Gottes,[4] und nicht den heiligen Monat[5], und nicht die Opfertiere und deren Schmuck[6]. Beleidigt auch die nicht, welche zum heiligen Tempel wallfahrten, um die Gnade und das Wohlgefallen Gottes nachzusuchen. Habt ihr die Wallfahrt vollbracht, dann möget ihr auf die Jagd gehen. Es reize euch nicht der Haß einiger Leute, die euch vom Tempel Haram abgehalten haben, zu übertreten (das Verbot, im heiligen Monat zu kämpfen[7]). Steht euch untereinander bei in Gerechtigkeit und Frömmigkeit, aber nicht in Sünde und Ungerechtigkeit. Fürchtet nur

Gott, denn Gott ist streng im Bestrafen. Verboten ist euch zu essen: das von selbst Gestorbene und das Blut, und Schweinefleisch, und das, bei dessen Schlachtung der Name eines anderen außer Gott angerufen wurde[8], und das Erstickte und durch einen Schlag oder einen Fall oder durch die Hörner eines anderen Tieres Getötete,[9] und das von wilden Tieren Zerrissene, es sei denn, ihr habt es erst völlig getötet,[10] und das, was Götzen zu Ehren geschlachtet wird.[11] Auch ist es Sünde, durch Los werfen Dinge zu teilen.[12] Wehe an diesem Tage denen, welche von euerer Religion abfallen. Fürchtet diese nicht, sondern nur mich. Heute habe ich für euch euere Religion vollendet[13] und meine Gnade an euch erfüllt und euch den Islam zur Religion gegeben. Wer aber durch Hunger gezwungen Verbotenes genießt, ohne die Absicht, sündigen zu wollen, gegen den ist Gott verzeihend und barmherzig.

Sie werden dich fragen, was ihnen zu essen denn erlaubt ist? Antworte: Alles, was für euch gut,[14] ist erlaubt, und was Jagdtiere, die ihr wie Hunde abgerichtet, für euch fangen, welche ihr aber das Wild so zu töten, wie es Gott gelehrt, lehren müsset. Was diese für euch fangen, das esset und gedenket Gottes Namen dabei, und fürchtet Gott, denn Gott ist schnell im Zusammenrechnen. An diesem Tage[15] ist alles, was gut, zu genießen euch erlaubt, und die Speisen der Schriftbesitzer,[16] so wie euere Speisen auch ihnen erlaubt sind. Auch ist es euch erlaubt, zu heiraten freie Frauen, die gläubig sind, auch freie Frauen von denen, welche die Schrift vor euch erhalten haben, wenn ihr ihnen ihre Morgengabe gebet und züchtig mit ihnen lebt und sie nicht zu Ehebrecherinnen und Beischläferinnen macht. Wer aber den Glauben verleugnet, dessen Werke sind vergeblich, und der gehöret in jener Welt zu denen, die untergehen.

O ihr Gläubigen, wenn ihr euch zum Gebete anschicket, dann waschet euer Gesicht, euere Hände bis zum Ellbogen und reibet euere Köpfe und euere Füße bis an die Knöchel, und wenn ihr euch verunreinigt habt durch Beischlaf, so waschet euch ganz. Seid ihr aber krank oder auf der Reise, oder es geht einer aus einem heimlichen Gemache, oder ihr habt Frauen berührt und ihr findet kein Wasser, so nehmet feinen reinen Sand und reibet euer Gesicht und euere Hände damit. Gott will euch damit keine Last aufbürden, sondern euch reinigen und seine Gnade an euch vollbringen, auf daß ihr dankbar werdet. Erinnert euch der Gnade Gottes gegen euch und des Bündnisses, das er mit euch geschlossen, als ihr sagtet: Wir haben gehört und wollen gehorchen. Daher fürchtet Gott, denn Gott kennt das Innerste des Herzens. O ihr Gläubigen, beobachtet Gerechtigkeit, wenn ihr ein Zeugnis vor Gott[17] ablegt. Laßt euch nicht durch den Haß gegen jemanden verleiten,

Unrecht zu tun, sondern handelt nur gerecht, das führt euch der Frömmigkeit näher. Fürchtet nur Gott, denn Gott kennt euer Tun. Gott hat denen, so da glauben und Gutes tun, Versöhnung und großen Lohn versprochen. Die Ungläubigen aber, welche unsere Zeichen für Lügen halten, sollen der Hölle Gefährten werden. O ihr Gläubigen, seid eingedenk der Gnade Gottes gegen euch: als gewisse Menschen ihre Hände gegen euch ausstrecken wollten, da hielt er ihre Hände zurück.[18] Darum fürchtet Gott, und nur auf ihn mögen die Gläubigen vertrauen. Gott hatte früher ein Bündnis mit den Kindern Israels geschlossen und unter ihnen zwölf Fürsten auserwählt,[19] und Gott sagte: Ich werde mit euch sein, wenn ihr das Gebet verrichtet, und Almosen gebet, und meinen Gesandten glaubet und sie unterstützet, und Gott auf gute Zinsen leihet.[20] Dann will ich euch euere Sünden verzeihen und euch in wasserreiche Gärten bringen. Wer aber von euch darauf zum Unglauben zurückkehrt, der irrt vom rechten Wege ab. Weil diese nun ihr Bündnis gebrochen, darum haben wir sie verflucht und ihr Herz verstockt, weil sie Worte von ihrer wahren Stelle gerückt,[21] und einen Teil dessen, woran sie erinnert worden, vergessen haben. Du aber sollst nicht nachlassen, ihre Betrügereien zu entdecken. Betrüger sind's bis auf wenige. Doch vergib und verzeihe ihnen,[22] denn Gott liebt die, so Gutes tun. Auch mit denen, welche sagen: Wir sind Christen, hatten wir einen Bund geschlossen, aber auch sie haben einen Teil dessen, wozu sie ermahnt wurden, vergessen. Darum haben wir Feindschaft und Haß[23] unter ihnen angeregt bis zum Auferstehungstage. Dann wird er ihnen klar zeigen, was sie getan. O ihr Schriftbesitzer, unser Gesandter ist nun zu euch gekommen, um euch viele Stellen in der Schrift anzuzeigen, die ihr weggelassen. Manche wird auch er übergehen.[24] Nun ist euch ein Licht und eine deutliche Schrift von Gott zugekommen. Hierdurch will Gott die, welche nach seinem Wohlgefallen streben, leiten auf den Weg des Friedens und sie führen aus der Finsternis in das Licht nach seinem Willen und sie leiten auf den rechten Weg. Wahrlich, das sind Ungläubige, welche sagen: Gott ist Christus, der Sohn Marias. Sage ihnen: Wer könnte es Gott wehren, wenn er den Christus, den Sohn Marias, samt seiner Mutter, samt allen Erdbewohnern vertilgen wollte? Ist ja Gott das Reich des Himmels und der Erde, und was zwischen beiden. Er schaffet, was er will, denn Gott ist allmächtig. Die Juden und Christen sagen: Wir sind die Kinder Gottes und seine Geliebten. Sage ihnen: Warum straft euch denn Gott euerer Sünden wegen? Nein, ihr seid nur Menschen wie andere, die er geschaffen. Er verzeiht, wem er will, und bestraft, wen er will. Gott ist die Herrschaft über Himmel und Erde, und was zwischen beiden, und zu ihm kommen alle

Dinge zurück. O ihr Schriftbesitzer, nun ist unser Gesandter nach einem Zeitraume von Propheten[25] zu euch gekommen, sonst hättet ihr sagen können: Es ist keiner zu uns gekommen, weder Gutes verkündend, noch uns warnend. Nun aber ist ein Verkünder und Ermahner zu euch gekommen, und Gott ist allmächtig.

Erinnert euch, da Moses zu seinem Volke sagte: Erinnert euch der Wohltaten Gottes gegen euch, der euch Propheten und Fürsten eingesetzt und euch gegeben, was er keiner Nation in der Welt gegeben.[26] Und nun mein Volk, betretet das heilige Land, welches Gott für euch bestimmt. Wendet euch nicht um, sonst möchtet ihr verderben und untergehen. Sie aber antworteten: O Moses, es wohnet ein Riesenvolk darin, und wir wollen nicht eher hineingehen, bis jene daraus sind.[27] Sobald aber diese daraus verjagt sind, wollen wir hineingehen. Darauf sagten zwei Männer[28], welche Gott fürchteten, und die Gnade Gottes schon erfahren hatten: Gehet nur zum Tore der Stadt hinein, und wenn ihr es betreten habt, werdet ihr schon siegen. Vertrauet nur auf Gott, wenn ihr Gläubige seid. Sie aber antworteten: O Moses, wir gehen nimmer hinein, solange jene darin sind. Gehe du hin und dein Herr und kämpfet. Wir wollen solange hierbleiben. Moses sagte: O Herr, ich habe über niemanden zu gebieten, als nur über mich und meinen Bruder, darum mache einen Unterschied zwischen uns und diesem frevelhaften Volke. Gott antwortete: Das Land sei ihnen nun vierzig Jahre verboten. So lange sollen sie nun auf der Erde herumirren. Sei weiter nicht besorgt um dieses frevelhafte Volk. Erzähle ihnen die Geschichte der zwei Söhne Adams,[29] wie sie sich in Wahrheit zugetragen. Als diese ihr Opfer brachten und das Opfer des einen angenommen und das des anderen nicht angenommen ward, da sagte Kain: Ich will dich umbringen.[30] Abel aber antwortete: Gott nimmt nur das Opfer der Frommen an. Wenn du deine Hand ausstrecken solltest, mich umzubringen, so will ich doch die meinige nicht ausstrecken, dich umzubringen, denn ich fürchte Gott, den Herrn der Welten. Ich wünsche nur, daß du meine und deine Sünden tragest und ein Gefährte des Höllenfeuers werdest, denn das ist der Lohn der Ungerechten. Doch Kain verhärtete sein Herz und tötete seinen Bruder, und so gehörte er nun zu den Frevlern. Da schickte Gott einen Raben, der die Erde aufscharrte, um Kain zu lehren, wie er den Leichnam seines Bruders verbergen könne.[31] Da sagte er: Wehe mir, bin ich ja nicht einmal so geschickt wie dieser Rabe, daß ich den Leichnam meines Bruders zu verbergen wüßte. Und nun gehörte er zu den Bereuenden. Daher haben wir den Kindern Israels vorgeschrieben: daß, wer *einen* umbringt, nicht aus Vergeltung oder weil er Verderben auf der

Erde anrichtete, so sei es, als habe er alle Menschen umgebracht, und wer nur *einen* am Leben erhält, so sei es, als habe er das Leben aller Menschen erhalten.[32]

Unsere Gesandten sind früher schon zu ihnen (den Juden) gekommen mit deutlichen Beweisen. Darauf waren nach diesem doch noch viele von ihnen lasterhaft auf der Erde. Doch der Lohn derer, welche sich gegen Gott und seinen Gesandten empören und sich bestreben, nur Verderben auf der Erde anzurichten, wird sein: daß sie getötet oder gekreuzigt oder ihnen die Hände und Füße an entgegengesetzten Seiten abgehauen,[33] oder daß sie aus dem Lande verjagt werden. Das ist ihre Strafe in dieser Welt, und auch noch in jener Welt wartet ihrer große Strafe. Doch die, welche bereuen, bevor ihr sie hierzu zwinget, wisset, gegen sie ist Gott verzeihend und barmherzig. O ihr Gläubigen, fürchtet Gott und strebt nach einer näheren Verbindung mit ihm und kämpfet für seine Religion, auf daß ihr glücklich werdet. Die Ungläubigen aber, und hätten sie auch alles, was in der Welt, und noch so viel dabei, daß sie sich am Auferstehungstage von der Strafe loskaufen könnten, es wird nichts von ihnen angenommen, und ihrer wartet große Strafe. Sie werden verlangen, aus dem Höllenfeuer herauszukommen. Sie werden aber nicht herauskommen, sondern ihre Strafe wird ewig dauern. Einem Diebe und einer Diebin hauet die Hände ab, zur Strafe dessen, was sie begangen. Diese warnende Strafe ist von Gott, denn Gott ist allmächtig und allweise. Wer aber, nachdem er gesündigt, bereuet und sich bessert, zu dem wird Gott sich wieder hinwenden, denn Gott ist verzeihend und barmherzig. Weißt du denn nicht, daß Gott ist die Herrschaft über Himmel und Erde? Er straft, wen er will, und verzeiht, wem er will, denn Gott ist aller Dinge mächtig. O Gesandter, betrübe dich nicht über die, welche dem Unglauben zueilen, über die, welche mit dem Munde wohl sagen: Wir glauben, aber in ihrem Herzen doch nicht glauben, oder über die Juden, welche nur auf Lügen horchen und nur auf andere, die nicht zu dir kommen,[34] hören. Sie verkehren die Worte der Schrift von der Stelle und sagen: „Wenn dies Buch euch gebracht wird, dann nehmet es an. Wenn dieses euch aber so nicht gebracht wird, dann hütet euch davor." Doch für die, welche Gott in Versuchung führen will, wirst du bei Gott nichts vermögen. Alle die, deren Herz Gott nicht reinigen will, haben in dieser Welt Schmach und in jener Welt große Strafe zu erwarten. Sie hören auf Lügen und essen, was verboten. Sie werden zu dir kommen, richte dann zwischen ihnen oder entferne dich von ihnen.[35] Wenn du dich entfernest von ihnen, werden sie dir durchaus nicht schaden können. Wenn du aber richtest, dann richte zwischen ihnen nur nach Gerechtigkeit, denn Gott liebt die Gerechten. Doch wie sollen sie sich deiner Entscheidung unterwerfen, haben sie ja die Thora, worin die Urteile Gottes enthalten sind? Sie werden dir nach diesem doch den Rücken zukehren,[36] denn sie sind keine Gläubigen. Wir haben die Thora offenbart, Leitung und Licht enthaltend. Nach ihr richteten die gottergebenen Propheten die Juden. Auch die Rabbiner und Schriftgelehrten urteilten nach dem Buche Gottes, das ihnen zur Aufbewahrung gegeben war, und sie waren Zeuge davon.[38] Darum fürchte nicht die Menschen, sondern nur mich, und verkaufet meine Zeichen nicht um geringen Preis. Wer aber seine Urteile nicht nach der Offenbarung Gottes ausspricht, der gehöret zu den Ungläubigen. Wir haben ihnen vorgeschrieben, daß man geben solle Leben für Leben, und Auge um Auge, Nase um Nase, Ohr um Ohr, Zahn um Zahn, und Wunde mit Wiedervergeltung zu bestrafen.[39] Sollte aber einer dasselbe als Almosen zurückgeben, so mag es zu seiner Versöhnung angenommen werden. Wer aber nicht nach den Offenbarungen Gottes urteilt, der gehört zu den Ungerechten. Wir haben Jesus, den Sohn der Maria, in die Fußstapfen der Propheten folgen lassen, bestätigend die Thora, welche in ihren Händen war, und gaben ihm das Evangelium, enthaltend Leitung und Licht, und Bestätigung der Thora, welche bereits in ihren Händen war, den Gottesfürchtigen zur Leitung und Erinnerung. Die Besitzer des Evangeliums sollen nun nach den Offenbarungen Gottes darin urteilen. Wer aber nicht nach den Offenbarungen Gottes darin urteilt, der gehört zu den Frevlern. Wir haben nun auch dir das Buch (den Koran) in Wahrheit geoffenbart, die früheren Schriften, welche in ihren Händen, bestätigend, und dich zum Wächter darüber eingesetzt. Urteile du nun nach dem, was Gott geoffenbart, und folge durchaus nicht ihrem Verlangen, daß du abgehest von der Wahrheit, welche dir geworden. Einem jeden Volke gaben wir eine Religion und einen offenen Weg[40]. Wenn es nun Gott gewollt hätte, so hätte er aus euch allen nur eine Nation gemacht. So aber will er euch prüfen in dem, was euch geworden.[41] Wetteifert daher in guten Werken, denn zu Gott werdet ihr alle zurückkehren, und dann wird er euch aufklären über das, worüber ihr uneinig wart. Und du nun (o Mohammed) richte zwischen ihnen nur nach den Offenbarungen Gottes und folge nicht ihrem Verlangen. Hüte dich vor ihnen, sonst möchten sie dich verführen, abzuirren von dem, was Gott dir geoffenbart hat. Wenden sie dir den Rücken,[42] so wisse, daß Gott sie für einen Teil ihrer Sünden bestrafen will. Wahrlich, ein großer Teil der Menschen ist frevelhaft! Verlangen sie vielleicht die Entscheidungen aus der Zeit der Unwissenheit[43]? Wer aber kann besser als Gott entscheiden unter einem Volke von richtiger Erkenntnis?

– 78 –

O ihr Gläubigen, nehmet weder Juden noch Christen zu Freunden, denn sie sind nur einer dem anderen Freund. Wer aber von euch sie zu Freunden nimmt, der ist einer von ihnen. Wahrlich, ein ungerechtes Volk leitet Gott nicht. Du wirst sehen, wie die, deren Herz schwach ist, zu ihnen hineilen, sprechend: Wir befürchten, es möchte uns ein Unglück befallen. Es kann aber leicht sein, daß Gott einen Sieg gibt oder sonst eine Anordnung trifft, und sie dann das, was sie im Herzen verheimlichen, bereuen. Dann werden die Gläubigen sagen: „Sind das die Leute, die bei Gott einen festen Eid geschworen, es mit euch zu halten?" Ihre Werke sind vergeblich, und sie gehören zu denen, die da untergehen. O ihr Gläubigen, wer von euch von seinem Glauben abfällt, an dessen Stelle wird Gott ein anderes Volk setzen, welches er liebt und das ihn liebt, das liebevoll gegen die Gläubigen und streng gegen die Ungläubigen sein wird, und welches kämpfet für die Religion Gottes, und das sich nicht fürchtet vor den Schmähungen der Verleumder. Dies ist Güte Gottes, die er gibt, wem er will, denn Gott ist unendlich und allweise. Euer Beschützer ist Gott und sein Gesandter, und die Gläubigen, die das Gebet verrichten und Almosen geben und sich tief vor ihm beugen, auch sie sind es. Wer nun Gott und seinen Gesandten und die Gläubigen sich zu seinen Freunden nimmt, der gehört zu der Partei Gottes und zu denen, die da siegen. O ihr Gläubigen, nehmet nicht die, denen die Schrift vor euch zugekommen, und nicht die Ungläubigen, welche euren Glauben verspotten und verlachen, zu Freunden, sondern fürchtet Gott, wenn ihr Gläubige sein wollt, auch die nicht, die, wenn ihr zum Gebete rufet, darüber spotten und scherzen. Dies tun sie, weil sie ein unverständiges Volk sind. Sage zu den Schriftbesitzern: Zieht ihr euch wohl aus einer anderen Ursache von uns zurück, als weil wir an Gott glauben und an das, was er uns und was er früher geoffenbart, und weil der größte Teil von euch sündhaft ist? Sage ihnen: Soll ich auch etwas Schlimmeres verkünden, als die Vergeltung Gottes? Die, welche Gott verflucht hat und über welche er zürnte, hat er in Affen und Schweine verwandelt,[44)] und die den Tagut[45)] verehren, die befinden sich in einem schlimmen Zustande, denn sie sind von der geraden Bahn weit abgewichen. Kommen sie zu euch, so sagen sie wohl: Wir glauben, doch sie kamen im Unglauben, und ungläubig gehen sie auch wieder weg, aber Gott weiß, was sie verbergen. Du wirst sehen viele von ihnen hineilen zur Sünde und Bosheit, und Verbotenes essen, aber wehe ihnen ob dem, was sie tun. Wenn die Rabbiner und Schriftgelehrten ihnen die Äußerungen der Gottlosigkeit und den Genuß des Verbotenen nicht wehren können, dann wehe ihnen ob ihrem Tun. Die Juden sagen: Die Hand Gottes ist gebunden. Aber ihre Hände werden gebunden, und verflucht sollen sie sein ob dieser Rede. Nein, Gottes Hände sind ausgestreckt, um damit auszuteilen, was er will. Die Offenbarung, welche dir von deinem Herrn geworden, wird ihre Ruchlosigkeit und ihren Unglauben noch vermehren. Haß und Feindschaft bis zum Auferstehungstage haben wir unter ihnen gestiftet. So oft sie ein Kriegsfeuer anzünden, wird Gott es wieder auslöschen. Sie streben auf der Erde Verderben zu stiften, aber Gott liebt die Übeltäter nicht. Wenn die Schriftbesitzer nur glauben und Gott fürchten wollen, so werden wir ihre Sünden vergeben und sie in wonnevolle Gärten versetzen. Wenn sie beobachten die Thora und das Evangelium, und was sonst ihnen von ihrem Herrn geoffenbart worden, so werden sie genießen des Guten, was über und was unter ihnen.[46] Es gibt auch rechtliche Leute unter ihnen, die meisten aber tun nur Böses. O du Gesandter, veröffentliche alles, was dir offenbart worden, tust du das aber nicht, so hast du seine Sendung nicht vollbracht. Und Gott wird vor den Menschen dich schützen, denn Gott leitet nicht ein ungläubiges Volk. Sage ihnen: O ihr Schriftbesitzer, ihr gründet euch auf nichts, bis ihr beobachtet die Thora und das Evangelium, und was euch sonst von eurem Herrn geoffenbart worden. Doch das, was dir von deinem Herrn geoffenbart worden, wird die Ruchlosigkeit und den Unglauben vieler unter ihnen nur vermehren. Aber des ungläubigen Volkes wegen betrübe dich nur nicht. Wahrlich die, so da glauben, die Juden, Sabäer und Christen, wenn sie nur glauben an Gott und den Jüngsten Tag, und nur tun, was recht ist, so kommt weder Furcht noch Trauer über sie. Als wir ein Bündnis mit den Kindern Israels geschlossen hatten, da schickten wir ihnen Gesandte. So oft die Gesandten nun zu ihnen kamen, mit solchem, was ihrem Herzen nicht angenehm war, so beschuldigten sie einige des Betrugs, und einige töteten sie sogar. Sie glaubten, daß ihnen dafür keine Strafe würde. Blind und taub waren sie. Doch Gott wandte sich ihnen wieder zu.[47] Darauf wurden viele von ihnen doch wieder blind und taub.[48] Aber Gott sieht ihr Tun.

Wahrlich, das sind Ungläubige, so da sagen: Gott sei Christus, der Sohn der Maria. Sagt ja Christus selbst: O ihr Kinder Israels, verehret Gott, meinen und eueren Herrn. Wer Gott irgendein Wesen zugesellt, den schließet Gott vom Paradiese aus, und seine Wohnung wird das Höllenfeuer sein, und die Gottlosen werden keinen Helfer haben. Auch das sind Ungläubige, welche sagen: Gott ist der Dritte von Dreien. Denn es gibt nur einen einzigen Gott. Wenn sie sich nicht enthalten so zu sprechen, so wird diese Ungläubigen schwere Strafe treffen. Sollten sie daher nicht zu Gott zurückkehren und ihn um Verzeihung bitten? Denn Gott ist versöhnend und barmherzig. Christus, der Sohn Marias, ist nur ein Gesandter, so wie ihm Gesandte auch vorangegangen sind, und seine Mutter nur eine wirkliche Frauensperson, und beide aßen gewöhnliche Speisen.[49] Sieh nun, welche deutlichen Beweise wir ihnen (von der Einheit Gottes) gegeben, und sieh nun, wie sie (von der Wahrheit) abweichen. Sage ihnen: Wollt ihr denn außer Gott etwas verehren, was euch weder Schaden noch Nutzen bringen kann? Gott aber ist der alles Hörende und Wissende. Sage ihnen: „O ihr Schriftbesitzer, überschreitet doch nicht gegen die Wahrheit die Grenzen euerer Religion und folget nicht dem Verlangen derjenigen Menschen,[50] welche schon früher geirrt und manchen verführt haben. Sie sind von der rechten Bahn abgewichen." Die Ungläubigen unter den Kindern Israels wurden schon verflucht von der Zunge Davids und Jesus, des Sohnes der Maria, weil sie sich empört und versündigt, und die Frevel, welche sie ausübten, sich nicht untereinander verwehrt hatten. Darum wehe ihnen ob ihrem Tun. Du wirst sehen, daß viele von ihnen sich mit Ungläubigen befreunden. Wehe ihnen ob dem, was ihre Seele voranschicket.[51] Darüber entbrennt der Zorn Gottes, und ewig werden sie in der Qual bleiben. Hätten sie nur an Gott geglaubt und an den Propheten und was ihm offenbart worden, so würden sie jene nicht zu Freunden genommen haben. Doch die meisten von ihnen sind Übeltäter. Du wirst finden, daß unter allen Menschen die Juden und Götzendiener den Gläubigen am meisten feind sind. Du wirst ferner finden, daß den Gläubigen, die am meisten freundlich gesinnt sind, welche sagen: Wir sind Christen. Das kommt daher, weil diese Priester und Mönche haben, und auch weil sie keinen Stolz besitzen[52]. Wenn sie hören werden, was dem Gesandten geoffenbart worden, so wirst du sehen ihre Augen von Tränen überfließen wegen der Wahrheit, die sie nun wahrnehmen, und sie werden sagen: O Herr, wir glauben, und schreibe uns ein zu denen, die Zeugnis davon geben! Und warum sollten wir auch nicht glauben an Gott und an die Wahrheit, die uns nun zugekommen, und nicht ernstlich wünschen, daß der Herr uns mit diesem frommen Volke ins Paradies führen möge? Für diese Rede belohnt sie Gott mit wasserreichen Gärten, in welchen sie ewig verbleiben werden. Das ist die Belohnung der Gerechten! Die Ungläubigen aber, welche unsere Zeichen des Betruges beschuldigen, werden der Hölle Genossen sein.

O ihr Gläubigen, verbietet auch nicht das Gute, was euch Gott erlaubt hat.[53] Seid keine Übertreter, denn Gott liebt nicht die Übertreter. Esset, was euch Gott zur Nahrung gegeben, was erlaubt und gut ist, und fürchtet Gott, an den ihr glaubt. Gott wird euch nicht strafen wegen eines unbedachten Wortes in eueren Eiden. Wohl aber wird er euch zur Rechenschaft ziehen über das, was ihr mit Vorbedacht in eueren Eiden aussagt. Die Sühne eines solchen Eides besteht in der Speisung zehn Armer mit solcher Speise, wie ihr sie euerer eigenen Familie gebt, oder sie so zu kleiden, oder in der Auslösung eines Gefangenen. Wer aber das nicht vermag, der faste drei Tage. Dies ist die Sühne euerer Eide, die ihr unbedachtsam geschworen. Darum haltet euere Eide. Gott macht euch darum mit seinen Zeichen bekannt, auf daß ihr dankbar werdet.

O ihr Gläubigen, wahrlich der Wein, das Spiel, Bilder[54] und Los werfen ist verabscheuungswürdig und ein Werk des Satans. Vermeidet sie, auf daß es euch wohl ergehe. Durch Wein und Spiel will der Satan nur Feindschaft und Haß unter euch stiften und euch vom Denken an Gott und von der Verrichtung des Gebetes abbringen. Solltet ihr daher nicht davon ablassen wollen? Gehorchet Gott und gehorchet dem Gesandten, und seid auf euerer Hut. Solltet ihr euch aber abwenden, so wisset wenigstens, daß es Pflicht unseres Gesandten ist, hiergegen öffentlich zu predigen. Die, welche glauben und das Gute tun, haben keine Sünde davon, daß sie vordem[55] gekostet[56], wenn sie nur jetzt Gott fürchten und glauben und Gutes tun, und auch ferner Gott fürchten und Gutes tun, denn Gott liebt die, so da Gutes tun. O ihr Gläubigen, Gott wird euch sicher auch bei der Jagd, möget ihr das Wild mit eueren Händen oder Spießen fangen, prüfen wollen,[57] damit Gott seine geheimen Verehrer kennenlerne. Wer hierauf aber doch sich dagegen vergeht, den erwartet große Strafe. O ihr Gläubigen, tötet kein Wild, während ihr auf der Wallfahrt seid. Wer dennoch mit Vorsatz getötet, der soll ebensoviel, als er getötet, an zahmem Vier ersetzen, nach der Entscheidung zweier redlicher Männer unter euch, und dies soll als Opfer nach der Ka'ba[58] gebracht werden, oder er soll als Sühne Arme speisen oder statt dessen fasten, auf daß er das Unheil seiner Tat hinwegnehme. Was bereits geschehen, hat Gott verziehen, wer aber die Sünde wiederholt, an dem wird Gott Rache nehmen, denn Gott ist allmächtig und vermag sich zu rächen. Der Fischfang ist euch erlaubt, und seine Speise diene euch und den Reisenden als Lebensmittel. Nur auf dem Lande zu jagen, während ihr auf der Wallfahrt seid, ist euch verboten. Darum fürchtet Gott, zu dem ihr einst versammelt werdet. Gott hat die Ka'ba, das heilige Haus, den Menschen zur Ruhestätte bestimmt,[59] und die heiligen Monate verordnet und die Opfer mit ihrem Zierrate, auf daß ihr wisset, daß Gott kennt alles, was im Himmel und was auf Erden, und sein Wissen alle Dinge umfasset. Wisset, daß Gott streng ist im Bestrafen, aber auch daß Gott verzeihend und barmherzig ist. Der Gesandte hat nur den Beruf zu predigen, aber Gott kennt, was ihr veröffentlicht und was ihr verheimlicht. Wenn dir die Menge des Bösen auch noch so sehr gefallen sollte, so ist doch Böses und Gutes nicht einerlei. Darum fürchtet Gott, ihr, die ihr verständigen Herzens seid, damit ihr glücklich werdet. O ihr Gläubigen, fraget nicht nach Dingen, die, wenn sie auch entdeckt würden, euch nur Kummer machen. Doch wenn ihr, nach der Offenbarung des Korans, euch darnach erkundigt, so sollen sie euch entdeckt werden, und Gott verzeiht es euch, denn Gott ist versöhnend und huldvoll. Auch vor euch haben sich Leute darnach erkundigt und haben danach doch nicht geglaubt. Wegen Bahira, Saiba, Wazila und Hami[60] hat Gott nichts befohlen, sondern die Ungläubigen haben eine Lüge hierin von Gott erfunden, denn der größte Teil von ihnen ist unwissend. Sagt man zu ihnen: Wendet euch zu dem, was Gott und der Gesandte geoffenbart, so antworten sie: Wir halten die Religion, welche wir bei unseren Vätern gefunden, für zureichend. Aber wie, wenn nun ihre Väter auch unwissend und nicht rechtgeleitet waren? O ihr Gläubigen, traget Sorge für euer Seelenheil, und dann wird kein Irrender euch schaden können, da ihr rechtgeleitet seid. Zu Gott werdet ihr alle zurückkehren, und er wird euch dann sagen alles, was ihr getan. O ihr Gläubigen, wenn einer von euch dem Tode sich nähert, und die Zeit zu einem Testament ist da, so nehmet aus euerer Mitte zwei Zeugen, rechtliche Männer, dazu. Aber nehmet, seid ihr gerade auf Reisen und der Tod befällt euch, zwei andere Männer, die nicht aus euerer Mitte sind.[61] Nach dem Mittagsgebete sperrt diese ein, damit sie, wenn ihr an ihrer Redlichkeit zweifelt, bei Gott schwören und sprechen: Wir wollen unser Zeugnis nicht für irgendeine Bestechung verkaufen, und wäre es auch zum Besten eines Anverwandten, und wollen auch nicht das Zeugnis Gottes verheimlichen. Wenn anders, so sind wir Sünder. Wenn aber von diesen beiden bekannt werden sollte, daß sie ungerecht gehandelt, so mögen zwei andere an ihre Stelle treten, die nächsten Blutsverwandten, welche jene des Betrugs überführt, und bei Gott schwören und sagen: Unser Zeugnis ist wahrhaftiger als das Zeugnis jener, und wir machen uns keiner Treulosigkeit schuldig, wenn anders, so sind wir Frevler. Es läßt sich auch leicht machen, daß sie ihr Zeugnis in Gegenwart jener ablegen, insofern sie nicht fürchten, daß nach ihrem Eide ein Gegeneid geschworen werde. Darum fürchtet Gott und gehorchet, denn Gott leitet nicht ein ungerechtes Volk.

An einem gewissen Tage[62] wird Gott die Gesandten versammeln und sagen: Was hat man euch, als ihr geprediget, geantwortet? Sie aber werden antworten: Wir haben keine Kenntnis davon, du aber kennst alles Verborgene.[63] Darauf sagt Gott: O du Jesus, Sohn der Maria, gedenke meiner

Gnade gegen dich und deine Mutter, ich habe dich ausgerüstet mit dem heiligen Geiste, auf daß du schon in der Wiege, und auch als du herangewachsen, zu den Menschen reden konntest. Ich lehrte dich die Schrift und die Weisheit, die Thora und das Evangelium. Du schufst mit meinem Willen die Gestalt eines Vogels aus Ton, du hauchtest in ihn, und mit meinem Willen ward er ein wirklicher Vogel. Mit meinem Willen heiltest du einen Blindgeborenen und einen Aussätzigen, und mit meinem Willen brachtest du Tote aus ihren Gräbern. Ich hielt die Kinder Israels ab, Hand an dich zu legen, als du mit deutlichen Beweisen zu ihnen kamst, und sie, welche nicht glaubten, sagten: Dies ist alles offenbare Täuschung. Als ich den Aposteln befahl, daß sie an mich und an meinen Gesandten glauben sollen, da antworteten sie: Wir glauben, bezeuge du es uns, daß wir ganz dir ergeben sind. Erinnere dich, als die Apostel sagten: O Jesus, Sohn der Maria, vermag dein Herr auch einen Tisch uns vom Himmel herabzusenden[64]? Da antwortete er: Fürchtet nur Gott, wenn ihr wahre Gläubige sein wollt. Sie aber antworteten: Wir wollen aber davon essen, auf daß unser Herz sich beruhige, und wir wissen, daß du die Wahrheit uns verkündet, und wir Zeugnis davon geben können. Darauf sagte Jesus, der Sohn der Maria: O Gott, unser Herr, sende uns einen Tisch vom Himmel, daß dies ein festlicher Tag für uns werde, für den Ersten und Letzten von uns, als ein Zeichen von dir. Nähre uns, denn du bist der beste Ernährer. Darauf erwiderte Gott: Wahrlich, ich will den Tisch euch herabsenden, wer aber von euch nach diesem nicht glauben wird, den werde ich mit einer Strafe bestrafen, wie ich kein anderes Geschöpf in der Welt bestrafen werde. Und wenn Gott einst Jesus fragen wird: O Jesus, Sohn der Maria, hast du je zu den Menschen gesagt: Nehmet, außer Gott, noch mich und meine Mutter zu Göttern an? So wird er antworten: Preis und Lob nur dir, es ziemt mir nicht, etwas zu sagen, was nicht die Wahrheit ist, hätte ich es aber gesagt, so wüßtest du es ja, denn du weißt ja, was in mir, ich aber nicht, was in dir ist, denn du kennst alle Geheimnisse. Ich habe nichts anderes zu ihnen gesagt, als was du mir befohlen, nämlich: Verehret Gott, meinen und eueren Herrn. Solange ich bei ihnen war, war ich Zeuge ihrer Handlungen, nun, da du mich zu dir genommen, bist du ihr Wächter, denn du bist aller Dinge Zeuge. Strafst du sie, so sind es deine Diener, verzeihst du ihnen, so bist du allmächtig und allweise. Gott antwortet: An diesem Tage soll den Wahrhaftigen ihre Wahrhaftigkeit Nutzen bringen. Wasserreiche Gärten sollen sie erhalten und ewig darin verbleiben. Gott hat Wohlgefallen an ihnen, und sie sollen Wohlgefallen haben an ihm. Das wird eine große Seligkeit sein! Gott ist das Reich über Himmel und Erde, und was darinnen, und er ist allmächtig.

SECHSTE SURE

Das Vieh[1)]

Geoffenbart zu Mekka

Im Namen des allbarmherzigen Gottes

Gelobt sei Gott, der Himmel und Erde geschaffen und Finsternis und Licht geordnet. Und dennoch verähnlichen ihm die Ungläubigen noch andere Wesen. Er ist's, der euch aus Lehm geschaffen, und der euer Lebensziel bestimmt und auch das Endziel[2)] schon bestimmt hat. Doch daran zweifelt ihr. Er ist Gott im Himmel und auf Erden. Er weiß, was ihr verheimlicht und was ihr offenbart. Er kennt euere Verdienste. Es ist ihnen[3)] noch kein Zeichen von den Zeichen ihres Herrn zugekommen, oder sie hätten sich davon abgewendet. Auch die Wahrheit, die ihnen *nun* geworden,[4)] beschuldigen sie des Betrugs. Doch bald wird ihnen Belehrung werden über das, was sie jetzt verspotten.[5)] Haben sie denn nicht bemerkt, wie viele Geschlechter vor ihnen wir bereits zugrunde gerichtet? Diese hatten ganz andere Wohnplätze auf der Erde von uns erhalten als ihr.[6)] Wir schickten ihnen vom Himmel Regen in Überfluß, und zu ihren Füßen flossen Wasserbäche. Aber durch ihre Sünden rafften wir sie hinweg und ließen nach ihnen andere Geschlechter entstehen. Und hätte ich dir auch ein Buch, geschrieben auf Pergament, herabgeschickt, die Ungläubigen würden es mit ihren Händen befühlt und gesagt haben: Das ist wahrlich offenbarer Betrug. Sie sagen: Wenn deshalb kein Engel herabkommt, so glauben wir nicht. Hätten wir aber auch einen Engel gesandt, so war die Sache doch schon beschlossen. Wir konnten auf ihre Besserung nicht warten. Hätten wir auch darum einen Engel geschickt, so hätten wir ihn doch in der Gestalt eines Menschen geschickt, und vor ihren Augen in solcher Kleidung, wie sie selbst gekleidet sind. Sie haben aber auch Gesandte vor dir schon verspottet, und die Strafe, welcher die Spötter spotteten, ist an ihnen erfüllt worden. Sage ihnen: Gehet einmal im Lande umher und sehet, welch' Ende die genommen, die unsere Propheten des Betrugs beschuldigten. Frage sie: Wem gehört alles im Himmel und auf Erden? Nicht Gott? Er hat sich selbst *Barmherzigkeit* als Gesetz vorgeschrieben. Er wird euch einst am Auferstehungstage versammeln. Daran ist kein Zweifel. Nur die, welche sich selbst ins Verderben stürzen wollen, glauben es nicht. Was des Nachts und des Tags sich zuträgt, geschieht durch ihn, denn er ist der alles Hörende und alles Wissende. Sprich: Solltest du wohl noch einen anderen Beschützer nehmen außer Gott, dem Schöpfer des Himmels und der Erde, der alles ernähret, aber selbst keine Nahrung nimmt? Sprich: Ich[7] bin der erste, der auf Gottes Geheiß dem Islam zugetan ist, und mir ward befohlen, nicht zu den Götzendienern zu gehören. Sprich: Ich müßte ja, wenn ich meinen Herrn erzürnen wollte, die Strafe jenes großen Tages fürchten. Barmherzigkeit und offenbares Heil ist's, an diesem Tage davon befreit zu sein. Wenn dich Gott mit einem Unglücke heimsucht, so kann es dir niemand abnehmen, außer er selbst. Das Gute, welches dir widerfährt, ist von ihm, dem Allmächtigen. Er ist Beherrscher seiner Diener, er, der Allweise und Allwissende. Sprich: Was ist wohl das wichtigste Zeugnis? Sprich: Gott ist Zeuge zwischen mir und euch, und mir wurde dieser Koran geoffenbart, euch durch ihn zu vermahnen, und alle die, zu denen er gelangen wird. Wie wolltet ihr nun noch bezeugen, daß es neben Gott noch andere Götter gebe? Sage: Ich bezeuge dieses nicht. Sage: Er ist nur ein einziger Gott, und es ist nicht meine Schuld, wenn ihr ihm noch andere Wesen zugesellt. Die, denen wir die Schrift gegeben, kennen ihn (den Mohammed) so gut, wie sie ihre eigenen Kinder kennen. Sie stürzen sich aber selbst ins Verderben, da sie nicht glauben wollen. Wer ist ein größerer Bösewicht als der, der von Gott Lügen erdichtet, oder als der, der seine Zeichen für Betrug hält? Wahrlich, die Frevler können nicht glücklich sein. Einst werden wir sie alle versammeln, und dann werden wir die Götzendiener fragen: Wo sind nun die Götzen, die ihr ersonnen? Sie werden dann keine andere Entschuldigung finden, als daß sie sagen: O Gott, unser Herr, wir waren keine Götzendiener. Sieh nur, wie sie sich selbst belügen müssen und wie ihre Täuschungen, welche sie ersonnen, hinschwinden. Mancher von ihnen hört dir wohl zu. Aber wir haben eine Hülle um ihr Herz geworfen und eine Taubheit in ihr Ohr, auf daß sie dich nicht verstehen. Daher sie auch, bei allen Zeichen, die sie sehen, nicht glauben. Ja, sie werden sogar zu dir kommen, um mit dir zu streiten. Die Ungläubigen werden sagen: Dies alles ist nur albernes altes Zeug. Und dadurch entfernen sie sich und andere davon ab. Aber sie stürzen sich nur selbst ins Verderben und wissen es nicht. Könntest du aber sehen, wie sie ins Höllenfeuer geworfen werden und wie sie dann sagen: O wolltest du uns doch in die Welt zurückbringen, wir wollten dann die Zeichen unseres Herrn gewiß nicht des Betrugs beschuldigen, sondern nur wahre Gläubige sein. Dann wird ihnen klar, was sie vorher verheimlichten. Würden sie aber auch in die Welt zurückgebracht, so würden sie doch nur zu dem, was ihnen verboten ist, zurückkehren, denn sie sind Lügner. Sie sagten auch: Es gibt kein anderes Leben als unser hiesiges irdisches Dasein, und wir werden nicht wieder auferweckt. Solltest du sie aber sehen, wenn sie einst vor ihrem Herrn erscheinen und er sie fragt: Ist die Auferstehung nun nicht wahr geworden? Da werden sie antworten: Wohl ist sie wahr, o Herr! Und Gott wird sagen: Nehmet nun hin die Strafe dafür, daß ihr nicht glauben wolltet. Die sind verloren, welche die Versammlung vor Gottes Gericht leugnen, bis plötzlich ihre Stunde schlägt. Dann werden sie sagen: Wehe uns ob dem, was wir vernachlässigt. Dann tragen sie auf ihrem Rücken ihre Sündenlast.[8] Und wird das nicht eine schlimme Last sein? Dieses Leben ist nur ein Spiel, nur ein Scherz. Wahrlich, die zukünftige Wohnung ist für die Frommen weit besser. Seht ihr das denn nicht ein? Wir wissen wohl, daß ihre Reden dich betrüben. Sie können dich doch nicht des Betrugs überführen, und mögen die Frevler auch die Zeichen Gottes bestreiten. Auch andere Gesandte vor dir sind des Betrugs beschuldigt worden. Doch ertrugen sie es mit Geduld, daß man sie für Lügner hielt und sie beleidigte, bis wir ihnen Hilfe brachten. Die Aussprüche Gottes ändert niemand ab. Darüber hast du ja bereits Belehrung von den früheren Gesandten. Und wenn dir auch ihre Abneigung zu lästig würde und du suchtest eine Höhle, welche dich ins Innere der Erde brächte, oder eine Leiter, um in den Himmel zu steigen, um ihnen Wunder zu zeigen, so wäre das vergebens, denn wenn Gott es wollte, so würde er ja sie allesamt auf den rechten Weg bringen. Sei daher nicht unwissend.[9] Nur denen, die aufmerksam aufhorchen, wird er huldvoll antworten, und die Toten wird Gott auferwecken, und zu ihm werden sie alle zurückkehren. Sie sagen: Nicht anders glauben wir, als bis Zeichen herabkommen von seinem Herrn. Antworte: Gott vermag es, Zeichen herabzusenden, aber der größte Teil von ihnen begreift das nicht. Dieses Volk gleicht dem Tiere auf der Erde und den Vögeln, die mit ihren Flügeln sich fortbewegen, denn in der Schrift ist kein Beweis vergessen.[10] Zu ihrem Herrn werden sie einst zurückkehren. Die, welche unsere Zeichen der Lüge beschuldigen, sind taub und stumm und wandeln in der Finsternis. Gott führt irre, wen er will, und leitet auf den rechten Weg, wen er will. Sprich: Was glaubt ihr wohl? Wenn die Strafe Gottes euch trifft, oder wenn euere Stunde[11] kommt, werdet ihr dann einen anderen als Gott anrufen, wenn ihr wahrhaftig sein wollt? Wahrlich, ihr werdet nur ihn anrufen, und er wird euch befreien, so er nur will, von dem, um dessen Entfernung ihr bittet. Und ihr werdet die Wesen, die ihr ihm gleichgestellt, vergessen. Wir haben schon vor dir den Nationen Gesandte geschickt und sie mit Unglück und Elend heimgesucht, auf daß sie sich demütigen. Aber als das Unglück sie traf, demütigten sie sich dennoch nicht, denn ihr Herz war verstockt. Der Satan hatte mit dem, was sie taten, sie ausgerüstet. Als sie alles vergessen hatten, wozu sie ermahnt waren, da öffneten wir ihnen die Pforten aller Dinge,[12] und als sie sich dessen, was ihnen geworden, freuten, da nahmen wir plötzlich alles wieder hinweg, worüber sie verzweifeln wollten. Das Volk, das so ungerecht gehandelt, mit der Wurzel wurde es ausgerottet. Gelobt sei Gott, der Weltenherr! Sage: Was dünkt euch wohl, wenn Gott euch eueres Gehörs und Gesichtes berauben und euere Herzen versiegeln wollte, wer könnte außer Gott es euch zurückgeben? Sieh, wie mannigfache Beweise von der Einheit Gottes wir geben, und dennoch wenden sie sich weg davon. Sage: Was dünkt euch wohl, wenn die Strafe Gottes plötzlich oder öffentlich[13] euch ereilt, werden wohl andere als nur die gottlosen Menschen untergehen? Wir schicken die Gesandten nicht anders, als nur um Gutes zu verkünden und Strafen zu verwarnen. Wer nun glaubt, der wird glücklich sein, und weder Furcht noch Trauer kommt über ihn. Die aber, welche unsere Zeichen des Betrugs beschuldigen, wird ob ihres Frevels Strafe treffen. Sprich: Ich sage nicht zu euch, daß die Schätze Gottes in meiner Gewalt sind, auch nicht, daß ich Gottes Geheimnisse weiß,[14] auch sage ich nicht, daß ich ein Engel bin, sondern ich folge nur dem, was mir geoffenbart wurde. Sprich: Sollen wohl Blinde mit Sehenden gleichen Wert haben? Bedenket ihr dieses denn nicht? Verkünde denen, die sich fürchten, daß sie zu ihrem Herrn versammelt werden, und daß sie außer ihm keinen Beschützer und Vermittler haben, damit sie sich hüten! Treibe die nicht hinweg, die ihren Herrn des Morgens und des Abends anrufen und sein Angesicht schauen wollen. Es ist nicht deine Sache, ihre Gesinnungen hierbei zu beurteilen, ebenso wenig wie sie dich beurteilen dürfen. Vertreibst du sie aber, so gehörest du zu den Frevlern. So haben wir die einen durch die anderen geprüft, auf daß sie sagten: Sind das die Leute, welchen Gott huldvoll ist unter uns? Kennt Gott die nicht, die dankbar sind? Wenn solche zu dir kommen, die an unsere Zeichen glauben, so sprich: Friede mit euch. Euer Herr hat sich selbst: *Barmherzigkeit,* zum Gesetze vorgeschrieben. Wer daher von euch aus Unwissenheit Böses getan und bereut es darauf und bessert sich, dem verzeiht er, denn er ist verzeihend und barmherzig. Wir haben unsere Zeichen desfalls deutlich aufgestellt, damit der Weg der Sünder erkannt werde. Sprich: Mir ist es verboten, diejenigen zu verehren, welche ihr außer

Gott anrufet. Sprich: Ich folge nicht eueren Begierden, denn sonst wäre ich im Irrtume und gehörte nicht zu denen, die rechtgeleitet sind. Sprich: Ich richte mich nur nach der Belehrung meines Herrn, die ihr zwar der Lüge beschuldigt. Es ist nicht in meiner Macht, das, was ihr wünschet, zu beschleunigen.[15] Das Urteil gehört nur Gott allein, er wird die Wahrheit schon entscheiden, denn er ist der beste Schiedsrichter. Sprich: Wäre es in meiner Macht, das, was ihr wünschet, zu beschleunigen, wo wäre die Sache zwischen mir und euch schon längst entschieden, aber Gott kennt die Ungerechten. Bei ihm sind die Schlüssel der Geheimnisse, die niemand kennt außer ihm[16]. Er weiß, was auf dem trockenen Lande und was im Meere ist. Es fällt kein Blatt vom Baume, er weiß es. Es ist kein Samenkorn in der dunklen Erde, es gibt nichts Grünes und nichts Trockenes, das nicht aufgezeichnet wäre in seinem deutlichen Buche[17]. Er ist's, der euch des Nachts schlafen läßt, und er weiß, was ihr des Tags ausübt. Er wird euch, wenn das bestimmte Ziel erreicht ist, wieder auferwecken. Dann werdet ihr zu ihm zurückkehren, und dann wird er euch sagen, was ihr getan. Er ist Herr seiner Diener. Er sendet Wächter[18] über euch. Und wenn einen von euch der Tod erreicht, so veranlassen unsere Boten den Tod, und diese säumen nicht hiermit. Dann kehren sie zu Gott, ihrem wahren Herrn, zurück. Gebührt ihm nicht das Richteramt? – Er ist schnell im Rechnen. Sprich: Wer errettet euch aus der Finsternis des Landes und des Meeres,[19] wenn ihr ihn demütig und im Stillen anrufet, sprechend: Rette uns doch aus dieser Gefahr, damit wir dankbar werden? Sprich: Gott ist's, der euch errettet aus jeder Gefahr und Seelenbeängstigung, und dennoch gesellt ihr ihm noch andere Wesen zu. Sprich: Er ist mächtig genug, Strafen über euch, von oben und von unten[20] zu senden und Zwietracht unter euch zu stiften, auf daß der eine sich gewalttätig am anderen vergreife. Sieh nur, wie mannigfaltig unsere Zeichen sind, damit sie verständig werden sollen. Aber dein Volk beschuldigt sie, obgleich sie Wahrheit sind, des Betrugs. Sprich: Ich bin ferner nicht mehr euer Schutz. Eine jede Prophezeiung hat ihre bestimmte Zeit, ihr werdet das erfahren. Siehst du Leute, die über unsere Zeichen streiten, so entferne dich von ihnen so lange, bis sie eine andere Unterhaltung beginnen. Wenn aber der Satan dich dieses vergessen läßt, so setze dich nicht, sobald du dich dessen wieder erinnerst, zu den Frevlern. Die Gottesfürchtigen haben desfalls keine Verantwortlichkeit auf sich, aber doch sollen sie dessen eingedenk sein, auf daß sie fromm bleiben[21]. Verlasse die, welche mit ihrer Religion Scherz und Spott treiben, die das irdische Leben geblendet. Jedoch erinnere sie durch den Koran, daß, wenn eine Seele durch ihre Handlungen sich ins Verderben stürzet, sie außer

– 89 –

Gott keinen Beschützer und Vermittler habe, und daß, wenn sie auch noch so viel als Lösungsgeld zahlen wollte, nichts von ihr angenommen werde. Die sich durch ihre Handlungen selbst ins Verderben gestürzt, erhalten siedendes Wasser zum Trank und außerdem noch große Strafe ob ihres Unglaubens. Sprich: Sollen wir wohl außer Gott noch ein anderes Wesen anrufen, das uns weder nützen noch schaden kann? Sollten wir wohl, nachdem uns Gott auf den rechten Weg geleitet, wieder in unsere früheren Fußstapfen treten, wie der, den der Satan verführt, daß er auf der Erde herumirre, obgleich er Freunde hat, die ihn auf die rechte Bahn führen wollen und ihm zurufen: Komm doch zu uns? Sprich: Nur Gottes Leitung ist die wahre Leitung und geboten ist uns, dem Herrn der Welten uns ganz zu ergeben und das Gebet zu verrichten und ihn zu ehrfürchten. Denn er ist es, zu dem ihr einst versammelt werdet. Er ist's in Wahrheit, der Himmel und Erde geschaffen. Sobald er spricht: Es werde – so ist's da. Sein Wort ist Wahrheit. Ihm ist die Herrschaft an dem Tage, an welchem die Posaune erschallt.[22] Er weiß, was geheim und was offenbar ist. Er ist der Allweise und Allwissende.

Erinnere dich, als Abraham zu seinem Vater Asar[23] sprach: Nimmst du wohl zum Gott Götzenbilder an? Wahrlich, ich sehe, daß du und dein Volk in einem offenbaren Irrtum bist. Darauf zeigten wir dem Abraham das Reich des Himmels und der Erde[24], damit der zu denen gehöre, die fest in ihrem Glauben sind. Als die Dunkelheit der Nacht ihn beschattete, sah er einen Stern, und er sprach: Das ist mein Herr. Als dieser aber unterging, sagte er: Ich liebe die Untergehenden nicht. Und als er den Mond aufgehen sah, da sagte er: Wahrlich, das ist mein Herr. Als aber auch dieser unterging, da sagte er: Wenn mein Herr mich nicht leitet, so bin auch ich wie dies irrende Volk. Als er nun sah die Sonne aufgehen, da sagte er: Siehe, dies ist mein Gott, denn das ist das größte Wesen. Als aber auch die Sonne unterging, da sagte er: O mein Volk, ich nehme keinen Anteil mehr an euerem Götzendienste, ich wende mein Angesicht zu dem, der Himmel und Erde geschaffen, ich werde rechtgläubig und will nicht mehr zu den Götzendienern gehören. Sein Volk wollte mit ihm streiten, er aber sagte: Was wollt ihr über Gott mit mir streiten? Er hat mich bereits auf den rechten Weg geleitet, die Wesen, die ihr ihm zugesellet, fürchte ich nicht, da sie nur mit seinem Willen etwas vermögen,[25] denn er ist der Allwissende. Wollt ihr das nicht bedenken? Wie sollte ich auch das, was ihr Gott zugesellet, fürchten, da ihr keinen Anstand nehmet, Gott Wesen zuzugesellen, wozu euch nicht im entferntesten die Erlaubnis gegeben wurde? Wer von den beiden Religionsparteien ist nun wahrhafter? Wißt ihr das? Die, welche glauben und ihren Glauben nicht mit dem

Unrechte[26] bekleiden, die leben in Sicherheit und sind rechtgeleitet. Diese Beweise haben wir dem Abraham, seinem ungläubigen Volke gegenüber, gegeben. Wir erheben auf die Stufen der Weisheit, wen wir wollen, denn dein Herr ist der Allweise und Allwissende.

Wir gaben ihm den Isaak und Jakob, und beide leiteten wir. Auch vorher schon leiteten wir den Noah und seine Nachkommen, David, Salomon, Job, Joseph, Moses und Aron. Denn so belohnen wir die, welche Gutes tun. Auch den Zacharias, Johannes, Jesus und Elias, die alle zu den Frommen gehören. Auch den Ismael, Elisa, Jonas und Lot, diese alle haben wir vor der übrigen Welt bevorzugt. Auch einen Teil ihrer Väter, Kinder und Brüder haben wir geliebt und auf den rechten Weg geleitet. Das ist die Leitung Gottes, nach welcher er diejenigen seiner Diener leitet, die ihm gefallen. Hätten diese sich dem Götzendienste ergeben, so wäre das Gute, welches sie getan, vergebens gewesen. Diesen nun haben wir gegeben die Schrift, Weisheit und das Prophetentum. Sollten jene[27] nun nicht daran glauben wollen, so übergeben wir dies einem Volke, das nicht so ungläubig ist. Diese hatte Gott geleitet, darum folge du ihrer Leitung. Sprich: Ich fordere keinen Lohn für den Koran von euch, ihr Mekkaner, denn er ist nichts anderes, als eine Mahnung an alle Menschen. Sie schätzen Gott nicht so hoch, wie sie sollten, weil sie sagen: Gott habe Menschen nie etwas geoffenbart. Sprich: Wer hat denn das Buch geoffenbart, welches Moses als Licht und Leitung den Menschen gebracht, welches ihr auf Pergament geschrieben, wovon ihr einiges öffentlich bekennet, aber den größeren Teil verheimlichet,[28] und wodurch ihr lerntet, was ihr und euere Väter nicht gewußt? Sprich: Gott. Darauf verlasse sie, mögen sie sich mit ihrem eitlen Geschwätze erlustigen. Dieses Buch, das wir geoffenbart, ist gesegnet und bestätigt ihre früheren Offenbarungen. Du sollst es verkünden in der Hauptstadt[29] und in der Umgegend. Die an das zukünftige Leben glauben, werden auch daran glauben, und diese werden aufmerksam die Zeit des Gebetes beachten. Wer aber kann frevelhafter sein als der, der eine Lüge von Gott erdichtet, oder als der, welcher sagt: mir ward etwas geoffenbart, und es ward ihm nichts offenbart? Oder als der, welcher sagt: Ich will eine Offenbarung bringen, die *der* Offenbarung gleich ist? Könntest du die Gottlosen sehen in der Todesangst, wenn die Engel ihre Hände ausstrecken und sagen: „Werfet euere Seelen ab, ihr sollet heute schmachvolle Strafen erleiden, weil ihr Unwahres von Gott gesprochen und gegen seine Zeichen übermütig gewesen. Und nun seid ihr zu uns gekommen allein[30], so wie wir euch zuerst erschaffen, und habt alles, was wir euch gegeben, zurückgelassen, und wir sehen jene Vermittler nicht bei euch, von denen ihr wähntet, daß sie für euch Mitgenossen Gottes seien. Nun ist jede Verbindung zwischen euch abgeschnitten, und euere Einbildungen haben euch betrogen." Gott läßt hervorsprießen das Samenkorn und den Dattelkern, er läßt Leben aus dem Tode und Tod aus Leben entstehen. Dies tut Gott, und dennoch wollt ihr euch von ihm abwenden? Er ruft die Morgenröte hervor und setzet die Nacht zur Ruhe ein und Sonne und Mond zur Zeitrechnung. Diese Einrichtung ist vom Allmächtigen und Allweisen. Er ist es, der euch die Sterne eingesetzt, damit sie in der Finsternis euch zu Land und zur See recht leiten. So haben wir unsere Zeichen für verständige Leute deutlich gezeigt. Er ist es, der euch aus einer einzigen Seele entstehen ließ, und euch einen sicheren Aufenthalt und Ruheort[31] gegeben. So haben wir weisen Menschen unsere Zeichen deutlich gezeigt. Er ist es, der Wasser vom Himmel sendet. Durch dasselbe bringen wir hervor den Samen aller Dinge, und alles Grüne und das in Reihen wachsende Korn, und Palmbäume, an deren Zweigen die Datteln gedrängt voll hängen, und Gärten mit Trauben, Oliven und Granatäpfeln aller Art[32]. Sehet nur ihre Früchte an, wenn sie hervorwachsen und heranreifen. Wahrlich, hierin sind Zeichen genug für gläubige Menschen. Sie haben dennoch Gott Geister[33] zugesellt, die er selbst geschaffen, und in Unwissenheit haben sie ihm Söhne und Töchter angedichtet. Lob und Preis sei ihm allein und fern von ihm alles, was sie ihm beilegen. Der Schöpfer des Himmels und der Erde, wie sollte er einen Sohn haben, da er ja keine Frau hat! Er ist der Schöpfer aller Dinge, und ihm sind alle Dinge bekannt. Das ist Gott, euer Herr, es gibt keinen Gott außer ihm, dem Schöpfer aller Dinge. Darum dienet nur ihm, denn er trägt Sorge für alles. Kein Gesicht kann ihn erfassen, doch er erfasset jedes Gesicht. Er ist der Unerforschliche und Allwissende. Überzeugende Beweise sind euch von euerem Herrn geworden. Wer sie nun einsieht, der sorgt für seine Seele. Wer aber absichtlich blind sein will, der hat sich die Folgen selbst zuzuschreiben. Ich bin nicht zum Wächter über euch eingesetzt. So machen wir unsere Zeichen auf verschiedene Weise klar, mögen sie auch sagen: Du erklärest gesucht, vernünftigen Leuten werden wir es schon deutlich auseinandersetzen. Folge daher nur dem, was dir von deinem Herrn geoffenbart wurde, denn nur er allein ist Gott, und entferne dich von den Götzendienern. So Gott es nur gewollt hätte, so wären sie keine Götzendiener geworden. Dich haben wir weder zum Wächter noch zum Hüter über sie eingesetzt. Schmähe nicht die Götzen, welche sie, außer Gott, anrufen, sonst möchten sie in Unwissenheit auch feindselig Gott schelten[35]. Wir haben einem jeden Volke seine Handlungen so vorbereitet, daß, wenn es einst zu seinem Herrn zurückkehrt, wir ihm deutlich zeigen können, was es getan.

Zwar haben sie bei Gott einen feierlichen Eid geschworen, daß, wenn ihnen ein Zeichen werde, sie daran glauben wollen. Allein sage: Wahrlich bei Gott steht es, Wunder zu tun, doch ihr begreifet sie nicht, und wenn sie auch kommen würden, so glaubet ihr doch nicht daran. Wir wollen ihr Herz und Gesicht von der Wahrheit abwenden, weil sie nicht bereits beim ersten Male daran geglaubt haben. Darum wollen wir sie in ihrem Irrtume herumirren lassen. Und wenn wir ihnen auch Engel gesandt und hätten Tote mit ihnen reden und alle Dinge vor ihren Augen wieder auferstehen lassen, so würden sie doch nicht geglaubt haben, es sei denn, daß Gott es anders gewollt. Denn der größte Teil von ihnen ist unwissend. So haben wir jedem Propheten einen Feind bestimmt, nämlich die Satane der Menschen und der Geister, die gegenseitig trügerische und eitle Reden einblasen. Wenn aber dein Herr nur wollte, so würden sie das nicht tun können. Darum verlasse sie, und das, was sie fälschlich erdichten. Die Herzen derer, welche nicht an ein zukünftiges Leben glauben, mögen sich zu diesen Lügen hinneigen und sich daran vergnügen und den Gewinn genießen, den sie hierdurch gewinnen. Sollte ich wohl, außer Gott, einen anderen Schiedsrichter verlangen? Er ist es, der dieses Buch[36], zur Unterscheidung zwischen Gut und Böse, euch geoffenbart. Diejenigen, denen wir die Schrift gegeben,[37] wissen es auch, daß dieses Buch in Wahrheit von deinem Herrn geoffenbart wurde. Darum gehöre nicht zu denen, die daran zweifeln. Das Wort deines Herrn ist vollkommen in Wahrheit und Gerechtigkeit. *Sein* Wort kann niemand verändern, denn er ist der alles Hörende und alles Wissende. Wolltest du dem größeren Teile derer, die auf der Erde sind, folgen, so würden sie dich von der Gottes-Religion ableiten, denn sie folgen nur vorgefaßten Meinungen und sprechen nur Lügen. Wahrlich, Gott kennt die, welche von seinem Wege abirren, und er kennt auch die, welche auf den rechten Weg geleitet sind. Esset nur von dem, worüber der Name Gottes angerufen wurde, so ihr an seine Zeichen glaubt. Warum sollet ihr auch das, worüber der Name Gottes gedacht wurde, nicht essen? Er hat euch ja bereits deutlich auseinandergesetzt, was er euch verboten, mit Ausnahme dessen, wozu ihr aus Not gezwungen. Zwar verführen viele durch ihr Gelüste und durch Unwissenheit zum Irrtum, aber Gott kennt die Übertreter. Meidet das Äußere und Innere der Sünde,[38] denn die, welche Sünden begehen, werden den Lohn, den sie verdienen, schon erhalten. Das, worüber der Name Gottes nicht gedacht wurde, esset nicht, denn solches wäre gottlos. Doch die Teufel werden ihren Freunden eingeben, hierüber mit euch zu streiten. So ihr ihnen Folge leistet, gehöret ihr zu den Götzendienern. Oder soll der, der tot gewesen, und den wir wieder lebendig gemacht, und dem wir ein Licht gegeben, damit unter den Menschen zu wandeln, soll *der* gleich dem sein, der *so* in der Finsternis ist, daß er nicht mehr herauskann?[39)] So ward den Ungläubigen ausgerüstet das, was sie tun.[40)] Wir haben desfalls in jeder Stadt Haupt-Bösewichter zugelassen, damit sie betrügerisch darin handeln. Aber sie betrügen nur sich selbst und wissen es nicht. Und wenn sie[41)] auch ein Wunderzeichen erhielten, so würden sie doch sagen: Wir glauben nicht eher, als bis *uns* eine Offenbarung wird, wie den Gesandten Gottes geworden. Gott aber weiß am besten, wohin er seine Gesandtschaft setzt. Über die Bösewichter wird Schmach von Gott kommen und schwere Strafe ihres Betruges wegen. Wen Gott leiten will, dem öffnet er die Brust für den Islam. Wen er aber in den Irrtum führen will, dessen Brust wird er so verengen, als wolle er zum Himmel hinaufsteigen.[42)] Solche Strafe legt Gott denen auf, die nicht glauben. Dies ist der rechte Weg deines Herrn. So haben wir unsere Zeichen den Leuten deutlich gemacht, welche ihrer nur eingedenk sein wollen. Ihnen soll eine Wohnung des Friedens werden bei ihrem Herrn, und er wird ihnen, ob dem, was sie tun, Beschützer sein. Denke an den Tag, an welchem Gott sie versammeln und sagen wird: O du Geschlecht der Dämonen, zu viel hast du dich mit den Menschen befaßt.[43)] Aber ihre Freunde unter den Menschen werden erwidern: O unser Herr, wir haben untereinander, einer vom anderen Vorteil gehabt, und nun haben wir das Ziel erreicht, das du uns bestimmt. Darauf spricht Gott: Das Höllenfeuer sei nun euere Wohnung, und ewig bleibet darin, insofern es Gott nicht anders gefällt. Denn dein Herr ist der Allweise und Allwissende. So werden wir auch einige Übeltäter über die anderen setzen, so wie sie es verdient haben.[44)] O du Geschlecht der Menschen und der Dämonen, sind nicht Gesandte aus euerer Mitte zu euch gekommen, meine Zeichen euch zu verkünden, und euch zu verwarnen vor dem Anbruche dieses euren Tages? Sie werden dann antworten: Wir müssen gegen uns selbst dieses Zeugnis ablegen. Das Leben hienieden hat sie getäuscht, und sie müssen nun gegen sich selbst bezeugen, daß sie Ungläubige gewesen. So pflegt es Gott zu machen, weil dein Herr keine Stadt zerstöret in ihrer Gottlosigkeit, während ihre Bewohner ganz sorglos sind.[45)] Verschiedene Grade gibt's für alle, je nach ihrem Tun, denn deinem Herrn ist nicht unbekannt, was sie tun, und dein Herr ist reich an Barmherzigkeit. Wenn er will, so kann er euch vertilgen und andere, wen er will, euch nachfolgen lassen, so wie er euch hat entstehen lassen aus den Nachkommen anderer Völker. Wahrlich, was euch drohet, das trifft auch ein, und ihr vermöget es nicht zu verhindern. Sprich (zu den Mekkanern): O du mein Volk, handle nur nach deinem Vermögen,

— 94 —

ich werde handeln nur nach meiner Pflicht[46], später wirst du erfahren, wem die Belohnung des Paradieses wird. Die Gottlosen wird es nicht beglücken. Sie (die Mekkaner) haben zwar der Gottheit einen Teil der Früchte, welche er wachsen läßt, und einen Teil des Viehes bestimmt, und sprechen: Dies gehöret Gott – in ihrer bloßen Meinung – und dies gehöret unseren Gefährten[47]. Aber was den Götzen bestimmt war, das kam nicht zu Gott, und was Gott bestimmt war, das kam zu ihren Götzen. Wie schlecht sie doch urteilen! Ebenso haben ihre Götzen einen großen Teil der Götzendiener verleitet, ihre Kinder zu töten, um sie zu verderben und ihre Religion zu verdunkeln. Doch so Gott nur gewollt hätte, sie hätten solches nicht getan. Darum verlasse sie und das, was sie fälschlich erdichten. Sie sagen: Diese Tiere und diese Früchte der Erde sind geweiht. Niemand darf, außer demjenigen, der uns gefällt, davon genießen – so sagen sie in ihren Einbildungen – und Tiere gibt's, von welchen verboten ist, ihre Rücken zu belasten, und wieder andere Tiere, über welche der Name Gottes nicht genannt werden darf.[48] Solche Lügen erdichten sie von ihm. Gott aber wird ihnen ob dem, was sie ersinnen, ihren Lohn geben. Ferner sagen sie: Was in dem Leibe dieser Tiere, ist unseren Mannspersonen erlaubt, aber unseren Frauen verboten. Eine Frühgeburt aber dürfen beide teilen.[49] Gott wird ihnen für solche Erdichtungen ihren Lohn geben, denn er ist der Allweise und Allwissende. Schon sind verloren, die in Torheit und Unwissenheit ihre Kinder getötet und die, welche das verboten, was Gott zur Nahrung gegeben, indem sie Lügen von Gott erdichtet. Sie waren im Irrtum und nicht rechtgeleitet. Gott ist es, der die Gärten geschaffen, sowohl die, welche Menschenhände, als die, welche die Natur angelegt, und die Palmbäume und das Samenkorn, das verschiedene Speisen hervorbringt, und die Oliven und die Granatäpfel nach verschiedener Art. Genießet ihre Früchte, wenn sie herangereift, und gebet davon am Tage der Ernte, was ihr schuldig seid.[50] Doch verschwendet nichts, denn Gott liebt die Verschwender nicht.[51] Einige Tiere sind zum Lasttragen, andere zum Schlachten bestimmt. Esset das, was Gott euch zur Nahrung bestimmt, und folget nicht den Fußstapfen des Satans, denn er ist euer offener Feind. Von den Tieren hat euch Gott acht zusammengepaart[52] gegeben, von den Schafen ein Paar und von den Ziegen ein Paar. Sage zu ihnen: Hat Gott nun zwei Männchen von den Schafen und Ziegen, oder die zwei Weibchen, oder was in deren Bauch sich befindet, verboten? Saget mir das mit Gewißheit, wenn ihr wahrhaftig seid. Von den Kamelen hat er euch ein Paar und von den Ochsen ein Paar gegeben. Frage sie: Hat Gott nun die zwei Männchen oder die zwei Weibchen, oder was in deren Bauch sich befindet, euch verboten? Wart ihr zugegen, als Gott dies befohlen? Wer aber kann ungerechter sein als der, welcher Lügen von Gott erdichtet, um unwissende Leute in die Irre zu führen? Wahrlich, Ungerechte leitet Gott nicht. Sprich: In dem, was mir geoffenbart wurde, finde ich weiter nichts verboten zum Essen, als das von selbst Gestorbene und das vergossene Blut und das Schweinefleisch, denn dies ist ein Greuel, und das Vermaledeite, solches, das geschlachtet wurde im Namen eines anderen als Gott. Wer aber aus Not gezwungen, nicht aus Neigung oder Übermut, davon genießet, gegen den wird dein Herr versöhnend und barmherzig sein. Den Juden haben wir verboten alles, was Klauen[53)] hat, und vom Rindvieh und von den Schafen verboten wir ihnen das Fett, außer das, was auf ihrem Rücken, oder in den Eingeweiden, oder zwischen den Beinen sitzt[54)]. Dies dient ihnen zur Strafe wegen ihrer Ruchlosigkeit, wir aber sind wahrhaftig. Wollen sie dich des Betrugs beschuldigen, so sprich: Euer Herr ist von unendlicher Barmherzigkeit. Dennoch wird er seine Strenge nicht abwenden von einem gottlosen Volke. Die Götzendiener sagen: Wenn Gott es gewollt hätte, so wären wir keine Götzendiener geworden und auch unsere Väter nicht. Auch hat er uns nichts verboten. So haben auch die vor ihnen schon die Propheten des Betruges beschuldigt, bis sie die Strenge unserer Strafe gefühlt. Sprich: Wißt ihr das mit überzeugender Gewißheit, so gebet uns Beweise. Doch ihr folget nur falschen Einbildungen und seid nichts als Lügner. Sprich: Gott allein ist im Besitze überzeugender Gewißheit, und wenn er gewollt, so hätte er euch alle geleitet. Sprich: Bringet euere Zeugen, so da bezeugen können, daß Gott dieses verboten. Und wenn sie dies auch bezeugen sollten, so zeuge du nicht mit ihnen und folge nicht dem Verlangen derer, welche unsere Zeichen des Betruges beschuldigen und nicht glauben an ein zukünftiges Leben und ihrem Herrn andere Wesen gleichsetzen. Sprich: Kommet heran, ich will euch vorlesen, was euer Herr euch verboten: Ihr sollt keine Götzen neben ihm haben. Euren Eltern sollt ihr Gutes tun. Ihr sollt, aus Furcht vor Armut, euere Kinder nicht töten, denn wir wollen schon für euch und für sie Sorge tragen. Ihr sollt euch nicht nähern den schändlichen Verbrechen, weder öffentlich noch geheim.[55)] Ihr sollt nach göttlichem Verbote keinen töten, außer nur wenn es die Gerechtigkeit fordert.[56)] Dies hat euch Gott geboten, auf daß ihr verständig werdet. Kommet auch dem Vermögen der Waisen nicht zu nahe, ihr müßt es denn vergrößern wollen, bis sie mündig geworden. Gebrauchet nur richtiges Maß und richtige Waage. Wir legen einer Seele nicht mehr auf, als sie zu tragen vermag. In euren richterlichen Urteilssprüchen seid gerecht, sei es auch *gegen* euere nächsten Anverwandten, und haltet treulich am Bündnisse Gottes. Dies hat Gott geboten, möget ihr dessen eingedenk sein. Das ist mein richtiger Weg, spricht Gott, folget diesem und nicht dem Wege anderer, damit ihr nicht vom Wege Gottes euch trennet. Dies hat Gott euch befohlen, damit ihr ihn ehrfürchtet. Wir haben dem Moses die Schrift gegeben, als eine vollkommene Anleitung für die, welche nur was recht ist tun wollen, und sie lehrt den Unterschied aller Dinge. Sie ist eine Leitung und Gnade, damit die Kinder Israels an die Ankunft ihres Herrn glauben mögen. Und diese Schrift (der Koran), die wir nun geoffenbart, ist gesegnet. Befolget sie und fürchtet Gott, auf daß ihr begnadigt werdet, und saget nicht: Die Schrift ist nur zwei Völkern vor uns geoffenbart worden und wir waren zu unwissend, sie zu verstehen.[57] Saget nun auch nicht: Wäre uns die Schrift geoffenbart worden, so würden wir uns besser als sie haben leiten lassen, denn von eurem Herrn ist euch ja zugekommen deutliche Belehrung und Leitung und Gnade. Wer aber ist frevelhafter als der, welcher die Zeichen Gottes des Betruges beschuldigt und deshalb davon abweichet? Die, welche von unseren Zeichen sich wegwenden, wollen wir mit schwerer Strafe belegen, dieweil sie abgewichen sind. Was haben sie auch anderes zu hoffen, als daß die Todesengel zu ihnen kommen werden, oder daß dein Herr selbst kommt, sie zu strafen, oder daß ein Teil der Zeichen deines Herrn, welche den Jüngsten Tag verkünden, eintreffen wird? An jenem Tage, an welchem ein Teil der Zeichen deines Herrn eintrifft, da kann der Glaube keiner Seele mehr helfen, wenn sie nicht früher schon geglaubt und in ihrem Glauben nur das Gute getan hat. Sprich: Erwartet ihr diesen Tag? Ja, wir erwarten ihn. Mit denen, welche Trennungen in ihrer Religion stiften und Sektierer werden, habe du nichts zu schaffen. Diese ihre Sache gehöret vor Gott allein. Er wird ihnen einst schon sagen, was sie getan. Wer einst mit guten Werken kommt, der erhält zehnfachen Lohn dafür. Wer aber mit bösen Werken erscheint, der erhält seine Strafe nach seinem Handeln. Sie werden nicht mit Unrecht behandelt werden.[58] Sprich: Wahrlich, mich hat mein Herr auf den rechten Weg geleitet, zur wahren Religion, zur Religion des rechtgläubigen Abraham, der kein Götzendiener war. Sprich: Mein Gebet, meine Verehrung, mein Leben und mein Tod gehören Gott, dem Herrn der Welten. Gott hat kein Wesen neben sich zum Gefährten. So ward's mir befohlen, und ich bin der erste Muslim[59]. Sprich ferner: Wie sollte ich auch, außer Gott, noch einen Herrn verlangen? Ist er ja der Herr aller Dinge. Einer jeden Seele wird, was sie verdienet, und zwar nur ihr selbst, und die so belastete Seele braucht nicht auch die Last einer anderen zu tragen. Dann werdet ihr zu eurem Herrn zurückkehren, und er wird euch dann belehren über das, worüber ihr hier verschiedener Ansicht wart. Er ist es, der euch euren Vorgängern als Nachfolger auf die Erde gesetzt, und der einige von euch über andere stufenweise erhöht, auf daß er euch prüfe durch das, was er euch gegeben. Dein Herr ist streng im Bestrafen, aber auch gnädig und barmherzig.

SIEBENTE SURE

Die Zwischenmauer[1)]

Geoffenbart zu Mekka

Im Namen des allbarmherzigen Gottes

ALMZ.[2)] Eine Schrift ist dir geoffenbart worden. Es komme daher keine Bangigkeit in deine Brust, damit du vermittelst ihrer mahnest und die Gläubigen erinnerst. Folget darum nur dem, was euch von eurem Herrn geoffenbart wurde, und folget keinem anderen Führer, außer ihm. Doch ach, wie wenige nur lassen sich mahnen. Wie viele Städte haben wir zerstört und unsere Rache traf sie zur Zeit der Nacht, oder des Mittags, wann sie der Ruhe pflegen wollten! Als unsere Rache sie traf, da war das einzige Gebet, welches sie noch sprechen konnten: Wahrlich, wir waren gottlos. Alle die, zu denen wir Propheten gesandt, wollen wir zur Rechenschaft ziehen, aber auch von den Gesandten selbst wollen wir Rechenschaft fordern, dann werden wir mit Allwissenheit ihre Handlungen ihnen klar anzeigen, denn wir waren ja nie abwesend. An jenem Tage wird die Waage nur in Gerechtigkeit wiegen[3)]. Diejenigen, deren gute Handlungen die Waagschale beschweren, werden glückselig sein. Die aber, deren Waagschale zu leicht befunden wird, haben das Verderben ihrer Seele selbst verschuldet, weil sie gegen unsere Zeichen ungerecht waren. Wir haben euch auf die Erde gesetzt und euch mit Nahrung auf ihr versorgt. Doch wie wenige nur sind dankbar dafür! Wir haben euch geschaffen, dann euch gebildet und darauf zu den Engeln gesagt: Verehret den Adam, und sie taten also, mit Ausnahme des Satans, der nicht mit den Verehrenden sein wollte.[4] Gott sprach zu ihm: Was hält dich denn zurück, ihn zu verehren, wie wir es dir befohlen? Dieser antwortete: Weil ich vorzüglicher bin denn Adam, da du mich aus Feuer und ihn nur aus Ton geschaffen. Gott erwiderte: Hinab mit dir, von hier hinweg,[5] es soll dir nicht gestattet sein, hier übermütig dich zu zeigen, darum gehe hinaus, fortan gehörest du zu den Verachteten. Er aber sagte: O, gib mir doch Ausstand bis zum Tage der Auferstehung, worauf Gott erwiderte: Gut, du sollst zu denen gehören, die Aufschub erhalten. Darauf sagte der Satan: Weil du mich in die Irre gejagt, darum will ich den Menschen auf dem richtigen Wege auflauern und sie überfallen von vorn und von hinten, von der rechten und von der linken Seite, daß du den größten Teil derselben undankbar finden sollst. Gott antwortete: Fort von hier, du Verachter und Verworfener! Wenn einer von ihnen dir folgen wird, wahrlich, dann will ich die Hölle füllen mit euch allesamt. Und du, o Adam, bewohne das Paradies, du und dein Weib, und genießet seine Früchte, welche ihr nur wollt, nur *diesem* Baume nähert euch nicht, sonst gehöret ihr zu den Gottlosen. Der Satan[6] aber flüsterte ihnen zu, daß er ihnen entdecken wolle, was ihnen verborgen, nämlich ihre Nacktheit, und sagte: Euer Herr hat euch nur deshalb diesen Baum verboten, weil ihr sonst Engel und ewig leben würdet, und er schwur ihnen: wahrhaftig, ich bin euch ein guter Ratgeber, und so brachte er sie durch List zum Falle. Als sie nun vom Baume gekostet, da wurde ihnen offenbar ihre Nacktheit, und sie webten Blätter des Paradieses zusammen, um sich damit zu bedecken. Da rief ihr Herr ihnen zu: Habe ich euch nicht verboten, von diesem Baume zu essen? Und hatte ich euch nicht gesagt, daß der Satan euer offener Feind sei? Darauf antworteten sie: O Herr, wir haben unsere Seelen versündigt, und wenn du uns nicht verzeihest und dich unserer nicht erbarmst, so gehören wir zu denen, so da verloren sind. Gott aber sprach: Hinab[7] mit euch. Einer sei des anderen Feind. Auf der Erde sei von nun an euere Wohnung und Nahrung auf unbestimmte Zeit. Auf ihr sollt ihr leben und auf ihr sterben, und einst aus ihr wieder hervorgehen. O Kinder Adams, wir haben euch Kleider herabgesandt,[8] euere Nacktheit zu bedecken, und zwar sehr schöne Kleider. Doch das Gewand der Frömmigkeit ist weit besser. Das ist eines der Zeichen Gottes, dessen sie eingedenk sein mögen. O Kinder

Adams, laßt euch nicht vom Satan verführen, so wie er euere Eltern aus dem Paradiese verjagt hat und ihre Kleider auszog, um ihre Nacktheit ihnen zu zeigen. Wahrlich, er[9] und seine Gefährten sehen euch, obgleich ihr sie nicht sehen könnt. Den Ungläubigen haben wir die Satane zu Beschützern eingesetzt. Wenn jene nun eine schändliche Tat begehen, so sagen sie: Bei unseren Eltern haben wir dasselbe gefunden, und Gott hat es uns befohlen. Du aber sage: Gott befiehlt keine Schändlichkeit. Wollt ihr von Gott etwas aussagen, was ihr nicht wisset? Sprich: Mein Herr befiehlt nur Gerechtigkeit, wendet daher euer Angesicht zu einem jeden Anbetungsorte hin und rufet ihn an und bewähret ihm die Aufrichtigkeit euerer Religion. So wie er euch anfangs erschaffen, so sollt ihr auch zu ihm zurückkehren. Einen Teil der Menschen hat er rechtgeleitet, und einen Teil hat er, in Gerechtigkeit, dem Irrtume übergeben, weil sie, außer Gott, die Satane zu Beschützern angenommen und sich noch dabei einbildeten, daß *sie* nur rechtgeleitet seien. O Kinder Adams, bei jedem Anbetungsorte bedienet euch anständiger Kleider[10] und esset und trinket[11], aber schweifet nicht aus, denn Gott liebt nicht die Ausschweifenden. Sprich: Wer hat denn die anständige Kleidung vor Gott verboten, die er ja für seine Diener geschaffen? Und wer die guten Dinge, die er zur Nahrung bestimmt? Sprich: Diese Dinge sind für die, welche glauben in diesem Leben, besonders für die, welche glauben an den Tag der Auferstehung. So machen wir einem verständigen Volke unsere Zeichen deutlich. Sprich: Wahrlich, mein Herr hat alle schändlichen Handlungen verboten, sowohl die öffentlichen als die geheimen, und ebenso alle Ungerechtigkeiten, und eine jede Gewalttat, die ohne Gerechtigkeit ist, und Gott nichts beizugesellen, wozu er euch keine Ermächtigung gegeben, und nichts von Gott auszusagen, was ihr nicht wisset. Einem jeden Volke ist ein bestimmtes Ziel, und wenn dieses sein Ziel herankommt, so kann es dasselbe, auch nicht um eine Stunde, weder hinausschieben noch rückwärts rücken. O Kinder Adams, sicherlich werden Gesandte aus euerer Mitte zu euch kommen und euch meine Zeichen auslegen. Wer dann Gott fürchtet und sich bessert, über den kommt weder Furcht noch Trauer. Die aber, welche unsere Zeichen des Betruges beschuldigen und sich übermütig davon wegwenden, die sollen des Höllenfeuers Gefährten sein und ewig darin verbleiben. Denn wer ist ungerechter als der, welcher Lügen von Gott erdichtet, oder als der, welcher seine Zeichen des Betruges beschuldigt? Diese sollen haben ihr Teil[12], wie es aufgezeichnet im Buche[13], bis unsere Boten[14] zu ihnen kommen, um sie zu töten, und zu ihnen sagen: Wo sind nun die, welche ihr außer Gott angerufen? Sie werden dann antworten: Sie sind von uns hinweggeschwunden. Und so zeugen sie wider sich selbst, daß sie Ungläubige gewesen. Und Gott wird sagen[15]: Tretet nun ein mit den Völkern der Geister und Menschen, die vor euch gewesen, in das Höllenfeuer, und so oft ein Volk eintreten wird, wird es seine Schwester[16] verfluchen, bis sie nach und nach alle eingetreten sind. Die Letzten werden dann von den Ersten sagen: O unser Herr, diese haben uns zum Irrtume verführt, bestrafe, bestrafe sie daher mit doppeltem Höllenfeuer. Er aber wird antworten: Für alle soll es verdoppelt werden.[17] Doch ihr versteht das nicht. Dann werden die Ersten zu den Letzten sagen: Ihr habt keineswegs einen Vorzug vor uns. Nehmet nun hin die Strafe, die ihr verdient. Denen, welche unsere Zeichen des Betruges beschuldigen und übermütig sich von ihnen wegwenden, sollen die Pforten des Himmels nicht geöffnet werden, und sie sollen nicht eher ins Paradies eintreten, als bis ein Kamel durch ein Nadelöhr geht.[18] Dies sei der Lohn der Übeltäter. Die Hölle sei ihre Lagerstätte und über ihnen das Feuer zur Decke. Dies ist der Lohn der Frevler. Die aber, so da glauben und das Gute tun – wir legen keiner Seele mehr auf, als sie zu tragen vermag – sind Gefährten des Paradieses und bleiben ewig darin, und wir wollen entfernen aus ihren Herzen allen Groll.[19] Zu ihren Füßen werden Wasserbäche fließen, so daß sie ausrufen: Lob und Preis Gott, der uns zu dieser Glückseligkeit geführt, denn wir wären nimmer rechtgeleitet gewesen, so Gott uns nicht geleitet hätte. Wahrlich, die Gesandten unseres Herrn sind mit der Wahrheit zu uns gekommen. Es wird ihnen zugerufen: Dies ist das Paradies, das ihr erbet ob dem, was ihr getan. Die Gefährten[20] des Paradieses rufen dann den Gefährten des Höllenfeuers zu: Nun finden wir, daß das, was unser Herr uns versprochen, wahr geworden. Findet ihr nicht, daß auch das wahr geworden, was euer Herr euch versprochen? Und diese werden antworten: Allerdings. Ein Ausrufer[21] wird unter ihnen ausrufen: Der Fluch Gottes über die Frevler, über die, welche andere vom Wege Gottes ableiten und ihn zu verkrümmen suchen, und über die, welche das zukünftige Leben leugnen! Zwischen ihnen[22] ist ein Vorhang, und auf der Zwischenmauer[23] sind Leute, welche jene alle an ihren Merkmalen erkennen, diese rufen den Gefährten des Paradieses zu: Friede sei mit euch. Sie selbst aber können nicht hineingelangen, obgleich sie es sehnlichst wünschen. Wenn sie[24] nun ihre Augen hinwenden zu den Gefährten des Höllenfeuers, so werden sie ausrufen: O unser Herr, bringe uns doch nicht zu diesen Ruchlosen hin. Die Gefährten[25] der Zwischenmauer werden zu einigen Männern, welche sie an ihren Merkmalen erkennen, sagen: Was hat es euch nun genützt, daß ihr Schätze gesammelt und hochmütig gewesen seid? Sind das die Leute, von welchen ihr mit einem Eide beteuert, daß Gott ihnen kein Erbarmen erweisen werde? – Gehet nur ein in das Paradies, und weder Furcht noch Trauer komme über euch[26]. Die Gefährten des Höllenfeuers werden den Gefährten des Paradieses zurufen: O gießet doch etwas Wasser auf uns, oder von den sonstigen Erfrischungen, mit welchen euch Gott versehen.[27] Diese aber werden antworten: Wahrlich, Gott hat dies für die Ungläubigen verboten, für die, welche mit ihrer Religion nur Spott und Scherz getrieben, und die das Weltleben betrogen hat. Darum wollen wir sie an diesem Tage[28] vergessen, so wie sie das Herankommen dieses Tages vergessen hatten, und weil sie unser Zeichen geleugnet haben. Wir haben ihnen[29] nun ein Buch[30] gebracht, und es mit Erkenntnis ausgelegt, auf daß es einem gläubigen Volke Leitung und Gnade sei. Erwarten sie wohl dessen Auslegung[31]? An jenem Tage, an welchem seine Auslegung in Erfüllung gehen wird, werden die, welche dies früher vergessen hatten, sprechen: Wahrlich, nun wissen wir, daß die Gesandten unseres Herrn mit der Wahrheit zu uns gekommen sind. Werden wir nun einen Vermittler finden, der uns vertreten wird? Oder werden wir nochmals in die Welt zurückgeschickt, um andere Werke zu vollbringen, als die, welche wir früher vollbracht? Wahrlich, sie selbst haben ihre Seelen zum Untergange gebracht, und das, was sie erdichtet,[32] ist von ihnen hinweggeschwunden. Wahrlich, euer Herr ist Gott, der da geschaffen den Himmel und die Erde in sechs Tagen und sich dann auf seinen Thron setzte. Er macht, daß die Nacht den Tag verhüllet, und eiligst folgt jene diesem. Er schuf Sonne, Mond und Sterne, welche ganz seinem Befehle untertan sind. Gehöret nicht ihm die ganze Schöpfung und die Herrschaft über sie? Gelobt sei Gott, der Weltenherr! Darum rufet eueren Herrn an bescheiden und still, denn er liebt nicht die Übeltäter[33]. Richtet auch kein Verderben an auf der Erde, da sie verbessert worden ist,[34] und rufet ihn nur mit Furcht und Hoffnung an. Denn nahe ist die Gnade Gottes denen, so da Gutes tun. Er ist es, der die Winde voraussendet, seine Barmherzigkeit[35] zu verkünden, bis sie mit Regen schwerbeladene Wolken bringen, um sie auf eine tote[36] Gegend zu tragen, auf welche wir Wasser herabfallen lassen, um damit alle Arten von Früchten hervorzubringen. Auf dieselbe Weise werden wir auch einst die Toten wieder aus ihren Gräbern hervorbringen,[37] möget ihr dessen eingedenk sein. Ein gutes Land bringt dann, mit dem Willen seines Herrn, seine Früchte in Überfluß. Ein schlechtes Land aber bringt deren nur wenig. So machen wir einem dankbaren Volke unsere Zeichen klar und deutlich. Wir sandten schon vordem den Noah zu seinem Volke, und er sprach: O mein Volk, verehret nur Gott, ihr habt ja keinen anderen Gott als ihn.[38] Denn sonst fürchte ich für euch die Strafe des großen Tages[39]. Die Häupter seines Volkes aber erwiderten ihm: Wahrlich, wir sehen, daß du in einem offenbaren Irrtume dich befindest. Er aber antwortete: Nein, mein Volk, ich bin in keinem Irrtume, sondern ich bin vielmehr ein Bote vom Herrn der Welten. Ich bringe euch die Botschaft meines Herrn, und ich rate euch nur gut, denn ich weiß von Gott, was ihr nicht wißt. Wundert es euch, daß euch eine Mahnung von eurem Herrn kommt durch einen Mann aus euerer Mitte[40], euch zu warnen, auf daß ihr auf euerer Hut seid und Barmherzigkeit erlanget? Und sie beschuldigten ihn des Betrugs, aber wir erretteten ihn und alle die, welche mit ihm waren in der Arche, und ertränkten die, welche unsere Zeichen des Betruges beschuldigten. Denn es war ein blindes Volk. Zum Stamme Ad[41] schickten wir ihren Bruder Hud[42]. Dieser sprach: O mein Volk, verehret nur Gott, ihr habt ja keinen anderen Gott als ihn, wollt ihr ihn nicht fürchten? Die Häupter derjenigen seines Volkes, welche nicht glaubten, antworteten: Wahrlich, wir sehen dich in Torheit befangen, und betrachten dich als einen Lügner. Er aber erwiderte: O mein Volk, nicht Torheit spricht aus mir, sondern ich bin vielmehr ein Bote vom Herrn der Welten. Ich bringe euch Botschaft von meinem Herrn, und ich bin euch ein treuer Ratgeber. Wundert es euch, daß euch eine Mahnung von euerm Herrn kommt durch einen Mann aus euerer Mitte, euch zu warnen? Erinnert euch, daß er euch eingesetzt als Nachfolger des Geschlechts Noah, und euch mit ungewöhnlicher Leibesgröße begabt hat[43]. Gedenket der Wohltaten Gottes, damit ihr glücklich werdet. Sie antworteten: Bist du zu uns gekommen, auf daß wir Gott allein anbeten und die Götter verlassen sollen, welche unsere Väter verehrten? Bringe nur über uns die Strafen, welche du androhest, wenn du zu den Wahrhaftigen gehörest. Er aber antwortete: Bald wird euch überfallen die Rache und der Zorn eueres Herrn. Wollt ihr wohl mit mir streiten über die Namen, welche ihr und euere Väter beigelegt habt,[44] und wozu euch Gott keine Befugnis erteilet hatte? Darum wartet nun,[45] und ich will zu denen gehören, die mit euch warten. Wir erretteten ihn[46] und die, so es mit ihm hielten, in unserer Barmherzigkeit. Die Ungläubigen aber, die unsere Zeichen des Betruges beschuldigten, rotteten wir mit der Wurzel aus.[47] Zu dem Stamme Thamud[48] schickten wir ihren Bruder Saleh[49] und er sagte: O mein Volk, verehret nur Gott allein, ihr habt ja keinen anderen Gott als ihn. Hierüber habt ihr ja deutliche Beweise von euerem Herrn. Diese Kamelin Gottes[50] sei euch ein Zeichen. Laßt sie frei herumgehen, daß sie esse auf der Erde Gottes, und berührt sie nicht in der Absicht, ihr Böses tun zu wollen, denn sonst trifft euch schwere Strafe. Erinnert euch, daß er euch dem Stamme Ad als Nachfolger hat eingesetzt, und euch Wohnung auf der Erde gegeben, und auf

— *103* —

der Ebene bautet ihr Burgen, und in den Bergen habt ihr euch Häuser ausgehauen. Darum seid eingedenk der Wohltaten Gottes, und verderbet die
Erde nicht durch Laster. Die Häupter seines Volkes, von Stolz und Hochmut
aufgeblasen, sagten zu denen, welche für schwach gehalten wurden und gläubig waren: Wisset ihr es denn ganz gewiß, daß Saleh von seinem Herrn
gesandt ist? Sie antworteten: Wir glauben ganz fest an das, wozu er gesandt
worden. Jene Hochmütigen aber erwiderten: Wir glauben nicht an das, was
ihr glaubet. Und sie schnitten der Kamelin die Füße ab, und übertraten bos-
haft den Befehl ihres Herrn, und sagten: O Saleh, laß uns nun überkommen,
was du uns androhest, wenn du einer von denen bist, die von Gott gesandt
sind. Da ergriff sie ein furchtbares Erdbeben[51] und man fand sie des Morgens in ihren Wohnungen tot auf dem Angesichte[52] liegen. Da ging Saleh
von ihnen hinweg und sagte: O mein Volk, nun habe ich die Botschaft meines Herrn an euch erfüllt, und ich hatte euch guten Rat erteilt, aber ihr lieb-
tet nicht die guten Ratgeber. Erinnert euch auch des Lot. Als dieser zu seinem
Volke sagte[53]: Wollt ihr denn solche Schandtaten begehen, wovon ihr nicht
bei irgendeinem Geschöpfe ein Beispiel findet? Wollt ihr denn in lüsterner
Begierde, mit Hintenansetzung der Frauen, zu den Männern kommen?
Wahrlich, ihr seid zügellose Menschen. Sein Volk aber gab keine andere Ant-
wort, als daß es sagte: Jagt sie[54] aus euerer Stadt, weil sie Menschen sind, wel-
che sich als rein betrachten. Und wir erretteten ihn und seine Familie, mit
Ausnahme seines Weibes, welches zurückblieb. Und wir ließen einen Stein-
und Schwefelregen über sie kommen.[55] Siehe, so war das Ende der Frevler.
Zu den Midianiten[56] schickten wir ihren Bruder Schoaib[57], und er sagte:
O mein Volk, verehret nur Gott, ihr habt ja keinen anderen Gott als ihn.
Hierüber habt ihr ja einen deutlichen Beweis von euerem Herrn erhalten.[58]
Darum gebet volles Maß und Gewicht, und tut niemandem an seinem Vermögen zu kurz, und richtet kein Verderben an auf der Erde, da sie verbessert
worden. Das wird besser für euch sein, wenn ihr Gläubige sein wollt. Beset-
zet nicht drohend jeden Weg[59], und sucht nicht die vom Wege Gottes abzubringen, welche daran glauben. Suchet auch nicht denselben zu verkrümmen. Erinnert euch, daß euerer nur wenige waren, und daß er euch vermehrt
hat, und sehet, welch' ein Ende die genommen, welche verderblich gehandelt. Sollten einige von euch glauben an das, wozu ich gesandt bin, und
einige nicht glauben, so wartet nur in Geduld, bis Gott zwischen uns entscheiden wird, denn er ist der beste Schiedsrichter.

Da antworteten die Häupter derer seines Volkes, welche von Hochmut
aufgeblasen waren: Wir jagen dich, o Schoaib, und alle die, welche mit dir

glauben, weg aus unserer Stadt, oder ihr müsset zu unserer Religion zurückkehren. Er aber erwiderte: Wie, wenn wir nun keine Neigung dazu hätten? Wahrlich, wir würden Lügen von Gott erdichten, wenn wir zu euerer Religion zurückkehren wollten, nachdem uns Gott von ihr befreit hat. Wir haben keine Ursache, zu ihr zurückzukehren, oder Gott, unser Herr, müßte es wollen. Aber unser Herr umfasset in seiner Allwissenheit alle Dinge. Auf Gott setzen wir unser Vertrauen. O Herr, richte du zwischen uns und unserem Volke, nach Wahrheit. Denn du bist der beste Richter. Da sagten die Häupter seines Volkes, welche nicht glaubten: Wahrlich, wenn ihr dem Schoaib folget, dann seid ihr verloren. Da erfaßte sie ein Erdbeben, und man fand sie des Morgens in ihren Wohnungen tot auf dem Angesichte liegen.[60] Die nun, welche den Schoaib des Betruges beschuldigt, können so angesehen werden, als hätten sie nie dort gewohnt. Die, welche den Schoaib des Betrugs beschuldigt, haben sich selbst ins Verderben gestürzt. Er ging nun von ihnen hinweg und sagte: O mein Volk, nun habe ich die Botschaft meines Herrn an euch erfüllt. Ich hatte euch gut geraten. – Doch warum sollte ich mich betrüben über ein ungläubiges Volk? – Nie haben wir einen Propheten in eine Stadt geschickt, oder wir haben auch deren Bewohner mit Elend und Widerwärtigkeiten heimgesucht, damit sie sich demütigen. Darauf gaben wir ihnen für dieses Böse Gutes bis zum Überflusse, so daß sie sagten: Auch unsere Väter traf Unglück und Glück.[61] Darum nahmen wir plötzlich Rache an ihnen, ohne daß sie es vorher ahnten. Hätten aber die Bewohner dieser Städte geglaubt und Gott gefürchtet, so hätten wir ihnen geöffnet die Segenspforte des Himmels und der Erde. Allein sie haben unsere Gesandten des Betrugs beschuldigt, darum haben wir sie hinweggerafft, ob dem, was sie begangen. Waren denn die Bewohner dieser Städte sicher davor, daß unsere Strafe sie nicht überfalle bei Nachtzeit, während sie schlafen? Oder waren die Bewohner dieser Städte sicher davor, daß nicht mitten am Tage, während sie beim Spiele sind, unsere Strafe sie treffe? Waren sie daher sicher vor der List Gottes[62]? Nur ein Volk, das dem Untergang geweiht ist, hält sich sicher vor der List Gottes. Haben denn die, welche das Land von seinen früheren Bewohnern geerbt, sich nicht überzeugt, daß wir sie für ihre Sünden bestrafen können, so wir nur wollen? Doch wir wollen ihre Herzen versiegeln, auf daß sie nicht hören. Von diesen Städten wollen wir dir einige Geschichten erzählen. Ihre Gesandten kamen zu ihnen mit überzeugenden Beweisen[63], aber es war ihnen nicht darum zu tun, das zu glauben, was sie früher leugneten. So weiß Gott die Herzen der Ungläubigen zu versiegeln. Den größeren Teil fanden wir nicht festhaltend am Bündnisse, ja wir fanden ihn vielmehr als offenbare Übeltäter. Wir schickten dann nach diesen Gesandten, den Moses mit unseren Zeichen zum Pharao und seinen Fürsten. Aber sie zeigten sich ungerecht dagegen.[64] Aber sieh nur, welch' ein Ende die Übeltäter genommen. Moses sagte: O Pharao, wahrlich, ich bin ein Bote vom Herrn aller Welten. Es ziemt sich daher, daß ich nichts anderes von Gott aussage, als was wahr ist. Ich komme nun zu euch mit überzeugenden Beweisen von euerem Herrn, darum schicke die Kinder Israels mit mir hinweg. Er aber erwiderte: Wenn du mit Zeichen kommst, so zeige sie, wenn du wahrhaftig bist. Darauf warf er seinen Stab hin, und siehe, er ward eine sichtbare Schlange. Er zog ferner seine Hand hervor (aus dem Busen), und siehe, sie erschien den Zuschauern ganz weiß[65]. Darauf sagten die Häupter des pharaonischen Volks: Dieser Mann ist ein sehr gelehrter Zauberer, und er hat die Absicht, euch aus dem Lande zu vertreiben. Was gedenket ihr hiergegen zu tun? Sie antworteten: Schicke ihn und seinen Bruder einstweilen hinweg, inzwischen sende Leute aus in die Städte, daß sie versammeln und zu dir bringen alle gelehrten Zauberer. Als nun die Zauberer zum Pharao kamen, da sagten sie: Erhalten wir auch eine Belohnung, wenn wir Sieger bleiben? Er antwortete: Ja allerdings, ihr sollt dann die Nächsten an meinem Throne sein. Darauf sagten sie: O Moses, willst du deinen Stab hinwerfen, oder sollen wir die unserigen hinwerfen? Er antwortete: Werfet nur die eurigen zuerst hin. Als sie diese nun hinwarfen, da blendeten sie die Augen der gegenwärtigen Leute, und flößten ihnen Furcht und Schrecken ein, und zeigten so eine große Bezauberungskunst. Darauf gaben wir dem Moses ein und sagten: Werfe nun auch deinen Stab hin. Und siehe, dieser verschlang das, was sie verwandelt hatten.[66] Da ward die Wahrheit bekräftigt, und das, was jene getan, verschwand. Die Zauberer wurden besiegt und verächtlich gemacht. Ja, sie warfen sich sogar verehrungsvoll nieder und sagten: Wir glauben an den Herrn des Weltalls, an den Herrn des Moses und Aaron. Darauf sagte Pharao: Wie, ihr wollt an ihn glauben, bevor ich es euch erlaube? Wahrlich, das ist nur ein Kunstgriff, welchen ihr gegen die Städte ersonnen, um ihre Einwohner daraus zu verjagen.[67] Doch später sollt ihr erkennen, daß ich euer Herr bin, denn ich lasse euch Hände und Füße von entgegengesetzter Seite abhauen,[68] und dann allesamt ans Kreuz schlagen. Sie aber antworteten: Dann werden wir sicherlich nur zu unserem Herrn zurückkehren, denn du nimmst ja nur deshalb Rache an uns, weil wir an die Zeichen unseres Herrn, die uns zugekommen, glauben. O Herr, gieße[69] Geduld über uns, und laß uns als wahre Muslime sterben[70]. Darauf sagten die Häupter des pharaonischen Volkes: Willst du wohl den Moses und sein Volk ziehen las-

sen, damit sie auf der Erde Verderben stiften, und dich und deine Götter verlassen?[71)] Pharao erwiderte: Nun, wir wollen ihre Söhne töten, und nur ihre
Töchter leben lassen, und so werden wir ihrer mächtig. Moses aber sagte zu
seinem Volke: Flehet Gott um Beistand an, und haltet aus in Geduld, denn
Gott gehöret die Erde, und er gibt sie denen von seinen Dienern, welchen er
will, zum Erbgute. Die, welche ihn fürchten, werden ein glückliches Ende
haben. Sie aber antworteten: Ach, wir wurden bedrückt, bevor du zu uns
gekommen, und wir werden es ja noch, nachdem du zu uns gekommen bist.
Darauf erwiderte er: Vielleicht will euer Herr eueren Feind vertilgen und
euch zu seinem Nachfolger im Lande machen und sehen, wie ihr euch in
demselben betragen wollt. Schon früher hatten wir das Volk des Pharao mit
Teuerung und Mangel an Früchten heimgesucht, auf daß sie eingedenk seien.
Jedoch wenn es ihnen gut ging, pflegten sie zu sagen: Das kommt von unseren Verdiensten. Und wenn sie Unglück traf, so schrieben sie es den unglücklichen Vorhersagungen des Moses und derer, welche es mit ihm hielten, zu.
Kommt wohl ihr Unglück von jemand anderes, als von Gott? – Doch die
meisten sahen das nicht ein. Ja, sie sagten sogar zu Moses: Was für Zeichen
du uns auch bringen mögest, um uns zu bezaubern, so wollen wir dir doch
nicht glauben. Darum schickten wir über sie Flut, Heuschrecken, Ungeziefer,
Frösche und Blut, als deutliche Zeichen.[72)] Aber sie zeigten sich übermütig
und blieben ruchlose Menschen. Als nun die Plage[73)] sie traf, da sagten sie:
Rufe doch deinen Herrn für uns an, nach dem Bündnisse, welches er mit dir
geschlossen, und wahrlich, wenn du die Plage von uns nimmst, so wollen wir
dir glauben und die Kinder Israels mit dir ziehen lassen. Da wir nun die Plage
von ihnen nahmen, und die von ihnen bestimmte Zeit verstrichen war, da –
brachen sie ihr Ve sprechen. Wir nahmen daher unsere Rache an ihnen, und
ertränkten sie im Meere,[74)] weil sie unsere Zeichen des Betrugs beschuldigten, und sie nicht beachteten. Darauf ließen wir das durch Druck schwach
gewordene Volk gegen Osten und Westen das Land erben, welches wir gesegnet hatten, und so ward das gnadenvolle Wort deines Herrn erfüllt an den
Kindern Israels, weil sie in Geduld ausgeharrt. Hingegen zerstörten wir alles,
was der Pharao und sein Volk geschaffen, und alle ihre hohen Gebäude.[75)]
Die Kinder Israels aber ließen wir durch das Meer gehen, und sie kamen zu
einem Volke[76)], welches dem Götzendienste eifrigst ergeben war. Da sagten
sie: O Moses, mache uns doch auch einen Gott, so wie *diese* Götter haben. Er
aber antwortete: Wahrlich, ihr seid unwissende Menschen, denn der Glaube,
in welchem diese Menschen befangen sind, wird untergehen, und nur Eitelkeit ist's, was sie tun. Er sagte ferner: Soll ich euch wohl außer Gott, der euch

vor der übrigen Welt bevorzugt, einen anderen Gott suchen? Erinnert euch, wie wir euch von dem Volke des Pharaos erretteten, welches euch hart unterdrückte, euere Söhne tötete, und nur euere Töchter leben ließ. Das war eine schwere Prüfung von euerem Herrn. Wir bestimmten dem Moses ein Fasten von dreißig Nächten,[77] und wir fügten noch zehn hinzu, so daß die bestimmte Zeit seines Herrn in vierzig Nächten aus war.[78] Und Moses sagte zu seinem Bruder Aaron: Sei du während dieser Zeit mein Stellvertreter bei meinem Volke, verhalte dich gut und folge nicht dem Wege der Übeltäter. Als nun Moses kam zu der von uns bestimmten Zeit, und sein Herr mit ihm gesprochen hatte, da sagte er: O mein Herr, laß mich dich doch sehen. Gott aber antwortete: Du kannst mich nicht sehen. Doch sieh hin gegen diesen Berg[79], wenn dieser fest an seiner Stelle stehen bleibt, dann wirst du auch mich sehen. Als nun sein Herr in seiner Herrlichkeit auf dem Berge erschien, da machte er denselben zu Staub. Moses fiel darüber ohnmächtig nieder. Als er wieder zu sich gekommen war, sagte er: Lob sei dir, reuevoll wende ich mich zu dir, und ich will der Erste unter den Gläubigen sein. Darauf sagte Gott: Ich habe dich bevorzugt vor den übrigen Menschen durch meine Aufträge und mein Reden.[81] Nimm daher, was wir dir geben, und gehöre zu den Dankbaren. Darauf schrieben wir ihm auf die Tafeln Belehrung über alle Dinge und Entscheidung über alle Fälle, sprechend: Nimm dieses mit Ehrerbietung und befehle deinem Volke, daß sie nach den vortrefflichen Lehren darin sich verhalten sollen. Dann zeige ich euch auch die Wohnung der Übeltäter.[82] Von meinen Zeichen will ich alle die entfernen, welche sich hochmütig und ungerecht auf der Erde betragen. Denn wenn sie auch alle Zeichen sehen, so glauben sie doch nicht daran, und wenn sie auch den richtigen Weg sehen, so sollen sie doch nicht diesen Weg ergreifen. Wenn sie aber den Weg des Irrtums sehen, so sollen sie diesen Weg ergreifen, deshalb, weil sie unsere Zeichen des Betrugs beschuldigten und sie vernachlässigten. Denn die Werke derer, welche unsere Zeichen und die Erwartung eines zukünftigen Lebens leugnen, sollen vergeblich sein. Sollten sie auch wohl anders, als nach ihrem Tun belohnt werden? Und das Volk des Moses machte, nach dessen Entfernung[83], aus seinen Kostbarkeiten[84] ein leibhaftiges Kalb[85], welches blökte[86]. Konnten sie denn nicht sehen, daß es nicht mit ihnen zu sprechen, und sie nicht auf irgendeinen Weg zu leiten vermochte? Und dennoch nahmen sie es als Gottheit an, und handelten sündhaft. Als sie aber darauf bereuten[87] und einsahen, daß sie sich vergangen, da sagten sie: Wahrlich, wenn sich der Herr unserer nicht erbarmet und uns verzeihet, so sind wir verloren. Als nun Moses voll Zorn und Grimm zu seinem

Volke zurückkam, da sagte er: Ihr habt ein großes Übel begangen während meiner Abwesenheit. Habt ihr euch beeilt, den Befehl eueres Herrn zu übertreten?[88] Und er warf hinweg die Tafeln, und nahm seinen Bruder beim Kopfe und riß ihn zu sich. Dieser aber sagte: O Sohn meiner Mutter, das Volk war mir zu stark,[89] und nur wenig fehlte, und sie hätten mich umgebracht. Laß doch meine Feinde nicht frohlocken über mich, und mache mich nicht den gottlosen Menschen gleich. Darauf sagte Moses: O Herr, verzeihe mir und meinem Bruder, und nimm uns auf in deine Barmherzigkeit, denn du bist ja der Allbarmherzige. Gewiß wird die, welche das Kalb verehrt haben, der Zorn ihres Herrn und Schande in diesem Leben treffen. So wollen wir denen vergelten, welche Fälschliches ersinnen. Doch denen, welche wohl das Böse getan, aber es später bereuen und glauben, wird dein Herr Verzeihung und Barmherzigkeit schenken. Als der Zorn des Moses sich besänftigt hatte, da nahm er die Tafeln[90] wieder, in deren Schrift Leitung und Gnade für die, so ihren Herrn fürchten, enthalten war. Und Moses wählte aus seinem Volke siebzig Männer,[91] welche, zu der von uns bestimmten Zeit mit ihm auf den Berg gehen sollten. Als diese aber ein Erdbeben ergriff, da sagte Moses: O mein Herr, wenn es denn dir so gefällt, so hättest du sie und mich schon früher verderben sollen. Willst du uns denn verderben ob dem, was die Toren unter uns getan? Wahrlich, das ist nur eine Versuchung von dir, durch welche du in den Irrtum führest, wen du willst und recht leitest, wen du willst. Du bist unser Beschützer, darum vergib uns und erbarme dich unserer, denn du bist der Beste der Verzeihenden. Schreibe für uns nieder[92] Gutes in dieser und in jener Welt, denn wir sind ja zu dir zurückgeleitet worden. Gott aber antwortete: Meine Strafe soll treffen, wen ich will, meine Barmherzigkeit aber soll alle Dinge umfassen, und Gutes will ich niederschreiben für die, welche Gott fürchten, und Almosen geben, und an unsere Zeichen glauben, und dem Gesandten folgen, dem ungelehrten Propheten[93], von dem sie, bei sich selbst, in der Thora und dem Evangelium geschrieben finden.[94] Dieser wird ihnen nur was recht ist gebieten und was unrecht ist verbieten. Die guten, früher verbotenen Speisen wird er ihnen erlauben,[95] die wirklich bösen[96] aber ihnen verbieten. Ihre Last wird er ihnen erleichtern und sie befreien von dem Joche, welches sie tragen. Die nun, welche an ihn glauben, und ihn verehren, und ihm beistehen, und dem Lichte folgen, welches nur ihm herabgekommen, diese werden glücklich sein. Sprich: O ihr Menschen, wahrlich, ich bin der Gesandte Gottes, geschickt zu euch allen. Ihm ist die Herrschaft über Himmel und Erde, und außer ihm gibt's keinen Gott. Er gibt Leben und Tod. Glaubet daher an Gott und seinen Gesandten, den ungelehrten Propheten, der da glaubet an Gott und sein Wort. Ihm folget, auf daß ihr rechtgeleitet seid. Unter dem Volke des Moses gibt es eine Partei[97], welche andere nach der Wahrheit leitet und selbst gerecht nach ihr handelt. Und wir teilten sie[98] in zwölf Stämme und Nationen, und wir gaben es dem Moses durch Offenbarung ein, als sein Volk von ihm zu trinken verlangte, sagend: Schlage mit deinem Stabe an den Felsen[99], und es strömten zwölf Quellen hervor, so daß jedermann den Ort wußte, wo er zu trinken habe.[100] Wir machten ihnen Wolken zu Schatten, und wir sandten ihnen das Manna und die Wachteln herab, mit den Worten: Genießet das Gute, welches wir euch zur Nahrung gegeben. Doch nicht uns, sondern sich selbst haben sie durch ihre Frevel geschadet.[101] Erinnere dich, als zu ihnen gesagt wurde: Bewohnet diese Stadt, und esset darin, was ihr nur wollt, und saget: *Hitatun*, und gehet andächtig zum Tore hinein, und dann wollen wir euere Sünden euch vergeben und die Frommen erheben. Doch die Frevler vertauschten das Wort mit einem anderen, welches ihnen nicht geboten war.[102] Darum haben wir Strafe vom Himmel über sie gesandt, weil sie ruchlos handelten. Frage sie einmal wegen jener Stadt[103], die nahe am Meere liegt, und die sich am Sabbattage versündigte, als sich die Fische an ihrem Sabbattage öffentlich zeigten. Nur an dem Tage, an welchen sie den Sabbat nicht feierten, kamen sie nicht zum Vorscheine.[104] So prüften wir sie, weil sie Übeltäter waren. Und als ein Teil[105] des Volkes zum anderen sagte: Wozu ein Volk verwarnen, welches Gott verderben oder mit schwerer Strafe heimsuchen will? Da antwortete dieser: Das soll uns eine Entschuldigung sein bei euerem Herrn, und vielleicht auch lassen sie sich verwarnen. Da sie aber die erhaltenen Vermahnungen vergessen, so erretteten wir die, welche ihnen das Böse untersagt hatten, und bestraften die Übeltäter mit schwerer Strafe ob ihrer Vergehen. Und als sie noch immer hochmütig nicht ablassen wollten von dem, was ihnen verboten war, da sagten wir zu ihnen: Werdet Affen und ausgeschlossen von der menschlichen Gesellschaft.[106] Erinnere dich, wie dein Herr erklärte, daß er wider die Juden ein Volk schicken wolle, welches sie, bis zum Auferstehungstage, mit schwerer Strafe heimsuchen solle.[107] Denn dein Herr ist schnell im Bestrafen, aber auch verzeihend und barmherzig. Wir zerstreuten sie unter die Völker der Erde. Zwar sind einige von ihnen rechtschaffen, andere aber wieder sind gerade das Gegenteil, darum prüften wir sie mit Glück und Unglück, auf daß sie zurückkehren möchten. Ihre Nachkommen, die ihnen nachgefolgt, haben wohl die Schrift geerbt, aber sie greifen nur nach den Gütern dieser Welt und sagen: Dies wird uns wohl verziehen. Bietet sich ihnen dann wieder ein ähnlicher zeitlicher Vorteil dar, so greifen sie doch wieder darnach. Aber ist nicht durch die Schrift ein Bündnis mit ihnen geschlossen worden, daß sie nichts anderes als die Wahrheit von Gott aussagen sollen?[108] Und doch forschen sie ja fleißig über deren Inhalt. Doch der Aufenthalt in jener Welt wird für die Gottesfürchtigen besser sein. Wollt ihr denn das nicht einsehen? Denen, welche festhalten an der Schrift und das Gebet verrichten, wollen wir den Lohn, welcher den Frommen gebührt, nicht entziehen. Als wir den Berg über sie erhoben,[109] als sei er eine Decke, und sie glaubten, er würde über ihnen zusammenstürzen, da sagten wir: Nehmet das Gesetz, welches wir euch bringen, mit Ehrerbietung an, und seid seines Inhalts eingedenk, auf daß ihr auf der Hut seid. Als dein Herr ihre Nachkommen aus den Lenden der Söhne Adams zog,[110] und sie wider sich selbst zeugen ließ, da sagte er: Bin ich nicht euer Herr? Und sie antworteten: Ja, wohl, wir bezeugen es. Dies geschah deshalb, damit ihr am Auferstehungstage bekennen müsset: Wir waren über diesen Gegenstand unbekümmert. Oder deshalb, damit ihr saget: Wahrlich, unsere Väter waren vordem Götzendiener, und wir sind ihre Nachkommen, die ihnen nachgefolgt. Willst du uns wohl verderben ob dem, was eitle Menschen getan?[111] Auf diese Weise machen wir unsere Zeichen deutlich, damit sie zurückkehren mögen. Erzähle ihnen auch die Geschichte dessen, dem wir auch unsere Zeichen gegeben,[112] der sich aber davon wegwendete, daher ihm der Satan folgte, bis er verführt wurde. Wenn wir gewollt, so hätten wir ihn dadurch zur Weisheit erhoben, doch er neigte sich zur Erde hin und folgte seinen Begierden. Er glich einem Hunde, der immer die Zunge herausstreckt, magst du ihn hinwegjagen oder allein gehen lassen. Das ist das Bild eines Volkes, welches unsere Zeichen des Betrugs beschuldigt. Erzähle ihnen diese Geschichte, damit sie nachdenken mögen. Dieser Vergleich des Volkes, welches unsere Zeichen des Betrugs beschuldigt und sich selbst versündigt, ist schlimm genug. Wen Gott leitet, der ist wohlgeleitet. Wen er aber in die Irre führt, der gehört zu den Verlorenen. Wohl haben wir viele von den Geistern und Menschen für die Hölle geschaffen. Sie haben Herzen, fühlen aber nicht. Sie haben Augen, sehen aber nicht. Sie haben Ohren, hören aber nicht. Diese sind dem unvernünftigen Tiere gleich, ja sie sind noch verirrter als dieses, denn sie sind fahrlässig. Gott hat die herrlichsten Namen[113], rufet ihn bei denselben an und entfernet euch von denen, welche seinen Namen auf eine verkehrte Weise gebrauchen.[114] Sie werden den Lohn ihres Tuns schon empfangen. Unter denen, welche wir geschaffen, gibt es auch ein Volk, welches andere nach der Wahrheit leitet und selbst gerecht nach ihr handelt. Die aber, welche unsere Zeichen des Betrugs beschuldigen, wollen wir stufenweise ins

Elend stürzen, auf eine Weise, die ihnen unbekannt ist. Ich will ihnen gewähren ein langes und glückliches Leben, denn mein Plan steht fest.[115] Wollen sie es denn nicht begreifen, daß ihr Gefährte[116] von keinem bösen Geiste besessen ist? Er ist nichts anderes als ein öffentlicher Prediger. Wollen sie denn nicht hinblicken auf das Reich des Himmels und der Erde und auf alles, was Gott geschaffen, und bedenken, daß vielleicht ihr Ende ganz nahe sei? An welche neue Offenbarung nach dieser wollen sie denn glauben?[117] Doch wen Gott in die Irre leitet, der wird keinen Führer finden. Er läßt sie in ihrem Irrtume herumirren.

Sie[118] werden dich auch befragen über die letzte Stunde,[119] wann diese wohl erscheinen werde? Antworte: Mein Herr nur allein weiß das, und nur er wird ihre bestimmte Zeit bekanntmachen. Das wird eine schwere Stunde sein für Himmel und Erde. Sie wird plötzlich über euch hereinbrechen. Sie werden dich hierüber so befragen, als wüßtest du sie mit Gewißheit. Sage ihnen aber, daß Gott allein nur sie kenne. Der größte Teil der Menschen jedoch weiß das nicht. Sprich ferner: Ich vermag nicht, mir selbst Vorteile zu verschaffen, noch Nachteile von mir abzuhalten, als nur insoweit, als es Gott gefällt. Wüßte ich nun die Geheimnisse Gottes, so müßte ich ja an Glücksgütern Überfluß haben und mich kein Übel treffen können. Aber wahrlich, ich bin nichts anderes als nur ein Bote, der da Strafen androht und Gutes verkündet einem gläubigen Volke. Er, Gott ist es, der euch erschaffen von einem Menschen, und aus diesem sein Weib, daß er ihr beiwohne. Und als er sie erkannt hatte, da trug sie eine leichte Last, und sie konnte bequem damit gehen. Als sie aber immer schwerer ward, da riefen sie zu Gott, ihrem Herrn: Wenn du uns ein wohlgestaltetes Kind gibst, so sind wir sicherlich dankbar dafür. Als er ihnen nun ein wohlgestaltetes Kind gegeben, da setzten sie, zum Lohne dafür, Götter neben ihn.[120] Aber fern sei von Gott das, was sie ihm beigesellen! Wollen sie denn Gott solche Wesen zugesellen, die nichts erschaffen können, sondern vielmehr selbst geschaffen sind, und die ihnen keine Hilfe bringen, ja sich selbst nicht einmal helfen können? Ruft ihr sie um rechte Leitung an, so werden sie euch keine Folge geben. Es steht sich gleich, ob ihr sie anrufet oder ob ihr sie in Ruhe lasset. Wahrlich die, so ihr außer Gott anrufet, sind auch Diener[121], wie ihr seid. Rufet sie nur an, aber laßt sie auch einmal euch antworten, wenn ihr wahrhaftig seid. Haben sie Füße zu gehen, Hände zu fassen, oder Augen zu sehen, Ohren zu hören?[122] Sage zu ihnen: Rufet nur an euere Götter, und leget mir nur Fallstricke, aber diese kümmern mich nicht, denn Gott ist mein Beschützer, der da geoffenbaret die Schrift[123]. Er beschützet die Frommen. Die aber, so ihr außer Gott anrufet,

— 112 —

können weder euch noch sich selbst helfen, und rufet ihr sie an um Leitung, so hören sie es nicht. Siehe nur, wie sie dich anblicken, sie können dich aber doch nicht sehen. Gebrauche Nachsicht, und gebiete nur, was recht ist, und entferne dich von den Unwissenden. Und wenn durch Verführung der Satan dich verleiten will, dann fliehe zu Gott, denn er höret und weiß alles. Wahrlich, die, welche Gott fürchten, sind bei Versuchungen des Satans der göttlichen Gebote eingedenk, und sehen dann die Gefahr der Sünde. Doch ihre ungläubigen Brüder werden die Teufel so tief in den Irrtum führen, daß sie sich nimmermehr werden davor hüten können. Und wenn du ohne Zeichen[124)] zu ihnen kommst, so werden sie sagen: Hast du da nicht zusammengestoppeltes Zeug?[125)] Antworte ihnen: Ich folge nur dem, was mir von meinem Herrn geoffenbart worden. Dieses Buch enthält deutliche Beweise von euerem Herrn, und ist Leitung und Gnade für ein gläubiges Volk. Wenn der Koran gelesen wird, so höret zu und beobachtet Schweigen, damit ihr begnadigt werdet. Gedenke deines Herrn in deinem Herzen in Demut und Ehrfurcht, ohne des Morgens und Abends laut zu sprechen,[126)] und gehöre nicht zu den Nachlässigen. Selbst die Engel, welche bei deinem Herrn sind, sind nicht zu stolz, um ihm zu dienen, sondern sie preisen ihn und beten ihn an.

ACHTE SURE

Die Beute[1)]

Geoffenbart zu Medina

Im Namen des allbarmherzigen Gottes

Sie werden dich über die Beute befragen. Antworte: Die Verteilung der Beute ist Sache Gottes und des Gesandten. Darum fürchtet Gott, und leget diese Angelegenheit friedlich bei, und gehorchet Gott und seinem Gesandten, so ihr wahre Gläubige sein wollt. Wahrlich, das sind wahre Gläubige, deren Herz bei der Erwähnung Gottes ehrfürchtet, und deren Glaube bei Vorlesung seiner Zeichen[2)] immer zunimmt, und die ganz auf ihren Herrn vertrauen, und das Gebet zur bestimmten Zeit verrichten, und von dem, was wir ihnen erteilt, Almosen geben. Das sind Gläubige in Wahrheit. Sie werden einen hohen Grad der Seligkeit bei ihrem Herrn finden, und Vergebung und ehrenvolle Versorgung. Als dein Herr dich in Wahrheit aus deinem Hause führte, da zeigte sich ein Teil der Gläubigen widerspenstig.[3)] Sie stritten mit dir über die Wahrheit[4)], obgleich sie doch bekannt war, und zwar so heftig, als würden sie zum Tode geführt und sähen ihn schon mit Augen.[5)] Als Gott euch versprochen, daß einer der beiden Heerhaufen euch unterliegen solle, da wünschtet ihr, daß der unbewaffnete[6)] euch in die Hände falle. Aber Gott wollte, um die Wahrheit seines Wortes zu bestätigen, die Wurzel der Ungläubigen ausrotten, auf daß sich die Wahrheit bewahrheite und das Falsche[7)] zerstört werde, obgleich die Gottlosen dem sich widersetzten. Als ihr euren Herrn um Beistand anflehtet, da antwortete er euch: Wahrlich, ich will euch mit tausend Engeln beistehen, die nacheinander folgen sollen.[8)] Dies geschah nur, um Glück euch zu verkünden und euere Herzen zu beruhigen, denn Hilfe ist nur bei Gott allein, denn Gott ist allmächtig und allweise. Als euch zur Ruhe der Schlaf überfiel, da schickte er euch Wasser vom Himmel herab, um euch damit zu reinigen und die Befleckung des Satans von euch zu nehmen, und euere Herzen zu stärken, und euere Füße zu befestigen.[9)] Ebenso als dein Herr den Engeln eingab, sagend: Ich bin mit euch, stärket daher die Gläubigen, aber in die Herzen der Ungläubigen will ich Furcht bringen. Darum hauet ihnen die Köpfe ab, und hauet ihnen ab alle Enden ihrer Finger.[10] So geschah dies deshalb, weil sie Gott und seinem Gesandten widerstrebten. Wer sich aber Gott und seinem Gesandten widersetzt, für den ist Gott ein gewaltig Bestrafender. Dies ist euere Strafe, nehmet sie hin, denn die Ungläubigen werden mit dem Feuer der Hölle bestraft. O ihr Gläubigen, wenn die Ungläubigen auch haufenweise euch entgegenkommen, so kehret ihnen doch nicht den Rücken zu, denn wer ihnen an selbigem Tage den Rücken zukehrt, es sei denn, daß der Kampf selbst ihn wegziehe oder daß er sich zu einem anderen Haufen seiner Partei zurückziehe, über den kommt der Zorn Gottes, und die Hölle ist sein Aufenthalt. Wahrlich, eine schlimme Reise ist's dorthin. Nicht ihr habt den Feind in der Schlacht zu Badr, sondern Gott hat ihn erschlagen. Nicht du, o Mohammed, hast ihnen den Sand in die Augen geworfen,[11] sondern Gott hat ihn geworfen, um die Gläubigen mit einer huldvollen Versuchung zu prüfen, denn Gott höret und weiß alles. Dies geschah deshalb, damit Gott die Kriegslist der Ungläubigen vernichte. Verlangt ihr eine Entscheidung in unserer Angelegenheit – nun die Entscheidung ist euch geworden,[12] und wenn ihr ablasset von der Widersetzlichkeit gegen den Gesandten, so wird es besser um euch stehen. Doch kommt ihr nochmals zurück, um ihn anzugreifen, so werden auch wir zurückkommen, um ihm beizustehen, und euere Heerscharen, und seien es deren auch noch so viele, sollen euch nichts helfen, denn Gott ist mit den Gläubigen. O ihr Gläubigen, gehorchet Gott und seinem Gesandten und wendet euch nicht von ihm hinweg, da ihr ja die Mahnungen des Korans vernommen. Seid nicht wie jene, die wohl sprechen: „Wir hören", wenn sie auch nicht hören. Noch verächtlicher als das Vieh sind bei Gott die angesehen, welche taub und stumm, und ohne Einsicht sind. Wüßte Gott nur einiges Gute bei ihnen zu finden, so würde er schon machen, daß sie hören. Aber wenn sie auch hören könnten, so würden sie sich doch wegwenden und zurückziehen. O ihr Gläubigen, antwortet Gott und seinem Gesandten, wenn er euch rufet zu dem, was euch Leben gibt,[13] und wisset, daß Gott zwischen dem Menschen und seinem Herzen geht,[14] und daß ihr einst zu ihm versammelt werdet. Fliehet den Aufruhr, denn die Bestrafung desselben trifft nicht gerade die Ungerechten unter euch allein und insbesondere, sondern sie trifft euch alle. Bedenket, daß Gott ein gewaltig Strafender ist. Erinnert euch, als euerer noch wenige waren und ihr noch schwach im Lande[15] wart und ihr fürchtetet, von den Leuten verschlungen zu werden. Aber Gott gab euch einen

Zufluchtsort und stärkte euch mit seinem Beistande, und ernährte euch mit allem Guten, auf daß ihr dankbar seid.

O ihr Gläubigen, täuschet nicht Gott und den Gesandten, und verletzet auch nicht, gegen besseres Wissen, euere Treue. Erkennet, daß euer Vermögen und euere Kinder nur eine Versuchung sind, und daß von Gott großer Lohn zu erwarten ist. O ihr Gläubigen, wenn ihr Gott fürchtet, so wird er euch Erlösung gewähren[16] und euch euere Sünden vergeben und verzeihen, denn Gottes Güte ist groß. Erinnere dich, wie die Ungläubigen Ränke gegen dich schmiedeten, um dich zu fangen, oder dich zu töten, oder dich zu vertreiben[17]. Sie hatten sich wider dich verschworen. Aber Gott hatte sich wider sie verschworen, und Gottes Anschläge sind die besten.[18] Und wenn ihnen unsere Zeichen[19] vorgelesen werden, so sagen sie: Wir haben sie schon gehört, und wenn wir nur wollten, so könnten wir ähnliche hersagen, denn er (der Koran) enthält ja doch nichts als alte Fabeln.[20] Und als sie sagten: O Gott, ist dieses Buch in Wahrheit von dir, so laß Steine vom Himmel auf uns herabregnen, oder strafe uns sonst mit schwerer Strafe.[21] Da wollte Gott sie nicht strafen, weil du bei ihnen warst. Auch deshalb wollte Gott sie nicht bestrafen, weil sie ihn um Verzeihung gebeten hatten. Es war zwar kein Grund vorhanden, daß Gott sie nicht strafen sollte, denn sie hatten den Zugang zum heiligen Tempel verwehrt,[22] obgleich sie nicht dessen Vorgesetzte waren, denn nur die Gottesfürchtigen sind dessen Vorgesetzte. Doch der größte Teil weiß das nicht. Ihr Gebet im Hause Gottes besteht in nichts anderem als in Pfeifen und Händeklatschen.[23] Nehmet nun dafür hin die Strafe eueres Unglaubens. Die Ungläubigen geben ihr Vermögen her, um andere vom Wege Gottes abzuziehen. Mögen sie es nur verschwenden, später werden sie es mit Seufzen bereuen, wenn sie besiegt werden.[24] Die Ungläubigen sollen alle in die Hölle kommen. Auf daß Gott die Bösen von den Guten unterscheide, wird er die Bösen alle übereinanderstellen, und aus allen einen Haufen machen und sie zusammen in die Hölle werfen, und dann sind sie verloren. Sage den Ungläubigen, daß, wenn sie ablassen sich zu widersetzen, das Vergangene ihnen vergeben sein soll. Wenn sie aber zurückkehren dich anzugreifen, so soll die Strafe, welche die früheren Empörer getroffen, auch über sie kommen. Bekämpfet sie, bis alle Versuchung aufhört[25] und die Religion Gottes allgemein verbreitet ist. Werden sie ablassen, so sieht Gott das, was sie tun. Kehren sie aber zurück, so wisset, daß Gott euer Beschützer ist. Er ist der beste Beschützer und der beste Helfer.

Wisset, daß, wenn ihr etwas erbeutet, so gehöret der fünfte Teil davon Gott und dem Gesandten und dessen Verwandten, den Waisen und den

Armen und dem Wanderer[26]. So ihr nur glaubt an Gott und an das, was wir am Erlösungstage unserem Diener herabgesandt[27] an jenem Tage, an welchem die beiden Heere zusammentrafen. Gott ist über alle Dinge mächtig. Als ihr auf dieser Seite des Flusses lagertet, und sie auf der entgegengesetzten Seite, und die Reiterei unter euch stand, da würdet ihr, wenn ihr auch Verabredungen über den Angriff getroffen hättet, über diese Verabredungen selbst uneinig geworden sein. Aber Gott entschied die Sache, wie er sie beschlossen hatte, damit der, welcher umkomme, mit überzeugenden Beweisen umkomme, und der, welcher am Leben bleibe, mit überzeugenden Beweisen lebe.[28] Denn Gott hört und weiß alles. Gott zeigte dir den Feind im Traume in geringer Anzahl. Hätte er ihn die aber groß an Zahl vorgestellt, so wäret ihr kleinmütig geworden und hättet euch über diese Angelegenheit herumgestritten. Gott aber hat euch davor geschützt, denn er kennt das Innerste des menschlichen Herzens. Als ihr gegeneinander anrücktet, da zeigte er sie vor eueren Augen als nur wenige, und ebenso ließ er euch ihren Augen als nur sehr gering erscheinen[29], damit Gott die Sache so entscheide, wie er sie beschlossen. Zu ihm kehren alle Dinge zurück.

O ihr Gläubigen, wenn ihr auf einen Haufen der Ungläubigen stoßet, dann bleibet standhaft und denket fleißig an Gott, damit ihr glücklich werdet. Gehorchet Gott und seinem Gesandten, seid nicht widerspenstig, denn sonst werdet ihr kleinmütig, und der Sieg ist für euch verloren. Haltet vielmehr standhaft aus in Geduld, denn Gott ist mit den Standhaften. Seid auch nicht wie die, welche auf eine unverschämte Weise ihre Häuser verließen, um sich vor den Leuten zu zeigen.[30] Sie wichen ab vom Wege Gottes, aber Gott begreift wohl, was sie tun. Der Satan hatte ihnen ihr Tun eingegeben und gesagt: Ihr werdet an diesem Tage von niemandem besiegt, denn ich bin in euerer Nähe. Doch als die beiden Heere sich zu Gesichte kamen, da trat er zurück[31] und sagte: Ich bin nun frei von euch, denn ich sehe, was ihr nicht sehet.[32] Ich fürchte Gott, denn Gott ist ein streng Bestrafender. Darauf sagten die Heuchler und die Herzenskranken[33]: Diese Leute hat ihre Religion getäuscht.[34] Allein wer auf Gott vertraut, der ist nicht getäuscht, denn Gott ist allmächtig und allweise. Könntest du es nur sehen, wie die Engel die Ungläubigen töten und sie ins Angesicht und auf den Rücken schlagen, sagend: Nehmet nun hin die Strafe des Verbrennens ob dem, was euere Hände getan. Denn Gott ist nicht ungerecht gegen seine Diener. Sie haben gehandelt nach der Weise des Volkes des Pharao, und wie alle die, welche auch vor ihnen schon nicht glaubten an die Zeichen Gottes, und die Gott wegen ihrer Sünden hinwegraffte. Denn Gott ist allmächtig und streng im

Bestrafen. Dies geschah deshalb, weil Gott seine Gnade, die er einem Volke erzeigt, nicht umwandelt, bis dieses selbst seine Gesinnung des Herzens gegen Gott ändert, denn Gott hört und weiß alles. Sie haben gehandelt nach der Weise des Volkes des Pharao, und wie die, welche vor ihnen schon die Zeichen ihres Herrn des Betrugs beschuldigten. Darum haben wir sie ihrer Sünden wegen ausgerottet und das pharaonische Volk ertränkt. Denn sie waren allesamt Frevler. Die Ungläubigen, welche durchaus nicht glauben wollen, werden von Gott wie das ärgste Vieh betrachtet. Diejenigen, mit welchen du ein Bündnis geschlossen, und die dieses bei jeder Gelegenheit brechen und Gott nicht fürchten, diese, wenn du dich ihrer im Kriege bemächtigest, zerstreue, damit sie ihren Nachkommen ein Beispiel und dessen eingedenk seien. Fürchtest du aber von einem Volke Treulosigkeit, so gib ihm auf gleiche Weise das Bündnis zurück, denn Gott liebt nicht die Treulosen. Auch mögen sie, die Ungläubigen, nicht meinen, daß sie der Rache Gottes entflohen, denn sie vermögen nicht, Gottes Macht zu schwächen. Rüstet euch mit Macht gegen sie, so gut als ihr nur könnet, und mit einer Reiterschar, um damit den Feinden Gottes und eueren Feinden und noch anderen außer diesen, die ihr zwar nicht kennet, die aber Gott wohl kennet, Schrecken einzujagen. Was ihr zur Verteidigung der Religion Gottes ausgebet, soll euch wieder bezahlt werden. Es wird euch kein Unrecht geschehen. Sind sie aber zum Frieden geneigt, so sei auch du dazu geneigt, und vertraue nur auf Gott, denn er hört und weiß alles. Suchen sie aber dich zu hintergehen, so ist Gott dir Genugtuung. Er ist es ja, der dich stärket mit seiner Hilfe und mit der Hilfe der Gläubigen, deren Herzen er vereinigt hat. Hättest du auch alle Schätze der Erde verschwendet, so hättest du doch nicht ihre Herzen vereinigen können, aber Gott hat sie vereinigt, denn er ist allmächtig und allweise. O Prophet, Gott und die Gläubigen, welche dir folgen, sind dir hinreichend genug. Rege, o Prophet, die Gläubigen zum Kampfe an, denn zwanzig standhaft Ausharrende von euch werden zweihundert besiegen, und hundert von euch werden tausend Ungläubige besiegen, denn sie sind ein unverständiges Volk. Gott hat es euch leicht gemacht, denn er wußte wohl, daß ihr schwach seid. Hundert standhaft Ausharrende von euch werden mit dem Willen Gottes zweihundert, und tausend von euch zweitausend besiegen.[35] Denn Gott ist mit den standhaft Ausharrenden. Es wurde noch keinem Propheten erlaubt, Gefangene zu besitzen, oder er müßte denn eine große Niederlage unter den Ungläubigen auf der Erde angerichtet haben.[36] Ihr suchet nur die irdischen Güter, aber Gott setzet das zukünftige Leben als Endzweck, und Gott ist allmächtig und allweise. Wäre nicht eine Offen-

– 118 –

barung herabgekommen, so würde ich wahrlich schwere Strafe ob dem, was ihr genommen[37], getroffen haben. Nun aber genießet das, was ihr erbeutet habt, auf erlaubte und gute Weise, und fürchtet Gott, denn Gott ist verzeihend und barmherzig. Sage, o Prophet, zu den Gefangenen, die in euerer Gewalt sind: Wenn Gott irgend etwas Gutes in euerem Herzen bemerkt,[38] so wird er euch für das, was er euch genommen, weit Besseres geben und euch verzeihen, denn Gott ist verzeihend und barmherzig. Wollen sie aber dich zu täuschen suchen, so haben sie zuerst Gott getäuscht, und darum hat er sie in deine Macht gegeben, denn Gott ist allwissend und allweise. Diejenigen aber, welche glauben und für die Religion Gottes ausgewandert sind, und mit ihrem Vermögen und ihrem Leben für sie gekämpft haben, und die, welche dem Propheten einen Zufluchtsort gegeben und ihm beigestanden haben, die sollen einander als nächste Verwandte sich betrachten.[39] Doch die, welche nur gläubig gewesen, aber nicht ausgewandert sind, die sollen durchaus in keinem Verwandtschaftsverhältnis zu euch stehen, bis sie auch ausgewandert sind. Wenn sie aber der Religion wegen euch um Beistand ersuchen, so liegt es euch ob, Hilfe zu leisten, wenn nicht gegen ein Volk, mit dem ihr ein Freundschaftsbündnis geschlossen. Denn Gott sieht alles, was ihr tut. Die Ungläubigen aber könnt ihr nur als Anverwandte untereinander betrachten. So ihr das aber nicht tun würdet, so gäbe dieses Veranlassung zur Uneinigkeit und zu großem Verderben auf der Erde. Die, welche geglaubt und ausgewandert sind, und gekämpft haben für die Religion Gottes, und die dem Propheten einen Zufluchtsort gegeben und ihm beigestanden haben, das sind wahre Gläubige. Sie finden Vergebung und ehrenvolle Versorgung. Und die, welche nachher erst geglaubt haben, und mit euch vereint gekämpft haben und ausgewandert sind, auch diese gehören zu euch. Doch sollen die Blutsverwandten, nach ihren verschiedenen Graden, Fremden gegenüber, als die allernächst Verwandten betrachtet werden.[40] So ist's Vorschrift Gottes, und Gott kennet alle Dinge.

٩

NEUNTE SURE

Die Buße[1)]

Geoffenbart zu Medina.

Eine Befreiung wird von Gott und seinem Gesandten denjenigen Götzendienern erklärt, mit welchen ihr in ein Bündnis getreten seid.[2)] Gehet nur vier Monate[3)] frei im Lande umher, aber wisset, daß ihr die Kraft Gottes nicht schwächen könnt. Gott wird vielmehr die Ungläubigen mit Schmach bedecken. Von Gott und seinem Gesandten ist den Menschen am Tage der großen Wallfahrt die Anzeige zugekommen, daß Gott und sein Gesandter frei seien von den Götzendienern[4)]. Werdet ihr aber bereuen, so wird es besser um euch stehen. So ihr aber wieder zurückkehret, so wisset, daß ihr Gottes Macht nicht schwächen könnt. Verkünde den Ungläubigen qualvolle Strafe. Nur denjenigen Götzendienern, mit welchen ihr in ein Bündnis getreten seid, und die in keiner Weise ihr Bündnis gegen euch verletzen, und niemandem gegen euch Beistand leisten, diesen müßt ihr das Bündnis treulich bis zur bestimmten Zeit[5)] bewahren, denn Gott liebt die, so ihn fürchten. Sind aber die heiligen Monate, in welchen ein jeder Kampf verboten, verflossen, dann tötet die Götzendiener, wo ihr sie auch finden möget, oder nehmet sie gefangen, oder belagert sie, und lauert ihnen auf allen Wegen auf. Bereuen sie dann, und verrichten sie das Gebet zur bestimmten Zeit und geben Almosen, dann laßt sie frei ausgehen, denn Gott ist verzeihend und barmherzig. Und wenn einer von den Götzendienern Schutz bei dir suchet, so mußt du ihm Schutz gewähren, auf daß er Gottes Wort höre. Und dann mußt du ihn an den Ort seiner Sicherheit gelangen lassen.[6)] Dieses mußt du deshalb tun, weil sie ja Leute sind, welche die Wahrheit nicht kennen. Wie können aber Götzendiener in ein Bündnis mit Gott und seinem Gesandten treten? Nur diese können es, mit welchen ihr im heiligen Tempel ein Bündnis abgeschlossen habt. Solange diese nun fest daran halten, solange müßt auch ihr fest daran halten, denn Gott liebt die, so ihn fürchten. Wie können sie aber ein Bündnis mit euch schließen, da sie doch, wenn sie euerer mächtig wären, euch weder Verwandtschaftsliebe noch Bundestreue bewahren

— 120 —

würden? Mit ihrem Munde zwar suchen sie euch zu gefallen, doch ihre Herzen sind euch abgewendet. Die meisten von ihnen sind Übeltäter. Um geringen Preis verkaufen sie die Zeichen Gottes und halten andere von seinem Wege ab. Wahrlich, nur Böses ist's, was sie tun. Sie halten von Gläubigen keine Verwandtschaft und keine Bundestreue, denn sie sind Frevler. Jedoch wenn sie sich bekehren, und das Gebet zur bestimmten Zeit verrichten, und Almosen geben, so sind sie durch die Religion euch Brüder geworden. So machen wir unsere Zeichen einem verständigen Volke deutlich. Wenn sie aber, nachdem sie ein Bündnis geschlossen, dasselbe verletzen und euere Religion lästern, dann bekämpfet die Häupter des Unglaubens, von welchen doch keine Treue zu erwarten ist, damit sie ferner vom Verrate ablassen. Wollt ihr nicht kämpfen gegen ein Volk, das seinen Eid der Treue bricht und damit umgeht, den Gesandten zu vertreiben, und das ohne Veranlassung euch zuerst angreift? Oder fürchtet ihr dasselbe? Wahrlich, besser wäre es, ihr fürchtet nur Gott, so ihr wahre Gläubige sein wollt, darum greifet es nur an, und Gott wird es in euere Hände geben und mit Schmach bedecken. Er wird euch wider dasselbe beistehen, und heilen die Herzen eines gläubigen Volkes, und hinwegnehmen den Unwillen ihres Herzens, denn Gott wendet sich zu, wem er will. Gott ist allwissend und allweise. Oder glaubt ihr, daß ihr verlassen seid, und daß Gott diejenigen unter euch nicht kenne, welche für seine Religion gekämpft und keinen anderen, außer Gott und seinen Gesandten anerkannten? Daß er nicht kenne die treuen Freunde der Gläubigen? Nein, Gott ist all euer Tun wohlbekannt. Es ziemt sich nicht, daß die Götzendiener den heiligen Tempel Gottes besuchen sollten, da sie ja, durch ihren Unglauben, doch nur Zeugnis wider sich selbst ablegen würden. Die Werke dieser Leute sind vergebens, und sie bleiben auf ewig im Höllenfeuer. Nur diese dürfen Gottes heiligen Tempel besuchen, die an Gott und den Jüngsten Tag glauben, und das Gebet verrichten und Almosen geben, und nur Gott allein fürchten, denn diese gehören zu den Rechtgeleiteten.[7] Glaubt ihr denn, daß es besser ist, den Wallfahrern zu trinken zu geben, und den heiligen Tempel zu besuchen, als an Gott und den Jüngsten Tag zu glauben und für die Religion Gottes zu kämpfen?[8] Nein, bei Gott steht sich dies nicht gleich, und Gott leitet nicht ein frevelhaftes Volk. Die, welche geglaubt und für die Religion Gottes ihr Vaterland verlassen und mit ihrem Vermögen und Leben für sie gekämpft haben, diese erhalten eine hohe Stufe der Glückseligkeit bei Gott, und nur diese werden glücklich sein. Ihnen verkündet der Herr Barmherzigkeit und Wohlgefallen, und Gärten mit dauerhaften Freuden, und ewig sollen sie darin bleiben, denn bei Gott ist großer Lohn. O ihr Gläubigen, erkennet weder euere Väter noch euere Brüder als Freunde an, wenn sie den Unglauben dem Glauben vorziehen. Wer aber von euch sie dennoch zu Freunden annimmt, der gehört zu den Übeltätern. Sprich: Wenn euere Väter und euere Kinder und euere Brüder und euere Weiber und euere Verwandten und euer Vermögen, welches ihr erworben, und euere Waren, von denen ihr fürchtet, daß sie keine Käufer finden werden, und euere Wohnungen, die euch so gefallen, wenn diese euch lieber sind als Gott und sein Gesandter und der Kampf für seine Religion, dann wartet nur, bis Gott sein Wort erfüllet,[9] denn Gott leitet nicht ein frevelhaftes Volk. In vielen Gefechten schon stand Gott euch bei, namentlich am Schlachttage bei Honein,[10] als ihr mit Stolz auf euere größere Anzahl blicktet. Diese aber konnte euch nichts helfen, und die sonst so weite Erde ward euch zu eng,[11] und ihr wichet und flohet. Da zeigte Gott endlich seinem Gesandten und den Gläubigen seine fürsehende Allgegenwart, und sandte Heere, die ihr nicht sehen konntet,[13] und strafte die Ungläubigen. Das war der Lohn der Ungläubigen. Doch darauf wird Gott sich wieder wenden, zu wem er will, denn Gott ist versöhnend und barmherzig. O ihr Gläubigen, wahrlich die Götzendiener sind als unrein zu betrachten, und sie dürfen daher, wenn dieses Jahr[14] vorüber ist, sich dem heiligen Tempel nicht mehr nähern. Seid ihr aber bange, daß dadurch Armut entstehe,[15] so wisset, daß Gott, wenn er nur will, mit seinem Überflusse euch reich machen kann. Denn Gott ist allwissend und allweise. Bekämpfet diejenigen der Schriftbesitzer, welche nicht glauben an Gott und den Jüngsten Tag, und die das nicht verbieten, was Gott und sein Gesandter verboten, und sich nicht zur wahren Religion bekennen, so lange, bis sie ihren Tribut entrichten und gänzlich unterworfen sind.[16] Die Juden sagen: Esra ist der Sohn Gottes,[17] und die Christen sagen: Christus ist der Sohn Gottes. Sie sprechen das nur mit dem Munde, und wiederholen so, was die Ungläubigen, welche vor ihnen lebten, bereits gesagt haben. Gott wird sie schon strafen ihrer Lügen wegen. Sie erkennen, außer Gott und Christus, den Sohn der Maria, ihre Rabbiner und Mönche als ihre Herren an,[18] da ihnen doch geboten ist, nur Gott allein zu verehren. Denn außer ihm gibt's keinen Gott. Fern von ihm das, was sie ihm zugesellen! Sie wollen das Licht Gottes mit ihrem Munde ausblasen, allein Gott wird sein Licht vollkommen machen, so sehr auch die Ungläubigen sich dem widersetzen.[19] Er ist es, der seinen Gesandten geschickt mit der Leitung und mit der wahren Religion, welche überstrahlen soll alle andere Religionen, mögen die Götzendiener sich auch noch so sehr dem widersetzen. O ihr Gläubigen, wahrlich, viele Priester und Mönche streben darnach, das Vermögen der Leute in Eitelkeit zu verzehren,[20] und dadurch leiten sie diese vom Wege Gottes ab. Doch denen, die Gold und Silber anhäufen, und es nicht für die Religion Gottes verwenden, ihnen verkünde schwere Strafe. An jenem Tage des Gerichts sollen diese Schätze am Feuer der Hölle glühend gemacht, und ihre Stirne, Seiten und Rücken damit gebrandmarkt werden. Seht, das ist's, was ihr für euere Seelen angesammelt. Kostet nun das, was ihr aufgespeichert.

Die Zahl der Monate besteht nach göttlicher Vorschrift aus zwölf Monaten. So ist's aufgezeichnet im Buche Gottes, seit dem Tage, an welchem er geschaffen Himmel und Erde. Vier von diesen Monaten sind heilig. So lehrt's die wahre Religion. In diesen Monaten versündigt euere Seelen nicht. Doch die Götzendiener möget ihr in allen Monaten bekämpfen, so wie sie auch euch in allen angreifen,[21] und wisset, daß Gott ist mit denen, so ihn fürchten. Die Verlegung des heiligen Monats auf einen anderen ist eine Zutat des Unglaubens.[22] Die Ungläubigen sind hierin im Irrtume. In dem einen Jahre erlauben, und in dem anderen Jahre verbieten sie einen Monat, damit sie mit der Zahl der Monate, welche Gott geheiligt, übereinstimmen, und so erlauben sie gerade das, was Gott verboten, darum ist das Übel für ihr Tun ihnen schon bereitet. Denn Gott leitet nicht ein ungläubiges Volk. O ihr Gläubigen, was fehlte euch, daß, als zu euch gesagt wurde: Gehet hinaus und kämpfet für die Religion Gottes, ihr euch unwillig zur Erde neigtet?[23] Habt ihr mehr Gefallen an diesem, als an dem zukünftigen Leben? Wahrlich, die Versorgung in diesem Leben ist gegen die des zukünftigen nur als sehr gering zu achten. So ihr nicht auszieht zum Kampfe, wird euch Gott mit schwerer Strafe belegen, und ein anderes Volk an euere Stelle setzen. Ihm werdet ihr nicht schaden können, denn Gott ist aller Dinge mächtig. So ihr ihm (dem Mohammed) nicht helfet, so wird Gott ihm helfen, wie er ihm auch schon früher geholfen, als ihn die Ungläubigen vertrieben, und er nur noch mit einem zweiten in der Höhle war,[24] und zu seinem Gefährten sagte: Sei nur nicht traurig, denn Gott ist mit uns. Da sandte Gott seine allgegenwärtige Fürsehung über ihn, und stärkte ihn mit Scharen, die ihr nicht sehen konntet.[25] Und so erniedrigte er das Wort der Ungläubigen, und erhöhte das Wort Gottes, denn Gott ist allmächtig und allweise.

Ziehet in den Kampf, leicht und schwer,[26] und kämpfet mit Gut und Blut für die Religion Gottes. Dies wird besser für euch sein, wenn ihr es nur einsehen möget. Wäre ein Vorteil nahe, und die Reise bequem gewesen, so wären sie dir gefolgt, aber der Weg schien ihnen zu beschwerlich, und dennoch schwuren sie bei Gott: Wenn wir nur gekonnt hätten, so wären wir mit euch gezogen. So stürzen sie selbst ihre Seelen ins Verderben, denn Gott weiß es wohl, daß sie Lügner sind. Möge es dir Gott vergeben! Warum auch hast du ihnen nachgegeben,[27] bevor du die Wahrhaftigen von den Lügnern unterscheiden konntest? Die, welche Glauben an Gott und den Jüngsten Tag, werden dich nicht um Entlassung bitten, wenn sie mit Gut und Blut kämpfen sollen. Gott kennet die, so ihn fürchten. Nur die werden dich um Entlassung bitten, so da nicht glauben an Gott und den Jüngsten Tag, und deren Herz noch Zweifel über die wahre Religion heget, und daher von ihren Zweifeln hin- und hergeworfen werden. Hätten sie auch nur den Willen gehabt, zum Kampfe zu ziehen, so würden sie sich doch wenigstens gerüstet haben. Ihrem Ausziehen aber war Gott entgegen, und darum machte er sie träge, und es ward ihnen gesagt: Bleibet still sitzen mit den Stillsitzenden.[28] Wenn sie aber auch mit euch gezogen wären, so würden sie euch nur zur Last gewesen sein, denn sie hätten, unter euch hin- und herlaufend, euch zur Empörung anreizen wollen, und manche unter euch hätten auf sie gehört, denn Gott kennet die Bösewichter. Auch früher schon haben sie ja zur Empörung angereizt und deine Angelegenheiten verwirrt, bis sich die Wahrheit und der Wille Gottes in ihrer Klarheit gezeigt, trotz daß sie sich dem widersetzt hatten. Mancher von ihnen sagt zu dir: Entlasse mich doch, und bringe mich nicht in Versuchung[29]. Fallen sie denn zu Hause nicht in Versuchung? Doch die Hölle soll die Ungläubigen umfassen. Bist du glücklich, so betrübt sie das. Befällt dich aber Unheil, so sagen sie: Wir haben unsere Angelegenheiten schon früher gesichert,[30] und wenden dir den Rücken, und freuen sich deines Unfalls. Sprich: Nichts befällt uns, als was Gott uns bestimmt hat. Er ist unser Beschützer, und auf Gott mögen die Gläubigen vertrauen. Sprich: Erwartet ihr wohl, daß uns eines der beiden herrlichsten Dinge treffen werde?[31] Doch wir erwarten in betreff euerer, daß euch Gott mit Strafe heimsuche, entweder unmittelbar durch ihn selbst, oder durch unsere Hand. Wartet daher nur auf den Ausgang, und wir wollen mit euch warten. Sprich: Verwendet nur, freiwillig oder gezwungen, euer Vermögen zu guten Zwecken, nichts wird von euch angenommen, weil ihr ein frevelhaftes Volk seid. Aus keinem anderen Grunde werden diese Ausgaben nicht angenommen, als weil sie nicht glauben an Gott und seinen Gesandten, und nur mit Trägheit das Gebet verrichten, und nur mit Widerwillen sich zu diesen Ausgaben bequemen. Wundere dich nicht über ihren Reichtum und über ihre Kinder, denn Gott will sie durch dieses Leben bestrafen, und ihre Seele dem Untergange weihen, weil sie Ungläubige sind.[32] Sie schwören zwar bei Gott, daß sie zu euerem Glauben gehören. Sie gehören aber nicht zu euch. Nur weil diese Leute sich vor euch fürchten, sagen sie so. So sie nur einen Zufluchtsort finden können, eine Höhle, oder sonst ein Versteck, so werden sie sich dahin wenden, und zwar ungesäumt. Es gibt auch Leute unter ihnen, die über deine Almosenverteilung Übles reden. Solange sie Teil daran bekommen, sind sie wohl damit zufrieden. Sobald sie aber nichts davon erhalten, sind sie unwillig. Doch besser wäre es, sie zeigten sich zufrieden mit dem, was Gott und sein Gesandter ihnen gibt, und sagten: „Uns genüget Gott und das, was Gott uns in seiner Gnade, und was uns sein Gesandter gibt, und nur zu Gott senden wir unsere Gebete." Die Almosen gehören nur den Armen und Dürftigen, und denen, die sich mit deren Austeilung befassen, und denen, deren Herz sich bekehrt hat,[33] und sie dienen zur Auslösung der Gefangenen, und für die, welche ihre Schulden nicht bezahlen können, und für die Förderung der Religion Gottes[34], und für den Wanderer[35]. So ist's Verordnung Gottes, und Gott ist allwissend und allweise. Einige von ihnen verleumden den Propheten und sagen: Er ist leichtgläubig.[36] Sprich: Zu eurem Besten ist er leichtgläubig. Er glaubt an Gott und glaubt den Gläubigen, und erzeiget Barmherzigkeit denen unter euch, so da glauben. Doch die, welche den Gesandten Gottes verleumden, erhalten schwere Strafe. Sie schwören euch bei Gott, daß sie streben wollen, euch zu gefallen. Doch wahrhaftiger wäre es, wenn sie Gott und seinem Gesandten zu gefallen suchten, so sie Gläubige sein wollen. Wissen sie denn nicht, daß dem, welcher Gott und seinem Gesandten sich widersetzt, das Höllenfeuer zuteil wird und er ewig darin verbleibt? Und solches ist wahrlich große Schmach. Die Heuchler fürchten, es möchte in betreff ihrer eine Sure offenbart werden, welche das enthülle, was in ihrem Herzen ist. Sprich: Spottet nur, Gott wird schon das ans Licht bringen, dessen Entdeckung ihr fürchtet. Und wenn du sie über die Ursache ihres Spottens fragest, so sagen sie: Wir sprechen und scherzen nur untereinander.[37] Sprich: Wolltet ihr auch wohl Gott und seine Zeichen und seinen Gesandten verspotten? Suchet nicht euch zu entschuldigen, denn ihr seid Ungläubige geworden, nachdem ihr Gläubige gewesen. Wenn wir auch einem Teile von euch verzeihen, so wollen wir doch den anderen bestrafen, weil er aus Übeltätern besteht. Heuchlerische Männer und Frauen sind's, die einen wie die anderen. Sie gebieten nur was böse, und verbieten was recht ist, und verschließen dem Armen ihre Hände. Sie haben Gott vergessen, darum vergißt er auch sie, denn die Heuchler sind Frevler. Den Heuchlern, seien sie Männer oder Frauen, und den Ungläubigen verspricht Gott das Feuer der Hölle, und ewig sollen sie darin verbleiben. Dies sei ihre Genugtuung. Gott verflucht sie, und beständig dauernde Strafe trifft sie. Ihr seid wie die, welche vor euch gewesen. Sie waren mächtiger als ihr, und reicher an Vermögen und

Kindern, und sie erfreuten sich ihres Anteils in dieser Welt. So erfreuet ihr euch auch des eurigen, wie die vor euch des ihrigen sich erfreuten, und ihr befasset euch mit schlechten Reden, wie jene getan. Eitel ist ihr Tun in dieser und in jener Welt. Sie gehören zu denen, welche untergehen. Ist ihnen denn unbekannt die Geschichte derer, welche vor ihnen gelebt haben? Nämlich die Geschichte des Volkes des Noah, Ad, Thamud und Abraham, und der Bewohner von Midian und der umgestürzten Städte?[38] Ihre Gesandten kamen zu ihnen mit deutlichen Beweisen. Gott wollte ihnen kein Unrecht tun, sie aber haben gegen sich selbst ungerecht gehandelt. Nur die gläubigen Männer und die gläubigen Frauen sind Freunde untereinander, sie gebieten nur was recht, und verbieten was unrecht ist, und sie verrichten das Gebet und geben Almosen und gehorchen Gott und seinem Gesandten. Ihnen ist Gott barmherzig, denn Gott ist allmächtig und allweise. Den gläubigen Männern und Frauen hat Gott versprochen Gärten, von Wasserquellen durchströmt, worin sie ewig wohnen. Eine köstliche Wohnung ist's in Edens Gärten[39], doch noch köstlicher für sie ist das Wohlgefallen Gottes. Das ist eine große Glückseligkeit. Du, o Prophet, kämpfe gegen die Ungläubigen und die Heuchler, und sei streng gegen sie. Ihre Wohnung wird die Hölle sein. Eine schlimme Reise ist's dorthin. Sie schwören zwar bei Gott, daß sie nichts Böses reden, und doch haben sie Reden des Unglaubens geführt, und wurden ungläubig, nachdem sie den Islam angenommen hatten, und haben Pläne geschmiedet, die sie aber nicht ausführen konnten,[40] und ließen sie nur deshalb fahren, weil Gott in seiner Güte und der Prophet ihnen Reichtum gewährte. So sie bereuen, wird es besser für sie sein, so sie aber wieder abfallen, wird sie Gott mit schwerer Strafe in dieser und in jener Welt heimsuchen, und sie werden auf der Erde keinen Beschützer und keinen Erretter finden. Einige von ihnen haben ein Bündnis mit Gott geschlossen, sagend: Wenn er uns von seiner Güte reichlich gibt, so wollen wir Almosen[42] geben und einen gerechten Wandel führen. Als ihnen nun Gott von seiner Güte reichlich gegeben hatte, da wurden sie geizig, und traten zurück, und wichen weit ab. Er selbst ließ Heuchelei in ihre Herzen kommen, bis zu jenem Tage, an welchem sie ihm begegnen werden, weil sie Gott nicht gehalten, was sie ihm versprochen, und gelogen haben. Wissen sie denn nicht, daß Gott überhaupt *alle* Geheimnisse kennt? Diejenigen, die solche Gläubigen verspotten, welche mit Almosen freigiebig sind, und solche, welche weiter nichts geben können, als was sie durch ihren Fleiß verdienen, die wird einst Gott verspotten. Ihrer wartet schwere Strafe. Es steht sich gleich, ob du um Verzeihung für sie bittest, oder nicht. Und wenn du auch siebzigmal für sie bittest, so wird ihnen Gott doch nicht vergeben, weil sie nicht glaubten an Gott und seinen Gesandten, und weil Gott ein frevelhaftes Volk nicht leitet. Die, welche vom Zuge nach Tabuk zurückblieben, freuten sich daheim, daß sie dem Gesandten Gottes nicht gefolgt, und weigerten sich, mit Gut und Blut für die Religion Gottes zu kämpfen, sagend: Ziehet doch in der Hitze nicht aus.[43] Sprich: Das Feuer der Hölle wird noch weit heißer sein. Möchten sie das doch einsehen! Laß sie nur noch ein wenig lachen, sie werden einst weit mehr weinen, zum Lohne ob dem, was sie getan. Wenn Gott dich wieder zu einem Teile von ihnen zurückbringt,[44] und sie dich dann ersuchen, mit ausziehen zu dürfen, dann sage: Ihr sollt nimmer mit mir in den Kampf ziehen, und keinen Feind mit mir angreifen. Da es euch gefallen, das erste Mal zu Hause zu bleiben, so bleibt auch jetzt bei denen, die zurückbleiben. Wenn einer von diesen stirbt, so bete nicht für ihn, und stehe auch nicht bei seinem Grabe,[45] weil er nicht glaubt an Gott und seinen Gesandten und als Frevler stirbt. Wundere dich nicht über ihr Vermögen und über ihre Kinder, denn Gott will sie durch diese Welt gerade bestrafen, auf daß ihre Seele untergehe, weil sie Ungläubige sind. Wäre ihnen eine Sure offenbart worden, worin es hieße: Glaubet an Gott, und ziehet mit seinem Gesandten zum Kampfe, so würden doch die Begüterten unter ihnen dich gebeten und zu dir gesagt haben: Laß uns doch bei denen bleiben, die zu Hause sitzen. Es gefällt ihnen besser, bei den Zurückbleibenden zu verharren. Ihre Herzen sind versiegelt, darum haben sie keine Einsicht. Doch der Gesandte und die, welche mit ihm glauben, haben mit Gut und Blut gekämpft, daher sie Gutes erhalten und glücklich sein werden. Gott hat ihnen Gärten bereitet, von Wasserbächen durchströmt, und ewig werden sie darin verbleiben. Das ist eine große Glückseligkeit! Es kamen manche Araber sich entschuldigen und bittend: sie doch zu Hause zu lassen, und sie blieben auch, Gott und seinen Gesandten verleugnend, zu Hause. Doch qualvolle Strafe wird diese Ungläubigen treffen. Die Schwachen, Kranken und Armen, die nichts leisten können, haben keine Sünde, wenn sie zu Hause bleiben, wenn sie es nur mit Gott und seinem Gesandten treu meinen. Gegen die Rechtschaffenen ist keine Veranlassung zu zürnen, denn Gott ist verzeihend und barmherzig. Auch die haben keine Sünde, die zu dir kamen bittend, daß du sie mit dem Nötigen versehen mögest, und du erwidertest: Ich habe nichts, um euch damit aushelfen zu können, worauf sie mit tränenvollen Augen zurückgingen, betrübt darüber, daß sie nichts haben, zum Kampfe beitragen zu können. Nur die verdienen Tadel, die, obgleich reich, dich dennoch bitten, zu Hause bleiben zu dürfen. Es gefällt ihnen besser, bei denen zu sein, welche zu Hause sitzen bleiben.

Gott hat ihre Herzen versiegelt, darum haben sie keine Einsicht. Sie werden, wenn ihr zu ihnen zurückkehrt, sich bei euch entschuldigen wollen. Sprich: Entschuldigt euch nicht, denn wir glauben euch doch nicht. Bereits hat Gott euer Verhalten uns bekanntgemacht. Gott und sein Gesandter werden euer Tun beobachten. Dann werdet ihr gebracht vor den, der da kennet alles Geheime und alles Offenbare, und der euch klar anzeigen wird, was ihr getan. Sie werden, wenn ihr zu ihnen zurückkehrt, euch bei Gott beschwören, daß ihr von ihnen ablassen möget.[46)] Lasset ab von ihnen, denn sie sind ein Greuel, und die Hölle wird ihre Wohnung sein, zum Lohne dessen, was sie getan. Sie beschwören euch, daß ihr sogar Wohlgefallen an ihnen finden möget. Allein wenn sie *euch* auch wohlgefallen, so wird doch Gott kein Wohlgefallen finden an einem frevelhaften Volke. Die Araber sind sehr hartnäckig in ihrem Unglauben und in ihrer Heuchelei, und es ist leicht zu begreifen, daß sie die Vorschriften, welche Gott seinem Gesandten geoffenbart, nicht kennen.[47)] Gott aber ist allwissend und allweise. Da gibt es auch Araber, die ihre Beiträge[48)] als eine gezwungene Schuld betrachten, und daher auf den Fall eueres Glückes warten.[49)] Allein ihrer wartet ein schlimmes Los, denn Gott hört und weiß alles. Es gibt aber auch Araber, so da glauben an Gott und den Jüngsten Tag, und ihre Beiträge als eine Annäherung zu Gott und dem Gebete des Gesandten betrachten. Und wie sollte dies auch nicht eine Annäherung für sie sein? Darum wird sie Gott in seine Barmherzigkeit aufnehmen. Denn Gott ist gnädig und barmherzig. An den Häuptern und Anführern der Auswandernden[50)] und Hilfeleistenden[51)] und an denen, die im Wohltun ihnen folgen, hat Gott Wohlgefallen, und sie finden Wohlgefallen an ihm. Er hat Gärten, von Wasserbächen durchströmt, für sie bestimmt, und ewig werden sie darin verbleiben. Dies wird eine große Glückseligkeit sein. Auch unter den Arabern[52)], die um euch herum wohnen, gibt es Heuchler. Ja, selbst unter den Bewohnern Medinas gibt es hartnäckige Heuchler. Du kennst sie nicht, wir aber kennen sie. Zwiefach wollen wir sie bestrafen,[53)] und dann wartet ihrer noch große Strafe. Andere haben ihr Unrecht offen bekannt, und so haben sie eine gute Handlung mit einer anderen bösen vermischt.[54)] Vielleicht, daß Gott sich ihrer wieder annimmt, denn Gott ist versöhnend und barmherzig. Nimm von ihrem Vermögen Almosen, sie dadurch zu reinigen und zu sühnen, und bitte für sie, denn dein Gebet ist ihnen eine Beruhigung, und Gott hört und weiß alles. Wissen sie denn nicht, daß Gott Reue und Almosen seiner Diener gern annimmt, und daß Gott versöhnend und barmherzig ist? Sage ihnen: Tut was ihr wollt, Gott sieht euer Tun, und ebenso sehen es sein Gesandter und die Gläubigen. Ihr werdet einst hingebracht werden zu dem, der da kennet alles Geheime und alles Offenbare, und er wird euch klar zeigen, was ihr getan. Andere wieder erwarten in Ungewißheit die Bestimmung Gottes, ob er sie bestrafen, oder ob er sich wieder zu ihnen wenden werde. Aber Gott ist allwissend und allweise. Andere wieder haben einen Tempel gebaut, um den Gläubigen zu schaden, und den Unglauben zu fördern, und unter den Gläubigen Spaltungen zu veranlassen, damit er als Hinterhaltsort diene für den, der früher schon gegen Gott und seinen Gesandten gekämpft,[55] und dennoch schwören sie: Wahrlich, wir beabsichtigen nur Gutes. Aber Gott wird es bezeugen, daß sie lügen. Nie betrete diesen Ort. *Hier* ist ein Heiligtum, gegründet auf Gottesfurcht, von dem ersten Tage seines Erbauens an.[56] Geziemender ist's, dieses zu betreten. Die Menschen sollen wünschen, in diesem sich zu reinigen, denn Gott liebt die Reinen. Wer ist nun wohl besser: Der, welcher sein Gebäude auf die Furcht und das Wohlgefallen Gottes gegründet, oder der, welcher sein Gebäude gründet auf den Rand einer vom Wasser verschwemmten Sandbank, welches mit ihm in das Höllenfeuer stürzt? Wahrlich, ein ungerechtes Volk leitet Gott nicht. Ihr Gebäude, das sie erbaut, wird nicht aufhören, so lange Zweifel in ihrem Herzen zu erregen, bis das ihre Herzen ganz zerschnitten sind,[57] und Gott ist allweise und allwissend. Wahrlich, Gott hat das Leben und das Vermögen der Gläubigen dafür erkauft, daß sie das Paradies erlangen, indem sie für die Religion Gottes kämpfen. Mögen sie nun töten oder getötet werden, so wird doch die Verheißung, welche in der Thora, im Evangelium und im Koran enthalten ist, ihnen in Erfüllung gehen. Und wer ist wohl in seinen Verheißungen gewissenhafter als Gott? Freuet euch daher eueres Kaufes, den ihr gemacht, denn er bringt große Glückseligkeit. Nur die Bereuenden und die, welche Gott dienen und ihn preisen, und die, so da fasten, und die sich beugen und ihn verehren, und gebieten was recht, und verbieten was unrecht ist, und die Verordnungen Gottes beobachten, nur diese erhalten das Paradies. Verkünde das den Gläubigen. Es ziemt sich nicht für den Propheten und für die Gläubigen, daß sie für die Götzendiener beten, und wären es auch ihre nächsten Verwandten, da es ihnen ja bekannt ist, daß diese Gefährten der Hölle sind. Wenn Abraham für seinen Vater betete, so geschah dies des Verbrechens wegen, welches er ihm gemacht.[58] Als er aber einsah, daß sein Vater ein Feind Gottes sei, da sprach er sich vom Beten frei, und Abraham war doch gewiß zärtlich und liebevoll. Gott will auch ein Volk, das er rechtgeleitet hat, nicht in den Irrtum führen, bis er ihm deutlich gemacht, was es zu vermeiden hat.[59] Denn Gott kennt alle Dinge. Gott ist das Reich des Himmels und der Erde. Er macht lebendig und er tötet, und außer Gott habt ihr keinen Beschützer und Helfer. Bereits hat sich Gott dem Propheten, den Auswandernden und den Hilfeleistenden[60], die ihm in jener verhängnisvollen Stunde[61] gefolgt sind, gnädig erwiesen, nachdem nur wenig gefehlt, daß nicht die Herzen eines Teils von ihnen von ihrer Pflicht abgewichen wären. Aber Gott wandte sich ihnen gnädig zu, denn er war mitleidig und barmherzig gegen sie. Auch gegen jene drei[62] zeigte er sich gnädig, die im Zweifel waren, ob sie ihres Zurückbleibens wegen begnadigt würden oder nicht, und sich deshalb so ängstigten, daß die Erde, die doch sonst so weit ist, ihnen zu eng wurde, und ihre Seelen sich so ängstigten, bis daß sie endlich einsahen, daß es keine andere Zuflucht gebe als Gott. Darauf wendete er sich ihnen wieder zu, damit sie bereuen möchten, denn Gott ist gnädig und barmherzig. O ihr Gläubigen, fürchtet nur Gott und gehöret zu den Wahrhaftigen. Die Bewohner Medinas und die Araber ihrer Umgegend hatten keinen Grund, von dem Gesandten Gottes abzulassen, um ihr eigenes Wohl dem seinigen vorzuziehen. Sie taten dies deshalb, weil sie weder Durst, noch Arbeit, noch Hunger für die Religion Gottes ertragen wollten. Sie taten keinen Schritt, der die Ungläubigen hätte erzürnen können, und wollten vom Feinde keinen Schaden ertragen, wenn ihnen nicht dafür ein gutes Werk niedergeschrieben würde. Aber Gott läßt den Lohn der Gerechten nicht untergehen. Alle ihre Beiträge, sie seien groß oder klein, und ihre Wanderungen durch Tal und Strom, sie werden ihnen aufgezeichnet, damit Gott sie noch mehr belohne, als sie durch ihr Handeln verdient. Die Gläubigen sind nicht verpflichtet, alle zugleich in den Krieg zu ziehen. Von jedem Heerhaufen möge ein Teil zurückbleiben, um sich und andere in der Religion zu belehren, und ihr Volk, wenn es aus dem Kampfe zurückkommt, zu mahnen, damit es auf seiner Hut sei. O ihr Gläubigen, bekämpfet die Ungläubigen, die in euerer Nachbarschaft wohnen. Laßt sie euere ganze Strenge fühlen, und wisset, daß Gott ist mit denen, so ihn fürchten. Da gibt es Leute unter ihnen, die, wenn eine Sure geoffenbart wird, fragen: Wer von euch ist dadurch im Glauben gestärkt worden? Wohl werden die Gläubigen dadurch in ihrem Glauben gestärkt, und freuen sich dessen. Aber denen, deren Herzen schwach sind, werden sich Zweifel auf Zweifel häufen, so daß sie als Ungläubige sterben. Sehen sie denn nicht ein, daß sie jedes Jahr ein- oder zweimal in Versuchung geführt werden?[63] Dennoch bereuen sie nicht und lassen sich nicht mahnen. Wird eine Sure geoffenbart, dann sieht einer den anderen an und spricht: Sieht euch jemand? Und dann wenden sie sich ab[64]. So wendet Gott ihre Herzen von der Wahrheit ab, denn sie sind ein unverständiges Volk. Nun ist ein Gesandter, aus euerer Mitte, zu euch gekommen, ein trefflicher Mann, den es tief betrübt, daß ihr euch versündigt, der aber gegen die Gläubigen mitleidsvoll und barmherzig ist. Wenn sie sich von dir abwenden, so sprich: Gott ist meine Genugtuung. Es gibt keinen Gott außer ihm. Auf ihn setze ich mein Vertrauen. Er ist der Herr des prächtigen Thrones.

ZEHNTE SURE

Jonas[1] (Friede sei mit ihm)

Geoffenbart zu Mekka

Im Namen des allbarmherzigen Gottes

ALM.[2] Dies sind die Zeichen des weisen Buches. Scheint es denn den Leuten zu Mekka so auffallend, daß wir uns einem Manne aus ihrer Mitte geoffenbart, um den Ungläubigen Böses anzudrohen, und den Gläubigen Gutes zu verkünden, daß sie den Lohn ihrer Rechtschaffenheit bei ihrem Herrn finden werden? Die Ungläubigen sagen: Dieser[3] ist nichts anderes als ein offenbarer Zauberer. Wahrlich, nur Gott ist euer Herr, der in sechs Tagen geschaffen Himmel und Erde, und sich dann auf den Thron niederließ, um selbst die Herrschaft über alle Dinge zu übernehmen, und ohne seinen Willen gibt es keinen Vermittler. Dieser ist Gott, euer Herr, darum dienet nur ihm. Wollt ihr das nicht einsehen? Zu ihm kehret ihr einst alle zurück, wie es Gott in Wahrheit verheißen. Er bringt ein Geschöpf hervor, läßt es dann wieder zu sich kommen, um die, so da glauben und das Gute tun, nach Billigkeit zu belohnen. Die Ungläubigen sollen siedendes

Wasser trinken und schwere Strafen erleiden, weil sie nicht glauben. Er ist es, der die Sonne eingesetzt, um zu scheinen bei Tage, und den Mond, zu leuchten bei Nacht, und seine Stellungen so bestimmt hat, daß ihr dadurch die Zahl der Jahre und die Berechnung der Zeit wissen könnet.[4] Nur in Wahrheit hat Gott dies alles geschaffen.[5] So machte er seine Zeichen einsichtsvollen Menschen deutlich. Wahrlich, in dem Abwechseln der Nacht mit dem Tage, überhaupt in dem, was Gott im Himmel und auf Erden geschaffen, sind Zeichen genug für Leute, die Gott fürchten. Die aber, welche nicht hoffen, uns einst zu begegnen[6], und nur Wohlgefallen finden an diesem Leben, und sich dabei beruhigen, und unsere Zeichen vernachlässigen, erhalten, wie sie verdient, das Höllenfeuer zur Wohnung. Die Gläubigen aber, und die das Gute tun, wird ihr Herr, ihres Glaubens wegen, in wonnevolle Gärten führen, welche von Wasserbächen durchströmt sind, und ihr Gebet in denselben wird sein: Lob und Preis dir, o Gott! Und ihr gegenseitiger Gruß: Friede! Und der Schluß ihres Gebetes: Lob und Preis Gott, dem Herrn aller Welten! Würde Gott den Menschen das Böse so schleunig bringen, wie sie das Gute beschleunigt wünschen, wahrlich, so wäre ihr Ende schon längst entschieden. Darum lassen wir die, welche nicht hoffen, uns einst zu begegnen, in ihrem Irrtume umherirren. Trifft einen Menschen irgendein Unglück, so ruft er uns an, auf der Seite liegend, sitzend oder stehend[7], befreien wir ihn aber von seinem Übel, so führt er doch seine frühere Lebensweise fort, als hätte er uns des Übels wegen, das ihn getroffen, gar nicht angerufen. Das ist die Weise der Übeltäter in ihrem Tun. O ihr Mekkaner, wir haben Geschlechter, welche vor euch gelebt, zugrunde gerichtet, indem sie ungerecht gehandelt und ihren Gesandten, welche mit deutlichen Zeichen zu ihnen gekommen, nicht geglaubt haben. So belohnen wir ein frevelhaftes Volk. Darauf haben wir euch zu ihren Nachfolgern auf der Erde bestimmt, um zu sehen, wie ihr handeln werdet. Wenn unsere deutlichen Zeichen ihnen vorgelesen werden, so sagen die, welche nicht hoffen, uns einst zu begegnen: Bringe uns einen anderen Koran als diesen, oder ändere ihn ab. Sprich: Es ziemt mir nicht, nach meinem Belieben daran zu ändern. Ich folge nur dem, was mir offenbart wurde, denn ich fürchte, wenn ich meinem Herrn ungehorsam werden sollte, die Strafe des großen Tages. Sprich: So es Gott anders gefallen, so hätte ich ihn euch nicht vorgelesen, und euch nicht durch ihn belehrt. Ich habe ja einen großen Zeitraum vor der Offenbarung unter euch zugebracht. Seht ihr das denn nicht ein?[8] Wer ist aber ungerechter als der, welcher von Gott Lügen aussinnt, oder seine Zeichen des Betrugs beschuldigt? Gewiß, die Frevler können nicht glücklich werden! Sie verehren außer Gott solche

Wesen, die ihnen weder schaden noch nützen können, und sagen: Diese sollen unsere Vermittler bei Gott sein. Sprich: Wollt ihr wohl Gott über Dinge belehren, die im Himmel und auf Erden sind, und die er nicht kenne? Lob und Preis sei ihm! Er ist weit erhaben über dem, was sie ihm zugesellet. Die Menschen bekannten sich nur zu einer Religion,[9] darauf wurden sie uneinig, und wenn nicht das Wort deines Herrn es anders beschlossen, so würde der Gegenstand ihrer Uneinigkeit schon längst zwischen ihnen entschieden sein. Sie sagen: Wenn ihm nicht ein Wunderzeichen von seinem Herrn gesandt wird, so glauben wir ihm nicht. Antworte: Das Verborgene kennt nur Gott allein, geduldet euch nur, und ich will mit euch mich gedulden. Und nachdem wir den Leuten von Mekka, da ein Unglück sie betroffen hatte,[10] wieder Barmherzigkeit erzeigten, da schmiedeten sie Pläne gegen unsere Zeichen. Sprich: Wahrlich, Gott ist schneller in seinen Anschlägen, und unsere Boten[11] sollen euere listigen Ränke niederschreiben. Er ist es, der es euch möglich gemacht, daß ihr reisen könnt zu Land und zu Wasser, so daß ihr in Schiffen, welche von gutem Winde getrieben werden, froh und munter sein könnt. Wenn aber ein Sturmwind sie erfasset, und die Wellen von allen Seiten über sie hereinschlagen, so daß sie fürchten, von ihnen verschlungen zu werden, dann rufen sie Gott an und bekennen ihm Aufrichtigkeit in der Religion und sagen: Wenn du uns aus dieser Gefahr errettest, so wollen wir dankbar sein. Und wenn er sie errettet, dann handeln sie doch wieder frevelhaft und ungerecht auf der Erde. O ihr Menschen, euere Frevel, die ihr zum Nachteile euerer Seelen begeht, bringen euch nur in diesem Leben Gewinn. Dann müßt ihr zu uns zurückkehren, und wir zeigen euch dann klar, was ihr getan. Wahrlich, dieses Leben gleicht dem Wasser, das wir vom Himmel senden, um damit die Gewächse der Erde zu vermischen, welche Menschen und Vieh verzehren und der Erde Gewand und Schmuck verleihen. Dann glauben ihre Bewohner, frei darüber verfügen zu können. Aber so wir nur befehlen, bei Nacht oder bei Tag, so ist alles wie abgemäht, als wäre gestern dieser Überfluß an Früchten gar nicht gewesen. So machen wir unsere Zeichen den Menschen deutlich, welche nachdenken wollen. Gott lädt ein in die Wohnung des Friedens,[12] und leitet auf den rechten Weg, wen er will. Die, welche das Gute tun, sollen die schönste Belohnung haben, und zwar noch mehr, als sie verdient. Weder Schwärze noch Schmach soll ihr Angesicht bedecken. Sie werden Gefährten des Paradieses, und sollen ewig darin bleiben. Doch die, welche Böses begehen, sollen zum Lohne Böses erhalten, gerade soviel, als sie verdient,[13] und mit Schmach bedeckt werden – denn gegen Gott finden sie keinen Beschützer – und ihr Angesicht wird sein, als

– 133 –

wäre es mit der tiefen Finsternis der Nacht bedeckt. Sie sind Gefährten des Höllenfeuers, und sollen ewig darin bleiben. An dem Auferstehungstage werden wir sie alle versammeln, und zu den Götzendienern sagen: Geht an eueren Ort hin, ihr und euere Götzen[14], und wir wollen sie voneinander absondern, und ihre Götzen werden dann zu ihnen sagen: Auch uns habt ihr nicht verehrt.[15] Gott ist hinreichender Zeuge zwischen uns und euch.[16] Auch haben wir euere Verehrung nicht beachtet. Dann soll eine jede Seele erfahren, was sie vorausgeschickt, und zurückgebracht soll sie werden zu Gott, ihrem wahren Herrn, die Götter aber, welche sie ersonnen, werden ihr entschwinden. Sprich: Wer versieht euch mit Speise des Himmels und der Erde? Oder wer hat Gewalt über Gehör und Gesicht? Wer bringt Leben aus Tod, und Tod aus Leben? Wer ist Herr aller Dinge? Gewiß werden sie antworten: Nur Gott. So sprich: Wollt ihr ihn denn nicht fürchten? Dieser Gott ist ja euer wahrer Herr. Und was bleibt außer der Wahrheit anderes übrig, als der Irrtum? Warum wendet ihr euch denn von der Wahrheit ab? So wird sich das Wort deines Herrn an den Übeltätern bewahrheiten, weil sie nicht glauben. Sprich: Ist unter eueren Götzen einer, der ein Geschöpf hervorbringen, und dann wieder zu sich bringen kann? Gott aber bringt Geschöpfe hervor und bringt sie wieder zu sich. Warum wendet ihr euch denn von seiner Verehrung weg? Sprich: Wer von eueren Götzen kann zur Wahrheit leiten? Sprich: Nur Gott leitet zur Wahrheit. Wer ist es nun eher wert, daß man ihm folge, der, welcher zur Wahrheit leitet, oder der, welcher nicht dazu leitet, oder er selbst werde erst geleitet? Wie kommt es doch, daß ihr so falsch urteilt? Doch die meisten von ihnen folgen nur einer vorgefaßten Meinung. Aber eine bloße Meinung ist keineswegs noch Wahrheit. Doch Gott weiß, was sie tun. Dieser Koran konnte von keinem anderen außer Gott verfaßt werden, denn er bestätigt das, was vor ihm geoffenbart wurde, und er erklärt die Schrift. Es ist daher kein Zweifel, daß er ist vom Herrn der Welten. Sollen sie vielleicht sagen: Er (Mohammed) hat ihn verfaßt? So antworte: So bringt doch, wenn auch nur eine ähnliche Sure hervor, und rufet zum Beistande an, außer Gott, wen ihr wollt, so ihr wahrhaftig seid? Sie haben das, dessen Erkenntnis sie nicht fassen konnten, des Betrugs beschuldigt, und eine Erklärung desselben wollten sie nicht annehmen. Auf dieselbe Weise haben die, welche vor ihnen gelebt, ihre Propheten des Betrugs beschuldigt, aber sieh einmal, welch' ein Ende die Frevler genommen haben! Einige von ihnen werden wohl noch daran glauben, einige aber werden immer ungläubig bleiben. Doch dein Herr kennt die Übeltäter. Wenn sie dich des Betrugs beschuldigen, so antworte: Mein Tun gehöret mir, so wie euer Tun euch angehöret, und so wie ihr mein Tun nicht zu verantworten habt, so habe auch ich nicht das eurige zu verantworten. Einige unter ihnen hören dir wohl zu. Kannst du aber Taube hörend machen, zumal da sie nichts verstehen? Einige unter ihnen sehen wohl auf dich hin. Kannst du aber Blinde leiten, zumal da sie nicht sehen wollen? Wahrlich, Gott handelt nicht im entferntesten ungerecht gegen die Menschen, sondern sie selbst sind ungerecht gegen ihr eigenes Seelenheil. An jenem Tage wird er sie alle versammeln, und dann wird es ihnen sein, als hätten sie nur eine Stunde von einem Tage hienieden geweilt. Einer wird den anderen erkennen, dann aber sollen untergehen die, welche das Begegnen Gottes geleugnet haben, und nicht rechtgeleitet waren. Mögen wir dir nun auch einen Teil der ihnen angedrohten Strafe zeigen, oder dich zuvor sterben lassen, zu uns müssen sie zurückkehren, und dann wird Gott Zeuge sein dessen, was sie getan.[17] Einem jeden Volke ist ein Gesandter geschickt worden,[18] und wenn ihr Gesandter kam, ward ihre Angelegenheit in Billigkeit zwischen ihnen entschieden, und sie wurden nicht ungerecht behandelt. Die Ungläubigen sagen: Wann trifft denn wohl die Drohung ein? Sagt es uns, wenn ihr wahrhaftig seid. Antworte: Ich vermag es nicht, ein Übel von mir selbst zu entfernen, auch nicht mir selbst einen Vorteil zu verschaffen, sondern alles hängt vom Willen Gottes ab. So hat auch jedes Volk sein bestimmtes Ziel, und wenn dies Ziel kommt, so kann man es, auch nicht um eine Stunde, weder hinausschieben, noch beschleunigen. Sprich: Habt ihr wohl schon gesehen, daß, wenn die Strafe Gottes euch überkommt, bei Nacht oder bei Tag, die Frevler etwas davon beschleunigen können? Werdet ihr dann, wenn euch die Strafe trifft, wohl glauben? Wie steht es aber jetzt, da ihr früher ja die Strafe beschleunigt wünschtet? Dann wird zu den Ungerechten gesagt werden: Nehmet nun hin die Strafe der Ewigkeit. Wollt ihr auch wohl einen anderen Lohn empfangen als den, welchen ihr verdient habt? Dann werden sie wünschen, von dir zu erfahren: ob dies alles denn auch wahr sei? Darauf erwidere: Ja, bei meinem Herrn, es ist wahr, und ihr werdet Gottes Macht nicht schwächen können. Wenn dann eine jede Seele, die ungerecht gehandelt, alles hätte, was auf Erden ist, so würde sie sich gern damit lösen wollen. Dann, wenn sie die Strafe sehen, werden sie ihre Reue offen bekennen. Doch mit Billigkeit soll zwischen ihnen entschieden werden, und ihnen kein Unrecht geschehen. Gehört nicht alles, was im Himmel und was auf Erden, Gott an? Sind Gottes Verheißungen etwas anderes als Wahrheit? Doch die meisten Menschen erkennen das nicht. Er ist es, der da belebet und tötet, und zu ihm kehret alles zurück.

O ihr Menschen, es ist euch nun eine Ermahnung[19] zugekommen von euerem Herrn, als Heilmittel für die Zweifel eueres Herzens, und als Leitung und Gnade für die Gläubigen. Sprich: Freuet euch der Güte und Gnade Gottes, das ist besser als das Aufhäufen irdischer Güter. Sprich: Aus welchem Grunde habt ihr von dem, was euch Gott zur Nahrung bestimmt, einiges für verboten, und anderes für erlaubt gehalten?[20] Sprich: Hat Gott euch das erlaubt zu tun, oder habt ihr solches von Gott ersonnen? Was werden aber die, welche Lügen von Gott ersinnen, am Tage der Auferstehung wohl denken? Wahrlich, Gott ist gnädig gegen die Menschen, doch der größte Teil ist nicht dankbar dafür. Du sollst dich in kein Geschäft einlassen, du sollst nichts aus dem Koran vorlesen, überhaupt sollt ihr keine Tat verrichten, oder wir sind Zeugen eueres Tuns. Nichts, was im Himmel und was auf Erden, ist deinem Herrn verborgen, und wäre es auch nur so schwer wie eine Ameise. Es gibt nichts, es sei auch kleiner noch oder größer, oder es ist aufgezeichnet in dem deutlichen Buche. Die Freunde Gottes wird weder Furcht noch Trauer befallen. Die, welche glauben und Gott fürchten, werden in diesem und in jenem Leben fröhliche Botschaften erhalten, denn Gottes Wort ist unwandelbar. Das wird eine große Glückseligkeit sein! Betrübe dich nicht ob ihrem Gerede, denn alle Macht gehöret nur Gott, und er hört und weiß alles. Gehöret nicht Gott alles, was im Himmel und was auf Erden ist? Wem folgen nun die, welche außer Gott noch Götzen anrufen? Sie folgen nur vorgefaßten Meinungen, und sprechen nur Lügen aus. Er ist es, der euch die Nacht zur Ruhe, und den hellen Tag zur Arbeit gegeben. Hierin liegen wohl Beweise für ein Volk, das hören will.

Sie[21] sagen: Gott habe Kinder gezeugt. Lob und Preis sei ihm! Er ist sich selbst genug. Ihm gehört alles, was im Himmel und was auf Erden ist. Habt ihr etwa Beweise über euere Aussage? Wollt ihr wohl Dinge von Gott behaupten, die ihr nicht wissen könnt? Sprich: Die, welche von Gott Lügen erdichten, können nicht glücklich werden. In dieser Welt wohl mögen sie Genuß haben, dann aber werden sie zu uns zurückkommen, und dann wollen wir sie schwere Strafe kosten lassen, weil sie Ungläubige gewesen. Erzähle ihnen die Geschichte des Noah[22], wie dieser zu seinem Volke sagte: O mein Volk, wenn mein Wohnen unter euch und meine Ermahnungen der Zeichen Gottes euch auch unangenehm sind, so setze ich doch mein Vertrauen in Gott. Brauchet nur euere Kräfte und versammelt euere Götzen. Haltet euere Anschläge nur im Dunkeln, und dann tretet auf gegen mich, und säumet nicht.[23] Ich verlange ja keinen Lohn von euch, daß ihr deshalb zurücktreten solltet, denn ich erwarte meinen Lohn nur von Gott, und mir ward befohlen, ganz Gott ergeben zu sein.[24] Doch sie beschuldigten ihn des Betruges, da erretteten wir ihn und die, welche bei ihm in der Arche[25] waren, und wir setzten sie ein als Nachfolger derer, die wir ersäuft, da sie unsere Zeichen des Betrugs beschuldigten. Sieh nun, welch' ein Ende die genommen, welche Noah ermahnt hatte. Darauf haben wir, nach Noah, wieder Boten gesandt zu den Völkern[26], und sie kamen zu ihnen mit überzeugenden Beweisen. Aber sie wollten nicht glauben an das, was sie vorher schon des Betrugs beschuldigten. So versiegeln wir die Herzen der Frevler. Nach diesen sandten wir wieder den Moses und Aaron zum Pharao und seinen Fürsten mit unseren Zeichen.[27] Sie zeigten sich aber hochmütig, und waren ein frevelhaftes Volk. Als ihnen die Wahrheit von uns zukam, da sagten sie: Das ist offenbare Zauberei. Darauf sagte Moses: Nennt ihr so die Wahrheit, die euch geworden? Ist das wohl Zauberei? Wahrlich, Zauberer können nicht glücklich werden. Sie aber antworteten: Seid ihr wohl deshalb zu uns gekommen, um uns von der Religion, welche wir von unseren Vätern erhalten, abwendig zu machen, auf daß euch beiden die Herrschaft im Lande werde? Wir wollen euch nun einmal nicht glauben. Darauf sagte der Pharao: Laßt einmal alle geschickten Zauberer zu mir kommen. Als die Zauberer nun gekommen, da sagte Moses: Werfet hin, was ihr hinzuwerfen gedenket. Als sie nun ihre Stäbe hingeworfen hatten, da sagte Moses: Wahrlich, die Zauberei, welche ihr vornehmt, wird Gott vereiteln, denn Gott läßt das Werk der Frevler nicht glücklich sein, und Gott wird die Wahrheit seines Wortes bekräftigen, so sehr auch die Frevler sich dagegen sträuben. Dem Moses glaubte aber nur sein Stamm seines Volkes[28], die übrigen aber fürchteten sich vor dem Pharao und seinen Fürsten, diese möchten ihnen Böses zufügen, denn der Pharao betrug sich hochmütig im Lande und gehörte zu den Frevlern. Da sagte Moses: O mein Volk, wenn ihr an Gott glaubt, so vertraut nur auf ihn, wenn ihr ganz Gott ergeben sein wollt.[29] Sie antworteten: Nur auf Gott setzen wir unser Vertrauen. O Herr, gib es nicht zu, daß dieses ungerechte Volk uns Böses zufüge. Errette uns in deiner Barmherzigkeit von diesem ungläubigen Volke. Und wir offenbarten uns dem Moses und seinem Bruder und sagten: Errichtet Häuser in Ägypten für euer Volk, und in diesen Häusern bestimmet eine Stätte für das Gebet, und verrichtet dort die bestimmten Gebete, und den Gläubigen verkündet gute Botschaft. Darauf sagte Moses: O Herr, siehe du hast dem Pharao und seinen Fürsten große Pracht und Reichtümer in diesem Leben gegeben, auf daß sie dadurch von deinem Wege abirren. Vernichte nun, o Herr, ihre Reichtümer, und verhärte ihre Herzen, damit sie nicht eher glauben, als bis sie ihre schwere Strafe sehen.[30] Darauf erwiderte Gott: Euer Gebet ist erhört. Seid standhaft, und folget nicht dem Wege der Unwissenden. Wir führten endlich die Kinder Israels durch das Meer. Der Pharao aber und sein Heer folgten ihnen in böser und feindlicher Absicht, bis das Ertrinken sie ankam. Da sagte der Pharao: Nun glaube ich, daß es keinen anderen Gott gibt als den, an welchen die Kinder Israels glauben, und ich gehöre nun zu den Gottergebenen. Darauf sagte Gott: Du warst vordem zwar widerspenstig, und von den Verderbenstiftenden, nun aber wollen wir dich erretten mit deinem Leibe, damit du für dein kommendes Geschlecht ein Zeichen seiest.[31] Doch der größte Teil der Menschen ist auf unsere Zeichen nicht aufmerksam. Und wir hatten den Kindern Israels eine dauerhafte Wohnung im Lande Kanaan bereitet, und wir versorgten sie mit Nahrung von allem Guten, und sie wurden nicht eher uneinig untereinander, als bis die Erkenntnis ihnen zukam.[32] Aber dein Herr wird am Tage der Auferstehung das zwischen ihnen entscheiden, worüber sie jetzt uneinig sind. Bist du im Zweifel über etwas, was wir dir jetzt geoffenbart,[33] so frage nur die, welche die Schrift vor dir gelesen.[34] Die Wahrheit ist dir nun von deinem Herrn zugekommen. Gehöre daher nicht zu denen, so da zweifeln. Gehöre auch nicht zu denen, welche die Zeichen Gottes des Betrugs beschuldigen, denn sonst bist du verloren. Die aber, über welche das Wort deines Herrn bereits beschlossen hat, werden nimmer glauben, und kämen ihnen auch alle Wunderzeichen, bis sie ihre schwere Strafe sehen. Wäre dem nicht so, so würde doch wenigstens *eine* der vielen zerstörten Städte geglaubt, und ihr Glaube ihr genutzt haben. Nur das Volk des Jonas[35] haben wir, nachdem es geglaubt, von der Strafe der Schande in dieser Welt befreit, und ihm den Genuß seiner Güter auf eine bestimmte Zeit gegönnt.[36] Wenn es dein Herr nur gewollt hätte, so würden alle, welche auf der Erde gelebt, geglaubt haben. Wolltest du also wohl die Menschen zwingen, daß sie Gläubige werden sollen? Keine Seele kann glauben ohne den Willen Gottes. Doch wird er die seinen Zorn fühlen lassen, welche nicht einsehen wollen. Sprich: Betrachtet doch nur einmal, was im Himmel und was auf Erden.[37] Doch Zeichen und Ermahnungen helfen nichts bei einem Volke, das nicht glauben will. Dürfen sie nun etwas anderes erwarten, als eben solche furchtbaren Tage des Gerichts, wie über ihre Vorfahren ergangen sind? Sprich: Erwartet sie nur, und wir wollen sie mit euch erwarten. Dann wollen wir unsere Gesandten und die, welche glauben, befreien. Denn es geziemt uns, die Gläubigen zu befreien. Sprich: O ihr Menschen,[38] wenn ihr auch gegen meine Religion Zweifel hegt, so diene ich doch nicht den Götzen, die ihr außer Gott verehret, sondern ich verehre nur Gott, der euch töten wird, denn mir wurde geboten, zu den Gläubigen zu gehören. Mir ward gesagt: Wende dein Angesicht der wahren Religion zu, und sei rechtgläubig, und sei kein Götzendiener. Rufe auch, außer Gott, kein Wesen an, das dir weder nützen noch schaden kann. Wenn du das aber tust, so gehörst du zu den Frevlern. Wenn dich Gott mit einem Übel heimsucht, so kann dich, außer ihm, niemand davon befreien. Und so er dir Gutes will geben, so ist niemand, der seine Gnade zurückhalten könnte. Er gibt dieses seinen Dienern nach Gefallen, denn er ist gnädig und barmherzig.

Sprich: O ihr Menschen, nun ist euch die Wahrheit von euerem Herrn zugekommen. Wer nun rechtgeleitet sein soll, der wird zum Heile seiner Seele rechtgeleitet sein. Wer aber abirret, der irret zum Nachteile seiner Seele. Ich aber bin nicht zum Wächter über euch eingesetzt. Und du, o Prophet, folge nur dem, was dir geoffenbart wurde, und ertrage alles mit Geduld, bis Gott einst richten wird, denn er ist der beste Richter.

ELFTE SURE

Hud[1)]

Geoffenbart zu Mekka

Im Namen des allbarmherzigen Gottes

ALR.[2)] Dieses Buch, dessen Verse nicht verfälscht, sondern deutlich und klar sind,[3)] ist vom allweisen und allwissenden Gotte, damit ihr nur Gott allein verehret – ich aber bin von ihm gesandt, euch Strafen anzudrohen und auch Gutes zu verkünden – und damit ihr euern Herrn um Verzeihung bitten möget, und zu ihm zurückkehret. Er versieht euch mit reichlichem Auskommen, bis zu einer bestimmten Zeit,[4)] und er wird jedem, nach seinem Verdienste, übergroße Belohnung geben. Solltet ihr euch aber abwenden, so fürchte ich euretwegen die Strafe des großen Tages. Zu Gott sollt ihr zurückkehren, denn er ist über alle Dinge mächtig. Verhüllen sie nicht doppelt ihre Herzen, als wollten sie die Gesinnungen desselben vor ihm verbergen? Mögen sie sich auch noch so sehr mit ihren Gewändern verhüllen, so kennt doch Gott ebensogut das, was sie verbergen, als was sie öffentlich zeigen, denn er kennet die geheimsten Winkel des menschlichen Herzens. Es gibt kein Insekt auf der Erde, oder Gott sorget für seine Nahrung, und kennet seinen Aufenthalt und seine Lage, denn alles ist aufgezeichnet in dem deutlichen Buche. Er ist es, der in sechs Tagen Himmel und Erde geschaffen, und sein Thron stand auf den Wassern,[5)] um euch zu prüfen und zu sehen, wer von euch in guten Werken sich hervortun werde.[6)] Sagst du zu ihnen: Ihr werdet sicherlich nach dem Tode wieder auferweckt, so werden die Ungläubigen sagen: Das wäre ja offenbare Zauberei. Und wenn wir ihre Strafe auf eine bestimmte Zeit hinausschieben, so sagen sie: Was verhindert denn die Strafe? Aber wird nicht die Strafe an einem Tage sie überfallen, an welchem sie sich ihrer nicht erwehren können? Und dann wird in Erfüllung gehen das, was sie jetzt verspotten. Wahrlich, wenn wir einen Menschen unsere Gnade empfinden lassen, und sie ihm dann wieder entziehen, dann wird er verzweifeln und undankbar werden. So wir ihm

— *140* —

aber, nachdem ein Übel ihn befallen, wieder Gnade zuwenden, dann wird er sagen: Das Übel ist mir nun entnommen, und freudig wird er sich dessen rühmen. Denen aber, welche alles in Geduld ertragen und das Gute tun, wird Verzeihung und großer Lohn. Vielleicht gedenkst du einen Teil dessen, was dir geoffenbart wurde, zurückzuhalten[7], und dein Herz ängstigt sich darüber, daß sie sagen möchten: Wenn ihm nicht ein Schatz herabgeschickt wird,[8] oder wenn kein Engel mit ihm kommt, dann glauben wir ihm nicht. Aber wahrlich, du bist ja nur ein Prediger, und Gott nur ist aller Dinge Herr. Werden sie wohl sagen: Er[9] hat den Koran erdichtet? Dann antworte: Bringet einmal nur zehn ähnliche Suren, von euch erdichtet, und rufet dazu, außer Gott, wen ihr wollt, zum Beistande an, so ihr wahrhaftig seid. Wenn aber die, welche ihr anrufet, euch nicht antworten, dann wisset, daß dieses Buch nur durch die Allweisheit Gottes geoffenbart wurde,[10] und daß es, außer ihm, keinen Gott gibt. Wollt ihr nun wohl Muslime[11] werden? Dem, der da wünschet dieses Leben mit seiner Pracht, dem wollen wir es, als Lohn seiner Handlungen, ohne ihm etwas zu entziehen, ganz geben. Aber in jenem Leben wird ihm dann nichts anderes als das Höllenfeuer. Und vergebens und eitel wird sein all sein Tun und Handeln in dieser Welt. Kann wohl mit diesem *Der* verglichen werden, der[12] da folget den deutlichen Beweisen seines Herrn, und den sein Zeuge[13] begleitet, und dem das Buch Moses voranging[14] als Leitung und göttliche Gnade für die Menschen? Dieser glaubt daran (an den Koran). Wer ihn aber leugnet und zur Partei der Ungläubigen gehört, dem ist das Höllenfeuer zugesichert. Darum hege keinen Zweifel gegen den Koran, denn er ist Wahrheit von deinem Herrn. Doch die meisten Menschen glauben nicht daran. Wer ist aber wohl ungerechter als der, welcher Lügen von Gott erdichtet? Diese werden einst, am Tage des Gerichts, vor Gott gestellt. Und die Zeugen[15] werden ausrufen: Das sind sie, welche Lügen gegen ihren Herrn ersonnen. Soll nun die Frevler nicht der Fluch Gottes treffen, die, so da andere vom Wege Gottes ableiten und diesen zu verkrümmen suchen, und die nicht an das zukünftige Leben glauben wollen? Gottes Strafgewalt auf der Erde konnten sie nicht schwächen, und sie hatten, außer Gott, keinen Beschützer. Verdoppelt soll ihre Strafe werden.[16] Sie konnten nicht hören und nicht sehen. Sie haben ihre Seelen ins Verderben gestürzt, und die Götzen, welche sie ersonnen, sind ihnen nun entschwunden. Kein Zweifel ist's, daß sie in jener Welt höchst elend werden müssen. Die aber, so da glauben und das Gute tun, und sich demütigen vor ihrem Herrn, diese sollen des Paradieses Gefährten und ewig darin sein. Beide Teile[17] gleichen sich einander, wie die Blinden und Tauben den

Sehenden und Hörenden gleichen. Sind sie wohl für ganz gleich zu halten? Wollt ihr denn das nicht einsehen?

Wir haben ehedem den Noah zu seinem Volke gesandt,[18] und er sagte: Ich ermahne euch öffentlich, nur Gott allein zu verehren, denn ich fürchte für euch die Strafe des großen Tages. Doch die Häupter seines Volkes, welche nicht glaubten, antworteten: Wir sehen dich für nichts anderes an, als einen Menschen, der uns ganz gleich steht, und wir sehen niemand weiter dir folgen, als nur die niedrigsten unter uns, und zwar nur aus Voreiligkeit und Unbesonnenheit. Wir bemerken durchaus keinen Vorzug in euch. Darum halten wir euch für Lügner. Er aber sagte: O mein Volk, saget mir doch, da mir deutliche Beweise von meinem Herrn geworden und er mir seine Barmherzigkeit erzeigt, welche ihr zwar nicht einsehet, sollte ich diese euch wohl aufzwingen, da sie euch zuwider sind? O mein Volk, ich verlange ja für meine Ermahnungen kein Geld von euch, denn mein Lohn ist nur bei Gott. Auch will ich nicht die Gläubigen verjagen.[19] Diese werden einst ihrem Herrn entgegenkommen. Doch ich sehe, daß ihr unwissende Menschen seid. Wer könnte, o mein Volk, mir wider Gott Beistand leisten, wenn ich sie vertreiben sollte? Sehet ihr denn das nicht ein? Ich sage ja nicht zu euch: Ich besitze die Schätze Gottes, oder: ich kenne die Geheimnisse Gottes, oder: ich bin ein Engel. Auch sage ich nicht von denen, die in eueren Augen verächtlich sind: Gott werde ihnen nie Gutes erzeigen – Gott ja nur allein kennet die Gedanken ihres Herzens – denn sonst gehörte ich zu den Ungerechten. Darauf antworteten sie: O Noah, du hast schon oft mit uns gestritten, und lässest nicht nach, mit uns zu streiten. Bringe nur einmal die Strafe, die du uns androhest, wenn du wahrhaftig bist. Er aber erwiderte: Gott wird sie schon über euch bringen, sobald es ihm gefällt, und ihr werdet dann seine Strafgewalt nicht schwächen. Auch kann euch mein Rat nichts helfen, so gern ich euch auch rate, wenn Gott euch irreführen will. Er ist euer Herr, und zu ihm müßt ihr einst zurückkehren. Werden sie, die Mekkaner, nun wohl sagen: Er, Mohammed, hat den Koran erdichtet? Dann antworte: Wenn ich ihn erdichtet, dann will ich die Schuld über mich nehmen, aber frei bin ich von eueren Verschuldungen. Und es ward nun dem Noah eingegeben: Von deinem Volke wird, außer denen, welche bereits glauben, niemand mehr glauben. Betrübe dich nicht ob dem, was sie tun. Mache dir eine Arche, in unserer Gegenwart,[20] und nach unserer Eingebung, und spreche mir nicht weiter von den Ungerechten, denn sie sollen ersaufen. Er machte nun die Arche, und so oft ein Haufen seines Volkes vorüberging, lachten sie über ihn.[21] Er aber sagte: Ihr spottet jetzt wohl über uns, aber später werden wir euch verspotten, so

– 142 –

wie ihr uns jetzt verspottet. Ihr werdet es schon erfahren, wen die Strafe treffen wird, die ihn mit Schmach bedeckt und immer auf ihm lastet. Und da unser Befehl vollzogen ward, da begann der Ofen zu glühen,[22] und wir sagten zu dem Noah: Bringe von allen Tiergattungen ein Paar in die Arche, und auch deine Familie[23], mit Ausnahme dessen, über den der Untergang beschlossen ist,[24] und auch die Gläubigen nimm darin auf.[25] Aber nur sehr wenige waren es, die mit ihm glaubten. Und Noah sagte: Besteiget nun in Gottes Namen die Arche. Mag sie nun sich fortbewegen oder stillstehen, so ist Gott gnädig und barmherzig. Und die Arche eilte mit ihnen auf berghohen Wellen dahin. Und Noah rief seinem Sohne zu, der abgesondert stand:[26] O mein Sohn, besteige die Arche mit uns, und bleibe nicht bei den Ungläubigen. Dieser aber antwortete: Ich will mich auf einen Berg begeben, der mich schon vor dem Wasser schützen wird. Noah erwiderte: Vor dem Ratschlusse Gottes findet heute niemand Schutz außer nur der, dessen Gott sich erbarmt. Darauf stürzte eine Welle zwischen beide, und er ertrank. Und es ward befohlen[27]: O Erde, verschlinge dein Wasser, und o Himmel, halte deinen Regen zurück, und vollzogen ward dieser Befehl, und die Arche ließ sich nieder auf dem Berge Dschudi[28]. Und es wurde gesagt: Nun ist es dahin, das frevelhafte Volk. Und Noah rief seinen Herrn an und sagte: O mein Herr, mein Sohn gehörte ja zu meiner Familie, und deine Verheißungen sind Wahrheit, und du bist der gerechteste Richter.[29] Gott aber erwiderte: Wahrlich, Noah, er gehörte nicht zu deiner Familie, denn er hat ungerecht gehandelt.[30] Erbitte doch nicht Dinge von mir, die du nicht kennest, und ich ermahne dich, nicht zu den Unwissenden zu gehören. Darauf sagte Noah: Ich nehme meine Zuflucht zu dir, damit ich nichts fordere, wovon ich keine Kenntnis habe, und so du mir nicht verzeihest und dich meiner erbarmest, so bin ich verloren. Darauf wurde ihm gesagt: Komme aus der Arche, mit unserem Frieden und Segen, der auf dir und auf einem Teile derer, welche bei dir sind,[31] ruhen soll, ein anderer Teil[32] aber freue sich nur des Genusses des irdischen Lebens. In jenem Leben aber wartet seiner große Strafe. Dies ist eine geheime Geschichte, welche wir dir offenbaren, und die weder du noch dein Volk vorher gewußt. Darum verharre in Geduld, denn ein glückliches Ende haben die Gottesfürchtigen.

Und zu dem Stamme Ad schickten wir ihren Bruder Hud[33], und er sagte: O mein Volk, dienet nur Gott allein. Ihr habt ja keinen anderen Gott als ihn, denn ihr ersinnet ja nur Fälschliches, wenn ihr noch Götzen anbetet. Ich verlange, o mein Volk, keinen Lohn für meine Ermahnungen, denn ich erwarte meinen Lohn nur von dem, der mich geschaffen. Wollt ihr das denn nicht

– 143 –

einsehen? O mein Volk, bittet eueren Herrn um Verzeihung, und kehret zu ihm zurück, und er wird dann euch reichlich Regen vom Himmel herabsenden,[34)] und euere Manneskraft vermehren.[35)] Darum wendet euch nicht ab, um Übles zu tun. Sie aber antworteten: O Hud, du bringst uns ja keine deutlichen Beweise[36)]. Wir werden daher, deiner Reden wegen, unsere Götter nicht verlassen. Wir werden dir nicht glauben. Wir können nichts anderes von dir denken, als daß einer unserer Götter dich mit einem Übel heimgesucht habe.[37)] Er aber antwortete: Ich nehme Gott und euch zu Zeugen, daß ich rein und frei bin von den Götzen, die ihr außer Gott verehret. Verschwöret euch nur alle wider mich, und säumet nicht, ich vertraue auf Gott, meinen und eueren Herrn. Es gibt kein Tier, das er nicht bei seinen Haaren festhalten könnte,[38)] denn mein Herr will nur den geraden Weg. Wenn ihr aber abweichet, so habe ich euch meine Sendung bereits erklärt, und mein Herr wird ein anderes Volk an euere Stelle setzen, und ihr werdet ihm nicht schaden können, denn mein Herr wachet über alle Dinge. Als nun unser Ratschluß in Erfüllung ging, da erretteten wir in unserer Barmherzigkeit den Hud und die, welche mit ihm glaubten.[39)] Wir erretteten sie von peinlicher Strafe. Dieser Stamm Ad verwarf vorsätzlich die Zeichen seines Herrn, und war ungehorsam gegen seine Gesandten, und folgte nur dem Befehle dieses mächtigen Aufrührers. Darum hat sie der Fluch verfolgt in dieser Welt, und er wird sie auch noch am Tage der Auferstehung verfolgen. Hatte nicht Ad seinen Herrn verleugnet? Und ward nicht deshalb gesagt: Hinweg mit Ad, dem Volke des Hud?

Und zu dem Stamme Thamud schickten wir ihren Bruder Saleh[40)], und er sagte: O mein Volk, verehret nur Gott allein, ihr habt ja keinen anderen Gott als ihn. Er ist es ja, der euch aus der Erde hervorgebracht, und auf derselben euch eine Wohnung gegeben hat. Bittet ihn daher um Verzeihung, und wendet euch zu ihm, denn mein Herr ist euch nahe und erhöret euch. Sie aber antworteten: Vordem haben wir unsere Hoffung in dich gesetzt, und nun willst du uns verbieten, das zu verehren, was unsere Väter verehrt hatten. Gegen den Glauben, zu welchem du uns einladest, hegen wir Zweifel, und er ist uns sehr verdächtig. Er aber erwiderte: O mein Volk, sagt mir doch, wer könnte mich gegen Gott schützen, da mir deutliche Beweise von meinem Herrn geworden, und er mir seine Barmherzigkeit gezeigt, wenn ich ihm nun ungehorsam werden sollte? Wahrlich, nichts anderes als mein Verderben fördert ihr. O mein Volk, diese Kamelin Gottes sei euch ein Zeichen. Laßt sie frei gehen, damit sie ihr Futter suche auf Gottes Erde, und tut ihr kein Leid an, denn sonst befällt euch die schnelle Strafe. Sie töteten sie aber dennoch,[41)] und Saleh sagte: Nur noch drei Tage freuet euch euerer Wohnungen, und dann werdet ihr untergehen. Diese Verheißung wird nicht der Lüge beschuldigt werden können. Und als unser Ratschluß in Erfüllung ging, da erretteten wir in unserer Barmherzigkeit den Saleh und die, welche mit ihm glaubten, von der Schmach dieses Tages, denn dein Herr ist streng und mächtig. Ein Erdbeben erfaßte die Frevler, und man fand sie des Morgens in ihren Wohnungen tot hingestreckt, und es war, als hätten sie nie darin gewohnt. Hatten die Thamudäer nicht ihren Herrn verleugnet? Und wurden sie nicht deshalb hinweggerafft?

Unsere Boten kamen einst zu Abraham, ihm Gutes zu verkünden,[42)] und sagten: Friede mit dir, und er erwiderte: Auch mit euch sei Friede, und er säumte nicht, ihnen ein gebratenes Kalb vorzusetzen. Als er aber sah, daß sie es nicht anrührten, da hielt er sie für feindlich Gesinnte, und fürchtete sich vor ihnen.[43)] Sie aber sagten: Fürchte dich nicht, denn wir sind gesandt zu dem Volke des Lot.[44)] Und sein Weib stand dabei und lachte, und wir verkündeten ihr den Isaak, und nach dem Isaak den Jakob.[45)] Sie aber sagte: Ach, wie soll ich einen Sohn gebären, und dieser mein Mann ist ja schon ein Greis? Das müßte ja mit Wundern zugehen. Sie aber erwiderten: Die Barmherzigkeit und der Segen Gottes komme über euch, ihr Leute des Hauses, denn er ist des Lobes und Preises wert.[46)] Als nun Abraham der Furcht enthoben war, und die angenehme Verheißung erhalten hatte, da stritt er mit uns wegen der Leute des Lot,[47)] denn Abraham war mitleidsvoll, liebreich und Gott ergeben. Wir aber sagten: O Abraham, laß ab hiervon, denn der Ratschluß deines Herrn ist schon gefaßt, daß sie eine Strafe treffen soll, welche nicht mehr abgewendet werden kann. Als unsere Boten nun zu Lot kamen, da ward es ihm ihretwegen bange, und er fühlte sich zu schwach, sie zu beschützen[48)], und er sagte: Das ist ein schlimmer Tag! Da kam sein Volk, welches von früher gewohnt war Böses zu tun, auf ihn herangestürmt. Er aber sagte: O mein Volk, hier sind meine Töchter, welche sich mehr für euch ziemen. Fürchtet doch Gott, und macht mir keine Schande, indem ihr meine Gäste beleidigt.[49)] Ist denn kein rechtlicher Mann unter euch? Sie aber antworteten: Du weißt ja, daß wir kein Recht an deine Töchter haben wollen, und weißt auch recht gut, was wir eigentlich wünschen. Er aber sagte: Wenn ich nur Kraft genug gegen euch hätte, oder meine Zuflucht zu einer mächtigen Stütze nehmen könnte, so solltet ihr sehen! Darauf sagten die Engel: O Lot, wir sind Boten deines Herrn, und diese Menschen werden keineswegs zu dir hereinkommen. Gehe in der Nacht, mit deiner Familie hinweg, und niemand von euch sehe sich um. Deine Frau nur allein wird treffen, was jene

treffen wird.[50] Diese Verheißung wird morgen früh an ihnen erfüllt werden.
Ist nicht der Morgen schon nahe? Als nun unsere Verheißung in Erfüllung
ging, da stürzten wir diese Städte gänzlich um,[51] und ließen auf sie regnen
Steine von gebackenem Ton, welche schnell aufeinanderfolgten und von deinem Herrn gezeichnet waren,[52] und wahrlich sie, die Stadt Mekka, ist nicht
weit von den Frevlern entfernt.[53] Und zu dem Stamme Midian schickten wir
ihren Bruder Schoaib, und er sagte: O mein Volk, verehret nur Gott allein,
ihr habt ja keinen anderen Gott als ihn. Verkürzet doch nicht Maß und
Gewicht. Zwar sehe ich euch jetzt in glücklichen Verhältnissen, aber ich
fürchte für euch die Strafe jenes Tages, der alles umfaßt. O mein Volk, gebet
doch volles Maß und richtiges Gewicht, und betrüget die Menschen nicht
um ihr Vermögen, und handelt nicht schändlich auf der Erde, sie zu verderben. Wahrlich, das, was ihr durch Redlichkeit, mit dem Segen Gottes erhaltet, muß ja weit besser für euch sein, so ihr Gläubige sein wollt. Doch ich bin
nicht zum Wächter über euch gesetzt. Sie aber antworteten: Berechtigen
dich, o Schoaib, deine Reden, uns zu gebieten, daß wir verlassen sollen, was
unsere Väter verehrt haben, und daß wir nicht mit unserem Vermögen tun
sollen, was uns beliebt? Es scheint, daß du nur dich allein für weise und
rechtschaffen hältst. Er aber antwortete: O mein Volk, saget mir, wenn ich
deutliche Beweise von meinem Herrn erhalten, und er mich mit allem Guten
versehen, und ich nun euch nicht folge in dem, was ich euch untersage, will
ich da etwas anderes als nur euere Besserung mit allen meinen Kräften?
Meine Stütze ist nur Gott, und nur auf ihn vertraue ich, und nur zu ihm
wende ich mich hin. O mein Volk, ziehet euch nicht, durch euere Widersetzlichkeit gegen mich, eine Strafe zu, gleich der, welche das Volk des Noah
oder das Volk des Hud, oder das Volk des Saleh getroffen hat. Ihr seid ja von
dem Volke des Lot nur wenig entfernt.[54] Darum bittet eueren Herrn um
Verzeihung und kehret zu ihm zurück, denn er ist barmherzig und liebevoll.
Sie aber erwiderten: Wir verstehen nicht viel, o Schoaib, von dem, was du da
sagst, und wir kennen dich auch nur als einen schwachen Menschen,[55] wäre
nicht deine Familie[56], so würden wir dich steinigen, und du würdest keine
Macht über uns haben. Er aber antwortete: Hat denn, o mein Volk, meine
Familie mehr Wert bei euch, als Gott? Wollt ihr ihn denn so ganz verächtlich
beiseite werfen? Wahrlich, mein Herr, handelt nur nach eueren Verhältnissen,
und ich werde nur nach meiner Pflicht handeln, und später sollt ihr es erfahren, wen die Strafe treffen wird, die ihn mit Schmach bedecket, und wer
eigentlich ein Lügner ist. Wartet nur auf den Ausgang, und ich will mit euch
warten. Als wir nun unseren Ratschluß erfüllten, da erretteten wir den Scho-

aib, in unserer Barmherzigkeit, und alle die, welche mit ihm glaubten. Ein Erdbeben erfaßte die Frevler, und man fand sie des Morgens in ihren Wohnungen tot hingestreckt, und es war, als hätten sie nie darin gewohnt. Ward nicht Midian geradeso wie Thamud hinweggerafft? Auch hatten wir den Moses mit unseren Zeichen und mit sichtbarer Macht zum Pharao und seinen Fürsten gesandt. Diese aber folgten nur den Befehlen des Pharaos. Die Befehle des Pharaos aber waren ungerecht. Darum soll er am Tage der Auferstehung seinem Volke vorangehen, und es führen in das Höllenfeuer. Wahrlich, ein schlimmer Gang, den sie da geführt werden. In diesem Leben hat sie der Fluch verfolgt, und in jenem Leben wird ihnen auch noch eine schlechte Gabe gegeben werden.[57]

Das, was wir dir erzählt, ist ein Teil der Geschichte jener Städte, von welchen einige noch stehen, andere aber gänzlich zerstört sind.[58] Wir behandelten sie nicht mit Unrecht, sondern sie selbst waren ungerecht gegen ihre eigenen Seelen. Ihre Götter, welche sie, außer Gott, noch anriefen, konnten ihnen, als der Ratschluß deines Herrn in Erfüllung ging, durchaus nichts helfen, ja sie gereichten ihnen nur zum Verderben. So war die Strafe deines Herrn, als er die ungerechten Städte bestrafte, denn seine Strafe ist streng und schwer. Hierin liegen Zeichen genug für den, der da fürchtet die Strafe des Jüngsten Tages. An diesem Tage sollen alle Menschen versammelt, und an diesem Tage soll Zeugnis gegeben werden. Wenn die bestimmte Zeit da sein wird, dann schieben wir ihn nicht hinaus. Und wenn dieser Tag kommt, dann wird keine Seele etwas sagen können,[59] außer nur mit dem Willen Gottes. Einige werden dann unglücklich, andere glücklich sein. Die Unglücklichen werden in das Höllenfeuer kommen, und dort wehklagen und seufzen, und ewig darin verbleiben, so lange als Himmel und Erde dauern, oder dein Herr müßte es anders wollen, denn dein Herr tut, was er will. Die Glücklichen aber werden in das Paradies kommen, und ewig darin verbleiben, so lange als Himmel und Erde dauern, ungerechnet das, das noch hinzuzufügen deinem Herrn gefallen sollte. Das ist eine Gnade, die nicht unterbrochen wird. Hege daher keine Zweifel hinsichtlich dessen, was diese Menschen verehren. Sie verehren nichts anderes, als was auch ihre Väter vor ihnen verehrt hatten. Dafür wollen wir ihnen ihren vollen Teil ungemindert geben.

Wir gaben vordem dem Moses die Schrift, über welche nun Uneinigkeit in seinem Volke entstand. Wäre nicht ein Ratschluß deines Herrn vorausgegangen, so wäre schon längst zwischen ihnen entschieden. Darum sind sie noch jetzt darüber in Ungewißheit und Zweifel.[60] Aber einem jeden von ihnen wird dein Herr den Lohn seiner Werke geben, denn er kennet ihr Tun.

Darum sei du standhaft, wie dir befohlen ist, und auch die, welche mit dir bekehrt worden sind, mögen standhaft sein. Seid nicht widerspenstig, denn Gott sieht, was ihr tut. Neiget euch nicht hin zu den Ungerechten, sonst erfaßt euch das Höllenfeuer. Ihr habt ja, außer Gott, keinen Beschützer, und niemand kann euch helfen wider ihn. Betet in den beiden äußersten Teilen des Tages, und in dem Teile der Nacht,[61] denn gute Werke vertreiben die bösen. Dies sei eine Ermahnung denen, welche nachdenken. Halte aus in Geduld, denn Gott läßt den Lohn der Rechtschaffenen nicht untergehen. Waren nicht unter den Geschlechtern vor euch auch verständige und tugendhafte Menschen, welche das Verderben auf der Erde steuern wollten? Aber es waren deren nur wenige, und nur die, welche wir auch wirklich gerettet haben. Die Frevler aber folgten nur ihren Gelüsten, und waren Übeltäter. Wahrlich, dein Herr hätte jene Städte nicht ungerechterweise zerstört, wenn ihre Einwohner tugendhaft gewesen wären. Hätte es deinem Herrn gefallen, so würden alle Menschen nur eine Religion haben. Aber sie sollen nicht aufhören untereinander verschiedener Ansicht zu sein, nur mit Ausnahme derer, gegen welche dein Herr barmherzig ist, denn gerade deshalb hat er sie erschaffen. Denn erfüllt soll werden das Wort deines Herrn: Ich will füllen die Hölle mit Geistern und Menschen zusammen. Alles, was wir dir von der Geschichte der Gesandten erzählt haben, haben wir dir nur darum erzählt, um dadurch dein Herz zu stärken, und hierin ist dir Wahrheit, Mahnung und Warnung für die Gläubigen geworden. Den Ungläubigen aber sage: Handelt nur nach euren Verhältnissen, und wir wollen nur nach unserer Pflicht handeln. Erwartet nur den Ausgang, und wir wollen ihn mit euch erwarten. Gott kennet die Geheimnisse des Himmels und der Erde, und zu ihm kehret alles zurück, darum verehret nur ihn, und vertrauet nur auf ihn, denn dein Herr ist nicht unaufmerksam auf das, was ihr tut.

ZWÖLFTE SURE

Joseph[1]) (Friede sei mit ihm)

Geoffenbart zu Mekka

Im Namen des allbarmherzigen Gottes

ALR.[2]) Dies sind die Zeichen des deutlichen Buches, das wir deshalb in arabischer Sprache geoffenbart, damit es euch verständlich sei. Wir wollen dir, durch Offenbarung dieser Sure des Korans[3]), eine der schönsten Geschichten erzählen, auf welche du früher nicht aufmerksam gewesen. Als Joseph zu seinem Vater sagte: O mein Vater, ich sah in meinem Traume elf Sterne, und die Sonne und den Mond sich vor mir bücken, da sagte Jakob: O mein Sohn, erzähle nicht deine Traumerscheinung deinen Brüdern,[4]) denn sonst möchten sie Ränke gegen dich schmieden, denn der Satan ist ein offener Feind der Menschen. Zufolge deines Traumgesichtes wird dein Herr dich auserwählen, und dich lehren die Deutungskunst dunkler Aussprüche,[5]) und seine Gnade über dir und über dem Geschlechte Jakobs walten lassen, so wie er sie gegen deine Voreltern Abraham und Isaak hat walten lassen. Denn dein Herr ist allwissend und allweise.[6]) Wahrlich, in der Geschichte des Joseph und seiner Brüder sind für Forschende Zeichen göttlicher Vorsehung. Diese sagten untereinander: Unser Vater liebt den Joseph und seinen Bruder[7]) mehr als uns, und wir sind doch größer an Anzahl. Wahrlich, unser Vater begeht da ein offenbares Unrecht. Tötet den Joseph, oder bringt ihn in ein fernes Land, und das Angesicht eueres Vaters wird dann freundlich gegen euch sein, und ihr könnt glückliche Menschen werden. Da sagte einer[8]) von ihnen: Bringet den Joseph nicht um, werfet ihn vielmehr in die Tiefe eines Brunnens, und irgend Vorbeireisende mögen ihn dann, wenn ihr dieses tut, herausziehen. Sie sagten einst zu ihrem Vater: Warum willst du uns den Joseph nicht anvertrauen? Wir meinen es ja gut mit ihm, darum schicke ihn morgen mit uns, daß er sich belustige und spiele, und wir wollen über ihn wachen. Jakob erwiderte: Es betrübt mich, daß ihr ihn mit euch nehmen wollt, auch fürchte ich, es könnte ihn ein Wolf zerreißen, da ihr nicht aufmerksam auf ihn sein möchtet. Sie aber sagten: Wie soll ihn ein Wolf fressen, da wir ja so groß an Anzahl sind, oder wir müßten denn zuerst das Leben einbüßen.[9] Als sie ihn nun mit sich genommen hatten und einstimmig waren, ihn in die Tiefe eines Brunnens zu werfen, da offenbarten wir ihm: Du wirst ihnen einst diese Handlung vorhalten, obgleich sie es jetzt nicht ahnen.[10] Und des Abends kamen sie heim zum Vater und weinten und sagten: O Vater, wir liefen um die Wette zusammen, und ließen den Joseph bei unseren Geräten zurück, und da hat ihn ein Wolf zerrissen, doch du wirst uns nicht glauben wollen, obgleich wir nur die Wahrheit sagen, und sie zeigten seinen Rock, mit fremdem[11] Blute befleckt. Da sagte Jakob: Ihr habt vielleicht dies alles selbst erdacht, wahrlich, große Geduld muß ich haben und Gottes Beistand muß ich anrufen, um das ertragen zu können, was ihr berichtet. Und es kamen Reisende vorbei, die jemanden zum Brunnen schickten, um Wasser zu schöpfen[12], und als dieser seinen Eimer hinabgelassen hatte, da rief er aus: Welch ein Glück! Hier ist ein Jüngling.[13] Und sie verheimlichten ihn,[14] um ihn als Ware verkaufen zu können. Aber Gott kannte ihr Tun. Und sie verkauften ihn um geringen Preis, für einige Drachmen, denn sie schlugen seinen Wert nicht hoch an. Der Ägypter[15], der ihn kaufte, sagte zu seinem Weibe[16]: Behandle ihn auf ehrbare Weise. Vielleicht kann er uns einmal nützlich werden, oder nehmen wir ihn einst an Sohnes Statt an. Und so bestimmten wir das Land Ägypten dem Joseph zum Aufenthaltsorte, um ihn zu lehren die Deutungskunst dunkler Aussprüche, denn Gott besitzt die Macht, seine Absichten auszuführen. Doch die meisten Menschen wissen das nicht. Da er nun ins reifere Alter kam, da begabten wir ihn mit Weisheit und Erkenntnis, wie wir Rechtschaffene zu belohnen pflegen. Und sie, die Frau, in deren Hause er war, forderte ihn auf, daß er sich zu ihr lege, indem sie die Türen verschloß, und zu ihm sagte: Komme hierhin. Er aber sagte: Gott bewahre mich dafür! Da mir mein Herr[17] eine so gute Wohnung gegeben, denn die Frevler können nicht glücklich sein. So hegte sie den Gedanken, mit ihm zu sündigen, und auch er würde den Gedanken gehegt haben, mit ihr zu sündigen, wenn er nicht ein deutliches Zeichen seines Herrn gesehen hätte.[18] So wendeten wir die Sünde und die Schändlichkeit von ihm ab, denn er war unser treuer Diener. Und als sie beide der Türe zuliefen,[19] da zerriß sie ihm seinen Rock von hinten und begegnete ihrem Herrn[20] an der Türe. Da sagte sie zu demselben: Welche Strafe soll der wohl erleiden, der sich bestrebt, Böses in deiner Familie auszuüben? Sollte er nicht ins Gefängnis geworfen, oder sonst schwer bestraft werden? Joseph aber sagte: Sie ist es, die mich zur Sünde aufforderte. Da bezeugte ein Zeuge[21] aus ihrer Familie, und sagte: Wenn sein Kleid von vorne zerrissen ist, dann spricht sie die Wahrheit, und er ist ein Lügner. Ist aber sein Kleid von hinten zerrissen, dann lügt sie, und er sagt die Wahrheit. Als er nun sah, daß sein Kleid von hinten zerrissen war, da sagte er: Das ist ein listiger Anschlag deines Geschlechts, denn euere List ist groß. Und du, o Joseph, nimm dich weiter der Sache nicht an, und du, o Frau, bitte um Vergebung deiner Sünde, denn du hast dich schwer vergangen. Aber die Frauen in der Stadt sagten: Die Frau des vornehmsten Mannes forderte ihren jungen Sklaven auf, mit ihr zu sündigen, und er hat die Liebe für sich in ihrem Herzen angefacht, und wir sehen sie nun in offenbarem Irrtume.[22] Als sie diese spöttischen Reden hörte, da schickte sie zu ihnen, um sie zu einem für sie bereiteten Gastmahle einzuladen, und legte einer jeden ein Messer vor, und sagte dann zu Joseph: Komme und zeige dich ihnen.[23] Als sie ihn nun sahen, da priesen sie ihn sehr,[24] schnitten sich in ihre Hände[25] und sagten: Bei Gott! Das ist kein menschliches Wesen, sondern ein verehrungswürdiger Engel. Darauf sagte sie: Seht, das ist derjenige, um dessentwillen ihr mich so getadelt. Ich hatte ihn allerdings aufgefordert, mit mir zu sündigen, aber er hat standhaft widerstanden. Doch wenn er nicht noch tun wird, was ich ihm befehle, dann soll er ins Gefängnis geworfen und wie einer der Verächtlichsten behandelt werden. Joseph aber rief aus: O mein Herr[26], wahrlich das Gefängnis ist mir lieber, als das, wozu sie mich einlädt. Wenn *du* nicht ihre Fallstricke von mir abwendest, so könnte ich, in meiner Jugend, mich leicht ihr ergeben, und gehörte dann zu den Toren. Und sein Herr erhörte ihn, und wendete ihre Schlingen von ihm ab, denn er hört und weiß alles. Dennoch gefiel es ihnen[27], obgleich sie die Beweise seiner Unschuld gesehen, ihn auf eine gewisse Zeit ins Gefängnis zu werfen. Es kamen zugleich zwei königliche Diener[28] mit ihm in das Gefängnis. Einer[29] von ihnen erzählte: Ich sah in meinem Träume, daß ich Wein auspreßte. Der andere sagte: Ich sah, daß ich Brot auf meinem Kopfe trug, von welchem die Vögel fraßen. Erkläre uns nun die Bedeutung dieser Träume, denn wir halten dich für einen frommen und gelehrten Menschen.[30] Er antwortete: Noch bevor ihr das Essen, welches zu euerer Nahrung euch gebracht wird, erhaltet, will ich euch ihre Deutung erklären, wie es mich mein Herr gelehrt, denn ich habe verlassen die Religion derjenigen Leute, welche nicht glauben an Gott, und die das zukünftige Leben leugnen, und ich folge der Religion meiner Väter Abraham, Isaak und Jakob, und uns ist nicht erlaubt, Gott irgendein Wesen beizugesellen. Diese Religion ist uns, und auch für alle Menschen, durch die Güte Gottes geworden. Doch die meisten Menschen sind nicht dankbar dafür. O meine Mitgefangenen, sind denn mehrere geteilte Herren besser, als der einzige und allmächtige Gott? Ihr verehret, außer ihm, nichts anderes als Namen, welche ihr und euere Väter erfunden, und wozu Gott keine Befugnis gegeben, denn hierüber zu urteilen, kommt nur Gott allein zu, und er hat befohlen, nur ihn allein zu verehren. Das ist die wahre Religion. Doch die meisten Menschen erkennen sie nicht. O meine Mitgefangenen, wahrlich, einer von euch wird seinem Herrn den Wein wieder einschenken, der andere aber wird ans Kreuz geschlagen werden, und die Vögel werden von seinem Kopfe fressen. So ist die Sache beschlossen, über welche ihr belehrt sein wollt. Und zu dem, von welchem er glaubte, daß er der Gerettete sein würde, sagte Joseph: Sei meiner eingedenk bei deinem Herrn. Und der Satan ließ ihn so vergessen das Andenken seines Herrn,[31] und darum mußte Joseph noch einige Jahre im Gefängnis bleiben. Der König von Ägypten erzählte einst: Ich sah in einem Träume sieben fette Kühe, die von sieben mageren verschlungen wurden, und sieben grüne Kornähren und sieben dürre. Und nun, ihr Edlen meines Reichs, erklärt mir mein Traumgesicht, wenn ihr Traumerscheinungen deuten könnt. Sie aber antworteten: Das sind verwirrte Träume, auch besitzen wir nicht die Kunst, Träume zu deuten. Darauf sagte der, welcher damals von den beiden errettet wurde, denn nun erinnerte er sich, nach einer langen Zeit, des Joseph: Ich will euch die Deutung geben, doch entlaßt mich nur jetzt, und er ging zu Joseph und sagte: O du wahrhaftiger Mann, erkläre mir doch die Bedeutung von sieben fetten Kühen, die von sieben mageren gefressen werden, und von sieben grünen Kornähren und sieben dürren, damit ich zurückkehre zu den Menschen, welche mich geschickt, und auch sie es erfahren. Joseph antwortete: Ihr werdet sieben Jahre nacheinander säen. Was ihr dann erntet, lasset in den Ähren, nur das Wenige ausgenommen, was ihr zu euerer Nahrung braucht. Dann werden kommen sieben sehr unfruchtbare Jahre, da wird alles aufgezehrt werden, was ihr für dieselben aufgespeichert, bis auf ein Weniges. Dann kommt ein Jahr, in welchem den Menschen es nicht an Regen mangeln wird, und in welchem sie Wein genug auspressen werden. Auf diese Nachricht sagte der König: Bringt ihn, den Joseph, zu mir.[32] Als nun der Bote deshalb zu ihm kam, da sagte Joseph: Gehe zu deinem Herrn zurück, und frage ihn: Was war wohl die Absicht jener Frauen, welche sich in die Hände geschnitten?[33] Denn mein Herr[34] kennt ihre Fallstricke, welche sie mir gelegt. Darauf sagte der König zu ihnen (den Frauen): Was habt ihr vorgehabt, da ihr den Joseph zur Sünde auffordertet? Sie antworteten: Gott bewahre! Wir wissen durchaus nichts Böses von ihm. Darauf sagte die Frau des vornehmsten Mannes[35]: Nun wird die Wahrheit offenbar. Ich hatte ihn zur Sünde mit mir aufgefordert, und er hat die Wahrheit gesagt. Als Joseph dies erfuhr, sagte er: Nun weiß doch mein Herr, daß ich nicht unredlich war während seiner Abwesenheit, und daß Gott nicht leitet die listigen Anschläge der Betrüger. Doch will ich mein Herz nicht ganz freisprechen von Schuld, denn das menschliche Herz ist geneigt zum Bösen, wenn nicht Gott, der Herr, sich seiner erbarmet, denn mein Herr ist gnädig und barmherzig.[36] Darauf sagte der König: Bringt mir den Joseph her, denn ich will ihn zu meinem Vertrauten machen. Der König redete ihn dann mit den Worten an: Von diesem Tage an ist deine Stelle bei uns als Vertrauter. Er aber erwiderte: Setze mich über die Vorratskammern des Landes, und ich will sie mit Einsicht verwalten.[37] So haben wir dem Joseph eine Stelle im Lande gegeben, daß er darin wohne, wo er wolle, denn wir erteilen unsere Barmherzigkeit, wem wir wollen, und lassen den Lohn der Rechtschaffenen nicht untergehen. Doch der Lohn in der zukünftigen Welt wird noch weit besser sein für die, so da glauben und Gott fürchten. Als nun die Brüder des Joseph nach Ägypten kamen und zu ihm hereintraten, da erkannte er sie sogleich, sie aber erkannten ihn nicht. Als er sie nun mit dem ihnen notwendigen[38] hinreichend versehen hatte, da sagte er zu ihnen: Bringt nächstens eueren Bruder[39], den Sohn eueres Vaters mit. Seht ihr denn nicht, daß ich euch mit reichlichem Maße Getreide gebe, und daß ich sehr gastfreundschaftlich bin? Wenn ihr ihn aber mir nicht mitbringt, dann bekommt ihr kein Korn mehr von mir zugemessen, und dürft mir nicht mehr vor das Angesicht kommen. Sie antworteten: Wir wollen ihn inständigst von unserem Vater erbitten, und dann tun, wie du befohlen. Joseph aber sagte zu seinen Dienern: Steckt die Zahlung, welche sie für das Getreide geben, in ihre Säcke, aber so, daß sie dies erst merken, wenn sie zu ihrer Familie zurückgekehrt sind, damit sie dann veranlaßt sind, wiederzukommen. Als sie nun zu ihrem Vater kamen, da sagten sie: O Vater, wir bekommen ohne Benjamin kein Korn mehr zugemessen. Darum schicke unseren Bruder mit, damit wir Getreide erhalten. Wir wollen schon acht auf ihn geben. Der Vater aber antwortete: Soll ich ihn euch so anvertrauen, wie ich ehedem seinen Bruder euch anvertraut habe? Doch Gott ist der beste Beschützer, und er ist der Allbarmherzige. Als sie nun ihre Säcke öffneten, da fanden sie ihr Geld wieder. Da sagten sie zu ihrem Vater: O Vater, was wollen wir mehr! Siehe, unser Geld ist uns wiedergegeben, wir wollen daher zurückkehren, und neues Korn für unsere Familie kaufen, und wollen auf unseren Bruder wohl achtgeben. Wir werden die Last eines Kamels mehr bringen, als das vorige Mal, denn das reicht nicht aus. Er aber erwiderte: Ich schicke ihn nicht eher mit euch, als bis ihr mir feierlich ver-

— 153 —

sprecht und bei Gott schwöret, daß ihr ihn mir wieder zurückbringet, wenn es euch nicht unmöglich gemacht wird. Als sie ihm nun ein feierliches Versprechen gegeben hatten, da sagte er: Gott sei Zeuge dessen, was wir gesprochen. Er sagte ferner zu ihnen: O meine Söhne, gehet nicht alle durch ein Tor, sondern durch verschiedene Tore in die Stadt.[40] Doch das wird euch nichts helfen, wenn Gott nicht mit euch ist, denn nur Gott ist weise. Darum setze ich nur auf ihn mein Vertrauen, und alle, welche mit Zuversicht hoffen wollen, mögen nur auf ihn vertrauen. Als sie nun zur Stadt hineingingen, auf die Weise, wie ihr Vater befohlen, so konnte ihnen dies wider den Ratschluß Gottes nichts helfen, und diente zu nichts anderem, als nur den Wunsch des Jakob zu erfüllen. Doch Jakob besaß eine göttliche Wissenschaft, eine Wissenschaft, welche die wenigsten Menschen haben. Als sie nun vor Joseph kamen, da nahm er seinen Bruder Benjamin vor sich und sagte: Wahrlich, ich bin dein Bruder, sei nicht betrübt ob dem, was jene gegen mich getan.[41] Als er sie dann mit dem notwendigen Getreide versehen hatte, ließ er einen Becher in den Sack seines Bruders Benjamin legen. Aber bald darauf rief ihnen ein Herold nach: Ihr Reisende, ihr seid Diebe! Sie wandten sich um und sagten: Was ist euch denn abhanden gekommen? Sie[42] antworteten: Der Becher des Königs. Wer ihn herbeischafft, der soll soviel Getreide erhalten, als ein Kamel tragen kann. Wir verbürgen ihm das. Sie aber antworteten: Bei Gott, ihr müßt euch ja schon überzeugt haben, daß wir nicht gekommen sind, um Verderben im Lande zu stiften,[43] auch sind wir niemals Diebe gewesen. Die Ägypter aber sagten: Saget selbst, was soll die Strafe des Diebes sein, wenn ihr als Lügner befunden werdet? Sie erwiderten: Der, in dessen Sack der Becher gefunden wird, werde zur Strafe ein Leibeigener, denn so bestrafen wir die ungerechten Diebe.[44] Da begann Joseph, ihre Säcke zuerst zu untersuchen, bevor er in dem Sacke seines Bruders suchte. Endlich wurde der Becher aus dem Sacke seines Bruders hervorgezogen. Diese List hatten wir dem Joseph eingegeben. Denn nach des Königs Gesetzen hätte er seinen Bruder nicht als Sklaven behalten dürfen.[45] Aber so hatte es Gott gefügt.[46] Denn wir erheben, wen wir wollen, und wir sind über alle, die mit Weisheit begabt, an Weisheit hoch erhaben. Die Brüder sagten: Hat dieser gestohlen, so hat auch sein Bruder Joseph ehedem gestohlen.[47] Doch Joseph hielt sich zurück und sagte nichts zu ihnen. Er dachte aber: Wahrlich, ihr seid weit schlimmer, als wir beide, und Gott weiß, was ihr redet. Darauf sagten sie zu Joseph: Edler Herr, dieser Jüngling hat einen alten Vater. Darum nimm einen von uns an seiner Statt, denn wir sehen, daß du gnädig bist. Er aber antwortete: Da sei Gott für, daß wir einer anderen als den, bei dem der Becher gefunden wurde, nehmen sollten. Wir würden ja sonst ungerecht sein. Voller Verzweiflung gingen sie nun beiseite, um sich miteinander zu unterreden. Da sagte der Älteste von ihnen: Wißt ihr nicht, daß ihr euerem Vater einen feierlichen Eid bei Gott geleistet, und wie treulos ihr auch früher an dem Joseph gehandelt? Ich werde daher dieses Land nicht eher verlassen, als bis mir mein Vater es erlaubt, oder bis Gott darüber entscheidet, denn er ist der beste Richter. Gehet ihr zu euerem Vater zurück und saget: O Vater, dein Sohn hat einen Diebstahl begangen, wir bezeugen nichts anderes, als was wir wissen, und wir konnten ihn nicht schützen gegen das, was wir nicht vorhersehen konnten. Frage nur in der Stadt, in welcher wir gewesen, und die Karawane, mit welcher wir angekommen sind, und du wirst finden, daß wir nur die Wahrheit sagen. (Als sie nun zu ihrem Vater gekommen und ihm dieses erzählt hatten)[48] sagte er: Wahrlich, auch diese Sache habt ihr schön ausgedacht! Doch ich muß Geduld haben, vielleicht gibt mir Gott sie alle wieder, denn er ist der Allwissende und Allweise. Er wandte sich darauf weg von ihnen und sagte: O, wie groß ist mein Schmerz um Joseph! Und seine Augen wurden weiß[49] vor Verdruß, denn der Kummer zernagte sein Herz. Seine Söhne aber sagten: Um Gottes willen, willst du denn nimmer aufhören, von Joseph zu reden, du grämst dich ja zu Tode und richtest dich zugrunde. Er aber erwiderte: Nur Gott klage ich meinen Schmerz und Kummer, doch ich weiß durch Offenbarung Gottes, was ihr nicht wisset.[50] O meine Söhne, gehet hin und ziehet Kundschaft ein über Joseph und seinen Bruder, und verzweifelt nicht an der Gnade Gottes, denn nur ungläubige Menschen verzweifeln daran. Als sie nun wieder zu Joseph kamen, sagten sie zu ihm: Edler Herr, wir und unsere Familie leiden wieder Mangel, und wir kommen nur mit wenigem Gelde, versieh uns dafür mit reichlichem Getreide, und zeige dich wohltätig gegen uns, denn Gott belohnt die Wohltätigen. Er aber sagte: Wißt ihr noch, was ihr dem Joseph und seinem Bruder getan, als ihr noch nicht wissen konntet, welchen Ausgang die Sache nehmen würde? Sie antworteten: Bist du etwa der Joseph? Er sagte: Ja, ich bin Joseph, und *dieser* ist mein Bruder. Gott hat sich gnädig gegen uns gezeigt, denn Gott läßt nicht untergehen den Lohn der Frommen, die ihn fürchten und in Geduld ausharren. Darauf sagten sie: Bei Gott, dich hat Gott über uns erhoben, und wir waren Sünder. Joseph aber erwiderte: Machet euch deswegen heute keine Vorwürfe. Gott wird euch alles vergeben, denn er ist ja der Allbarmherzige. Nehmet dieses mein Kleid und legt es auf das Angesicht meines Vaters, und er wird wieder sehend werden, und dann kommet mit euerer ganzen Familie zu mir. Als nun die Karawane zurückkam, da sagte der Vater: Ich empfinde den Geruch des Joseph,[51] möget ihr mich auch für wahnwitzig erklären. Die Gegenwärtigen aber sagten: Bei Gott, du bist noch immer in deinem alten Wahne. Bald darauf aber kam der Verkünder der frohen Botschaft,[52] und legte das Kleid auf sein Angesicht, und – er ward sehend. Da sagte der Vater: Habe ich euch nun nicht gesagt, daß ich durch Offenbarung Gottes weiß, was ihr nicht wisset? Darauf sagten sie: O unser Vater, bitte Gott um Verzeihung unserer Sünden, denn wir waren große Sünder. Er erwiderte: Ich will alsobald meinen Herrn um Vergebung für euch anrufen, denn er ist verzeihend und barmherzig. Als Jakob und seine Familie nun zu Joseph kamen, da nahm er seine Eltern[53] mit Freuden auf und sagte: Lebet nun sicher und ruhig, mit dem Willen Gottes, in Ägypten. Er ließ seine Eltern auf einem erhabenen Throne sitzen, nachdem sie aus Ehrerbietung vor ihm sich gebückt. Er sagte: O mein Vater, dies ist die Bedeutung meines ehemaligen Traumes. Mein Herr hat ihn wahr werden lassen. Er hat sich gnädig gegen mich erwiesen, da er mich aus dem Gefängnisse geführt und euch aus einem unfruchtbaren Lande hierher brachte, da der Satan zwischen mir und meinen Brüdern Zwietracht stiften wollte, aber mein Herr ist gnädig gegen wen er will, und er ist der Allwissende und Allweise. O mein Herr, du hast mir Teil gegeben an der Herrschaft dieses Reiches und mich gelehrt die Deutung dunkler Aussprüche. Schöpfer des Himmels und der Erde, du bist mein Beschützer in dieser und in jener Welt. Laß mich als wahrer Muslime sterben und vereine mich mit den Frommen.

Diese Geschichte, welche wir dir da erzählt, ist eine geheime, denn du (o Mohammed) warst ja nicht dabei, als die Brüder sich gegen den Joseph verbanden und ihm Fallstricke legten. Doch die meisten Menschen werden dir nicht glauben, so sehr du es auch wünschest. Verlange auch keinen Lohn von ihnen für die Mitteilung des Korans, denn er ist nichts anderes als eine Ermahnung für alle Menschen. Doch so viele Beweise auch für die Einheit Gottes im Himmel und auf der Erde sind, so werden sie dennoch daran vorbeigehen, und sich immer weiter davon entfernen. Die meisten, welche an Gott glauben, verehren auch zugleich Götzen. Glauben sie denn nicht, daß die Strafe Gottes plötzlich hereinbrechen und die Stunde des Gerichts ganz unerwartet kommen kann, bevor sie es sich versehen? Sprich: Das ist mein Weg, und ich und die, welche mir folgen, rufen euch auf, durch deutliche Beweise, zur Verehrung Gottes. Lob und Preis sei Gott! Denn ich bin kein Götzendiener. Auch vor dir haben wir keine anderen Gesandten geschickt, und uns keinen anderen Männern geoffenbart, als nur solchen, die wir aus den Städtebewohnern erwählt. Wollen sie denn nicht einmal im Lande umhergehen, und sehen, welch ein Ende die genommen, welche vor ihnen gelebt? Doch die Wohnung im zukünftigen Leben wird weit besser sein für die, welche wir erretten wollten. Aber von einem frevelhaften Volke ward unsere Strafe nicht abgewendet. Wahrlich, in deren Geschichte sind lehrreiche Beispiele für verständige Menschen. Auch enthält der Koran keine lügenhaften, neu erdichteten Erzählungen, sondern er ist nur eine Bestätigung der früheren Offenbarungen, und eine deutliche Erklärung aller Dinge, und Leitung und Gnade für Menschen, so da glauben.

DREIZEHNTE SURE

Der Donner[1)]

Geoffenbart zu Mekka[2)]

Im Namen des allbarmherzigen Gottes

ALMR.[2a)] Das sind die Zeichen des Buches, das dir von deinem Herrn geoffenbart wurde und das die Wahrheit enthält, doch die meisten Menschen glauben nicht daran. Gott ist es, der die Himmel erhöhte, ohne sie auf sichtbare Säulen zu stützen, und dann seinen Thron bestieg, und die Sonne und den Mond zu seinem Dienste zwang. Alle Himmelskörper haben ihren bestimmten Lauf. Er ordnet alle Dinge und zeigt seine Zeichen deutlich, damit ihr überzeugt sein könnet, daß ihr einst vor eueren Herrn kommen werdet. Er ist's, der die Erde ausgedehnt und unwandelbare Berge hineinversetzt, und Flüsse geschaffen, und von jeder Fruchtart ein doppeltes Geschlecht hervorgerufen hat.[3)] Er macht, daß die Nacht den Tag bedecket.

In all diesem sind deutliche Beweise für nachdenkende Menschen. Auf der Erde gibt es Teile, die das Wasser trennt, und Teile, die verbunden sind.[4) Da gibt es ferner Weingärten, Samen und Palmbäume, die verwandt[5) und nicht verwandt sind. Einerlei Wasser befeuchtet sie, und dennoch machen wir, daß die einen vor den anderen im Genusse bevorzugt werden. Auch hierin liegen deutliche Beweise für nachdenkende Menschen. Du wunderst dich, daß sie bei all diesem nicht glauben? Wundre dich vielmehr, daß sie dich noch fragen können: Wie, wenn wir zu Staub geworden, können wir dann wohl wieder neue Wesen werden? So sprechen die, welche nicht glauben an ihren Herrn. Ihr Nacken wird mit Ketten belastet werden,[6) und der Hölle Gefährten sollen sie sein, und ewig darin verbleiben. Sie werden noch eher von dir verlangen die Strafe als die Gnade Gottes zu beschleunigen, obgleich frühere Beispiele der göttlichen Strafe genug vorhanden sind. Doch dein Herr ist, selbst gegen sündhafte Menschen, voller Gnade, aber auch wenn er straft, voller Strenge. Die Ungläubigen sagen: Wenn ihm[7) nicht Wunderzeichen werden von seinem Herrn, so glauben wir nicht. Aber du bist nur zum Prediger berufen, so wie jedes Volk einen Führer erhalten hat. Gott kennet die Leibesfrucht eines jeden Weibes, und wie der Mutter Leib sich verenget und dehnet. Er hat all und jedem sein Maß bestimmt. Er kennt das Verborgene wie das Offenbare, er, der Große und Hocherhabene! Gleich ist es vor ihm, ob jemand von euch seine Gedanken verhehle oder ausspreche, ob er sich in der Nacht verberge, oder bei hellem Tageslichte umhergehe. Ein jeder Mensch hat seine Engel, die sich einander abwechseln, und die vor und hinter ihm hergehen, und auf den Befehl Gottes ihn bewachen, und Gott verändert nicht seine Gnade gegen die Menschen, oder sie hätten denn zuerst ihre Gesinnungen gegen Gott verändert. Und wenn Gott ein Volk bestrafen will, so wird niemand diese Strafe abwenden können, und außer ihm wird es keinen Beschützer finden. Er ist's, der euch, in Furcht und Hoffnung, den Blitz zeigt,[8) und der die Wolken mit Regen schwängert. Der Donner verkündet sein Lob, und die Engel preisen ihn mit Entsetzen. Er sendet seine Blitze und zerschmettert, wen er will, und dennoch streiten sie über Gott, der da ist der Allmächtige. Ihm allein gebührt die Verehrung, und die Götzendiener werden ebensowenig von ihren Götzen erhört, als der erhört wird, der seine Hand nach dem Wasser ausstreckt und es bittet, doch von selbst in seinen Mund kommen zu wollen – nimmer kommt's zu ihm. Nur Irrtum ist's, was die Ungläubigen anrufen. Gott verehrt, freiwillig oder gezwungen,[9) was im Himmel und was auf Erden, ja selbst ihr Schatten dienet ihm des Morgens und des Abends.[10) Sprich: Wer ist des Himmels und der Erde Herr? Antworte: Gott. Sprich:

Wollt ihr nun, außer ihm noch Beschützer nehmen, die sich selbst weder nützen noch schaden können? Sprich: Sind denn der Blinde und Sehende sich gleich? Oder, sind Finsternis und Licht dasselbe? Oder, haben ihre Götter, so wie er geschaffen, daß ihre Schöpfung mit der seinigen verglichen werden könnte? Sage: Gott ist der Schöpfer aller Dinge, und nur ihm allein ist alles möglich. Vom Himmel sendet er Wasser, und die Bäche fließen in der ihnen bestimmten Bahn, und die Fluten tragen den schwimmenden Schaum, und aus den Metallen, welche man im Feuer schmelzet, um Schmuck und Hausgeräte zu bereiten, steigt ein ähnlicher Schaum auf. So stellt euch Gottes Wahrheit und Irrtum vor. Der Schaum verfliegt, und das Brauchbare für die Menschen (das Metall) bleibt auf dem Boden zurück. So lehrt Gott durch Gleichnisse. Die, welche ihrem Herrn gehorchen, werden herrlich belohnt. Die aber, welche nicht gehorchen, werden sich nicht von der Strafe befreien, und hätten sie auch alle Schätze der Erde, und noch mehr dabei, um sich damit auszulösen. Eine schreckliche Rechenschaft wartet ihrer. Ihre Wohnung wird die Hölle sein. Eine unselige Lagerstätte ist dies. Ist der, der sich überzeugt hat, daß das, was dir von Gott geoffenbart wurde, die Wahrheit ist, wohl dem Blinden gleich? Gewiß, nur Vernünftige bedenken das. Die da festhalten am Bündnisse Gottes, und es nicht zerreißen, und verbinden, was Gott befohlen zu verbinden,[11] und fürchten ihren Herrn und den Tag der schlimmen Rechenschaft,[12] und standhaft ausharren, um einst das Angesicht ihres Herrn zu schauen, und die das Gebet verrichten, und die von dem, was wir ihnen erteilt, Almosen geben, öffentlich und geheim, und die durch gute Handlungen die bösen ausgleichen, diese erhalten zum Lohne das Paradies[13], und die sollen hineingehen in dasselbe mit ihren Eltern, Frauen und Kindern, welche fromm gewesen. Und die Engel kommen ihnen an jedem Tore entgegen und sagen: *Friede* mit euch, die ihr in Geduld ausgeharrt. Wie herrlich ist nun die Seligkeit des Paradieses! Die aber, welche das Bündnis, das sie mit Gott geschlossen, zerreißen, und trennen, was Gott befohlen zu vereinen, und Verderben stiften auf der Erde, diese trifft der Fluch, und sie erhalten eine schlimme Wohnung. Gott gibt im Überfluß, wem er will, und ist auch karg gegen wen er will. Sie[14] finden Freude nur an diesem Leben, obgleich dieses, im Verhältnis zum zukünftigen, nur dürftig ist.[15] Die Ungläubigen sagen: Ohne Wunderzeichen von seinem Herrn glauben wir ihm nicht. Sprich: Gott führet irre, wen er will, und leitet zu sich die, so sich bekehren und glauben und ihr Herz beruhigen mit dem Gedanken an Gott. Sollte auch der Gedanke an Gott des Menschen Herz nicht beruhigen können? Die nun glauben und das Gute tun, genießen Seligkeit, und selig ist ihr Eintritt ins Paradies.

Wir haben dich nun zu einem Volke geschickt, dem andere Völker vorangegangen, zu welchem wir auch Propheten geschickt, damit du ihnen vorlesest, was wir dir geoffenbart, doch sie glauben nicht an den Allerbarmer. Sprich: Er ist mein Herr, es gibt keinen anderen Gott als ihn. Auf ihn vertraue ich und zu ihm kehre ich einst zurück. Würden aber auch durch den Koran Berge versetzt und die Erde gespalten und Tote redend werden,[16] sie glaubten dennoch nicht. Dieses alles steht allein in Gottes Macht. Wissen denn die Gläubigen nicht, daß wenn Gott nur wollte, er alle Menschen zur Wahrheit leiten könnte? Wahrlich, das Unglück wird nicht nachlassen, die Ungläubigen zu verfolgen ob dem, was sie getan, oder sich nahe an ihre Wohnungen niederzulassen,[17] bis Gottes Verheißung in Erfüllung gegangen, denn Gott verändert seine Verheißung nicht. Auch die Gesandten vor dir wurden verspottet, und dennoch gab ich den Ungläubigen ein langes und glückliches Leben, dann aber strafte ich sie, und wie streng war diese Strafe! Wer ist es, der über jeder Seele steht und beobachtet ihr Tun? Und dennoch gesellen sie Gott noch andere Wesen bei. Sprich: Nennet euere Götzen doch einmal! Oder, zeigt ihm doch etwas auf Erden an, was er noch nicht kennet! Oder, ist es nur zum Scheine so gesprochen?[18] Den Ungläubigen ist ihr betrügerisches Betragen deshalb bereitet worden, weil sie vom rechten Wege abgewichen, und wen Gott in die Irre führet, den leitet kein Mensch zurecht. Sie erhalten ihre Strafe schon in dieser, aber noch weit größere in jener Welt, und niemand wird sie beschützen können wider Gott. Das Paradies, welches den Frommen versprochen ist, ist von Bächen durchströmt und enthält Nahrung auf ewig und immerwährenden Schatten. Das ist der Frommen Lohn, und der Lohn der Ungläubigen ist das Höllenfeuer. Die Schriftbesitzer freuen sich ob dem, was wir dir geoffenbart, doch haben sich auch viele verbunden, um einen Teil davon zu bestreiten. Sprich: mir ist befohlen, nur Gott allein zu verehren und ihm nichts zuzugesellen. Ihn rufe ich an, und zu ihm kehre ich einst zurück. Deshalb haben wir den Koran in arabischer Sprache geoffenbart, damit er als Richtschnur diene. Folgst du nun, nachdem dir Erkenntnis geworden, ihrem Verlangen, so wirst du keinen Beschützer und Verteidiger wider Gott finden. Auch vor dir schon haben wir Gesandte geschickt, und ihnen Frauen und Kinder gegeben, aber kein Gesandter konnte ohne den göttlichen Willen mit Wunderzeichen auftreten.[19] Jedes Zeitalter hat seine eigene Offenbarungsschrift. Gott löschet aus, was er will, und bestätigt, was er will, denn bei ihm ist die Quelle aller Offenbarung[20]. Mögen wir dich nun auch sehen lassen einen Teil der ihnen angedrohten Strafe, oder dich zuvor sterben lassen – so liegt dir nur ob zu predigen, und uns die Entscheidung. Haben sie es denn nicht gesehen, daß wir schon in ihr Land gekommen und dessen Grenzen enger gemacht haben? Nur Gott ist Richter, und niemand kann sein Urteil vernichten, und schnell fordert er Rechenschaft. Auch ihre Vorfahren haben Ränke gegen ihre Propheten geschmiedet. Doch Gott ist aller Ränke Meister. Er weiß, was eine jede Seele verdient, und bald werden die Ungläubigen es erfahren, für wen das Paradies geöffnet ist. Die Ungläubigen sagen: Du seiest nicht von Gott gesandt. Antworte: Gott sei Zeuge zwischen mir und euch, und jeder sei es, der die Schrift versteht. Das ist genug!

VIERZEHNTE SURE

Abraham[1]) (Friede sei mit ihm)

Geoffenbart zu Mekka

Im Namen des allbarmherzigen Gottes

ALR. Dieses Buch haben wir dir geoffenbaret, um die Menschen mit dem Willen ihres Herrn aus der Finsternis in das Licht und auf den schönsten und herrlichsten Weg zu führen. Gott gehöret alles, was im Himmel und was auf Erden ist, aber wehe den Ungläubigen, der schweren Strafe wegen, so die erwartet, welche dieses Leben mehr als das zukünftige lieben und andere vom Wege Gottes abzuleiten und diesen zu verkrümmen suchen. Diese sind in einem großen Irrtume. Wir haben keinen Gesandten anders geschickt, als nur immer in der Sprache seines Volkes, damit er ihm seine Pflichten deutlich mache. Doch Gott führt in den Irrtum, wen er will, und leitet, wen er will, denn er ist der Allmächtige und Allweise. Wir haben den Moses gesandt mit unseren Zeichen, sagend: Führe dein Volk aus der Finsternis in das Licht, und erinnere es an die frühere Gnade Gottes,[2] denn hierin liegen Zeichen genug für duldende und dankbare Menschen. Und Moses sagte zu seinem Volke: Seid doch eingedenk der Gnade Gottes gegen euch, da er euch errettete von dem Volke des Pharao, das euch hart unterdrückte, und euere Söhne tötete, und nur euere Töchter beim Leben ließ. Dies war eine große Prüfung von euerem Herrn. Denket auch daran, daß euer Herr durch Moses sagte: Wenn ihr dankbar seid, dann will ich euch vermehren, wenn seid ihr aber undankbar, dann soll meine Strafe streng sein. Und Moses sagte ferner: Wenn ihr und alle, welche auf der Erde leben, auch undankbar würdet, so ist doch Gott, der Hochgepriesene, reich genug. Kennt ihr nicht die Geschichte euerer Vorgänger, des Volkes des Noah, des Ad und Thamud? Und nicht die Geschichte derer, welche nach diesen gelebt? Doch diese kennt Gott nur alleine. Ihre Gesandten kamen zu ihnen mit deutlichen Beweisen, aber sie legten mit Unwillen ihre Hände vor ihren Mund und sagten: Wir glauben euerer vorgeblichen Sendung nicht, und das, wozu ihr uns einladet, bezweifeln wir, da es uns verdächtig ist. Ihre Gesandten aber antworteten: Kann man wohl Gott, den Schöpfer des Himmels und der Erde, bezweifeln? Er rufet euch zur wahren Religion, um euch euere Sünden zu vergeben, und euch nachzusehen bis zur bestimmten Zeit. Sie aber antworteten: Ihr seid ja nur Menschen wie wir, und ihr suchet uns nur abwendig zu machen von dem, was unsere Väter verehrt. Bringet daher zu euerer Beglaubigung deutliche Vollmacht. Sie aber, ihre Gesandten, erwiderten: Allerdings sind wir nur Menschen wie ihr, aber Gott ist huldvoll gegen wen er will von seinen Dienern, und nicht steht es in unserer Macht, durch Wunder unsere Sendung zu beglaubigen, oder Gott müßte dies wollen. Auf ihn mögen die Gläubigen vertrauen. Und warum sollten wir auch nicht auf Gott vertrauen, da er uns ja auf den rechten Weg geführt? Darum wollen wir in Geduld die Leiden ertragen, welche ihr uns zufüget. Auf Gott mögen alle die vertrauen, welche wünschen, auf jemanden zu vertrauen. Die Ungläubigen aber sagten zu ihren Gesandten: Wir vertreiben euch entweder aus unserem Lande, oder ihr müßt zu unserer Religion zurückkehren. Aber ihr Herr offenbarte ihnen, sagend: Wahrlich, die Übeltäter wollen wir ausrotten, und euch das Land zur Wohnung geben, denn so wird belohnt der, welcher mein Gericht und meine Drohungen fürchtet. Und sie riefen Gott um Beistand an, und dahin waren die Empörer. Vor ihnen liegt die Hölle, dort sollen sie trinken unflätiges Wasser, das sie langsam schlürfen, weil der Ekel es nicht durch die Kehle läßt. Der Tod kommt von allen Seiten zu ihnen, und doch können sie nicht sterben. Große Qualen warten ihrer. Folgendes ist ein Bild derer, welche nicht glauben an ihren Herrn. Ihre Werke gleichen der Asche, die der Wind an einem stürmischen Tage verweht. Ihr Tun wird ihnen durchaus keinen Nutzen bringen. Das ist ein großes Verderben! Siehst du denn nicht, daß Gott in Wahrheit Himmel und Erde geschaffen? So er nur will, so kann er euch ausrotten und an euere Stelle eine neue Schöpfung setzen. Und dies fällt Gott durchaus nicht schwer. Sie werden einst alle vor Gott kommen, dann werden die Schwachen zu ihren hochmütigen Verführern sagen: Da wir euch gefolgt sind, so solltet ihr doch einen Teil der Strafe Gottes von uns abnehmen. Diese aber erwidern: Wenn Gott uns rechtgeleitet hätte, so hätten wir auch euch rechtgeleitet. Es steht sich nun gleich, ob wir unwillig oder geduldig unsere Strafe hinnehmen, vor der wir uns doch nicht retten können. Dann, nach gesprochenem Urteile, wird der Satan sagen: Wahrlich, Gott hatte euch eine wahrhaftige Verheißung gegeben. Aber durch meine Verheißung täuschte ich euch. Doch hatte ich keine Gewalt über euch, sondern ich rief euch nur, und ihr antwortetet mir. Darum klaget nicht mich, sondern nur euch selbst an.[3] Jetzt kann ich weder euch, noch ihr mir mehr helfen. Ich verleugne es nun, daß ihr mich einst Gott zugesellt. Denn die Frevler trifft schwere Strafe. Die Gläubigen aber und die Gutes getan, kommen in quellenreiche Gärten, und mit dem Willen ihres Herrn werden sie ewig darin verbleiben, und ihre Begrüßung dort wird heißen: Friede! Kennst du nicht das Gleichnis, welches Gott von seinem beseligenden Worte gibt? Es gleicht einem guten Baume, dessen Wurzel fest in der Erde steht und dessen Zweige bis an den Himmel reichen, und der, mit dem Willen seines Herrn, zu jeder Jahreszeit seine Früchte bringt.[4] Gott stellet solche Gleichnisse den Menschen zu ihrer Belehrung auf. Das schlechte Wort[5] aber gleicht einem schlechten Baume, der aus der Erde gerissen, keine Festigkeit hat. Gott wird daher durch das feste Wort die Gläubigen stärken in diesem und in jenem Leben. Die Frevler aber wird er in die Irre führen, denn Gott tut, was er will. Hast du noch nicht die beobachtet, welche die Gnade Gottes mit dem Unglauben vertauscht und verursacht haben, daß ihr Volk in die Wohnung des Verderbens in die Hölle hinabsteigen muß? Dort müssen sie brennen. Und welch eine schlimme Wohnung ist das! Sie haben Gott Götzen zugesellt, um die Menschen von seinem Wege abzuleiten, aber sage ihnen: Genießet nur das irdische Leben, euere Reise von hier geht in das Höllenfeuer. Meinen Dienern aber, welche glauben, sage, daß sie das Gebet zur bestimmten Zeit verrichten und von dem, was wir ihnen erteilt, heimlich oder öffentlich Almosen geben sollen, bevor der Tag anbricht, an welchem weder Kauf noch

Verkauf, noch Freundschaft gilt. Gott ist es, der Himmel und Erde geschaffen und Wasser vom Himmel herabsendet, um damit Früchte zu euerer Nahrung hervorzubringen. Er zwinget durch seinen Befehl die Schiffe, für euch das Meer zu durchsegeln. Er zwinget die Flüsse, euch zu dienen. Auch die Sonne und den Mond, die so emsig ihren Lauf vollbringen, und die Nacht und den Tag zwinget er, euch nützlich zu sein. Von allem, was ihr nur verlanget, hat er euch gegeben, und wolltet ihr die Gnadenbezeigungen Gottes aufzählen, ihr vermöchtet es nicht. Doch der Mensch ist ungerecht und undankbar. Erinnere dich der Worte des Abraham. Dieser sagte: „O mein Herr, gib diesem Lande[6] Sicherheit und bewahre mich und meine Kinder vor dem Götzendienste, denn sie haben schon viele Menschen in den Irrtum geführt. Wer aber mir folgt, der soll mir auch angehören. Wer mir aber nicht gehorcht, dem mögest du Vergebung und Barmherzigkeit erweisen. O unser Herr, ich habe einigen meiner Nachkommen[7] in dem unfruchtbaren Tale, nahe bei deinem heiligen Hause, Wohnung gegeben, auf daß sie das Gebet gehörig verrichten. Mache daher die Herzen der Menschen ihnen freundlich geneigt und versorge sie mit Früchten aller Art, damit sie dankbar werden. O Herr, du kennest, was wir verheimlichen und was wir veröffentlichen, denn nichts, was auf Erden und was im Himmel, ist Gott verborgen. Lob und Preis sei Gott, der mir in meinem hohen Alter noch den Ismael und Isaak gegeben, denn mein Herr erhöret das Gebet. O Herr, mache, daß ich und ein Teil meiner Nachkommen das Gebet beobachten. O Herr, nimm mein Flehen an, vergib mir und meinen Eltern, und den Gläubigen am Tage der Rechenschaft." Glaube nur nicht, daß Gott die Handlungen der Frevler unbeachtet läßt. Ihre Strafe wird ausgesetzt bis auf den Tag, auf welchen alle hinblicken.[8] Die Menschen werden dann auf den Ruf zum Gerichte herzueilen und ihre Häupter erheben, und einer den anderen nicht ansehen, und ihre Herzen vor Angst gefühllos sein. Drohe daher den Menschen mit dem Tage ihrer Strafe, an welchem die Frevler sagen werden: O Herr, warte uns noch einige Zeit, und wir wollen gehorchen deinem Rufe und den Gesandten. Aber die Antwort wird sein: Habt ihr denn nicht früher schon geschworen, daß euch kein Unglück[9] treffen könne und werde? Ihr habt ja bewohnt die Wohnungen derer[10], welche gegen sich selbst ungerecht handelten, und ihr habt es gewußt, wie wir sie behandelt, und an ihnen haben wir euch ein Beispiel gegeben. Sie bedienen sich der größten List, um sich der Wahrheit zu widersetzen, aber Gott kennet ihre List, und wäre sie auch so groß, Berge damit versetzen zu können. Glaube daher nicht, daß Gott die Verheißungen, welche er seinen Gesandten gegeben, verändern werde, denn Gott ist allmächtig und er vermag es, sich zu rächen. An jenem Tage, an welchem sich Erde und Himmel verwandeln werden, werden die Menschen aus ihren Gräbern kommen vor den einzigen und allmächtigen Gott. Dann wirst du sehen, wie die Frevler an jenem Tage in Ketten geschlagen werden, und ihre Kleider werden von Pech sein, und ihr Angesicht wird Feuersflamme bedecken, und Gott wird so eine jede Seele belohnen nach ihrem Verdienste, denn Gott ist schnell im Zusammenrechnen. Dies diene den Menschen zur Mahnung und Warnung, damit sie erkennen, daß es nur einen einzigen Gott gibt. Vernünftige Menschen mögen das bedenken.

FÜNFZEHNTE SURE

Al'Hidschr[1)]

Geoffenbart zu Mekka

Im Namen des allbarmherzigen Gottes

ALR. Dies sind die Zeichen des Buches, des einleuchtenden Korans. Die Ungläubigen werden noch oft wünschen, Muslime gewesen zu sein.[2)] Laß sie nur genießen und sich dieses Lebens freuen, und sich der süßen Hoffnung hingeben, bald werden sie ihre Torheit einsehen. Wir haben noch keine Stadt zerstört, welche nicht eine Warnung erhalten hätte.[3)] Kein Volk wird sein bestimmtes Ziel überschreiten, dieses auch nicht hinausschieben können. Sie[4)] sagen: O du, der du dich einer geoffenbarten Ermahnung[5)] rühmest, du bist wahnsinnig. Denn sprächest du Wahrheit, so würdest du mit einer Engelschar zu uns kommen. Antworte: Wir senden keine

Engel außer nur wenn notwendig, und diese dürfen nicht mehr erwartet werden. Wohl haben wir den Koran geoffenbart, und wir werden auch über denselben wachen. Auch vor dir haben wir zu den früheren Völkern Boten gesandt, aber keiner der Boten kam zu ihnen, oder sie haben ihn verhöhnt. Gleiches legen wir jetzt in die Herzen der Frevler. Sie werden nicht glauben an ihn[6], obgleich sie das Strafgericht der Völker vor ihnen kennen. Ja selbst, wenn wir ihnen die Pforten des Himmels öffneten und sie hinaufstiegen, so würden sie dennoch sagen: Unsere Augen sind geblendet, wahrlich wir sind bezaubert. Auch haben wir Türme[7] an den Himmel gesetzt und sie ausgeschmücket für die Beschauenden, und sie vor jedem gesteinigten Satan[8] geschützt. So aber doch einer heimlich lauscht, so verzehrt ihn gleich hell lodernde Flamme. Die Erde haben wir ausgebreitet und feste Berge darauf gesetzt und Gewächse aller Art nach einem bestimmten Maße aus ihr hervorwachsen lassen, und hierdurch Nahrungsmittel gegeben für euch und für die, die ihr nicht ernähren könnt.[9] Von allen Dingen sind die Vorratskammern bei uns, woraus wir nur nach bestimmtem Maße erteilen. Wir senden die Winde, welche die geschwängerten Wolken treiben, und das Wasser vom Himmel, um euch damit zu tränken, wovon ihr keine Vorratskammern besitzet. Wir geben Leben und Tod und wir sind Erbe aller Dinge.[10] Wir kennen die von euch, die euch bereits vorangegangen, und die, so euch noch folgen werden. Und dein Herr wird sie einst alle versammeln, denn er ist der Allweise und Allwissende. Den Menschen schufen wir aus trockenem Ton und schwarzem Lehm, und vor ihm die Dämonen aus dem Feuer des Samum[11]. Und dein Herr sagte zu den Engeln: Ich will den Menschen schaffen aus trockenem Ton und schwarzem Lehm. Wenn ich ihn vollkommen gestaltet und ihm meinen Geist eingehaucht, dann fallet ehrfurchtsvoll vor ihm nieder.[12] Und die Engel fielen allesamt ehrfurchtsvoll vor ihm nieder, nur der Satan weigerte sich, ihn zu verehren. Da sagte Gott: Satan, was ist dir, daß du nicht mit den Ehrfurchtbezeigenden sein willst? Er antwortete: Ich werde mich nimmer bücken vor einem Menschen, den du aus trockenem Ton und schwarzem Lehm geschaffen. Da sagte Gott: Nun, so gehe hinweg von hier, mit Steinen[13] sollst du vertrieben werden, und der Fluch soll auf dir ruhen bis zum Tage des Gerichts. Er aber sagte: O Herr, sieh mir nach bis zum Tage der Auferstehung. Und Gott sagte: Ich will dir Ausstand geben bis zu jener bestimmten Zeit. Da sagte der Satan: Da du mich, o Herr, zur Verführung bestimmt, so will ich denen auf der Erde die Sünden reizend ausschmücken und sie allesamt verführen, nur die nicht, welche dir aufrichtig dienen. Gott antwortete: So ist's die rechte Weise, über meine Diener sollst

— 166 —

du keine Gewalt haben, sondern nur über die, welche dir folgen und sich verführen lassen.[14] Diesen allesamt ist die Hölle verheißen, so da hat sieben Tore, und jedes soll einen gewissen Teil von ihnen aufnehmen.[15] Die Gottesfürchtigen aber sollen in quellenreiche Gärten kommen. Gehet hinein in Friede und Sicherheit. Entfernen wollen wir aus ihrer Brust allen Haß und brüderlich sollen sie auf Ruhekissen sich einander gegenübersitzen. Weder Müdigkeit sollen sie dort empfinden, noch je daraus vertrieben werden.

Verkünde auch meinen Dienern, daß ich gnädig und barmherzig bin, aber auch, daß ich strafe mit gewaltiger Strafe. Erzähle ihnen auch von Abrahams Gästen.[16] Als diese zu ihm kamen und sagten: Friede sei mit dir, da erwiderte er: Mir ist bange vor euch. Sie aber sagten: Fürchte dich nicht, denn wir verkünden dir einen weisen Sohn. Er aber sagte: In meinem hohen Alter wollt ihr mir solches verkünden? Auf welchen Grund? Sie antworteten: Wir verkünden dir nur die Wahrheit, zweifle daher nicht. Er erwiderte: Wer anderes könnte auch an der Barmherzigkeit seines Herrn zweifeln, als nur der Sünder! Aber ihr Boten, was für ein Anbringen habt ihr denn eigentlich? Darauf antworteten sie: Wir sind eigentlich zu den frevelhaften Menschen geschickt.[17] Die ganze Familie des Lot werden wir erretten, nur sein Weib nicht.[18] Ihren Untergang haben wir beschlossen, weil sie es mit den Frevlern hält. Als nun die Boten zu der Familie des Lot kamen, da sagte er: Ihr seid mir ganz unbekannte Menschen. Sie aber sagten: Wir kommen zu dir in einer Angelegenheit, welche deine Mitbürger zwar bezweifeln. Wir kommen zu dir mit Wahrheit, denn wir sind nur Boten der Wahrheit. Gehe mit deiner Familie zur Nachtzeit hinweg. Gehe du selbst hinter ihnen her, aber daß sich keiner von euch umsehe, sondern gehet, wohin man euch gehen heißt. Wir gaben ihm diesen Befehl, weil die übrigen Einwohner, von ihm gesondert, des Morgens früh umkommen sollten. Da kamen die Stadtleute zu Lot, von Wollust trunken. Er aber sagte zu ihnen: Diese Leute sind meine Gäste, darum beschämt mich nicht, sondern fürchtet Gott und machet mir keine Schande. Sie aber antworteten: Haben wir dir nicht verboten, fremde Leute aufzunehmen? Er aber antwortete: Hier habt ihr meine Töchter, wenn ihr denn durchaus Böses tun wollt. So wahr du lebst (Mohammed), die Leute beharrten in ihrem Wollustrausche. Darum erfaßte sie mit Sonnenaufgang der Sturm, und wir kehrten die Stadt um, von unterst zu oberst, und wir ließen harte Backsteine auf sie herabregnen. Hierin, in dieser gerechten Bestrafung, sind deutliche Zeichen für nachdenkende und gläubige Menschen. Auch die Waldbewohner[20] waren Frevler. Daher wir Rache nahmen an ihnen, und beide[21] sollten als öffentliches Beispiel dienen. Auch die Einwohner von Hidschr[22]) haben die Gesandten des Betrugs beschuldigt. Wir gaben ihnen deutliche Zeichen, sie wendeten sich aber davon hinweg. Sie hauten sich zu ihrer Sicherheit in den Bergen Häuser aus. Aber eines Morgens ergriff sie ein Erdbeben, und ihre Vorkehrung konnte ihnen nichts helfen. Den Himmel und die Erde und was zwischen beiden, haben wir nur in Wahrheit geschaffen, und ebenso wahr wird einst die Stunde des Gerichts kommen. Darum vergib ihnen (o Mohammed) mit großer Milde, denn dein Herr ist der weise Schöpfer. Wir haben dir geoffenbart die sieben Verse, welche oft wiederholt werden müssen,[23]) und den erhabenen Koran. Richte deine Augen nicht auf die Güter, welche wir einigen Ungläubigen verliehen, gräme dich auch nicht darüber. Breite vielmehr deine beschützenden Fittiche über die Gläubigen aus und sage: Ich bin ein öffentlicher Prediger der Wahrheit. So wie wir die gestraft, welche Spaltungen stifteten, so wollen wir auch die bestrafen, welche den Koran nur teilweise annehmen. Bei deinem Herrn! Wir wollen sie allesamt ob dem, was sie getan, zur Rechenschaft ziehen. Du aber mache ihnen bekannt, was dir befohlen wurde, und entferne dich von den Götzendienern. Gegen Spötter werden wir dich hinlänglich schützen. Und die, welche außer Gott noch einen anderen Gott annehmen, werden später schon ihre Torheit einsehen. Wir wissen es wohl, daß ihre Reden dein Herz betrüben, aber lobe und preise nur deinen Herrn und gehöre zu denen, die ihn verehren. Diene deinem Herrn, bis dich erreicht, was gewiß ist.[24])

SECHZEHNTE SURE

Die Bienen[1]

Geoffenbart zu Mekka

Im Namen des allbarmherzigen Gottes

Das Urteil Gottes trifft sicher ein, darum beschleunigt es nicht. Lob sei ihm! Fern von ihm, was sie ihm zugesellen! Auf seinen Befehl steigen die Engel mit dem Geiste[2] nieder, zu denen von seinen Diener, die ihm gefallen, damit diese predigen: daß es außer mir keinen Gott mehr gebe. Darum fürchtet nur mich. Er schuf Himmel und Erde in Wahrheit. Hocherhaben ist er über alles, was sie ihm zur Seite setzen. Den Menschen schaffet er aus Samen, und dennoch will jener die Auferstehung offen bestreiten.[3] Ebenso hat er auch die Tiere geschaffen zu euerem Nutzen, zur Erwärmung[4] und Bequemlichkeit[5] und zu euerer Nahrung. Sie sind auch eine Zierde, wenn ihr sie des Abends nach Hause und des Morgens auf die Weide treibt. Sie tragen euere Lasten in ferne Gegenden, wohin ihr selbst nur mit Schwierigkeiten gelangen könnet. Denn euer Herr ist gütig und barmherzig. Auch Pferde, Maultiere und Esel hat er geschaffen, euch zu tragen, und zur Pracht, und so hat er noch mehreres geschaffen, was ihr nicht einmal kennet. Gottes Sache ist es, auf den rechten Weg zu führen und davon abzuleiten, und so er nur gewollt, so hätte er euch allesamt rechtgeleitet. Er ist es, der Wasser vom Himmel herabschicket, euch damit zu tränken und die Bäume zu befeuchten, unter welchen ihr weidet. Die Saat, Oliven, Palme und Trauben, und alle übrigen Früchte wachsen durch ihn. Dies alles ist ein deutliches Zeichen für nachdenkende Menschen. Er zwingt die Nacht und den Tag euch zu dienen, und durch seinen Befehl zwingt er auch die Sonne, den Mond und die Sterne zu euerem Dienste. Auch hierin liegen Zeichen für verständige Menschen. Überhaupt in allem, was er auf Erden in allen verschiedenen Farben für euch geschaffen, sind deutliche Zeichen für einsichtsvolle Menschen. Er ist es, der euch das Meer unterworfen, daß ihr frisches Fleisch[6] daraus esset und daraus hervorzieht Schmuck[7] für euern Anzug, und du siehst, wie die Schiffe seine Wellen durchschneiden, auf daß ihr erlanget Reichtümer durch seine Huld, damit ihr dankbar werdet. Feste Berge setzte er in die Erde, daß sie nicht wanke unter euch,[8)] und so schuf er auch Flüsse und Wege, um euch darauf zu führen, und als Wegweiser die Sterne, die euch leiten sollen. Soll nun der Schöpfer alles diesen gleich dem sein, der nichts schaffet? Wollt ihr das denn nicht bedenken? Wolltet ihr es versuchen, die Wohltaten Gottes aufzurechnen, wahrlich, ihr könntet sie nicht zählen, denn Gott ist gnädig und barmherzig, und Gott kennet, was ihr verheimlicht und was ihr veröffentlicht. Die Götter aber, welche sie außer Gott anrufen, können nichts schaffen, sie sind vielmehr selbst geschaffen. Tot sind sie, ohne Leben und wissen nicht, wie sie erweckt werden.[9)] Euer Gott ist ein einziger Gott. Die aber nicht glauben an ein zukünftiges Leben, deren Herz leugnet auch die Einheit Gottes, und sie verwerfen hochmütig die Wahrheit. Es ist aber kein Zweifel, Gott kennet, was sie verheimlichen und was sie veröffentlichen. Wahrlich, die Hochmütigen liebt er nicht. Fragt man sie: Was hat euer Herr (dem Mohammed) geoffenbart? So sagen sie: Alte Fabeln. Dafür sollen sie die volle Last ihrer eigenen Sünden tragen am Tage der Auferstehung, und einen Teil der Last derer, welche sie, ohne daß sie es wußten, in den Irrtum führten. Wird das nicht eine schlimme Last sein, die sie tragen werden? Auch ihre Vorgänger haben Ränke geschmiedet. Aber Gott zerstörte ihren Bau von Grund auf und das Dach stürzte von oben auf sie, und es ward ihnen eine Strafe, welche sie nicht erwartet hatten.[10)] Am Tage der Auferstehung wird er sie zuschanden machen und sagen: Wo sind denn nun meine Gefährten[11)], derentwillen ihr gestritten? Die Vernünftigen werden dann sagen: Wahrlich, nun trifft die Ungläubigen Schmach und Elend. Die, welche gegen ihr eigenes Seelenheil frevelten und von den Engeln getötet werden, werden diesen den Frieden antragen und sagen: Wir haben ja nichts Böses getan. Aber diese antworten: Wohl habt ihr Böses getan und Gott kennet euer Tun. Darum gehet durch die Pforten zur Hölle hinein und bleibet ewig darin. Ein unseliger Aufenthalt ist das für die hochmütigen Frevler. Wenn aber die Gottesfürchtigen gefragt werden: Was hat euer Herr geoffenbart? So antworten sie: Das höchste Gut. Diese Frommen erhalten daher schon in diesem Leben Gutes und in der zukünftigen Wohnung noch weit Besseres. Welch eine herrliche Wohnung ist das für die Frommen! Sie werden eingehen in das Paradies[12)], das von Wasserbächen durchströmt ist. Dort erhalten sie alles, was sie nur wünschen. So belohnet Gott die Frommen. Zu den Rechtschaffenen, welche die Engel töten, werden diese sagen: Friede mit euch. Gehet ein in das Paradies, zum Lohne dessen, was ihr getan. Erwarten sie, die Ungläubigen, denn wohl etwas anderes, als daß die Todesengel, oder das Urteil deines Herrn sie überkommen werde? So dachten und handelten auch die, welche vor ihnen lebten, und Gott war nicht ungerecht gegen sie, sondern sie selbst waren gegen ihre eigenen Seelen ungerecht. Darum traf sie, ihrer Taten wegen, das Unglück und es ward ihnen wahr, was sie früher verspotteten. Die Götzendiener sagen: Wenn es Gott anders gewollt hätte, so würden ja weder wir, noch unsere Väter, ein anderes Wesen außer ihm verehrt und nichts verboten haben, was nicht mit seinem Willen übereinstimmt.[13] Auf ähnliche Weise verfuhren auch die, welche vor ihnen lebten. Aber haben die Gesandten einen anderen Beruf, als öffentlich zu predigen? Wir haben in jedem Volke einen Gesandten auferstehen lassen, der da predige: Dienet Gott und vermeidet den Götzendienst[14]. Einige nun hatte Gott auf den rechten Weg geleitet, anderen aber war der Irrtum bestimmt. Darum gehet einmal im Lande umher und sehet, welch ein Ende die genommen haben, welche die Gesandten des Betrugs beschuldigten. Wenn du (o Mohammed) auch noch so sehr ihre Leitung wünschest, so leitet doch Gott nicht den, über welchen beschlossen, daß er im Irrtum bleibe, und er findet keinen Helfer. Sie schwören sogar feierlich bei Gott: Nie wird Gott die Toten auferwecken. Aber wohl wird diese Verheißung wahr werden, obgleich die meisten Menschen dies nicht anerkennen. Wohl wird er sie auferwecken, damit sie deutlich sehen, was sie jetzt bestreiten, und die Ungläubigen erfahren, daß sie Lügner sind. Unsere Rede zu irgendeinem Dinge, das wir hervorzurufen wünschen, ist nur, daß wir sagen: Werde! – und es ist.[15] Denen, welche für Gottes Sache nach ungerechter Verfolgung ausgewandert sind, wollen wir eine herrliche Wohnung geben in diesem Leben, und noch größeren Lohn in jenem Leben. Möchten die, so da ausharren in Geduld und auf ihren Herrn vertrauen, dies doch wahrhaft erkennen! Auch vor dir haben wir nur Menschen[16] als Gesandte geschickt, welchen wir uns durch Offenbarung mitteilten. Befrage nur die Schriftbesitzer deshalb, wenn ihr das nicht wisset. Wir schickten sie mit Wunderzeichen und schriftlicher Offenbarung. Dir aber offenbaren wir den Koran[17], damit du die Menschen deutlich unterrichtest über das, was ihretwegen offenbart wurde, damit sie verständig werden. Sind nun die, welche Böses gegen den Propheten im Sinne haben, wohl sicher dafür, daß Gott nicht die Erde unter ihnen spalte, oder ihnen sonst eine Strafe zuschicke, von einer Seite, woher sie es nicht erwarten? Oder daß er sie nicht auf ihren Geschäftsreisen erfasse, ohne daß sie seine Strafgewalt schwächen können? Oder daß er sie nicht langsam nach und nach züchtige? Doch euer Herr ist gnädig und barmherzig. Sehen sie denn nicht auf die

Dinge, welche Gott geschaffen, wie sie Schatten werfen zur Rechten und Linken, um Gott zu verehren und sich vor ihm zu demütigen?[18] Alles, was im Himmel und was auf Erden, verehrt Gott, selbst die Tiere, selbst die Engel, und sie sind nicht zu stolz dazu. Sie fürchten ihren Herrn, der über ihnen, und tun, was ihnen geboten wird. Gott aber sagte: Nehmet keine zwei Götter an, denn es gibt nur einen einzigen Gott, darum verehret nur mich. Ihm gehöret was im Himmel und was auf Erden. Ihm gebühret ewiger Dienst und Gehorsam. Wollt ihr nun einen anderen als Gott verehren? Was für Gutes ihr besitzet, kommt ja nur von Gott, und wenn ein Übel euch befällt, betet ihr ja nur zu ihm. Doch sobald das Übel von euch hinweggenommen ist, dann gibt es Menschen unter euch, die ihrem Herrn Götter zugesellen und sich undankbar zeigen für die Gnade, die er ihnen erzeigt. Genießet nur der Freude hier, ihr werdet bald anderes erfahren. Ja, sie setzen sogar den unwissenden Götzen einen Teil der Speisen vor, welche wir für sie selbst zur Nahrung bestimmt. Aber bei Gott, ihr werdet einst euerer falschen Erdichtungen wegen zur Rechenschaft gefordert. Sie eignen Gott Töchter zu. – Fern sei dies von ihm – und sich selbst nur solche Kinder, wie ihr Herz sie wünschet.[19] Wird einem von ihnen die Geburt einer Tochter verkündet, dann färbt sich, aus Kummer, sein Gesicht schwarz, und er ist tief betrübt. Ja ob der üblen Kunde, die ihm geworden, verbirgt er sich vor den Menschen, und er ist im Zweifel, ob er sie zu seiner Schande behalten oder ob er sie nicht in die Erde vergraben soll. Ist ein solches Urteilen nicht schlecht? Die, welche nicht glauben an ein zukünftiges Leben, sind mit dem Schlechtesten, Gott aber mit dem Höchsten, das es gibt, zu vergleichen, denn er ist allmächtig und allweise. Wenn Gott die Menschen nach ihrer Ungerechtigkeit bestrafen wollte, so würde nichts Lebendiges mehr auf der Erde bleiben, aber er gibt ihnen Ausstand bis zu einer bestimmten Zeit. Ist diese Zeit aber da, so können sie diese auch nicht um eine Stunde hinausschieben, oder ihre Strafe schon früher herbeirufen. Sie setzen dennoch Gott zur Seite, was ihnen selbst mißfällt[20] und ihre Zunge stößt eine Lüge aus, wenn sie dennoch behaupten, daß ihnen die Belohnung des Paradieses bestimmt sei. Nein, ohne Zweifel wird ihnen das Höllenfeuer, woselbst sie abgesondert und verlassen bleiben. Bei Gott! Schon vor dir haben wir Gesandte zu den Völkern geschickt. Aber der Satan hatte ihnen ihr Tun beschönigt. Er war ihr Beschützer in dieser Welt, in jener aber werden sie peinliche Strafe erleiden. Wir haben dir die Schrift nur deshalb geoffenbart, damit du ihnen Aufklärung gebest über die Gegenstände, worüber sie uneinig sind, und daß sie Leitung und Gnade sei einem gläubigen Volke. Gott sendet Wasser vom Himmel, um die Erde nach ihrem Tode wieder neu zu beleben. Hierin ist ein Beweis (für die Unsterblichkeit) für Menschen, die hören wollen. Auch an den Tieren habt ihr ein belehrendes Beispiel, denn wir tränken euch von dem, was in ihren Leibern die Mitte hält zwischen Kot und Blut, nämlich mit der reinen Milch[21], welche für die Trinkenden so angenehm zu schlürfen ist. Und von der Frucht der Palmbäume und den Weintrauben erhaltet ihr berauschende Getränke und auch gute Nahrung[22]. Wahrlich, hierin liegt ein Zeichen für verständige Menschen. Und dein Herr lehrte die Biene, sagend: Baue dir Häuser in den Bergen und in den Bäumen, mit solchen Stoffen, womit Menschen zu bauen pflegen. Esse dann von allen Früchten und gehe auf den Wegen, welche dein Herr dir angewiesen. Aus ihren Leibern kommt nun eine Flüssigkeit[23], die verschieden an Farbe ist und Arznei für die Menschen enthält. Wahrlich, auch hierin ist ein Zeichen für nachdenkende Menschen. Gott hat euch erschaffen, und er läßt euch auch wieder sterben. Einige von euch läßt er ein hohes, abgelebtes Alter erreichen, daß sie von allem, was sie gewußt, nichts mehr wissen, denn Gott ist allwissend und allmächtig. Einige hat Gott mit irdischen Gütern vorzugsweise vor anderen versorgt, und doch geben diese Bevorzugten nichts von ihren Gütern den Sklaven, welche sie besitzen, damit auch diese gleichen Anteil daran hätten. Wollen sie so die Wohltaten Gottes verleugnen? Gott hat euch Frauen von euch selbst[24] gegeben, und von eueren Frauen Kinder und Enkel, und euch mit allem Guten zur Ernährung versehen. Wollen sie dafür nun an Nichtiges glauben und die Güte Gottes undankbar verleugnen? Dennoch verehren sie, außer Gott, Wesen, welche ihnen nicht, weder vom Himmel noch von der Erde geben, oder ihnen sonst helfen können. Darum setzet Gott kein anderes Wesen gleich,[25] denn Gott weiß alles, ihr aber nicht. Gott stellt hierüber folgendes Gleichnis auf: Ein Sklave, der über nichts Gewalt hat, und ein freier Mann, den wir mit allem Guten versorgt haben und der davon geheim und öffentlich Almosen gibt, sind beide einander gleich?[26] Gott bewahre! Doch die meisten Menschen sehen das nicht ein. Noch ein anderes Gleichnis stellet Gott auf: Zwei Menschen, von welchen einer stumm geboren und daher zu nichts geschickt, sondern seinem Herrn nur zur Last ist, der, wohin auch man ihn schicke, unverrichteter Sache immer zurückkommt, sollte der wohl gleich sein mit dem anderen, der nur das gebietet, was recht ist, und der selbst auf dem rechten Wege wandelt? Gott allein kennet die Geheimnisse des Himmels und der Erde, und das Geschäft der letzten Stunde[27] dauert nur einen Augenblick, oder noch weniger, denn Gott ist allmächtig. Gott hat euch aus den Leibern euerer Mütter hervorgebracht und ihr wußtet nichts. Er gab euch Gehör,

– *173* –

Gesicht und das verständige Herz, auf daß ihr dankbar werdet. Sehen sie denn nicht, wie die Vögel in der freien Luft des Himmels fliegen können, ohne daß sie jemand, außer Gott daran verhindert? Auch hierin liegen Zeichen für gläubige Menschen. Gott ist es, der euch euere Häuser zu Wohnungen gegeben und die Felle der Tiere zu Zelten, welche ihr am Tage der Weiterreise leicht abnehmen, und auch wieder aufrichten könnet an dem Tage, an welchem ihr euch niederlasset, und ihre Wolle, und ihren Pelz und ihre Haare zu allerlei Geräten, je nach der Jahreszeit. Auch hat er euch manches geschaffen zum Schatten[28] gegen die Sonne, und euch die Berge[29] zu Schutzorten bestimmt, und auch Kleider, um euch vor der Kälte[30] zu schützen, und auch Kleider, welche zur Verteidigung im Kriege dienen. So vollendet er seine Gnade gegen euch, damit ihr euch ihm ganz hingebet. Wenn sie sich abwenden[31], so liegt dir weiter nichts ob, als öffentlich zu predigen. Bald erkennen sie die Gnade Gottes, bald verleugnen sie diese wieder, denn der größte Teil von ihnen ist ungläubig. Doch an jenem Tage werden wir aus jedem Volke einen Zeugen auferwecken, und dann sollen die Ungläubigen sich nicht entschuldigen dürfen und keine Gnade erhalten können. Wenn dann die Frevler die für sie bereitete Strafe sehen, die ihnen nicht gemildert und nicht aufgeschoben wird, und wenn die Götzendiener ihre Götzen sehen, welche sie Gott beigesellt, so werden sie sagen: O Herr, dies sind unsere Götzen, welche wir außer dir angerufen. Diese aber werden ihnen antworten: Ihr seid Lügner[32]. An jenem Tage werden die Frevler sich Gott unterwerfen und um Frieden bitten, und ihre eingebildeten Götter ihnen entschwinden. Den Ungläubigen und denen, welche andere vom Wege Gottes verleitet, wollen wir Strafe auf Strafe häufen, weil sie Verderben gestiftet haben. An jenem Tage werden wir aus jeder Nation einen Zeugen erwecken, der gegen sie zeuge, und dich, o Mohammed, wollen wir gegen diese Araber als Zeugen aufstellen. Wir haben dir die Schrift geoffenbart, als eine Erläuterung aller Dinge, als eine Leitung und Barmherzigkeit und freudige Botschaft für die Muslime. Wahrlich, Gott befiehlt nur Gerechtigkeit und das Gute und Milde gegen Anverwandte, und er verbietet eine jede Schlechtigkeit und Ungerechtigkeit und allen Druck. Er ermahnet euch, damit ihr eingedenk sein möget. Haltet fest am Bündnisse Gottes, wenn ihr ein solches geschlossen, und brechet euere Eide nicht, die ihr bekräftigt und bei Gott verbürgt habt, denn Gott weiß, was ihr tut. Seid nicht wie jene Frau, die ihre gesponnenen und fest gedrehten Fäden immer wieder auflöste, daß ihr untereinander mit eueren Eiden täuschet, sobald eine Partei der anderen überlegen wird.[33] Gott will hierdurch euch prüfen, und er wird euch einst am Tage der Auferstehung aufklären über das, worüber ihr jetzt uneinig seid. Wenn Gott es gewollt hätte, so würde er ja nur eine Nation[34] aus euch gemacht haben, aber so führt er in den Irrtum und auf den rechten Weg, wen er will, und ihr werdet einst Rechenschaft geben müssen über das, was ihr getan. Darum brechet nicht treulos euere Eide untereinander, damit nicht wanke der Fuß, der sonst so fest stand, denn wenn ihr abweichet vom Wege Gottes, dann trifft euch Unglück in dieser und große Strafe in jener Welt. Verhandelt auch nicht das Bündnis Gottes um geringen Preis, denn bei Gott erwartet euch besserer Lohn, so ihr das nur einsehen möchtet. All das eurige schwindet ja hin und nur das ist dauerhaft, was von Gott ist.[35] Die in Geduld ausharren, werden wir mit herrlichem Lohne ihr Tun belohnen. Wer rechtschaffen handelt, sei es Mann oder Frau, und sonst gläubig ist, dem wollen wir ein glückliches Leben geben und außerdem noch mit herrlichem Lohne sein Tun vergelten. Wenn du den Koran vorliest, so nimm deine Zuflucht zu Gott, daß er dich vor dem verfluchten Satan[36] schütze, denn dieser hat keine Gewalt über die, so da glauben und ihrem Herrn vertrauen. Er hat nur Gewalt über die, so ihn zum Beschützer annehmen und Götzen verehren. Wenn wir einen Vers im Koran hinwegnehmen und einen anderen an dessen Stelle setzen – und Gott muß doch wahrlich die Richtigkeit seiner Offenbarungen am besten kennen – so sagen sie, daß dies eine Erfindung von dir sei, doch der größte Teil von ihnen versteht nichts davon. Sprich: So hat ihn der heilige Geist[38] von deinem Herrn in Wahrheit herabgebracht, die Gläubigen zu stärken, und als eine Leitung und frohe Botschaft für die Muslime. Auch wissen wir, daß sie sagen: Ein gewisser Mensch lehrt ihn die Verfassung des Korans. Aber die Sprache des vermeintlichen Menschen ist eine fremde und die des Korans ist die deutliche arabische.[39] Wahrlich die, welche nicht glauben an die Zeichen Gottes, die will Gott nicht leiten und ihrer wartet peinvolle Strafe. Die, welche nicht glauben an die Zeichen Gottes, ersinnen Lügen, denn sie sind ja Lügner. Wer Gott verleugnet, da er früher an ihn geglaubt, es sei denn gezwungen, indes das Herz noch fest im Glauben ist, und wer freiwillig sich zum Unglauben bekennet, die trifft der Zorn Gottes und ihrer wartet peinvolle Strafe, und zwar deshalb, weil sie dieses Leben mehr als das zukünftige lieben, und Gott ungläubige Menschen nicht leitet. Das sind die, welchen Gott Herz, Ohr und Gesicht versiegelt. Das sind die Gleichgültigen, die ohne Zweifel im zukünftigen Leben dem Untergange geweiht sind. Dein Herr aber wird die belohnen, die ausgewandert sind und Verfolgungen ertragen und dann für den Glauben gekämpft und geduldig ausgeharrt haben. Nach solchen Vorgängen wird dein Herr sich gnädig und barmherzig zeigen.

– 175 –

An jenem Tage da wird eine jede Seele sich selbst verantworten müssen, und einer jeden soll nach ihrem Tun vergolten, und keine ungerecht behandelt werden. Zum warnenden Bilde stellet Gott jene Stadt[40] auf, die sicher und ruhig lebte und von allen Orten mit Nahrungsmitteln in Überfluß versehen wurde, und dennoch die Wohltaten Gottes undankbar verleugnete. Darum ließ sie Gott die höchste Hungersnot versuchen, und Furcht vor dem Kriege ob dem, was sie getan. Und nun ist ein Gesandter aus ihrer Mitte zu ihnen[41] gekommen, und sie beschuldigen ihn des Betruges. Darum soll Strafe sie treffen, ob ihrer Freveltat. Esset von dem Guten und Erlaubten, was euch Gott zur Nahrung gegeben, und seid, so ihr ihn verehren wollt, dankbar für die Wohltaten Gottes. Er hat euch nur verboten: das von selbst Gestorbene, Blut und Schweinefleisch, und was in dem Namen eines anderen, außer Gott, geschlachtet worden ist.[42] Wer aber gezwungen ohne Lust und ohne böse Absicht davon genießet, gegen den ist Gott verzeihend und barmherzig. Sprechet mit euerer Zunge die Lüge nicht aus: Das ist erlaubt und jenes ist verboten, um so wider Gott Lügen zu erdichten, denn die, welche von Gott Lügen erdichten, können nicht glücklich sein. Ihr Genuß hier ist nur gering, aber ihre Strafe dort – peinlich. Den Juden hatten wir das verboten, was wir dir früher schon mitgeteilt,[43] und wir waren nicht ungerecht gegen sie, sondern sie waren es gegen sich selbst. Gnädig aber ist dein Herr gegen die, welche Böses aus Unwissenheit getan und es später bereuen und sich bessern. Denn dein Herr ist verzeihend und barmherzig. Abraham war ein frommer, Gott gehorsamer und rechtgläubiger Mann, und kein Götzendiener. Er war dankbar für die Wohltaten Gottes. Darum ward er von Gott geliebt und auf den rechten Weg geleitet. Darum gaben wir ihm Gutes in diesem Leben, und in jenem gehört er zu den Frommen und Seligen. Darum haben wir dir durch Offenbarung gesagt: Folge der Religion des rechtgläubigen Abraham, der kein Götzendiener war. Der Sabbat war eigentlich nur für diejenigen bestimmt, welche darüber mit ihrem Propheten uneinig waren.[44] Aber am Auferstehungstage wird dein Herr zwischen ihnen diesen Gegenstand des Streites entscheiden. Rufe mit Weisheit und mit milder Ermahnung die Menschen auf den Weg deines Herrn, und wenn du mit ihnen streitest, so tue es auf die sanfteste Weise, denn dein Herr kennt den, welcher von seinem Wege abweichet, ebenso, wie er die kennt, die rechtgeleitet sind. Wenn ihr Rache an jemandem nehmet, so nehmet sie nur nach Verhältnis des Bösen, das er euch zugefügt. Doch wenn ihr das Böse mit Geduld hinnehmet, so ist das noch besser für die geduldig Tragenden. Darum ertrage du mit Geduld.[45] Diese Geduld selbst kann dir nur durch den Beistand Gottes wer-

– 176 –

den. Sei auch der Ungläubigen wegen nicht traurig, und sei nicht betrübt ob dem, was sie listig ersinnen, denn Gott ist mit denen, die ihn fürchten und aufrichtig und rechtschaffen sind.

SIEBZEHNTE SURE

Die Nachtreise[1)]

Geoffenbart zu Mekka

Im Namen des allbarmherzigen Gottes

Lob und Preis sei ihm, der seinen Diener zur Zeit der Nacht von dem heiligen Tempel zu Mekka zu dem entfernten Tempel von Jerusalem geführt. Diesen Gang haben wir ihm gesegnet, damit wir ihm unsere Zeichen zeigen, denn Gott hört und sieht alles. Dem Moses gaben wir die Schrift und bestimmten sie zur Leitung für die Kinder Israels, und wir befahlen ihnen: Nehmet außer mir keinen zum Beschützer an, keinen der Nachkommen derer, welche wir mit dem Noah in die Arche führten. Wahrlich, er, Noah selbst, war ein dankbarer Diener. Wir haben ausdrücklich den Kindern Israels in der Schrift folgendes bestimmt: Ihr werdet auf der Erde zweimal Verderben stiften und mit Übermut euch stolz erheben.[2)] Und als die angedrohte Strafe für das erste Vergehen in Erfüllung gehen sollte, da schickten wir unsere Diener[3)] über euch, die mit außerordentlicher Strenge verfuhren und die inneren Gemächer euerer Häuser durchsuchten, und so ging die Verheißung in Erfüllung. Doch bald darauf gaben wir euch den Sieg über sie,[4)] und wir machten euch groß durch Vermögen und Kinder, und wir machten aus euch ein zahlreiches Volk und sagten: Wenn ihr das Gute tut, so tut ihr es zu euerem eigenen Seelenheile, und wenn Böses, so geschieht's zum Nachteile euerer Seele. Als nun die angedrohte Strafe für das zweite Vergehen in Erfüllung gehen sollte, da schickten wir Feinde gegen euch, um euch zu kränken und wie auch schon früher, den Tempel zu erstürmen und alles Eroberte gänzlich zu zerstören.[5] Doch vielleicht erbarmt sich euer Herr euerer wieder. Wenn ihr aber wieder zu eueren Sünden zurückkehrt, dann kehren auch wir zu unseren Strafen zurück, und außerdem haben wir für die Ungläubigen die Hölle zum Gefängnisse bestimmt. Wahrlich, dieser Koran leitet auf den richtigsten Weg und verkündet den Gläubigen, welche das Gute ausüben, großen Lohn. Denen aber, welche nicht glauben an ein zukünftiges Leben, verheißen wir schwere Strafe. Der Mensch erfleht oft gerade das Böse, glaubend, er erflehe das Gute, denn der Mensch ist voreilig. Wir haben die Nacht und den Tag als zwei Zeichen unserer Allmacht eingesetzt. Wir blasen das Zeichen der Nacht aus und lassen das Zeichen des Tages erscheinen, damit ihr durch euere Arbeit die Fülle des Segens von euerem Herrn erlangt und auch die Zahl der Jahre und die Berechnung der Zeit dadurch wissen könnet. So haben wir jedem Dinge seine klare und deutliche Bestimmung gegeben. Einem jeden Menschen haben wir sein Geschick bestimmt,[6] und am Tage der Auferstehung werden wir ihm das Buch seiner Handlungen geöffnet vorlegen, und zu ihm sagen: Lies selbst in deinem Buche[7], deine eigene Seele soll an jenem Tage dich zur Rechenschaft ziehen. Wer rechtgeleitet ist, der ist es zum Besten der eigenen Seele, wer aber irret, der irret zu ihrem Nachteile, und keine schon ohnedies beladene Seele wird auch noch die Last einer anderen zu tragen brauchen. Wir haben noch kein Volk bestraft, oder wir haben ihm zuerst einen Gesandten geschickt. Wollten wir eine Stadt zerstören, so befahlen wir zuvor den Vornehmen darin, unseren Gesandten zu folgen, aber sie handelten nur frevelhaft, und so mußte unser gegebenes Wort sich an ihr bewahrheiten, indem wir sie von Grund aus zerstörten. Wie manches Geschlecht haben wir nicht seit Noah dem Untergang geweiht? Denn dein Herr kennet und sieht hinlänglich die Sünden seiner Diener. Wer dieses vorübergehende Leben für sich wünschet, der soll soviel davon haben, als uns gefällt. Dann aber haben wir die Hölle für ihn bestimmt. Dort soll er brennen und mit Schmach bedeckt werden und gänzlich verstoßen sein. Wer aber das zukünftige Leben für sich wünschet und seine Bestrebungen nach diesem richtet und gläubig ist, dessen Streben ist Gott angenehm. Allen, diesen und jenen, wollen wir hier schon geben von den Gaben deines Herrn, und keinem sollen die Gaben deines Herrn versagt werden. Sieh nur, wie wir schon in diesem Leben die einen vor den anderen bevorzugten. Doch im nächsten Leben gibt es noch höhere Stufen der Glückseligkeit und noch weit höhere Vorzüge. Setze nicht neben den wahren Gott noch einen anderen Gott, denn sonst fällst du in Schmach und Armut. Dein Herr hat befohlen: Nur ihn allein zu verehren, und den Eltern, wenn das hohe Alter sie erreicht, sei es nun Vater oder Mutter, oder beide, Gutes zu tun, und daß du nicht zu ihnen sagest: „Pfui", oder sie sonst schmähest, sondern ehrfurchtsvoll mit ihnen sprechest. Aus barmherziger Liebe sei demutsvoll gegen sie[8] und sprich: O Herr, erbarme dich ihrer, so wie sie sich meiner erbarmt und mich genährt in meiner Kindheit. Gott kennet die Gedanken euerer Seelen, ob ihr recht-schaffen seid, und denen, die sich aufrichtig ihm zuwenden, ist er gnädig. Gib dem Verwandten, was mit Recht ihm zukommt, und auch dem Armen und dem Wanderer, aber verschwendet euer Vermögen nicht, denn die Ver-schwender sind Brüder des Satan, und der Satan war undankbar gegen seinen Herrn. Mußt du dich aber von ihnen abwenden, indem du selbst die Gnade deines Herrn erwartest und erhoffest,[9] dann rede ihnen wenigstens freund-lich zu. Laß deine Hand weder an den Hals gebunden, noch zu weit ausge-streckt sein,[10] denn sonst fällst du in Schande oder in Armut. Wahrlich, dein Herr gibt Nahrung in Überfluß, wem er will, und entzieht sie, wem er will, denn er kennet und beobachtet seine Diener. Tötet euere Kinder nicht aus Furcht oder Armut. Wir wollen schon für sie und für euch sorgen, denn sie deshalb töten wollen, wäre große Sünde.[11] Enthaltet euch der Unkeusch-heit, denn sie ist ein Laster und führt auf schlimme Wege. Tötet keinen Men-schen, da es Gott verboten, es sei denn, daß die Gerechtigkeit es fordert. Ist aber jemand ungerechterweise getötet worden, so geben wir seinem Anver-wandten die Macht, ihn zu rächen. Dieser darf aber den Beistand des Geset-zes nicht mißbrauchen, um die Grenzen der Mäßigkeit bei Erschlagung des Mörders zu überschreiten.[12] Nähert euch auch nicht dem Vermögen des Waisen, bis er großjährig geworden, es sei denn zu dessen Vorteil.[13] Haltet auch fest an euren Bündnissen, denn hierüber werdet ihr einst zur Rechen-schaft gezogen. Wenn ihr messet, so gebet volles Maß und wieget mit richti-gem Gewichte.[14] So ist's besser und vorteilhafter für die allgemeine Ord-nung. Auch folge nicht dem, wovon du keine Kenntnis hast,[15] denn Gehör und Gesicht und die Gefühle des Herzens werden einst zur Rechenschaft gezogen. Wandle auch nicht stolz auf der Erde einher, denn du kannst ja dadurch doch die Erde nicht spalten und auch nicht die Höhe der Berge erreichen. Alles das ist ein Greuel, und deinem Herrn verhaßt. Diese Lehren sind nur ein Teil der Weisheit, welche dein Herr dir geoffenbart hat. Setzet neben den wahren Gott nicht noch einen anderen Gott, denn sonst werdet ihr mit Schmach und Verwerfung in die Hölle gestürzt. Hat denn der Herr euch gerade mit Söhnen bevorzugt, und für sich die Engel als Töchter angenommen?[16) Wahrlich, ihr behauptet da schwer zu verantwortende Reden. Wir haben nun in diesem Koran manche Beweise aufgestellt, um sie zu verwarnen, aber dies alles machte sie der Wahrheit nur noch abgeneigter. Sprich: Wenn es wirklich, wie ihr sagtet, noch Götter neben ihm geben sollte, so müßten diese doch sich irgendwie bestreben wollen, den Thron allein zu besitzen. Aber bewahre Gott, und fern von ihm ist das, was sie von ihm aussagen. Weit und hocherhaben ist er über solchem! Ihn preisen die sieben Himmel[17) und die Erde und was in beiden ist. Ja, es gibt kein Wesen, das sein Lob nicht preise. Doch ihren Lobgesang versteht ihr nicht. Er aber ist huldvoll und vergibt. Wenn du den Koran vorliest, so machen wir zwischen dir und denen, die nicht glauben an ein zukünftiges Leben, einen dichten Vorhang, und legen eine Decke auf ihr Herz, damit sie ihn nicht verstehen, und auch ihre Ohren machen wir harthörig. Und wenn du bei der Vorlesung des Korans deines Herrn als eines einzigen Gottes erwähnest, dann wenden sie dir den Rücken und ergreifen die Flucht. Wir wissen es wohl, mit welcher Absicht sie aufhorchen, wenn sie dir zuhören. Wenn sie unter sich zusammen reden, dann sagen ja die Frevler: Ihr folget da keinem anderen, als einem Wahnwitzigen. Sieh nur, mit wem sie dich vergleichen! Aber sie sind im Irrtume und werden nimmer den rechten Weg finden. Auch sagen sie: Wie sollten wir, wenn wir Knochen und Staub geworden sind, wieder zu neuen Geschöpfen auferweckt werden können? Antworte: Ja, und wäret ihr auch Stein oder Eisen, oder sonst ein Geschaffenes, das, nach euerer Meinung, noch schwerer zu beleben ist. Wenn sie sagen: Wer wird uns denn wieder auferwecken? Dann antworte: Der, welcher euch auch das erste Mal erschaffen. Und wenn sie kopfschüttelnd fragen: Wann wird das geschehen? Dann antworte: Vielleicht sehr bald. An jenem Tage wird er euch aus den Gräbern hervorrufen und ihr werdet, ihn lobpreisend, gehorchen und glauben, nur eine kurze Zeit im Grabe verweilt zu haben. Sage meinen Dienern, daß sie mit den Ungläubigen auf eine sanfte und milde Weise reden mögen. Denn der Satan sucht Uneinigkeit unter ihnen zu stiften, und der Satan ist ja ein offenbarer Feind der Menschen. Wohl kennet euch euer Herr, und er ist euch gnädig, oder strafet euch, je nach seinem Willen. Dich aber haben wir nicht gesandt, ihr Vertreter zu sein. Dein Herr kennet jeden, der im Himmel und auf der Erde lebt, und darum haben wir einige Propheten vor anderen bevorzugt[18) und haben auch dem David die Psalmen eingegeben. Sprich: Rufet

– *180* –

nur euere Götter, außer ihm, an, die ihr euch erdichtet. Sie werden aber nicht imstande sein, euch von einem Übel zu befreien, oder es sonstwie abzuwenden. Alle die, welche sie anrufen,[19] streben selbst nach einer näheren Verbindung mit ihrem Herrn und hoffen auf seine Gnade und fürchten seine Strafe, denn die Strafe deines Herrn ist schrecklich. Es gibt keine Stadt, die wir nicht vor dem Tage der Auferstehung gänzlich zerstören, oder wenigstens mit schwerer Strafe heimsuchen. So ist es niedergeschrieben im Buche der Bestimmung. Es hindert uns zwar nichts, dich mit Wunderzeichen zu senden, als nur der Umstand, daß auch die früheren Nationen diese des Betruges beschuldigten,[20] wie wir denn auch den Thamudäern die Kamelin als sichtbares Wunder brachten,[21] gegen welche sie aber ungerecht handelten. Wir schicken nun keinen Gesandten mehr mit Wunderzeichen, als nur um Schrecken einzuflößen. Auch haben wir dir gesagt, daß dein Herr alle Menschen in seiner Allwissenheit umfasset. Das Gesicht und den verfluchten Baum im Koran haben wir dir nur gezeigt,[22] um die Menschen dadurch in Versuchung zu führen und mit Schrecken zu erfüllen, und dies wird sie zu den größten Vergehen veranlassen. Als wir zu den Engeln sagten: Fallet vor Adam verehrungsvoll nieder, da taten sie also, mit Ausnahme des Satans,[23] der da sagte: Wie soll ich wohl den verehren, den du aus Lehm geschaffen? Was denkst du wohl von diesem Menschen, den du mehr ehrest als mich? Wenn du mir nur Ausstand geben willst bis zu dem Tage der Auferstehung, dann will ich seine Nachkommen alle, bis auf wenige, ins Verderben stürzen. Darauf sagte Gott: Gehe hin, es sei so. Doch wenn einer von ihnen dir folgt, dann soll die Hölle euer Lohn sein. Wahrlich, das ist eine reichliche Vergeltung. Verführe nun, durch deine Stimme, wen du kannst von ihnen, wende deine ganze Macht an,[24] gib ihnen Vermögen und Kinder und versprich ihnen alles, denn die Versprechungen des Satans sind doch nichts anderes als Täuschungen. Doch über meine Diener sollst du keine Gewalt haben, denn dein Herr ist ihnen hinlänglich Beschützer. Euer Herr ist es auch, der die Schiffe auf dem Meere für euch fortbeweget, damit ihr durch den Handel Reichtum nach seiner Güte erlanget, denn er ist barmherzig gegen euch. Und wenn euch zur See ein Unfall trifft, dann verbergen sich die falschen Götter, die ihr anrufet, und nur Gott allein hilft. Und doch wenn er rettend euch wieder auf das trockene Land bringt, dann wendet ihr euch weg von ihm und wieder zu den Götzen hin, denn der Mensch ist undankbar. Seid ihr denn sicher, daß er nicht die Erde spalte, die euch verschlinge, oder daß er nicht einen Wirbelwind über euch schicke, der euch mit Sand bedecke? Und dann werdet ihr keinen Beschützer finden. Oder seid ihr sicher, daß er nicht veranlasse, daß ihr zu einer anderen Zeit euch nochmals auf die See begebet, und er dann einen Sturmwind euch sende und euch für euere Undankbarkeit ertrinken lasse? Und dann werdet ihr niemanden finden, der euch wider uns beschützen könnte. Wir haben die Kinder Adams mit großen Vorzügen ehrenvoll ausgezeichnet, indem wir ihnen ihre Bedürfnisse zu Land und zu Wasser zuführen und sie mit allem Guten versorgen, und wir haben sie so vor manchen übrigen Geschöpfen bevorzugt. An jenem Tage werden wir alle Menschen mit ihren Anführern zur Rechenschaft aufrufen, jeder mit dem Buche seiner Handlungen in der rechten Hand, und sie sollen es vorlesen, und es wird ihnen auch nicht um einen Faden[25] breit Unrecht geschehen. Wer nun in diesem Leben blind gewesen, der wird es auch in jenem sein und weit abirren vom rechten Wege. Wenig fehlte, und die Ungläubigen hätten dich verführt, abzuweichen von dem, was wir dir geoffenbart, und stattdessen etwas anderes von uns zu erdichten, um dich dann als ihren Freund anzunehmen.[26] Und wenn wir dich nicht gestärkt hätten, so würdest du dich einigermaßen zu ihnen hingeneigt haben. So du ihnen nachgegeben hättest, dann hätten wir dich mit Leiden im Leben und auch im Tode heimgesucht, und niemand hätte dich wider uns schützen können. Beinahe hätten sie dich veranlaßt, das Land zu verlassen, indem sie beabsichtigten dich daraus zu vertreiben,[27] aber wahrlich, dann hätten sie selbst nur einen kurzen Zeitraum noch sich dort verweilen dürfen. So war unser Verfahren gegen die Gesandten, welche wir dir bereits haben vorangehen lassen, und dieses Verfahren wollen wir auch gegen dich nicht ändern. Verrichte das Gebet beim Untergange der Sonne, bis die Dunkelheit der Nacht heranbricht, und auch das Gebet beim Anbruche des Tages, denn das Morgengebet wird bezeugt.[28] Verwache auch einen Teil der Nacht und bringe ihn, als Übermaß der Frömmigkeit,[29] mit Beten zu, denn dadurch wird dich vielleicht einst dein Herr auf eine hohe und ehrenvolle Stufe erheben.[30] Bete also: Laß, o Herr, meinen Eingang und meinen Ausgang gerecht und wahrhaftig sein,[31] und laß mir zuteil werden deinen helfenden Beistand. Sprich[32]: Die Wahrheit ist nun gekommen, und das Nichtige[33] verschwindet, denn das Nichtige ist nur von kurzer Dauer. Wir haben dir nun vom Koran offenbart, was den Gläubigen Heilung und Gnade bringen, den Frevlern aber das Verderben nur noch vermehren wird. Wenn wir dem Menschen uns gnädig bezeigen, dann zieht er sich zurück und geht undankbar beiseite. Wenn aber ein Übel ihn befällt, dann will er verzweifeln. Sprich: Ein jeder handle nur nach seinem Standpunkte und Verhältnisse, und euer Herr weiß es am besten, wer auf seinem Wege am richtigsten geleitet ist. Sie werden dich auch über den Geist[34]

— *182* —

befragen. Antworte: Der Geist ist geschaffen auf den Befehl meines Herrn[35], und ihr versteht nur sehr wenig davon. Wenn wir nur wollten, so könnten wir das, was wir dir geoffenbart, wieder zurücknehmen, und du hättest dann außer der Barmherzigkeit deines Herrn auf keinen Beistand wider uns zu hoffen. Aber seine Gnade gegen dich ist groß. Sprich: Wollten sich auch die Menschen und Geister zusammentun, um ein Buch, dem Koran gleich, hervorzubringen, so würden sie dennoch kein ähnliches zustande bringen, und wenn sie auch noch so sehr sich untereinander behilflich wären. Wir haben den Menschen in diesem Koran alle möglichen Beweise in Gleichnissen und Bildern aufgestellt, die meisten aber weigern sich, aus Ungläubigkeit, ihn anzunehmen. Sie sprechen: Nicht eher wollen wir dir (Mohammed) glauben, als bis du uns eine Wasserquelle aus der Erde strömen lässest, oder einen Garten hervorbringest mit Palmbäumen und Weintrauben, dessen Mitte Wasserbäche reichlich durchströmen, oder bis, wie du gedroht, der Himmel in Stücken auf uns herabstürze, oder bis du Gott und die Engel uns sichtbar zu Zeugen bringest, oder du ein Haus von Gold besitzest, oder mit einer Leiter in den Himmel steigest. Auch deiner Himmelfahrt wollen wir nicht glauben, wenn du nicht ein für uns lesbares Buch herabfahren lässest. Antworte: Lob und Preis sei meinem Herrn! Bin ich denn etwas mehr als ein Mensch, der nur zum Gesandten bestimmt ist? Und dennoch hält die Menschen, wenn ihnen eine richtige Leitung zuteil wird, nichts anderes vom Glauben ab, als daß sie sagen: Schickt denn wohl Gott einen Menschen zum Gesandten? Sprich: Wenn es sich ziemte, daß die Engel vertraulich auf der Erde herumwandelten, so hätten wir ihnen einen Engel des Himmels als Gesandten geschickt. Sprich: Gott ist hinreichender Zeuge zwischen mir und euch, denn er kennet und beobachtet seine Diener. Wen Gott leitet, der ist rechtgeleitet, wen er aber in die Irre führt, der findet, außer ihm, keinen Beistand. Wir werden sie einst am Tage der Auferstehung versammeln, und blind, stumm und taub werden sie sein, und die Hölle zur Wohnung erhalten, und so oft deren Flamme verlöschen will, wollen wir sie von neuem anzünden. Dies sei ihr Lohn, weil sie unsere Zeichen leugneten und sagten: Wie sollen wir, wenn wir Knochen und Staub geworden, zu neuen Geschöpfen wieder auferweckt werden können? Sehen sie denn nicht ein, daß Gott, der Himmel und Erde geschaffen, mächtig genug ist, ihnen wieder neue Körper, wie ihre jetzigen, zu schaffen? Wahrlich, er hat ihnen ein Ziel bestimmt, das ist keinem Zweifel unterworfen, und dennoch wollen die Frevler, aus Ungläubigkeit, dies nicht anerkennen. Sprich: Wenn ihr auch über die Schätze der Gnade meines Herrn zu verfügen hättet, wahrlich, ihr würdet sie nicht anrühren, aus

Furcht: sie möchten erschöpfen, denn der Mensch ist geizig. Wir gaben dem Moses neun deutliche Wunderzeichen.[36] Erkundige dich hierüber nur bei den Kindern Israels. Als er nun zu ihnen kam, da sagte Pharao zu ihm: Ich glaube, o Moses, du bist durch Zauberei betört. Er aber antwortete: Du weißt es wahrhaftig, daß solche deutliche Wunder nur der Herr des Himmels und der Erde herabsenden kann. Ich halte dich daher, o Pharao, für einen verlorenen Menschen. Er wollte sie darauf aus dem Lande verjagen, aber wir ertränkten ihn und alle, die es mit ihm hielten. Wir sagten dann zu den Kindern Israels: Bewohnet das Land, und wenn die Verheißung des zukünftigen Lebens in Erfüllung gehen wird, dann wollen wir euch allesamt ins Gericht führen. Den Koran haben wir in Wahrheit geoffenbart, und in Wahrheit ist er herabgekommen. Dich aber haben wir nur geschickt, um Gutes zu verkünden und Strafen anzudrohen. Den Koran haben wir deshalb in Abteilungen geteilt,[37] damit du ihn den Menschen mit Bedächtigkeit vorlesest, zu welchem Ende wir ihn so teilweise herabgesandt. Sprich: Möget ihr nun daran glauben oder nicht, so fallen doch die, denen die Erkenntnis schon vordem geworden,[38] wenn er ihnen vorgelesen wird, auf ihr Angesicht anbetungsvoll nieder und sagen: Lob und Preis unserem Herrn! Die Verheißung unseres Herrn ist in Erfüllung gegangen. Sie fallen weinend nieder, und während des Zuhörens nehmen sie an Demut zu. Sprich: Rufet ihn Gott oder Erbarmer an, wie ihr ihn auch anrufet, das steht sich gleich, denn er hat die herrlichsten Namen[39]. In deinem Gebete sprich nicht zu laut und nicht zu leise, sondern folge dem Mittelwege[40], und sprich: Lob sei Gott, der weder ein Kind, noch sonst einen Gefährten hat in der Regierung[41] und auch wegen Schwäche keinen Beschützer braucht. Verherrliche du seine Größe.

ACHTZEHNTE SURE

Die Höhle[1]

Geoffenbart zu Mekka

Im Namen des allbarmherzigen Gottes

Gelobt sei Gott, der seinem Diener die Schrift geoffenbart, in welcher er keine Krümme, sondern nur Geradheit gelegt hat, um damit den Ungläubigen schwere Strafe von ihm anzudrohen, und den Gläubigen, die rechtschaffen handeln, herrlichen Lohn zu verkünden, der ihnen auf ewig bleiben soll, und auch die zu verwarnen, so da sagen: Gott habe einen Sohn gezeugt, wovon doch weder sie noch ihre Väter Kenntnis haben können. Eine freche Rede sprechen sie da mit ihrem Munde, und sagen nichts anderes als Lügen aus. Du willst vielleicht, aus Verdruß, dir das Leben nehmen, weil sie dieser neuen Offenbarung keinen Glauben schenken, doch es wäre umsonst. Wir haben alles, was auf der Erde ist, zu ihrer Zierde angeordnet, um dadurch die Menschen zu prüfen und zu sehen, wer von ihnen sich in seinen Werken auszeichne, und dies alles werden wir einst auch wieder in trocknen Staub verwandeln. Betrachtest du wohl die Bewohner der Höhle und Al-Rakim[2] als unsere wunderbarsten Zeichen? Als die Jünglinge in die Höhle flüchteten, da beteten sie: O unser Herr, begnadige uns mit deiner Barmherzigkeit und lenke du unsere Sache aufs beste. Wir ließen sie darauf eine Reihe von Jahren in der Höhle schlafen.[3] Dann weckten wir sie, um zu sehen, wer von den beiden Parteien[4] den hier zugebrachten Zeitraum am richtigsten berechnen wird. Wir wollen dir ihre Geschichte nach der Wahrheit erzählen. Diese Jünglinge glaubten an ihren Herrn, und wir hatten sie stets geleitet, und ihr Herz gestärkt, als sie vor dem Tyrannen standen und sagten: Unser Herr ist der Herr des Himmels und der Erde, und außer ihm werden wir keinen anderen anrufen, denn sonst würden wir eine große Lüge aussagen.[5] Diese unsere Landsleute verehren zwar außer ihm noch andere Götter, aber sie können diese nicht mit Überzeugungsgründen beweisen. Wer aber ist frevelhafter als der, welcher von Gott Lügen erdichtet? Und die

Jünglinge sagten einer zum anderen: Wollt ihr euch von ihnen trennen, und von den Götzen, welche sie außer Gott verehren, dann fliehet in die Höhle, und euer Herr wird seine Barmherzigkeit über euch ausgießen und eure Angelegenheit aufs beste lenken. Hättest du nur die Sonne gesehen, wie sie bei ihrem Aufgange sich von ihrer Höhle weg zur rechten Seite neigte, und sie bei ihrem Untergange zur linken ließ, während sie in der geräumigen Mitte sich aufhielten.[6] Dies war ein Wunderzeichen Gottes. Wahrlich, wen Gott leitet, der ist rechtgeleitet, wen er aber in die Irre führt, der findet keinen Beschützer und keinen Führer. Du hättest, obgleich sie schliefen, sie für Wachende gehalten,[7] und wir ließen sie auch oft sich von der rechten zur linken Seite wenden.[8] Und ihr Hund lag ausgestreckt mit seinen Vorderfüßen am Eingange der Höhle.[9] Wenn du dich zufällig ihnen genähert hättest, so würdest du wahrlich voller Schrecken über ihren Anblick den Rücken gewendet und die Flucht genommen haben. Als wir sie nun erweckten, da stellten sie sich Fragen untereinander. Einer von ihnen fragte: Wie lange habt ihr hier wohl zugebracht? Einige erwiderten: Wir haben wohl einen Tag, oder auch nur einen Teil eines Tages hier verweilt. Andere erwiderten: Euer Herr weiß es am besten, wie lange ihr hier zugebracht habt.[10] Schicket nun einen von euch mit diesem euerem Gelde in die Stadt,[11] damit er sehe, wer dort die beste und wohlfeilste Speise feil habe, damit er sie euch bringe. Er muß aber vorsichtig sein, daß er keinen von euch verrate, denn wenn sie hierhin zu euch kommen, dann werden sie euch steinigen, oder euch zwingen, zu ihrer Religion zurückzukehren, und ihr würdet auf ewig unglücklich sein. Wir machten aber ihr Volk mit ihrer Geschichte bekannt, damit es erkenne, daß Gottes Verheißung wahr, und die letzte Stunde nicht zu bezweifeln sei.[12] Da fingen sie an, über diese Sache zu streiten,[13] und einige sagten: Bauet ein Haus über ihnen, denn ihr Herr kennet ihren Zustand am besten. Die aber, welche in der Sache den Sieg davon trugen, sagten: Ja, wir wollen einen Tempel über ihnen errichten. Einige sagen: es wären ihrer (der Schläfer) drei, und ihr Hund der vierte gewesen. Andere behaupten: es wären ihrer fünf, und mit ihrem Hunde sechs gewesen. So raten sie herum in einer geheimen Sache. Andere wieder sagen: Es seien sieben, und mit ihrem Hunde acht gewesen. Sprich: Nur mein Herr kennet ihre Zahl, und nur wenige können das wissen. Streite nicht hierüber, oder nur nach der klaren Offenbarung, die dir geworden. Erkundige dich auch hierüber nicht bei einem Christen. Von keiner Sache sage: Morgen will ich das tun, oder du fügest hinzu: So Gott will.[14] Wenn du das vergessen, so erinnere dich deines Herrn und sprich: Es ist meinem Herrn ein leichtes, daß er mich leite und in dieser Sache der Wahrheit näher führe. Sie waren in der Höhle dreihundert und neun Jahre.[15] Sprich: Gott weiß es am besten, wie lange sie hier verweilt haben, denn er kennet die Geheimnisse des Himmels und der Erde. Siehe und höre nur auf ihn.[16] Sie, die Menschen, haben außer ihm keinen Beschützer, und zu seinen Ratschlüssen braucht er keinen Teilnehmer. Lies vor, was dir offenbart worden aus dem Buche deines Herrn, seine nicht zu verändernden Worte, denn außer ihm findest du keine Zuflucht. Halte standhaft und in Geduld mit denen aus, die ihren Herrn des Morgens und des Abends anrufen und seine Gnade suchen.[17] Wende deine Augen nicht von ihnen weg, indem du der Herrlichkeit dieses Lebens nachstrebst.[18] Auch gehorche dem nicht, in dessen Herzen wir unser Andenken haben erlöschen lassen, weil er nur seinen Begierden folgt und sein ganzes Geschäft nur aus Freveln besteht.[19] Sprich: Die Wahrheit kommt von eurem Herrn. Wer nun will, der glaube, und ungläubig sei, wer da will. Den Frevlern aber haben wir das Höllenfeuer bereitet, dessen Flamme und Rauch sie umkreisen soll. Und wenn sie um Hilfe rufen, dann soll ihnen geholfen werden mit Wasser, das geschmolzenem Erze gleicht und ihre Gesichter brennend verzehrt. Welch ein unglückseliger Trank! Und welch ein unglückliches Lager! Denen aber, so da glauben und das Gute tun, wollen wir den Lohn ihrer guten Handlungen nicht entziehen. Edens Gärten[20] sind für sie bestimmt, welche Wasserbäche durchströmen. Geschmückt werden sie mit goldenen Armbändern, und bekleidet mit grünen Gewändern von feiner Seide, mit Gold und Silber durchwirkt, und ruhen sollen sie auf weichen Polsterkissen. Welch herrliche Belohnung! Und welch ein süßes Lager! Stelle ihnen zum Gleichnisse zwei Menschen auf.[21] Dem einen von beiden haben wir nämlich zwei Weingärten gegeben und sie mit Palmbäumen umgeben, und zwischen beiden Korn hervorwachsen lassen. Jeder von diesen Gärten brachte seine Früchte zur gehörigen Zeit, und versagte nie etwas. Auch ließen wir in der Mitte der beiden Gärten einen Strom fließen. Als er nun Früchte im Überfluß erhielt, da sagte er gesprächsweise zu seinem Nächsten, sich rühmend: Ich bin an Vermögen und Nachkommen reicher und größer als du. Und er ging in seinen Garten, voller Ungerechtigkeiten im Herzen, und sagte[22]: Ich glaube nicht, daß dieser Garten je zugrunde gehen wird, auch glaube ich nicht an das Herannahen der letzten Stunde. Sollte ich aber auch einst zu meinem Herrn zurückkehren, nun so werde ich zum Tausche noch einen besseren Garten finden, als dieser ist. Da sagte sein Nächster erwidernd zu ihm: Glaubst du denn nicht an den, der dich aus Staub und dann aus Samen geschaffen, und dich zum Manne gestaltet hat? Was mich betrifft, so erkenne ich Gott als meinen Herrn, und ich werde meinem Herrn keine andere Gottheit zugesellen. Solltest du nicht, wenn du in deinen Garten gehst, sagen: Was Gott will, das mag kommen, nur bei ihm allein ist die Macht. Zwar siehst du mich jetzt an Vermögen und Kindern ärmer, als du bist. Aber vielleicht will mein Herr mir noch etwas Besseres geben, als dein Garten ist. Er kann ja über diesen Garten Heuschrecken[23] vom Himmel herabsenden, so daß er in dürren Staub verwandelt wird. Oder er kann sein Wasser so tief in die Erde versenken, daß du es nicht heraufzuschöpfen vermagst. Und so geschah es auch. Seine Früchte wurden bald von Heuschrecken umgeben und vernichtet, so daß er die Hände zusammenschlug über die vergeblichen Ausgaben, die er sich desfalls gemacht. Als nun auch die Weinreben mit ihren Stöcken zusammenbrachen, da sagte er: O, hätte ich doch meinem Herrn keine andere Gottheit zugesellt! Nun konnte ihm, außer Gott, weder die Menge[24], noch er sich selbst helfen. In solchen Fällen ist in Wahrheit nur Schutz und Schirm bei Gott zu suchen. Bei ihm findet man die beste Belohnung und den glücklichsten Ausgang. Über das Leben hienieden stelle ihnen folgendes Gleichnis auf: Es gleicht dem Wasser, das wir vom Himmel herabsenden, das von den Gewächsen der Erde eingesaugt wird. Und wenn diese dadurch grün geworden, dann – eines Morgens sind sie dürrer Staub, den der Wind zerstreut, denn Gott ist aller Dinge mächtig. Reichtum und Kinder sind allerdings eine Zierde des irdischen Lebens, doch weit besser noch sind gute Werke, die ewig dauern. Sie finden schöneren Lohn bei deinem Herrn, und erregen freudigere Hoffnungen. An jenem Tage werden wir die Berge abtragen, und du wirst die Erde ganz geebnet finden,[25] und dann wollen wir die Menschen versammeln und nicht einen zurücklassen. Und sie werden in Ordnung vor deinem Herrn aufgestellt, und zu ihnen gesagt werden: Nun kommt ihr so nackt zu uns, wie wir euch das erste Mal erschaffen, aber ihr glaubtet wohl nicht, daß wir unser Versprechen erfüllen würden. Und das Buch ihrer Handlungen wird aufgelegt, und du wirst sehen, wie die Frevler über seinen Inhalt in Schrecken geraten und ausrufen: Wehe uns, welch ein Buch ist das! Da fehlt ja nicht die kleinste und die größte unserer Handlungen. Alles enthält es. Sie finden nun vor ihren Augen, was sie getan, und keinem einzigen wird dein Herr Unrecht tun. Als wir zu den Engeln sagten: Fallet anbetend vor Adam nieder! Da taten sie also, mit Ausnahme des Satans, der zu den bösen Geistern gehörte und dem Befehle seines Herrn zuwiderhandelte. Wollt ihr nun, mich beiseite lassend, ihn und seine Nachkommen zu Beschützern annehmen, da sie doch euere offenbaren Feinde sind? Das wäre für die Frevler ein elender Tausch. Ich habe sie nicht zu Zeugen gerufen bei der Schöpfung des Himmels und der Erde, auch nicht, als ich sie selbst erschaffen, auch habe ich keinen der Verführer[26] zum Beistande genommen. An jenem Tage wird Gott sagen[27]: Rufet nun die herbei, die ihr mir als Gefährten angedichtet. Und sie werden sie rufen, aber diese antworten nicht. Denn wir setzen ein Tal des Verderbens zwischen sie.[28] Das Höllenfeuer sollen die Frevler erblicken, und erkennen, daß sie hineingeworfen und nimmer daraus entfliehen werden. Wir haben nun den Menschen in diesem Koran alle möglichen Gleichnisse aufgestellt, doch der Mensch bestreitet die meisten. Nun, da die rechte Leitung den Menschen geworden, hindert sie nichts, zu glauben und ihren Herrn um Verzeihung zu bitten, bevor die Strafe der Vorfahren über sie kommt, oder die des Jüngsten Tages öffentlich erscheint. Unsere Gesandten aber schicken wir nur, um Gutes zu verkünden und Böses anzudrohen. Die Ungläubigen zwar bestreiten sie mit Waffen der Nichtigkeit, um die Wahrheit zu vernichten und meine Zeichen und Verwarnungen zu verspotten. Wer aber ist frevelhafter als der, der mit den Zeichen seines Herrn wohlbekannt ist, und sich dennoch von ihnen zurückzieht und vergißt, was seine Hände ausgeübt? Wahrlich, wir haben eine Decke über ihre Herzen gelegt und ihre Ohren verstopft, damit sie ihn (den Koran) nicht verstehen. Rufest du sie auch nun zur wahren Leitung, so werden sie doch nie sich leiten lassen. Dein Herr aber ist voller Gnade und Barmherzigkeit, denn hätte er sie ihrer Sünden wegen bestrafen wollen, so hätte er sich damit beeilt. Allein die Strafe ist ihnen auf den Jüngsten Tag verheißen, und dann finden sie, außer ihm, keinen Beschützer. Auch den Städten, welche wir ihrer Frevel wegen zerstörten, hatten wir ihren Untergang zuvor schon angedroht und verheißen.

Moses sagte einst zu seinem Diener[29]: Ich will nicht aufhören zu wandern, und sollte ich auch achtzig Jahre lang reisen, bis ich den Zusammenfluß der zwei Meere erreicht habe[30]. Als sie nun diesen Zusammenfluß der zwei Meere erreicht hatten, da vergaßen sie ihren Fisch[31], der seinen Weg durch einen Kanal ins Meer nahm. Als sie nun an diesem Orte vorbei waren, da sagte Moses zu seinem Diener: Bringe uns das Mittagsbrot, denn wir fühlen uns von dieser Reise ermüdet. Dieser aber erwiderte: Sieh nur, was mir geschehen! Als wir dort am Felsen lagerten, da vergaß ich den Fisch. Nur der Satan kann die Veranlassung sein, daß ich ihn vergessen und mich seiner nicht erinnert habe, und auf eine wunderliche Weise nahm er seinen Weg ins Meer. Da sagte Moses: Dort ist denn die Stelle, die wir suchen. Und sie gingen den Weg, den sie gekommen, wieder zurück. Und sie fanden einen unserer Diener, den wir mit unserer Gnade und Weisheit ausgerüstet hatten.[32] Da sagte Moses zu ihm: Soll ich dir wohl folgen, damit du mich, zu meiner Leitung, lehrest einen

Teil der Weisheit, die du gelernt hast? Er aber erwiderte: Du wirst bei mir nicht aushalten können, denn wie solltest du geduldig ausharren bei Dingen, die du nicht begreifen kannst? Moses aber antwortete: Du wirst mich, so Gott will, geduldig finden, und ich werde dir in keiner Hinsicht ungehorsam sein. Darauf sagte jener: Nun, wenn du mir denn folgen willst, so darfst du mich über nichts fragen, bis ich dir von selbst die Deutung geben werde. Und so gingen sie denn beide, bis sie an ein Schiff kamen, in welches jener ein Loch machte. Da sagte Moses: Hast du etwa deshalb ein Loch hinein gemacht, damit seine Mannschaft ertrinke? Was du da getan, das befremdet mich. Jener aber erwiderte: Habe ich dir nicht im voraus gesagt, du würdest nicht in Geduld bei mir ausharren können? Moses aber antwortete: Mache mir keine Vorwürfe darüber, daß ich das vergessen habe, und mache mir den Befehl des Gehorsams nicht so schwer. Als sie nun weitergingen, da trafen sie einen Jüngling, den jener umbrachte. Da sagte Moses: Du hast einen unschuldigen Menschen erschlagen, der keinen Mord begangen. Wahrlich, du hast eine ungerechte Handlung ausgeübt. Jener aber erwiderte: Habe ich dir nicht im voraus gesagt, du würdest nicht in Geduld bei mir ausharren können? Darauf antwortete Moses: Wenn ich dich ferner noch über etwas befragen sollte, dann dulde mich nicht mehr in deiner Gesellschaft. Nimm dies jetzt als Entschuldigung an. Sie gingen nun weiter, bis sie kamen zu den Bewohnern einer gewissen Stadt[33], von welchen sie Speise verlangten. Diese weigerten sich aber, sie aufzunehmen. Sie fanden dort eine Mauer, welche dem Einsturze drohte. Jener aber richtete sie auf. Da sagte Moses zu ihm: Wenn du nur wolltest, so würdest du gewiß dafür eine Belohnung finden. Jener aber erwiderte: Hier scheiden wir voneinander. Doch will ich zuvor die Bedeutung der Dinge, welche du nicht mit Geduld ertragen konntest, dir mitteilen. Jenes Schiff gehörte gewissen armen Leuten, die sich auf dem Meere beschäftigen, und ich machte es deshalb unbrauchbar, weil ein seeräuberischer Fürst hinter ihnen her war, der jedes Schiff gewalttätig raubte. Was jenen Jüngling betrifft, so sind seine Eltern gläubige Menschen, und wir fürchteten, er möchte sie mit seinen Irrtümern und mit seinem Unglauben anstecken. Darum wünschten wir, daß ihnen der Herr zum Tausche einen besseren, frömmeren und liebevolleren Sohn geben möchte. Jene Mauer gehört zwei Jünglingen in der Stadt, die Waisen sind, Unter ihr liegt ein Schatz für sie, und da ihr Vater ein rechtschaffener Mann war, so ist es der Wille deines Herrn, daß sie selbst, wenn sie volljährig geworden, durch die Gnade deines Herrn den Schatz heben sollen. Ich habe also nicht nach Willkür gehandelt. Siehe, dies ist die Erklärung dessen, was du nicht in Geduld zu ertragen vermochtest.

— *190* —

Die Juden werden dich auch über den Dulkarnain[34] befragen. Antworte: Ich will euch eine Geschichte von ihm erzählen. Wir befestigten sein Reich auf Erden, und wir gaben ihm die Mittel, alle seine Wünsche zu erfüllen. Er ging einst seines Weges, bis er kam an den Ort, wo die Sonne untergeht, und es schien ihm, als ginge sie in einem Brunnen mit schwarzem Schlamm unter.[35] Dort traf er ein Volk. Wir sagten zu ihm: O Dulkarnain: Entweder bestrafe dies Volk, oder zeige dich milde gegen dasselbe. Er aber sagte: Wer ungerecht von ihnen handelt, den wollen wir bestrafen, und dann soll er zu seinem Herrn zurückkehren, der ihn noch strenger bestrafen wird. Wer aber glaubt und rechtschaffen handelt, der empfängt den herrlichsten Lohn, und wir wollen ihm unsere Befehle leicht machen. Dann verfolgte er seinen Weg weiter, bis er kam an den Ort, wo die Sonne aufgeht. Er fand sie aufgehen über einem Volke, dem wir nichts gegeben hatten, um sich vor ihr schützen zu können.[36] Dies ist wahr, denn wir umfaßten in unserer Kenntnis alle die, welche mit ihm waren. Er verfolgte seinen Weg weiter, bis er kam zwischen zwei Berge, wo er ein Volk fand, das kaum seine Sprache verstehen konnte. Sie sagten zu ihm: O Dulkarnain, Jadschudsch und Madschudsch[37] richten Verderben im Lande an. Bist du es nun zufrieden, daß wir dir einen Tribut zahlen unter der Bedingung, daß du zwischen uns und ihnen einen Wall errichtest? Er aber erwiderte: Die Kraft, mit welcher mein Herr mich ausgerüstet, ist besser als euer Tribut. Steht mir nur kräftig bei, so will ich einen festen Wall zwischen euch und ihnen aufführen. Bringet mir große Stücke Eisen, um den Zwischenraum der beiden Bergwände auszufüllen. Er sagte weiter: Blaset nur (mit den Blasebälgen), damit das Eisen wie Feuer glühe. Dann sagte er: Bringet mir geschmolzenes Erz, daß ich es darauf gieße. So konnten sie (Jadschudsch und Madschudsch) den Wall weder übersteigen noch durchlöchern. Da sagte Dulkarnain: Dies habe ich nun mit der Gnade meines Herrn getan. Wenn aber einst die Verheißung meines Herrn in Erfüllung gehen wird, dann wird er den Wall in Staub verwandeln.[38] Die Verheißung meines Herrn aber ist wahr. An jenem Tage werden wir die Menschen, einen über den anderen, gleich den Wellen des Meeres, herstürzen lassen, und wenn in die Posaune gestoßen wird, dann wollen wir sie allesamt versammeln. An jenem Tage geben wir die Hölle den Ungläubigen, deren Augen verhüllt und deren Ohren verstopft waren, so daß sie meine Ermahnung nicht hören konnten. Denken wohl die Ungläubigen, daß ich sie darüber, daß sie außer mir noch meine Diener zu Beschützern annehmen, nicht bestrafen werde? Wahrlich, die Hölle haben wir den Ungläubigen zur Wohnung bestimmt. Sprich: Sollen wir euch diejenigen zu erkennen geben, deren

Werke verloren und deren Bestrebungen in diesem Leben falsch geleitet sind, und dennoch glauben, daß sie rechtschaffen handeln? Das sind die, welche nicht glauben an die Zeichen ihres Herrn und an das einstige Zusammentreffen mit ihm. Darum ist ihr Tun eitel und nichtig, auf welches wir am Tage der Auferstehung durchaus kein Gewicht legen. Ihr Lohn soll die Hölle sein, weil sie nicht geglaubt und meine Zeichen und Gesandten verspotteten. Die aber, so da glauben und das Gute tun, erhalten die Gärten des Paradieses[39] zur Wohnung. Ewig werden sie da verbleiben und sich nie von dort hinweg wünschen. Sprich: Wenn selbst das Meer Tinte wäre für das Wort meines Herrn ganz niederzuschreiben, so würde doch das Meer noch eher, als das Wort meines Herrn erschöpft sein, und wenn wir auch noch ein ähnliches Meer hinzufügten. Sprich: Ich bin zwar wie ihr nur Mensch, aber mir ist offenbart worden, daß euer Gott nur ein einziger Gott ist. Wer nun hoffet auf das Zusammentreffen mit Gott, der handele rechtschaffen und verehre niemanden göttlich, als nur seinen Herrn allein.

١٩

NEUNZEHNTE SURE

Maria[1]

Geoffenbart zu Mekka

Im Namen des allbarmherzigen Gottes

KHIAZ.[2] Folgendes ist eine Erwähnung der Barmherzigkeit deines Herrn gegen seinen Diener Zacharias[3]. Er rief einst seinen Herrn im geheimen an und sagte: O mein Herr, meine Gebeine sind schwach, und mein Haupt ist vor Alter grau, und nie habe ich vergebens und ohne Erfolg, o mein Herr, dich angerufen. Nun aber bin ich meiner Verwandten wegen, die mich beerben sollen, besorgt, denn meine Frau ist unfruchtbar. Darum gib mir noch in deiner Huld einen Nachkommen, der mich beerbe und der auch erbe die Vorzüge der Familie des Jakob, und mache, daß er dir, o Herr, wohlgefällig werde. Er erhielt die Antwort: Wir verkünden dir, o Zacharias, einen Sohn, dessen Name Johannes sein soll, welchen Namen noch niemand zuvor gehabt.[4] Er aber erwiderte: Wie kann mir noch ein Sohn werden, da ja mein Weib unfruchtbar ist und ich alt und abgelebt bin? Der Engel aber erwiderte: Es wird dennoch sein! Denn dein Herr spricht: Das ist mir leicht, habe ich ja auch dich geschaffen, da du noch ein Nichts warst. Darauf sagte Zacharias: O mein Herr, gib mir ein Zeichen. Der Engel erwiderte: Ein Zeichen soll dir sein, daß du, obgleich vollkommen gesund, drei Tage[5] lang mit keinem Menschen wirst reden können. Darauf ging er aus dem Gemache zu seinem Volke hin, und zeigte durch Gebärden, als wolle er sagen: Lobet und preiset Gott des Morgens und des Abends. Und zu dem Johannes sagten wir: O Johannes, nimm hin die Schrift mit Kraft.[6] Wir gaben ihm schon als Kind Weisheit und unsere Gnade und die Neigung, Almosen zu geben. Er war gottesfürchtig und liebevoll gegen seine Eltern und kannte keinen Stolz und Ungehorsam. Friede sei mit dem Tage seiner Geburt und seines Todes, und mit dem Tage, an welchem er einst wieder auferstehen wird. Erwähne auch in dem Buche des Korans die Geschichte der Maria. Als sie sich einst von ihrer Familie nach einem Orte zurückzog, der

– *193* –

gegen Osten[7]) lag, und sich verschleierte[8]), da sandten wir ihr unseren Geist[9]) in der Gestalt eines schöngebildeten Mannes. Sie sagte: Ich nehme, aus Furcht vor dir, meine Zuflucht zu dem Allbarmherzigen. Wenn auch du ihn fürchtest, dann nähere dich mir nicht. Er aber erwiderte: Ich bin von deinem Herrn gesandt, dir einen heiligen Sohn zu geben. Sie aber antwortete: Wie kann mir ein Sohn werden, da mich ja kein Mann berührt, und ich auch keine Hure bin? Er aber erwiderte: Es wird dennoch so sein, denn dein Herr spricht: Das ist mir ein Leichtes. Wir machen ihn (diesen Sohn) zu einem Wunderzeichen für die Menschen, und er sei ein Beweis unserer Barmherzigkeit. So ist die Sache fest beschlossen. So empfing sie den Sohn, und sie zog sich (in ihrer Schwangerschaft) mit ihm zurück an einen entlegenen Ort. Einst befielen sie die Wehen der Geburt an dem Stamme eines Palmbaumes, da sagte sie: O, wäre ich doch längst gestorben und ganz vergessen! Da rief eine Stimme[10]) unter ihr: Sei nicht betrübt, schon hat dein Herr zu deinen Füßen ein Bächlein fließen lassen, und schüttele nur an dem Stamme des Palmbaumes, und es werden reife Datteln genug auf dich herabfallen. Iß und trinke und beruhige dich.[11]) Und wenn du einen Menschen triffst, der dich vielleicht des Kindes wegen befragt, dann sage: Ich habe dem Allbarmherzigen ein Fasten gelobt, und ich werde daher heute mit niemandem sprechen.[12]) Sie kam nun mit dem Kinde, es in ihren Armen tragend, zu ihrem Volke, welches sagte: O Maria, du hast eine sonderbare Tat begangen! O Schwester Aarons[13]), dein Vater war wahrlich kein schlechter Mann, und auch deine Mutter war keine Hure. Da zeigte sie auf das Kind hin, damit es rede, worauf die Leute sagten: Wie, sollen wir mit einem Kinde in der Wiege reden? Das Kind aber begann zu sagen: Wahrlich, ich bin der Diener Gottes, er gab mir die Schrift und bestimmte mich zum Propheten. Er gab mir seinen Segen, wo ich auch sei, und er befahl mir, das Gebet zu verrichten und Almosen zu geben, so lange als ich lebe, und liebevoll gegen meine Mutter zu sein. Er machte keinen elenden Hochmütigen aus mir. Friede komme über den Tag meiner Geburt und meines Todes, und über den Tag, an welchem ich wieder zum Leben auferweckt werde. Das ist nun Jesus, der Sohn der Maria, das Wort der Wahrheit, das sie bezweifeln. Es ziemt sich nicht für Gott, daß er sollte einen Sohn haben. Lob und Preis sei ihm! So er eine Sache beschließt und nur sagt: „Werde!" so – ist sie. Wahrlich, Gott ist mein und euer Herr. Darum dienet nur ihm, das ist der rechte Weg. Die Sektierer jedoch sind uneinig darüber[14]). Aber wehe den Ungläubigen beim Erscheinen jenes großen Tages. Mache, daß sie hören und sehen auf den Tag hin, an welchem sie zu uns kommen. Doch die Frevler sind jetzt in offenbarem Irrtume. Verwarne sie auch vor dem Tage, an welchem sie seufzen, und an welchem ihr Verhängnis soll beschlossen werden, obgleich sie jetzt sorglos darüber sind und nicht daran glauben. Wir aber erben einst die Erde und alles, was darauf ist,[15] und zu uns kehren alle Dinge zurück.

Erwähne auch im Koran des Abraham, denn er war ein gerechter Mann und ein Prophet. Er sagte einst zu seinem Vater[16]: Warum, o mein Vater, betest du Wesen an, die weder hören noch sehen und dir durchaus nichts nützen können? Wahrlich, mein Vater, mir ist mehr Erkenntnis geworden als dir, darum folge mir, und ich will dich auf den gebahnten Weg führen. O mein Vater, diene doch dem Satan nicht, denn der Satan hat sich wider den Allbarmherzigen empört. Ich fürchte, o mein Vater, die Strafe des Allbarmherzigen möchte dich treffen, und daß du ein Gefährte des Satan werdest. Sein Vater aber erwiderte: Willst du, Abraham, meine Götter verwerfen? Wenn du das nicht unterlässest, so steinige ich dich. Verlasse mich nun auf eine geraume Zeit. Darauf sagte Abraham: Friede sei mit dir. Ich will meinen Herrn bitten, daß er dir verzeihe, denn er ist mir gnädig. Ich will mich nun trennen von euch und den Götzen, die ihr außer Gott anrufet. Ich will nur meinen Herrn anrufen. Vielleicht bin ich nicht so erfolglos beim Anrufen meines Herrn, als ihr bei dem Anrufen euerer Götzen. Als er sich nun von ihnen getrennt hatte und von den Götzen, welche sie außer Gott verehrten, da gaben wir ihm den Isaak und Jakob, die wir zu Propheten machten. Wir gaben ihnen unsere Barmherzigkeit und die erhabenste Sprache der Wahrhaftigkeit.

Erwähne auch des Moses im Koran, denn er war ein rechtschaffener Mann und Gesandter und Prophet. Und wir riefen ihn von der rechten Seite des Berges Sinai, und brachten ihn uns näher, und sprachen vertraulich mit ihm. Und wir gaben ihm, in unserer Barmherzigkeit, seinen Bruder Aaron zum Propheten.[17] Erwähne auch des Ismael im Koran, der wahrhaftig in seinen Versprechungen und auch ein Gesandter und Prophet war. Er befahl seiner Familie, das Gebet zu verrichten und Almosen zu geben, und war seinem Herrn wohlgefällig. Erwähne auch des Edris[18] im Koran. Er war ein gerechter Mann und ein Prophet, den wir auf eine hohe Stufe erhoben. Das sind nun die Propheten von den Nachkommen des Adam und von denen, welche wir mit Noah in die Arche führten, und von den Nachkommen des Abraham und Israel, und von denen, welche wir rechtgeleitet und auserwählt, die Gott begnadigt hat. Wenn die Zeichen des Allbarmherzigen ihnen vorgelesen wurden, dann fielen sie weinend und ehrfurchtsvoll nieder. Darauf aber folgte ihnen ein Geschlecht, welches das Gebet vernachlässigte und nur den Gelüsten folgte. Dafür soll es in den Höllenstrom[19] hinabgestürzt werden, mit Ausnahme dessen, welcher bereut und glaubt und das Gute tut. Solche sollen ins Paradies kommen, wo ihnen kein Unrecht geschehen wird, in Edens Gärten, welche der Allbarmherzige seinen Dienern für die verborgene Zukunft[20] verheißen. Und seine Verheißung geht gewiß in Erfüllung. Dort hören sie kein eitles Geschwätz, sondern nichts als Friede, und morgens und abends finden sie ihren Unterhalt. Dieses Paradies lassen wir diejenigen unserer Diener erben, die fromm sind. Wir (Engel) kommen nur auf den Befehl deines Herrn vom Himmel herab. Ihm gehört die Zukunft, die vor uns, die Vergangenheit, welche hinter uns, und die Gegenwart, welche zwischen beiden liegt, und dein Herr vergißt nichts. Er ist der Herr des Himmels und der Erde und dessen, was zwischen ihnen ist. Darum verehret nur ihn, und bleibet standhaft in seiner Verehrung. Kennst du wohl einen Namen, der dem seinigen gleich wäre? Zwar spricht der Mensch[21]: Soll ich wohl, wenn ich tot bin, wirklich wieder lebendig aus dem Grabe steigen? Will sich denn der Mensch nicht erinnern, daß wir ihn auch vordem ja geschaffen haben, als er noch ein Nichts war? Aber bei deinem Herrn! Wir werden einst sie und die Teufel versammeln, und sie kniend um die Hölle herumsetzen. Und von jeder Sekte wollen wir besonders die entfernen, die am hartnäckigsten sich dem Allbarmherzigen widersetzt haben, und wir kennen wohl diejenigen, die es am meisten verdienen, in der Hölle verbrannt zu werden. Keiner von euch ist, der sich ihr nicht nähern müßte.[22] So ist's von deinem Herrn beschlossen und bestimmt. Die Frommen wollen wir dann erlösen, die Frevler aber auf ihren Knien liegen lassen. Wenn unsere deutlichen Zeichen ihnen vorgelesen werden, dann sagen die Ungläubigen zu den Gläubigen: Wer von uns beiden Teilen befindet sich in besserem Zustande und glänzenderem Verhältnisse? Aber wie manches Geschlecht vor ihnen, das in reicheren und glänzenderen Verhältnissen lebte, haben wir nicht doch vertilgt? Sprich: Wer in der Irre sich befindet, dem gewährt oft der Allbarmherzige ein langes und glückliches Leben, bis er mit eigenen Augen sieht die Drohungen eintreffen, entweder die Strafe in diesem Leben, oder die letzte Stunde. Und dann wird er erfahren, wer die schlimmsten Verhältnisse und den schwächsten Schutz gehabt. Die der rechten Leitung gefolgt, wird Gott erheben. Die ewig dauernden guten Handlungen sind hinsichtlich der Belohnung und Vergeltung besser in den Augen deines Herrn, als alle irdischen Güter. Hast du den gesehen,[23] der unsere Zeichen leugnete und sagte: Ich werde schon Reichtümer und Kinder erhalten? Kennt er etwa die Geheimnisse der Zukunft? Oder hat er darüber mit dem Allbarmherzigen ein Bündnis geschlossen? Keineswegs.

Seine Reden wollen wir niederschreiben, und seine Strafe groß werden lassen. Wir wollen ihn erben lassen, was er gesagt,[24)] dann aber soll er allein und nackt zu uns kommen. Auch haben sie außer Gott noch Götter verehrt, damit sie ihnen Hilfe seien. Aber dem ist nicht also. Bald werden sie ihren Götzendienst verleugnen und den Götzen entgegen sein. Siehst du nicht, daß wir die Teufel wider die Ungläubigen ausgeschickt, um sie zur Sünde anzureizen? Darum beeile dich nicht, ihren Untergang zu wünschen, denn wir haben ihnen eine bestimmte Zeit festgesetzt. An jenem Tage wollen wir die Frommen ehrenvoll, wie Gesandte großer Fürsten, versammeln, die Frevler aber in die Hölle treiben, wie eine Herde Vieh zum Wasser getrieben wird, und keiner wird eine Vermittlung finden, außer nur derjenige, welcher mit dem Allbarmherzigen ein Bündnis geschlossen. Sie[25)] sagen: Der Allbarmherzige hat einen Sohn gezeugt. Damit äußern sie aber eine Gottlosigkeit, und nur wenig fehlte, daß nicht die Himmel zerrissen, und die Erde sich spaltete, und die Berge zusammenstürzten, ob dem, daß sie dem Allbarmherzigen Kinder zuschreiben, für den es sich nicht ziemt, Kinder zu zeugen. Keiner im Himmel und auf der Erde darf sich dem Allbarmherzigen anders nähern, als nur um sein Diener sein zu wollen. Er umfasset sie alle in seiner Allwissenheit und zählet sie genau, und sie werden einst alle allein und nackt zu ihm kommen. Denen aber, so da glauben und das Gute tun, wird der Allerbarmer Liebe erweisen. Wir haben den Koran durch deine Sprache[26)] dir leicht gemacht, damit du den Frommen Gutes verkünden und den streitsüchtigen Menschen Strafen androhen kannst. Wie manche Geschlechter vor ihnen haben wir nicht vernichtet? Findest du noch einen einzigen von ihnen? Oder hörst du noch einen Laut von ihnen?

ZWANZIGSTE SURE

TH[1])

Geoffenbart zu Mekka

Im Namen des allbarmherzigen Gottes

TH.[2]) Den Koran haben wir dir nicht offenbart, um dich dadurch unglücklich zu machen[3]), sondern er diene nur zur Ermahnung für die Gottesfürchtigen. Er ist herabgesandt von dem Schöpfer des hohen Himmels und der Erde. Ihm, dem Allbarmherzigen, der auf seinem Throne sitzt, gehört alles, was im Himmel und was auf der Erde und was dazwischen und was unter der Erde ist. Daher ist es nicht nötig, daß du mit lauter Stimme betest, denn er kennet das Geheimste und Verborgenste. Gott! Außer ihm gibt's keinen Gott! Er besitzt die herrlichsten Namen[4]). Kennst du die Geschichte des Moses? Einst sah er ein Feuer,[5]) da sagte er zu seinen Leuten: Bleibet hier, denn ich habe ein Feuer bemerkt, entweder bringe ich einen Brand davon, oder wenigstens werde ich durch das Feuer den rechten Weg finden?[6]) Da rief ihm eine Stimme zu: O Moses, ich bin dein Herr, darum ziehe deine Schuhe aus, denn du befindest dich in dem heiligen Tale Tuwā. Ich habe dich auserwählt, darum höre auf das, was dir geoffenbart wird. Ich bin Gott, und außer mir gibt es keinen Gott, darum verehre nur mich und verrichte, meiner eingedenk, das Gebet. Die Stunde des Gerichts wird kommen, und ich bin bereit, sie offenbar zu machen, um einer jeden Seele den Lohn ihres Tuns zu geben. Laß dich nicht von dem, der an diese Stunde nicht glaubt und nur seinen Gelüsten folgt, verführen, auch nicht daran zu glauben, denn sonst bist du verloren. Was hast du da, o Moses, in deiner rechten Hand? Er antwortete: Meinen Stock, auf den ich mich stütze und mit welchem ich Blätter für meine Herde abschlage, und der mir auch sonst noch Dienste leistet. Darauf sagte Gott: Wirf ihn einmal hin, o Moses. Und er warf ihn hin, und siehe, er ward eine Schlange, die umherlief. Gott sagte: Ergreife sie und fürchte dich nicht, denn wir wollen sie wieder in ihren vorigen Zustand versetzen. Stecke deine rechte Hand unter deinen linken Arm, und du wirst sie ganz weiß, ohne irgendeine weitere Verletzung, wieder hervorziehen.[7] Dies sei ein zweites Zeichen, und so werden wir dir noch unsere größten Zeichen zeigen. Gehe nun hin zum Pharao, denn er frevelt ohne Grenzen. Moses aber erwiderte: O Herr, erweitere meine Brust[8] und erleichtere mir die Sache, und löse das Band meiner Zunge, auf daß sie meine Rede verstehen.[9] Gib mir auch, aus meiner Familie, meinen Bruder Aaron zum Ratgeber[10]. Stärke mich durch ihn[11] und teile mir ihn zu in diesem meinem Geschäfte, auf daß wir dich hoch preisen und oft deiner eingedenk sind. Gott antwortete: Dein Wunsch, o Moses, sei dir gewährt. Wir waren ja auch schon früher, zu einer anderen Zeit, gnädig gegen dich, da wir deiner Mutter durch Offenbarung eingaben und sagten: Lege ihn in einen Kasten[12] und setze ihn ins Meer, und das Meer soll ihn an das Ufer treiben und mein Feind und sein Feind ihn aufnehmen.[13] Ich erregte liebevolle Gesinnungen gegen dich, auf daß du unter meinen Augen erzogen würdest. Als nun deine Schwester kam und sagte: Soll ich euch jemanden bringen, der das Kind nähre?[14] Da brachten wir dich zu deiner Mutter zurück, damit ihr Herz[15] sich beruhige und sich nicht mehr betrübe. Als du einen Menschen erschlugst, da erretteten wir dich aus der Angst, und wir prüften dich durch mehrere Prüfungen, und du bliebest mehrere Jahre bei den Midianiten. Und nun bist du auf unser Geheiß hierhin gekommen, o Moses, und ich habe dich zu meinen Zwecken auserwählt. Darum gehet nun hin, du und dein Bruder, mit meinen Zeichen, und vernachlässigt es nicht, meiner eingedenk zu sein. Gehet hin zu Pharao, denn er ist gottlos ohne Maß. Sprechet ihm freundlich zu, vielleicht läßt er sich gütlich mahnen, oder daß er sich wenigstens vor uns fürchtet. Sie aber sagten: O Herr, wir fürchten, er möchte heftig gegen uns werden und schrankenlos wüten. Gott aber erwiderte: Fürchtet euch nicht, denn ich werde mit euch sein und alles hören und sehen. Gehet daher zu ihm und saget: Wahrlich, wir sind Gesandte deines Herrn, darum schicke die Kinder Israels mit uns und unterdrücke sie nicht weiter. Siehe, wir kommen zu dir mit einem Zeichen deines Herrn, und Friede kommt über den, welcher der wahren Leitung folgt. Aber zugleich ist uns auch durch Offenbarung gesagt worden, daß denjenigen Strafe treffen wird, der uns des Betruges beschuldigt und uns den Rücken zukehrt. Als sie so zu Pharao redeten, da fragte er: Wer ist denn euer Herr, o Moses?[16] Moses antwortete: Unser Herr ist der, der alle Dinge gibt, der sie geschaffen und sie lenket und leitet. Darauf sagte Pharao: In welchem Zustande befinden sich denn wohl jetzt die vormaligen Geschlechter?[17] Moses antwortete: Nur bei meinem Herrn ist die Kenntnis hiervon, enthalten in dem Buche seiner Ratschlüsse, und mein Herr irret sich nicht, auch vergißt er nichts. Er hat euch die Erde zur Lagerstätte ausgebreitet und Wege für euch darauf angelegt. Er sendet Wasser vom Himmel herab, wodurch wir verschiedenartige Saaten hervorbringen, mit dem Befehle: Esset davon und weidet euer Vieh damit. Wahrlich, hierin liegen Zeichen genug für solche, die mit Verstand begabt sind. Aus Erde haben wir euch geschaffen, zu ihr lassen wir euch zurückkehren, und aus ihr werden wir euch wieder einmal hervorbringen.[18] So zeigten wir dem Pharao alle unsere Wunderzeichen. Er aber beschuldigte sie des Betruges und wollte nicht glauben, und sagte: Bist du, o Moses, nur deshalb zu uns gekommen, um uns durch deine Zauberkünste aus dem Lande zu vertreiben? Wahrlich, wir wollen dir mit ähnlichen Zaubereien entgegenkommen, bestimme hierzu zwischen uns und dir Zeit und Ort, welche Bestimmung weder von uns noch von dir mit einer anderen ähnlichen vertauscht werden darf. Er antwortete: Nun, so setze ich euch zur Bestimmung einen Festtag, damit sich die Leute am hellen Tage versammeln können. Darauf entfernte sich der Pharao und versammelte seine Zauberer zur Ausführung seiner List, und er kam zur bestimmten Zeit. Da sagte Moses zu ihnen: Wehe euch! Ersinnet nur keine Lüge wider Gott, sonst wird er euch durch Untergang bestrafen, wie er auch bereits Lügner schon so bestraft hat.[19] Darauf besprachen die Zauberer die Sache unter sich und redeten geheim zusammen. Endlich sagten sie: Diese beiden Männer sind nichts anderes als Zauberer, und wollen euch durch ihre Zauberkünste aus euerem Lande vertreiben und euere edelsten und vornehmsten Männer mit sich fortführen. Darum nehmet euere ganze List zusammen und kommet in der abgesprochenen Ordnung, denn der, welcher siegt, wird heute glücklich sein. Sie sagten: Willst du, o Moses, deinen Stab hinwerfen, oder sollen wir die unserigen zuerst hinwerfen? Er antwortete: Werfet nur zuerst hin! Und siehe, es kam ihm durch ihre Zauberei vor, als liefen ihre Stricke und Stäbe wie Schlangen umher, worüber das Herz des Moses in Furcht kam. Aber wir sagten zu ihm: Fürchte dich nicht, denn du wirst siegen. Darum wirf nur hin den Stab, den du in deiner rechten Hand hast, damit er verschlinge, was jene gemacht haben, denn was sie gemacht, ist nur Täuschung eines Zauberers. Ein Zauberer aber kann nicht glücklich sein, komme er woher er wolle. Als die Zauberer nun das Wunder des Moses sahen, da fielen sie verehrungsvoll nieder und sagten: Wir glauben nun an den Herrn des Aaron und Moses. Der Pharao aber sagte zu ihnen: Wollt ihr wohl an ihn glauben, bevor ich es euch erlaube? Dieser wird weiter nichts als euer Meister sein, der euch die Zauberkunst gelehrt. Aber ich will euch Hände und Füße an entgegengesetzter Seite abhauen und euch an Stämmen von Palmbäumen kreuzigen lassen, damit ihr erfahret, wer am strengsten und am längsten strafen kann. Sie aber antworteten: Wir werden dich doch nicht höher halten, als die deutlichen Beweise, die uns zugekommen, und als den, der uns erschaffen hat. Beschließe daher nur, was du beschließen willst, du kannst ja doch nur über dieses Leben bestimmen. Wir aber wollen glauben an unseren Herrn, der unsere Sünden uns verzeihen möge und die Zauberei, zu der du uns gezwungen hast, denn Gott belohnet besser und bestraft länger als du. Wahrlich, wer einst mit Verbrechen beschmutzt zu seinem Herrn kommen wird, der erhält die Hölle zur Strafe, in welcher er nicht sterben, aber auch nicht leben kann. Wer aber zu ihm kommt als ein Gläubiger, der das Gute getan, der erhält die höchsten Stufen der Glückseligkeit, Edens Gärten[21] nämlich, welche Wasserbäche durchströmen, und ewig sollen sie darin bleiben. Das ist der Lohn des Reinen! Darauf gaben wir dem Moses durch Offenbarung ein und sagten: Gehe mit meinen Dienern bei Nacht aus Ägypten hinweg und schlage mit deinem Stabe auf das Wasser, und mache ihnen einen trockenen Weg durch das Meer.[22] Fürchte keinen Überfall vom Pharao und habe durchaus keine Angst. Der Pharao mit seinem Heere folgte ihnen nun nach. Das Meer aber überstürzte und ersäufte sie. So hatte der Pharao sein Volk in die Irre geführt und es nicht recht geleitet. So erretteten wir euch, o Kinder Israels, von euerem Feinde, und stellten euch an die rechte Seite des Berges Sinai[23] und schickten euch das Manna und die Wachteln herab,[24] mit den Worten: Genießet des Guten, das wir euch zur Nahrung gegeben, und versündiget euch nicht,[25] damit nicht mein Zorn euch erfasse, denn wen mein Zorn erfasset, der schwindet auch plötzlich dahin. Huldvoll aber bin ich gegen den, der da bereuet und gläubig wird und das Gute tut und sich rechtleiten läßt. Doch was veranlaßt dich, o Moses, so eilig dich von deinen Leuten zu entfernen?[26] Er antwortete: Diese werden mir auf dem Fuße folgen. Ich aber eilte, o Herr, zu dir, damit du Wohlgefallen an mir haben mögest. Gott aber sagte: Wir haben während deiner Abwesenheit dein Volk geprüft, und Al Samir[27] hat es verführt zum Götzendienste. Darauf ging Moses in großem Zorne und in tiefer Betrübnis zu seinem Volke zurück und sagte: O mein Volk, hat nicht euer Herr die herrlichste Verheißung euch versprochen?[28] Ist euch die Zeit meiner Abwesenheit zu lang geworden?[29] Oder habt ihr die Versprechung, die ihr mir gegeben, deshalb gebrochen, weil ihr wünscht, daß der Zorn eueres Herrn euch überfallen möge? Sie aber antworteten: Wir haben die Versprechung, welche wir dir gegeben, nicht aus eigenem Willen und Antriebe gebrochen, sondern es ward uns geheißen, eine große Menge[30] vom Schmucke des Volkes zusammenzutragen, den wir in das Feuer warfen,

— 201 —

und auf dieselbe Weise warf auch Al Samir hinein, und siehe, er brachte ein leibliches Kalb hervor, welches blökte. Und Al Samir und seine Gefährten sagten: Das ist euer Gott und der Gott des Moses, der ihn aber vergessen und weggegangen ist, um einen anderen zu suchen. Konnten sie denn nicht sehen, daß ihr Götzenbild ihnen nicht zu antworten vermochte und ihnen weder schaden noch nützen konnte? Aaron hatte zwar schon früher zu ihnen gesagt: Ihr werdet, o mein Volk, nur geprüft durch dieses Kalb. Euer Herr aber ist der Allbarmherzige. Darum folget nur mir und gehorchet meinem Befehle. Sie aber antworteten: Wir werden in keinem Falle in seiner Verehrung nachlassen, bis Moses zu uns zurückgekehrt sein wird. Als Moses nun zurückkam, sagte er: Was hat dich denn, o Aaron, abgehalten, mir zu folgen, als du sahest, daß sie abirren?[32] Warest du auch meinem Befehle ungehorsam. Er aber erwiderte: O Sohn meiner Mutter, ziehe mich nicht so an den Haaren meines Bartes und Hauptes, wahrlich, ich fürchtete, daß, wenn ich wegginge, du sagen möchtest: Du hast die Trennung unter den Kindern Israels gestiftet, und hast meine Worte nicht beachtet. Darauf sagte Moses zu Al Samir: Was tatest du denn, o Al Samir? Er erwiderte: Ich sah ein, was sie nicht einsehen konnten, und so nahm ich eine Handvoll Staub aus den Fußstapfen des Gesandten Gottes[33] und warf ihn hinein. Mein Herz gab mir dies ein. Moses aber sagte zu ihm: Hinweg mit dir! Deine Strafe in diesem Leben soll sein, daß du zu jedem, der dir begegnet, sagen mußt: Rühre mich nicht an,[34] und dieser angedrohten Strafe kannst du nicht entgehen. Siehe deinen Gott noch einmal an, den du so hoch verehrtest, denn wir werden ihn verbrennen und ihn zu Asche machen, welche wir in das Meer werfen.[35] Aber euer Gott ist derjenige Gott, außer welchem es keinen anderen Gott gibt, und der in seiner Allwissenheit alle Dinge umfasset.

So haben wir dir einen Teil der älteren Geschichten erzählt und dir eine Ermahnung[36] von uns gegeben. Wer sich nun von dieser abwendet, der wird am Tage der Auferstehung eine Sündenlast auf ewig zu tragen haben. Schwer wird sie auf ihm lasten am Tage der Auferstehung. An jenem Tage wird in die Posaune gestoßen, und die Übeltäter werden wir versammeln, und sie erscheinen mit schielenden Augen[37], und leise werden sie zueinander sagen: Nur zehn Tage habt ihr verweilt[38]. Wir wissen wohl, was sie damit sagen wollen, wenn die Vornehmsten unter ihnen sprechen: Nur einen Tag habt ihr verweilt.[39] Sie werden dich fragen, was es dann mit den Bergen geben wird? Antworte: Mein Herr wird sie in Staub verwandeln und umherstreuen und sie zu einer geraden Ebene machen, in welcher du nichts Hohes und nichts Niedriges finden wirst. An jenem Tage müssen die Menschen dem Engel folgen, der da ruft zum Gerichte, und dem sich niemand entziehen kann. Mit hohler Stimme werden sie vor den Allbarmherzigen treten, und du wirst weiter nichts hören, als das Geräusch ihrer Füße. An jenem Tage kann keine Vermittlung helfen, außer nur die Vermittlung dessen, dem es der Allbarmherzige erlaubt und dessen Rede[40] ihm wohlgefällt. Gott kennt ihre Zukunft und ihre Vergangenheit, was sie aber mit ihrem Wissen nicht umfassen können. Wie Besiegte werden sie ihr Angesicht niederschlagen vor dem Lebendigen und Selbständigen, und verloren ist der, welcher trägt die Last seiner Sünden. Wer aber Gutes tut und gläubig ist, der hat kein Unrecht und auch keine Verminderung seines Lohnes zu fürchten. Den Koran haben wir desfalls in arabischer Sprache geoffenbart und denselben mit vielerlei Drohungen und Verheißungen durchflochten, damit die Menschen dadurch Gott fürchten oder die Erinnerung ihrer Pflichten in ihnen erweckt werde. Dafür sei hochgepriesen Gott, der König, der Wahrhaftige! Übereile dich nicht mit dem Koran, bevor nicht die Offenbarung desselben für dich vollendet ist,[41] und sprich: O Herr, vermehre meine Erkenntnis. Wir hatten ehedem dem Adam ein Gebot erteilt,[42] er aber vergaß dasselbe, und wir fanden keine Standhaftigkeit in ihm. Als wir zu den Engeln sagten: Verehret den Adam, da taten sie also, nur der Satan weigerte sich dessen.[43] Da sprachen wir: O Adam, dieser Satan ist ein Feind von dir und deinem Weibe, darum hütet euch, daß er euch nicht aus dem Paradiese vertreibe, denn sonst wirst du elend. Es ist ja dafür gesorgt, daß du dort nicht hungerst und nicht nackt zu sein brauchst, und nicht durch Durst oder Hitze zu leiden hast. Aber der Satan flüsterte ihm zu und sagte: Soll ich dir, o Adam, zeigen den Baum der Ewigkeit und das Reich, welches nie enden wird?[44] Da aßen beide davon und gewahrten nun ihre Nacktheit, und sie begannen, um sich zu bedecken, Blätter des Paradieses aneinander zu reihen.[45] So wurde Adam seinem Herrn ungehorsam und verfiel in Sünde. Nachher aber nahm sein Herr sich wieder seiner an und wendete sich ihm wieder zu und leitete ihn. Gott sprach: Hinweg von hier allesamt, und einer sei des anderen Feind. Doch es soll euch eine Leitung von mir zuteil werden,[46] und wer nun dieser meiner Leitung folgt, der wird weder irren, noch unglücklich sein. Wer sich aber von meiner Ermahnung abwendet, der soll ein unglückliches Leben führen, und wir wollen ihn am Tage der Auferstehung blind vor uns erscheinen lassen. Er wird dann sagen: O mein Herr, warum lässest du mich blind erscheinen, da ich doch sonst sehend war? Gott aber wird antworten: Deshalb, weil unsere Zeichen dir geworden, die du aber vergessen hast, und darum sollst du nun heute auch vergessen werden. So belohnen wir den Nachlässigen, der da nicht glaubt an die Zeichen seines Herrn. Doch wird die Strafe in dem zukünftigen Leben noch strenger sein und noch länger dauern, als die in diesem Leben. Wissen denn die Mekkaner nicht, wie manche Geschlechter vor ihnen wir vertilgt haben, deren Wohnungen sie nun betreten? Wahrlich, hierin liegen Zeichen genug für solche Menschen, die Verstand besitzen. Wäre nicht das Wort von deinem Herrn ausgegangen,[47)] so wäre ihre Vertilgung schon längst erfolgt. Aber so ist eine bestimmte Zeit für ihre Strafe angeordnet. Darum ertrage ihre Reden in Geduld, und preise das Lob deines Herrn, bevor die Sonne aufgeht und bevor sie untergeht, preise ihn des Nachts und in der Mitte des Tages, auf daß du wohlgefallest. Wende dein Auge nicht hin auf die Pracht dieses Lebens, welche wir einigen Ungläubigen gewährt haben, um sie dadurch zu prüfen, denn die Versorgung deines Herrn ist weit besser und dauerhafter. Gebiete deiner Familie, das Gebet zu verrichten, und beobachte auch du dasselbe gewissenhaft. Wir fordern nicht von dir, daß du dich selbst versorgest, sondern *wir* wollen dich versorgen, denn die Frömmigkeit hat wohltätige Folgen. Die Ungläubigen sagen freilich: Wenn er nicht kommt mit einem Wunderzeichen von seinem Herrn, dann glauben wir nicht. Aber sind ihnen denn nicht deutliche Beweise genug für den Koran in den früheren Schriften zugekommen? Hätten wir sie vor Offenbarung desselben durch ein Strafgericht vertilgt, so würden sie einst (bei der Auferstehung) sagen: Wenn du, o Herr, uns einen Gesandten geschickt hättest, so würden wir deinen Zeichen gefolgt sein, bevor uns Erniedrigung und Schmach befallen. Sprich: Ein jeder von uns warte nun auf den Ausgang. Erwartet ihn nur, und ihr werdet es dann erfahren, wer auf dem geebneten Pfade gefolgt ist und wer rechtgeleitet war.

EINUNDZWANZIGSTE SURE

Die Propheten[1]

Geoffenbart zu Mekka

Im Namen des allbarmherzigen Gottes

Die Zeit, an welcher die Menschen[2] Rechnung ablegen sollen, kommt immer näher, und dennoch sind sie ganz unbesorgt darum und weit entfernt davon, auch nur daran zu denken. Die Ermahnung, welche ihnen zuletzt geworden,[3] hören sie nur an, um sie zum Gegenstande des Spottes zu nehmen. Ihre Herzen sind durch sinnliche Lüste betört, und die Ungerechten sprechen heimlich untereinander, sagend: Ist dieser Mohammed etwas anderes, als ein Mensch, wie auch ihr seid? Wollt ihr nun hingehen und seine Zaubereien anhören, da ihr diese als solche erkennet? Du aber sage: Mein Herr weiß, was im Himmel und was auf Erden gesprochen wird, denn er hört und weiß alles. Sie sagen: Der Koran enthält nur eine verworrene Menge Träumereien. Wahrlich, er (Mohammed) hat ihn erdichtet, denn er ist ja ein Dichter. Laß ihn zu uns kommen mit Wunderzeichen auf die Weise, wie auch die früheren Propheten gesandt wurden. Aber auch die Städte vor ihnen, welche wir zerstört haben, haben selbst den Wunderzeichen nicht geglaubt. Würden nun wohl sie, die Mekkaner, glauben, wenn sie auch Wunder sähen? Auch vor dir haben wir nur Menschen gesandt, denen wir uns offenbarten. Fraget nur die Schriftbesitzer[4], wenn ihr dies nicht wisset. Auch gaben wir ihnen (den Propheten) keinen solchen Körper, der ohne Speise hätte bestehen können. Auch waren sie nicht unsterblich. Aber wir bewahrten ihnen treulich unsere Verheißung und erretteten sie und die, welche wir wollten, und nur die unmäßigen Sünder richteten wir zugrunde. Nun haben wir euch die Schrift (den Koran) zu euerer Ermahnung geoffenbart, wollt ihr denn nun noch nicht verständig werden? Wie viele ungerechte Städte haben wir nicht umgekehrt, und haben andere Völker auf diese folgen lassen? Und als sie unsere strenge Strafe fühlten, da flohen sie schnell aus den Städten. [Und spöttisch sagten die Engel zu ihnen:][5] Fliehet doch nicht,

— 205 —

kehret vielmehr zu eueren Vergnügungen und Wohnungen zurück, denn vielleicht werdet ihr noch über etwas befragt.[6] Sie aber antworteten: Wehe uns, wir waren Bösewichter! Diese ihre Wehklagen ließen nicht eher nach, als bis wir sie wie das Getreide abgemäht und gänzlich vertilgt hatten. Wahrlich, wir haben den Himmel und die Erde, und was zwischen beiden ist, nicht zum Scherze geschaffen.[7] Hätten wir nur Unterhaltungsscherz gewollt, so hätten wir diesen in uns selbst finden können, wenn wir ihn gewollt.[8] Wir beabsichtigen vielmehr durch die Wahrheit den Wahn zu unterdrücken und zu vernichten, und sieh nur, wie er schon verschwindet. Aber wehe euch ob dem, was ihr von Gott Gottloses sprechet. Ihm gehöret was im Himmel und was auf Erden ist, und selbst die Engel, welche um ihn sind, verschmähen nicht übermütig seinen Dienst, und werden dessen nicht überdrüssig. Sie preisen ihn Tag und Nacht und werden nicht müde. Nehmen sie (die Ungläubigen) nicht Götter an, welche der Erde entstammen? Können diese Tote lebendig machen? Gäbe es im Himmel oder auf Erden außer Gott noch andere Götter, so müßten ja beide zugrunde gehen.[9] Lob und Preis sei Gott, dem Herrn des Welten-Thrones, und fern von ihm, was sie aussprechen. Er wird für sein Tun nicht zur Rechenschaft gefordert, wohl aber werden sie zu Rechenschaft gezogen. Werden sie nun außer ihm noch andere Götter verehren? Sprich: Bringet doch euere Beweise für ihre Göttlichkeit. Die Lehre der Gotteseinheit ist der Inhalt meiner Ermahnung (des Korans) und der früheren Ermahnungen (Offenbarungen). Doch der größte Teil will die Wahrheit nicht erkennen und wendet sich weg davon. Wir haben keinen Gesandten vor dir gesandt, oder wir haben ihm auch geoffenbart, daß es außer mir keinen Gott gebe. Darum verehret nur mich. Sie sagen: Der Allbarmherzige hat mit den Engeln Kinder gezeugt. Bewahre Gott! Sie sind nur seine vornehmsten Diener, und kommen ihm nicht mit ihrer Rede zuvor,[10] sondern sie tun nur, was er befiehlt. Er weiß, was sie tun werden, und was sie getan haben, und für niemanden können sie vermitteln, außer nur für den, der ihm wohlgefällt, und sie zittern aus Ehrfurcht vor ihm. Spräche einer von ihnen: Ich bin Gott außer ihm, so würden wir denselben mit der Hölle bestrafen, denn das ist die Strafe der Frevler. Wissen es denn die Ungläubigen nicht, daß die Himmel und die Erde eine feste Masse bildeten, bis wir sie öffneten und durch das Wasser allen Dingen Leben gaben? Wollen sie dennoch nicht glauben? Wir setzten feste Berge in die Erde, damit sie unbeweglich werde,[11] und wir machten breite Durchgänge durch sie[12] für Wege, damit sie bei ihren Reisen sicher gehen, und die Himmel machten wir zu einer wohlgestützten Decke, und dennoch wenden sie sich von diesen Zeichen weg. Er ist es, der da geschaffen die Nacht und den Tag, die Sonne und den Mond, und diese Himmelskörper bewegen sich alle schnell in ihrem Kreise. Wir haben auch vor dir noch keinem Menschen Unsterblichkeit gewährt. Wollen sie nun, da auch du sterben mußt, unsterblich sein? Jeden wird der Tod treffen, und wir wollen euch prüfen durch Böses und Gutes, das als Versuchung euch diene, und zu uns werdet ihr dann zurückkehren. Wenn die Ungläubigen dich sehen, so empfangen sie dich mit Spott und sagen: Ist das der Mensch, der nur mit Verachtung euere Götter erwähnt? Indes sie selbst die Ermahnung des Barmherzigen leugnen. Der Mensch wurde in Übereilung geschaffen (sagen sie), aber bald sollt ihr meine Zeichen sehen, von denen ihr wünscht, daß sie nicht eilen mögen. Sie sagen: Wann wird denn wohl diese Drohung eintreffen? Sagt es uns, wenn ihr wahrhaftig seid. Können die Ungläubigen es doch einsehen, daß eine Zeit kommen wird, in welcher sie das Feuer von ihrem Angesichte und von ihrem Rücken nicht abwehren können und sie dann keinen Helfer finden werden! Wahrlich, der Tag der Rache wird sie plötzlich überfallen und sie bestürzt machen, und sie werden ihn nicht abwenden können. Auch wird ihnen kein Aufschub gegönnt werden. Wahrlich, auch Gesandte vor dir schon sind verspottet worden. Aber es ist an den Spöttern in Erfüllung gegangen, das, was sie verspottet hatten. Sprich: Wer kann euch, bei Nacht oder bei Tag, gegen den Allbarmherzigen schützen? Doch sie wenden sich von der Ermahnung ihres Herrn gänzlich ab. Haben sie etwa, außer uns, Götter, die ihnen helfen können? Ihre Götter können weder sich selbst helfen, noch sich durch ihre Gefährten wider uns beistehen lassen. Wir haben zwar sie und ihre Väter, solange als sie lebten, mit Glücksgütern erfreut. Sehen sie aber nicht ein, daß wir in das Land kommen und es von allen Seiten einengen? Werden sie dann wohl Sieger bleiben? Sprich: Ich predige euch nur die Offenbarung Gottes, doch die Tauben wollen nicht hören auf den Ruf, wenn sie gemahnt werden. Wenn aber der kleinste Hauch der Strafe deines Herrn sie berührt, dann rufen sie aus: Wehe uns, denn wir waren Frevler! Am Tage der Auferstehung werden wir uns gerechter Wege bedienen und keiner Seele irgendein Unrecht antun, und ein jedes Werk, und wäre es auch nur so schwer wie ein Senfkorn, zum Vorschein bringen, denn wir haben Rechnungsführer zur Genüge bei uns. Wir gaben einst dem Moses und Aaron die Offenbarung[13]), als ein Licht und eine Ermahnung für die Frommen, so da fürchten ihren Herrn im geheimen und bange sind vor der Stunde des Gerichts. Auch diese Schrift[14]) ist eine gesegnete Ermahnung, die wir vom Himmel herabgesandt haben. Könnt ihr das leugnen? Schon vordem haben wir auch dem Abraham seine richtige Leitung gegeben, denn wir erkannten ihn ihrer würdig. Als er zu seinem Vater und dessen Volke sagte: Was für Bilder sind das, die ihr so eifrig verehret? Da antworteten sie: Wir sahen, daß auch unsere Väter sie verehrten. Er aber sagte: Wahrlich, ihr und euere Väter seid in offenbaren Irrtum verfallen. Sie erwiderten: Sprichst du Wahrheit, oder scherzest du nur? Er aber antwortete: Wahrlich, euer Herr ist der Herr des Himmels und der Erde. Er ist es, der sie geschaffen, und ich gehöre zu denen, die euch Zeugnis hiervon geben. Bei Gott, ich werde gegen euere Götter eine List ersinnen, sobald ihr sie verlassen und ihnen den Rücken zugekehrt haben werdet. Darauf zerschlug er die Götzen in Stücke,[16] mit Ausnahme des größten, damit sie die Schuld auf diesen schieben möchten. Sie fragten: Wer hat das unseren Göttern angetan? Gewiß nur ein gottloser Mensch. Einige von ihnen antworteten: Wir hörten einen guten Mann verächtlich von ihnen sprechen, und Abraham nennt man ihn. Darauf sagte man: Bringt ihn vor das Volk, damit man gegen ihn zeuge. Und nun fragte man ihn: Hast du, o Abraham, unseren Göttern dies angetan? Er aber erwiderte: Ich nicht, sondern der größte von ihnen hat es getan. Fragt sie nur selbst, wenn sie sprechen können. Und nun wendeten sie sich zu sich selbst und sagten untereinander: Wahrlich, ihr seid gottlose Menschen. Bald darauf aber verfielen sie wieder in ihren Aberglauben[17] und sagten zu ihm: Du weißt ja wohl, daß diese nicht sprechen können. Er antwortete nun: Wie wollt ihr denn, außer Gott, Wesen anbeten, die euch weder nützen noch schaden können? Pfui über euch und über die, welche ihr außer Gott anbetet. Denkt ihr denn gar nicht nach? Darauf sagten sie: Verbrennt ihn und rächet euere Götter, wenn ihr eine gute Tat ausüben wollt. Wir aber sagten: Werde kalt, o Feuer, und diene dem Abraham zur Erhaltung.[18] So wollten sie eine List wider ihn ersinnen, aber wir machten, daß sie nur sich selbst schadeten. So erretteten wir ihn und den Lot.[19] Und brachten sie in das Land, in welchem wir alle Geschöpfe gesegnet haben.[20] Wir gaben ihm noch zur Zugabe den Isaak und Jakob,[21] und machten sie alle zu rechtschaffenen Männern. Wir bestimmten sie zu Vorbildern in der Religion, damit sie andere nach unserem Willen leiten, und wir regten sie an, Gutes zu tun, das Gebet zu verrichten und Almosen zu geben, und so waren sie uns treue Diener. Und dem Lot gaben wir Weisheit und Erkenntnis und erretteten ihn aus jener Stadt, welche die schändlichsten Verbrechen beging, denn es waren böse und lasterhafte Menschen[23] darin. Ihn aber nahmen wir auf in unsere Barmherzigkeit, weil er ein rechtschaffener Mann war. Vordem schon erhörten wir den Noah, als er flehte um den Untergang seines Volkes, und erretteten ihn und seine Familie aus großer Not, und beschützten ihn vor dem

Volke, daß unsere Zeichen der Lüge zeihen wollte, denn es bestand aus
schlechten Menschen. Darum ersäuften wir sie allesamt. Erinnere dich, wie
David und Salomon einst urteilten in betreff eines Feldes, in welchem zur
Nachtzeit die Schafe gewisser Leute ohne Hirten weideten, und wir waren
Zeuge ihres Urteils.[24] Wir hatten dem Salomon die Einsicht solcher Dinge
gegeben und ihn ausgestattet mit aller Weisheit und Erkenntnis. Und wir
zwangen die Berge und die Vögel, uns mit David zu preisen.[25] Dies taten
wir, und lehrten ihn[26] auch die Kunst, Panzer für euch zu verfertigen, damit
ihr euch in eueren Kriegen verteidigen könnt. Seid ihr auch dankbar dafür?
Auch hatten wir dem Salomon einen gewaltigen Wind dienstbar gemacht,
der auf seinen Befehl hineilte in das Land, auf welchem unser Segen ruht,[27]
und so wußten wir alle Dinge. Auch mehrere Teufel machten wir ihm dienstbar, auf daß sie im Meere untertauchten (um Perlen für ihn zu suchen) und
außerdem noch andere Arbeiten verrichteten.[28] Wir aber überwachten sie[29].
Erinnere dich auch des Hiob, wie er zu seinem Herrn flehte: Ach, Unglück
hat mich heimgesucht, du aber bist der Allbarmherzige. Und wir erhörten
ihn und retteten ihn aus seinem Elende und gaben ihm seine Familie wieder
und noch so viel dazu.[30] So zeigten wir unsere Barmherzigkeit zur Belehrung
derer, die Gott dienen. Erinnere dich auch des Ismael, des Edris[31] und des
Dulkefel[32]. Diese harrten alle standhaft aus, darum ließen wir sie eingehen
in unsere Barmherzigkeit, denn sie waren rechtschaffen. Erinnere sich auch
des Dulnun[33], wie er im Grimme sich entfernte und glaubte, daß wir nun
keine Macht mehr über ihn hätten. Und er flehte in der Finsternis[34]: Es gibt
außer dir keinen Gott, Lob und Preis sei dir! Wahrlich, ich war ein Sünder.
Wir erhörten ihn und retteten ihn aus der Not,[35] so wie wir die Gläubigen
stets zu retten pflegen. Erinnere dich auch des Zacharias, wie dieser seinen
Herrn anrief und flehte: O Herr, lasse mich nicht kinderlos, obgleich du der
beste Erbe bist. Wir erhörten ihn und gaben ihm den Johannes, indem wir
sein Weib fähig für ihn machten. Alle diese strebten, sich in guten Werken zu
übertreffen und sie riefen uns an mit Liebe und mit Ehrfurcht und zeigten
sich demütig vor uns. Erinnere dich auch derjenigen, welche ihre Jungfräu-
lichkeit bewahrt hatte,[36] die wir mit unserem Geiste angeweht und sie und
ihren Sohn als ein Wunderzeichen für alle Welt machten.

Diese euere Religion[37] ist die einzig wahrhaftige, und ich bin euer Herr,
darum verehret nur mich. Sie aber haben in ihrer Religion Trennungen veranlaßt.[38] Sie alle aber sollen einst vor uns erscheinen. Wer aber gute Werke
verrichtet und sonst ein Gläubiger ist, dem wird der Lohn seiner Bestrebungen nicht abgeleugnet, sondern wir schreiben ihn nieder für ihn. Ein Bann[39]

— 209 —

aber liege auf den Städten, die wir zerstört haben, daß sie nicht eher sollen wieder auferstehen, als bis Jadschudsch und Madschudsch[40] ihnen den Weg hierzu öffnen und von allen Hügeln herbeieilen[41]. Dann wird die wahrhaftige Drohung der Erfüllung nahe, und die Augen der Ungläubigen werden starr sein, und sie werden ausrufen: Wehe uns! Denn wir waren zu unbekümmert um diesen Tag, und waren Sünder. Ihr[42] aber und die Götter, welche ihr, außer Gott, verehrt, sollt der Hölle Anteil werden, in welche ihr hinabsteigen müsset. Wären diese nun wirkliche Gottheiten, so würden sie wohl nicht in dieselbe hinabsteigen. Sie alle aber sollen ewig darin verbleiben. Seufzen und jammern werden sie dort und nichts zu ihrem Troste hören. Die aber, welchen der herrlichste Lohn von uns bestimmt ist, werden von der Hölle weit entfernt sein, damit sie nicht den leisesten Laut aus derselben hören. Sie sollen vielmehr sich ewig der Glückseligkeit freuen, welche ihre Seelen sich wünschen. Selbst der größte Schrecken wird sie nicht betrüben, und die Engel werden ihnen entgegenkommen mit den Worten: Dies ist euer Tag, der euch verheißen ist. An diesem Tage wollen wir die Himmel zusammenrollen, so wie man ein beschriebenes Pergament zusammenrollt.[43] So wie wir einst das erste Geschöpf hervorgebracht haben, so wollen wir es auch am Tage der Auferstehung wieder hervorbringen. Diese Verheißung haben wir übernommen, und wir werden sie auch vollbringen. Wir haben auch, nach der Offenbarung des Gesetzes[44], in die Psalmen niedergeschrieben: daß meine rechtschaffenen Diener das Land erben sollen.[45] Wahrlich, in diesem Koran sind hinreichende Mittel zur Heiligung enthalten für Menschen, welche Gott verehren, und wir haben dich zu keinem anderen Zweck gesandt, als daß du allen Geschöpfen unsere Barmherzigkeit verkündest. Sprich: Mir wurde geoffenbart: Euer Gott ist ein einziger Gott. Wollt ihr daher Muslime sein? Wenn sie aber den Rücken kehren, dann sage: Ich verkünde euch allen, einem wie dem anderen, den Krieg, doch ist es mir unbekannt, ob das, was euch angedroht ist, schon nahe, oder noch ferne ist, denn er nur kennet die offenbaren Aussprüche und auch die, welche euch verborgen sind.[46] Auch weiß ich es nicht, ob dies nicht vielleicht nur eine Versuchung für euch sein soll, daß ihr euch des irdischen Glückes auf eine Zeitlang erfreuet. Sprich: O Herr, richte du (zwischen mir und meinen Gegnern) nach der Wahrheit. Unser Herr ist der Allbarmherzige, dessen Beistand anzuflehen ist wider die Lästerungen, die ihr ausstoßet.

ZWEIUNDZWANZIGSTE SURE

Die Wallfahrt[1]

Geoffenbart zu Mekka

Im Namen des allbarmherzigen Gottes

O ihr Leute zu Mekka, fürchtet eueren Herrn. Wahrlich, das Erdbeben zur Zeit der letzten Stunde wird schrecklich sein. An jenem Tage – ihr werdet ihn sehen – da wird eine jede säugende Frau ihres Säuglings vergessen, und jede Schwangere ihre Bürde abwerfen, und die Menschen werden dir betrunken scheinen, obgleich sie nicht trunken sind, denn die Strafe Gottes wird streng sein. Da ist ein Mensch[2], der über die Gottheit streitet, ohne irgendeine Kenntnis zu haben, indem er nur jedem aufrührerischen Satan folgt, von welchem (Satan) niedergeschrieben ist: daß der, welcher ihn zum Beschützer annimmt, von ihm verführt und zur Strafe des Höllenfeuers geleitet wird. O ihr Menschen, wenn ihr hinsichtlich der Auferstehung im Zweifel seid, dann bedenket doch, daß wir euch zuerst aus Staub geschaffen, dann aus Samen, dann aus geronnenem Blute[3], dann aus einem Stücke Fleisch, von teils völliger und teils unvölliger Ausbildung, damit wir unsere Allmacht an euch offenbaren. Wir lassen das, was uns gefällt, ruhen im Mutterleibe bis zu der bestimmten Zeit der Entbindung. Dann lassen wir euch als Kinder hervorgehen und ein kräftiges Alter erreichen. Einige aber sterben in der Jugend, andere wieder erreichen ein so hohes Alter, daß sie alles vergessen, was sie gewußt haben. Du siehst die Erde manchmal trocken und dürre. Sowie wir aber Wasser auf sie herabsenden, dann kommt sie in Bewegung und schwillt auf und bringet alle Arten üppiger Gewächse hervor. Dies beweiset, daß Gott ist die Wahrheit, und daß er die Toten wieder belebet und allmächtig ist, und daß ohne Zweifel die Stunde des Gerichts kommen und Gott die auferwecken wird, die in den Gräbern liegen.[4] Da ist ein Mensch[5], der über Gott streitet, ohne irgendeine Kenntnis, oder eine Leitung, oder ein erleuchtendes Buch zu besitzen. Hochmütig wendet er seinen Hals um, auf daß er auch andere vom Wege Gottes ab in die Irre führe. Schmach wird ihm dafür in diesem Leben, und am Tage der Auferstehung wollen wir ihn fühlen lassen die Qual des Verbrennens, mit den Worten: Dies wird dir ob dem, was deine Hände vorausgeschickt, denn Gott ist nicht ungerecht gegen seine Knechte. Da gibt es auch wieder Menschen, die Gott gleichsam an der äußersten Grenze verehren.[6] Wenn es ihnen nämlich gut ergeht, so beharren sie beruhigt dabei. Kommen sie aber in irgendeine Versuchung, dann wenden sie ihr Angesicht herum,[7] selbst mit dem Verluste des zeitlichen und ewigen Lebens. Dies ist doch ein offenbarer Verlust! Sie rufen außer Gott Wesen an, die ihnen weder schaden noch nützen können. Welch ein von der Wahrheit weit entfernter Irrtum ist das! Rufen sie nun gar ein Wesen an, das eher schaden als nützen kann, wehe dann! Welch ein unglückseliger Beschützer! Welch ein unglückseliger Gefährte! Doch die, welche glauben und gute Werke verrichten, wird Gott in Gärten bringen, welche von Wasserbächen durchströmt sind, denn Gott tut, was er nur will. Wer da glaubt, daß Gott ihm[8] weder in diesem noch in jenem Leben helfen werde, der spanne nur ein Seil am Dache seines Hauses[9] und hänge sich auf, schneide sich dann ab und sehe, ob sein Kunstgriff das vernichten kann, was ihn so sehr erzürnt. Diesen Koran haben wir als offenbares Zeichen herabgesandt, aber Gott leitet, wen er will. Zwischen den wahren Gläubigen[10] und den Juden und den Zabiern und den Christen und den Magiern und den Götzendienern wird einst Gott am Tage der Auferstehung entscheiden, denn Gott ist aller Dinge Zeuge. Siehst du denn nicht, wie alles Gott verehrt, was im Himmel und was auf Erden ist? Die Sonne, der Mond, die Sterne, die Berge und die Bäume, das Vieh und ein großer Teil der Menschen? Aber auch ein großer Teil der Menschen verdient bestraft zu werden,[11] und wen Gott verächtlich macht, der wird nimmer geehrt sein, denn Gott tut, was er will. Da gibt es zwei entgegengesetzte Parteien,[12] die über ihren Herrn streiten. Für die Ungläubigen sind Kleider aus Feuer bereitet, und siedendes Wasser soll auf ihre Häupter gegossen werden, wodurch sich ihre Eingeweide und ihre Haut auflösen. Geschlagen sollen sie werden mit eisernen Keulen. So oft sie es versuchen, der Hölle zu entfliehen aus Angst vor der Qual, so oft sollen sie auch wieder in dieselbe zurückgeworfen werden, mit den Worten: Nehmet nun hin die Strafe des Verbrennens. Aber die, so da glauben und rechtschaffen handeln, wird Gott in Gärten führen, welche Wasserquellen durchströmen, und dort werden sie geschmückt mit Armbändern von Gold und Perlen, und mit Kleidern aus Seide, denn sie wandelten nach dem besten Worte[13] und auf dem ehrenwertesten Wege. Die Ungläubigen aber, welche andere verhinderten, dem Wege Gottes zu folgen und den heiligen Tempel zu Mekka zu besuchen, den wir für alle Menschen, für den Einheimischen, wie für den Fremden, zum Verehrungsorte gleich bestimmt haben, und die, welche denselben frevlerisch zu entweihen suchen, diese wollen wir schwere Strafe empfinden lassen. Erinnere dich, daß wir dem Abraham die Gegend des Hauses[14] zum Aufenthaltsorte gegeben, mit den Worten: Vergöttere kein Wesen neben mir, und reinige mein Haus für die, welche um dasselbe herumgehen und die stehend und sich beugend darin beten. Verkünde den Menschen eine Pilgerfahrt, daß sie zu dir kommen zu Fuß, oder auf abgemagerten Kamelen, weil kommend aus weiter Ferne, damit sie Zeugnis geben von den Vorteilen[15], welche ihnen diese Reise bringt, und den Namen Gottes erwähnen an den dazu bestimmten Tagen[16] für den Genuß des Viehes, den er ihnen erlaubt. Darum esset nur davon und speiset auch den Dürftigen und Armen. Dann mögen sie aufhören, ihren Körper zu vernachlässigen[17], und sollen ihre Angelobungen erfüllen, und um das alte Haus[18] herumgehen. So möge man tun. Wer nun in Ehren hält, was Gott geheiligt hat, für den wird es um so besser stehen bei seinem Herrn. Alles Vieh ist euch erlaubt zu essen, nur mit Ausnahme dessen, was euch als verboten bereits vorgelesen wurde.[19] Haltet euch fern von der Abscheulichkeit des Götzendienstes und vermeidet, lügenhafte Reden auszusprechen.[20] Seid rechtgläubig gegen Gott und setzet ihm kein Wesen zur Seite, denn wer Gott ein Wesen zur Seite setzt, der gleichet dem, was vom Himmel herabfällt, aber von den Raubvögeln erhascht, oder vom Winde an einen entfernten Ort hingeweht wird. So ist's. Wer Gottes Gebräuche hochhält, der zeigt Frömmigkeit des Herzens. Zu mancherlei Benutzung bedienet euch der Opfertiere, bis zur bestimmten Zeit des Opfertages. Dann aber müssen sie in dem alten Hause geschlachtet werden. Den Bekennern einer jeden Religion haben wir gewisse Gebräuche bestimmt, damit sie Gottes Namen eingedenk seien beim Schlachten der Tiere, die er euch zur Nahrung gegeben. Euer Gott ist ein einziger Gott. Ihm seid ganz ergeben. Und du verkünde Gutes denen, die sich demütigen, deren Herz bei der Erwähnung Gottes Furcht ergreift, und die mit Geduld ertragen, was sie befällt, und die das Gebet verrichten und Almosen geben von dem, was wir ihnen verliehen. Die Kamele haben wir bestimmt, zu den Gebräuchen Gottes euch zu dienen, von welchen ihr übrigens Nutzen ziehen dürfet. Erwähnet daher den Namen Gottes über ihnen, wenn ihre Füße in gehöriger Ordnung stehen.[21] Wenn sie dann tot niedergefallen sind, dann esset davon und speiset damit den Bescheidenen, der nichts fordert, wie auch den Fordernden. So haben wir sie euerer Herrschaft unterworfen, damit ihr uns dankbar seid. Gott nimmt

— 213 —

weder ihr Fleisch noch ihr Blut an, sondern nur euere Frömmigkeit nimmt er an. So haben wir sie euerer Herrschaft unterworfen, damit ihr Gott preiset, daß er euch rechtgeleitet hat. Und du verkünde den Rechtschaffenen, daß Gott von den Gläubigen abwenden wird alle bösen Absichten der Ungläubigen, denn die treulosen Ungläubigen liebt Gott nicht. Den Gläubigen ist es erlaubt worden, die Ungläubigen, welche sie ungerechterweise verfolgten, zu bekämpfen, und Gott ist wahrlich mächtig genug, ihnen beizustehen. Denen, welche ungerechterweise aus ihren Wohnungen verjagt wurden, aus keiner anderen Ursache, als weil sie sagten: Unser Herr ist Gott! Würde Gott die Gewalttätigkeit der Menschen nicht durch andere Menschen abwenden, so würden die Klöster, Kirchen, Synagogen und Moscheen, in welchen der Name Gottes so oft genannt wird, schon längst zerstört sein. Aber Gott steht dem bei, der sich zu ihm hält, denn Gott ist streng und mächtig. Denen wird er helfen, die, wenn wir ihnen feste Wohnungen im Lande geben, das Gebet verrichten, Almosen geben, und gebieten was Recht und verbieten was Unrecht ist. Das Ende aller Dinge ist bei Gott.[23] Wenn sie dich, o Mohammed, des Betrugs beschuldigen, so bedenke, daß auch vor ihnen schon das Volk des Noah, die Stämme Ad und Thamud, das Volk Abraham und Lot und die Leute von Midian ihre Propheten desselben beschuldigten, ja selbst Moses wurde für einen Betrüger gehalten. Den Ungläubigen hatte ich eine Zeitlang nachgesehen, dann aber züchtigte ich sie, und welch eine Veränderung aller ihrer Verhältnisse brachte dies hervor! Wie manche Städte haben wir, ihrer Ungerechtigkeiten wegen, zerstört, die nun mit ihren Häusern in Trümmern daliegen? Wie viele Brunnen liegen nun verlassen, wieviele Festungen verödet? Reisen sie (die Mekkaner) denn gar nicht im Lande umher? Haben sie denn keine Herzen, womit sie begreifen, keine Ohren, damit zu hören? Wahrlich, ihr Auge ist nicht blind, nur das Herz in ihrer Brust ist erblindet. Nun wollen sie die angedrohte Strafe von dir beschleunigt haben, aber Gott wird schon nicht verfehlen, seine Drohung in Erfüllung zu bringen, denn *ein* Tag deines Herrn ist gleich tausend solcher Jahre, wie ihr sie zählet.[24] Wie manchen Städten hatte ich eine Zeitlang nachgesehen, obgleich sie ungerecht waren! Doch später züchtigte ich sie, und zu mir ist die einstige Wiederkehr.

Sprich: O ihr Mekkaner, ich bin euch nur ein öffentlicher Prediger. Die nun glauben und gute Werke verrichten, erhalten Vergebung und ehrenvolle Versorgung, die aber, so sich bestreben, unsere Zeichen zu schwächen,[25] sollen der Hölle Gefährten werden. Wir haben noch keinen Gesandten oder Propheten vor dir geschickt, dem nicht, wenn er vorlas, der Satan irgendeinen Irrtum in seine Vorlesung eingestreut hätte. Aber Gott wird vernichten, was der Satan eingestreut.[26] Gott wird seine Zeichen bekräftigen, denn Gott ist allwissend und allweise. Er läßt dies aber zu, damit das, was der Satan eingestreut, eine Versuchung werde für die, deren Herz schwach oder verhärtet ist (denn die Gottlosen sind weit entfernt von der Wahrheit), und damit die, denen Erkenntnis zuteil geworden, einsehen, daß dieser Koran die Wahrheit deines Herrn enthält, und daran glauben und ihre Herzen dadurch sich beruhigen, denn Gott leitet auf den rechten Weg die, so da glauben. Die Ungläubigen aber werden nicht aufhören, denselben in Zweifel zu ziehen, bis die letzte Stunde plötzlich über sie hereinbricht, oder die Strafe des unglückseligen Tags[27] sie überkommt. An diesem Tage wird Gott allein die Herrschaft sein, und er wird richten zwischen ihnen. Die nun geglaubt und rechtschaffen gehandelt haben, kommen in liebliche Gärten. Die Ungläubigen aber, die unsere Zeichen des Betrugs beschuldigt haben, sollen eine schmachvolle Strafe erleiden. Und denen, welche für die Religion Gottes ausgewandert sind und hernach erschlagen wurden oder gestorben sind, diesen wird Gott eine herrliche Versorgung geben, denn Gott ist der beste Versorger. Er wird sie eingehen lassen durch einen Eingang, der ihnen wohlgefällt,[28] denn Gott ist allwissend und allgütig. So ist's. Wer da Rache nimmt, welche gerade dem Unrechte entspricht, das ihm geschehen, und dafür wieder mit Unrecht behandelt wird[29], dem wird Gott beistehen, denn Gott ist gnädig und versöhnend. Er läßt folgen die Nacht auf den Tag und den Tag auf die Nacht, und Gott ist der Alleshörende und Allessehende. Gott ist die Wahrheit, und was sie außer ihm anrufen, ist Eitelkeit, und nur Gott ist das höchste und erhabenste Wesen. Siehst du denn nicht, wie Gott Wasser vom Himmel herabsendet, wodurch die Erde sich grün färbet? Und Gott ist allgütig und allweise. Ihm gehöret, was im Himmel und was auf Erden ist, denn Gott ist reich und des Preises wert. Siehst du denn nicht, daß alles, was auf Erden ist, ja selbst die Schiffe, welche das Meer durchsegeln, Gott durch sein Wort euch untertänig gemacht hat? Er hält den Himmel, daß er nicht auf die Erde falle, oder er müßte es denn wollen,[30] denn Gott ist gütig und barmherzig gegen die Menschen. Er ist es, der euch das Leben gegeben und euch auch wieder sterben läßt und dann wieder aufs neue belebt, und dennoch sind die Menschen undankbar. Einem jeden Volke haben wir fromme Gebräuche verordnet, welche sie beobachten. Lasse sie daher in betreff dieses Gegenstandes nicht mit dir streiten. Rufe sie nur zu deinem Herrn, denn du folgest der richtigen Leitung. Wollen sie sich aber mit dir in Streit einlassen, so sprich: Gott kennet euer Tun, und Gott wird am Auferstehungstage zwischen euch das entscheiden, worüber ihr jetzt uneinig seid.[31] Weißt du denn nicht, daß

Gott kennet, was im Himmel und was auf Erden ist? Dies alles ist niedergeschrieben im Buche der ewigen Ratschlüsse, dies ist ein Leichtes für Gott. Sie verehren außer Gott Dinge, wozu ihnen kein Recht geworden und wovon sie keine Kenntnis haben. Aber die Frevler werden keinen Helfer finden. Und wenn unsere deutlichen Zeichen[32] ihnen vorgelesen werden, so kannst du auf dem Angesichte der Ungläubigen die Verachtung derselben wahrnehmen, und wenig fehlt, daß sie nicht mit Heftigkeit über die herfallen, die unsere Zeichen ihnen vorlesen. Sprich: Soll ich euch etwas Schlimmeres noch als dies verkünden? Das Höllenfeuer, welches Gott angedroht, ist schlimmer, und eine unglückselige Reise ist's dorthin. O ihr Menschen, es gibt ein Gleichnis, höret es doch an! Die Götzen, welche ihr außer Gott anrufet, können ja nicht einmal eine Fliege erschaffen, und wenn sie sich auch alle deshalb versammeln, und wenn ihnen eine Fliege etwas hinwegnimmt,[33] so können sie es nicht einmal derselben wieder abnehmen. Schwach ist der bittende Götzendiener und der angebetete Götze. Sie beurteilen Gott nicht nach seinem wahren Werte, und Gott ist doch allmächtig und allgewaltig. Gott wählt sich Boten von den Engeln und von den Menschen, und Gott hört und sieht alles. Er weiß, was vor ihnen und was hinter ihnen ist,[34] und zu Gott kehren alle Dinge zurück. O ihr Gläubigen, beugt euch, betet an und dienet euerem Herrn und handelt rechtschaffen, damit ihr glücklich werdet. Kämpfet für Gottes Sache, wie es sich geziemt für dieselbe zu kämpfen. Er hat euch auserwählt und euch keine Schwierigkeiten in der Religion auferlegt. Er hat euch gegeben die Religion eueres Vaters Abraham, und euch genannt früher schon und jetzt in diesem Buche: „Muslime", damit der Gesandte einst Zeuge sei wider euch und ihr Zeuge seid gegen die übrigen Menschen. Darum verrichtet das Gebet und gebet Almosen, und hänget fest Gott an. Er ist euer Herr. Er ist der beste Herr und der beste Beschützer.

DREIUNDZWANZIGSTE SURE

Die Gläubigen[1)]

Geoffenbart zu Mekka

Im Namen des allbarmherzigen Gottes.

Glücklich sind die Gläubigen, die sich demütigen bei ihrem Gebete, und sich entfernt halten von unnützem Gerede[2)] und Almosen geben, und die sich vor fleischlicher Berührung hüten, mit Ausnahme ihrer Frauen und Sklavinnen, welche sie erworben (denn dies ist unsträflich, wer aber nach anderen Frauen außer diesen lüstern ist, der ist ein Übertreter), und die treulich ihre Versprechen und Bündnisse halten, und ihre Gebete zur bestimmten Zeit beachten. Diese werden die Erben sein, welche das Paradies erben und ewig darin bleiben werden. Wir erschufen einst den Menschen aus geläutertem Lehm. Dann machten wir ihn aus Samen in einem sicheren Aufenthaltsorte[3)], dann machten wir den Samen zu geronnenem Blute, und das geronnene Blut bildeten wir zu einem Stück Fleisch, und dieses Fleisch wieder zu Knochen, und diese Knochen bedeckten wir wieder mit Fleisch, woraus wir dann ein neues Geschöpf[4)] erstehen lassen. Lob sei darum Gott, dem herrlichsten Schöpfer! Danach aber müßt ihr sterben, am Tage der Auferstehung aber werdet ihr wieder auferweckt. Über euch haben wir geschaffen sieben Himmel[5)], und nichts von dem, was wir geschaffen, vernachlässigen wir. Wir schicken den Regen vom Himmel nach bestimmtem Maße, und lassen ihn in der Erde ruhen, und wir besitzen auch die Macht, ihn derselben wieder zu entziehen. Durch den Regen verschaffen wir euch Gärten mit Palmbäumen und Weintrauben, die euch mancherlei Früchte gewähren, die ihr genießen könnet, und auch den Baum, der besonders am Berge Sinai wächst[6)] und der Öl hervorbringt und einen Saft zur Speise. Auch das Vieh kann euch zur Ermahnung dienen. Wir geben euch zu trinken von der Milch in ihrem Leibe, und ihr habt noch sonst mancherlei Nutzen von demselben, wie auch, daß ihr davon esset und auf demselben wie auf Schiffen davongetragen werdet.[7)] Auch den Noah schickten wir einst zu seinem Volke, und er

— 217 —

sagte: O mein Volk, verehret doch nur Gott, ihr habt ja keinen Gott außer ihm, und ihr wolltet ihn nicht ehrfürchten? Die Häupter seines Volkes aber, welche nicht glaubten, erwiderten: Dieser ist ja nur ein Mensch, wie ihr auch seid. Er will nur herrschsüchtig sich über euch erheben. Hätte Gott jemand zu uns schicken wollen, so würde er doch nur Engel gesandt haben. Wahrlich, wir haben nie so etwas von unseren Vorfahren gehört. Dieser Mann muß vom Wahnsinn befallen sein. Darum gebet eine Zeitlang acht auf ihn. Er (Noah) aber sprach: O mein Herr, beschütze du mich, da sie mich des Betruges beschuldigen. Wir aber sagten durch Offenbarung zu ihm: Mache dir eine Arche in unserer Gegenwart und nach dem Plane, den wir dir offenbaren. Wenn nun unser Befehl in Erfüllung gehen und der Ofen zu sieden[8] beginnen wird, dann bringe in die Arche von allen Tiergattungen zwei Paare[9] und deine Familie, mit Ausnahme dessen, über den das Urteil bereits gesprochen ist,[10] und sprich mir nicht zugunsten der Frevler, denn sie sollen ertränkt werden. Und wenn du, und die mit dir sind, die Arche bestiegen, dann sprich: Lob sei Gott, der uns von dem gottlosen Volke errettet! Und sprich ferner: O mein Herr, führe mich auch wieder aus der Arche, und laß meinen Ausgang gesegnet sein, denn du bist der beste Herausführer. Wahrlich, dies waren Zeichen unserer Allmacht, wodurch wir sie prüften. Darauf ließen wir nach diesen ein anderes Geschlecht erstehen[11] und schickten ihnen einen Gesandten[12] aus ihrer Mitte, der da sagte: Verehret nur Gott allein, ihr habt ja keinen Gott außer ihm, und ihr wolltet ihn nicht ehrfürchten? Aber die Häupter seines Volkes, welche nicht glaubten und die Zukunft des zweiten Lebens leugneten, und die wir in diesem Leben mit Überfluß versehen hatten, diese sagten: Dieser ist ja nur ein Mensch wie ihr auch seid. Er isset dasselbe, was ihr esset, und trinkt, was ihr trinket. Wenn ihr nun einem Menschen gehorchet, der euch ganz gleich ist, dann seid ihr verloren. Will er euch damit drohen, daß ihr, wenn ihr tot seid und Staub und Knochen geworden, nochmals aus dem Grabe hervorgehen werdet? Hinweg, hinweg mit dieser Drohung! Es gibt kein anderes Leben, als unser hiesiges Dasein. Wir leben und sterben[13] und werden nie wieder auferweckt. Dieser Mensch erdichtet nur Lügen von Gott, daher wir ihm nicht glauben wollen. Der Gesandte aber sagte: O mein Herr, beschütze mich doch, da sie mich des Betrugs beschuldigen. Gott antwortete: Noch eine kurze Zeit, und sie werden bereuen. Eine strenge und gerechte Strafe traf sie, und wir machten sie gleich dem hinschwindenden Schaume, denn weit hinweg wird geschleudert ein gottloses Volk. Nach diesen ließen wir wieder andere Geschlechter[14] erstehen. Kein Volk aber kann seine ihm bestimmte Zeit beschleunigen oder weiter hinausschieben. Wir schickten

– 218 –

unsere Gesandten, einen nach dem anderen. So oft nun ein Gesandter zu seinem Volke kam, so oft auch wurde er von demselben des Betruges beschuldigt. Darum ließen wir ein Volk nach dem anderen untergehen und machten sie zum warnenden Beispiele,[15] denn weit hinweg wird geschleudert ein ungläubiges Volk! Später schickten wir den Moses und seinen Bruder Aaron mit unseren Zeichen und mit sichtbarer Gewalt zum Pharao und seinen Fürsten. Diese aber zeigten sich übermütig, denn es waren hochmütige Menschen. Sie sagten: Sollen wir wohl zwei uns ganz ähnlichen Menschen Glauben schenken, deren Volk zudem uns als Sklave dient? So beschuldigten sie beide des Betrugs, daher sie denn auch untergehen mußten. Dem Moses aber gaben wir das Buch des Gesetzes, um die Kinder Israels vermittelst desselben richtig zu leiten. Und den Sohn der Maria und seine Mutter machten wir zu Wunderzeichen und gaben beiden einen erhabenen Ort zum Aufenthalte,[16] der Sicherheit und frische Wasserquellen gewährte. O ihr Gesandten, genießet nur die erlaubten guten Dinge und handelt rechtschaffen, denn ich kenne euer Tun. Diese euere Religion ist die einzig wahrhaftige und ich bin euer Herr, darum fürchtet nur mich.[17] Aber sie, die Menschen, haben ihre Religionsangelegenheit in Sektenwesen geteilt, und eine jede Sekte freut sich ihres Anteils. Laß sie nur in ihrem Irrtume bis zu einer gewissen Zeit[18]). Glauben sie denn, daß der Reichtum und die Kinder, welche wir ihnen so schnell und in Überfluß gegeben, nur zum Glücke sind? Doch sie verstehen das nicht. Die, so da ehrfurchtsvoll ihren Herrn fürchten und an die Zeichen ihres Herrn glauben und kein Wesen ihrem Herrn beigesellen, und die, welche geben als Almosen, was sie zu geben haben, und deren Herz mit Schrecken daran denkt, daß sie einst zu ihrem Herrn zurückkehren müssen, diese eilen, gute Werke auszuüben, und suchen sich gegenseitig darin zu übertreffen. Wir legen auch keiner Seele mehr Last auf, als sie zu tragen vermag, denn wir besitzen ein Buch, das nur die Wahrheit spricht, und sie sollen nicht ungerecht behandelt werden. Aber ihre Herzen waren hierin ganz unwissend, und ganz verschieden von den oben angegebenen waren die Werke, welche sie so lange ausübten, bis wir ihre Begüterten mit schrecklicher Strafe heimsuchten,[19] so daß sie laut um Hilfe schrieen. Da hieß es aber: Schreiet heute nicht so um Hilfe, denn es wird euch von uns nicht geholfen werden. Wenn meine Zeichen euch vorgelesen wurden, dann kehret ihr euch auf eueren Fersen um und zeigtet euch hochmütig dagegen und unterhieltet euch lieber des Nachts von törichten Dingen.[20] Wollen sie denn nicht ernstlich bedenken die Worte (des Korans), daß ihnen dadurch eine Offenbarung geworden, welche ihren Vorfahren nicht zugekommen ist? Kennen sie denn ihren Gesandten nicht, daß sie ihn so ganz verwerfen wollen? Wollen sie noch sagen, er sei ein Verrückter? Aber nein, er kommt mit der Wahrheit zu ihnen. Aber der größte Teil verachtet die Wahrheit. Würde die Wahrheit sich nach ihren Lüsten richten, so müßt Himmel und Erde und was darin, zugrunde gehen.[21] Wir haben ihnen nun eine Ermahnung[22] gegeben, aber sie wenden sich weg von ihrer Ermahnung. Willst du etwa eine Belohnung für dein Predigen von ihnen fordern? Wahrlich, die Belohnung deines Herrn ist besser, denn er ist der beste Versorger. Du lädst sie zwar ein, den richtigen Weg zu wandeln, aber sie, so da nicht glauben an ein zweites Leben, weichen von diesem Wege ab. Hätten wir uns auch ihrer erbarmt und sie von der großen Not, die sie befallen,[23] befreit, so würden sie doch hartnäckig in ihrem Irrtume geblieben sein und in demselben verharrt haben. Wir züchtigten sie nun mit schwerer Strafe[24], sie demütigten sich aber dennoch nicht vor ihrem Herrn und beteten auch nicht zu ihm, bis wir die Pforte noch härterer Strafe[25] ihnen öffneten, da wurden sie zur Verzweiflung gebracht. Er ist es, der euch Gehör und Gesicht und Herzensempfindung gegeben, aber wie wenige von euch sind dankbar dafür! Er ist es, der euch für die Erde geschaffen, und vor ihm werdet ihr einst wieder versammelt. Er ist es, der da gibt Leben und Tod, und von ihm kommt der Wechsel der Nacht und des Tages. Wollt ihr das denn nicht begreifen? Aber sie sprechen gerade wie ihre Vorfahren. Sie sagen nämlich: Wenn wir tot sind und Staub und Knochen geworden, sollten wir da wohl wieder auferweckt werden? Wir, und auch unser Vorfahren schon, sind hiermit bedroht worden. Das ist aber nur eine alte Fabel der Früheren. Sprich: Wem gehört die Erde und was darauf ist, wißt ihr das? Sie werden antworten: Gott. Dann frage: Warum wollt ihr denn seiner nicht eingedenk sein? Sprich: Wer ist Herr der sieben Himmel und Herr des herrlichen Thrones? Sie werden antworten: Gott. Dann frage: Warum wollt ihr ihn denn nicht fürchten? Sprich ferner: In wessen Hand ist die Herrschaft aller Dinge, und wer beschützt alles und wird nicht beschützt? Wißt ihr das? Sie werden antworten: In Gottes Hand. Dann frage: Warum seid ihr denn wie bezaubert? Wahrlich, wir haben ihnen nun die Wahrheit gebracht, aber sie leugnen sie. Gott hat kein Kind gezeugt, und mit ihm ist auch kein anderer Gott, denn wenn anders, so würde ja jeder Gott vorwegnehmen, was er geschaffen, und einer würde sich über den anderen erheben wollen[26]. Fern von Gott, was sie von ihm sagen! Er weiß das Verborgene und das Offenbare, und er ist weit erhaben über dem, was sie ihm zugesellen. Sprich: O mein Herr, willst du mich sehen lassen das Strafgericht, das ihnen angedroht ist, so setze mich doch nicht, o Herr, diesem gottlosen Volke zur Seite,[27] denn wir besitzen die Macht, die, sehen zu lassen, was wir ihnen angedroht haben. Du aber wende das Böse durch Besseres ab,[28] denn wir kennen die Verleumdungen, welche sie von dir aussagen. Sprich: Ich fliehe zu dir, o mein Herr, gegen die Anfechtungen des Satan, ich nehme meine Zuflucht zu dir, o Herr, damit sie mir nicht schaden. Erst wenn der Tod einen der Ungläubigen erfassen will, wird er sagen: O Herr, laß mich ins Leben zurückkehren, damit ich die guten Werke verrichte, welche ich vernachlässigt habe.[29] Keineswegs! Heißt es dann, und die Worte, die er spricht, sind vergebens, denn hinter ihnen ist eine Kluft[30] bis zum Tage der Auferstehung. Wenn dann in die Posaune gestoßen wird, dann besteht an diesem Tage keine Verwandtschaft mehr zwischen ihnen, und sie werden sich dann gegenseitig nicht um Beistand bitten. Die, deren Waagschale mit guten Werken schwer befunden wird, sollen glücklich sein, deren Waagschale aber leicht befunden wird, haben ihre Seelen dem Untergange geweiht, und sie bleiben auf ewig in der Hölle. Das Feuer wird ihr Gesicht verbrennen, und aus Angst werden sie den Mund verzerren, und es heißt dann: Sind euch nicht meine Zeichen vorgelesen worden? Und habt ihr sie nicht des Betrugs beschuldigt? Sie werden antworten: Unser Unglück war zu mächtig über uns, und wir waren irrende Menschen. O unser Herr, führe uns aus diesem Höllenfeuer, und wenn wir zu unserer früheren Schlechtigkeit zurückkehren, dann sollen wir Frevler sein. Gott aber wird antworten: Hinweg, ihr zur Hölle Verworfenen, und sprechet mir nicht mehr von Rettung! Ein Teil meiner Diener sagte: O unser Herr, wir glauben, darum vergib uns und erbarme dich unserer, denn du bist der beste Erbarmer. Ihr aber habt sie nur mit Spott aufgenommen, so daß sie euch meine Ermahnung vergessen ließen,[31] und dabei lachtet ihr sie noch mit Hohn aus. Ich aber belohne sie an diesem Tage dafür, daß sie euere Beleidigungen mit Geduld ertragen haben, und sie werden sich großer Glückseligkeit erfreuen. Gott wird fragen[32]: Wie viele Jahre habt ihr wohl auf der Erde verweilt? Sie werden antworten: Einen Tag, oder nur einen Teil eines Tages. Frage nur die, die Rechnung darüber führen.[33] Er aber wird sagen: Ihr habt nur eine ganz kurze Zeit dort verweilt, wenn ihr es wissen wollt. Glaubtet ihr, daß wir euch nur zum Scherze geschaffen, und daß ihr nicht wieder zu uns zurückkehren würdet? – Hoch erhaben ist Gott, der König, die Wahrheit! Außer ihm, dem Herrn des hocherhabenen Thrones, gibt es keinen Gott. Wer nun mit dem wahren Gotte noch einen anderen Gott anrufet, für den er doch keinen Beweis hat, der wird einst von seinem Herrn desfalls zur Rechenschaft gezogen werden, denn die Ungläubigen können nicht glücklich sein. Sprich: O Herr, verzeih und sei barmherzig, denn du bist der beste Erbarmer.

VIERUNDZWANZIGSTE SURE

Das Licht[1)]

Geoffenbart zu Medina

Im Namen des allbarmherzigen Gottes

Diese Sure haben wir vom Himmel gesandt und darin Verordnungen erlassen und deutliche Zeichen geoffenbart zu euerer Ermahnung. Eine Hure und einen Hurer sollt ihr mit hundert Schlägen geißeln.[2)] Laßt euch nicht, diesem Urteile Gottes zuwider, von Mitleid gegen sie einnehmen, so ihr glaubt an Gott und den Jüngsten Tag. Einige Gläubige mögen ihre Bestrafung bezeugen.[3)] Der Hurer soll keine andere Frau als nur eine Hure oder eine Götzendienerin heiraten, und eine Hure soll nur einen Hurer oder einen Götzendiener zum Manne nehmen. Eine derartige Heirat ist aber den Gläubigen verboten. Wer eine ehrbare Frau des Ehebruchs beschuldigt und dies nicht durch vier Zeugen beweisen kann,[4)] den geißelt mit achtzig Schlägen und nehmet dessen Zeugnis nie mehr an, denn er ist ein Bösewicht. Derjenige sei ausgenommen, der später bereut und sich bessert, denn Gott ist versöhnend und barmherzig. Diejenigen, welche ihre eigenen Frauen des Ehebruchs beschuldigen und kein anderes Zeugnis als ihr eigenes darüber beibringen, so soll ein solcher viermal bei Gott schwören, daß er die Wahrheit gesprochen, und das fünfte Mal rufe er den Fluch Gottes über sich, so er ein Lügner sei. Doch soll folgendes die Strafe von der Frau abwenden, wenn sie nämlich viermal bei Gott schwört, daß er ein Lügner sei, und das fünfte Mal den Zorn Gottes über sich ruft, so er die Wahrheit gesprochen.[5)] Waltete nicht Gottes Gnade über euch und seine Barmherzigkeit, und wäre er nicht versöhnlich und allweise [so würde er euere Verbrechen gleich bestrafen.][6)] Haltet die Partei, welche mit der Verleumdung unter euch auftrat, nicht für ein Übel, im Gegenteil, dies ist gerade besser für euch.[7)] Ein jeder von dieser Partei soll nach Verhältnis des Verbrechens, dessen er sich schuldig gemacht, bestraft werden.[8)] Der Rädelsführer aber, der die Verleumdung vergrößert hat, soll peinliche Strafe erleiden.[9)] Haben nicht die gläubigen Männer und die gläubigen Frauen, als ihr dies hörtet, das beste davon in ihrem Herzen gedacht, und gesagt: dies ist offenbare Lüge? Hatten sie vier Zeugen dafür aufgebracht? Da sie nun keine Zeugen aufbringen konnten, so werden sie von Gott als Lügner betrachtet. Waltet nicht Gottes Gnade über euch und seine Barmherzigkeit in diesem und dem zukünftigen Leben, so würde euch schwere Strafe getroffen haben wegen der Verleumdung, die ihr ausgestreut, da ihr sagtet mit euerer Zunge und sprachet mit euerem Munde solches, wovon ihr keine Kenntnis hattet, und das für gering achtet, was Gott für sehr wichtig hält. Warum habt ihr nicht, als ihr dies[10] gehört, gesprochen: Es ziemt uns nicht, davon zu sprechen. Bewahre Gott! Dies ist ja eine große Verleumdung. Gott warnet euch nun, daß ihr nie mehr zu ähnlichen Vergehen zurückkehrt, so ihr Gläubige sein wollt. Gott macht seine Zeichen euch deutlich, denn Gott ist allwissend und allweise. Die, welche es lieben, von den Gläubigen Schändliches zu verbreiten, erhalten in diesem und in dem zukünftigen Leben schwere Strafe, denn Gott weiß, was ihr nicht wisset. Waltete nicht Gottes Gnade über euch und seine Barmherzigkeit, und wäre Gott nicht gnädig und barmherzig [so hätte euch seine Strafe schon getroffen.][11]

O ihr Gläubigen, folgt doch nicht den Fußstapfen des Satans, denn der, welcher den Fußstapfen des Satan folgt, befiehlt nur schändliche Verbrechen und nur das, was verboten ist. Waltete nicht Gottes Gnade über euch und seine Barmherzigkeit, so würde er nie einen von euch rein von seinen Sünden sprechen, aber Gott spricht rein, wen er will, denn Gott hört und weiß alles. Die Reichen und Vermögenden unter euch mögen nicht schwören, den Verwandten, Armen und den für die Religion Gottes Ausgewanderten nichts mehr geben zu wollen.[12] Sie sollen vielmehr verzeihen und gnädig sich erweisen. Wünscht ihr denn nicht, daß Gott auch euch verzeihe? Und Gott ist versöhnend und barmherzig. Die, welche ehrbare gläubige Frauen, die leichtsinnig in ihrer äußerlichen Haltung scheinen,[13] fälschlich verleumden, sollen in dieser und in der zukünftigen Welt verflucht sein und peinliche Strafe erleiden. Einst werden ihre eigenen Zungen, Hände und Füße wider sie zeugen ob dem, was sie getan.[14] An jenem Tage wird ihnen Gott ihr Recht in Wahrhaftigkeit zumessen, und sie werden es dann erfahren, daß Gott die offenbarste Wahrheit ist. Böse Frauen werden einst[15] vereinigt mit bösen Männern, und böse Männer mit bösen Frauen, gute Frauen aber mit guten Männern, und gute Männer mit guten Frauen. Diese werden dann auch gerechtfertigt sein über die Nachreden der Verleumder, und ihnen wird Versöhnung und eine ehrenvolle Versorgung zuteil werden. O ihr Gläubigen, gehet in kein Haus, außer in das eurige, ohne zuerst um Erlaubnis gefragt und seine Bewohner begrüßt zu haben. Gut ist es für euch, dieser Mahnung eingedenk zu sein.[16] Findet ihr niemanden zu Hause, dann gehet auch nicht hinein, bis euch Erlaubnis geworden. Und wenn man zu euch sagt: Kehret zurück! So kehret zurück. So ist es am schicklichsten für euch, und Gott weiß, was ihr tut. Doch ist es kein Vergehen, wenn ihr in unbewohnte Häuser einkehret, in welchen ihr Bequemlichkeit findet,[17] und Gott kennet, was ihr veröffentlicht und was ihr verheimlicht. Sage auch den Gläubigen, daß sie ihre Augen abwenden und sich bewahren sollen vor Unkeuschem[18]. So ist's am schicklichsten für sie, denn Gott ist wohlbekannt mit dem, was sie tun. Sage auch den gläubigen Frauen, daß sie ihre Augen abwenden und sich bewahren sollen vor Unkeuschem, und daß sie nicht ihre Zierde[19], außer nur was notwendig erscheinen muß, entblößen, und daß sie ihren Busen mit dem Schleier verhüllen sollen. Sie sollen ihre Zierde nur vor ihren Ehemännern zeigen, oder vor ihren Vätern, oder vor den Vätern ihrer Ehemänner, oder vor ihren Söhnen, oder vor den Söhnen ihrer Ehemänner[20], oder vor ihren Brüdern, oder vor den Söhnen ihrer Brüder und Schwestern, oder vor ihren Frauen[21], oder vor ihren Sklaven, oder vor solchen Männern ihres Gefolges, welche kein Bedürfnis zu Frauen fühlen,[22] oder vor Kindern, welche die Blöße der Frauen nicht beachten. Auch sollen sie ihre Füße nicht so werfen, daß man gewahr werde der Zierde, welche sie verbergen.[23] O ihr Gläubigen, kehrt doch alle zu Gott zurück, damit ihr glücklich werdet. Verheiratet die ledigen Standes unter euch, ebenso euere redlichen Knechte und Mägde, und wenn diese auch arm sind, so kann sie ja Gott mit seinem Überflusse reich machen, denn Gott ist allgütig und allwissend. Diejenigen, die keine Aussteuer zur Verheiratung finden können, mögen sich hüten vor jeder Unkeuschheit, bis Gott von seinem Überflusse sie reich macht. Denjenigen von eueren Sklaven, welche einen Freischein wünschen, schreibt einen solchen, wenn ihr sie als rechtschaffen kennt, und gebt ihnen von dem Reichtume Gottes, den er euch geschenkt.[24] Zwinget auch euere Sklavinnen, wenn sie ehrbar und keusch sein wollen, nicht zur Hurerei, der zufälligen Güter des irdischen Lebens wegen.[25] Wenn sie aber dennoch jemand dazu zwingt, so wird ihnen Gott, nachdem sie gezwungen worden, versöhnend und barmherzig sein. Wir haben euch nun geoffenbart deutliche Zeichen und Ereignisse, welche denen gleichen, die schon längst vor euch vorgefallen sind,[26] und eine Ermahnung für die Frommen. Gott ist das Licht des Himmels und der Erde. Sein Licht gleicht einer Blende in einer Mauer, in welcher eine Lampe und die Lampe in einem Glase ist. Das Glas scheint dann wie ein leuchtender Stern. Es wird erhellt vom Öle eines gesegneten Baumes, eines

Olivenbaumes, der weder im Osten noch im Westen wächst, dessen Öl fast Licht gibt ohne Berührung des Feuers und dessen Licht über alles Licht ist, und Gott leitet mit seinem Lichte, wen er will. So stellt Gott den Menschen Gleichnisse auf, denn Gott kennt alle Dinge. In den Häusern, in welchen Gott erlaubt, daß man ihn preise und seines Namens gedenke,[27] in diesen Häusern preisen ihn die Menschen des Morgens und Abends, und weder Verkauf noch Kauf kann sie zurückhalten von der Erinnerung Gottes und von der Verrichtung des Gebetes und von der Darbringung der Almosen, denn sie fürchten den Tag, an welchem die Herzen und Augen der Menschen unruhig sein werden,[28] damit Gott sie belohne nach dem höchsten Verdienste ihrer Handlungen, und ihnen noch mehr hinzufüge von seinem Überflusse, denn Gott ist gegen wen er will freigiebig ohne Maß. Die Handlungen der Ungläubigen aber gleichen dem Dunste in einer Ebene,[29] den der durstige Wanderer für Wasser hält, und wenn er hinkommt, so findet er – nichts. Nur Gott findet er bei sich, der ihm seine Rechnung voll ausbezahlt, denn Gott ist schnell im Rechnen. Oder ihre Handlungen gleichen der Finsternis auf dem hohen Meere. Wogen stürzen auf Wogen und über ihnen Wolken, welche Finsternis auf Finsternis häufen, so daß, wenn einer seine Hand ausstreckt, er sie nicht sehen kann. Wem Gott nicht Licht gewährt, der wird auch nimmer sich des Lichts erfreuen. Siehst du nicht, wie alles Gott preiset, was im Himmel und was auf Erden, selbst die Vögel, indem sie ihre Fittiche ausbreiten? Jedes Geschöpf kennet sein Gebet und seinen Lobgesang, und Gott weiß, was sie tun. Gott ist die Herrschaft über Himmel und Erde, und zu Gott ist die einstige Rückkehr. Siehst du nicht, wie Gott die Wolken sachte fortbewegt, sie dann zusammenzieht und zu einem Haufen türmt? Dann siehst du den Regen aus ihrer Mitte fallen, und er stürzt, mit Hagel gemischt, gleich Bergen, vom Himmel herab. Er schlägt damit, wen er will, und wendet ihn ab, von wem er will. Wenig fehlt, und der Strahl seines Blitzes blendet das Gesicht. Gott ist es, der Nacht und Tag wechseln läßt, und hierin liegt Belehrung für die, so Einsicht haben. Gott schuf alle Tiere aus Wasser.[30] Einige kriechen auf dem Bauche, andere gehen auf zwei, und andere wieder auf vier Füßen. Gott schafft, was er will, denn er ist aller Dinge mächtig. Wir haben nun deutliche Zeichen geoffenbart, und Gott leitet auf den rechten Weg, wen er will. Die Heuchler sagen zwar: Wir glauben an Gott und den Gesandten, und wir gehorchen ihnen. Hernach aber wendet ein Teil von ihnen doch wieder den Rücken. Dies sind keine wahrhaft Gläubigen. Und wenn sie hingerufen werden zu Gott und seinem Gesandten, daß er entscheide zwischen ihnen, dann zieht sich ein Teil von ihnen zurück. Wäre aber das Recht und die Wahrheit auf ihrer Seite, so würden sie wohl zu ihm kommen und sich unterwerfen. Ist vielleicht in ihrem Herzen eine Schwäche? Oder zweifeln sie? Oder fürchten sie, daß Gott und sein Gesandter ungerecht gegen sie sein werde? Fürwahr! Sie selbst sind ungerecht.[31] Die Sprache der Gläubigen aber, wenn sie hingerufen werden zu Gott und seinem Gesandten, daß er entscheide zwischen ihnen, ist keine andere, als daß sie sagen: Wir haben gehört, und wir gehorchen. Diese werden auch glücklich sein. Wer Gott und seinem Gesandten gehorcht und Gott fürchtet und ihn verehrt, der wird glücklich sein. Sie schwören es bei Gott mit einem feierlichen Eide, daß sie, wenn du es ihnen befiehlst, ausziehen wollen.[32] Sprich: Schwöret nicht, geziemender ist Gehorsam, denn Gott ist wohlbekannt mit dem, was ihr tut. Sprich: Gehorchet Gott und gehorchet seinem Gesandten. So ihr euch aber abwendet, dann steht zu erwarten, daß er tun wird, was ihm obliegt zu tun, und ihr zu ertragen habt, was ihr nur tragen könnet. So ihr ihm aber gehorchet, dann werdet ihr auch geleitet. Der Beruf des Gesandten ist aber nur, öffentlich zu predigen. Gott verspricht denen unter euch, so da glauben und gute Werke verrichten, daß er sie zu Nachfolgern der Ungläubigen im Lande einsetzen will, so wie er die vor ihnen[33] den Ungläubigen ihrer Zeit hat nachfolgen lassen, und daß er ihnen befestigen will ihre Religion, an welcher sie Wohlgefallen gefunden haben, und daß er ihre Furcht in Sicherheit verwandeln werde. Sie sollen aber auch nur mir allein dienen und mir kein anderes Wesen zugesellen. Wer aber darauf ungläubig wird, der ist ein Übeltäter. Verrichtet das Gebet, gebet Almosen und gehorchet dem Gesandten, damit ihr Barmherzigkeit findet. Glaubet nur nicht, daß die Ungläubigen den Ratschluß Gottes auf Erden schwächen können. Ihre Wohnung soll das Höllenfeuer sein, und welch eine schlimme Reise ist es dorthin!

O ihr Gläubigen, lasset euere Sklaven und die unter euch, welche noch nicht das männliche Alter erreicht haben, erst um Erlaubnis fragen, bevor sie zu euch kommen, und das dreimal des Tages, nämlich: vor dem Morgengebete,[34] und wenn ihr des Mittags euere Kleider ablegt,[35] und nach dem Abendgebete.[36] Diese drei Zeiten sind für euch bestimmt, allein zu sein. Doch ist es kein Vergehen, weder für euch noch für sie, wenn sie nach diesen Zeiten ohne Erlaubnis zu euch kommen, um euch, einen nach dem anderen, zu bedienen. So macht euch Gott seine Zeichen deutlich, denn Gott ist allwissend und allweise. Und wenn euere Kinder auch das männliche Alter erreicht haben, so lasset sie dennoch zu jeder Zeit, um zu euch zu kommen, erst um Erlaubnis fragen, so wie die um Erlaubnis fragen mußten, die jetzt schon vor ihnen sind.[37] So macht euch Gott seine Zeichen deutlich, denn

Gott ist allwissend und allweise. Für solche Frauen, die keine Kinder mehr gebären, und sich nicht mehr verheiraten können, ist es kein Vergehen, wenn sie ihre Gewänder ablegen,[38)] ohne aber dabei ihre Zierde zu zeigen,[39)] doch noch besser für sie ist es, auch hierin enthaltsam zu sein, denn Gott hört und sieht alles. Es ist keine Sünde für den Blinden, und keine Sünde für den Lahmen, und keine Sünde für den Kranken, und auch keine für euch selbst, wenn ihr esset in eueren Häusern[40)], oder in den Häusern euerer Väter, Mütter, Brüder, Schwestern oder in den Häusern euerer Oheime und Tanten von Vaters Seite oder Mutter Seite, oder in solchen Häusern, von welchen ihr die Schlüssel besitzet,[41)] oder in den Häusern euerer Freunde. Es ist keine Sünde für euch, ob ihr zusammen oder allein speiset. Und wenn ihr in ein Haus eintretet, dann grüßet euch einander[42)] von Seiten Gottes mit einem gesegneten und liebreichen Gruße. So macht euch Gott seine Zeichen deutlich, damit ihr verständig werdet. Wahrlich, die nur sind wahrhaft Gläubige, so da glauben an Gott und seinen Gesandten, und die, wenn sie wegen einer Angelegenheit bei ihm versammelt sind, nicht eher sich entfernen, als bis sie ihn um Erlaubnis dazu gefragt. Nur die, welche dich um Erlaubnis fragen, glauben an Gott und seinen Gesandten. Bitten sie dich um Erlaubnis, wegzugehen, irgendeines Geschäftes wegen, so erteile sie, wem du willst, bitte aber Gott für sie um Verzeihung,[43)] denn Gott ist versöhnend und barmherzig. Haltet nicht den Ruf des Gesandten an euch gleich dem Rufe, den einer unter euch an den anderen richtet. Gott kennet wohl die unter euch, welche sich heimlich dem Rufe entziehen und Schutz unter anderen suchen. Mögen die, welche seinem Befehle sich widersetzen, sich in acht nehmen, daß sie nicht in Versuchung kommen[44)] oder sie peinliche Strafe treffe.[45)] Gehört nicht Gott, was im Himmel und was auf Erden ist? Er kennet euer Verhalten. An jenem Tage werden sie zurückkehren zu ihm, und er wird ihnen anzeigen, was sie getan haben, denn Gott kennet alle Dinge.

FÜNFUNDZWANZIGSTE SURE

Al'Furkan[1)]

Geoffenbart zu Mekka

Im Namen des allbarmherzigen Gottes

Gelobt sei der, der den Koran[2)] seinem Diener geoffenbart, damit er allen Geschöpfen ein Prediger sei, und dem angehört die Herrschaft über Himmel und Erde, der nie ein Kind gezeugt, der keinen Mitgenossen in der Herrschaft hat, der Schöpfer aller Dinge, der alles geordnet nach bestimmter Ordnung. Und dennoch haben sie außer ihm noch Götzen angenommen, die nichts erschaffen können, sondern selbst geschaffen sind, und die sich selbst weder schaden noch nützen können, die nicht Herr sind über Tod und Leben und Totenauferweckung. Die Ungläubigen sagen: Der Koran ist nichts anderes als eine selbsterdachte Lüge, woran ihm andere Leute geholfen haben.[3)] Aber damit sprechen sie nur Ungerechtes und Lügenhaftes. Auch sagen sie: Er enthält nur Fabeln der Alten, die er[4)] abgeschrieben, und die er sich des Morgens und Abends vorlesen läßt. Sprich: Der hat ihn geoffenbart, der da kennet die Geheimnisse des Himmels und der Erde, der da ist versöhnend und barmherzig. Sie sagen: Was für ein Gesandter ist das doch! Er isset ja Speisen und geht in den Straßen umher wie wir.[5)] Wenn nicht ein Engel zu ihm herabsteigt und als Prediger mit ihm kommt, oder wenn ihm kein Schatz herabgeworfen wird, oder wenn er keinen Garten erhält, woraus er seine Nahrung zieht, so glauben wir ihm nicht.[6)] Die Gottlosen sagen: Ihr folgt da nur einem verrückten Menschen. Siehe, mit wem sie dich vergleichen! Doch sie sind im Irrtume und können den richtigen Weg nicht finden. Gelobt sei der, der, wenn er will, dir weit Besseres geben kann,[7)] nämlich: Gärten, von Wasserquellen durchströmt, und Paläste. Sie leugnen auch die letzte Stunde, aber wir haben für den, der diese Stunde leugnet, das brennende Feuer bereitet. Wenn sie dasselbe aus der Ferne sehen, so werden sie schon hören rasendes Wüten und Heulen.[8)] Wenn sie nun zusammengebunden in einen engen Ort hineingeworfen werden, dann werden sie um

Vernichtung bitten. Dann heißt es aber: Rufet heute nicht nur um *eine* Vernichtung, sondern um mehrere Vernichtungen. Sprich: Was ist nun besser: dieses, oder der Garten der Ewigkeit, der den Frommen zur Belohnung und Wohnung versprochen ist? Ewig werden sie in demselben haben, was sie nur wünschen. Die Erfüllung dieser Verheißung darf von deinem Herrn gefordert werden. An jenem Tage wird er sie, und was sie außer Gott verehrt haben, versammeln und zu den Götzen sagen: Habt ihr diese meine Diener zum Irrtume verführt, oder sind sie von selbst vom rechten Wege abgewichen? Sie aber werden antworten: Gott bewahre! Es hätte sich nicht geziemt für uns, irgendeinen Beschützer außer dir anzunehmen. Allein du hast ihnen und ihren Vätern Reichtum im Überfluß gewährt, dadurch haben sie die Ermahnung vergessen und sind nichtswürdige Menschen geworden.[9] Und Gott wird zu den Götzendienern sagen: Diese haben nun euere Aussagen als Lügen hingestellt, und sie können weder die Strafe von euch abwenden, noch irgendeine Hilfe euch bringen. Wer gottlos von euch gewesen ist, der soll nun auch schwere Strafe von uns erhalten. Auch vor dir haben wir keine anderen Gesandten geschickt als solche, die Speise zu sich nahmen und in den Straßen einhergingen, und wir lassen einige unter euch von anderen zur Prüfung dienen.[10] Wollt ihr nun in Geduld ertragen? Wahrlich, dein Herr sieht alles.

Die, welche nicht hoffen, uns einst wieder zu begegnen, sagen: Wenn uns keine Engel herabgesandt werden, oder wir selbst unseren Herrn nicht sehen, so glauben wir nicht! Und so zeigen sie sich hochmütig und begehen ein schweres Vergehen. Der Tag, an welchem sie die Engel sehen werden,[11] wird für die Übeltäter kein Tag der frohen Botschaft sein, sondern sie werden sagen: Weg, weg von hier! Wir werden hinzutreten zu den Werken, welche sie ausgeübt, und sie machen zu verwehtem Staube. An diesem Tage werden die Gefährten des Paradieses sich einer besseren Wohnung erfreuen und die angenehmste Mittagsruhe halten können. An diesem Tage wird sich der Himmel mit den Wolken spalten und die Engel werden herabsteigen.[12] An diesem Tage wird die Herrschaft in Wahrheit in den Händen des Allbarmherzigen sein, und dieser Tag für die Ungläubigen schrecklich sein. An diesem Tage wird sich der Frevler aus Angst in die Hände beißen und sagen: O, wäre ich doch mit dem Gesandten auf dem rechten Wege geblieben! Wehe mir! O, hätte ich doch jenen nicht zum Freunde genommen! Von der Ermahnung, die mir geworden, verleitete er mich in den Irrtum, denn der Satan ist ein Betrüger der Menschen.[13] Der Gesandte sagte: O mein Herr, siehe mein Volk hält den Koran für eitles Geschwätz. Auf gleiche Weise hatten wir jedem Propheten einen Feind aus der Frevler Mitte gegeben. Dein Herr aber ist hinreichender Lenker und Helfer. Die Ungläubigen sagen: Wenn ihm nicht der Koran ganz und auf einmal offenbart wird, so glauben wir ihm nicht.[14] Aber nur um dadurch dein Herz zu stärken, haben wir ihn eingeteilt in geordnete Teile.[15] Sie werden dir keine rätselhafte Frage vorlegen, oder wir zeigen dir auch die richtige Antwort und die beste Erklärung. Die, welche auf ihrem Angesichte zur Hölle hingeschleift werden, befinden sich in den übelsten Umständen und weit ab von dem Wege des Heils. Dem Moses gaben wir einst die Schrift und bestimmten ihm seinen Bruder Aaron zum Ratgeber, und wir sagten zu ihnen: Gehet hin zu jenem Volke, das unsere Zeichen des Betrugs beschuldigt, und wir wollen es vertilgen mit gänzlicher Vertilgung. Erinnere dich auch des Volkes des Noah. Als dasselbe unsere Gesandten des Betrugs beschuldigte, da ertränkten wir es und machten es zum warnenden Zeichen für die Menschen, denn den Frevlern haben wir peinvolle Strafe bereitet. Erinnere dich auch des Stammes Ad und Thamud und der Bewohner von Raß[16] und noch mancher Völker ihrer Zeit. Allen diesen stellten wir Gleichnisse zur Ermahnung auf, und alle zerstörten wir mit gänzlicher Zerstörung. Sie, die Mekkaner, sind ja oft an jener Stadt vorübergekommen, über welche jener unheilbringende Regen herabgegossen wurde.[17] Haben sie denn noch nie einen Blick darauf geworfen? Auch die Bewohner jener Stadt haben die Auferstehung nicht gefürchtet.

Wenn sie dich sehen, so empfangen sie dich nur mit Spott und sagen: Ist das der Mann, den Gott als seinen Gesandten schickt? Er hätte uns beinahe abwendig gemacht von der Verehrung unserer Götter, wenn wir nicht so standhaft gewesen wären. Sie werden aber endlich zur Einsicht kommen, wenn sie sehen die Strafe dessen, der vom rechten Wege abgeirrt ist. Was hältst du wohl von dem, der seine Gelüste sich zum Gotte wählt? Willst du sein Beschützer sein. Oder glaubst du wohl, daß der größte Teil von ihnen hören oder verstehen kann? Sie sind wie das unvernünftige Vieh, ja sie irren vom richtigen Wege noch weiter ab als dieses. Siehst du nicht, wie dein Herr die Schatten dehnt, wenn er will, ihn ruhend macht, denn die Sonne über ihn zum Weiser setzt und ihn allmählich wieder zu sich zieht?[18] Er ist es, der euch mit der Nacht wie mit einem Gewande bedeckt und den Schlaf zur Ruhe und den Tag zu neuem Leben bestimmt. Er ist es, der die Winde sendet als Verkünder seiner Barmherzigkeit,[19] damit wir reines Wasser vom Himmel herabschicken, um dadurch das tote Erdreich neu zu beleben und unsere Geschöpfe damit zu tränken, sowohl das Vieh, wie auch eine Menge Menschen. Und wir verteilen den Regen unter ihnen zu verschiedenen Zeiten, damit sie sich unserer erinnern. Doch die meisten Menschen weigern sich dessen aus Undankbarkeit. Wenn es uns gefallen hätte, so würden wir jeder Stadt einen Prediger geschickt haben.[20] Darum gehorche nicht den Ungläubigen, bekämpfe sie vielmehr mit mächtigem Kampfe. Er ist es, der da auseinander hält die beiden Meere, von welchen das eine frisch und süß, das andere gesalzen und bitter ist.[21] Zwischen beiden machte er eine Kluft zur Scheidewand. Er ist es, der den Menschen aus Wasser geschaffen[22] und denselben in Verhältnisse der Blutverwandtschaft und sonstiger Verwandtschaft brachte, denn dein Herr ist allmächtig. Und dennoch verehren sie außer Gott Wesen, die ihnen weder nutzen noch schaden können, und die Ungläubigen sind Helfershelfer des Satan wider ihren Herrn. Wir haben dich nur gesandt, um Gutes zu verkünden und Strafen anzudrohen. Sprich: Ich verlange dafür keinen anderen Lohn von euch als den, daß der, so da will, den Weg seines Herrn ergreife.[23] Vertraue auf den Lebendigen, der nie stirbt, und preise sein Lob, der da kennet zur Genüge die Fehler seiner Diener, der da geschaffen in sechs Tagen die Himmel und die Erde und was zwischen beiden ist, und dann seinen Thron bestieg. Er, der Allbarmherzige! Frage über ihn die, welche Wissenschaft von ihm haben. Wenn zu den Ungläubigen gesagt wird: Betet den Allbarmherzigen an, dann antworten sie: Wer ist denn der Allbarmherzige?[24] Sollen wir wohl den verehren, dessen Anbetung du uns befiehlst? Diese Ermahnung veranlaßt sie, noch weiter vor der Wahrheit zu fliehen. Gelobt sei der, welcher die Türme[25] an den Himmel gesetzt und eine Leuchte[26] für den Tag, und den Mond, der da scheint bei Nacht. Er ist es, der den Wechsel der Nacht und des Tages angeordnet zur Ermahnung für den, der eingedenk und dankbar sein will. Diener des Allbarmherzigen sind die, so demütig auf der Erde wandeln, und wenn die Unwissenden[27] mit ihnen sprechen, nur „Friede"[28] antworten, und die des Nachts liegend und stehend ihren Herrn anbeten und sagen: O Herr, wende ab von uns die Strafe der Hölle, denn ihre Pein dauert ewig und der Aufenthalt und Zustand dort ist ein elender. Ferner die, welche beim Almosengeben weder verschwenderisch noch geizig sind, sondern zwischen beidem die richtige Mitte halten,[29] und die neben Gott nicht noch einen anderen Gott anrufen, und die keinen Menschen, den zu töten Gott verboten, als nur einer gerechten Ursache wegen, um das Leben bringen, und die keine Hurerei treiben. Denn wer solches tut, den trifft die Strafe seiner Missetat. Verdoppelt wird ihm die Strafe am Tage der Auferstehung und ewig, mit Schande bedeckt, soll er darin verharren, mit Ausnahme dessen, der bereut, gläubig wird und gute Werke verrichtet. Solchen wird Gott ihre bösen Handlungen in gute umwandeln, denn Gott ist verzeihend und barmherzig. Wer bereut und gute Werke verrichtet, dessen Bekehrung zu Gott ist als eine aufrichtige zu halten. Diese geben kein falsches Zeugnis und weichen unanständigen Reden auf schickliche Weise aus. Sie fallen auch nicht hin, als wären sie taub und blind, wenn die Zeichen ihres Herrn erwähnt werden. Sie sprechen vielmehr: O Herr, laß unsere Frauen und Kinder solche sein, daß sie Freude unseren Augen gewähren, und mache uns den Frommen zum musterhaften Vorbilde. Diese werden belohnt mit der schönsten Paradies-Wohnung dafür, daß sie in Geduld ausgeharrt haben. Dort werden sie Heil und Frieden finden und ewig darin bleiben. Welch ein herrlicher Aufenthalt und Zustand! Sprich: Mein Herr ist euretwegen unbekümmert, wenn ihr ihn nicht anrufen wollt. Habt ihr ja auch seine Gesandten des Betrugs beschuldigt. Doch bald wird die ewighaftende Strafe euch treffen.

SECHSUNDZWANZIGSTE SURE

Die Dichter[1]

Geoffenbart zu Mekka[2]

Im Namen des allbarmherzigen Gottes

TSM.[3] Dies sind die Zeichen des deutlichen Buches. Deine Seele härmt sich vielleicht ab, weil sie, die Mekkaner, nicht gläubig werden wollen. So wir nur wollten, so würden wir ihnen ein Zeichen vom Himmel herabsenden, unter welches sie ihren Nacken demütig beugen müßten. Aber noch keine der neuesten Ermahnungen[4] des Allbarmherzigen wurde ihnen zuteil, oder sie haben sich davon abgewandt und sie des Betrugs beschuldigt. Es wird aber eine Botschaft zu ihnen kommen, welche sie nicht mit Spott verlachen werden. Haben sie denn noch nicht auf die Erde hingeblickt, aus welcher wir so viele herrliche Gewächse aller Art hervorwachsen lassen? Wahrlich, hierin liegt ein Zeichen unserer Allmacht. Doch die meisten wollen nun einmal nicht glauben, aber dein Herr ist der Allmächtige und Allbarmherzige. Als dein Herr den Moses berief und sagte: Gehe hin zu dem frevelhaften Volke, zu dem Volke des Pharaos, und siehe, ob sie mich nicht fürchten wollen, da antwortete Moses: O Herr, ich fürchte, sie möchten mich des Betrugs beschuldigen, und daß mir meine Brust zu beengt und meine Zunge der Sprache nicht fähig sei. Schicke daher lieber zu Aaron, daß er mitgehe.[5] Auch habe ich mir ein Verbrechen gegen sie zu Schulden kommen lassen,[6] weshalb ich fürchte, sie möchten mich umbringen. Gott aber antwortete: Keineswegs! Gehet nur hin mit unseren Zeichen, und wir werden mit euch sein und alles hören. Gehet hin zum Pharao und saget: Wir sind die Gesandten des Herrn aller Welten, darum schicke die Kinder Israels mit uns. Als sie dies nun zum Pharao sagten, erwiderte er: Haben wir dich nicht als Kind erzogen? Und hast du nicht viele Jahre deines Lebens bei uns zugebracht?[7] Und dennoch hast du jene Tat begangen,[8] du Undankbarer! Moses erwiderte: Wohl habe ich sie begangen und habe sehr gefehlt,[9] darum flüchtete ich auch vor euch, weil ich euch fürchtete. Mein Herr aber hat mich mit Weisheit ausgerüstet und zum Gesandten bestimmt. Die Wohltat, welche du mir erzeigst, ist wohl die, daß du die Kinder Israels unterjochest? Darauf fragte der Pharao: Wer ist denn der Herr der Welten? Moses erwiderte: Der Herr des Himmels und der Erde und alles dessen, was zwischen beiden ist, wenn ihr dies nur glauben könnet. Der Pharao sagte darauf zu denen, die um ihn standen: Habt ihr es gehört? Moses aber fuhr fort: Er ist euer Herr und der Herr eurer Vorfahren. Und der Pharao sagte: Euer Gesandter da, der zu euch geschickt sein will, ist sicherlich verrückt. Moses aber fuhr fort: Er ist der Herr des Osten und Westen, so ihr das begreifen könnet. Der Pharao aber sagte: Wenn du einen anderen als mich zum Gotte nimmst,[10] dann lasse ich dich ins Gefängnis werfen. Moses erwiderte: Wie aber, wenn ich mit überzeugenden Beweisen zu dir käme? Der Pharao erwiderte darauf: So zeige sie, wenn du Wahrheit sprichst. Darauf warf er seinen Stab hin, und siehe, er ward eine sichtbare Schlange. Er zog ferner seine Hand hervor (aus dem Busen), und siehe, sie erschien den Zuschauern ganz weiß.[11] Darauf sagte der Pharao zu den Fürsten, die ihn umgaben: Wahrlich, dieser Mann ist ein geschickter Zauberer, er beabsichtigt, euch durch seine Zauberei aus euerem Lande zu vertreiben. Was sagt ihr dazu? Sie antworteten: Schicke ihn und seinen Bruder einstweilen hinweg, inzwischen sende Leute aus in die Städte, daß sie versammeln und zu dir bringen alle gelehrten Zauberer. Die Zauberer versammelten sich zu einer bestimmten Zeit an einem festlichen Tage.[12] Darauf wurde zu den Leuten gesagt: Seid ihr nun alle beisammen? Vielleicht, daß wir den Zauberern folgen, wenn sie siegen. Als nun die Zauberer kamen, da fragten sie den Pharao: Erhalten wir auch eine Belohnung, wenn wir Sieger bleiben? Er antwortete: Ja, allerdings, ihr sollt dann die Nächsten an meinem Throne sein. Moses sagte als dann zu ihnen: Werfet hin, was ihr hinzuwerfen gedenkt. Sie warfen nun hin ihre Stricke[13] und Stäbe und sagten: Bei der Macht des Pharaos, wir werden Sieger bleiben. Nun warf auch Moses seinen Stab hin, und siehe, dieser verschlang das, was sie verwandelt hatten. Da warfen sich die Zauberer verehrungsvoll nieder und sagten: Wir glauben an den Herrn des Weltalls, an den Herrn des Moses und Aaron. Der Pharao aber sagte zu ihnen: Wie, ihr wollt an ihn glauben, bevor ich es euch erlaube? Wahrlich, er ist nur euer Meister, der euch die Zauberkunst gelehrt. Bald aber sollt ihr mich kennenlernen,[14] denn ich lasse euch Hände und Füße von entgegengesetzter Seite[15] abhauen und dann allesamt ans Kreuz schlagen. Sie aber antworteten: Das wird uns nicht schaden, denn wir kehren ja zu unserem Herrn zurück, und wir hoffen, daß unser Herr unsere Sünden uns verzeihen wird, denn wir sind die ersten, so da glauben. Darauf gaben wir dem Moses durch Offenbarung ein und sagten: Gehe des Nachts fort mit meinen Dienern, denn ihr werdet verfolgt. Der Pharao aber schickte in den Städten umher und ließ sie versammeln und ihnen sagen: Wahrlich, dies Volk[16] ist nur ein unbeträchtlicher, kleiner Haufen, zwar sind sie gegen uns vor Zorn entbrannt, aber dagegen bilden wir eine große und wohlgerüstete Anzahl. So veranlaßten wir, daß sie ihre Gärten, Quellen, Schätze und ihre herrlichen Wohnungen verließen. Dies taten wir und ließen die Kinder Israels eben solches erben.[17] Sie (die Ägypter) verfolgten sie nun mit Sonnenaufgang. Als sich nun die beiden Heere erblickten, da sagten die Gefährten des Moses: Wir werden sicherlich eingeholt. Moses aber antwortete: Keineswegs, denn mein Herr ist mit mir, und er wird mich schon leiten. Und wir gaben dem Moses durch Offenbarung ein und sagten: Schlage das Meer mit deinem Stabe, und so ward es geteilt in Teile,[18] und jeder Teil war wie ein großer Berg. Wir ließen nun auch die anderen[19] herannahen und erretteten den Moses und die, welche mit ihm waren. Die anderen aber ertränkten wir. Wahrlich, hierin liegt ein Zeichen, doch die meisten glaubten nicht. Dein Herr aber ist der Allmächtige und Allbarmherzige. Erzähle ihnen auch die Geschichte des Abraham. Als er seinen Vater und sein Volk fragte: Wen verehret ihr? Da antworteten sie: Wir verehren Götzenbilder und dienen ihnen den ganzen Tag. Darauf erwiderte er: Erhören sie euch denn auch, wenn ihr sie anrufet? Oder können sie euch irgendwie nützen oder schaden? Sie antworteten: Wir fanden aber doch, daß unsere Väter dasselbe taten. Er aber antwortete: Habt ihr auch wohl nachgedacht? Die Götter, welche ihr und euere Vorfahren verehrt, sind mir Feinde, nur der Herr des Weltalls nicht, der mich geschaffen und mich leitet, mich wieder heilt, und der mich töten, aber auch wieder zu neuem Leben auferwecken wird, und von dem ich hoffe, daß er mir einst am Tage des Gerichts meine Sünden verzeihen wird. O Herr, gewähre mir Weisheit und vereine mich mit den Rechtschaffenen, und laß die späte Nachwelt ehrenvoll von mir sprechen[20] und mache mich auch zum Erben des Gartens der Wonne[21], vergib auch meinem Vater, daß er zu denen gehörte, welche dem Irrtume anhingen.[22] Mache mich nicht zuschanden am Tage der Auferstehung, an jenem Tage, an welchem weder Vermögen noch Kinder mehr nützen können, sondern nur das, daß man komme zu Gott mit aufrichtigem Herzen an dem Tage, an welchem das Paradies den Frommen nahegebracht und die Hölle den Sündern sichtbar wird und man zu diesen sagt: Wo sind nun die Götzen, die ihr außer Gott verehrt habt? Können sie euch nun helfen? Oder können sie sich selbst helfen? Sie werden nun in die Hölle hinabgeworfen, sowohl sie, die Götzen,[23] als die, welche durch sie verführt worden sind, wie auch das ganze Heer der Teufel. Dort werden sie miteinander streiten, und die Verführten werden sagen: Bei Gott! Wir waren in offenbarem Irrtume, daß wir euch mit dem Herrn des Weltalls gleichstellten, und nur Frevler haben uns verführt. Wir haben nun keinen Vermittler und keinen Freund, der für uns Sorge trüge. Könnten wir doch nochmals in die Welt zurückkehren, so wollten wir gern Gläubige werden. Auch hierin[24] liegen Zeichen, doch die meisten wollen nicht glauben. Dein Herr aber ist der Allmächtige und Allbarmherzige. Auch das Volk des Noah hat die Gesandten des Betrugs beschuldigt. Als ihr Bruder Noah zu ihnen sagte: „Wollt ihr denn Gott nicht fürchten? Wahrlich, ich bin euch ein treuer und redlicher Gesandter, darum fürchtet Gott und gehorchet mir. Ich verlange ja für mein Predigen keinen Lohn von euch: denn ich erwarte meinen Lohn nur vom Herrn des Weltalls, fürchtet daher Gott und gehorchet mir, da antworteten sie: Wie sollen wir dir glauben, da doch nur die niederträchtigsten Menschen dir folgen? Er aber erwiderte: Ich habe keine Kenntnis von ihrem Tun,[25] und nur meinem Herrn haben sie dafür Rechenschaft zu geben. Könntet ihr das doch begreifen! Die Gläubigen werde ich nicht vertreiben,[26] denn ich bin ja weiter nichts als ein öffentlicher Prediger. Sie aber sagten: Wahrlich, wenn du, o Noah, nicht aufhörst zu predigen, so wirst du gesteinigt. Er sagte darauf: O mein Herr, mein Volk beschuldigt mich des Betrugs. Darum entscheide du zwischen mir und ihnen, und errette mich und die Gläubigen, welche es mit mir halten. Wir erretteten ihn und die mit ihm waren, in der angefüllten Arche, die übrigen aber ertränkten wir. Auch hierin liegt ein Zeichen, doch die meisten wollen nicht glauben. Dein Herr aber ist der Allmächtige und Allbarmherzige. Auch der Stamm Ad hat die Gesandten Gottes des Betrugs beschuldigt. Ihr Bruder Hud sagte zu ihnen: Wollt ihr denn Gott nicht fürchten? Wahrlich, ich bin euch ein treuer und redlicher Gesandter, darum fürchtet Gott und gehorchet mir. Ich verlange ja für mein Predigen keinen Lohn von euch, denn ich erwarte meinen Lohn nur vom Herrn des Weltalls. Wollt ihr wohl auf jeder Höhe ein (götzendienstliches) Zeichen errichten, um dort zu scherzen?[27] Wollt ihr wohl kunstvolle Gebäude anfangen, damit ihr ewig seid?[28] Und wenn ihr Gewalttätigkeit ausübt, wollt ihr dies wohl mit hartherziger Grausamkeit tun? Fürchtet doch Gott und gehorchet mir. Fürchtet doch den, der, wie ihr wisset, euch erteilt hat Vieh, Kinder, Gärten und Wasserquellen. Wahrlich, ich fürchte für euch die Strafe des großen Tages. Sie aber antworteten: Es ist uns gleichviel, ob du uns ermahnest oder nicht, denn das ist doch nichts anderes als altes, bekanntes Geschwätz. Wir werden nie bestraft werden. So beschuldigten sie ihn des Betruges, wofür wir sie vertilgten. Auch hierin liegt ein Zeichen, doch die meisten wollen nicht glauben. Dein Herr aber ist der Allmächtige und Allbarmherzige. Auch die Thamudäer haben die Gesandten Gottes des Betrugs beschuldigt. Ihr Bruder Saleh sagte zu ihnen: Wollt ihr denn Gott nicht fürchten? Wahrlich, ich bin euch ein treuer und redlicher Gesandter. Darum fürchtet Gott und gehorchet mir, ich verlange ja für mein Predigen keinen Lohn von euch, denn ich erwarte meinen Lohn nur vom Herrn des Weltalls. Seid ihr denn überzeugt, daß ihr auf immer im Besitze der irdischen Güter bleibet? Nämlich im Besitze der Gärten und Quellen, der Saat und der Palmbäume, deren Frucht so angenehm ist? Wollt ihr wohl noch ferner großtuerisch euch Häuser in den Bergen aushauen?[29] Fürchtet doch Gott und gehorchet mir, und gehorchet nicht den Befehlen der Übeltäter, welche nur Verderben und kein Heil auf der Erde stiften. Sie antworteten darauf: Wahrlich, du bist verrückt. Du bist ja nur ein Mensch, wie wir auch. Komme mit einem Wunderzeichen, so du Wahrheit sprichst. Darauf erwiderte er: Diese Kamelin sei ein solches.[30] Sie soll ihr Teil Wasser, und ihr das eurige an einem bestimmten Tage wechselweise haben. Tut ihr kein Leid an, damit euch nicht treffe die Strafe des großen Tages. Sie schnitten ihr aber dennoch die Füße durch,[31] was sie später bereuten, denn die angedrohte Strafe traf sie. Auch hierin liegen Zeichen, doch die meisten wollen nicht glauben. Dein Herr aber ist der Allmächtige und Allbarmherzige. Auch das Volk des Lot hat die Gesandten Gottes des Betrugs beschuldigt. Ihr Bruder Lot sagte zu ihnen: Wollt ihr denn Gott nicht fürchten? Wahrlich, ich bin euch ein treuer und redlicher Gesandter. Darum fürchtet Gott und gehorchet mir. Ich verlange ja für mein Predigen keinen Lohn von euch, denn ich erwarte meinen Lohn nur vom Herrn des Weltalls. Wollt ihr nun wohl zu den männlichen Geschöpfen kommen und euere Frauen, die euer Herr für euch geschaffen, verlassen? Aber ihr seid frevelhafte Menschen. Sie aber erwiderten: Wenn du, o Lot, nicht aufhörst zu predigen, so wirst du weggejagt. Er antwortete darauf: Wahrlich, ich verabscheue euere Handlungen. O Herr, errette mich von den Schandtaten, welche sie ausüben. Und wir erretteten ihn und seine ganze Familie, mit Ausnahme einer alten Frau[33], welche umkam mit denen, die zurückblieben, indem wir die übrigen vertilgten durch einen Steinregen, den wir auf sie herabfallen ließen. Und wahrlich, daß war ein schrecklicher Regen für die, welche vergebens gewarnt wurden. Auch hierin liegen Zeichen, doch die meisten wollen nicht glauben. Dein Herr aber ist der Allmächtige und Allbarmherzige. Auch die Waldbewohner[34] haben die Gesandten Gottes des Betrugs beschuldigt. Schoaib sagte zu ihnen: Wollt ihr denn Gott nicht fürchten? Wahrlich, ich bin euch ein treuer und redlicher Gesandter, darum fürchtet Gott und gehorchet mir. Ich verlange ja für mein Predigen keinen Lohn von euch, denn ich erwarte meinen Lohn nur vom Herrn des Weltalls. Gebet daher volles Maß und betrüget nicht, und bedienet euch gerechter Waage und verkürzet den Menschen ihr Vermögen nicht, und stiftet nicht durch Frevel Verderben auf der Erde. Fürchtet den, der euch und die früheren Geschlechter geschaffen hat. Sie aber antworteten darauf: Wahrhaftig, du bist verrückt, denn du bist ja nur ein Mensch wie wir auch. Wir halten dich daher für einen Lügner. Laß ein Stück des Himmels auf uns herabfallen, so du Wahrheit sprichst. Er aber erwiderte: Mein Herr kennt euer Tun. So beschuldigten sie ihn des Betrugs. Dafür traf sie die Strafe des Tages der finsteren Wolke.[35] Dies war die Strafe des großen Tages. Auch hierin liegen Zeichen, doch die meisten wollen nicht glauben. Dein Herr aber ist der Allmächtige und Allbarmherzige.

Dieser Koran ist wahrlich eine Offenbarung des Herrn des Weltalls, und der getreue Geist[36] hat ihn in dein Herz gelegt, damit du predigst in der deutlichen arabischen Sprache. Seiner ist auch schon erwähnt in den Schriften der Früheren.³⁷⁾ Ist ihnen (den Mekkanern) dies kein Zeichen, daß die Weisen der Kinder Israels schon Kenntnis von ihm hatten? Hätten wir ihn aber auch einem Fremden geoffenbart,³⁸⁾ und er wäre ihnen vorgelesen worden, so würden sie dennoch nicht daran geglaubt haben. Wir haben es so in die Herzen der Übeltäter gelegt, daß sie nicht daran glauben sollen, bis sie sehen die peinvolle Strafe, welche plötzlich, ohne daß sie es ahnen, über sie hereinbricht. Dann werden sie sagen: Wird uns denn nicht noch nachgesehen? Werden sie dann noch unsere Strafe beschleunigt wünschen? Was glaubst du wohl? Wenn wir ihnen den Genuß der irdischen Güter mehrere Jahre noch gelassen hätten und dann erst, was ihnen angedroht worden, sie überkommen wäre, würde ihnen dieser Genuß wohl etwas genützt haben? Wir haben noch keine Stadt zerstört, oder wir haben ihr zuvor Prediger geschickt, um sie zu ermahnen, und wir haben keine ungerecht behandelt. Auch sind nicht, wie die Ungläubigen sagen, die Teufel mit dem Koran herabgekommen, denn er stimmt ja nicht mit ihren Absichten überein. Sie besitzen auch nicht die Fähigkeit, ein solches Buch abzufassen, und sind zu weit entfernt, um die Reden der Engel hören zu können.³⁹⁾ Rufe neben dem wahren Gotte nicht noch einen anderen Gott an, damit du nicht zu denen gehörest, die zur Strafe verdammt sind. Dies predige auch deinen allernächsten Anverwandten⁴⁰⁾, und bezeige dich milde⁴¹⁾ gegen die Gläubigen, welche dir folgen. Und wenn sie dir ungehorsam werden, dann sprich: Ich spreche mich rein und frei von dem, was ihr tut. Vertraue nur auf den Allmächtigen und Allbarmherzigen, der dich sieht, wenn du aufstehst (zu beten) und wie du dich mit den Anbetenden verhältst,⁴²⁾ denn er hört und weiß alles. Soll ich euch verkünden, mit wem die Teufel herabsteigen? Sie steigen herab mit jedem Lügner und Sünder. Das Gehörte⁴³⁾ geben sie wieder, die meisten aber sind Lügner. Und diesen Verirrten folgen die Dichter. Siehst du nicht, wie sie in jedem Tale umherschwärmen?⁴⁴⁾ Ihre Reden stimmen nicht mit ihren Handlungen überein. Nur die machen eine Ausnahme, welche glauben und rechtschaffen handeln und oft an ihren Herrn denken und sich selbst verteidigen⁴⁵⁾, wenn sie ungerechterweise angegriffen werden. Die Frevler aber sollen es einst erfahren, wohin man sie verstoßen wird.

SIEBENUNDZWANZIGSTE SURE

Die Ameise[1)]

Geoffenbart zu Mekka

Im Namen des allbarmherzigen Gottes

T.S.[2)] Dies sind die Zeichen des Korans, des deutlichen Buches, worin enthalten Leitung und frohe Botschaft für die Gläubigen, welche das Gebet verrichten und Almosen geben und fest glauben an das zukünftige Leben. Denen aber, welche nicht glauben an ein zukünftiges Leben, haben wir die Strafe ihres Tuns bereitet, worüber sie staunen werden. Hier schon erhalten sie schwere Strafe, und auch in jenem Leben sind sie rettungslos verloren. Du hast nun diesen Koran von dem Allweisen und Allwissenden wirklich erhalten. Erinnere dich, wie Moses einst zu seinen Leuten sagte: Wirklich, ich sehe Feuer, entweder bringe ich euch Nachricht darüber oder einen angezündeten Brand, daß ihr euch erwärmen könnet.[3)] Als er sich nun dem Feuer näherte, da rief ihm eine Stimme zu: Gelobt sei der, der im Feuer, und der, der um dasselbe ist.[4)] Lob und Preis sei Gott, dem Herrn der Welten! Ich, o Moses, bin Gott, der Allmächtige und Allweise! Wirf deinen Stab hin. Als er nun sah, daß er sich wie eine Schlange bewegte, da zog er sich zurück und entfloh, um nicht zurückkommen zu wollen. Gott aber sagte: Fürchte dich nicht, o Moses, denn meine Gesandten dürfen sich nicht in meiner Gegenwart fürchten, denn wenn sich auch jemand vergangen, später aber das Böse durch Gutes ersetzt,[5)] dem bin ich ein verzeihender und barmherziger Gott. Stecke deine Hand in deinen Busen, und sie wird weiß und ohne Verletzung hervorkommen. Dies sei eins von den neun Zeichen vor dem Pharao und seinem Volke,[6)] denn es ist ein frevelhaftes Volk. Als nun unsere sichtbaren Wunderzeichen zu ihnen kamen, da sagten sie: Das ist ja offenbare Zauberei. Sie leugneten sie aus Frevelmut und Stolz, obgleich ihre Seele es wohl erkannt hatte, daß sie von Gott seien. Aber sieh auch, welch ein Ende die Übeltäter genommen haben.

Auch David und Salomon hatten wir mit Kenntnissen ausgerüstet, und sie sagten: Lob und Preis sei Gott, der uns vor so vielen seiner gläubigen Dienern bevorzugt hat! Und Salomon war Davids Erbe,[7] so daß er sagen konnte: O ihr Menschen, es wurde uns gelehrt die Sprache der Vögel,[8] und er hat uns mit allem ausgerüstet. Das ist doch wohl ein offenbarer Vorzug. Nun wurde einst vor Salomon sein Heer versammelt, das aus Geistern[9], Menschen und Vögeln bestand. Jede Abteilung wurde besonders geführt, bis daß sie kamen in das Tal der Ameisen[10]. Da sagte eine Ameise: O ihr Ameisen, geht in euere Wohnungen, damit euch nicht Salomon und sein Herr, ohne es gewahr zu werden, mit den Füßen zertrete. Salomon lachte freudig über diese ihre Worte und sagte: O Herr, rege mich an zur Dankbarkeit für deine Gnade, mit welcher du mich und meine Eltern begnadigt hast, damit ich tue, was recht und dir wohlgefällig ist, und du mich bringest in deiner Barmherzigkeit zu deinen rechtschaffenen Dienern.[11] Als er einst die Vögel besichtigte, da sagte er: Wie kommt es, daß ich den Wiedehopf nicht sehe? Ist er vielleicht abwesend? Wahrlich, ich will ihn schwer bestrafen oder ihn gar töten, es sei denn, er komme mit einer annehmbaren Entschuldigung zu mir. Er säumte aber nicht lange, um sich vor Salomon zu stellen, und sagte: Ich habe ein Land gesehen, welches du noch nicht gesehen hast. Ich komme zu dir aus Saba mit sicheren Nachrichten. Ich fand dort eine Frau, die regiert und die alles besitzt (was einem Fürsten zukommt) und die auch einen herrlichen Thron hat.[12] Ich fand aber, daß sie und ihr Volk außer Gott die Sonne anbeten. Der Satan hat ihnen ihr Tun bereitet und sie abwendig gemacht vom Wege der Wahrheit, daher sie nicht eher rechtgeleitet sind, als bis sie Gott verehren, der ans Licht bringet, was verborgen ist im Himmel und auf der Erde, und der da weiß, was sie heimlich und was sie öffentlich tun. Gott! Es gibt keinen Gott außer ihm, und er ist der Herr des erhabenen Thrones. Salomon erwiderte darauf: Wir wollen einmal sehen, ob du die Wahrheit gesprochen, oder ob du ein Lügner bist. Gehe hin mit diesem meinem Briefe, werfe ihn vor ihnen hin, dann gehe zur Seite und sehe, was sie antworten werden. (Als die Königin den Brief erhalten) da sagte sie (zu den versammelten edlen Männern): O ihr Edlen, ein ehrenvolles Schreiben ist mir zugekommen, es ist von Salomon, und sein Inhalt: Im Namen des allbarmherzigen Gottes, erhebet euch nicht wider mich, sondern kommt zu mir und unterwerfet euch. Sie sagte weiter: O ihr Edlen, ratet mir nun in dieser meiner Angelegenheit. Ich will nichts beschließen oder ihr billigt es erst. Sie antworteten: Wir sind zwar mächtig und auch tapfer im Kriege, doch du hast zu befehlen. Überlege daher, was du zu befehlen gedenkest. Darauf sagte sie: Wenn die Könige feindselig in eine Stadt ziehen, dann zerstören sie dieselbe und demütigen ihre vornehmsten Einwohner. Diese werden ebenso gegen uns handeln. Ich will ihnen daher Geschenke schicken und abwarten die Nachricht, welche mir die Gesandten zurückbringen. Als die Gesandten nun zu Salomon kamen, da sagte er: Wollt ihr etwa meinen Reichtum vermehren? Wahrlich, was Gott mir gegeben hat, ist weit besser als das, was er euch gegeben. Erfreuet euch selbst mit eueren Geschenken und kehret zurück. Wir aber werden zu ihnen kommen mit einem Heere, welchem sie nicht widerstehen können, und wir wollen sie aus der Stadt vertreiben und demütigen und verächtlich machen. Er sagte ferner: O ihr Edlen, wer von euch will mir ihren Thron bringen, bevor sie selbst zu mir kommen und sich unterwerfen? Da antwortete ein böser Geist: Ich will ihn dir bringen, noch ehe du von deinem Platze aufstehst,[13] denn geschickt und redlich genug bin ich dazu. Ein Schriftgelehrter aber sagte: Ich will ihn dir bringen noch bevor du dein Auge auf einen Gegenstand richten und es wieder zurückziehen kannst.[14] Als Salomon nun den Thron vor sich stehen sah, da sagte er: Dies ist eine Gnade meines Herrn, um mich zu prüfen, ob ich dankbar oder undankbar sein werde. Wer aber dankbar ist, der ist es zu seinem eigenen Wohle. Ist aber jemand undankbar, so ist mein Herr wahrlich doch reich und herrlich genug.[15] Er sagte ferner: Machet ihren Thron unkenntlich für sie, damit wir sehen, ob sie rechtgeleitet ist, oder ob sie zu denen gehört, die nicht rechtgeleitet sind.[16] Als sie nun zu Salomon kam, da wurde sie gefragt: Gleicht dein Thron diesem hier? Sie antwortete: So, als wäre er derselbe. Darauf sagte Salomon[17]: Uns wurde die Erkenntnis doch früher zuteil als ihr, indem wir Gottergebene geworden sind. Das, was sie außer Gott verehrt hat, hat sie von der Wahrheit abgeleitet, denn sie gehörte bis jetzt zu einem ungläubigen Volke. Darauf wurde zu ihr gesagt: Gehe hinein in diesen Palast[18]. Als sie diesen sah, glaubte sie, es sei ein großes Wasser, und entblößte daher ihre Beine. Salomon sagte aber zu ihr: Es ist ein Palast mit Glas belegt. Darauf sagte die Königin: Wahrlich, ich war ungerecht gegen mich selbst, aber nun unterwerfe ich mich mit Salomon, ganz Gott, dem Herrn des Weltalls.[19]

Auch zu den Thamudäern hatten wir ihren Bruder Saleh gesandt, und dieser sagte: Verehret doch Gott. Aber sie teilten sich in zwei Parteien und stritten miteinander. Er aber sagte zu ihnen: Warum, o mein Volk, wollt ihr lieber das Böse als das Gute beschleunigt wissen? Solltet ihr nicht Gott um Verzeihung bitten, damit euch Barmherzigkeit erzeigt werde? Sie antworteten: Wir ahnen nur Böses von dir und von denen, die es mit dir halten. Er aber erwiderte: Das Böse, das ihr ahnet, kommt von Gott, denn ihr seid Menschen, die geprüft werden sollen. Es waren aber neun Menschen in der Stadt, die durchaus kein Heil, sondern nur Verderben im Lande stifteten.

– 241 –

Diese sagten untereinander: Laßt uns bei Gott schwören, daß wir den Saleh und seine Leute des Nachts überfallen, und wir wollen dann zu seinem Bluträcher sagen: Wir waren nicht gegenwärtig bei dem Untergange seiner Leute. Wahrhaftig, wir sprechen nur Wahrheit. Indes sie ihre List erdachten, schmiedeten auch wir einen Plan, den sie nicht vorhersehen konnten. Und sieh nun, welch ein Ende ihre List genommen. Wir vertilgten sie und ihr Volk ganz und gar, und ihre Häuser sind leer geblieben,[20] wegen der Ungerechtigkeiten, die sie begangen hatten. Für wißbegierige Menschen liegen hierin Zeichen. Die Gläubigen aber, die Gott fürchteten, haben wir errettet. Erinnere dich auch des Lot. Dieser sagte zu seinem Volke: Begeht ihr nicht Schandtaten, deren Schändlichkeit ihr selbst einseht? Wollt ihr wohl außer den Frauen auch noch wollusttrunken zu den Männern kommen? Wahrlich, ihr seid unwissende Menschen. Die Antwort seines Volkes aber war keine andere als daß sie sagten: Jaget die Familie des Lot aus euerer Stadt, denn diese Menschen halten sich für sündenrein. Wir aber erretteten ihn und seine Familie, mit Ausnahme seiner Frau, über welche wir beschlossen, daß sie mit den Zurückbleibenden untergehe. Wir ließen einen Steinregen auf sie herabfallen und verderbenbringend war der Regen für die, welche vergeblich gewarnt wurden. Sprich: Lob und Preis sei Gott, und Frieden über seine Diener, die er sich auserkoren. Wer ist wohl besser: Gott, oder die Götzen, welche sie ihm zugesellen? Wer hat Himmel und Erde geschaffen, und läßt euch Wasser vom Himmel herabfallen? Wir lassen durch dasselbe die herrlichen Lustgärten hervorwachsen, ihr aber vermöchtet es nicht, deren Bäume in die Höhe zu bringen. Gibt es wohl noch einen Gott neben Gott? Und dennoch setzen diese Menschen andere Wesen ihm zur Seite. Wer hat die Erde befestigt und durch deren Mitte Ströme fließen lassen? Wer hat unbewegliche Berge auf ihr errichtet und eine Scheidewand zwischen die beiden Meere gesetzt?[21] Gibt es wohl noch einen Gott neben Gott? Doch die meisten erkennen dies nicht. Wer höret den Bedrängten, wenn er ihn anruft, und wer befreit ihn von der Bedrängnis? Und wer hat euch zu Nachfolgern euerer Vorfahren auf die Erde gesetzt? Gibt es nun wohl noch einen Gott neben Gott? Doch wie wenige erkennen dies! Wer leitet euch in den dunklen Pfaden der Erde und des Meeres? Wer sendet die Winde als Verkünder seiner Barmherzigkeit?[22] Gibt es wohl noch einen Gott neben Gott? Weit erhaben ist Gott über das, was sie ihm zur Seite setzen. Wer bringt ein Geschöpf hervor, und wer belebt es, nach seinem Tode, von neuem wieder? Und wer gibt euch Nahrung vom Himmel und von der Erde? Gibt es nun wohl noch einen Gott neben Gott? Sprich: Bringet euere Beweise darüber, so ihr Wahrheit sprechet. Sprich: Keiner, im Himmel und auf der Erde, außer Gott, kennt das Verborgene, auch wissen sie es nicht, wenn sie wieder auferweckt werden. Sie haben zwar einige Erkenntnis von einem zukünftigen Leben, aber sie ist mit Zweifeln vermischt, und hinsichtlich der wahren Umstände desselben sind sie blind. Die Ungläubigen sagen: Wie, wenn wir und unsere Väter Staub geworden, da sollten wir wieder aus dem Grabe hervorsteigen? Zwar wurde uns und schon längst unseren Vätern damit gedroht, aber es ist nichts anderes als altes Geschwätz. Sprich: Gehet einmal die Erde durch und seht, welch ein Ende die Übeltäter genommen. Betrübe dich nicht ihretwegen, beängstige dich auch nicht der Pläne wegen, welche sie gegen dich schmieden. Sie sagen: Wann wird denn diese Drohung in Erfüllung gehen? Sagt es, so ihr Wahrheit sprechet! Sprich: Vielleicht ist ein Teil der Strafe, die ihr so schleunig herbeiwünschet, euch schon nahe, aber dein Herr zeigt nachsichtige Güte gegen die Menschen, doch die meisten sind nicht dankbar dafür. Dein Herr weiß, was sie in ihrer Brust verheimlichen und was sie veröffentlichen, wie denn nichts verborgen ist im Himmel und auf der Erde, oder es ist aufgezeichnet in dem deutlichen Buche. Wahrlich, dieser Koran gibt Entscheidung über die meisten derjenigen Punkte, worüber die Kinder Israels uneinig sind. Es ist eine Leitung und eine Barmherzigkeit für die Gläubigen, denn dein Herr entscheidet ihre Streitpunkte zwischen ihnen mit seinem weisen Urteile, da er ist der Allmächtige und Allweise. Darum vertraue nur auf Gott, denn du bist im Besitze der offenbaren Wahrheit. Nie wirst du die Toten hörend machen können, auch nicht die Tauben auf den Ruf zur Wahrheit, wenn sie absichtlich dir den Rücken wenden. Auch wirst du die Blinden nicht dahin leiten können, daß sie ablassen von ihrem Irrtume. Nur von solchen wirst du angehört werden, die da glauben an unsere Zeichen und uns ganz ergeben sind. Wenn das Verhängnis einst über sie hereinbrechen wird, dann werden wir ein Tier[23] aus der Erde hervorbringen, welches zu ihnen sagen wird[24]: Wahrlich, die Menschen haben nicht fest an unsere Zeichen geglaubt. An jenem Tage werden wir von jedem Volke einen Haufen derer versammeln, welche unsere Zeichen des Betrugs beschuldigt haben, und wir werden sie zurückhalten, bis sie vor Gericht gekommen sind und Gott zu ihnen gesagt hat: Habt ihr meine Zeichen des Betrugs beschuldigt, obgleich ihr sie nicht begreifen konntet? Was habt ihr da getan? Das Verhängnis wird dann, ihrer Ungerechtigkeiten wegen, über sie hereinbrechen, und sie werden kein Wort zu ihrer Verteidigung sagen können. Sehen sie es denn nicht ein, daß wir die Nacht zur Ruhe und den Tag zur Helle[25] bestimmt haben? Wahrlich, hierin liegen Zeichen für gläubige Menschen. An jenem Tage wird in die Posaune gestoßen, und Schrecken befällt alles, was im Himmel und was auf Erden lebt, die ausgenommen, welche Gott gefallen, und alle werden in tiefer Demut vor ihn kommen. Dann wirst du sehen die Berge, welche du für so fest hältst, hinschwinden, wie die Wolke verschwindet. Das ist Gottes Werk, der alle Dinge weise angeordnet und der wohlbekannt ist mit dem, was ihr tut. Wer dann kommt mit guten Werken, der wird noch über ihren Wert belohnt und frei bleiben von den Schrecknissen dieses Tages. Wer aber mit bösen Werken kommt, der soll aus deinem Angesichte ins Höllenfeuer geschleift werden. Solltet ihr auch wohl anders als nach eueren Taten belohnt werden? Wahrlich, mir wurde befohlen, den Herrn dieses Landstriches[26], den er geheiligt, den, dem alle Dinge angehören, zu verehren. Mir wurde befohlen, Muslime zu sein und den Koran vorzulesen. Wer sich nun durch denselben leiten läßt, der tut es zu seinem eigenen Seelenheile. Zu dem aber, der im Irrtume verbleibt, sage: Ich bin nur da, um zu warnen. Sprich: Lob und Preis sei Gott, der euch seine Zeichen[27] schon zeigen wird, damit ihr sie kennenlernet. Wahrlich, dein Herr läßt euer Tun nicht unbeachtet.

ACHTUNDZWANZIGSTE SURE

Die Geschichte[1)]

Geoffenbart zu Mekka

Im Namen des allbarmherzigen Gottes

TSM. [2)] Dies sind die Zeichen des deutlichen Buches. Wir wollen dir, zum Frommen der Gläubigen, einiges aus der Geschichte des Moses und des Pharaos nach der Wahrheit erzählen. Der Pharao erhob sich stolz im Lande Ägypten und teilte seine Untertanen in zwei Teile. Den einen Teil[3)] suchte er nämlich zu schwächen, indem er die männlichen Kinder töten und nur die weiblichen am Leben ließ, denn er gehörte zu denen, so da Verderben stiften. Wir aber wollten uns den Unterdrückten im Lande gnädig zeigen und sie zu Vorbildern in der Religion machen und sie zum Erben[4)] der Ägypter einsetzen und ihnen eine Wohnung im Lande geben. Dem Pharao, Haman[5)] und ihrem Heere aber gerade das zeigen, was sie von ihnen fürchteten. Wir gaben der Mutter des Moses durch Offenbarung ein und sagten: Säuge ihn, so du aber seinetwegen Angst hast, dann lege ihn in den Fluß und fürchte dich nicht und betrübe dich nicht,[6)] denn wir werden ihn dir wieder geben und ihn zu unserem Gesandten machen.[7)] Als sie so getan, da nahmen ihn die Leute des Pharaos aus dem Flusse, ihn, der ihnen ein Feind werden und zum Betrübnis gereichen sollte, denn der Pharao, Haman und ihre Heere waren Sünder. Die Frau des Pharaos[8)] sagte: Dieses Kind ist eine Augenweide für mich und für dich, darum töte es nicht. Vielleicht kann es uns einmal nützlich sein, oder daß wir es an Kindes Statt annehmen. Sie ahnten nicht die Folgen ihres Tuns. Das Herz der Mutter des Moses war aber so voller Furcht, daß sie ihn beinahe verraten hätte, so wir ihr Herz nicht mit Festigkeit gestärkt hätten, auf daß sie eine Gläubige werde. Und sie sagte zu seiner Schwester: Folge ihm,[9)] und sie beobachtete ihn aus der Ferne, ohne daß jene es merken konnten. Wir hatten ihm anfangs verboten, die Brust der Säugammen zu nehmen,[10)] bis daß seine Schwester kam und sagte: Soll ich nicht lieber eine Amme seiner Nation euch anzeigen, die ihn nähre für euch und Sorge für ihn trage? So brachten wir ihn seiner Mutter zurück, zur Beruhigung ihres Herzens[11]), damit sie sich nicht betrübe und erkenne, daß Gottes Verheißung Wahrheit sei, was die meisten Menschen nicht erkennen. Als nun Moses kräftig herangewachsen und ein Mann geworden war, da gaben wir ihm Weisheit und Erkenntnis, wie wir gewöhnlich die Rechtschaffenen zu belohnen pflegen. Einst kam er in die Stadt (Memphis) zur Zeit, da es die Einwohner nicht bemerkten.[12]) Da fand er zwei Männer miteinander im Kampfe. Der eine war von seiner Partei, der andere aber gehörte zu seinen Feinden.[13]) Der von seiner Partei bat ihn nun um seinen Beistand gegen seinen Feind, worauf Moses jenen mit der Faust so schlug, daß er starb. Aber (bald dieses bereuend) sagte er: Dies ist ein Werk des Satans, der da ist ein offener Verführer und Feind. Er sagte ferner: O mein Herr, ich habe mich versündigt, verzeihe mir doch. Und Gott vergab ihm, denn er ist versöhnend und barmherzig. Er sagte ferner: Da du mir, o Herr, so huldvoll gewesen, so werde ich auch Übeltätern nie mehr Beistand leisten. Des anderen Morgens war er furchtsam in der Stadt und sah ängstlich um sich, und siehe, der, dem er gestern beigestanden, flehte ihn wieder um Beistand an. Aber Moses sagte zu ihm: Du bist doch offenbar ein streitsüchtiger Mensch. Als er aber dennoch den, der ihr beiderseitiger Feind war,[14]) mit Gewalt zurückhalten wollte, da sagte dieser: Willst du, o Moses, mich auch umbringen, wie du gestern jemanden umgebracht hast? Du willst nur gewalttätig im Lande sein und suchest nicht den Frieden zwischen Streitenden herzustellen. Da kam ein Mann aus dem entferntesten Teile der Stadt eiligst heran und sagte: O Moses, die Ratsherren gehen damit um, dich zu töten, ergreife daher die Flucht, wahrlich, ich rate dir gut.[15]) Er floh nun aus der Stadt, und sich furchtsam umsehend, sagte er: O mein Herr, befreie mich doch von diesem frevelhaften Volke. Als er nun seine Reise gegen Midian unternahm, da sagte er: Vielleicht wird mich Gott auf den rechten Weg leiten. Als er nun ankam an einem Wasser bei Midian, da fand er einen Haufen Leute beim Brunnen, welche ihre Herden tränkten. Außer diesen traf er noch zwei Mädchen, welche mit ihrer Herde in einiger Entfernung hielten.[16]) Er fragte sie: Was macht ihr hier? Sie antworteten: Wir dürfen unsere Herden nicht eher tränken, als bis die Hirten die ihrigen weggetrieben haben, und unser Vater ist ein alter, hochbejahrter Mann. Darauf tränkte er ihnen die Schafe und zog sich dann zurück in den Schatten und sprach: O mein Herr, nun bedarf ich des Guten, das herabzusenden du mir versprochen hast. Da kam eines der Mädchen[17]) schüchtern zu ihm heran und sprach: Mein Vater läßt dich rufen, damit er dich belohne dafür, daß du uns die Schafe getränkt hast.[18]) Als er nun zu ihm

— 246 —

gekommen war, da erzählte ihm Moses seine Geschichte, worauf jener sagte: Fürchte dich nicht, denn du bist nun errettet von dem frevelhaften Volke. Und eines der Mädchen sagte: O mein Vater, miete ihn für Lohn, denn am besten ist es doch, du mietest einen kräftigen und treuen Menschen[19]. Darauf sagte er: Ich will dir eine von diesen meinen Töchtern zur Frau geben, unter der Bedingung, daß du dich auf acht Jahre bei mir um Lohn vermietest. Willst du aber auf zehn Jahre, so steht das bei dir. Ich will dir durchaus keine Schwierigkeiten machen, denn du wirst, so Gott will, mich als einen redlichen Mann kennenlernen.[20] Darauf erwiderte Moses: Dieser Vertrag zwischen mir und dir soll gültig sein. Wenn ich dann eine von den zwei angegebenen Zeitbestimmungen ausgedient haben werde, dann soll es auch kein Verbrechen für mich sein, wenn ich dich verlasse, und Gott sei Zeuge dessen, was wir gesprochen. Als nun Moses seine Zeit[21] ausgedient hatte und er mit seiner Familie nach Ägypten reisen wollte,[22] da sah er an der Seite des Berges Sinai ein Feuer. Da sagte er zu seinen Leuten: Bleibet hier, denn ich sehe ein Feuer, ich will euch schon Nachricht darüber bringen, oder wenigstens einen Feuerbrand, damit ihr euch erwärmen könnet.[23] Als er nun hinkam, da ward ihm aus der rechten Seite des Tales, aus einem Baume, auf dem geheiligten Boden, zugerufen: Ich bin, o Moses, Gott, der Herr des Weltalls. Wirf nur einmal deinen Stab hin. Als er nun sah, daß er sich wie eine Schlange bewegte, da zog er sich zurück und floh, um nicht mehr zurückzukehren. Gott aber sagte zu ihm: Tritt näher, o Moses, und fürchte dich nicht, denn du bist sicher. Stecke auch deine Hand in deinen Busen, und sie wird ganz weiß, ohne irgendeine weitere Verletzung, wieder hervorkommen. Ziehe nur deine Hand[24] ohne Furcht wieder zurück. Dies sollen zwei Beweise von deinem Herrn sein für den Pharao und seine Fürsten, denn es sind frevelhafte Menschen. Moses aber erwiderte: O mein Herr, ich habe einen von ihnen erschlagen, daher ich fürchte, sie möchten mich umbringen! Auch ist mein Bruder Aaron von beredterer Zunge als ich, darum schicke ihn mit mir zu meinem Beistande und zu meiner Beglaubigung, denn ich fürchte, sie möchten mich des Betrugs beschuldigen. Darauf sagte Gott: wir wollen deinen Arm durch deinen Bruder stärken, und euch Kraft verleihen, so daß sie euch gegen unsere Zeichen nicht werden beikommen können. Ihr beide, und wer euch folgt, sollet Sieger bleiben. Als nun Moses mit unseren deutlichen Zeichen zu ihnen kam, da sagten sie dennoch: Dies ist nichts anderes als täuschende Zauberkunst, dergleichen wir von unseren Vorfahren nie gehört. Moses aber erwiderte: Mein Herr weiß es am besten, wer da kommt mit einer Leitung von ihm, und wer einst die Wohnung des Paradieses zur Belohnung erhalten wird. Denn Frevler können nicht glücklich werden. Da sagte der Pharao: O ihr Fürsten! Ich habe es nicht gewußt, daß ihr außer mir noch einen Gott habt,[25] darum laß mir, o Haman! Lehm für Ziegelsteine brennen und baue mir einen hohen Turm, damit ich einmal hinaufsteige zu dem Gotte des Moses, denn ich halte ihn für einen Lügner. Und so war er und sein Herr hochmütig und ungerecht auf der Erde, und glaubten, daß sie nie zu uns zurückkehren würden. Darum ergriffen wir ihn und sein Heer und warfen sie in das Meer. Sieh nun, welch ein Ende die Frevler genommen haben! Und so machten wir sie auch zu verführerischen Führern, welche ihre Nachfolger in das Höllenfeuer verlocken, denen am Tage der Auferstehung nicht geholfen wird. Wir verfolgten sie mit einem Fluche in dieser Welt, und am Tage der Auferstehung noch werden sie schmachvoll verworfen sein.

Dem Moses gaben wir, nachdem wir die früheren Geschlechter vertilgt, die Schrift, um die Menschen zu erleuchten, daß sie diene zur Leitung und Barmherzigkeit, damit sie Gottes eingedenk sein mögen. Du (Mohammed) warst freilich nicht an der Westseite des Sinai, als wir dem Moses diesen Auftrag gaben, und warst nicht Zeuge desselben. Aber wir haben doch manche Geschlechter nach Moses Zeit entstehen lassen, denen ein langes Leben vergönnt war.[27] Du hast auch nicht unter den Einwohnern Midians gewohnt, um ihnen unsere Zeichen vorzulesen. Aber nun haben wir dich als Gesandten bestellt. Du warst auch nicht an der Seite des Berges Sinai, als wir den Moses beriefen, aber aus Barmherzigkeit deines Herrn wirst du nun gesandt, einem Volke zu predigen,[28] zu welchem vor dir noch kein Prediger gekommen ist. Vielleicht lassen sie sich ermahnen, und sagen nicht mehr, wenn, ihrer begangenen Sünden wegen, Elend sie befällt: O Herr! So du auch uns Gesandte geschickt hättest, so würden auch wir deinen Zeichen gefolgt und Gläubige geworden sein. Und dennoch, da ihnen jetzt die Wahrheit von uns zugekommen, sagen sie: Wenn ihm[29] nicht die Macht, Wunder zu tun, zuteil wird, wie sie dem Moses geworden, so glauben wir nicht. Aber haben sie nicht auch die Offenbarungen, welche dem Moses ehedem geworden, auf gleiche Weise verworfen? Sie fragen: Zwei Betrüger[30], welche sich gegenseitig unterstützen, haben sie geschrieben, und darum, sagen sie, verwerfen wir beide. Sprich: Bringt denn einmal eine andere Schrift von Gott, welche richtiger leitet als diese beiden, und folget ihr, so ihr Wahrheit sprechet. Wenn sie dir darauf nicht antworten werden, so wisse, daß sie nur ihren Begierden zu folgen wünschen. Wer aber irret mehr als der, der ohne Leitung von Gott nur seinen Begierden folgt? Wahrlich, Gott leitet nicht ein frevelhaftes Volk! Nun haben wir das Wort[31] zu ihnen kommen lassen, auf daß sie eingedenk seien, sowie auch die, denen wir die Schrift schon vordem gegeben, daran glauben.[32] Wenn der Koran diesen vorgelesen wird, so sagen sie: Wir glauben daran, denn er ist Wahrheit von unserem Herrn, und auch schon vordem waren wir Muslime[33]. Diese werden zwiefach[34] belohnt, weil sie in Geduld ertragen und das Böse durch Gutes zurückweisen, und von dem, was wir ihnen verliehen haben, Almosen geben, und weil sie, wenn sie unanständige Reden hören, sich davon abwenden und sagen: Wir haben unsere Werke und ihr die eurigen. Friede sei mit euch![35] Wir haben kein Verlangen nach dem Umgange mit unwissenden Menschen. Du kannst nicht leiten, wen du so gern leiten möchtest, aber Gott leitet, wen er will, denn er kennet am besten die, welche sich leiten lassen. Sie (die Mekkaner) sagen: Wenn wir deiner Leitung folgen wollten, so würden wir gewaltsam aus unserem Lande verstoßen werden.[36] Haben wir ihnen denn nicht einen sicheren Zufluchtsort[37] gewährt, der, durch unsere Güte, Früchte aller Art zur Nahrung hervorbringt? Doch die meisten von ihnen wollen davon nichts wissen. Wie viele Städte haben wir nicht zerstört, deren Bewohner in Wollust und Überfluß lebten, und deren Wohnungen nach ihnen nur noch von wenigen bewohnt werden, deren Erbe wir nun sind! Aber dein Herr hat diese Städte nicht eher zerstört, als bis er erst in ihre Hauptstadt einen Gesandten geschickt hatte, der ihnen unsere Zeichen vorlesen sollte, und wir hätten diese Städte nicht zerstört, wären ihre Einwohner nicht frevelhaft gewesen. Die Dinge, die euch jetzt zuteil geworden, gehören zu den Bedürfnissen des irdischen Lebens und zu dessen Ausschmückung. Aber das, was bei Gott ist, ist weit besser und dauerhafter. Könnt ihr das denn nicht einsehen? Soll denn der, dem wir ein herrliches Versprechen gegeben haben und der es auch sicher erhalten wird, soll denn der gleich dem sein, den wir zwar mit den Notwendigkeiten des irdischen Lebens versorgt haben, der aber am Tage der Auferstehung der ewigen Strafe anheimfallen wird? An jenem Tage wird Gott ihnen zurufen und sagen: Wo sind denn nun meine Mitgenossen, die ihr euch als solche eingebildet? Und die, über welche das gerechte Urteil der Verdammung ausgesprochen wird, werden sagen: O unser Herr, dies sind diejenigen, welche wir verführt haben! Wir haben sie verführt, sowie wir verführt worden sind. Nun aber verlassen wir sie und kehren zu dir zurück. Nicht uns, sondern nur ihren Leidenschaften haben sie gehuldigt.[38] Es wird dann zu den Götzendienern gesagt: Rufet nun die an, welche ihr Gott zugesellt habt. Sie werden sie auch wirklich anrufen, aber sie werden ihnen nicht antworten. Sie werden dann sehen die für sie bestimmte Strafe, und wünschen dann, rechtgeleitet gewesen zu sein. An jenem Tage wird Gott ihnen zurufen und sagen: Was habt ihr unseren Gesandten geantwortet? Und sie werden an jenem Tage vor Bestürzung keine Rechenschaft geben[39]) und sich untereinander nicht einmal befragen können. Wer aber bereut und glaubt und rechtschaffen handelt, der kann noch glücklich werden. Dein Herr hat erschaffen, was er will, und er erwählet nach freiem Willen, sie aber (die Götzen) haben keinen freien Willen. Lob und Preis sei Gott, und fern von ihm, was sie ihm zugesellen. Er weiß, was sie in ihrer Brust verheimlichen und was sie veröffentlichen. Er ist Gott, und außer ihm gibt's keinen Gott. Lob sei ihm in diesem und in dem zukünftigen Leben! Ihm allein gehört das Richteramt, und zu ihm gehört ihr einst zurück. Sprich: Was denkt ihr wohl? Wenn Gott euch mit immerwährender Nacht bedecken wollte bis zum Tage der Auferstehung, welcher Gott, außer Gott, könnte euch Licht bringen? Wollt ihr denn gar nicht hören? Sprich: Wenn euch Gott nur fortwährenden Tag geben wollte bis zum Tage der Auferstehung, welcher Gott, außer Gott, könnte euch Nacht zur Ruhe bringen? Wollt ihr denn gar nicht einsehen? Aus Barmherzigkeit hat er die Nacht und den Tag für euch angeordnet, daß ihr in jener ruhet, und an diesem anstrebt, von seinem Überflusse[40]) zu erhalten, und dankbar seid. An jenem Tage wird Gott ihnen zurufen und sagen: Wo sind nun meine Mitgenossen, die ihr euch als solche eingebildet? Wir bringen dann einen Zeugen aus jeder Nation[41]) und wir werden sagen: Bringet nun euere Beweise für euere Behauptungen. Sie werden dann erfahren, daß nur Gott allein die Wahrheit ist, und die Götter, welche sie ersonnen, werden ihnen entschwinden. Karun[42]) gehörte zu dem Volke des Moses, aber er betrug sich hochmütig gegen dasselbe, und wir hatten ihm so viele Schätze gegeben, daß an den Schlüsseln dazu mehrere[43]) starke Menschen zu tragen hatten. Sein Volk sagte zu ihm: Freue dich nicht so unmäßig, denn Gott liebt die nicht, welche sich, ihres Reichtums wegen, so ausgelassen freuen. Suche vielmehr durch das Vermögen, welches dir Gott gegeben, die zukünftige Wohnung des Paradieses zu erlangen. Vergiß zwar nicht deinen Anteil an den irdischen Gütern, tue aber anderen wohl damit, sowie Gott dir wohlgetan, und suche nicht Verderben auf der Erde zu stiften, denn Gott liebt nicht die Verderbenstifter. Er aber erwiderte: Diesen Reichtum habe ich mir durch meine Kenntnisse erworben.[44]) Wußte er denn nicht, daß Gott auch schon vor ihm manche Geschlechter vertilgt hatte, die stärker waren an Macht und weit mehr Reichtümer noch aufgehäuft hatten als er? Und dieser Frevler brauchte Gott nicht erst wegen ihrer Sünden zu befragen. Und wenn Karun in seiner ganzen Pracht vor seinem Volke einherzog, da sagten die, welche das irdische Leben liebten: O, hätten wir es doch auch, wie es Karun hat, denn dieser hat großes

Glück. Die einsichtsvollen aber antworteten: Wehe euch! Weit besser ist die Belohnung Gottes für die, so da glauben und rechtschaffen handeln, aber nur die werden sie erhalten, welche mit Standhaftigkeit alles ertragen. Und wir spalteten die Erde unter ihm und seinem Palaste, um sie zu verschlingen, und außer Gott konnte im keine Macht weder helfen noch ihn retten. Und des anderen Morgens sagten die, welche gestern noch sich dessen Verhältnisse wünschten: Wahrlich, Gott gibt reichliche Versorgung, wem er will von seinen Dienern, und ist auch karg gegen wen er will. Wäre Gott nicht gnädig gegen uns gewesen, so würde sich die Erde auch für uns geöffnet haben. Ach! Die Ungläubigen können ja nicht glücklich sein. Die künftige Wohnung des Paradieses haben wir für die bestimmt, welche sich nicht hochmütig auf der Erde benehmen und kein Verderben darin stiften wollen. Wahrlich, die Frommen werden ein glückliches Ende nehmen! Wer einst kommt mit guten Handlungen, der wird über ihren Wert belohnt, wer aber mit bösen Handlungen kommt, der wird gerade nur nach dem Werte der bösen Taten, die er ausgeübt, bestraft.[45] Der, welcher den Koran dir zur Richtschnur gegeben, wird dich schon wieder zurückbringen nach Mekka.[46] Sprich: Mein Herr kennet am besten den, der da kommt mit der wahren Leitung, wie auch den, der da ist in offenbarem Irrtume. Du durftest es nicht hoffen, daß dir die Schrift[47] übergeben würde, wenn es nicht aus Barmherzigkeit deines Herrn geschehen wäre. Leiste den Ungläubigen keinen Beistand. Mögen sie auch dich nicht abwendig machen von den Zeichen deines Herrn, nachdem sie dir geoffenbart worden sind, und rufe die Menschen zu deinem Herrn. Sei kein Götzendiener, und rufe auch nicht neben Gott noch einen anderen Gott an, denn außer ihm gibt es ja keinen Gott. Alle Dinge werden untergehen, nur er nicht. Ihm gehöret das Richteramt, und zu ihm kehret ihr einst zurück.

NEUNUNDZWANZIGSTE SURE

Die Spinne[1]

Geoffenbart zu Mekka

Im Namen des allbarmherzigen Gottes

ALM.[2] Glauben wohl die Menschen genug getan zu haben, wenn sie sagen: Wir glauben, ohne Beweise davon gegeben zu haben[3]? Wir prüften auch die, welche vor ihnen lebten, um zu erfahren, ob sie aufrichtig oder ob sie Lügner sind. Oder glauben die Übeltäter vielleicht, daß sie unserer Strafe vorbeugen können? Dann urteilen sie schlecht. Wer da hoffet auf das Begegnen Gottes[4], der wisse, daß die von Gott bestimmte Zeit sicherlich kommen werde, denn Gott hört und weiß alles. Wer da kämpfet für Gottes Religion, der kämpft für das eigene Seelenheil, denn Gott ist zu reich, als daß er seiner Geschöpfe bedürfen sollte. Denen, welche glauben und rechtschaffen handeln, wollen wir ihre Sünden vergeben und ihre Handlungen auf das herrlichste belohnen. Auch haben wir den Menschen befohlen, ihren Eltern Gutes zu erzeigen. Wenn sie dich aber zwingen wollen, mir solche Wesen zuzugesellen, wovon du keine Kenntnis hast, so gehorche ihnen nicht.[5] Zu mir werdet ihr einst zurückkehren, und ich werde euch dann anzeigen, was ihr getan. Die, so da glauben und Gutes tun, werden wir bringen und einführen in das Paradies zu den Frommen. Da gibt es Menschen, die sagen wohl: Wir glauben an Gott, wird aber ein solcher der Sache Gottes wegen unterdrückt, so betrachtet er diesen Druck der Menschen als eine Strafe Gottes. Wenn aber den Gläubigen Hilfe wird von deinem Herrn, dann sagen sie: wir halten es mit euch. Weiß denn Gott nicht, was in der Brust seiner Geschöpfe vorgeht? Wahrlich, Gott kennet sowohl die Gläubigen wie die Heuchler. Die Ungläubigen sagen zu den Gläubigen: Folgt nur unseren Wegen, und wir wollen diese eure Sünde tragen. Aber sie werden ihre Sünden nicht tragen, denn sie sind Lügner. Sie sollen ihre eigen Last und noch die Last anderer[6] zu tragen haben, und am Tage der Auferstehung befragt werden über das, was sie fälschlich erdichtet haben. Wir schickten einst den

Noah zu seinem Volke, und er verweilt unter demselben eintausend Jahre weniger fünfzig,[7] aber die Sintflut erfaßte sie, denn sie waren Frevler. Ihn aber, und die, welche in der Arche waren, erretteten wir und machten sie zu einem Wunderzeichen für alle Geschöpfe. Auch Abraham sagte einst zu seinem Volke: Verehret Gott und fürchtet ihn. Dies wird besser für euch sein, so ihr das einsehen könnt. Ihr aber verehret außer Gott noch Götzen und erdichtet Lügen. Die aber, welche ihr außer Gott noch verehret, können euch ja durchaus keine Versorgung gewähren. Suchet daher euere Versorgung bei Gott, verehret nur ihn und seid ihm dankbar, denn zu ihm kehrt ihr einst zurück. Wollt ihr mich des Betrugs beschuldigen?[8] Auch die Völker vor euch haben die Propheten des Betrugs beschuldigt. Aber die Pflicht eines Gesandten besteht nur darin, öffentlich zu predigen. Sehen sie denn nicht, wie Gott die Geschöpfe hervorbringt und sie immer von neuem hervorruft?[9] Wahrlich, dies fällt Gott sehr leicht. Sprich: Geht einmal die Erde durch und seht, wie Gott Geschöpfe hervorbringt und darauf wieder neue Schöpfungen hervorruft, denn Gott ist aller Dinge mächtig. Er straft, wen er will, und erbarmt sich, wessen er will, und zu ihm werdet ihr einst zurückgebracht. Ihr könnt ihm nicht entgehen, weder auf der Erde noch im Himmel,[10] und außer Gott habt ihr keinen Beschützer und keinen Helfer. Die aber, welche die Zeichen Gottes und das einstige Zusammentreffen mit ihm leugnen, werden verzweifeln an meiner Barmherzigkeit, und eine qualvolle Strafe wartet ihrer. Die Antwort seines Volkes aber war keine andere, als daß sie sagten: Tötet ihn oder verbrennt ihn! Gott aber errettete ihn aus dem Feuer.[11] Wahrlich, hierin liegen Zeichen für gläubige Menschen. Abraham sagte ferner: Ihr habt, außer Gott, noch Götzen angenommen, und hierin in dem irdischen Leben euch in Liebe vereinigt, aber an dem Tage der Auferstehung wird einer den anderen verleugnen und einer den anderen verfluchen. Eure Wohnung wird dann das Höllenfeuer sein, und niemand wird euch helfen können. Und Lot glaubte an ihn[12] und sagte: Ich gehe nun weg von hier und wende mich zu meinem Herrn, denn er ist der Allmächtige und Allweise. Und wir gaben ihm (dem Abraham) den Isaak und Jakob,[13] und bestimmten für seine Nachkommen das Prophetentum und die Schrift. Auch gaben wir ihm schon in dieser Welt seinen Lohn, und in der zukünftigen gehört er zu den Frommen. Auch Lot sagte zu seinem Volke: Wollt ihr wohl solche Schändlichkeiten begehen, worin euch noch kein Geschöpf als Beispiel vorangegangen ist? Kommt ihr nicht schamlos zu Männern und schneidet euch selbst den Weg zur Besserung ab?[14] Und in eueren Zusammenkünften, treibt ihr nicht auch da Sündhaftes? Die Antwort seines Volkes aber war keine andere, als daß sie sagten: Bringe uns nur die Strafe Gottes, so du Wahrheit sprichst. Er aber sprach: O mein Herr, stehe mir bei gegen dieses frevelhafte Volk! Als nun unsere Boten[15] zu Abraham kamen, ihm frohe Botschaft zu bringen, da sagten sie: Wir werden die Leute dieser Stadt vertilgen, denn sie sind Übeltäter. Darauf erwiderte Abraham: Aber Lot wohnet darin! Sie aber antworteten: Wir wissen es wohl, wer darin wohnt. Ihn und seine Familie werden wir erretten, nur mit Ausnahme seiner Frau, welche mit den Zurückbleibenden untergehen wird. Als nun unsere Gesandten zu Lot kamen, da war er besorgt um ihretwegen, und er fühlte seinen Arm zu schwach, sie zu beschützen[16]. Sie aber sagten: Sei ohne Furcht und betrübe dich nicht, denn wir erretten dich und deine Familie, nur mit Ausnahme deiner Frau, welche mit den Zurückbleibenden untergehen wird, denn wir sind gesandt, über die Leute dieser Stadt die Rache des Himmels zu bringen, weil sie Missetäter gewesen sind, und wir haben für nachdenkende Menschen deutliche Zeichen von ihr zurückgelassen.[17] Auch zu den Midianiten hatten wir ihren Bruder Schoaib geschickt, und er sagte: O mein Volk, verehret doch Gott und erwartet den Jüngsten Tag, und stiftet doch nicht frevelhaft Verderben auf der Erde! Aber sie beschuldigten ihn des Betrugs, darum erfaßte sie ein Erdbeben, und man fand sie des Morgens früh tot in ihren Wohnungen hingestreckt.[18] Ebenso vertilgten wir die Aditen und Thamudäer wie euch durch die Trümmer ihrer Wohnungen wohl bekannt ist. Der Satan hatte ihnen ihre Werke bereitet und sie vom richtigen Wege abgeleitet, obgleich sie übrigens einsichtsvolle Menschen gewesen sind. Ebenso vertilgten wir den Karun, den Pharao und Haman.[19] Moses kam mit deutlichen Beweisen zu ihnen, sie aber betrugen sich hochmütig im Lande und konnten darum unserer Strafe nicht entgehen. Einen jeden von ihnen vertilgten wir seiner Sünden wegen. Wider einige schickten wir einen mit Steinen geschwängerten Wind,[20] andere ergriff ein Erdbeben,[21] wieder andere ließen wir durch die Erde verschlingen,[22] und andere wieder ertränkten wir.[23] Gott war nicht ungerecht gegen sie, sondern sie waren ungerecht gegen sich selbst. Die, welche außer Gott noch einen Beschützer annehmen, sind der Spinne gleich, welche sich selbst ein Haus erbaut, aber das der Spinne ist das schwächste von allen Häusern. Könnten sie das doch einsehen! Wahrlich, Gott kennet die Dinge, welche sie außer ihm anrufen, denn er ist der Allmächtige und Allweise. Solche Gleichnisse stellen wir den Menschen auf, aber nur die klugen verstehen sie. Gott hat den Himmel und die Erde in Wahrheit geschaffen. Und hierin liegen Zeichen für gläubige Menschen. Verkünde nur, was dir von der Schrift[24] geoffenbart worden ist, und verrichte das Gebet, denn das Gebet schützet den Menschen vor Schandtaten und allem, was unerlaubt ist, und Gottes eingedenk zu sein, ist eine große Pflicht, denn Gott kennet, was ihr tut. Mit den Schriftbesitzern[25] streitet nur auf die anständigste Weise, nur die Frevler unter ihnen seien ausgenommen, und saget: Wir glauben an das, was uns, und an das, was euch geoffenbart worden ist. Unser Gott und euer Gott ist nur einer,[26] und wir sind ihm ganz ergeben. Wir haben dir nun die Schrift geoffenbart, und auch die, denen wir ehedem die Schrift gegeben, glauben daran. Auch von diesen Arabern glaubt mancher daran, und nur die Ungläubigen verwerfen unsere Zeichen. Du konntest ja vordem kein Buch lesen und auch keins mit deiner Rechten schreiben, sonst würden deine Gegner mit Recht zweifeln.[27] Wahrlich, er, der Koran selbst, ist deutlicher Beweis genug für Herzen, die Erkenntnis besitzen, und nur Frevler verwerfen unsere Zeichen. Sie sagen zwar: Wenn ihm nicht ein Wunderzeichen von seinem Herrn herabgesandt wird, so glauben wir ihm nicht. Sprich: Wunder zu tun, ist nur in Gottes Macht, ich bin nur ein öffentlicher Prediger. Genügt es ihnen denn nicht, daß dir die Schrift geoffenbart worden ist, welche ihnen vorgelesen werden soll? Sie enthält Barmherzigkeit und Ermahnung für gläubige Menschen. Sprich: Gott ist hinlänglicher Zeuge zwischen mir und euch, und er weiß, was im Himmel und was auf Erden ist. Die aber, welche an eitle Götzen glauben und Gott leugnen, die sind verloren. Sie wollen, daß du ihnen die angedrohte Strafe beschleunigest. Die Strafe würde sie auch getroffen haben, wenn nicht eine bestimmte Zeit dafür angesetzt wäre. Aber plötzlich, ohne daß sie es ahnen, wird dieselbe über sie hereinbrechen. Sie wollen die Strafe beschleunigt von dir, dafür soll die Hölle die Ungläubigen umgeben. An jenem Tage wird die Strafe von oben und von unten[28] über sie hereinbrechen und zu ihnen gesagt werden: Nehmet nun hin den Lohn eueres Tuns. O ihr meine gläubigen Diener, meine Erde ist ja weit genug, darum dienet mir.[29] Eine jede Seele wird den Tod schmecken, dann kehrt ihr zu mir zurück. Die, so da geglaubt und rechtschaffen gehandelt haben, die wollen wir die erhabensten Gemächer des Paradieses bewohnen lassen, unter welchen Wasserquellen fließen, und ewig sollen sie darin verbleiben. Welch ein herrlicher Lohn für die, so da rechtschaffen gehandelt und geduldig ausgeharrt und auf ihren Herrn vertraut haben! Wie viele Tiere gibt es doch, die sich selbst nicht ernähren können. Gott aber ernährt sie und euch. Er, der alles hört und weiß. Fragst du sie: Wer hat Himmel und Erde geschaffen und Sonne und Mond zu ihrem Dienste gezwungen? So antworten sie: Gott. Aber wie dürfen sie demnach Lügen erdichten?[30] Gott ist es, der, wen er will, von seinen Dienern reichlich versorgt, und der auch karg ist gegen wen er will, denn Gott ist allwissend. Fragst du sie: Wer sendet Wasser vom Himmel, um dadurch die Erde, nachdem sie tot gewesen, von neuem zu beleben? So antworten sie: Gott. Sprich: Lob und Preis sei Gott, doch die meisten von ihnen erkennen ihn nicht. Wahrlich, dieses irdische Leben ist nur ein Scherz, nur ein Spiel. Nur die künftige Wohnung des Paradieses ist wahres Leben. Möchten sie das doch einsehen! Wenn sie ein Schiff besteigen, dann rufen sie Gott an und versprechen ihm Aufrichtigkeit in der Religion. Hat er sie aber wieder wohlbehalten ans Land gebracht, dann sind sie auch wieder Götzendiener, und sind undankbar für die Güte, welche wir ihnen erzeigt haben, um sich nur des irdischen Genusses zu erfreuen. Doch bald sollen sie ihre Torheit einsehen. Sehen sie es denn nicht ein, daß wir ihnen (den Mekkanern) einen sicheren und unverletzlichen Aufenthaltsort gewährt haben, während andere Menschen um sie her der Plünderung ausgesetzt sind? Wollen sie denn undankbar sein? Wer aber ist ungerechter als der, welcher Lügen von Gott erdichtet oder die Wahrheit, die ihm geworden, verleugnet? Soll nicht die Hölle Wohnung der Ungläubigen sein? Die aber, welche treulich kämpfen für uns, die wollen wir leiten auf unseren Weg, denn Gott ist mit den Rechtschaffenen.

DREISSIGSTE SURE

Die Römer[1)]

Geoffenbart zu Mekka

Im Namen des allbarmherzigen Gottes

ALM. Die Römer sind besiegt im nächstgelegenen Lande,[2)] doch werden sie nach dieser Besiegung binnen wenigen Jahren auch wieder Sieger sein, denn Gott bestimmt die Vergangenheit und die Zukunft. An jenem Tage werden sich auch die Gläubigen der Hilfe Gottes zu erfreuen haben, der da hilft, wem er will, denn er ist der Allmächtige und Allbarmherzige. So ist's Verheißung Gottes, und Gott läßt seine Verheißung nicht unerfüllt, doch die meisten Menschen erkennen dies nicht. Sie erkennen nur die glänzende Außenseite des irdischen Lebens und bekümmern sich nicht um das zukünftige Leben. Wollen sie denn nicht bei sich selbst bedenken, daß Gott Himmel und Erde, und was zwischen beiden ist, nur in Wahrheit geschaffen und ihnen eine bestimmte Zeit als Ziel gesetzt hat? Aber dennoch leugnen die meisten Menschen, daß sie einst mit ihrem Herrn zusammentreffen werden. Warum gehen sie nicht einmal im Lande umher und sehen, welch ein Ende die genommen, welche vor ihnen gelebt haben? Diese waren weit mächtiger als sie, und sie bebauten das Land[3)] und bewohnten es länger als sie. Ihre Gesandten kamen zu ihnen mit deutlichen Zeichen, und Gott wollte sie nicht ungerecht behandeln, sondern sie selbst handelten ungerecht gegen sich. Das Ende der Bösen war böse, weil sie die Zeichen Gottes des Betrugs beschuldigten und sie verspotteten. Gott schaffet die Wesen und wird sie einst wieder von neuem erstehen lassen, und dann kehret ihr zu ihm zurück. An jenem Tage, wenn die Stunde des Gerichts schlägt, dann werden die Frevler verzweifelnd verstummen, und ihre Götzen können ihnen nicht Vermittler sein, weshalb sie ihre falschen Götter dann erst verleugnen werden. An jenem Tage, zur Stunde des Gerichts, werden die Ungläubigen von den Gläubigen getrennt. Die Gläubigen, welche das Gute ausgeübt, sollen sich in herrlichen Lustgefilden ergötzen. Die Ungläubigen aber, welche unsere Zeichen und das einstige Zusammentreffen mit uns leugneten, werden der Strafe überliefert. Lobet daher Gott, wenn es Abend wird und wenn ihr des Morgens aufsteht. Er wird gepriesen im Himmel und auf der Erde zur Abend- und zur Mittagszeit[4]. Er bringet Leben aus dem Tode und Tod aus dem Leben hervor, sowie er die Erde nach ihrem Tode neu belebet, so werdet auch ihr einst wieder aus dem Grabe steigen.[5] Eins seiner Wunderzeichen ist's, daß er euch aus Staub geschaffen, und siehe, ihr seid Menschen geworden, welche sich auf der ganzen Erde ausgebreitet haben. Eins seiner Wunderzeichen ist's, daß er Frauen für euch aus euch selbst geschaffen hat,[6] um ihnen beizuwohnen, und er läßt Liebe und innige Teilnahme zwischen euch bestehen, so daß hierin Zeichen für denkende Menschen sind. Eins seiner Wunderzeichen ist die Schöpfung des Himmels und der Erde und euere Verschiedenheit an Sprache und Farbe. Wahrlich, dies ist ein Zeichen für die ganze Welt.[7] Eins seiner Wunderzeichen ist euer Schlaf bei Nacht und bei Tag[8], und euer Streben, aus seinem Überflusse euch Unterhalt zu verschaffen. Auch hierin liegen Zeichen für Menschen, die hören wollen. Eins seiner Wunderzeichen ist's, daß er euch den Blitz in Furcht und Hoffnung zeigt,[9] und Wasser vom Himmel herabsendet, um die Erde nach ihrem Tode dadurch neu zu beleben. Ein Zeichen ist das für nachdenkende Menschen. Eins seiner Wunderzeichen ist's, daß Himmel und Erde auf sein Geheiß feststehen, und daß ihr, wenn er einst euch aus der Erde hervorrufet, aus dem Grabe steiget. Ihm gehöret alles, was im Himmel und was auf Erden ist, und alles gehorchet ihm. Er ist es, der ein Geschöpf hervorbringt und es einst nochmals auferstehen läßt, was ihm ein Leichtes ist. Nur das erhabenste Bild dessen, was im Himmel und was auf Erden ist, muß auf ihn angewendet werden,[10] denn er ist der Allmächtige und Allweise. Er stellet euch ein Gleichnis auf, das von euch selbst genommen ist: Haben euere Sklaven Teil an den Gütern, welche wir euch gegeben, und sind sie wohl euch gleich zu achten? Und fürchtet ihr sie so, wie ihr euch voreinander fürchtet?[11] So machen wir unsere Zeichen vernünftigen Menschen deutlich. Die Frevler aber folgen, ohne Einsicht, nur ihren Begierden. Wer aber kann den leiten, den Gott in die Irre führen will? Solche finden keinen Helfer. Wende daher dein Angesicht rechtgläubig der wahren Religion zu, denn sie ist eine Einrichtung Gottes, für welche er die Menschen geschaffen, und was Gott geschaffen, ist nicht veränderlich.[12] Dies ist die wahre Religion, doch die meisten Menschen wollen das nicht wissen. Wendet euch doch zu ihm und fürchtet ihn, und verrichtet das Gebet, und gehöret nicht zu den Götzendienern, und auch nicht zu denen, welche Spaltungen in ihrer Religion

– 258 –

stiften und Sektierer sind, wovon eine jede Sekte sich ihrer besonderen Lehre freuet. Wenn die Menschen ein Unfall trifft, dann rufen sie ihren Herrn an und wenden sich zu ihm, sobald er ihnen aber seine Barmherzigkeit wieder beweiset, dann setzet auch gleich wieder ein Teil von ihnen ihrem Herrn Götter zur Seite und zeiget sich undankbar für die Huld, welche wir ihnen erzeigt haben. Freuet euch nur des irdischen Lebens, ihr werdet bald die Folgen erfahren. Haben wir ihnen denn jemals Vollmacht gegeben, die dafür spreche, uns Götter zuzugesellen? Wenn wir den Menschen Barmherzigkeit erweisen, so freuen sie sich derselben, befällt sie aber ein Übel ob ihrer eigenen Hände Werke, dann verzweifeln sie. Sehen sie denn nicht, daß Gott reichlich versorgt, wen er will, und auch karg ist, gegen wen er will? Wahrlich, hierin liegen Zeichen für Menschen, so da glauben. Gebet dem Anverwandten, was ihm zukommt, ebenso dem Armen und dem Wanderer[13]. Dies ist besser für die, welche das Angesicht Gottes suchen,[14] und sie werden glücklich sein. Was ihr auf Wucher ausleiht, um das menschliche Vermögen zu vermehren, das wird nicht vermehrt durch den Segen Gottes. Was ihr aber, aus Verlangen nach dem Angesichte Gottes, als Almosen gebet, das sollt ihr verdoppelt wieder erhalten.[15] Gott ist es, der euch erschaffen und euch ernähret, der euch sterben läßt und wieder belebet. Wer nun von eueren Götzen kann euch nur etwas von diesen Dingen tun? Lob und Preis sei ihm! Fern von ihm, was sie ihm zugesellen! Verderben auf dem Lande und auf dem Meere[16] ist entstanden wegen der Verbrechen, welche der Menschen Hände begangen, damit sie einen Teil der Strafe ihres Tuns kosten und dadurch vielleicht zurückkehren. Sprich: Geht einmal die Erde durch und seht, welch ein Ende die genommen, welche vor euch gelebt haben und größtenteils Götzendiener gewesen sind? Wende dein Angesicht dem wahren Glauben zu, bevor der Tag kommt, den niemand von Gott zurückzuhalten vermag, jener Tag, an welchem die Gläubigen von den Ungläubigen abgesondert werden. Wer dann ein Ungläubiger war, dem wird der Lohn seines Unglaubens, wer aber rechtschaffen gehandelt, der hat sich wohlgebettet.[17] Er wird belohnen nach seiner Güte die, so da geglaubt und rechtschaffen gehandelt haben, denn die Ungläubigen liebt er nicht. Auch ist es eins seiner Wunderzeichen, daß er die Winde sendet, euch zu verkünden und kosten zu lassen seine Barmherzigkeit[18], und daß auf sein Geheiß die Schiffe segeln, damit ihr erlanget von seinem Überflusse[19] und dankbar werdet. Auch vor dir schon haben wir Gesandte zu den Völkern geschickt, und sie kamen mit deutlichen Beweisen, doch wir mußten an den Frevlern Rache nehmen, denn es geziemte uns, den Gläubigen Beistand zu leisten. Gott ist es, der die Winde sendet und die Wolken erhebt, und sie nach seinem Willen ausbreitet, und wenn er sie dann spaltet, so siehst du den Regen aus ihrer Mitte herabfallen, und er begießt damit diejenigen seiner Diener, welche er will, die sich dessen freuen, nachdem sie zuvor, ehe er herabfiel, verzweifeln wollten. Betrachte dann die Spuren[20] der Barmherzigkeit Gottes, wie er die Erde belebt, da sie tot gewesen. So wird er euch einst die Toten wieder beleben, denn er ist aller Dinge mächtig. Bringen wir aber verderbenden Wind und sehen sie ihre Saat gelb werden,[21] dann fallen sie auch dem Irrtume anheim und werden undankbar. Wahrlich, du kannst es nicht bewirken, daß die Toten hören oder daß die Tauben deinen Ruf vernehmen, zumal wenn sie sich abwenden und dir den Rücken zukehren. Auch kannst du nicht die Blinden leiten und sie von ihrem Irrtume abbringen. Nur die wirst du hörend machen können, die an unsere Zeichen glauben und uns ganz ergeben sind. Gott ist es, der euch als schwache Wesen erschaffen und nach der Schwäche euch Stärke gab, und nach der Stärke euch wieder Schwäche gibt, und dann – graues Haar. Er schaffet, was er will, denn er ist der Allwissende und Allmächtige. An jenem Tage, wenn die Stunde des Gerichts schlägt, werden die Frevler schwören, daß sie nicht länger als eine Stunde verweilt,[22] so sehr sind sie an das Lügen gewöhnt. Die aber, welche der Erkenntnis und des Glaubens teilhaftig geworden, werden sagen: Ihr habt, wie es im Buche Gottes aufgezeichnet ist,[23] verweilt bis am Ende der Auferstehung, und dies ist der Tag der Auferstehung, und ihr wißt es nicht. An jenem Tage wird den Frevlern es nichts helfen können, wenn sie sich entschuldigen, auch werden sie nicht mehr aufgefordert, sich Gottes Wohlgefallen zu erwerben. Wir haben nun den Menschen in diesem Koran manche Gleichnisse aufgestellt. Doch wenn du mit unseren Zeichen zu ihnen kommst, so sagen die Ungläubigen dennoch: Ihr seid ja nur Eitelkeitskrämer. So hat Gott die Herzen derer versiegelt, die nicht erkennen wollen. Du aber ertrage in Geduld, denn Gottes Verheißung wird Wahrheit. Laß dich nicht wankend machen durch die, welche nicht in Festigkeit glauben.

EINUNDDREISSIGSTE SURE

Lokmann[1)]

Geoffenbart zu Mekka

Im Namen des allbarmherzigen Gottes

ALM. Dies sind die Zeichen des weisen Buches, welches ist eine Leitung und Barmherzigkeit für die Rechtschaffenen, so da verrichten das Gebet und Almosen geben und fest glauben an ein zukünftiges Leben. Diese sind von ihrem Herrn geleitet und werden glücklich sein. Da gibt es einen Menschen, der spaßhafte Erzählungen kauft,[2)] um andere, die ohne Erkenntnis sind, vom Wege Gottes abzuleiten und diesen selbst zu verspotten sucht. Solche Menschen aber erhalten schmachvolle Strafe. Werden ihm unsere Zeichen vorgelesen, dann wendet er sich hochmütig weg, als höre er sie nicht, ja als wären seine Ohren mit Taubheit geschlagen. Darum verkünde ihm peinvolle Strafe. Die aber, so da glauben und das Gute tun, erhalten wonnevolle Gärten und bleiben ewig darin. Diese Verheißung Gottes ist Wahrheit, denn er ist der Allmächtige und Allweise. Er hat den Himmel geschaffen, ohne sie durch sichtbare Säulen zu stützen, und feste Berge setzte er in die Erde, daß sie nicht wanke unter euch,[3)] und ausgestreut auf ihr hat er Tiere aller Art. Auch senden wir das Wasser vom Himmel herab, um dadurch edle Pflanzen aller Gattungen hervorsprießen zu lassen. Dies ist Gottes Schöpfung und nun zeigt mir doch, was die geschaffen haben, welche ihr außer ihm verehrt. Wahrlich, die Frevler sind in offenbarem Irrtume. Wir hatten auch dem Lokmann Weisheit gegeben und zu ihm gesagt: Sei dankbar gegen Gott, denn wer dankbar ist, der ist es zum eigenen Seelenheile. So aber jemand undankbar ist, so ist Gott doch reich genug und er wird doch gepriesen. Lokmann sagte zu seinem Sohne[4)], ihn ermahnend: O mein Sohn, geselle Gott kein Wesen zu, denn Götzendienst ist ein großes Verbrechen. Auch haben wir dem Menschen Pflichten gegen seine Eltern befohlen – denn seine Mutter hat ihn mit Schmerzen getragen[5)] und ihn zwei Jahre lang gesäugt[6)] – und zu ihm gesagt: Sei mir und deinen Eltern dankbar, denn zu mir ist die einstige Rückkehr. Wenn sie dich aber zwingen wollen, mir solche Wesen zuzugesellen, wovon du keine Kenntnis hast, so gehorche ihnen nicht. Sei ihr treuer Gefährte in diesem Leben, wie es billig ist, und folge dem Wege dessen, der sich zu mir bekehrt hat,[7] denn euere einstige Rückkehr ist zu mir, und ich werde euch dann anzeigen, was ihr getan.[8] O mein Sohn, wäre etwas auch nur so schwer wie ein Senfkorn und läge es auch verborgen in einem Felsen, oder im Himmel, oder in der Erde, so würde es Gott doch an den Tag bringen, denn Gott durchschaut und kennt alles. O mein Sohn, verrichte das Gebet und gebiete nur was recht und verhindere was unrecht ist, und trage in Geduld die Leiden, die dich treffen, denn so ist's vom Geschicke beschlossen. Wende dein Angesicht nicht verächtlich von den Menschen ab und gehe nicht hochmütig im Lande umher, denn Gott liebt nicht anmaßende und prahlerische Menschen. Gehe auch mit Anstand einher und sprich mit sanfter Stimme, denn die häßlichste aller Stimmen ist die Stimme des Esels. Seht ihr denn nicht, daß Gott alles, was im Himmel und was auf Erden ist, zu euerem Dienste gezwungen und daß er seine Gnade äußerlich und innerlich[9] über euch ausgegossen hat? Und dennoch gibt es Menschen, welche, ohne Erkenntnis, ohne Leitung und ohne erleuchtende Schrift über Gott streiten. Wird zu ihnen gesagt: Folgt doch der Offenbarung Gottes, so antworten sie: Wir folgen nur den Lehren, die wir bei unseren Vätern vorgefunden. Wie aber, wenn der Satan dadurch sie zur Höllenstrafe rufen will? Wer sich aber ganz Gott ergibt und das Gute tut, der hält sich an eine feste Stütze, denn bei Gott ist das Ende aller Dinge. Der Unglaube der Ungläubigen betrübe dich nicht, denn sie werden zu uns zurückkehren, und wir werden ihnen dann anzeigen, was sie getan, denn Gott kennt das Innerste des Herzens. Noch eine kurze Zeit lassen wir sie die irdischen Freuden genießen, dann aber führen wir sie zu schwerer Strafe hin. Fragst du sie: Wer hat Himmel und Erde geschaffen? So antworten sie: Gott. Sprich: Lob und Preis sei Gott. Doch die meisten Menschen begreifen das nicht. Gott gehört, was im Himmel und was auf Erden ist, denn Gott ist reich und des Preises wert. Wären auch alle Bäume auf der Erde Schreibfedern und würde auch das Meer zu sieben Tintenmeeren anschwellen, so würden die Worte Gottes doch noch nicht erschöpft sein,[10] denn Gott ist allmächtig und allweise. Euere Schöpfung und euere Wiederauferweckung fällt ihm nicht schwerer als die einer einzigen Seele, denn Gott hört und sieht alles. Siehst du denn nicht, daß Gott die Nacht auf den Tag und den Tag auf die Nacht folgen läßt? Und daß er Sonne und Mond zu euerem Dienste zwingt? Sie eilen ihrem bestimmten Ziele zu und Gott ist wohl bekannt mit dem, was ihr tut. Darum wisset, daß Gott die Wahrheit ist, und daß die Wesen, die ihr außer ihm anrufet, eitel und nichtig sind und daß nur Gott das höchste und erhabenste Wesen ist. Siehst du denn nicht, wie durch Gottes Güte die Schiffe das Meer durchsegeln, um dadurch euch seine Zeichen zu zeigen? Denn wahrlich hierin liegen Zeichen für Menschen, die geduldig und dankbar sind. Wenn die Wellen wie überschattende Berge sie bedecken, dann rufen sie Gott an und geloben ihm Aufrichtigkeit in der Religion. Bringt er sie dann wohlbehalten aufs Land, so schwanken sie auch wieder zwischen Glauben und Unglauben hin und her. Aber nur Treulose und Undankbare können unsere Zeichen verwerfen. O ihr Menschen, verehret eueren Herrn und fürchtet den Tag, an welchem der Vater nichts für den Sohn und der Sohn nichts für den Vater tun kann, denn Gottes Verheißung ist Wahrheit. Laßt euch nicht täuschen durch das irdische Leben, auch der Betrüger[11] täusche euch nicht hinsichtlich Gottes. Nur bei Gott ist die Kenntnis der Stunde des Gerichts und nur er ist's, der den Regen herabsendet, und nur er kennt, was im Mutterleibe ist.[12] Kein Mensch weiß, was ihm morgen begegnen, auch weiß es niemand, in welchem Lande er einst sterben wird. Nur Gott ist allwissend und mit allem bekannt.

ZWEIUNDDREISSIGSTE SURE

Die Anbetung[1]

Geoffenbart zu Mekka

Im Namen des allbarmherzigen Gottes

ALM. Die Offenbarung dieses Buches ist ohne Zweifel von dem Herrn des Weltalls. Wollen sie noch sagen: Er (Mohammed) hat es selbst ersonnen? Wahrlich, es enthält nur die Wahrheit deines Herrn, welche *du* einem Volke predigen sollst, zu welchem vor dir noch kein Prediger gekommen ist.[2] Vielleicht, daß es sich leiten läßt. Gott ist es, der da geschaffen Himmel und Erde und was zwischen beiden, in sechs Tagen, und sich dann auf den Thron niederließ. Außer ihm habt ihr keinen Beschützer und keinen Vermittler. Wollt ihr das denn nicht bedenken? Er regiert über alle Dinge vom Himmel bis zur Erde. Dann kehren sie zu ihm zurück, an jenem Tage, der so groß ist, wie tausend solcher Jahre, wie ihr sie zählet.[3] Er kennt die geheime Zukunft und die Gegenwart, er, der Allmächtige und Allbarmherzige. Er ist es, der alle Dinge auf die schönste Weise geschaffen und der den Menschen zuerst aus Lehm und seine Nachkommen später aus Samen, aus schlechtem Wasser schuf. Er bildete ihn und hauchte ihm von seinem Geiste ein und er gab euch Gehör, Gesicht und Herz. Doch wie wenige sind ihm dankbar dafür. Sie sagen: Wie sollen wir, wenn wir einmal in der Erde begraben liegen, wieder als neue Geschöpfe auferstehen können? So leugnen sie das einstige Zusammentreffen mit ihrem Herrn. Sprich: Der Todesengel, der über euch gesetzt ist, wird euch sterben lassen und dann werdet ihr zurückgebracht zu euerem Herrn. Könntest du es sehen, wie dann die Frevler ihre Köpfe beugen vor ihrem Herrn und sagen: O unser Herr, wir haben nun gesehen und gehört. Laß uns noch einmal in die Welt zurückkehren, damit wir rechtschaffen handeln, denn nun glauben wir fest. So wir es nur gewollt hätten, so würden wir jedem Menschen richtig Leitung gegeben haben, aber mein Wort muß wahr werden, da ich gesprochen: Die Hölle will ich füllen mit den Geistern und den Menschen allesamt.[4] Kostet nun die

Strafe dafür, daß ihr vergessen unser Zusammentreffen an diesem euerem Tage. Wir wollen nun auch euerer vergessen. Nehmet nun hin die ewige Strafe für euer Tun. Nur die glauben wahrhaft an unsere Zeichen, die, wenn durch dieselben gemahnt, anbetungsvoll niederfallen und ihren Herrn lobpreisen und nicht hochmütig sind, und die, wenn sie sich von ihrem Bette erheben, ihren Herrn anrufen in Furcht und Hoffnung und die Almosen geben von dem, was wir ihnen erteilt haben. Niemand kennt die verborgene Freude[5], welche ihnen zur Belohnung ihres Tuns zuteil wird. Sollte auch wohl der Gläubige mit dem Frevler gleich sein? Nein, sie sind nicht gleich. Die, so da glauben und rechtschaffen handeln, erhalten Gärten zur ewigen Wohnung, zur Vergeltung dessen, was sie getan. Die Wohnung der Frevler aber ist das Höllenfeuer, und so oft sie dasselbe verlassen wollen, so oft werden sie auch wieder hineingestoßen, und gesagt wird zu ihnen: Nehmet nun hin die Strafe des Höllenfeuers, die ihr für Lüge gehalten. Wir wollen ihnen aber, außer der schwereren Strafe der zukünftigen Welt, auch hier schon eine leichtere zu schmecken geben, vielleicht bekehren sie sich dadurch. Wer aber ist ungerechter als der, der, gewarnt durch die Zeichen seines Herrn, sich dennoch von ihnen abwendet? Wahrlich, an solchen Frevlern werden wir Rache nehmen. Wir haben einst dem Moses die Schrift gegeben – sei nicht im Zweifel über deren Abkunft[6] – und haben sie als Leitung bestimmt für die Kinder Israels. Auch hatten wir ihnen Lehrer[7] aus ihrer Mitte gegeben, welche sie nach unserem Befehle leiten sollten, da sie in Geduld alles ertragen und fest an unsere Zeichen geglaubt hatten. Wahrlich, dein Herr wird einst am Tage der Auferstehung das zwischen ihnen entscheiden, worüber sie uneinig gewesen sind. Ist es ihnen denn nicht bekannt, wie viele Geschlechter vor ihnen wir vertilgt haben, an deren Wohnungen sie nun vorbeikommen?[8] Wahrlich, hierin liegen Zeichen. Wollen sie denn gar nicht hören? Sehen sie denn nicht, wie wir Wasser bringen auf ein dürres und ödes Land und wodurch wir die Saat hervorbringen, von welcher sie und ihr Vieh essen? Wollen sie denn gar nicht einsehen? Die Ungläubigen sagen: Wann trifft denn diese Entscheidung ein? Sagt es uns, so ihr Wahrheit sprecht. Sprich: Am Entscheidungstage[9], dann wird den Ungläubigen der Glaube nichts mehr nützen können und ihnen nicht länger mehr nachgesehen werden. Entferne dich von ihnen und warte nur, so wie auch sie warten.

DREIUNDDREISSIGSTE SURE

Die Verschworenen[1]

Geoffenbart zu Medina[2]

Im Namen des allbarmherzigen Gottes

O Prophet, fürchte nur Gott und gehorche weder den Ungläubigen noch den Heuchlern, denn Gott ist allwissend und allweise. Folge nur dem, was dir von deinem Herrn geoffenbart ist worden, denn Gott ist wohl bekannt mit dem, was ihr tut. Vertraue nur auf Gott, denn Gottes Schutz genügt. Gott hat nicht zwei Herzen in den Menschen gelegt. Auch hat er nicht euere Frauen, von welchen ihr euch mit der Erklärung scheidet, daß sie euch seien wie der Rücken euerer Mutter, zu eueren wirklichen Müttern gemacht, auch nicht euere angenommenen Söhne zu eueren wirklichen Söhnen.[3] Dies sagt ihr zwar mit euerem Munde, aber nur Gott spricht die Wahrheit und leitet auf den rechten Weg. Nennet die angenommenen Söhne nach ihren wirklichen Vätern, so ist's gerechter vor Gott. Und wenn ihr ihre Väter nicht kennt,[4] so betrachtet sie durch die gleiche Religion als Brüder und Freunde. Euere irrtümlichen Sünden hierin werden euch nicht als Vergehen angerechnet, wohl aber die böswilligen Absichten eueres Herzens,[5] denn Gott ist versöhnend und barmherzig. Der Prophet ist den Gläubigen weit näher, als sie es sich selbst sind,[6] und seine Frauen sind ihre Mütter. Die Blutsverwandten sind sich, nach der Schrift Gottes, näher untereinander verwandt, als die anderen Gläubigen und die, welche der Religion wegen ausgewandert sind,[7] wenn ihr nun überhaupt gegen euere Anverwandten nach Recht und Billigkeit handelt. So steht's geschrieben im Buche Gottes[8]. Als wir das Bündnis von den Propheten annahmen,[9] und auch von dir und Noah, Abraham, Moses und Jesus, dem Sohne der Maria, da machten wir ein festes Bündnis mit ihnen, damit Gott einst die Wahrhaftigen über ihre Wahrhaftigkeit befrage, sowie er für die Ungläubigen qualvolle Strafe bereitet hat.[10] O ihr Gläubigen, erinnert euch der Gnade Gottes gegen euch. Als die Heere der Ungläubigen gegen euch heranzogen, da schickten wir

— 266 —

einen Wind ihnen entgegen und ein Heer von Engeln, das ihr nicht sehen konntet,[11] und Gott beobachtete damals euer Tun. Als nun die Feinde von oben und von unten[12] wider euch herankamen und ihr euere Gesichter aus Angst abwendetet und vor Furcht das Herz euch bis in die Kehle stieg, da erdachtet ihr mancherlei Gedanken von Gott. Dort wurden die Gläubigen geprüft und ein gewaltiges Zittern und Beben ergriff sie. Die Heuchler und die, deren Herz schwach[13] war, sagten: Gott und sein Gesandter haben uns nur Täuschungen versprochen.[14] Ein anderer Teil[15] von ihnen sagte: O ihr Leute von Jathreb[16], hier ist kein Ort der Sicherheit für euch, darum kehret zurück. Ein anderer Teil von ihnen ersuchte den Propheten um Erlaubnis, weggehen zu dürfen, und sagte: Unsere Häuser sind vor dem Feinde unbeschützt. Sie waren aber nicht unverteidigt, sondern sie wollten nur die Flucht ergreifen. Wäre der Feind von allen Seiten in die Stadt eingedrungen und hätte er sie aufgefordert, die Gläubigen zu verlassen und wider sie zu kämpfen, so würden sie sicherlich eingewilligt haben. Dann aber wären sie auch nur auf kurze Zeit darin geblieben.[17] Sie hatten auch früher schon Gott versprochen, den Rücken nicht kehren zu wollen,[18] aber was man Gott verspricht, das muß auch gehalten werden. Sprich: Flucht kann euch nichts nützen, und wenn ihr auch dem natürlichen oder gewaltsamen Tode entfliehet, so werdet ihr doch nur auf kurze Zeit euch des irdischen Genusses freuen. Sprich: Wer kann euch wider Gott helfen, so er euch Böses zufügen oder Barmherzigkeit erzeigen will? Sie werden außer Gott keinen Beschützer und keinen Helfer finden. Gott kennt die unter euch, welche andere verhindern wollen, dem Gesandten zu folgen, und die zu ihren Brüdern sagen: Kommet hierher zu uns, damit nur wenige zum Kampfe kommen. Sie sind geizig gegen euch.[19] Befällt sie aber irgendeine Furcht, so wirst du sehen, wie sie nach dir hinblicken und ihre Augen verdrehen, wie einer, den die Todesfurcht befällt. Ist diese Furcht aber vorüber, dann ziehen sie mit scharfer Zunge wider euch los, aus Habsucht nach der besten Beute. Diese glauben nicht, daher Gott ihr Tun vergeblich macht, was für Gott ein Leichtes ist. Sie glaubten, daß die Verschworenen nicht nach Mekka kommen würden, und wenn die Empörer kämen, so würden sie wünschen, lieber bei den Arabern der Wüste zu wohnen,[20] um sich von dort aus nach euch zu erkundigen. Wären sie aber auch mit euch gewesen, so würden doch nur wenige gekämpft haben. An dem Gesandten Gottes habt ihr ein herrliches Beispiel eines Mannes, der auf Gott hofft und auf den Jüngsten Tag und oft Gottes eingedenk ist. Als die Gläubigen die Verschworenen erblickten, da sagten sie: So hat es uns ja Gott und sein Gesandter verheißen[21] und Gott und sein Gesandter haben wahr gesprochen, und dies hat ihren Glauben und ihre Ergebung noch vermehrt. Unter den Gläubigen gibt es wohl noch Männer, die treulich erfüllen, was sie Gott versprochen haben.[22] Einige von ihnen haben bereits ihr Gelübde erfüllt,[23] und einige warten noch auf die Erfüllung und ändern ihr Versprechen nicht. Diese Wahrhaftigen wird Gott für ihre Wahrhaftigkeit belohnen, die Heuchler aber wird er entweder bestrafen, oder auch sich ihnen wieder zuwenden, je nach seinem Willen, denn Gott ist versöhnend und barmherzig. Die Ungläubigen mit ihrem Mute hat Gott zurückgetrieben und sie konnten keinen Vorteil erringen. Den Gläubigen aber war Gott hinreichender Schutz im Kampfe, denn er ist stark und allmächtig. Er veranlaßte auch, daß von den Schriftbesitzern mehrere[24] aus ihren Festungen herabkamen, um ihnen, den Verschworenen, Beistand zu leisten, und er warf Schrecken und Angst in ihre Herzen, so daß ihr einen Teil umbringen und einen anderen Teil gefangennehmen konntet. Und Gott ließ euch erben ihr Land, ihre Wohnungen und ihr Vermögen und ein Land, das ihr früher nie betreten hattet, denn Gott ist aller Dinge mächtig. Sage, o Prophet, zu deinen Frauen: Wollt ihr den Genuß des irdischen Lebens mit seiner Pracht, gut, so will ich euch anständig versorgen und auf ehrbare Weise entlassen.[25] Wollt ihr aber Gott und den Gesandten und die Wohnung des zukünftigen Lebens, dann hat Gott für die Rechtschaffenen unter euch eine große Belohnung bereitet. O ihr Frauen des Propheten, wer von euch eine offenbare Schändlichkeit begeht, deren Strafe soll zwiefach verdoppelt werden, was für Gott ein Leichtes ist. Wer aber von euch Gott und seinem Gesandten gehorsam ist und rechtschaffen handelt, die belohnen wir zwiefach und bereiten ihr eine ehrenvolle Versorgung. O ihr Frauen des Propheten, ihr seid wie die anderen Frauen. Wenn ihr Gott fürchtet, dann seid nicht zu freundlich in eueren Reden, damit nicht der nach euch lüstern werde, dessen Herz liebeskrank ist, sondern redet nur so, wie es sich schickt. Bleibet auch hübsch zu Hause; und mit dem Schmucke aus der früheren Zeit der Unwissenheit[26] schmücket euch nicht und verrichtet das Gebet und gebet Almosen und gehorchet Gott und seinem Gesandten, denn Gott will von euch, weil ihr zu dem Hause des Propheten gehört, allen Greuel entfernt und mit einer besonderen Reinheit euch gereinigt sehen. Seid auch eingedenk der Zeichen und der Weisheit Gottes[27], welche in eueren Häusern vorgelesen werden, denn Gott durchschaut und weiß alles. Für die Muslime und die Musliminnen, für die gläubigen Männer und Frauen, für die wahrhaftigen, geduldigen und demütigen Männer und Frauen, für die Almosen gebenden und für die fastenden und für die keuschen Männer und Frauen, die oft Gottes eingedenk sind, hat Gott Versöhnung und großen Lohn bereitet. Es ziemt nicht den gläubigen Männern und Frauen, so Gott und sein Gesandter irgendeine Sache beschlossen, sich die Freiheit herauszunehmen, anders zu wählen,[28] denn wer Gott und seinem Gesandten ungehorsam ist, der befindet sich in offenbarem Irrtume. Als du zu dem, dem Gott und dem du Gnade erzeigt,[29] sagtest: Behalte dein Weib und fürchte Gott, da suchtest du die Liebe in deinem Herzen zu verheimlichen, welche doch Gott veröffentlicht haben wollte, und du fürchtetest die Menschen da, wo es billiger gewesen wäre, Gott zu fürchten. Da sich endlich Seid[30] hinsichtlich ihrer entschlossen hatte, da gaben wir sie dir zur Frau, damit die Gläubigen sich kein Vergehen mehr daraus machen, wenn sie, nachdem sie ihrethalben sich entschlossen haben, die Frauen ihrer angenommenen Söhne heiraten.[31] Denn was Gott befiehlt, das muß geschehen. Was Gott dem Propheten, in Übereinstimmung mit der Verordnung Gottes gegen die, welche ihm vorhergegangen, erlaubt hat, ist auch kein Verbrechen für ihn, denn Gottes Befehl ist fest und bestimmt. Auch sie (die vorhergegangenen Gesandten) haben die Botschaften Gottes gebracht und nur ihn und außer Gott niemanden gefürchtet, und Gott führt hinlängliche Rechnung. Mohammed ist nicht der Vater eines einzigen Menschen von euch, sondern er ist der Gesandte Gottes und das Siegel der Propheten[32], und Gott ist allwissend. O ihr Gläubigen, denket oft an Gott und preiset ihn des Morgens und des Abends, denn er schützet euch, und seine Engel bitten für euch, daß er euch aus der Finsternis zum Lichte führen möge, denn gegen die Gläubigen ist er barmherzig. An dem Tage, wo sie mit ihm zusammentreffen, wird ihr Gruß sein: „Friede", und eine ehrenvolle Belohnung hat er ihnen bereitet. O Prophet, wir haben dich gesandt, Zeuge zu sein und Gutes zu verkünden und Strafen anzudrohen, daß du die Menschen zu Gott nach seinem Willen rufest und ihnen als Licht vorleuchtest. Verkünde daher den Gläubigen große Segensfülle von Gott. Gehorche aber nicht den Ungläubigen und den Heuchlern und beunruhige dich nicht,[33] wenn sie dir schaden wollen, und vertraue nur auf Gott, denn Gott ist ein hinreichender Beschützer. O ihr Gläubigen, wenn ihr gläubige Frauen heiratet und euch von ihnen trennen wollt, bevor ihr sie berührt habt, so ist keine Zeit für euch bestimmt, wie lange ihr sie noch behalten müsset.[34] Gebet ihnen aber Geschenke und entlasset sie freiwillig, auf anständige Weise. Dir, o Prophet, erlauben wir, deine Frauen, die du durch eine Morgengabe erkauft,[35] und ebenso deine Sklavinnen, welche dir Gott geschenkt,[36] und die Töchter deiner Oheime und Muhmen, von Vater und Mutter Seite, die mit dir aus Mekka geflüchtet sind, und jede gläubige Frau, die sich dem Pro-

pheten überlassen und die derselbe heiraten will.[37] Diese Freiheit sollst du
haben vor den übrigen Gläubigen. Wir wissen es recht gut, was wir hinsichtlich ihrer Frauen und Sklavinnen befohlen haben. Dennoch begehst du kein
Verbrechen, wenn du Gebrauch von dieser Freiheit machest, denn Gott ist
versöhnend und barmherzig. Du kannst zurücksetzen, wen du willst, und zu
dir nehmen, wen du gerade willst, ja selbst die, welche du früher verstoßen,
wenn du jetzt Verlangen nach ihr hast. Dies alles soll kein Verbrechen für
dich sein. Es wird dennoch leicht werden, ihre Augen zu befriedigen, daß sie
sich nicht betrüben und sich alle zufrieden geben mit dem, was du jeder
gewährst, und Gott weiß, was in euerem Herzen ist, denn Gott ist allwissend
und allgütig. Es ist dir aber nicht erlaubt, noch Weiber daneben zu halten,[39]
noch deine Frauen mit anderen zu vertauschen, wenn die Schönheit dieser
dir auch noch so sehr gefällt. Nur deine Sklavinnen machen hiervon eine
Ausnahme, denn Gott bemerkt alle Dinge. O ihr Gläubigen, betretet nicht
die Häuser des Propheten, um mit ihm zu speisen, wenn er es euch nicht
erlaubt hat und die Zeit ihm nicht gelegen ist. Sobald er euch aber einlädt,
dann gehet hinein. Wenn ihr aber gegessen, dann entfernt euch wieder und
bleibet nicht, um vertrauliche Unterhaltungen anzuknüpfen, denn dies
könnte dem Propheten beschwerlich fallen und er sich vor euch schämen, es
zu sagen.[40] Wenn ihr etwas Notwendiges von den Frauen des Propheten zu
fordern habt, so fordert es hinter einem Vorhange.[41] Dies trägt zur Reinheit
euerer und ihrer Herzen wesentlich bei. Es ziemt sich nicht, daß ihr den
Gesandten Gottes kränket und je seine Frauen nach ihm heiratet,[42] denn
dieses wäre ein schweres Vergehen vor Gott. Und möget ihr etwas öffentlich
oder heimlich tun, so weiß doch Gott alle Dinge. Doch haben die Frauen des
Propheten keine Sünde davon, wenn sie unverhüllt sprechen mit ihren
Vätern, Söhnen, Brüdern, oder mit den Söhnen ihrer Brüder und Schwestern, oder mit ihren Frauen, oder mit ihren Sklaven.[43] Fürchtet aber Gott,
denn Gott ist aller Dinge Zeuge.[44] Gott und seine Engel segnen[45] den Propheten, darum, o ihr Gläubigen, segnet ihn auch und grüßet ihn mit freund-
lichem Gruße. Die aber, so da Gott und seinen Gesandten beleidigen, wird
Gott verfluchen in diesem und in dem zukünftigen Leben, und schmachvolle
Strafe hat er für sie bereitet. Und die, so da gläubige Männer oder Frauen,
ohne daß sie es verdient, beleidigen, die sollen das Verbrechen der Verleumdung und offenbarer Ungerechtigkeit zu tragen haben. Sage, o Prophet, deinen Frauen und Töchtern und den Frauen der Gläubigen, daß sie ihr Über-
gewand[46] umwerfen sollen, wenn sie ausgehen. So ist's schicklich, damit
man sie als ehrbare Frauen erkenne und sie nicht beleidige. Gott aber ist ver-

söhnend und barmherzig. Wenn die Heuchler und die Schwachsinnigen[47] und die Unruhestifter zu Medina nicht nachlassen, so werden wir dich aufregen gegen sie, so daß sie nur noch kurze Zeit neben dir dort wohnen sollen. Verflucht sind sie, daher sollen sie, wo man sie auch finden mag, ergriffen und getötet werden, nach dem Ratschlusse Gottes, der auch gegen die, welche vor ihnen lebten, verhängt war, und du wirst nicht finden, daß Gottes Ratschlüsse veränderlich sind. Die Menschen werden dich auch über die letzte Stunde befragen. Sprich: Nur Gott allein weiß sie, und er will dich nicht darüber belehren. Doch vielleicht ist diese Stunde schon nahe. Die Ungläubigen hat Gott verflucht und das Höllenfeuer für sie bereitet, und ewig werden sie darin bleiben, ohne einen Beschützer und Helfer finden zu können. An dem Tage, an welchem ihre Angesichter im Feuer umhergewälzt werden, werden sie sagen: O wären wir doch nur Gott und dem Gesandten gehorsam gewesen! Sie werden ferner sagen: O Herr, wir gehorchten unseren Fürsten und Großen, und diese haben uns vom rechten Wege abgeführt. Darum, o Herr, gib ihnen doppelte Strafe und verfluche sie mit schwerem Fluche. O ihr Gläubigen, seid nicht wie die, welche den Moses durch Verleumdung beleidigten. Aber Gott sprach ihn rein von dem Bösen, das sie von ihm sagten,[48] denn er stand in großem Ansehen bei Gott.[49] O ihr Gläubigen, fürchtet Gott und sprechet nur wohlüberlegte Worte, damit Gott euere Werke beglücke und euch euere Sünden vergebe, denn wer Gott und seinem Gesandten gehorchet, der soll sich großer Glückseligkeit erfreuen. Hätten wir den Glauben dem Himmel, der Erde und den Bergen auferlegt, so würden sie sich geweigert haben, ihn zu tragen, und wären vor Schrecken zurückgebebt. Die Menschen jedoch haben ihn übernommen, und dennoch waren sie ungerecht und töricht. Darum wird Gott strafen die Heuchler und die Heuchlerinnen, die Götzendiener und die Götzendienerinnen.[50] Den gläubigen Männern und den gläubigen Frauen aber wird Gott sich zuwenden, denn Gott ist versöhnend und barmherzig.

VIERUNDDREISSIGSTE SURE

Saba[1)]

Geoffenbart zu Mekka

Im Namen des allbarmherzigen Gottes

Lob und Preis sei Gott, dem da angehört alles, was im Himmel und was auf Erden ist. Lob sei ihm auch in der zukünftigen Welt. Er ist der Allweise und Allwissende. Er weiß, was in die Erde eingehet,[2)] und was aus ihr hervorkommt,[3)] und was vom Himmel herabsteigt,[4)] und was zu ihm hinaufsteigt,[5)] und er ist barmherzig und versöhnend. Die Ungläubigen sagen: Die letzte Stunde wird uns wohl nicht schlagen. Sprich: Wahrlich, bei meinem Herrn, sie wird für euch kommen. Vor ihm, der da kennet die Geheimnisse, vor ihm ist nichts verborgen, was im Himmel und was auf Erden, und sei es auch nur so schwer wie eine Ameise, sei es aber auch noch kleiner, oder auch schwerer, so ist es doch aufgezeichnet in dem deutlichen Buche seiner Ratschlüsse, damit er belohne die, so da glauben und rechtschaffen handeln. Diese erhalten Vergebung und ehrenvolle Versorgung. Die aber, welche unsere Zeichen zu schwächen suchen,[6)] die sollen mit schmerzlicher Strafe bestraft werden. Die, denen Erkenntnis geworden,[7)] sehen es wohl ein, daß das, was dir von deinem Herrn geoffenbart ist worden, die Wahrheit ist und auf den rühmlichen und löblichen Weg leitet. Die Ungläubigen sagen: Sollen wir euch einen Mann zeigen, der euch prophezeit, daß ihr, wenn auch ganz in Staub zerstoben, doch wieder zu neuen Geschöpfen auferstehet? Wahrlich, er ersinnt eine Lüge von Gott, oder er ist verrückt[8)]. Doch die, so da nicht glauben an ein zukünftiges Leben, fallen in Strafe und sind in großem Irrtume. Haben sie denn noch nicht betrachtet, was über und was unter ihnen ist,[9)] den Himmel und die Erde? So wir nur wollten, so könnten wir ja machen, daß die Erde sie verschlinge, oder ein Stück des Himmels auf sie herabstürze. Wahrlich, hierin liegt doch ein Zeichen für jeden Diener, der zu Gott zurückkehren will. Dem David schon hatten wir von unserer Herrlichkeit verliehen, und wir hatten gesagt: O ihr Berge, sin-

— 272 —

get mit ihm wechselweise Preisgesang. Und dasselbe befahlen wir auch den Vögeln.[10] Und wir machten für ihn das Eisen weich und sagten: Mache vollkommene Panzer daraus und füge sie gehörig in Ringe,[11] und (ihr Leute vom Hause David) handelt nur rechtschaffen, denn ich sehe, was ihr tut. Dem Salomon machten wir den Wind untertänig, der einen Monat des Morgens und einen Monat des Abends blies,[12] und wir ließen sogar eine Quelle mit geschmolzenem Erze für ihn fließen.[13] Auch mußten nach dem Willen seines Herrn Geister in seiner Gegenwart für ihn arbeiten, und wer von diesen von unseren Befehlen abwich, der mußte die Strafe des Höllenfeuers hinnehmen.[14] Sie machten für ihn, was er nur wollte, Paläste, Bildsäulen und Schüsseln so groß wie Fischteiche, und feststehende Kessel.[15] Und wir sagten: O ihr Leute vom Hause David, handelt rechtschaffen und seid dankbar, denn nur wenige meiner Diener sind dankbar. Und als wir beschlossen, daß Salomon sterben sollte, und er tot war, da entdeckte ihnen, den Geistern, nur ein Erdwurm, der seinen Stab durchfraß, seinen Tod. Und da nun sein Leichnam zur Erde fiel und die Geister dies gewahrten, so erklärten sie, daß, wenn sie dies Geheimnis gewußt hätten, so würden sie nicht bei dieser schmachvollen Strafarbeit verblieben sein.[16]

Auch die Nachkommen von Saba[17] hatten an ihrem Wohnorte ein Zeichen, nämlich zwei Gärten, einen rechts und einen links,[18] und wir sagten: Esset von dem, womit euer Herr euch versorgt hat, und seid ihm dankbar, denn das Land ist gut und der Herr gnadenvoll. Aber sie wichen ab, und darum schickten wir über sie die Überschwemmung der Dämme, und wir verwandelten ihre zwei Gärten in zwei Gärten, welche bittere Früchte trugen und Tamarisken und einige wenige Lotusbäume. Dieses gaben wir ihnen zum Lohne ihrer Undankbarkeit. Sollten wir wohl auch andere als Undankbare so belohnen? Und wir errichteten zwischen ihnen und den Gärten, welche wir gesegnet hatten,[21] noch andere bekannte Städte, und wir erleichterten die Reise dahin und sagten: Reiset nun bei Nacht und bei Tage sicher umher. Sie aber sagten: O unser Herr, erweitere doch unsere Reisen,[22] und so versündigten sie sich, daher wir sie zum Gespräche machten, indem wir sie gänzlich zerstreuten. Wahrlich, hierin liegen Zeichen für jeden standhaft ausharrenden und dankbaren Menschen. Und der Satan fand seine Meinung, die er von ihnen hegte, bestätigt, denn sie sind ihm, mit Ausnahme eines kleinen Teils von wahrhaft Gläubigen, nachgefolgt. Er hatte nur Macht über sie, damit wir kennenlernten den, so da glaubte an ein zukünftiges Leben, und den, so es bezweifelte, denn dein Herr beobachtet alle Dinge.

Sprich (zu den Mekkanern): Rufet doch die Götter an, die ihr, außer Gott, euch ersinnet. Wahrlich, sie vermögen nichts, und wäre es auch nur so schwer wie eine Ameise, über Himmel und über Erde, und sie haben keinen Teil an der Schöpfung und Erhaltung derselben, auch hat er, Gott, ihres Beistandes nicht nötig. Und keine Fürbitte wird bei ihm helfen, außer die Fürbitte dessen,[23] dem es gewährt ist, Fürbitte einzulegen. Und wenn die Furcht von ihrem Herzen gewichen ist,[24] dann fragen sie: Was hat euer Herr gesprochen? Sie werden aber antworten: Nur was gerecht ist, denn er ist der Hohe und Erhabene. Sprich: Wer versieht euch mit Nahrung vom Himmel und von der Erde? Antworte: Gott. Entweder wir oder ihr folget der wahren Leitung, oder wir sind beide in offenbarem Irrtume. Sprich: Weder habt ihr zu verantworten, was wir vergangen, noch werden wir zur Rechenschaft gefordert über das, was ihr getan. Sprich: Unser Herr wird uns einst versammeln und nach Gerechtigkeit zwischen uns richten, denn er ist der allwissende Richter. Sprich: Zeigt mir doch die, welche ihr ihm als Götter hinzugefügt habt? Aber wahrlich, nur er ist Gott, er, der Allmächtige und Allweise. Wir haben dich zu der Gesamtmenschheit nur deshalb geschickt, um Gutes zu verkünden und Böses anzudrohen, doch der größte Teil der Menschen will das nicht erkennen. Sie sprechen: Wann trifft denn diese Drohung ein? Sagt es uns, wenn ihr wahrhaftig seid. Sprich: Die Drohung eines Tages ist euch angekündigt, den ihr nicht, auch nur um eine Stunde, weiter hinausschieben oder beschleunigen könnt. Die Ungläubigen sagen: wir wollen nun einmal nicht an diesen Koran und auch nicht an die Offenbarungen[25] vor ihm glauben. Könntest du es doch sehen, wie die Frevler einst vor ihren Herrn gestellt werden! Sie werden dann untereinander Worte wechseln, und die, welche schwach gewesen, sagen dann zu den Hochmütigen[26]: Wäret ihr nicht gewesen, so wären wir Gläubige geworden. Die Hochmütigen aber werden den Schwachen antworten: Haben wir euch denn von der wahren Leitung, nachdem sie euch geworden, abwendig gemacht? Nur aus eigenem Antriebe seid ihr Frevler geworden. Die Schwachen aber werden darauf den Hochmütigen erwidern: Nein, nur euere Ränke, die ihr bei Nacht und bei Tage geschmiedet, haben uns unglücklich gemacht, indem ihr uns geheißen: Nicht an Gott zu glauben, vielmehr ihm Ebenbilder an die Seite zu setzen. So werden sie ihre Reue zu verbergen suchen, wenn sie die ihnen bestimmte Strafe sehen. Wir aber wollen den Ungläubigen Ketten um den Hals werfen. Sollten sie wohl auch anders belohnt werden als nach den Handlungen, die sie ausgeübt? Wir haben noch keinen Ermahner in irgendeine Stadt gesandt, oder die Reichen in derselben haben gesagt: Wir glauben euerer Sendung nicht. Und so sagen auch sie (die Mekkaner): wir sind reicher als ihr an Vermögen und Kindern, nimmer wird uns daher die Strafe treffen. Antworte: Mein Herr versorgt reichlich, wen er will, und ist karg, gegen wen er will, doch die meisten Menschen erkennen dies nicht. Weder euer Reichtum noch euere Kinder können euch uns näherbringen, sondern nur die, so da glauben und rechtschaffen handeln, sollen zwiefach für ihr Tun belohnt werden, und sicher sollen sie wohnen in der Paradieswohnung. Die aber, welche unsere Zeichen zu schwächen suchen, sind der Strafe verfallen. Sprich: Mein Herr versorgt reichlich, wen er will von seinen Dienern, und ist auch karg, gegen wen er will. Was ihr aber irgend als Almosen ausgebet, das wird er euch wiedererstatten, denn er ist der beste Versorger. An jenem Tage wird er sie alle versammeln und die Engel befragen: Haben *diese* euch verehrt? Die Engel aber werden antworten: Gott bewahre! Du nur bist unser Beschützer, und nicht diese: Die bösen Geister haben sie verehrt und an diese haben die meisten geglaubt. An diesem Tage werdet ihr, einer dem anderen, weder nützen noch schaden können, und zu den Frevlern werden wir sagen: Nehmet nun hin die Strafe des Höllenfeuers, welches ihr geleugnet habt. Werden ihnen unsere deutlichen Zeichen vorgelesen, so sagen sie von dir: Wahrlich, dieser Mann will weiter nichts, als euch abwendig machen von den Göttern, die euere Väter verehrt haben. Und von diesem Koran sagen sie: Er ist nichts anderes, als eine erdichtete gotteslästerliche Lüge. Und von der Wahrheit, wenn sie ihnen zuteil wird, sagen die Ungläubigen: Dies ist nichts anderes, als offenbare Täuschung. Dies kommt daher, weil wir ihnen früher keine Schrift gegeben, in welcher sie hätten forschen können, und ihnen vor dir keinen Prediger gesandt hatten. Auch die vor ihnen lebten, haben ihre Propheten des Betrugs beschuldigt, und sie hatten nicht den zehnten Teil des Vermögens, das wir diesen gegeben, und dennoch beschuldigten sie meine Gesandten des Betrugs. Aber wie streng war auch meine Rache! Sprich: Ich rate euch das eine, daß ihr je zwei und zwei oder einzeln vor Gott hintretet,[27] und ernstlich bedenket und euch überzeuget, daß kein böser Geist in euerem Gefährten (Mohammed) wohnet, sondern daß er ist ein Prediger, geschickt zu euch vor der strengen Strafe. Sprich: Ich verlange ja keinen Lohn für mein Predigen von euch. Es steht ganz bei euch, ob ihr etwas geben wollt.[28] Meinen Lohn erwarte ich nur von Gott allein, denn er ist aller Dinge Zeuge. Sprich: Wahrlich, mein Herr, der da kennet die Geheimnisse, sendet (seinen Propheten) gewiß nur die Wahrheit herab. Sprich: Die Wahrheit ist nun gekommen, und der eitle Wahn[29] ist verschwunden und wird nicht mehr zurückkommen. Sprich: Wenn ich irre, so irre ich nur zu meinem eigenen Nachteile, so ich aber rechtgeleitet bin, so bin ich es nur durch das, was mir mein Herr geoffenbart, denn er höret alles und ist nahe denen, so ihn anrufen. Könntest du es nur sehen, wie die Ungläubigen zittern[30)] und keinen Zufluchtsort finden werden, und wie sie herausgenommen werden aus dem nahen Orte[31)], und dann sprechen: Wir glauben an ihn. Wie sollen sie aber zum Glauben kommen an einem so entfernten Orte[32)], da sie ihn doch ehedem verleugnet und die Geheimnisse desselben von dem entfernten Orte[33)] aus gelästert haben? Eine Kluft sei daher zwischen ihnen und dem, was sie wünschen, wie auch denen geschehen, welche früher gleich ihnen sich betrugen, indem sie zweifelten und dadurch Ärgernis gaben.

FÜNFUNDDREISSIGSTE SURE

Die Engel[1)]

Geoffenbart zu Mekka

Im Namen des allbarmherzigen Gottes

Lob und Preis sei Gott, dem Schöpfer des Himmels und der Erde, der die Engel zu seinen Boten macht, so da ausgestattet sind mit je zwei, drei und vier Paar Flügeln. Er fügt seinen Geschöpfen hinzu, was er will, denn Gott ist aller Dinge mächtig. Die Gnade, welche Gott den Menschen erzeiget, kann niemand zurückhalten, und was er zurückhält, das kann niemand außer ihm erzeigen. Nur er ist der Allmächtige und Allweise. O, ihr Menschen, seid doch eingedenk der Gnade Gottes gegen euch! Gibt es denn außer Gott noch einen Schöpfer, der euch mit Nahrung versorgt vom Him-

– 276 –

mel und von der Erde? Es gibt keinen Gott außer ihm, und ihr wolltet euch von ihm abwenden? So sie dich des Betrugs beschuldigen, so wisse: auch die Gesandten vor dir wurden desselben beschuldigt, aber zu Gott kehren alle Dinge zurück. O ihr Menschen, wahrlich, die Verheißung Gottes ist wahr, laßt euch daher nicht täuschen durch das irdische Leben, und auch nicht durch den Betrüger[2] in dem, was Gott betrifft, denn der Satan ist euer Feind. Denn er lädt seine Anhänger nur dazu ein, daß sie der Hölle Gefährten werden. Für die Ungläubigen ist schwere Strafe bestimmt. Die aber, so da glauben und rechtschaffen handeln, erlangen Gnade und großen Lohn. Soll denn der, dessen Werke zum Bösen bereitet sind, und der sie dennoch für gut hält (dem Rechtschaffenen gleichen)? Wahrlich, Gott führt in den Irrtum und leitet auf den rechten Weg, wen er will. Härme dich nicht ab durch Seufzen ihres Unglaubens wegen, denn Gott weiß ja, was sie tun. Gott ist es, so da sendet die Winde und die Wolken aufregt, und wir treiben sie auf eine tote Gegend hin, um die Erde nach ihrem Tode neu zu beleben. Ebenso wird auch die Auferstehung sein.[3] Wer Herrlichkeit anstrebt, der findet alle Herrlichkeit bei Gott. Zu ihm steigt eine jede gute Rede und er selbst erhöht eine jede gute Tat. Die aber, welche böse Ränke schmieden,[4] erleiden schwere Strafe und ihre Anschläge sollen vereitelt werden. Gott schuf euch zuerst aus Staub, dann aus Samen, und schied euch in zweierlei Geschlechter. Kein Weib empfängt oder gebärt ohne sein Wissen. Nichts wird dem Leben eines Langlebenden hinzugefügt und nichts von seinem Leben hinweggenommen, oder es ist aufgezeichnet in dem Buche der göttlichen Ratschlüsse. Dies alles ist für Gott ein leichtes. Auch die beiden Meere sind sich nicht ähnlich. Das eine ist frisch und süß und angenehm zu trinken, das andere aber ist gesalzen und bitter.[5] Doch genießt ihr aus beiden frisches Fleisch, und nehmet aus denselben Zierrat, womit ihr euch bekleidet.[6] Auch siehst du die Schiffe deren Wellen durchschneiden, damit ihr erlanget Reichtümer von dem Überflusse Gottes und dankbar werdet. Er läßt die Nacht dem Tage und den Tag der Nacht folgen, und zwinget Sonne und Mond, ihren Dienst zu verrichten, und beide durcheilen ihren bestimmten Lauf. Das tut Gott, euer Herr, dem da gehöret die Herrschaft. Die Götzen aber, welche ihr außer ihm anrufet, haben nicht einmal Gewalt über die Schale eines Dattelkerns. Wenn ihr sie anrufet, so hören sie euer Rufen nicht, und wenn sie euch auch hörten, so antworten sie euch doch nicht. Am Tage der Auferstehung werden sie es leugnen, daß ihr sie der Gottheit zugesellt. Und nur der kann dir alles Verborgene mitteilen, der es weiß. O ihr Menschen, vor Gott seid ihr arm, und nur er ist reich und hochgelobt. So er nur wollte, so könnte er euch hinwegraffen und eine neue Schöpfung an euerer Statt entstehen lassen, und wahrlich, dies würde Gott nicht schwerfallen. Keine bereits belastete Seele braucht auch noch die Last einer anderen zu tragen. Und wenn eine schwerbelastete Seele einer anderen zurufen sollte, einen Teil ihrer Last zu übernehmen, so soll diese doch nichts davon tragen dürfen, und wären beide auch noch so nahe miteinander verwandt. Du aber ermahne die, so ihren Herrn auch im geheimen fürchten und ihr Gebet verrichten, daß, wer sich reinigt von Sünden, sich zum eigenen Seelenheile reinigt, und daß alle zu Gott zurückkommen müssen. Nicht gleichen sich der Blinde und der Sehende und nicht die Finsternis und das Licht, und nicht der kühle Schatten und der heiße Wind, auch gleichen sich nicht die Lebenden und die Toten.[7] Gott macht hörend, wen er will, du aber kannst die nicht hörend machen, die im Grabe liegen,[8] denn du bist nur ein Prediger. Wahrlich, wir haben dich in Wahrheit gesandt, Gutes zu verkünden und Böses anzudrohen, und es gibt kein Volk, unter welchem nicht einst ein Prediger gewesen wäre. So sie dich des Betrugs beschuldigen, obgleich sie zu ihnen kamen mit überzeugenden Wunderzeichen und mit göttlichen Schriften und mit dem erleuchtenden Buche[9]. Dafür aber züchtigte ich die Ungläubigen, und wie streng war nicht meine Rache! Siehst du denn nicht, wie Gott Wasser vom Himmel herabsendet, und wie wir dadurch hervorbringen Früchte von verschiedener Farbe[10]? Auch in den Bergen finden sich Adern von verschiedener Farbe, weiße, rote und kohlschwarze[11]. Auch die Menschen, die wilden und zahmen Tiere sind verschieden an Farbe. Und darum fürchten Gott diejenigen seiner Diener, welche mit Weisheit begabt sind, denn Gott ist allmächtig und allgnädig. Diejenigen, welche die Schrift Gottes[12] lesen und das Gebet verrichten, und heimlich und öffentlich Almosen geben von dem, womit wir sie versorgt haben, die dürfen hoffen auf einen Kauf, der nie vergehen wird,[13] und daß Gott ihren Lohn ihnen geben, ja denselben nach seiner Huld noch vergrößern werde, denn er ist gnädig und lohnet gerne. Was wir dir in diesem Buche geoffenbart haben, ist Wahrheit und bestätigt die Offenbarungen vor ihm, denn Gott kennet und beobachtet seine Diener. Und wir haben dieses Buch denjenigen unserer Diener, die wir besonders auserwählt, zum Erbteil gegeben. Doch der eine von ihnen sündigt wider sich selbst,[14] der andere wieder ergreift den Mittelweg,[15] und wieder ein anderer sucht mit dem Willen Gottes in guten Werken die übrigen zu übertreffen. Dieser hat den größten Vorzug. In Edens Gärten sollen sie geführt und dort geschmückt werden mit Armbändern von Gold und Perlen, und Kleider tragen von Seide und sagen: Lob sei Gott, der alle Sorgen nun von uns entnommen hat! Wahrlich, unser Herr ist gern bereit, zu vergeben und zu belohnen. Er, der uns nach seiner Huld gebracht hat in eine Wohnung von ewiger Dauer, wo weder Arbeit noch Müdigkeit uns trifft. Für die Ungläubigen aber ist das Höllenfeuer bestimmt, und weder der Tod[16], noch irgendeine Erleichterung ihrer Strafe wird über sie verfügt. So wird jeder Ungläubige bestraft werden. In der Hölle werden sie ausrufen: O Herr, bringe uns doch von hier weg, und wir wollen rechtschaffen handeln und nicht mehr tun, was wir früher getan. Aber geantwortet wird ihnen: Hatten wir euch denn nicht hinlänglich langes Leben gewährt, damit der, welcher sich hätte warnen lassen wollen, sich auch wohl hätte warnen lassen können? Und ist nicht ein Prediger[17] zu euch gekommen? Darum nehmet nun hin die Strafe. Die Frevler werden keinen Helfer finden. Gott kennt die Geheimnisse des Himmels und der Erde, und er kennt auch das Innerste des menschlichen Herzens, und er ist es, der euch auf der Erde den Früheren hat nachfolgen lassen. Wer ungläubig ist, über den komme sein Unglaube. Der Unglaube vermehrt den Ungläubigen nur den Unwillen ihres Herrn, und der Unglaube vergrößert nur das Unglück der Ungläubigen. Sprich: Was denkt ihr wohl von den Göttern, die ihr außer Gott anrufet? Zeigt mir doch, was sie auf der Erde geschaffen! Oder haben sie vielleicht irgendwie Anteil an der Schöpfung des Himmels? Oder haben wir ihnen irgendeine Schrift gegeben, wodurch sie ihren Götzendienst beweisen könnten? Gewiß nicht. Die Gottlosen täuschen sich selbst einer den anderen durch leere Verheißungen. Nur Gott ist es, der die Himmel und die Erde hält, daß sie nicht zusammenfallen, und wenn sie zusammenfallen sollten, so kann sie keiner außer ihm aufrechterhalten. Er ist allgütig und allgnädig! Sie (die Koraischiten) haben zwar einen feierlichen Eid bei Gott geschworen, daß, wenn ein Prediger zu ihnen kommen würde, sie sich besser wollten leiten lassen als irgendein Volk. Allein da nun ein Prediger zu ihnen gekommen ist, so ist doch ihr Widerwille gegen die Wahrheit, und ihr Hochmut auf der Erde und ihr böses Trachten nur gewachsen. Allein das böse Trachten wird nur seine Veranlasser umfangen. Können sie eine andere Strafe erwarten als die, welche die Ungläubigen früherer Zeiten getroffen? Du wirst keine Veränderung und auch keine Verschiedenheit in dem Strafgerichte Gottes finden. Sind sie denn noch nicht im Lande umhergereist und haben bemerkt, welch ein Ende die vor ihnen genommen, obgleich sie weit stärker waren an Macht? Nichts im Himmel und nichts auf der Erde kann Gottes Macht schwächen, denn er ist der Allwissende und Allmächtige. So Gott die Menschen strafen wollte, wie sie es verdienen, so würde er kein Tier mehr auf der Oberfläche der Erde zurücklassen. Doch er sieht ihnen nach bis zu einer bestimmten Zeit, und wenn diese ihre Zeit kommt, dann wird Gott auch auf seine Diener achten.

SECHSUNDDREISSIGSTE SURE

JS[1]

Geoffenbart zu Mekka

Im Namen des allbarmherzigen Gottes

JS. Bei dem weisen Koran! Du bist einer der Gesandten Gottes, um den richtigen Weg zu lehren. Offenbarung des Allmächtigen und Allbarmherzigen ist es, daß du ermahnest ein Volk, dessen Väter nicht gewarnt wurden und daher sorglos und leichtsinnig dahinlebten. Das Urteil ist bereits über die meisten von ihnen gesprochen.[2] Daher sie nicht glauben können. Ketten[3] haben wir ihnen an den Hals gelegt, welche bis an das Kinn reichen, so daß sie ihre Köpfe in die Höhe halten müssen. Vor und hinter ihnen haben wir Riegel geschoben und sie mit Finsternis so bedeckt, daß sie nicht sehen können.[4] Es ist ganz gleich, ob du ihnen predigst oder nicht, sie werden und sollen nicht glauben. Mit Erfolg wirst du nur dem predigen, der da folgt der Ermahnung (des Korans) und den Allbarmherzigen selbst im Verborgenen fürchtet. Diesen verkünde Gnade und ehrenvolle Belohnung. Wir werden einst die Toten wieder lebendig machen, und wir schreiben nieder, was sie vorausgeschickt und was sie zurückgelassen haben,[5] und bringen alles in ein klares Verzeichnis. Stelle ihnen die Bewohner jener Stadt[6] zum Gleichnis auf, zu denen nämlich die Boten (Jesu) kamen. Als wir ihnen zwei Boten sandten, da beschuldigten sie dieselben des Betrugs, weshalb wir sie noch durch einen dritten Boten verstärkten, und sie sagten zu den Einwohnern: Wir sind zu euch gesandt. Diese aber antworteten: Ihr seid ja nur Menschen wie wir, der Allbarmherzige hat euch nichts geoffenbart und ihr seid nichts weiter als Lügner. Sie aber erwiderten: Unser Herr weiß es, daß wir wirklich an euch abgesandt sind, und unsere Pflicht ist es daher, öffentlich zu predigen. Jene aber sagten: Wir versehen uns nichts Gutes von euch, und wenn ihr nicht aufhört zu predigen, so werden wir euch steinigen, und eine schwere Strafe wird euch bei uns treffen. Sie aber antworteten: Was ihr Böses voraussehet, hängt ja ganz von euch ab. Wollt ihr euch ermahnen lassen?

Doch ihr seid gottlose Menschen. Da kam vom äußersten Ende der Stadt ein gewisser Mann[7] und sprach: O mein Volk, folget doch diesen Boten. Folgt doch dem, der keine Belohnung von euch fordert, denn diese Boten sind rechtgeleitet. Und warum sollte ich auch nicht den verehren, der mich geschaffen und zu dem ihr zurückkehren müßt? Sollte ich wohl andere Götter als ihn verehren? Wenn der Allbarmherzige mir Leid zufügen wollte, so könnte mir ja ihre Vermittlung weder nützen noch irgendwie mich retten, und ich würde in einen offenbaren Irrtum verfallen (so ich sie verehrte). Wahrlich, ich glaube an eueren Herrn. Als sie (die Stadtleute) darauf ihn schändlich behandelten,[8] da wurde zu ihm besagt: Gehe ein in das Paradies. Er aber sagte: O könnte doch mein Volk es erfahren, wie gnädig mein Herr mir ist, indem er mich versetzte unter die, so hochgeehrt sind. Wir aber schickten nicht nach seinem Tode ein Heer vom Himmel, oder sonst ein Vertilgungsmittel, das wir über Frühere herabzusenden pflegten, sondern es bedurfte nur eines einzigen Ausrufs und sie waren gänzlich vernichtet. Ach, welch unglückliche Menschen sind's![9] Kein Gesandter kommt zu ihnen, oder sie verspotten ihn. Sehen sie denn gar nicht ein, wie viele Geschlechter wir vor ihnen vertilgt? Wahrlich, die Gesandten sollen nicht wieder zu ihnen kommen, aber sie alle sollen insgesamt einst vor uns versammelt werden.

Ein Zeichen der Auferstehung sei die tote Erde, die wir durch den Regen neu beleben[10] und dadurch aus ihr hervorbringen verschiedene Saaten, von welchen ihr esset. Auch legten wir Gärten auf der Erde an mit Palmbäumen und Weinstöcken, und ließen Quellen daraus hervorsprudeln, damit sie genießen deren Früchte und die ihrer Hände Arbeit, und sie sollten nicht dankbar dafür sein? Gelobt sei der, welcher all die verschiedenen Gattungen geschaffen, welche die Erde hervorbringt, und der sie selbst und die übrigen Dinge, welche sie nicht einmal kennen, in verschiedenen Geschlechtern geschaffen. Ein Zeichen sei ihnen auch die Nacht. Wir entziehen ihr das Tageslicht, und siehe, sie befinden sich in Finsternis, und auch die Sonne eilet ihrem Ruheorte entgegen,[11] nach der Anordnung, welche der Allmächtige und Allweise getroffen. Und dem Monde haben wir gewisse Wohnungen[12] bestimmt, bis er zurückkehret gleich dem Zweige eines Palmbaumes[13]. Es ziemt sich nicht für die Sonne, daß sie den Mond in seinem Laufe einhole, auch nicht für die Nacht, daß sie in den Tag hineinfalle, sondern ein jedes dieser beiden Lichter bewegt sich in seinem bestimmten Kreise. Auch sei ihnen ein Zeichen, daß wir ihre Nachkommen[14] sicher trugen in jener vollen Arche, und daß wir später ähnliche Schiffe für sie geschaffen, welche sie weithin tragen. Wenn wir aber wollen, so können wir sie ertränken[15],

– 281 –

und niemand kann ihnen helfen, und niemand sie retten, außer nur unsere Barmherzigkeit, damit sie sich noch eine Zeitlang dieses Lebens erfreuen. Wenn zu ihnen gesagt wird: Fürchtet doch das, was vor und hinter euch ist,[16] damit ihr Barmherzigkeit erlanget, und wenn du ihnen ein Zeichen von den Zeichen deines Herrn bringst, so wenden sie sich weg. Wenn zu ihnen gesprochen wird: Gebet Almosen von dem, was euch Gott gewährt hat, so sagen die Ungläubigen zu den Gläubigen: Sollten wir den wohl speisen, den Gott ja selbst speisen könnte, so er nur wollte? Wahrlich, ihr seid in offenbarem Irrtume. Auch werden sie fragen: Wann wird denn die Verheißung der Auferstehung in Erfüllung gehen? Sagt es uns, so ihr wahrhaftig seid. Sie mögen nur erwarten einen Posaunenschall, der sie unverhofft überfallen wird, während sie sich miteinander unterhalten, und sie werden keine Zeit haben, über ihre Angelegenheiten zu verfügen, noch zu ihren Familien zurückzukehren. Und die Posaune wird wieder ertönen, und siehe, sie steigen aus ihren Gräbern und eilen zu ihrem Herrn hin und sprechen: Wehe uns! Wer hat uns von unserem Lager auferweckt? Das ist es, was der Allbarmherzige uns verheißen, und die Gesandten haben die Wahrheit gesprochen! Nur ein einziger Posaunenschall, und siehe, sie allesamt sind vor uns versammelt.[17] An jenem Tage wird keiner Seele das geringste Unrecht geschehen, sondern ihr werdet nur belohnt werden nach dem Verdienste euerer Handlungen. Die Gefährten des Paradieses werden an jenem Tage nur ganz der Lust und Wonne leben und sie und ihre Frauen in schattenreichen Gefilden auf herrlichen Polsterkissen ruhen. Die schönsten Früchte und alles, was sie nur wünschen, sollen sie dort haben. Der Zuruf des allbarmherzigen Herrn an sie wird sein: Friede, (den Gottlosen aber wird zugerufen:) Trennt euch heute, ihr Frevler, von den Frommen. Habe ich euch denn nicht, ihr Kinder Adams, befohlen, dem Satan nicht zu dienen, der da ist euer offener Feind? Und habe ich euch nicht gesagt: Verehret nur mich, das ist der richtige Weg? Aber nun hat er bereits eine große Menge von euch verführt. Seht ihr das denn nicht ein? Hier ist nun die Hölle, die euch angedroht ist worden, in welcher ihr jetzt brennen sollt dafür, daß ihr Ungläubige gewesen. An diesem Tage wollen wir ihren Mund versiegeln[18], aber ihre Hände werden zu uns sprechen und ihre Füße werden Zeugnis geben von dem, was sie getan.[19] Wenn wir gewollt, so hätten wir ihnen ja die Augen ausstechen können, hätten sie dann den Weg, den sie durchirrten, sehen können? Hätten wir gewollt, so konnten wir ihnen ja an ihrem Orte eine ganz andere Gestalt geben, so daß sie weder vorwärts noch rückwärts hätten gehen können.[20] Wem wir langes Leben gewähren, dessen Körper beugen wir auch.[21] Sehen sie das denn nicht ein?

Wir haben ihn (den Mohammed) nicht gelehrt die Kunst zu dichten, auch ziemt sie sich nicht für ihn,[22] denn er, der deutliche und klare Koran, soll nur eine Ermahnung sein, damit die Lebenden[23] sich warnen lassen und das Urteil in Erfüllung gehe an den Ungläubigen. Sehen sie es denn nicht ein, daß wir für sie unter den anderen Dingen, die unsere Hand für sie bereitet, auch die Tiere geschaffen, die sie besitzen? Diese haben wir ihnen unterworfen und sie dienen ihnen teils zum Reiten, teils zur Nahrung, wie auch zu anderen Vorteilen, und ihre Milch zum Trinken. Sollten sie daher nicht dankbar sein? Sie aber haben außer Gott noch andere Götter angenommen, damit diese ihnen beistehen sollen. Diese können aber keinen Beistand leisten, obgleich man sie scharenweise flehend umgibt.[24] Ihre Reden mögen dich nicht betrüben, denn wir wissen, was sie verheimlichen und was sie veröffentlichen. Will denn der Mensch gar nicht einsehen, daß wir ihn aus Samen geschaffen? Dennoch bestreitet er offen die Auferstehung, und stellt uns Ebenbilder auf und vergißt seine Schöpfung. Er spricht: Wer soll den Gebeinen wieder Leben geben, wenn sie dünner Staub geworden?[25] Antworte: Der wird sie wieder beleben, der sie auch zum ersten Male ins Dasein gerufen. Der, der die ganze Schöpfung kennt. Der, der euch Feuer gibt aus dem grünen Baume, an welchem ihr Feuer anzumachen pfleget.[26] Sollte der, der Himmel und Erde geschaffen, nicht die Kraft besitzen, ähnliche Geschöpfe hervorzubringen? Sein Befehl ist, so er etwas will, daß er spricht: Es werde! Und – es ist. Darum Lob und Preis ihm, in dessen Hand die Herrschaft aller Dinge ist. Zu ihm kehret ihr einst zurück.

SIEBENUNDDREISSIGSTE SURE

Die sich Ordnenden[1]

Geoffenbart zu Mekka

Im Namen des allbarmherzigen Gottes

Bei denen, die sich in Ordnungen aufstellen,[2] und bei denen, die mit kräftiger Abwehr abwehren[3], und bei denen, welche die Ermahnung lesen[4], sei's geschworen: daß euer Gott ein einziger Gott ist, der da ist Herr des Himmels und der Erde und alles dessen, was zwischen beiden, und der da ist Herr des Ostens. Wir sind es, so da ausgeschmückt haben den untersten Himmel[5] mit der Sterne Pracht, und eine Wache hingestellt gegen jeden widerspenstigen Satan, damit sie nicht hören die Reden der erhabenen Fürsten[6]. So werden sie von allen Seiten zurückgeworfen und schwere Strafe ist ihnen bestimmt. Der aber, welcher dennoch verstohlener Weise ein Wort auffangen will, der wird durch eine hellscheinende Flamme verfolgt.[7] Frage sie (die Mekkaner): ob sie, die wir aus festem Lehm geschaffen, stärker von Natur sind als die Engel, die wir doch auch geschaffen haben? Doch du wunderst dich über ihren Unglauben und sie spotten deiner nur. Werden sie gemahnt, so nehmen sie die Ermahnung nicht an, und sagen: Das ist offenbare Zauberei! Wenn wir tot sind und Staub und Knochen geworden, sollten wir da wohl wieder auferweckt werden können, wir und unsere Vorfahren? Antworte: Jawohl, und dann werdet ihr verachtet sein. Nur *ein* Posaunenschall, und sie sehen die Auferstehung und sagen: Wehe uns, das ist der Tag des Gerichts. Das ist der Tag der Entscheidung, den ihr geleugnet habt. Versammelt nun die Frevler und ihre Verbündeten[8] und die Götzen, welche sie außer Gott verehrt haben, und führet sie den Weg zur Hölle und stellet sie vor Gott, denn sie sollen zur Rechenschaft gefordert werden. Warum verteidigt ihr euch nicht? – Weil sie sich an diesem Tage dem Urteile Gottes unterwerfen, aber sie werden sich einander nähern und Worte wechseln, und die Verführten zu ihren Verführern sagen: Ihr kamet mit falschen Eiden zu uns.[9] Diese aber werden antworten: Nein, ihr wolltet ja keine Gläubige sein. Wir hatten ja keine Macht, euch zu zwingen. Ihr waret vielmehr Menschen, die aus eigenem Antriebe sündigten. Das Urteil unseres Herrn über uns ist sonach gerecht und wir müssen es hinnehmen. Wenn wir euch verführten, so waren wir selbst Verführte. Sie sollen daher beide an jenem Tage der gleichen Strafe teilhaft werden. So wollen wir gegen die Übeltäter verfahren, weil sie hochmütig waren, wenn zu ihnen gesagt wurde: Es gibt keinen Gott außer Gott, und sprachen: Sollen wir eines verrückten Poeten wegen unsere Götter verlassen? Aber nein, er kommt mit der Wahrheit und bestätigt die früheren Gesandten, und ihr sollt kosten schwere Strafe und nur nach euerem Tun belohnt werden. Die aufrichtigen Diener Gottes aber sollen im Paradiese bestimmte Versorgung und herrliche Früchte erhalten und hochgeehrt sein. Auf Ruhekissen werden sie sich einander gegenübersitzen.[10] Ein Becher, gefüllt aus einem klaren Quell, wird die Runde unter ihnen machen, zur Erquickung der Trinkenden. Nichts, was den Geist verwirren oder trunken machen kann, wird er enthalten. Neben ihnen werden sein Jungfrauen mit keuschen Blicken und großen schwarzen Augen, so da gleichen verdeckten Eiern des Straußes.[11] Und einer wird sich zum anderen hinwenden und sich gegenseitig Fragen stellen. Einer von ihnen wird sagen: Ich hatte einst einen guten Freund, der sagte zu mir: Hältst auch du die Auferstehung für Wahrheit, daß wir wohl gerichtet werden sollten, wenn wir tot sind und Staub und Knochen geworden? Und nun, wird er zu seinen Mitgefährten sagen, und nun seht doch einmal hinab. Und hinabsehen wird man und ihn (jenen Freund) sehen in der Mitte der Hölle. Zurufen wird er ihm: Bei Gott, nur wenig fehlte und du hättest mich mit ins Verderben gezogen. Hätte nicht die Gnade meines Herrn mich geschützt, so würde ich jetzt auch zu denen gehören, welche der ewigen Strafe überliefert werden. Sollten wir nun außer unserem ersten (natürlichen) Tode noch einen Tod oder sonst eine Strafe erleiden? Wahrlich, hier genießen wir einer großen Seligkeit, und für eine solche lohnt es der Mühe, sich abzumühen. Welcher Aufenthalt ist nun besser, dieser hier oder der beim Baume Sakkum[12]? Diesen haben wir den Frevlern zur Versuchung bestimmt und dieser Baum wächst aus dem tiefsten Grunde der Hölle hervor und seine Früchte gleichen dem Kopfe des Satan[13]. Die Verdammten sollen davon essen und ihren Bauch damit anfüllen, und siedendheißes Wasser wird ihnen darauf zu trinken gegeben, und dann werden sie wieder zur Hölle verstoßen. Sie sahen ihre Väter im Irrtume wandeln und beeilten sich, in ihre Fußstapfen zu treten, denn die meisten derer, welche vor ihnen lebten, waren im Irrtume, obgleich wir ihnen Ermahner gesandt

hatten. Sieh aber nun einmal, welch ein Ende *die* genommen, die wir ermahnen ließen! Nur die aufrichtigen Diener Gottes sind hiervon ausgenommen.

Noah rief uns einst an, und gnädig erhörten wir ihn und erretteten ihn
und seine Familie aus großer Not, und erhielten seine Nachkommen am
Leben zur Fortpflanzung des Menschengeschlechts. Wir ließen ihm noch bei
der spätesten Nachwelt den Segen zurück: Friede über Noah in ewigen Zeiten und Welten. So belohnen wir die Frommen, denn er gehörte zu unseren
gläubigen Dienern. Die übrigen aber erträgkten wir. Zu seiner (des Noah)
Religion bekannte sich auch Abraham, da er sich wandte zu seinem Herrn
mit ganzem Herzen. Er sagte einst zu seinem Vater und zu seinem Volke: Was
betet ihr denn an? Wollt ihr wohl falschen Göttern den Vorzug geben vor
dem wahren Gotte? Was denkt ihr denn wohl von dem Herrn des Weltalls?
Darauf blickte er beobachtend nach den Sternen hin und sagte: Wahrlich, ich
werde krank[14]. Und so wandten sie ihm den Rücken zu und verließen
ihn.[15] Darauf ging er heimlich zu ihren Götzen und fragte sie: Warum esset
ihr nicht von der euch vorgesetzten Speise? Warum sprecht ihr nicht? Und er
fiel über sie her und zerschlug sie mit seiner rechten Hand.[16] Das Volk aber
kam eilends auf ihn zugelaufen, und er fragte es: Betet ihr die an, die ihr
selbst geschnitzt habt? Wahrlich, Gott ist es, der euch und die Götter, welche
ihr euch gemacht, geschaffen hat. Darauf sagten sie: Errichtet einen Scheiter-
haufen für ihn und werfet ihn in das Feuer. So schmiedeten sie Pläne wider
ihn, die wir unterdrückten.[17] Und Abraham sagte: Ich wende mich zu meinem Herrn, der mich leiten wird. O mein Herr, gib mir einen frommen
Sohn. Darauf verkündeten wir ihm einen liebenswürdigen Sohn. Als dieser
nun in die Jahre der Einsicht kam,[18] da sagte Abraham zu ihm: O mein
Sohn, ich sah in einem Traume, daß ich dich zum Opfer darbringen soll.[19]
Nun bedenke, was du davon hältst. Er aber antwortete: Tue, mein Vater, wie
dir geheißen worden, und du wirst mich, mit Gottes Willen, ganz geduldig
finden. Als sie nun beide sich dem göttlichen Willen unterwarfen, da legte er
ihn aufs Angesicht. Wir aber riefen ihm zu: Du hast hiermit bereits das
Traumgesicht in Erfüllung gebracht, und so belohnen wir die Rechtschaffenen, denn dies war offenbar ja nur eine Versuchung. Wir lösten ihn aus durch
ein anderes edles Opfer,[20] und wir ließen ihm noch bei der spätesten Nachwelt den Segen zurück: Friede komme über Abraham. So belohnen wir die
Frommen, denn er war einer von unseren gläubigen Dienern. Und wir verkündeten ihm den Isaak, einen Propheten von den Frommen, und wir seg-
neten ihn und den Isaak, und unter beider Nachkommen waren solche, die

– 286 –

rechtschaffen und solche, die offenbar gegen sich selbst frevelhaft handelten. So bewiesen wir uns auch gnädig gegen Moses und Aaron, indem wir sie und ihr Volk erretteten aus großer Not. Wir standen ihnen bei, daß sie Sieger blieben, und wir gaben ihnen die deutliche Schrift und leiteten sie auf den richtigen Weg und haben ihnen noch bei der spätesten Nachwelt den Segen zurückgelassen. Friede komme über Moses und Aaron. So belohnen wir die Frommen, denn beide gehören zu unseren gläubigen Dienern. Auch Elias war einer unserer Gesandten. Er sagte zu seinem Volke: Wollt ihr denn nicht Gott fürchten? Warum rufet ihr Baal an[22] und vergesset den herrlichsten Schöpfer? Gott ist ja euer Herr und der Herr euerer Väter. Aber sie beschuldigten ihn des Betrugs, daher sie, mit Ausnahme der aufrichtigen Diener Gottes, der ewigen Strafe anheimfielen. Ihm aber ließen wir noch bei der spätesten Nachwelt den Segen zurück: Friede komme über Elias. So belohnen wir die Frommen, denn er war einer unserer gläubigen Diener. Auch Lot war einer unserer Gesandten. Wir erretteten ihn und seine ganze Familie, mit Ausnahme einer alten Frau, welche mit den Zurückbleibenden unterging,[24] indem wir die anderen alle vertilgten. Und ihr (Mekkaner) reiset ja bei Tag und Nacht an ihren Wohnungen vorüber und wollt dies nicht bedenken? Auch Jonas war einer unserer Gesandten.[25] Als er in das vollgeladene Schiff floh,[26] da warfen die Schiffsleute das Los, und durch dasselbe ward er verurteilt, worauf ihn der Fisch verschlang, weil er die Strafe verdiente. Und so er Gott nicht gepriesen hätte,[27] so hätte er müssen in dessen Bauch bleiben bis zum Tage der Auferstehung. Wir warfen ihn an das nackte Ufer, und er fühlte sich krank, wir ließen daher eine Kürbispflanze über ihm wachsen und sandten ihn zu hunderttausend Menschen[28] oder zu noch mehr, und da sie glaubten, ließen wir sie leben bis zur bestimmten Zeit.[29] Frage sie, die Mekkaner: ob dein Herr wohl die Töchter habe und sie die Söhne?[30] Haben wir denn die Engel weiblichen Geschlechts geschaffen? Können sie darüber Zeugnis geben? Ist es nicht eine falsche Erdichtung, wenn sie sagen: Gott habe Kinder gezeugt? Sind sie nicht Lügner? Hat er denn Töchter den Söhnen vorgezogen? Ihr habt ja gar keinen Grund, so zu urteilen. Wollt ihr euch denn nicht ermahnen lassen? Oder habt ihr etwa einen deutlichen Beweis dafür? So bringt euere Schriften, wenn ihr Wahrheit sprechet. Auch halten sie dafür, daß Gott mit den Geistern in irgendeiner Verwandtschaft stehe, aber die Geister wissen es, daß die, welche dies behaupten, mit Ausnahme der aufrichtigen Diener Gottes, der ewigen Strafe anheimfallen. Fern sei von Gott, was sie von ihm aussagen! Ihr und die Götzen, die ihr verehrt, sollten keinen verführen als nur den, der bestimmt ist, in der Hölle zu brennen. Keiner von

— 287 —

uns ist, oder er hat seinen bestimmten Ort, wo wir uns in Ordnung aufstellen und Gott preisen.[31] Die Ungläubigen sagen: Wäre uns von unseren Vorfahren ein Buch der Ermahnung zugekommen, so wären wir aufrichtige Diener Gottes geworden. Aber sie leugnen ja auch jetzt den Koran. Doch später sollen sie die Folgen ihres Unglaubens erfahren. Auch vordem schon ist unser Wort unseren Dienern, den Gesandten, gegeben worden, daß sie Beistand gegen die Ungläubigen erhalten und daß unsere Heere Sieger bleiben werden. Darum trenne dich eine Zeitlang von ihnen und bemerke sie, und auch sie werden es endlich bemerken[32]. Wollen sie unsere Rache beschleunigt haben? Wahrlich, wenn sie nur über ihre Vorhöfe herabkommt, dann geht ein böser Morgen auf über denen, welche vergebens gewarnt wurden. Darum trenne dich eine Zeitlang von ihnen und bemerke sie, und auch sie werden es bald bemerken. Preis sei deinem Herrn, dem Herrn, der hoch erhaben ist über dem, was sie von ihm aussagen! Friede sei über seinen Gesandten! Und Lob sei Gott, dem Herrn der Welten!

ACHTUNDDREISSIGSTE SURE

Z[1])

Geoffenbart zu Mekka

Im Namen des allbarmherzigen Gottes

Z Bei dem Koran voller Ermahnung! Wahrlich, die Ungläubigen geben sich nur dem Stolze und der Streitsucht hin. Wie manche Geschlechter vor ihnen haben wir nicht vertilgt, und sie riefen um Gnade, als es nicht mehr Zeit war, der Strafe zu entgehen! Sie wundern sich, daß ein Ermahner aus ihrer Mitte zu ihnen kommt und die Ungläubigen sagen: Dieser Mann ist ein Zauberer und ein Lügner. Zu verwundern ist's, wie er aus vielen Göttern nur einen einzigen Gott machen will. Die Vornehmsten unter ihnen begaben sich hinweg und riefen sich einander zu: Fahret fort und haltet fest an eueren Göttern, denn diesen euch zu entziehen, beabsichtigt man. In der zuletzt geoffenbarten Religion[2]) haben wir nichts der Art vernommen. Dies ist nichts anderes als eine falsche Erdichtung. Sollte ihm auch wohl vorzugsweise vor uns eine Ermahnung geoffenbart worden sein? Wahrlich, sie bezweifeln meine Ermahnung, aber sie haben meine Rache noch nicht empfunden. Gehören ihnen denn die Schätze der Barmherzigkeit deines Herrn, des Allmächtigen und Allgütigen? Oder gehört ihnen die Herrschaft des Himmels und der Erde und alles dessen, was zwischen beiden ist? Wenn dem so, so mögen sie mit Strickleitern gen Himmel steigen, aber hier wird selbst ein Heer der Verbündeten[3]) in die Flucht gejagt. Auch die vor ihnen, das Volk des Noah, der Stamm Ad und Pharao, der Hartnäckige[4]), und die Thamudäer und die Leute des Lot und die Waldbewohner[5]), diese alle hatten sich gegen die Gesandten verschworen und sie des Betrugs beschuldigt. Daher denn meine Rache sie nach Gerechtigkeit getroffen hat. Und auch sie, die Mekkaner, mögen nur erwarten einen Schall der Posaune, dem man nicht entgehen kann. Sie sagen: O Herr, beschleunige doch unser Urteil noch vor dem Tage der Rechenschaft. Höre ihre Reden nur geduldig an und erinnere dich unseres Dieners David, den wir mit Kraft begabt hatten und der sich ernstlich uns zuwandte. Wir hatten die Berge gezwungen, uns mit ihm des Abends und Morgens zu preisen, ebenso die Vögel, welche sich bei ihm versammelten und zu dem Ende sich zu ihm wandten.[6] Sein Reich befestigten wir und gaben ihm Weisheit und Gewandtheit der Rede. Weißt du die Geschichte nicht jener zweier Streitenden, welche über die Mauer in sein Gemach stiegen?[7] Als sie nun zu David eintraten, da erschreckte er sich vor ihnen.[8] Sie aber sagten: Fürchte dich nicht, wir sind nur zwei Streitende, die eine Streitsache miteinander haben. Einer von uns hat dem anderen Unrecht getan, darum urteile in Gerechtigkeit zwischen uns, sei nicht ungerecht, sondern leite uns auf den geraden Weg. Dieser mein Bruder hat neunundneunzig Schafe und ich nur ein einziges, und er sagte zu mir: Gib es mir aufzubewahren, und er bezwang mich im Wortstreite. Darauf sagte David: Wahrlich, er hatte Unrecht gegen dich, daß er dein Schaf zu seinen vielen forderte, aber die meisten Menschen, wenn sie sich in Geschäfte miteinander einlassen, suchen sich gegenseitig zu betrügen. Nur die Gläubigen und Rechtschaffenen machen hiervon eine Ausnahme. Aber wie wenige gibt's deren! Nun merkte David, daß wir ihn selbst hierdurch prüfen wollten, und er bat seinen Herrn um Vergebung, er fiel nieder und beugte sich und bereute[9]. Wir vergaben ihm auch und brachten ihn uns näher und gewährten ihm einen herrlichen Aufenthalt. O David! Wir haben dich zum Statthalter[10] auf Erden eingesetzt, richte daher nur in Gerechtigkeit zwischen den Menschen und folge nicht deinen Begierden, welche dich vom Wege Gottes verführen. Denn die, welche vom Wege Gottes abirren, erhalten schwere Strafe dafür, daß sie den Tag der Rechenschaft vergessen. Wir haben den Himmel und die Erde und was zwischen beiden, nicht umsonst geschaffen. Die Ungläubigen glauben dies wohl, aber wehe ihnen vor dem Höllenfeuer! Sollen wir wohl die Gläubigen und Rechtschaffenen und die Verderbenstifter auf der Erde gleich behandeln? Sollen wir die Frommen wie die Übeltäter betrachten? Wir haben dir (Mohammed) eine gesegnete Schrift geoffenbart, über deren Zeichen sie ernstlich nachdenken und wodurch die Verständigen sich ermahnen lassen mögen. Dem David gaben wir den Salomon, der ein herrlicher Diener war, denn er wandte sich oft zu Gott hin. Als ihm einst des Abends die schnelleilenden[11] Rosse vorgeführt wurden, da sagte er: Wahrlich, ich habe mich mit mehr Liebe den irdischen Gütern als dem Andenken an meinen Herrn zugewandt und (mich mit der Pferdebesichtigung beschäftigt) bis sich die Sonne hinter dem Schleier der Nacht verbirgt. Bringet mir die Pferde noch einmal her. Und als man sie wiedergebracht hatte, da ließ er ihnen die Schenkel und Hälse durchschneiden.[12] Wir haben den Salomon ferner geprüft und einen ihm ähnlichen Körper auf seinen Thron gesetzt.[13] Darauf aber kehrte er zu Gott zurück und sprach: O mein Herr, verzeihe mir und gib mir ein Reich, wie keiner nach mir eins erhalten wird, denn du gibst ja die Herrschaft. Wir unterwarfen ihm den Wind, der auf seinen Befehl sanft dahinwehte, wohin er ihn wollte. Auch die Satane[14] zwangen wir, für ihn Gebäude zu errichten und Perlen zu fischen[15]. Andere noch gaben wir ihm an Ketten gefesselt und sagten: Dies ist unser Geschenk, sei freigiebig oder karg damit, du hast deshalb keine Rechenschaft zu geben. Wir brachten ihn so uns näher und gaben ihm einen herrlichen Aufenthalt. Erinnere dich auch unseres Dieners Hiob[16], wie er zu seinem Herrn rief und sagte: O mein Herr, siehe, der Satan hat mir Elend und Pein zugefügt. Und wir sagten: Stampfe mit deinem Fuße auf die Erde, wodurch eine labende Quelle entstehen wird für dich zum Waschen und Trinken.[17] Und wir gaben ihm, in unserer Barmherzigkeit, seine Familie zurück und noch ebensoviel dazu. Dieses möge den Verständigen eine Ermahnung sein. Auch sagten wir zu ihm: Nimm ein Bündel Ruten und schlage dein Weib damit, auf daß du deinen Eid nicht brechest.[18] Wir fanden ihn stets geduldig, und er war ein herrlicher Diener Gottes, denn er wandte sich oft zu uns. Erinnere dich auch unserer Diener, des Abraham, Isaak und Jakob, die groß an Macht und Einsicht waren. Wir haben sie gereinigt mit vollkommener Reinigung für die Seligkeit des ewigen Lebens, denn sie waren in unseren Augen auserwählt gute Menschen. Erinnere dich auch des Ismael, Elisa[19] und des Dulkefel[20], denn diese alle waren edle Menschen. Dies sei eine Ermahnung. Wahrlich, die Frommen sollen einen herrlichen Aufenthalt haben, nämlich Edens Gärten, deren Pforten ihnen offen sind. Sie können sich dort niederlassen und von allen Arten Früchten und Getränken fordern. Neben ihnen werden sein Jungfrauen mit keuschen Blicken und von gleichem Alter mit ihnen. Dies ist euch verheißen am Tage der Rechenschaft. Diese unsere Versorgung wird nie versiegen. So ist's. Die Übeltäter aber sollen einen schlimmen Aufenthalt haben, nämlich die Hölle, in welcher sie brennen sollen. Welch ein elendes Lager ist das! Stinkendes und heißes Wasser und noch anderes mehr der Art sollen sie kosten. Und man wird zu den Verführern sagen: Diese Schar wird mit euch zusammen in die Hölle hinabgestürzt. Beim Empfange wird man sie nicht begrüßen, denn sie sollen in das Feuer kommen, um zu verbrennen. Ihr sollt hier nicht freundlich bewillkommnet werden, denn ihr habt dies Elend über uns gebracht. Ach, welch ein unglücklicher Aufenthalt! Dann werden sie sagen: O unser Herr, verdopple dem, der dies Elend über uns gebracht, die Strafe des Höllenfeuers. Und die Ungläubigen werden sagen: Warum sehen wir denn nicht jene Leute, die wir zu den Bösewichtern zählten und die wir nur mit Spott empfingen? Oder sollten sie unseren Augen entgehen? So streiten in Wahrheit die Bewohner des Höllenfeuers miteinander. Sprich: Ich bin nur ein Prediger, und außer dem einzigen allmächtigen Gotte, dem Herrn des Himmels und der Erde und was zwischen beiden, gibt es keinen Gott. Er ist der Allmächtige und Allversöhnende. Sprich: Die Botschaft ist wichtig, obgleich ihr euch davon abwendet. Ich hatte keine Kenntnis von dem Wortwechsel der erhabenen Fürsten[21], und er wurde mir offenbart, weil ich ein öffentlicher Prediger sein soll. Einst sagte dein Herr zu den Engeln: Ich will einen Menschen aus Lehm schaffen, und wenn ich ihn gebildet und ihm von meinem Geiste eingehaucht haben werde, dann fallet vor ihm nieder und verehret ihn.[22] Und die Engel allesamt verehrten ihn also, nur der Teufel war hochmütig und ungläubig. Gott sagte zu ihm: Was hält dich denn ab, o Satan, den zu verehren, den meine Hände geschaffen? Bist du zu stolz oder zu vornehm dazu? Er aber antwortete: Deswegen, weil ich besser bin denn er, denn mich hast du aus Feuer und ihn aus Lehm geschaffen. Gott aber erwiderte: Weg von hier, mit Steinen sollst du verjagt werden, und mein Fluch soll auf dir ruhen bis zum Tage des Gerichts. Da sagte er: O mein Herr, sieh mir nach bis zum Tage der Auferstehung. Und Gott antwortete: Du sollst zu denen gehören, denen nachgesehen wird bis zum Tage der bestimmten Zeit. Darauf sagte der Satan: Bei deiner Macht geschworen, ich werde sie alle, mit Ausnahme deiner aufrichtigen Diener, verführen. Gott aber erwiderte: Bei der Wahrheit! Ich werde in Erfüllung bringen das Wort: Füllen will ich die Hölle mit dir und allen denen, die dir folgen.[23] Sprich (zu den Mekkanern): Ich verlange ja für mein Predigen keinen Lohn von euch, und ich fordere nichts, was mir nicht zukommt. Der Koran ist nichts anderes als eine Ermahnung für alle Welt, und ihr werdet es einst einsehen, daß seine Offenbarungen Wahrheit sind.

NEUNUNDDREISSIGSTE SURE

Die Scharen[1]

Geoffenbart zu Mekka

Im Namen des allbarmherzigen Gottes

Geoffenbart ist dieses Buch von Gott dem Allmächtigen und Allweisen. Wir haben dir diese Schrift in Wahrheit geoffenbart, und darum verehre Gott durch Ausübung der reinen Religion. Sollte Gott auch anders als durch eine reine Religion verehrt werden? Diejenigen, welche außer ihm noch Beschützer annehmen und vorgeben: Wir verehren sie nur deshalb, damit sie uns Gott näher bringen, wird Gott einst richten, und entscheiden zwischen ihnen das, worüber sie jetzt uneinig sind. Wahrlich, Gott leitet keinen Lügner und keinen Ungläubigen! Wenn Gott einen Sohn haben wollte, so könnte er sich ja nach Belieben einen aus seinen Geschöpfen wählen. Aber fern sei dies von ihm! Er ist der einzige und allmächtige Gott. Er hat in Wahrheit die Himmel und die Erde geschaffen, und er läßt folgen die Nacht auf den Tag und den Tag auf die Nacht, und er zwinget Sonne und Mond zu ihrem Dienste, ihren bestimmten Kreislauf zu durcheilen. Ist er nicht der Allmächtige und Allgütige? Er hat euch entstehen lassen von einem einzigen Menschen, und aus diesem sein Weib, und von den Tieren hat er euch herabgesandt acht zusammengepaart.[2] Er hat euch im Leibe euerer Mütter, in dreifacher Finsternis nach und nach entwickelt.[3] Dies tut Gott, euer Herr, dem da ist die Herrschaft. Außer ihm gibt's keinen Gott, und ihr wolltet euch von ihm abwenden? Seid ihr undankbar, so ist Gott doch reich genug und bedarf euerer nicht. Aber er liebt nicht die Undankbarkeit von Seiten seiner Diener. Wohlgefällig ist es ihm, so ihr dankbar seid. Eine bereits beladene Seele braucht nicht auch noch die Last einer anderen zu tragen. Wenn ihr einst zu euerem Herrn zurückkommen werdet, dann wird er euch schon anzeigen, was ihr getan, denn er kennet das Innerste eueres Herzens. Trifft einen Menschen irgendein Unglück, dann rufet er seinen Herrn an und wendet sich zu ihm hin. Später aber, sobald ihm Gott seine Gnade zuwendet, vergißt er den, den er früher angerufen, und setzet Gott Ebenbilder zur Seite, um auch andere von dessen Wegen in die Irre zu führen. Sprich: Freue dich nur noch eine kurze Zeit in deinem Unglauben des irdischen Lebens, denn bald wirst du sein ein Gefährte des Höllenfeuers. Soll der, welcher des Nachts liegend und stehend Gott verehrt und auf das künftige Leben achtet, und auf die Barmherzigkeit seines Herrn hofft, wohl dem Frevler gleich sein? Sprich: Gleichen denn die, so da erkennen, denen, die in Unwissenheit leben? Doch nur die Verständigen lassen sich ermahnen. Sprich: O ihr, meine gläubigen Diener, fürchtet doch eueren Herrn! Denn die, so Gutes tun in dieser Welt, werden wieder Gutes erhalten, und Gottes Erde ist ja geräumig genug.[4] Wahrlich, die, welche in Geduld ausharren, sollen eine unermeßliche Belohnung erhalten. Sprich: Mir ward befohlen, Gott zu verehren nach der reinen Religion und der erste Muslime zu sein. Sprich: Ich fürchte, wenn ich gegen meinen Herrn ungehorsam sein sollte, die Strafe des großen Tages. Sprich: Ich verehre Gott nach seiner reinen Religion, möget ihr auch außer ihm verehren, was ihr wollt. Sprich: Ist es nicht ein offenbarer Verlust, wenn sie am Tage der Auferstehung ihrer eigenen Seelen und der ihrer Angehörigen verlustig werden? Ein Feuerdach wird über ihnen und ein Feuerboden unter ihnen sein. Hierdurch will Gott seine Diener erschrecken. Darum, o meine Diener, fürchtet nur mich! Die, welche es vermeiden, Götzen[5] zu verehren, sondern sich zu Gott hinwenden, die sollen frohe Botschaft erhalten. Verkünde daher frohe Botschaft meinen Dienern, welche hören auf mein Wort und dessen gute Lehren befolgen. Diese sind es, welche Gott leitet und Einsicht besitzen. Kannst du aber wohl den, über welchen das Urteil der Höllenstrafe ergangen, von dem Höllenfeuer befreien? Die aber, so Gott fürchten, werden im Paradiese herrliche, übereinandergebaute Gemächer finden, unter welchen Wasserströme fließen. So hat es Gott verheißen, und Gott verändert nicht seine Verheißungen. Siehst du denn nicht, wie Gott Wasser vom Himmel herabsendet und dasselbe als Quellen in die Erde eindringen läßt, und dadurch Saaten von verschiedener Farbe hervorbringt? Darauf aber läßt er sie wieder verwelken, und du siehst, wie sie gelb werden und in Staub zerfallen. Wahrlich, hierin liegt Belehrung für einsichtsvolle Menschen. Sollte wohl der, dessen Brust Gott für den Islam erweitert hat und der da folget dem Lichte seines Herrn (gleich dem sein, dessen Herz verstockt ist?). Wehe denen, deren Herz gegen die Ermahnungen Gottes verstockt ist! Sie sind in offenbarem Irrtume. Gott sandte die schönste Nachricht herab, eine Wiederholung einer anderen ähnlichen Schrift.[6] Bei deren Vorlesung schaudern die,[7] so ihren Herrn fürchten, dann aber beruhigt sich ihr Herz wieder bei der Erinnerung

Gottes. Dieses ist die Leitung Gottes, wodurch er leitet, wen er will. Wen aber Gott in die Irre führt, der findet keinen, der ihn recht leite. Wer kann am Tage der Auferstehung sein Gesicht vor der schlimmen Strafe schützen? Zu den Frevlern wird gesagt werden: Nehmet nun hin, was ihr verdient. Auch die vor ihnen haben die Gesandten des Betrugs beschuldigt. Dafür traf sie die Strafe von einer Seite, woher sie dieselbe nicht erwarteten. Schon in diesem Leben überhäufte sie Gott mit Schmach: Die Strafe im zukünftigen Leben ist aber noch weit größer. Möchten sie das doch bedenken! Wir haben in diesem Koran den Menschen zu ihrer Ermahnung alle möglichen Gleichnisse aufgestellt. Der Koran ist in arabischer Sprache, und keine Krümme findet sich in ihm, damit sie Gott fürchten. Gott stellt euch folgendes Gleichnis auf: Ein Mann, der mehrere Gehilfen hat, die uneinig untereinander sind, und ein Mann, der sich ganz nur einer Person anvertraut,[8)] sind diese sich wohl gleich? Gott bewahre! Doch die Menschen sehen das nicht ein. Du (Mohammed) wirst sterben und auch sie werden sterben, und ihr werdet dann am Tage der Auferstehung über diesen Gegenstand vor euerem Herrn streiten.[9)] Wer aber ist ungerechter als der, der von Gott Lügen ersinnt, und die Wahrheit, da sie ihm geworden, leugnet? Ist denn nicht für die Ungläubigen eine Wohnung in der Hölle bestimmt? Nur der, der da kommt mit der Wahrheit,[10)] und der, welcher sie gläubig annimmt, fürchtet Gott. Sie erhalten von ihrem Herrn, was sie nur wollen. Dies ist die Belohnung der Rechtschaffenen: daß Gott ihnen entnehme die Schuld alles Bösen, das sie getan, und ihnen gebe den vollen Lohn des Guten, welches sie ausgeübt. Ist nicht Gott seinem Diener hinreichender Beschützer? Sie wollen dich mit den Götzen, welche sie außer ihm verehren, in Furcht jagen.[11)] Wahrlich, wen Gott in die Irre führt, den wird niemand leiten können, und wen Gott leitet, den wird niemand zum Irrtume bringen. Ist nicht Gott allmächtig? Vermag er nicht, sich zu rächen? Fragst du sie: Wer hat Himmel und Erde geschaffen? So antworten sie: Gott. Sprich: Seht ihr denn, wenn Gott mir ein Leid zufügen will, daß er euere Götter, die ihr außer ihm anrufet, mich von diesem seinen Unglücke befreien? Oder können sie, wenn er mir Barmherzigkeit erzeigen will, mir diese seine Barmherzigkeit entziehen? Sprich: Gott ist mir ein hinreichender Beschützer. Auf ihn mögen vertrauen die, so da Zuflucht suchen. Sprich: O mein Volk, handelt nur nach euerem Standpunkte und ich werde nach dem meinigen handeln. Später werdet ihr es erfahren, wen von uns schmachvolle und ewigdauernde Strafe trifft. Wir haben dir diese Schrift[12)] nun in Wahrheit zur Belehrung der Menschen geoffenbart. Wer sich nun leiten läßt, dem gereicht's zum eigenen Seelenheile. Wer aber abirret, der tut's zum eigenen

Nachteile, du aber bist nicht zum Wächter über sie eingesetzt. Gott nimmt die Seelen der Menschen zur Zeit ihres Todes zu sich, auch wenn sie noch nicht tot sind, nimmt er ihre Seelen in ihrem Schlafe, und behält die, über welche der Tod bestimmt ist, zurück, und sendet die anderen, bis zur bestimmten Zeit, wieder herab.[13] Wahrlich, hierin liegen Zeichen für nachdenkende Menschen. Wollen sie nun wohl außer Gott noch andere Vermittler annehmen? Sprich: Sie, die Götzen, vermögen ja nichts, haben auch keinen Verstand. Sprich: Alle Vermittlung ist nur bei Gott. Ihm gehört die Herrschaft des Himmels und der Erde, und zu ihm kehret ihr einst zurück. Wird des einzigen Gottes gedacht, so schrecken die Herzen derer zusammen, so da nicht glauben an ein zukünftiges Leben, freuen sich aber, so ihrer Götzen, welche sie außer ihm verehren, gedacht wird. Sprich: Gott, Schöpfer des Himmels und der Erde, der da kennet das Geheime und Offenbare, entscheide du zwischen deinen Dienern, worüber sie uneinig sind! Wenn die Frevler alles, was auf der Erde, und auch noch einmal soviel dazu, hätten, so würden sie sich gern damit am Tage der Auferstehung von dem Übel der Strafe auslösen wollen, aber Gott wird ihnen Schreckbilder erscheinen lassen, welche sie sich nimmer eingebildet, und erscheinen wird ihnen das Böse, das sie verdient, und erfüllen wird sich an ihnen, was sie früher verspottet haben. Trifft den Menschen irgendein Unglück, dann ruft er zu uns, wenden wir ihm dann unsere Gnade wieder zu, so sagt er: Wahrlich, dies wird mir nur durch meine Einsicht zuteil.[14] In der Tat ist es aber nur eine Prüfung, aber die meisten von ihnen erkennen dies nicht. Auch die vor ihnen lebten, sprachen also, aber ihr Tun brachte ihnen keinen Vorteil, sondern das Böse, welches sie verdient, mußten sie tragen. So werden auch die Frevler unter ihnen, den Mekkanern, das Böse, welches sie verdient, tragen müssen, und werden die Rache Gottes nicht schwächen können. Wissen sie denn nicht, daß Gott reichlich versorgt, wen er will, und auch karg ist, gegen wen er will? Wahrlich, hierin liegen Zeichen für gläubige Menschen. Sprich: O ihr meine Diener, die ihr euch gegen euere Seelen versündigt, verzweifelt nicht an der Barmherzigkeit Gottes, denn Gott vergibt ja alle Sünden, denn er ist versöhnend und barmherzig. Darum wendet euch zu euerem Herrn und ergebet euch ihm ganz, bevor euch die angedrohte Strafe trifft, denn dann kann euch nicht mehr geholfen werden. Befolget die herrlichen Lehren, welche euch von euerem Herrn geoffenbart sind worden, bevor die Strafe plötzlich, ohne daß ihr sie erwartet, über euch hereinbricht. Dann spricht die Seele: Wehe mir, daß ich die Pflichten gegen Gott vernachlässigt habe und ein Spötter war! Oder sie wird sagen: Wenn Gott mich geleitet hätte, so würde ich zu den

– 296 –

Gottesfürchtigen gehört haben. Oder sie wird, wenn sie die Strafe sieht, sprechen: Wenn ich nur noch einmal in die Welt zurückkehren könnte, dann wollte ich gern rechtschaffen sein. Aber Gott wird antworten: Meine Zeichen sind dir geworden, und du hast sie des Betrugs beschuldigt und hast dich hochmütig betragen und warst ein Ungläubiger. Am Tage der Auferstehung nun wirst du sehen, wie die Gesichter derer, welche Lügen von Gott ausgesagt, schwarz werden. Sollte denn auch nicht den Hochmütigen die Hölle zum Aufenthalte bestimmt werden? Nur die, so ihn fürchten, wird Gott davon befreien und sie bringen an den Ort ihrer Glückseligkeit, woselbst weder Unglück noch Trauer sie befallen wird. Gott ist der Schöpfer und Regierer aller Dinge, und sein sind die Schlüssel des Himmels und der Erde. Die nun leugnen die Zeichen Gottes, werden untergehen. Sprich: Wollt ihr mir gebieten, außer Gott andere Götter zu verehren? O ihr Toren! Dir und auch den Propheten vor dir wurde ja durch Offenbarung gesagt: So du Gott noch Götter zur Seite setzest, dann wird all dein Tun vergebens sein und du wirst untergehen. Darum verehre nur Gott und gehöre zu den Dankbaren. Sie haben keine richtige Ansicht von Gott, dem die ganze Erde am Tage der Auferstehung nur eine Handvoll ist und dessen Rechte die Himmel zusammenrollt.[15] Lob und Preis sei ihm! Er ist doch erhaben über die Wesen, die sie ihm zugesellen. Wenn in die Posaune gestoßen wird, dann wird alles, was im Himmel und was auf Erden ist, leblos niederstürzen, nur die Wesen ausgenommen, welche Gott davon ausschließt. Und wenn wieder in dieselbe gestoßen wird, dann werden sie sich wieder aufrichten und um sich blicken. Und die Erde wird leuchten durch das Licht ihres Herrn, und offen liegt das Buch[16], und die Propheten und Märtyrer treten als Zeugen auf, und in Gerechtigkeit nur wird gerichtet zwischen ihnen und keinem Unrecht geschehen. Eine jede Seele wird dann den vollen Lohn ihre Tuns erhalten, denn er kennet ihr Tun. Und die Ungläubigen werden *scharenweise* zur Hölle getrieben, deren Pforten sie bei ihrer Ankunft offen finden, und die Hüter derselben werden zu ihnen sagen: Sind nicht Gesandte aus euerer Mitte zu euch gekommen, welche euch die Zeichen eueres Herrn vorgelesen und euch vor dem Eintreffen dieses eueres Tages gewarnt haben? Und sie werden antworten: Jawohl! In Gerechtigkeit ist also die Strafe gegen die Ungläubigen ausgesprochen, indem zu ihnen gesagt wird: Gehet ein durch die Pforten der Hölle und bleibet ewig darin! Welch ein unglückseliger Aufenthalt ist das für die Hochmütigen! Die aber, welche ihren Herrn gefürchtet, werden *scharenweise* zum Paradiese geführt, dessen Pforten sie bei ihrer Ankunft offen finden, und die Hüter derselben werden zu ihnen sagen:

Friede über euch! Ihr habt euch gut betragen, darum kommet herein und bleibet ewig hier! Und sie werden antworten: Lob und Preis sei Gott, der uns seine Verheißung erfüllt hat, und uns hat erben lassen das Land, damit wir im Paradiese wohnen, wo es uns gefällt! Welch ein herrlicher Lohn für die, so rechtschaffen gehandelt! Und du wirst auch sehen, wie die Engel den Thron umkreisen und ihren Herrn preisen. Dann wird in Gerechtigkeit zwischen ihnen gerichtet und es heißt: Lob und Preis sei Gott, dem Weltenherr!

VIERZIGSTE SURE

Der Gläubige[1)]

Geoffenbart zu Mekka

Im Namen des allbarmherzigen Gottes

H M.[2)] Die Offenbarung dieses Buches ist von dem allmächtigen und allwissenden Gotte, der Sünden vergibt und Reue annimmt, der streng bestraft, aber auch langmütig ist.[3)] Außer ihm gibt's keinen Gott, und zu ihm ist die einstige Rückkehr. Nur die Ungläubigen bestreiten die Zeichen Gottes. Laß dich nicht irreführen durch ihr glückliches Ergehen im Lande.[4)] Auch die vor ihnen, wie das Volk des Noah, und die Verbündeten im Unglauben nach ihnen, beschuldigten ihre Propheten des Betrugs. Ein jedes Volk schmiedete Pläne gegen seinen Gesandten, um ihn aus dem Wege zu schaffen, und suchte durch eitle Reden die Wahrheit zu entkräften und zu bestreiten. Dafür aber strafte ich sie, und wie streng war nicht meine Rache! Und so ist das Wort deines Herrn gegen die Ungläubigen, daß sie

Gefährten des Höllenfeuers sein sollen, Wahrheit geworden. Die Engel, welche den Thron Gottes tragen und ihn umgeben,[5] preisen das Lob ihres Herrn und glauben an ihn, und bitten für die Gläubigen um Vergebung und sprechen: O unser Herr, du umfassest alle Dinge in deiner Allbarmherzigkeit und Allwissenheit. Darum vergib denen, so da bereuen und in deinen Wegen wandeln, und befreie sie von der Höllenstrafe! Führe sie, o Herr, in Edens Gärten, welche du ihnen und ihren Vätern, Frauen und Kindern, so da rechtschaffen gehandelt, versprochen hast. Denn du bist der Allmächtige und Allweise. Befreie sie von allem Bösen, denn wen du an jenem Tage vom Übel befreiest, dem hast du dich barmherzig gezeigt. Dies wird große Seligkeit sein. Und den Ungläubigen wird zugerufen: Der Haß Gottes gegen euch ist nun noch schwerer als der Haß, mit welchem ihr euch untereinander gehaßt, weil ihr, obgleich eingeladen zum wahren Glauben, dennoch ungläubig bliebet. Sie werden sagen: O unser Herr, du hast uns ja zweimal den Tod und zweimal das Leben gegeben,[6] und nun bekennen wir unsere Sünden. Sollte es daher gar keinen Ausweg geben, um aus der Hölle herauszukommen? Aber es wird ihnen geantwortet werden: Diese Strafe wird euch deshalb, weil ihr ungläubig gewesen, da man euch zum einzigen Gotte eingeladen, ihr aber wohl geglaubt habt, wenn man von Göttern neben ihm sprach. Nur Gott, dem höchsten und erhabensten, geziemt das Urteil. Er ist es, der euch seine Zeichen zeigt und euch Nahrung vom Himmel herabsendet, doch nur der läßt sich ermahnen, der sich zu Gott bekehret. Darum rufet nur Gott an und seid aufrichtig in seiner Religion, wenn auch die Ungläubigen diesem entgegen sind. Er ist das höchste Wesen,[7] Herr des Thrones, der seinen Geist[8] herabbefiehlt auf den von seinen Dienern, der ihm wohlgefällt, damit er die Menschen vor dem Tage des einstigen Zusammentreffens warne.[9] Vor jenem Tage, an welchem sie aus ihren Gräbern steigen werden, und nichts, was sie angeht, Gott verborgen sein wird. Wem gehöret wohl die Herrschaft an jenem Tage? Nur dem einzigen und allmächtigen Gotte. An jenem Tage wird jede Seele nach ihrem Verdienste belohnt werden, und an ihm wird keine Ungerechtigkeit stattfinden. Denn Gott fordert schnell zur Rechenschaft. Darum warne sie vor dem schnell herannahenden Tage, an welchem das Herz der Menschen bis an die Kehle steigt und sie ersticken will. Da werden die Frevler keinen Freund und keinen Vermittler finden, der angehört soll werden. Er kennet das heuchlerische Auge und was ihre Brust verheimlicht. Darum wird nur Gott nach Wahrheit richten. Die Götter aber, welche sie außer ihm anrufen, können über nichts richten, denn nur Gott hört und sieht alles. Sind sie denn noch nicht im Lande umhergewandert und haben gesehen, welch ein Ende die genommen, welche vor ihnen gelebt haben? Diese waren mächtiger als sie an Stärke und haben Spuren ihrer Macht auf der Erde zurückgelassen, und dennoch raffte sie Gott, ihrer Sünden wegen, hinweg, und sie konnten wider Gott keinen Beschützer finden. Dies geschah deshalb, weil ihre Gesandten mit deutlichen Zeichen zu ihnen kamen und sie dennoch ungläubig blieben. Darum züchtigte sie Gott, denn er ist mächtig und streng im Bestrafen. Wir sandten einst den Moses mit unseren Zeichen und mit offenbarer Macht zum Pharao, Haman und Karun.[10] Sie aber sagten: Er ist ein Zauberer und Lügner. Als er mit der Wahrheit von uns zu ihnen kam, da sagten sie: Tötet die Söhne derer, welche mit ihm glauben, und nur ihre Töchter laßt leben,[11] aber die List der Ungläubigen wurde vereitelt. Der Pharao sagte: Laßt mich nur, ich will den Moses töten, und dann mag er nur seinen Herrn anrufen, denn ich fürchte, er möchte euere Religion verändern oder sonst Verderben im Lande stiften. Moses aber sagte zu seinem Volke: Ich nehme meine Zuflucht zu meinem und euerem Herrn wider einen jeglichen Hochmütigen, der nicht glauben will an den Tag der einstigen Rechenschaft. Da sprach ein gläubiger Mann von der Familie des Pharaos[12], der aber seinen Glauben geheimhielt: Wollt ihr wohl einen Mann töten, weil er sagt: Gott ist mein Herr? Ist er ja mit deutlichen Beweisen von euerem Herrn zu euch gekommen. Ist er nun ein Lügner, so komme die Strafe seiner Lügen über ihn. Spricht er aber die Wahrheit, so wird euch auch ein Teil der Strafe, die er euch angedroht, treffen, denn Gott leitet keinen Übeltäter und keinen Lügner. O mein Volk, jetzt besitzet ihr noch in vollem Glanze die Herrschaft im Lande, wer kann euch aber wider die Strafe Gottes helfen, so sie eintreffen sollte?[13] Der Pharao aber sagte: Ich schlage euch nur das vor, was ich als gut erkenne, und ich leite euch nur auf den richtigen Weg. Jener Gläubige aber sagte: Ich fürchte für euch einen ähnlichen Tag, wie den, welchen die früheren Verschworenen erlebten, daß es euch ergehe wie dem Volke des Noah und wie dem Stamme Ad und Thamud, und wie denen, welche nach ihnen lebten, denn Gott duldet keine Ungerechtigkeit gegen seine Diener. O mein Volk, ich fürchte für euch den Tag des gegenseitigen Zurufs,[14] den Tag, an welchem ihr rücklings in die Hölle geworfen werdet und euch wider Gott niemand beschützen kann, denn wen Gott in die Irre führt, der findet keinen, der ihn zurechtweise. Auch vordem schon ist Joseph zu euch gekommen mit deutlichen Zeichen,[15] aber ihr hörtet nicht auf, das, was er euch gebracht, zu bezweifeln, so daß ihr sogar bei seinem Tode sagtet: Nun wird Gott keinen Gesandten mehr nach ihm auferstehen lassen. So führt Gott den Übeltäter und den Zweifler in die Irre. Diejenigen, welche die Zeichen Gottes ohne hinreichenden Grund bestreiten, sind ein Abscheu Gottes und der Gläubigen. So versiegelt Gott ein jedes hochmütige und hartnäckige Herz. Der Pharao sagte: O Haman, baue mir doch einen hohen Turm, damit ich die Himmelspforten ersteige und den Gott des Moses schaue, den ich für einen Lügner halte.[16] So hatten wir dem Pharao das Böse seiner Handlungen zubereitet, daß er vom richtigen Wege sich abwendete, und so die Anschläge des Pharaos nur seinen eigenen Untergang herbeiführten. Jener gläubige Mann aber sprach: O mein Volk, folget nur mir, denn ich leite euch auf den richtigen Weg. O mein Volk, wahrlich, dieses irdische Leben ist ja nur vorübergehende Freude, und nur das zukünftige Leben ist eine Wohnung von fester Dauer. Wer Böses tut, der soll gerade nur nach dem Verhältnisse desselben seinen Lohn dafür haben. Wer aber Gutes tut, es sei Mann oder Frau, und sonst gläubig ist, der wird in das Paradies eingehen und darin Versorgung im Überflusse finden. O mein Volk, ich lade euch nur zum seligsten Heile ein, ihr aber ladet mich ein zum Höllenfeuer. Ihr ladet mich ein zur Verleugnung Gottes, und ihm Wesen zuzugesellen, wovon ich keine Kenntnis habe, ich aber lade euch ein zum Allmächtigen, der da die Sünden vergibt. Es ist keinem Zweifel unterworfen, daß die Götzen, zu welchen ihr mich einladet, nicht verdienen, weder in dieser noch in jener Welt, angerufen zu werden, und daß wir einst zu Gott zurückkehren müssen, und daß die Übeltäter Gefährten des Höllenfeuers werden. Ihr werdet euch dann meiner jetzigen Worte erinnern, ich aber stelle meine Angelegenheit Gott anheim, denn Gott blicket auf seine Diener. Gott errettete ihn daher von dem Bösen, welches sie schmiedeten, indes das Volk des Pharao schwere Strafe befiel. Des Morgens und des Abends werden sie dem Höllenfeuer überliefert, und an jenem Tage, an welchem die Stunde des Gerichts schlägt, heißt es: Kommt nun her, ihr Leute des Pharaos, und erduldet die schwerste Pein! Im Höllenfeuer werden sie dann miteinander zanken, und die Schwachen werden zu den Hochmütigen sagen[17]: Da wir nur euch gefolgt sind, so solltet ihr doch einen Teil des Höllenfeuers von uns abnehmen. Die Hochmütigen aber antworten: Wir sind ja alle gleich dazu verdammt, denn Gott hat zwischen seinen Dienern gerichtet. Die, welche sich im Höllenfeuer befinden, werden nun zu den Wächtern der Hölle sagen: Rufet doch euern Herrn an, daß er uns, wenn auch nur auf einen Tag, die Strafe erleichtere. Sie aber antworten: Sind denn nicht euere Gesandten mit deutlichen Zeichen zu euch gekommen? Und sie erwidern: Jawohl! Darauf sagen dann die Höllenwächter: Nun so rufet selbst Gott an! Doch das Rufen der Ungläubigen ist vergeblich. Unseren Gesandten und den Gläubigen aber werden wir beistehen in diesem

Leben, und an jenem Tage, an welchem die Zeugen auftreten, an jenem Tage, an welchem den Frevlern ihre Entschuldigungen nichts helfen werden, sondern der Fluch soll auf ihnen ruhen und eine unglückselige Wohnung ihnen zuteil werden. Auch dem Moses gaben wir einst eine Leitung, und gaben den Kindern Israels die Schrift zum Erbteil, als Leitung und Mahnung für Menschen von Einsicht. Darum (o Mohammed) ertrage alles mit Geduld, denn Gottes Verheißung wird wahr. Bitte um Vergebung deiner Sünden und preise des Abends und Morgens das Lob deines Herrn! In der Brust derer, welche die Zeichen Gottes ohne hinreichenden Grund bestreiten, wohnt nichts als Hochmut. Sie werden aber ihr Verlangen nicht erreichen. Darum nimm deine Zuflucht zu Gott, der alles hört und sieht. Wahrlich, die Schöpfung des Himmels und der Erde ist merkwürdiger als die des Menschen, doch die meisten Menschen erkennen dies nicht. Der Blinde und der Sehende, der Gläubige, der das Gute tut, und der Übeltäter sind nicht gleich. Doch nur wenige bedenken das. Die letzte Stunde wird sicherlich kommen, daran ist nicht zu zweifeln, doch die meisten Menschen wollen nicht daran glauben. Euer Herr spricht: Rufet mich nur, und ich erhöre euch. Die aber, welche aus Hochmut es verschmähen, mich zu verehren, sollen mit Schmach in die Hölle eintreten. Gott ist es, der euch die Nacht zur Ruhe eingesetzt und den Tag zum Lichte, denn Gott ist allgütig gegen die Menschen. Die meisten aber sind nicht dankbar dafür. Das ist Gott, euer Herr, der alle Dinge geschaffen, und außer ihm gibt es keinen Gott, und ihr wolltet euch von ihm abwenden? Nur die wenden sich von ihm ab, welche sich den Zeichen Gottes widersetzen. Gott ist es, der euch die Erde zum Fußboden und den Himmel zum Dache gegeben, der euch geformt, und zwar schön geformt hat, und der euch speiset mit allem Guten. Dieser Gott ist euer Herr. Gelobt sei Gott, der Weltenherr! Er ist der Lebendige, und außer ihm gibt's keinen Gott. Darum rufet nur ihn an und bekennet euch zu seiner reinen Religion. Lob und Preis sei Gott, dem Weltenherr! Sprich: Nachdem mir deutliche Zeichen von meinem Herrn geworden sind, ist es mir verboten, die Götter zu verehren, welche ihr außer Gott anrufet, sondern mir ward befohlen, mich ganz dem Herrn der Welten zu unterwerfen. Er ist es, der euch zuerst aus Staub geschaffen, dann aus Samen, dann aus geronnenem Blute, und euch dann als Kinder aus dem Mutterleib hervorbrachte, und darauf euch das Alter der vollen Kraft erreichen ließ, und dann euch Greise werden läßt – doch manche von euch sterben früher – die das bestimmte Lebensziel erreichen, damit ihr Einsicht erlanget.[18)] Er gibt Leben und Tod, und wenn er eine Sache beschlossen, so sagt er nur: Werde! Und – sie ist. Hast du noch nicht gesehen, wie die, so da streiten über die Zeichen Gottes, sich von Gott abwenden? Die, welche unsere Schrift[19], und das, was wir den früheren Gesandten geoffenbart, des Betrugs beschuldigen, werden einst ihre Torheit einsehen, wenn Bänder um ihre Hälse gelegt und sie an Ketten in die Hölle hinabgezogen werden, um im Feuer zu brennen. Dann fragt man sie: Wo sind die Götzen, die ihr Gott zugesellt habt? Und sie werden antworten: Sie sind uns entschwunden, wohl haben wir früher nur ein Nichts angerufen. So führt Gott die Ungläubigen in den Irrtum. Diese Strafe wird euch nun deshalb, weil ihr euch auf der Erde mit Unwahrem und Falschem gefreut und euch ganz der unmäßigen Freude hingegeben habt. Darum gehet nun durch die Pforten der Hölle und bleibet ewig darin. Welch ein schlimmer Aufenthalt für die Hochmütigen! Du aber (Mohammed) ertrage alles mit Geduld, denn Gottes Verheißung ist wahr. Lassen wir dich einen Teil der ihnen angedrohten Strafe noch sehen oder lassen wir dich früher sterben, gleichviel, vor uns werden sie einst alle versammelt. Auch vor dir hatten wir schon viele Gesandten geschickt. Von einigen haben wir dir erzählt und von einigen haben wir dir nichts erzählt,[20] und kein Gesandter konnte mit Zeichen kommen, als nur mit dem Willen Gottes. Wenn nun einst Gottes Befehl eintrifft, dann wird nach Wahrheit gerichtet werden, und untergehen sollen die, welche die Zeichen Gottes schwächen und vereiteln wollen. Gott ist es, der euch das Vieh gegeben teils zum Reiten, teils zur Speise. Auch ist es euch sonst noch nützlich, und ihr könnt durch dasselbe die Geschäfte, die ihr beschlossen, vollbringen, indem ihr auf demselben wie auf Schiffen getragen werdet.[21] So zeigt er euch seine Zeichen. Welches von den Zeichen Gottes wollt ihr nun wohl leugnen? Sind sie denn noch nicht im Lande umhergewandelt und haben gesehen, welch ein Ende die, so vor ihnen lebten, genommen? Diese waren größer an Zahl und stärker an Macht, und haben Spuren davon auf der Erde zurückgelassen, und dennoch brachte ihr Tun ihnen keinen Nutzen. Als ihre Gesandten mit deutlichen Zeichen zu ihnen kamen, so freuten sie sich nur ihrer eigenen Erkenntnis[22], und so mußte sich denn an ihnen bewahrheiten das, was sie verspotteten. Und als sie unsere Rache sahen, da sagten sie: Wir glauben nun allein an den einzigen Gott und verleugnen die Götzen, welche wir ihm zugesellt haben, aber ihr Glaube konnte ihnen da nichts mehr helfen, als sie unsere Rache bereits gesehen. Diese Anordnung Gottes wurde auch schon früher gegen seine Diener beobachtet, indem die Ungläubigen untergehen mußten.

EINUNDVIERZIGSTE SURE

Die deutlich Erklärten[1]

Geoffenbart zu Mekka

Im Namen des allbarmherzigen Gottes

H M.[2] Dies ist eine Offenbarung vom Allbarmherzigen. Eine Schrift, deren Verse *deutlich erklärt* sind, ein arabischer Koran, zur Belehrung für verständige Menschen. Er verkündet Gutes und drohet Böses an, aber die meisten wenden sich ab und hören nicht auf ihn. Sie sagen spöttisch: Unser Herz ist für die Lehre, zu welcher du uns einlädst, verhüllt, und unser Ohr harthörig. Zwischen uns und dir ist ein Vorhang. Handle daher nach deinem Sinne, und wir wollen nach dem unsrigen handeln. Sprich: Wahrlich, ich bin nur ein Mensch wie ihr, aber geoffenbart ist mir worden, daß euer Gott nur ein einziger Gott ist. Darum richtet eueren Weg gerade zu ihm hin und bittet ihn um Verzeihung. Wehe aber den Götzendienern, welche kein Almosen geben und das zukünftige Leben leugnen. Diejenigen aber, so da glauben und rechtschaffen handeln, erhalten eine unermeßliche Belohnung. Sprich: Glaubt ihr nicht an den, der die Erde in zwei Tagen[3] geschaffen? Wollt ihr ihm wohl Ebenbilder an die Seite setzen? Nur er ist der Herr aller Welten. Er hat feste Berge in die Erde eingesetzt, welche sich über dieselbe emporheben, und er hat sie gesegnet, und er legte in sie in vier gleichen Tagen[4] die Nahrung für alle Wesen, so darnach verlangen. Dann wendete er sich zum Himmel hin, der noch Rauch[5] war, und sagte zu ihm und der Erde: Kommet freiwillig oder wider eueren Willen. Sie aber antworteten: Wir kommen in freiwilligem Gehorsam. Und er bildete sie in zwei Tagen zu sieben Himmeln[6] und erteilte einem jeden Himmel seine Verrichtung, und wir schmückten die untersten Himmel mit Lichtern aus und stellten eine Wache hin.[7] Dies ist Anordnung des Allmächtigen und Allweisen. Wenn sie (die Mekkaner) sich von dieser Belehrung abwenden, so sprich: Ich drohe euch dieselbe Rache an, welche die Stämme Ad und Thamud befallen. Da die Gesandten von allen Seiten[8] zu ihnen kamen und sagten: Verehret doch nur Gott allein, da antworteten sie: Wenn unser Herr Boten senden wollte, so würde er ja Engel geschickt haben. Wir glauben daher euerer Botschaft nicht. Die Adäer betrugen sich ohne Grund hochmütig im Lande und sagten: Wer ist uns wohl an Kraft und Macht überlegen? Sahen sie denn nicht, daß Gott, der sie geschaffen, stärker ist an Macht als sie? Sie verwarfen also unsere Zeichen. Daher schickten wir wider sie an unglücklichen Tagen einen heftigen Wind, damit sie eine schmachvolle Strafe schon in dieser Welt erfahren sollten. Die Strafe in jener Welt wird aber noch schmachvoller sein und sie werden keine Rettung finden. Die Thamudäer wollten wir gern leiten, aber sie zogen die Blindheit der wahren Leitung vor. Darum erfaßte sie, ob ihres Tuns, der Sturm einer schmachvollen Strafe,[9] und nur die Gläubigen und Gottesfürchtigen erretteten wir. An jenem Tage werden die Feinde Gottes im Höllenfeuer versammelt und mit Gewalt in dasselbe geworfen. Sobald sie dort ankommen, werden ihre Ohren und ihre Augen und ihre Haut[10] ihre Handlungen wider sie bezeugen. Und sie werden dann zu ihren Gliedern[11] sagen: Warum gebet ihr Zeugnis wider uns? Sie aber antworteten: Gott, der allen Dingen die Sprache gibt, läßt auch uns sprechen. Er hat euch zum ersten Male erschaffen und zu ihm seid ihr zurückgekehrt. Ihr konntet euch ja bei eurem Sündigen doch nicht so verbergen, daß euere Ohren und Augen und Glieder[12] nicht Zeugnis geben könnten wider euch. Wohl habt ihr geglaubt, daß Gott manches, was ihr tut, nicht wisse, und dieser Glaube, den ihr euch von euerem Herrn ersonnen, hat euch ins Verderben gestürzt und ihr gehöret nun zu den Verlorenen. Das Höllenfeuer wird ihre Wohnung sein, mögen sie es in Geduld ertragen, und wenn sie um Vergebung flehen, so soll ihnen keine werden. Wir haben ihnen nun die Teufel zu Gesellen gegeben, welche ihnen das gegenwärtige und zukünftige Leben durch falsche Begriffe ausschmückten, und so ist in Gerechtigkeit an ihnen das Urteil in Erfüllung gegangen, welches auch früher gegen die Geister und Menschen vor ihnen ausgesprochen wurde, nämlich: daß sie verloren sein sollen. Die Ungläubigen sagen: Horchet doch nicht auf diesen Koran, sondern sprechet nur laut, während man ihn vorliest, damit ihr seine Stimme übertäubt[13]. Dafür wollen wir die Ungläubigen schwere Strafe fühlen lassen, und ihnen den Lohn des Bösen geben, das sie ausgeübt. Der Lohn der Feinde Gottes ist das Höllenfeuer, welches ihnen zum ewigen Aufenthalte dienen soll, zum Lohne dafür, daß sie unsere Zeichen verwarfen. Die Ungläubigen werden dann sagen: O unser Herr, zeige uns doch die beiden unter den Geistern und Menschen,[14] welche uns verführt haben, damit wir sie mit Füßen treten und zuschanden machen. Zu denen, welche sagen: Gott ist unser

Herr, und die sich sonst fromm verhalten, steigen die Engel herab[15] und sagen: Fürchtet euch nicht und seid nicht traurig, sondern freuet euch des Paradieses, das euch verheißen ist. Wir sind euere Freunde in diesem und dem zukünftigen Leben, in welchem ihr alles, was ihr nur wünschet und fordert, erhalten werdet, als Geschenk vom Allgütigen und Allbarmherzigen. Wer führt wohl eine schönere Sprache als der, welcher die Menschen zu Gott einlädt und rechtschaffen handelt und sagt: Ich bin Muslime? Gutes und Böses ist wohl nicht einerlei. Darum wende das Böse durch Besseres ab, und dann wird selbst dein Feind der wärmste Freund dir werden. Aber doch nur die Geduldigen werden dies erlangen, nur die, welche mit großen und glücklichen Eigenschaften begabt sind. Wenn dich der Satan in Versuchung führen will, dann nimm deine Zuflucht zu Gott, der alles hört und weiß. Zu den Zeichen seiner Allmacht gehöret auch die Nacht und der Tag, die Sonne und der Mond. Verehret aber nicht die Sonne, und nicht den Mond, sondern nur Gott allein, der sie geschaffen, verehret, so ihr ihm dienen wollt. Sollten sie aber auch zu hochmütig sein, um ihn zu verehren, so preisen ihn doch die Engel, welche deinen Herrn umgeben, bei Nacht und bei Tage, und ermüden nicht. Auch folgendes ist ein Zeichen: die Erde, die du wüst findest, kommt in Bewegung und Gärung, wenn wir auf sie herabregnen lassen, und der, welcher die Erde neu belebt, wird auch einst die Toten wieder beleben, denn er ist aller Dinge mächtig. Wahrlich, diejenigen sind uns nicht verborgen, welche unsere Zeichen böslich verleumden. Wer ist aber besser daran, der, welcher in das Höllenfeuer geworfen wird, oder der, welcher am Tage der Auferstehung ganz ruhig und sicher ist? Tut nur was ihr wollt, wahrlich, er sieht euer Tun und kennet auch die, welche an die Ermahnung des Koran, da sie ihnen geworden, nicht glauben wollen. Wahrlich, der Koran ist ein herrliches Buch, dem die Eitelkeit von keiner Seite[16] nahekommen kann, denn es ist eine Offenbarung vom Allweisen und Hochgepriesenen. Die Ungläubigen sagen das Nämliche zu dir, was auch zu den Gesandten vor dir gesagt wurde. Aber dein Herr, der gerne verzeiht, bestraft auch streng. Hätten wir den Koran in einer fremden Sprache geoffenbart, so hätten sie sagen können: Wenn er seine Zeichen[17] nicht deutlich erklärt, so glauben wir nicht, weil er, ein Araber, mit einer fremden Sprache kommt.[18] Sprich: Er ist für die Gläubigen Leitung und Heil, aber das Ohr der Ungläubigen ist harthörig, und Blindheit bedecket sie, und so gleichen sie denen, die man von einem weit entfernten Orte ruft.[19] Dem Moses gaben wir einst die Schrift, über welche man stritt, und wäre es nicht Ratschluß deines Herrn, so wäre schon längst zwischen ihnen entschieden, so aber müssen sie fortwährend im Zweifel

– 306 –

leben. Wer rechtschaffen handelt, der tut es zum eigenen Seelenheile, wer aber Böses tut, der handelt wider sich selbst, denn dein Herr ist nicht ungerecht gegen seine Diener. Er allein kennet die Stunde des Gerichts, und keine Frucht bricht aus ihrer Knospe, und keine Frau empfängt und gebärt, oder er weiß es. An jenem Tage, wo er ihnen zurufen wird: Wo sind nun meine Gefährten, die ihr mir zugesellt habt? Da werden sie antworten: Wir versichern dir, hierüber kein Zeugnis geben zu können, denn es entschwinden ihnen die Götzen, welche sie früher angerufen. Sie werden es aber einsehen, daß sie keineswegs der Strafe entgehen können. Der Mensch wird es gar nicht müde, nach Gütern zu verlangen. Sobald ihn aber ein Übel trifft, dann verzweifelt er hoffnungslos. Lassen wir ihn aber, nachdem Unglück ihn getroffen, wieder unsere Barmherzigkeit fühlen, dann sagt er: So gebührt es mir, und ich glaube nicht, daß die Stunde des Gerichts je kommen wird. Wenn ich aber auch zu meinem Herrn zurückkehren sollte, so werde ich nur Gutes bei ihm finden. Aber wir werden dann den Ungläubigen verkünden, was sie getan, und sie qualvolle Strafe kosten lassen. Sind wir gnädig gegen den Menschen, so wendet er sich ab und kehret undankbar uns den Rücken zu. Trifft ihn aber ein Übel, so betet er fleißig. Sprich: Was denkt ihr wohl? Ist der Koran von Gott, und ihr glaubtet doch nicht daran, wer wäre dann in einem größeren Irrtume als der, der so weit sich von der Wahrheit entfernt? Später aber wollen wir ihnen unsere Zeichen an den äußersten Enden der Erde und an ihnen selbst zeigen,[20] auf daß ihnen klar werde, daß er (der Koran) Wahrheit ist. Genügt es ihnen denn nicht, daß dein Herr Zeuge aller Dinge ist? Sind sie nicht im Zweifel hinsichtlich des einstigen Zusammentreffens mit ihrem Herrn? Umfaßt er denn nicht alle Dinge?

ZWEIUNDVIERZIGSTE SURE

Die Beratschlagung[1]

Geoffenbart zu Mekka

Im Namen des allbarmherzigen Gottes

HMASK.[2] So offenbart sich dir der allmächtige und allweise Gott, wie er sich auch denen geoffenbart, welche vor dir lebten. Ihm gehört, was im Himmel und was auf Erden, und er ist der höchste und erhabenste Gott. Nur wenig fehlt, und die Himmel spalten sich von oben vor seiner Majestät. Die Engel preisen das Lob ihres Herrn und bitten um Vergebung für die Bewohner der Erde. Ist nicht Gott der Vergeber der Sünden und der Allbarmherzige? Die aber, welche außer ihm andere Beschützer annehmen, beobachtet Gott, denn du brauchst ihr Aufseher nicht zu sein. Wir haben dir den Koran in der arabischen Sprache geoffenbart, damit du die Hauptstadt[3] und die Araber, welche um sie herumwohnen, vor dem Tage der einstigen Versammlung, welcher nicht zu bezweifeln ist, verwarnest. An diesem Tage kommt ein Teil in das Paradies und ein Teil in die Hölle. So Gott es gewollt, so hätte er alle Menschen sich zu einer Religion bekennen lassen, so aber führt er in seine Barmherzigkeit wen er will, und die Frevler finden keinen Beschützer und keinen Helfer. Wollen sie nun außer ihm noch einen anderen Beschützer annehmen? Gott nur ist Beschützer, der da belebet die Toten und der aller Dinge mächtig ist. Die Entscheidung dessen, worüber ihr uneinig seid, kommt Gott allein zu. Gott ist mein Herr, auf ihn vertraue ich, und zu ihm wende ich mich hin. Er ist Schöpfer des Himmels und der Erde, der euch Frauen von euch selbst gegeben und auch den Tieren ein weibliches Geschlecht zugesellt hat, wodurch er euch vermehret. Nichts ist ihm gleich, und er höret und siehet alles. Er besitzet die Schlüssel des Himmels und der Erde. Er verfolgt reichlich, wen er will, und ist karg gegen wen er will, denn er kennet alle Dinge. Er hat für euch dieselbe Religion angeordnet, welche er dem Noah befohlen, und welche wir dir geoffenbart, und die wir auch dem Abraham, Moses und Jesus befohlen hatten, und sagten: Beobachtet diese Religion und machet keine Spaltungen. Die Verehrung Gottes, zu welcher du sie einlädst, ist den Götzendienern lästig, aber Gott erwählet hierzu wen er will, und leitet den zu ihr hin, der sich zu ihm wendet. Nicht eher stifteten die Früheren, durch eigene Verkehrtheit, Spaltungen unter sich, als bis die Erkenntnis ihnen geworden, und wäre nicht der Ratschluß deines Herrn gewesen, ihnen eine bestimmte Zeit nachzusehen, so wäre (durch ihren Untergang) die Sache längst zwischen ihnen entschieden worden. Und die, welche die Schrift nach ihnen geerbt haben,[4] leben in argwöhnischen Zweifeln hinsichtlich ihres Inhalts. Darum rufe sie zum wahren Glauben, und sei streng darin, wie dir befohlen worden, folge nicht ihrem Verlangen, sondern sage: Ich glaube an die Schriften, welche Gott geoffenbart, und mir ward befohlen, Gerechtigkeit unter euch herzustellen. Gott ist unser Herr und euer Herr. Unsere Werke haben wir, und ihr habt die eurigen zu verantworten. Kein Streit sei daher zwischen uns und euch, denn Gott wird uns ja alle einst einigen, und zu ihm kehren wir zurück. Die aber, welche über Gott streiten, nachdem ihm (Mohammed) die Lehre geworden, deren Streit soll vereitelt werden von ihrem Herrn, und Zorn und schwere Strafe wird sie treffen. Gott hat in Wahrheit die Schrift und die Waage der Gerechtigkeit herabgesandt, ohne dich aber darüber zu belehren, ob die letzte Stunde nahe sei. Die, welche nicht an dieselbe glauben, wollen sie beschleunigt haben. Die Gläubigen aber fürchten sich vor ihr und wissen, daß sie wahr ist. Sind nun nicht die, welche die letzte Stunde bestreiten, in einem weiten Irrtum? Gott ist gütig gegen seine Diener, und versorgt, wen er will. Er ist der Starke und Allmächtige. Wer für das zukünftige Leben aussäet, dessen Aussaat wollen wir vermehren, wer aber für dieses Leben aussäet, der soll seine Früchte hier genießen, aber keinen Anteil haben an dem zukünftigen Leben. Haben sie (die Mekkaner) denn Götter, die ihnen eine Religion auferlegen können, welche Gott nicht genehmigt hat? Wäre nicht der Ratschluß Gottes, die Gläubigen von den Ungläubigen erst später unterscheiden zu wollen, so wäre schon längst zwischen ihnen entschieden, denn die Frevler wird qualvolle Strafe treffen. Dann wirst du die Frevler, ob ihres Tuns, in großem Schrecken sehen, so die Strafe sie befallen wird. Die Gläubigen aber, die rechtschaffen handeln, werden in den Lustgefilden des Paradieses wohnen, und dort von ihrem Herrn erhalten, was sie nur wünschen. Welch eine große Herrlichkeit ist dies! Dies verkündet Gott seinen Dienern, so da glauben und rechtschaffen handeln. Sprich: Ich verlange keinen anderen Lohn von euch für mein Predigen als Liebe gegen die Anverwandten. Und wer sich das Verdienst einer guten Handlung erwirbt, dessen gute Handlungen wollen wir noch vermehren, denn Gott verzeihet und belohnet gern. Wollen sie noch sagen: Er (Mohammed) hat lästerhafte Lügen von Gott ersonnen? So Gott nur will, so kann er ja dein Herz versiegeln[5] und die Eitelkeit[6] vernichten und die Wahrheit seines Wortes bekräftigen, denn er kennt das Verborgene des menschlichen Herzens. Er ist es, der die Reue seiner Diener annimmt, und die Sünden vergibt, und weiß, was ihr tut. Er erhöret die, so da glauben und rechtschaffen handeln und läßt ihnen mit Überfluß seine Gnade zuteil werden. Die Ungläubigen aber trifft schwere Strafe. Wenn Gott seinen Dienern Versorgung in Überfluß geben würde, so würden sie sich ausgelassen auf der Erde betragen. Darum sendet er jedem mit Maß herab, was er will, denn er kennt und sieht das Verhalten seiner Diener. Er sendet den Regen herab, wenn die Menschen schon daran verzweifeln, und breitet seine Barmherzigkeit aus, denn er ist der hochgelobte Beschützer. Zu seinen Zeichen gehören auch die Schiffe, die gleich hohen Bergen das Meer durchsegeln. So er will, so läßt er den Wind ruhen, und still liegen sie dann auf dem Rücken des Meeres. Wahrlich, hierin liegen Zeichen für geduldige und dankbare Menschen. Oder auch er läßt sie durch Schiffbruch untergehen, ihrer bösen Handlungen wegen, obgleich er noch vieles verzeiht. Die, welche unsere Zeichen bestreiten, mögen wissen, daß sie unserer Rache nicht entgehen können. Was euch auch gegeben worden, ist nur eine Versorgung für dieses Leben. Das, aber, was bei Gott ist, ist besser und dauerhafter für die Gläubigen, die auf ihren Herrn vertrauen, und für die, welche vergeben, wenn man sie erzürnt, und für die, so ihrem Herrn gehorchen und das Gebet verrichten, und sich bei ihren Unternehmungen gegenseitig beraten, und Almosen geben von dem, womit wir sie versorgt haben, und für die, welche für eine ihnen zugefügte Beleidigung sich rächen. Die Wiedervergeltung eines Übels sei aber nur ein diesem gleichkommendes Übel. Wer aber vergibt und sich aussöhnt, dessen Lohn ist bei Gott, denn er liebt nicht die Übeltäter. Wer sich selber Rache verschafft, nachdem er beleidigt worden, der kann mit Recht nicht gestraft werden. Die aber können mit Recht gestraft werden,[7] welche gegen andere Menschen sich frevelhaft betragen und wider Recht auf der Erde stolz und vermessen leben. Diese erleiden schwere Strafe. Wer aber Beleidigungen in Geduld erträgt und verzeiht, der tut ein notwendiges Werk.[8] Wen Gott in die Irre führt, der findet nachher keinen Beschützer mehr. Du wirst sehen, wie die Frevler, wenn sie die für sie bestimmte Strafe sehen, sagen werden: Gibt es denn keinen Weg nochmals in die Welt zurückzukehren? Du wirst sie dann, wenn sie zum Höllenfeuer hingeführt werden, demütig finden, wegen der Schmach, die ihnen bevorsteht, und nur verstohlen blicken sie nach der Seite des Feuers hin. Die Gläubigen aber sprechen: Verloren sind die, so ihre Seelen und die ihrer Familie am Tage der Auferstehung verlieren. Sollte den Frevlern auch wohl etwas anderes als ewige Strafe zuteil werden? Sie finden dann keinen Beschützer, der ihnen wider Gott helfen kann. Wen Gott in die Irre führt, der findet nimmer den Weg zur Wahrheit. Gehorchet daher euerem Herrn, bevor der Tag kommt, den Gott nicht zurückhalten wird. An jenem Tage werdet ihr keinen Zufluchtsort finden und auch euere Sünden nicht leugnen können. Wenden sie (die Ungläubigen) sich von dir weg, so wisse, daß du ja nicht zum Wächter über sie, sondern nur zum Prediger eingesetzt bist. Lassen wir einem Menschen Barmherzigkeit werden, so freuet er sich ihrer, trifft ihn aber ein Übel, ob seiner Hände Werk, dann wird er undankbar. Gott ist das Reich des Himmels und der Erde, und er schaffet, was er will. Er gibt Kinder weiblichen oder männlichen Geschlechts, oder beide zusammen, wem er will, und er macht kinderlos, wen er will, denn er ist allwissend und allmächtig. Nicht war es einem Menschen vergönnt, daß Gott ihn anredete, außer nur durch ein Gesicht, oder hinter einem Vorhange, oder er sendet einen Boten[9], daß er anzeige mit seiner Erlaubnis, was er will, denn er ist hocherhaben und allweise. So schickten wir auch dir einen Geist[10] mit einer Offenbarung, nach unserem Befehle. Vorher wußtest du nichts von der Schrift und vom Glauben, welche wir als ein Licht eingesetzt, wodurch wir diejenigen unserer Diener, die uns gefallen, leiten wollen. Auch du sollst sie leiten auf den richtigen Weg, auf den Weg Gottes, dem da gehöret, was im Himmel und was auf Erden ist. Werden nicht alle Dinge einst zu Gott zurückkehren?

DREIUNDVIERZIGSTE SURE

Der Goldprunk[1]

Geoffenbart zu Mekka

Im Namen des allbarmherzigen Gottes

H M. Bei dem deutlichen Buche, das wir als einen arabischen Koran abgefaßt, damit ihr es verstehet. Es ist aufgezeichnet bei uns in der Quelle der Offenbarung[2], und es ist erhabenen und weisen Inhalts. Sollen wir deshalb die Ermahnung von euch hinwegnehmen und euch ihrer berauben, weil ihr frevelhafte Menschen seid? Wieviele Propheten haben wir nicht zu den Früheren geschickt? Aber kein Prophet kam zu ihnen, oder sie haben ihn verspottet. Darum haben wir Völker vertilgt, die weit stärker waren an Macht als sie, und haben ihnen so das Beispiel der Alten vorgestellt. Fragst du sie: Wer hat Himmel und Erde geschaffen? So werden sie antworten: Der Allmächtige und Allweise hat sie geschaffen. Der, der die Erde wie ein Bett für euch ausgebreitet und zu euerer Leitung Wege darauf angelegt hat, der, so Regen mit Maß vom Himmel herabsendet, um damit eine tote Gegend zu erquicken. – Auf gleiche Weise werdet ihr einst aus eueren Gräbern hervorgebracht[3] – Der, so da geschaffen all die verschiedenen Arten von Dingen, und der euch gegeben Schiffe und Tiere, auf welchen ihr reiten könnet, festsitzend auf ihren Rücken, und dabei, wenn ihr auf ihnen sitzt, euch der Gnade eueres Herrn erinnert und sprechet: Lob sei ihm, der diese unserem Dienste unterworfen, die wir durch unsere Kraft nicht hätten bezwingen können, und gewiß werden wir einst zu unserem Herrn zurückkehren. Dennoch setzen sie ihm einen Teil seiner Diener gleichsam als Abstammung zur Seite. Wahrlich, der Mensch ist offenbar undankbar. Hat denn Gott von seinen Geschöpfen gerade die Töchter für sich genommen und die Söhne für euch auserwählt? Wird jemandem von ihnen die Geburt eines solchen Kindes, wie man es dem Allbarmherzigen zuschreibt,[4] verkündet, dann wird sein Gesicht schwarz und Kummer beugt ihn nieder. Wie wollen sie aber Gott Kinder weiblichen Geschlechts zuerteilen, die unter eitlem Putz aufwachsen und die selbst ohne Ursache streitsüchtig sind?[5] Wie wollen sie die Engel, welche Diener des Allbarmherzigen sind, zu Frauen machen? Waren sie denn bei ihrer Erschaffung gegenwärtig? Diese ihre Bezeugung soll niedergeschrieben werden und sie sollen einst dafür verantwortlich sein. Sie sagen: So es der Allbarmherzige gewollt, so hätten wir sie (die Engel) nicht verehrt. Aber sie haben davon keine Kenntnis und sprechen nur eitle Lügen. Haben wir ihnen denn vordem hierüber eine Schrift gegeben? Haben sie eine solche in Verwahrung? Aber sie sagen: Wir fanden, daß auch unsere Väter diese Religion ausübten, und wir sind in ihre Fußstapfen geführt worden. Aber wir haben noch keinen Prediger vor dir in irgendeine Stadt gesandt, oder deren Vornehmen hätten gesagt: Wir fanden auch unsere Väter bei dieser Religion und wir treten in ihre Fußstapfen. Dieser aber antwortete: wie aber, wenn ich eine richtigere Religion als die, welche ihr bei eueren Vätern vorgefunden, euch brächte? Sie aber erwiderten: Auch dann glauben wir euerer Sendung nicht. Darum nahmen wir Rache an ihnen und sieh, welch ein Ende die genommen, welche unsere Gesandten des Betrugs beschuldigt hatten. Erinnere dich auch des Abraham, wie er zu seinem Vater und seinem Volke sagte: Ich halte mich rein von euerem Götzendienst. Ich verehre nur den, der mich geschaffen und der mich richtig leitet. Und dieses Wort haben wir als ewige Lehre für seine Nachkommen eingesetzt, damit sie sich zur wahren Gottesverehrung bekehren. Wahrlich, ich hatte ihnen (den Mekkanern) und ihren Vätern ein glückliches Leben gegeben, bis die Wahrheit und der deutlich beglaubigte Gesandte zu ihnen gekommen. Und nun, da die Wahrheit ihnen geworden, sagen sie: Das ist ja nur Täuschung und wir glauben nicht daran. Sie sagen ferner: Ja, wäre der Koran nur noch einem großen Manne der zwei Städte[6] geoffenbart worden! Wollen *sie* denn die Barmherzigkeit deines Herrn verteilen?[7] Die Notwendigkeiten für dieses Leben haben wir ja unter ihnen verteilt und haben einige über andere stufenweise so erhöht, so daß einige von ihnen die anderen zu ihrem Dienste nehmen. Doch ist die Barmherzigkeit deines Herrn besser als die Schätze, welche sie anhäufen. So die Menschen nicht eine einzige ungläubige Volksmasse bilden würden, so würden wir, wenn sie auch nicht an den Allbarmherzigen glauben, dennoch die Dächer ihrer Häuser aus Silber machen, ebenso die Treppen, auf welchen sie hinaufsteigen, und die Pforten ihrer Häuser und die Betten, worauf sie liegen. Auch Goldprunk würde ihnen zuteil, denn alles dieses gehört zur Versorgung des irdischen Lebens, aber das zukünftige Leben bei deinem Herrn ist für die bestimmt, so ihn fürchten. Wer sich von der Ermahnung des Allbarmherzigen abwendet, dem gesellen wir den Satan zu und er sei ihm ein unzertrennlicher Gefährte (und wahrlich, die Satane führen sie vom rechten Wege ab, wenn sie auch meinen, rechtgeleitet zu sein), bis er einst vor uns kommen und dann sagen wird[8]: O wäre doch ein Zwischenraum zwischen mir und dir, so weit wie der Aufgang vom Untergange der Sonne! O, welch ein unglückseliger Gefährte bist du! Doch dies alles kann euch an jenem Tage nichts helfen, da ihr Frevler gewesen, und ihr müßt nun gleichen Teil nehmen an der Strafe. Kannst du den Tauben hörend machen, oder den Blinden leiten oder den, der im offenbarsten Irrtum ist? Mögen wir dich auch durch den Tod hinwegnehmen, so werden wir doch Rache an ihnen nehmen. Mögen wir dich aber auch die ihnen angedrohte Strafe noch sehen lassen, immerhin werden wir ihrer mächtig sein. Darum halte fest an dem, was dir geoffenbart worden, dann bist du auf dem richtigen Wege, denn dies[9] ist eine Ermahnung für dich und dein Volk, worüber ihr einst zur Verantwortung gezogen werdet. Frage nur unsere Gesandten, welche wir vor dir gesandt, ob wir für sie je einen anderen Gott als den Allbarmherzigen zur Verehrung bestimmt haben? Einst sandten wir auch den Moses mit unseren Zeichen zum Pharao und seinen Fürsten, und er sagte: Ich bin der Gesandte des Herrn aller Welten. Als er nun mit unseren Zeichen zu ihnen kam, da verlachten sie dieselben, obgleich die Zeichen, welche wir sie sehen ließen, immer eins größer war als das andere und sie mit Strafen heimsuchten, damit sie sich bekehren möchten. Und sie sagten (zu Moses): O du Zauberer, rufe deinen Herrn an für uns, nach dem Bündnisse, das der mit dir geschlossen, denn wir wollen uns leiten lassen. Aber siehe, sobald wir ihnen die Strafe entnommen hatten, brachen sie auch ihr Versprechen wieder.[10] Der Pharao aber ließ unter seinem Volke ausrufen und sagen: O mein Volk, gehört denn nicht mir das ägyptische Reich und diese Flüsse, die unter mir fließen?[11] Seht ihr denn das nicht ein? Bin ich denn nicht besser als dieser verächtliche Mensch, der sich kaum deutlich machen kann?[12] Wurde er denn mit goldenen Armbändern behangen?[13] Oder kamen Engel mit ihm in seinem Gefolge? So überredete er sein Volk zum Leichtsinne, und es gehorchte ihm, denn sie waren frevelhafte Menschen. Da sie nun so uns zum Zorne herausforderten, da nahmen wir Rache an ihnen und ertränkten sie allesamt, und wir ließen sie zu einem Vorgange und Beispiele für andere werden. Als der Sohn der Maria zum Beispiele aufgestellt wurde, siehe, da schrie dein Volk vor Freude laut auf und sagte: Wer ist denn besser: unsere Götter oder er?[14] Sie stellen dir diese Frage nur aus Streitsucht, denn sie sind streitsüchtige Menschen. Er (Jesus) ist nichts anderes als ein Diener, dem wir Gnade erzeigt und ihn als Beispiel für die Kinder Israels aufgestellt haben (wenn wir nur wollten, so könnten wir auch aus euch Engel machen, die euch auf der Erde nachfolgen), und er dient auch zur Erkenntnis der letzten Stunde,[15] darum bezweifelt sie nicht. Folget daher nur mir, denn dies ist der richtige Weg. Laßt euch nicht durch den Satan abwendig machen, denn er ist euer offenbarer Feind. Als Jesus mit deutlichen Zeichen kam, da sagte er: Ich komme zu euch mit der Weisheit, um euch einen Teil dessen deutlich zu machen, worüber ihr uneinig seid. Darum fürchtet Gott und gehorchet mir. Wahrlich, Gott ist mein und euer Herr, darum verehret nur ihn, denn das ist der richtige Weg. Die Sekten aber waren uneinig untereinander.[16] Wehe aber den Frevlern vor der Strafe des peinlichen Tages. Können sie auch wohl etwas anderes erwarten als die Stunde des Gerichts, welche plötzlich, ohne daß sie es ahnen, über sie hereinbrechen wird? Die vertrautesten Freunde werden an jenem Tage einander Feinde, nur die Frommen nicht. O meine Diener, über euch wird an jenem Tage weder Furcht noch Trauer kommen. Ihr, die ihr geglaubt an unsere Zeichen und Muslime gewesen seid, gehet ein in das Paradies, ihr und euere Frauen, in großer Freude. Goldene Schüsseln und Trinkgefäße werden die Runde um sie machen, und dort werden sie finden, was ihre Seele nur wünschen und ihr Auge ergötzen kann, und ewig sollt ihr dort verbleiben. Dies ist das Paradies, das ihr zum Erbteil bekommt für das, was ihr getan. Dort sollt ihr Früchte im Überfluß haben, von welchen ihr genießen möget. Die Übeltäter aber sollen auf ewig der Höllenstrafe verfallen sein. Keine Erleichterung soll ihnen werden, sondern verzweifeln sollen sie darin. Nicht wir sind ungerecht gegen sie, sie selbst vielmehr handelten unrecht gegen sich. Sie werden dann ausrufen: O Malek[17], bitte doch deinen Herrn, daß er ein Ende mit uns mache. Er aber wird antworten: Nein, auf immer und ewig müßt ihr hierbleiben. Wir sind mit der Wahrheit nun zu euch gekommen, aber die meisten von euch verabscheuen die Wahrheit. Haben sie vielleicht etwas gegen uns im Sinne? Nun, so werden wir auch etwas gegen sie ersinnen. Glauben sie etwa, daß wir ihre Geheimnisse und ihre Unterredungen nicht hören? Wohl hören wir sie, und unsere Gesandten, welche bei ihnen sind,[18] schreiben sie nieder. Sprich: So der Allbarmherzige einen Sohn hätte, so wäre ich der erste, der ihn verehrte. Aber fern von ihm, dem Herrn des Himmels und der Erde, dem Herrn des Thrones, das, was sie von ihm behaupten! Laß sie nur fortstreiten und sich damit belustigen, bis ihr Tag kommen wird, der ihnen angedroht ist. Der Gott des Himmels ist auch der Gott der Erde, er, der Allweise und Allwissende. Gelobt sei der, dem da gehört die Herrschaft des Himmels und der Erde und über das, was zwischen beiden ist. Bei ihm ist die Kenntnis der letzten Stunde und zu ihm kehret ihr einst zurück. Die, wel-

– 315 –

che sie außer ihm anrufen, haben nicht einmal die Macht der Vermittlung, sondern nur die, welche die Wahrheit bezeugen und sie erkennen.[19] Fragst du sie: wer sie geschaffen? So antworten sie: Gott. Warum wendet ihr euch denn ab von ihm? Er (Mohammed) spricht: O mein Herr, es sind ungläubige Menschen. Gott aber antwortet: Trenne dich von ihnen, und sprich: Friede[20], später werden sie schon ihre Torheit einsehen.

VIERUNDVIERZIGSTE SURE

Der Rauch[1]

Geoffenbart zu Mekka

Im Namen des allbarmherzigen Gottes

H. M. Bei dem deutlichen Buche! Wir haben es herabgesandt in einer gesegneten Nacht[2], damit wir die Menschen dadurch verwarnen. In dieser Nacht entscheiden wir, nach unserem Befehle, mit Weisheit aller Dinge.[3] Wahrlich, wir schickten schon oft Gesandte als Zeichen der Barmherzigkeit deines Herrn, denn er hört und weiß alles. Er ist Herr des Himmels und der Erde und alles dessen, was zwischen beiden. Möchtet ihr das doch vollkommen erkennen! Es gibt außer ihm keinen Gott. Er belebet und tötet, und er ist euer Herr und der Herr euerer Vorfahren. Zwar belustigen sie sich jetzt mit Zweifeln daran, beobachte sie aber an dem Tage, an welchem die Himmel in sichtbarem Rauche aufgehen werden,[4] der die Menschen bedecken wird, eine peinvolle Strafe wird dies sein. Sie sagen dann: O unser Herr, nimm diese Strafe von uns, und wir wollen Gläubige werden.

Aber wie kann ihnen eine Ermahnung mehr helfen, da doch der deutliche Gesandte zu ihnen gekommen und sie sich dennoch von ihm abgewandt und gesagt haben: Er ist nur abgelernt[5)] oder verrückt. Wir wollen zwar die Strafe euch ein wenig abnehmen,[6)] ihr werdet aber doch wieder zum Unglauben zurückkehren. An jenem Tage, an welchem wir unsere große Macht entwickeln,[7)] da wollen wir Rache an ihnen nehmen. Auch vor ihnen schon brachten wir das Volk des Pharao in Versuchung, indem ein ehrwürdiger Gesandter zu ihm kam und sagte: Überlasset mir die Diener Gottes,[8)] denn ich bin euch ein treuer und aufrichtiger Bote. Erhebet euch nicht wider Gott, denn ich komme ja mit offenbarer Gewalt zu euch. Ich nehme meine Zuflucht zu meinem und euerem Herrn, so ihr mich steinigen wollt.[9)] Wenn ihr mir aber nicht glauben wollt, so entfernt euch von mir. Darauf rief er zu seinem Herrn und sagte: Wahrlich, das sind frevelhafte Menschen. Und Gott erwiderte: Gehe mit meinen Dienern bei Nacht hinweg, denn ihr werdet verfolgt werden, und lasse das Meer in Ruhe,[10)] denn das feindliche Heer soll ertränkt werden. Wie viele Gärten und Quellen und Saatfelder, und wie manche herrliche Wohnungen, und wie viele sonstige Annehmlichkeiten, deren sie sich erfreuet hatten, mußten sie nicht zurücklassen! So ließen wir es geschehen, und gaben dies alles einem anderen Volke zum Erbteile.[11)] Weder Himmel noch Erde beweinten ihren Untergang, und es ward ihnen nicht länger mehr nachgesehen. Die Kinder Israels aber erretteten wir von der schmachvollen Strafe, nämlich vom Pharao, der ein stolzer Frevler war, und wir erwählten sie, nach unserer Allwissenheit, vor aller Welt, und zeigten ihnen unsere Zeichen, die zur offenbaren Prüfung dienten.[12)] Die Mekkaner sagten: Es gibt für uns nur einen ersten Tod,[13)] und wir werden nicht wieder auferweckt. Bringet einmal unsere Vorfahren ins Leben zurück, so ihr Wahrheit sprechet. Aber sind sie denn besser als das Volk des Tobba[14)] und als die, welche vor ihnen lebten? Dennoch haben wir sie vertilgt, weil sie Frevler waren. Wahrlich, wir haben den Himmel und die Erde und was zwischen beiden ist, nicht zum Scherze geschaffen,[15)] sondern wir haben sie nur in Wahrheit geschaffen,[16)] doch die meisten von ihnen erkennen dies nicht. Wahrlich, der Tag der Absonderung[17)] soll für sie allesamt der bestimmte Termin sein, ein Tag, an welchem der Herr und der Diener sich nichts mehr nützen können, und keinem, außer dem, dessen Gott sich erbarmt, geholfen werden kann, denn er ist der Allmächtige und Allbarmherzige. Die Frucht des Baumes Al'Sakkum wird dem Gottlosen zur Speise dienen,[18)] und wie geschmolzenes Erz wird sie im Bauche kochen, gleich dem Kochen des siedenden Wassers. Und zu den Peinigern der Hölle wird gesagt: Ergreifet ihn und schleppet ihn in die Mitte der Hölle, und gießet über sein Haupt die Qual des siedenden Wassers, und sprechet: Koste nun dieses, du mächtiger und hochgeehrter Mann. Dies ist die Strafe, die ihr bezweifelt habt. Die Gottesfürchtigen aber kommen an einen sicheren Ort, in Gärten mit Wasserquellen, und sie werden, gekleidet in Seide und Samt, sich einander gegenübersitzen. So soll es sein, und wir werden sie vermählen mit schönen Jungfrauen, begabt mit großen und schwarzen Augen. Dort können sie mit Gewißheit alle Arten von Früchten fordern, und außer dem ersten Tode werden sie dort keinen Tod mehr kosten, und Gott wird sie befreien von der Höllenstrafe, durch die Gnade deines Herrn. Dies ist eine große Glückseligkeit. Wir haben ihn (den Koran) dir erleichtert, da wir ihn in deiner Sprache geoffenbart, damit sie sich ermahnen lassen. Darum warte nur, und auch sie mögen das Ende erwarten.

٤٥

FÜNFUNDVIERZIGSTE SURE

Das Knien[1]

Geoffenbart zu Mekka

Im Namen des allbarmherzigen Gottes

H M. Die Offenbarung dieses Buches ist von Gott, dem Allmächtigen und Allweisen. Wahrlich, im Himmel und auf Erden sind für gläubige Menschen Zeichen (der göttlichen Allmacht). Ebenso sind in euerer Schöpfung, und in der Schöpfung der Tiere, welche auf der Erde zerstreut sind, Zeichen für Menschen, so da standhaft glauben. Auch der Wechsel der Nacht und des Tages, und der Regen, den Gott zur Versorgung vom Himmel herabsendet, um die Erde nach ihrem Tode neu zu beleben, und auch der Wechsel der Winde sind Zeichen für verständige Menschen. Dies sind die Zeichen Gottes, die wir dir in Wahrheit[2] vorlesen. An welche Offenbarung wollen sie denn glauben, da sie Gott und seine Zeichen verwerfen? Wehe einem jeden lügenhaften Sünder, der da höret die Zeichen Gottes, wie sie ihm vorgelesen werden, und dennoch hochmütig im Unglauben verharret, als habe er sie nicht gehört (verkünde ihm peinvolle Strafe), und der, wenn ihm etwas von unseren Zeichen bekannt wird, diese nur mit Spott empfängt! Für solche ist schmachvolle Strafe bestimmt, und vor ihnen liegt die Hölle, und alles, was sie gewonnen, wird ihnen nichts helfen, ebensowenig wie die Götzen, welche sie außer Gott zu Beschützern angenommen haben. Ihrer wartet schwere Strafe. Dies ist die richtige Leitung. Die nun, welche die Zeichen ihre Herrn leugnen, werden die Strafe peinvoller Qual erleiden. Gott ist es, der euch das Meer untertänig gemacht, damit die Schiffe auf sein Geheiß dasselbe durchsegeln, auf daß ihr durch Gottes Huld Handelsvorteile erlanget und dankbar seid. Er zwingt alles, was im Himmel und was auf Erden ist, euch zu dienen, denn alles kommt ja von ihm. Wahrlich, hierin liegen Zeichen für nachdenkende Menschen. Sage zu den Gläubigen, daß sie denen vergeben mögen, so da nicht hoffen auf den Tag Gottes, an welchem er die Menschen nach ihrem Verdienste belohnen wird. Wer rechtschaffen handelt, der tut es zum Heile

— *319* —

seiner eigenen Seele, und wer Böses ausübt, der tut es zum eigenen Schaden. Einst werdet ihr zu euerem Herrn zurückkehren müssen. Den Kindern Israels gaben wir einst die Schrift und Weisheit und die Prophetengabe, und versorgten sie mit allem Guten und bevorzugten sie vor aller Welt, und gaben ihnen deutliche Erkenntnis in Religionsangelegenheiten. Aber nachdem diese Erkenntnis ihnen geworden, wurden sie aus Neid uneinig untereinander, allein am Tage der Auferstehung wird dein Herr das, worüber sie uneins sind, zwischen ihnen entscheiden. Hernach haben wir dich gesetzt über das Gesetz der Religionsangelegenheit. Darum befolge dasselbe, und folge nicht den Wünschen der Unwissenden[3]. Wahrlich, sie können dir wider Gott in nichts helfen, nur die Frevler sind sich untereinander Beschützer. Den Gottesfürchtigen aber ist Gott Beschützer. Dieser Koran enthält deutliche Lehren für die Menschen und ist Leitung und Barmherzigkeit für Menschen, die standhaft glauben. Glauben denn die, so nur Böses ausüben, daß wir sie wie die Gläubigen und Rechtschaffenen behandeln werden, und daß ihr Leben und ihr Tod ganz gleich sein werde? Falsch urteilen sie dann. Gott hat die Himmel und die Erde in Wahrheit geschaffen, damit er eine jede Seele belohne nach ihrem Verdienste, und keine wird ungerecht behandelt werden. Was denkst du wohl? Wer soll den, der seine eigenen Gelüste sich zum Götzen nimmt und den Gott wissentlich in die Irre führt, und ihm Ohr und Herz versiegelt, und eine Decke über seine Augen zieht, wer soll den leiten können, da Gott ihn verlassen? Wollt ihr euch nun nicht mahnen lassen? Sie sagen: Außer dem irdischen Leben gibt es weiter kein Leben. Wir leben und sterben[4], und nur die Zeit zerstöret uns. Aber sie haben hiervon keine Kenntnis und folgen nur einer falschen Vorstellung. Wenn ihnen unsere deutlichen Zeichen vorgelesen werden, so haben sie nichts anderes dagegen einzuwenden, als daß sie sagen: Bringet unsere Väter wieder in das Leben zurück, so ihr Wahrheit sprechet. Sprich: Gott schenkte euch das Leben und läßt euch einst sterben, und dann wird er euch am Tage der Auferstehung versammeln, daran ist kein Zweifel, obgleich die meisten Menschen dies nicht erkennen. Gott ist das Reich des Himmels und der Erde, und an dem Tage, auf welchen die Stunde des Gerichts festgesetzt ist, an jenem Tage werden die, so den Koran der Eitelkeit beschuldigten, verlorengehen. Dann wirst du sehen, wie ein jedes Volk auf den Knien liegt, und wie ein jedes Volk zu seinem Buche[5] hingerufen und zu ihm gesagt wird: Heute sollt ihr für euer Tun belohnt werden. Dieses unser Buch spricht nur die Wahrheit von euch aus, denn wir schrieben alles nieder, was ihr getan. Die Gläubigen und Rechtschaffenen wird ihr Herr in seine Barmherzigkeit einführen, und dies ist eine sichtbare Glückseligkeit. Zu den Ungläubigen aber wird gesagt: Sind euch nicht unsere Zeichen vorgelesen worden? Habt ihr euch nicht dennoch hochmütig betragen und seid ruchlose Menschen geblieben? Und wenn man zu euch sagte: Gottes Verheißung ist Wahrheit, und die Stunde des Gerichts ist nicht zu bezweifeln, da gabt ihr zur Antwort: Wir wissen nicht, was für eine Stunde dies ist, und wir halten sie für eine vorgefaßte Meinung, und wir können nicht fest daran glauben. Aber an jenem Tage soll ihnen erscheinen all das Böse, das sie getan, und bewahrheiten wird sich an ihnen das, was sie verspotteten, und gesagt wird zu ihnen: An diesem Tage wollen wir nun euch vergessen, so wie ihr das Eintreffen dieses eueres Tages vergessen. Das Höllenfeuer soll euere Wohnung sein, und niemand wird euch helfen können, deshalb, weil ihr die Zeichen Gottes nur mit Spott aufgenommen und euch von dem irdischen Leben habt täuschen lassen. An diesem Tage werden sie nicht heraus (aus dem Feuer) kommen dürfen, und nicht wird von ihnen mehr gefordert, sich Gott wohlgefällig zu machen. Darum Lob sei Gott, dem Herrn des Himmels und der Erde, dem Weltenherr! Sein ist die Herrlichkeit im Himmel und auf Erden, denn er ist der Allmächtige und Allweise.

٤٦

SECHSUNDVIERZIGSTE SURE

Al'Ahkaf[1]

Geoffenbart zu Mekka

Im Namen des allbarmherzigen Gottes

H M. Die Offenbarung dieses Buches ist von Gott, dem Allmächtigen und Allweisen. Die Himmel und die Erde, und was zwischen beiden, haben wir nur in Wahrheit, und nur auf eine bestimmte Zeit geschaffen, aber die Ungläubigen wenden sich weg von der Verwarnung, die ihnen geworden. Sprich: Was denkt ihr denn wohl? Zeigt mir doch, was die, so ihr außer Gott anrufet, auf Erden geschaffen? Oder haben sie etwa Teil an der Schöpfung des Himmels? Bringet mir zum Beweise hierfür irgendeine Schrift, welche vor dieser[2] geoffenbart ist, oder sonst einen Pfad der Erkenntnis, so ihr Wahrheit sprechet. Wer irret wohl mehr als der, der außer Gott Wesen anruft, die ihm am Tage der Auferstehung nicht antworten können und um sein Rufen ganz unbekümmert bleiben, und die, wenn die Menschen einst versammelt werden, ihnen Feinde, und ihre Verehrer undankbar verleugnen werden? Werden ihnen unsere deutlichen Zeichen vorgelesen, so sagen die Ungläubigen von der Wahrheit, die ihnen geworden: Das ist ja offenbare Täuschung. Wollen sie sagen: Er (Mohammed) hat ihn (den Koran) ersonnen, so antworte: Wenn ich ihn ersonnen, so sollt ihr bei Gott nichts mehr für mich vermögen, aber er kennt euere desfallsigen verleumderischen Reden, und er ist hinlänglicher Zeuge zwischen mir und euch, denn er ist gnädig und barmherzig. Sprich: Ich bin kein Neuerer unter den Gesandten,[3] und ich weiß auch nicht, was Gott einst mit mir und mit euch machen wird. Ich folge nur dem, was mir geoffenbart ist worden, und ich bin nur ein öffentlicher Prediger. Sprich: Was denkt ihr wohl? Wenn dies Buch von Gott ist, und ihr doch nicht daran glaubt, und wenn ein Zeuge von den Kindern Israels[4] seine Übereinstimmung mit dem Gesetze bezeugt und daran glaubt, und ihr dennoch dasselbe hochmütig verwerfet, seid ihr da keine Frevler? Doch Gott leitet frevelhafte Menschen nicht. Die Ungläubigen

— 322 —

sagen zu den Gläubigen: Wenn die Lehre des Korans etwas Besseres wäre, so würden sie uns in der Annahme desselben nicht zuvorgekommen sein.[5] Und da sie sich durch denselben nicht wollen leiten lassen, so sagen sie: Er enthält ja nur alte Lügenmärchen. Doch vor ihm schon ward dem Moses die Schrift, als ein Führer und eine Barmherzigkeit, und nun bestätigt dieselbe dieses Buch, das in arabischer Sprache geoffenbart ist, um den Frevlern Strafen anzudrohen und den Rechtschaffenen Gutes zu verkünden. Über die, so da sagen: Unser Herr ist Gott, und sich rechtschaffen betragen, wird weder Furcht noch Traurigkeit kommen. Sie werden Gefährten des Paradieses, und bleiben ewig darin, zur Belohnung dessen, was sie getan. Wir haben dem Menschen Wohltätigkeit gegen seine Eltern befohlen. Seine Mutter trägt ihn ja in Schmerzen, und kommt nieder mit ihm in Schmerzen, und ihre Schwangerschaft mit ihm bis zu seiner Entwöhnung dauert dreißig Monate.[6] Und wenn er das Alter der Kraft, das vierzigste Jahr[7] erreicht, dann spricht er: O Herr, rege mich an durch deine Begeisterung, daß ich dankbar werde für deine Gnade, womit du mich und meine Eltern begnadigt hast, und daß ich nur das Gute tue, das dir wohlgefällt, und auch noch in meinen Nachkommen beglücke mich, denn ich wende mich zu dir, und ich bin ein Muslime. Das sind die, von welchen wir annehmen die guten Werke, die sie ausgeübt, und an deren bösen Handlungen wir vorübergehen. Sie sind die Gefährten des Paradieses, nach der wahrhaften Verheißung, die ihnen gemacht worden. Für den aber, so da zu seinen Eltern sagt: Pfui über euch! Wie wollt ihr mir verheißen, daß ich wieder aus dem Grabe hervorgehen werde, da doch so manche Geschlechter vor mir auf ewig verschwunden? Für den sollen seine Eltern Gott um Beistand bitten und zu ihrem Sohne sagen: Wehe dir, sei doch gläubig, denn Gottes Verheißung ist Wahrheit. Aber er wird sagen: Dies alles ist nichts anderes als Fabeln der Alten. An solchen wird in Erfüllung gehen das Urteil, welches auch die Völker vor ihnen, sowohl Geister als Menschen, getroffen, nämlich: sie werden untergehen. Einem jeden ist eine bestimmte Stufe der Belohnung oder Bestrafung, je nach seinem Tun, bereitet, und allen wird Gott ihre Handlungen vergelten, und es wird ihnen kein Unrecht geschehen. Einst, an einem gewissen Tage werden die Ungläubigen vor das Höllenfeuer hingestellt, und es wird zu ihnen gesagt: Euer Gutes habt ihr in euerem irdischen Leben erhalten und euch desselben erfreut.[8] Darum sollt ihr nun an diesem Tage belohnt werden mit der Strafe der Schmach, weil ihr euch, mit Unrecht, hochmütig auf der Erde betragen und Übeltäter wart. Erinnere dich des Bruders[9] des Ad, wie er seinem Volke in Al'Ahkaf predigte (vor ihm und nach ihm gab es auch noch Prediger): Ver-

— 323 —

ehret doch nur Gott allein, denn ich fürchte sonst für euch die Strafe des großen Tages. Sie aber antworteten: Kommst du deshalb zu uns, um uns von
unseren Göttern abwendig zu machen? Bringe uns nur die Strafe, die du uns
androhest, so du wahrhaftig bist. Er aber erwiderte: Nur bei Gott ist die
Kenntnis euerer Strafzeit, ich aber richte nur meine Sendung an euch aus.
Doch ich sehe, ihr seid unwissende Menschen. Als sie darauf eine Wolke
sahen, welche sich über ihrem Tale ausbreitete, da sagten sie: Diese Wolke
wird uns Regen bringen. Hud aber antwortete: Nein, diese Wolke bringt das,
was ihr beschleunigt haben wollt, einen Wind nämlich, der schwere Strafe
enthält. Er wird, auf Befehl seines Herrn, alles zerstören. Und des Morgens
war auch nichts mehr von ihnen als ihre Wohnungen zu sehen.[10] So lohnen
wir frevelhaften Menschen. Wir hatten ihnen ebenso blühende Verhältnisse
gegeben, wie auch euch (ihr Mekkaner). Wir hatten ihnen Gehör und Gesicht und ein denkendes Herz gegeben, aber Gehör, Gesicht und Herz konnten ihnen nichts nützen, da sie die Zeichen Gottes verwarfen, und darum
bewahrheitete sich an ihnen das, was sie verspottet hatten. Auch die Städte,
welche um euch herum lagen,[11] haben wir zerstört, und mannigfach hatten
wir ihnen unsere Zeichen vorgestellt, damit sie bereuen möchten. Konnten
ihnen die nun helfen, welche sie außer Gott als nahverwandte Götter verehrten?[12] Nein, sie entschwanden ihnen vielmehr. So hatten ihre Lügen, und
was sie ersonnen, sie verführt. Erinnere dich auch, wie wir dir eine Geister-
schar[13] zuwendeten, um den Koran mit anzuhören. Als sie nun bei dessen
Vorlesung gegenwärtig waren, da sagten sie zueinander: Gebet doch acht.
Und als sie zu Ende war, da kehrten sie zu ihrem Volke zurück, um das
Gehörte mitzuteilen. Sie sagten: O unser Volk, wir haben eine Schrift vernommen, welche nach Moses geoffenbart worden, und welche die frühere
Offenbarung bestätigt, und so da leitet zur Wahrheit und auf den richtigen
Weg. O unser Volk, gehorchet doch dem Prediger Gottes und glaubet an ihn,
damit er euch euere Sünden vergebe und euch von der qualvollen Strafe
befreie. Wer aber dem Prediger Gottes nicht gehorchet, der wird die Rache
Gottes auf Erden nicht schwächen, und wider ihn keinen Beschützer finden
können. Solche sind in offenbarem Irrtume. Sehen sie es denn nicht ein, daß
Gott, der Himmel und Erde geschaffen, und der bei ihrer Schöpfung nicht
müde geworden, auch die Macht besitzt, die Toten wieder lebendig zu
machen? Wohl vermag er es, denn er ist ja allmächtig. An jenem Tage werden
die Ungläubigen vor das Höllenfeuer gestellt, und es wird zu ihnen gesagt: Ist
es nun nicht wahr geworden? Und sie werden antworten: Bei unserem Herrn!
Jawohl. Und Gott wird sagen: So kostet nun auch die Strafe, weil ihr Ungläu-

bige gewesen. Und du (o Mohammed), ertrage alles in Geduld, so wie auch andere standhafte Gesandten in Geduld ertragen haben, und wünsche nicht ihre Strafe beschleunigt. An dem Tage, an welchem sie die ihnen angedrohte Strafe sehen werden, wird es ihnen vorkommen, als hätten sie nur eine Stunde eines Tages in der Welt verweilt. Dies diene zur Warnung. Wer anders wohl soll untergehen, als nur ruchlose Menschen?

SIEBENUNDVIERZIGSTE SURE

Der Krieg[1)]

Geoffenbart zu Medina[2)]

Im Namen des allbarmherzigen Gottes

Die Werke derer, so nicht glauben und noch andere vom Wege Gottes abwendig machen, wird Gott vergeblich machen, aber die, so da glauben und rechtschaffen handeln und glauben an das, was Mohammed geoffenbart ist worden (denn es ist die Wahrheit von ihrem Herrn), die wird er von ihren Sünden reinigen und die Bestrebungen ihres Herzens beglücken. Deshalb, weil die Ungläubigen der Eitelkeit und die Gläubigen der Wahrheit ihres Herrn folgen, so stellt Gott den Menschen ihr Gleichnis auf.[3)] Wenn ihr mit den Ungläubigen zusammentreffet, dann schlaget ihnen die Köpfe ab, bis ihr eine große Niederlage unter ihnen angerichtet habt. Die übrigen legt in Ketten, und gebet sie, wenn der Krieg seine Lasten niedergelegt, entweder umsonst oder gegen ein Lösegeld frei.[4)] So soll es sein. So Gott nur wollte, so könnte er auch ohne euch Rache an ihnen nehmen. Aber er will dadurch euch einen durch den anderen prüfen. Und die, so da kämpfen[5)] für die Religion Gottes, deren Werke wird Gott nicht verloren sein lassen. Er wird sie vielmehr leiten, und die Bestrebungen ihres Herzens beglücken, und sie in das Paradies führen, das er ihnen angekündigt. O ihr Gläubigen, so ihr Gott beistehet, so wird er auch euch beistehen und euere Füße befestigen. Die Ungläubigen aber werden untergehen, und ihre Werke wird Gott vergeblich machen, deshalb, weil sie verabscheut, was Gott geoffenbart, und darum sollen ihre Werke vereitelt sein. Sind sie denn noch nicht im Lande umhergereist, und haben gesehen, welch ein Ende die vor ihnen genommen? Gott hat sie gänzlich vertilgt, und ein gleiches Schicksal steht den Ungläubigen bevor. Dies geschieht deshalb, weil Gott nur ein Beschützer der Gläubigen ist, die Ungläubigen aber keinen Beschützer haben. Wahrlich, die, so da glauben und rechtschaffen handeln, wird Gott in Gärten führen, welche Wasserbäche durchströmen, den Ungläubigen aber, denen, so sich ihrer

Gelüste freuen, und genießen, wie das Vieh genießt, soll das Höllenfeuer zum Aufenthalte dienen. Wie manche Städte, die mächtiger waren als deine Stadt (Mekka), die dich (Mohammed) vertrieben, haben wir nicht zerstört! Niemand konnte ihnen helfen. Soll denn auch wohl der, so da folgt der deutlichen Belehrung seines Herrn, gleich dem sein, dessen böse Werke ihm vom Satan bereitet und ausgeschmückt wurden? Oder gleich denen, die nur ihren Begierden folgen? Folgendes ist die Beschreibung des Paradieses, das den Gottesfürchtigen verheißen ist: In demselben befinden sich Ströme von Wasser, welches nie verdirbt, Ströme von Milch, deren Geschmack sich nie ändert, Ströme von Wein, lieblich für die Trinkenden, und Ströme von geläutertem Honig. Dort werden sie erhalten alle Arten von Früchten und Vergebung von ihrem Herrn. Gleichen diese wohl dem, der ewig im Höllenfeuer wohnen muß, und denen, die siedendheißes Wasser trinken müssen, so daß ihnen die Eingeweide bersten? Einige von den Ungläubigen hören dir wohl zu, gehen sie aber von dir hinweg, so sagen sie zu denen, welchen Erkenntnis[6] geworden: Was hat er nun Neues gesagt? Das sind solche, welchen Gott ihr Herz versiegelt hat und die ihren Begierden folgen. Denen aber, so sich leiten lassen, wird er die Leitung noch vermehren und ihre Frömmigkeit belohnen. Wollen die Ungläubigen etwas anderes erwarten als die letzte Stunde, welche plötzlich sie überkommen wird? Schon sind Anzeichen[7] von ihr eingetroffen, und wenn sie nun wirklich über sie hereinbricht, können sie dann noch Ermahnung annehmen? Wisse also: Es gibt keinen Gott außer Gott. Bitte daher um Vergebung deiner Sünden und den Sünden der gläubigen Männer und Frauen. Gott kennet euer Tun und Lassen.[8] Die Gläubigen sagen: Wird denn keine Sure geoffenbart, die den Religionskrieg befiehlt? Ist aber eine solche unwiderrufliche Sure[9] geoffenbart, in welcher der Krieg erwähnt ist, so wirst du sehen, wie die, deren Herzen krank sind,[10] dich anblicken mit dem Blicke eines Menschen, den der Tod überschattet. Gehorsam und schickliche Rede[11] würde ihnen besser anstehen. Steht der Befehl (zum Kriege) aber einmal fest, dann ist es besser für sie, auf Gott zu vertrauen. Würdet ihr nicht bereit sein, so ihr euch vom Glauben abwendet, Verderben auf der Erde zu stiften und die Bande der Blutsverwandtschaft zu zerreißen? Das sind die, so Gott verflucht, und die er taub und ihr Auge blind gemacht hat. Denken sie denn nicht über den Koran nach? Oder hängen Schlösser vor ihrem Herzen? Wahrlich die, welche den Rücken wenden, nachdem die Leitung ihnen deutlich geworden, die führt der Satan in die Irre, und sie sind voll von ihm.[13] Dies geschieht deshalb, weil sie zu denen, die Gottes Offenbarung verabscheuen, heimlich sagen: In dieser Angelegenheit wollen wir euch teilweise gehorchen.[14] Aber Gott kennt ihre Geheimnisse. Wie wird es ihnen aber sein, wenn die Engel sie sterben lassen und ihnen Gesicht und Rücken zerschlagen?[15] Dies geschieht deshalb, weil sie nur dem folgten, was den Zorn Gottes herausfordert, und dem entgegen waren, was ihm wohlgefällt, aber er wird ihr Tun vergeblich machen. Glauben denn die, deren Herz krank ist, daß Gott ihre Bosheit nicht ans Licht bringen werde? Wo wir nur wollten, so könnten wir sie dir zeigen, und du würdest sie an ihren Merkmalen erkennen. Doch du wirst sie auch an der Sprache schon erkennen können. Gott kennet euer Tun. Wir wollen euch aber dennoch so lange prüfen, bis wir die kennen unter euch, welche tapfer fechten und standhaft ausharren. Selbst den Ruf eueres Verhaltens wollen wir prüfen. Die Ungläubigen und die, welche andere vom Wege Gottes abwendig machen, und die sich dem Gesandten widersetzen, nachdem ihnen die Leitung offenbar geworden, die werden Gott durchaus nicht schaden können, aber er wird ihr Tun vergeblich machen. O ihr Gläubigen, gehorcht doch Gott und gehorchet dem Gesandten, und machet nicht selbst euer Tun vergeblich. Den Ungläubigen und denen, welche andere vom Wege Gottes abwendig machen und dann auch noch als Ungläubige sterben, denen wird Gott nie vergeben. Seid daher nicht milde gegen euere Feinde, und ladet sie nicht zum Frieden ein, solange ihr die Mächtigen seid, denn Gott ist mit euch, und er entzieht euch nicht den Lohn eueres Tuns. Wahrlich, dieses irdische Leben ist nur Spiel und Scherz. So ihr aber glaubt und gottesfürchtig seid, so wird er euch auch euere Belohnung geben. Gott fordert nicht euer ganzes Vermögen von euch, denn so er dies verlangte und euch ernstlich drängte, so würdet ihr euch geizig zeigen, und euer Haß (gegen den Gesandten) würde dadurch hervorgerufen. Aber siehe, ihr seid wohl berufen, einen Teil eueres Vermögens für Gottes Religion herzugeben, und dennoch zeigen sich einige von euch geizig. Wer sich aber geizig zeigt, der ist geizig gegen seine eigene Seele. Gott ist reich, ihr aber seid arm. So ihr den Rücken kehret[16], so wird er ein anderes Volk an euere Stelle setzen, das nicht gleich euch sein wird.[17]

ACHTUNDVIERZIGSTE SURE

Der Sieg[1]

Geoffenbart zu Medina

Im Namen des allbarmherzigen Gottes

Wahrlich, wir haben dir einen offenbaren Sieg verliehen, auf daß dir Gott deine früheren und späteren Sünden vergebe,[2] und seine Gnade an dir vollende, und dich leite auf den richtigen Weg, und Gott dir beistehe mit mächtigem Beistande. Er ist es, der sichere Ruhe[3] in die Herzen der Gläubigen herabsendet, damit ihr Glaube immer wachse (denn Gott gehören die Heerscharen des Himmels und der Erde, und Gott ist allwissend und allweise), und damit er bringe die Gläubigen beiderlei Geschlechts in Gärten, welche Wasserbäche durchströmen, in welchen sie ewig bleiben sollen, und damit er ihre bösen Handlungen ihnen sühne, was eine große Glückseligkeit von Gott ist, und damit er strafe die heuchlerischen und götzendienenden Männer und Frauen, die eine falsche Meinung von Gott haben. Ein Kreis von Unglücksfällen wird sie umgeben, und Gott wird ihnen zürnen und sie verfluchen, und die Hölle hat er ihnen bereitet. Ein unglücklicher Gang ist es dorthin! Gott gehören die Heerscharen des Himmels und der Erde, und Gott ist allmächtig und allweise. Wahrlich, wir haben dich gesandt, ein Zeuge und ein Verkünder des Guten und ein Droher des Bösen zu sein, damit sie glauben an Gott und seinen Gesandten, und ihm beistehen, und ihn verehren, und ihn preisen des Morgens und des Abends. Die, welche dir Treue schwören, schwören Gott Treue, und Gottes Hand ist über ihren Händen.[4] Wer nun seinen Eid verletzt, der verletzt ihn zum Schaden seiner eigenen Seele, wer aber treu hält an dem Bündnisse, das er mit Gott eingegangen, dem wird er sicherlich große Belohnung geben. Die Araber der Wüste, welche zurückgeblieben sind,[5] sprechen zwar: Unsere Vermögensumstände und unsere Familie verhinderten uns. Bitte daher um Verzeihung für uns, aber sie sprechen mit ihrer Zunge anders, als ihr Herz denkt. Sprich: Wer vermag etwas bei Gott für euch, so er euch schaden oder nützen will? Wahrlich, Gott ist wohlbekannt mit dem, was ihr tut. Ihr glaubtet, daß der Gesandte und die Gläubigen nie wieder zu ihren Familien zurückkehren würden, so war es ausgeschmückt in euerem Herzen, aber ihr hattet da eine falsche Meinung, und ihr seid nichtswürdige Menschen. Wer nicht glaubt an Gott und an seinen Gesandten, für diese Ungläubigen haben wir das Höllenfeuer bestimmt. Gott gehöret die Herrschaft über Himmel und Erde. Er verzeiht, wem er will, und er bestraft, wen er will, denn Gott ist versöhnend und barmherzig. Die, welche zurückgeblieben sind, werden, wenn ihr auszieht, Beute zu machen,[6] sagen: Laßt uns euch doch folgen, und sie wollen so das Wort Gottes verändern.[7] Sage aber: Ihr sollt uns keineswegs folgen, dies hat Gott schon längst gesagt.[8] Sie aber werden erwidern: Nein, ihr mißgönnt nur uns die Beute. Doch es sind Menschen, die nur wenig Verstand besitzen. Sage zu den Arabern der Wüste, die zurückgeblieben sind: Ihr werdet einst hingerufen werden wider ein mächtiges und kriegerisches Volk[9], und ihr sollt es bekämpfen, oder es bekenne sich zum Islam. Zeigt ihr euch dann gehorsam, so wird euch Gott herrliche Belohnung geben. Kehret ihr aber den Rücken, so wie ihr früher den Rücken gewendet, so wird er euch strafen mit peinvoller Strafe. Der Blinde, der Lahme und der Kranke begeht kein Verbrechen, so er zu Hause bleibt. Wer Gott und seinem Gesandten gehorcht, den führt er in Gärten, welche Wasserbäche durchströmen. Wer sich aber abwendet, den wird er mit peinvoller Strafe strafen. Gott hatte Wohlgefallen damals an den Gläubigen, als sie dir unter dem Baume Treue schwuren,[10] denn er kannte die Gedanken ihres Herzens und darum ließ er sichere Ruhe auf sie herab und belohnte sie mit einem nahen Siege[11] und mit großer Beute, die sie machten, denn Gott ist allmächtig und allweise. Gott hat euch versprochen, daß ihr noch reiche Beute machen werdet, und diese hat er euch nur so in der Eile gegeben und hat die Hände der Menschen von euch zurückgehalten,[12] auf daß dies ein Zeichen für die Gläubigen sei, daß er euch leite auf den richtigen Weg. Auch noch andere Beute ist euch versprochen, die ihr noch nicht machen konntet, die aber Gott für euch bereithält, denn Gott ist aller Dinge mächtig. Wenn die Ungläubigen (die Mekkaner) auch wider dich gefochten hätten, so hätten sie doch den Rücken wenden müssen, und sie würden keinen Beschützer und keinen Helfer gefunden haben. So ist es Anordnung Gottes schon von früher her, und du wirst in den Anordnungen Gottes nie eine Veränderung finden. Er ist es, der ihre Hände von euch und euere Hände von ihnen in dem Tale zu Mekka zurückhielt, nachdem er euch den Sieg über sie gab, und Gott sah euer Tun.[13] Das waren die, welche nicht glaubten, und die euch verhinderten, den heiligen Tempel zu besuchen, und ebenso nicht zugaben, daß das zurückgehaltene Opfer komme an den Ort, wo man es opfern muß.[14)] Wären nicht gläubige Männer und Frauen unter ihnen gewesen, die ihr, weil ihr sie nicht erkennen konntet, mit Füßen getreten, und so unwissend ihretwegen ein Verbrechen auf euch geladen haben würdet, so hätten wir euere Hand nicht von ihnen zurückgehalten. Dies geschah nur, damit Gott in seine Barmherzigkeit führe, wen er will. Wären sie aber gesondert voneinander gewesen, so würden wir wohl die Ungläubigen unter ihnen mit peinlicher Strafe bestraft haben. Da in den Herzen der Ungläubigen der Eigensinn der Unwissenheit[15)] fest war, so ließ Gott seine sichere Ruhe auf seinen Gesandten und die Gläubigen herab und befestigte in ihnen das Wort der Gottesfurcht, dessen sie werter und würdiger sind, denn Gott ist allwissend.[16)] So hat Gott in Wahrheit seinem Gesandten erfüllt das Traumgesicht[17)], in welchem es hieß: Ihr sollt mit Gottes Willen eingehen in den heiligen Tempel zu Mekka, in voller Sicherheit, mit geschorenem Haupte und abgeschnittenen Haaren, und ohne alle Furcht sein. Er weiß, was ihr nicht wisset, und er hat außer diesem noch einen nahen Sieg für euch bestimmt. Er ist es, der seinen Gesandten geschickt mit der Leitung und der wahren Religion, damit er dieselbe erhebe über alle Religionen, und Gott ist hinlänglicher Zeuge. Mohammed ist der Gesandte Gottes, und die, so es mit ihm halten, sind streng gegen die Ungläubigen, aber milde gegen sich selbst untereinander. Du siehst, wie sie sich beugen und niederwerfen, um die Gnade Gottes und sein Wohlgefallen zu erlangen. Die Zeichen auf ihrem Angesichte sind die Spuren ihrer Niederwerfung. Ihr Gleichnis in der Thora und in dem Evangelium[18)] ist folgendes: Sie gleichen dem Samen, der seinen Halm hervorschießen und stark werden läßt und dann zur Ähre aufschwillt, die sich auf ihrem Stengel gerade aufrichtet, zur Freude des Sämanns. So sind die Gläubigen dargestellt, damit die Ungläubigen vor Zorn aufschwellen. Gott hat denen, so da glauben und rechtschaffen handeln, Versöhnung und große Belohnung verheißen.

٤٩

NEUNUNDVIERZIGSTE SURE

Die inneren Zimmer[1]

Geoffenbart zu Medina

Im Namen des allbarmherzigen Gottes

O ihr Gläubigen, greifet in keiner Sache Gott und seinem Gesandten vor,[2] und fürchtet Gott, denn Gott höret und weiß alles. O ihr Gläubigen, erhebet auch nicht euere Stimme über die Stimme des Propheten. Sprechet auch nicht so frei mit ihm, wie ihr untereinander zu tun pfleget, denn sonst sind euere Handlungen vergeblich, ohne daß ihr es merket. Die, welche ihre Stimme in der Gegenwart des Gesandten Gottes dämpfen, deren Herz hat Gott zur Frömmigkeit geneigt gemacht. Ihnen wird Versöhnung und großer Lohn. Die meisten derer, welche dir von außen in die inneren Zimmer zurufen, kennen nicht (die dir schuldige Ehrerbietung),[3] so sie mit Geduld warteten, bis du zu ihnen herauskämest, das wäre schicklicher für sie, doch Gott ist versöhnend und barmherzig. O ihr Gläubigen, so ein schlechter Mensch mit irgendeiner Neuigkeit zu euch kommt, so prüfet sie genau, damit ihr nicht durch Unwissenheit einem Volke Schaden zufüget und dann später euer Tun bereuen müsset,[4] und wisset, daß der Gesandte Gottes unter euch ist. Wenn er in manchen Dingen euch folgen wollte, so würdet ihr Schuld auf euch laden.[5] Doch Gott hat euch den Glauben liebenswürdig gemacht und denselben in euerem Herzen ausgeschmückt, und euch Abscheu eingeflößt gegen den Unglauben, die Schlechtigkeit und den Ungehorsam. Diese wandeln durch die Güte und Gnade Gottes auf dem richtigen Wege, denn Gott ist allwissend und allweise. Wenn zwei Parteien der Gläubigen miteinander streiten, so suchet die Eintracht unter ihnen wiederherzustellen, so aber die eine Partei die andere beschimpfet, so bekämpfet die schimpfende, bis sie sich dem Befehle Gottes unterwirft. Unterwirft sie sich, dann suchet sie in Billigkeit wieder zu einigen und handelt gerecht, denn Gott liebt die Gerechten. Wahrlich, die Gläubigen sind Brüder, darum stiftet Eintracht unter eueren Brüdern und fürchtet Gott, damit er sich euerer erbarmt. O ihr Gläubigen, kein Mensch soll einen anderen Menschen bespotten, denn vielleicht sind diese, die Verspotteten, besser als jene, die Spötter. Auch möge keine Frau eine andere, die vielleicht besser als sie ist, verspotten.[6] Verleumdet euch nicht untereinander und gebet euch nicht gegenseitig Schimpfnamen. Nachdem man den Glauben angenommen, ist nur „*Ruchlosigkeit*" ein schimpflicher Name, und die, welche nicht bereuen, sind Frevler. O ihr Gläubigen, vermeidet sorgfältig den Argwohn, denn mancher Argwohn ist Sünde. Forschet nicht neugierig nach den Fehlern anderer, und keiner spreche Böses vom anderen in dessen Abwesenheit. Sollte auch wohl einer von euch verlangen, das Fleisch seines toten Bruders essen zu wollen? Gewiß habt ihr Abscheu dagegen, darum fürchtet Gott, denn Gott ist versöhnend und barmherzig. O ihr Menschen, wir haben euch geschaffen, von einem Manne und einem Weibe und euch in Nationen und Stämme eingeteilt, damit ihr euch liebevoll einander kennen möget. Wahrlich, nur der von euch ist am meisten bei Gott geehrt, der am frömmsten unter euch ist, denn Gott weiß und kennt alles. Die Araber der Wüste sagen zwar: Wir glauben,[7] antworte aber: Ihr glaubet keineswegs, sondern ihr sprechet nur so: wir bekennen uns zum Islam, denn der Glaube hat noch keinen Eingang in euer Herz gefunden. So ihr Gott und seinem Gesandten gehorchen wollt, so wird er euch nichts von dem Lohne euerer Handlungen abziehen, denn Gott ist versöhnend und barmherzig. Die wahren Gläubigen sind die, so da glauben an Gott und seinen Gesandten, ohne mehr zu zweifeln, und so da kämpfen mit Gut und Blut für die Religion Gottes. Das sind die Wahrhaftigen. Sprich: Wollt ihr wohl Gott über euere Religion belehren?[8] Gott weiß ja, was im Himmel und was auf Erden ist, denn Gott ist allwissend. Sie wollen dir es vorrücken, daß sie Muslime geworden, antworte ihnen aber: Rücket mir nicht vor, daß ihr Muslime seid, wohl wird aber Gott es einst euch vorrücken, daß er euch zum Glauben geleitet, wenn ihr wahrhaftig gewesen wäret. Gott kennet die Geheimnisse des Himmels und der Erde, und Gott sieht euer Tun.

FÜNFZIGSTE SURE

K[1]

Geoffenbart zu Mekka

Im Namen des allbarmherzigen Gottes

K Bei dem heiligen Koran! Sie wundern sich, daß ein Prediger aus ihrer Mitte zu ihnen kommt, und die Ungläubigen sagen: Es ist doch eine wunderliche Sache, daß, wenn wir gestorben und Staub geworden, wir wieder auferstehen sollen! Wahrlich, diese Rückkehr ist noch weit entfernt. Wohl wissen wir es, wie viele von ihnen die Erde bereits verzehrt hat, denn bei uns ist ein Buch, das genau darüber berichtet, dennoch beschuldigen sie die Wahrheit, da sie ihnen geworden, des Betrugs, und sie befinden sich nun in einem verwirrten Zustande.[2] Sehen sie denn nicht den Himmel über ihnen, wie wir ihn gebaut und ausgeschmückt haben, ohne daß ein Fehl[3] an ihm ist? So haben wir auch die Erde ausgebreitet, und setzten feste Berge in dieselbe,[4] und ließen alle Arten von schönen Pflanzen aus ihr hervorsprießen, damit dies sei ein Gegenstand des Nachdenkens und der Ermahnung für jeden Diener, der sich zu uns wendet. So senden wir auch segensreichen Regen vom Himmel herab, wodurch wir hervorwachsen lassen Gärten, Getreide und hohe Palmbäume, deren übereinanderhängende Zweige mit Datteln schwer beladen sind, zur Nahrung für meine Diener. Und so wie wir dadurch eine tote Gegend neu beleben, ebenso wird auch die einstige Auferstehung sein.

Auch schon vor ihnen (den Mekkanern) haben das Volk des Noah und die Bewohner von Raß[5] und Thamud und Ad und Pharao ihre Propheten des Betrugs beschuldigt, ebenso die Brüder des Lot und die Waldbewohner[6], und das Volk von Tobba[7], alle diese haben die Gesandten des Betrugs beschuldigt. Darum bewahrheitete sich an ihnen die ihnen angedrohte Strafe. Sind wir etwa abgemattet durch die erste Schöpfung? Und dennoch zweifeln sie an einer neuen Schöpfung.[8] Wir haben den Menschen geschaffen, und wir wissen, was seine Seele ihm zuflüstert, und wir sind ihm näher als seine Halsadern![9] Wenn die zwei zusammentreffenden Engel dem Menschen begegnen, einer ihm zur Rechten und einer ihm zur Linken sitzend, dann wird er kein Wort hervorbringen können, und nur der Wächter neben ihm ist geschäftig aufzuzeichnen.[10] Die Todesangst, welcher zu entgehen du suchest, wird in Wahrheit kommen, und dann wird in die Posaune gestoßen, und dies ist der angedrohte Tag. Eine jede Seele soll dann kommen, und mit ihr wird sein ein Dränger und ein Zeuge,[11] und der Dränger sagt: Du bist um diesen Tag ganz unbekümmert gewesen, aber nun haben wir dir die Decke abgenommen und dein Auge sieht jetzt scharf, worauf sein Gefährte spricht: Dies zu bezeugen bin ich bereit. Und Gott wird dann sagen: Werfet in die Hölle einen jeden Ungläubigen und Hartnäckigen, einen jeden, der das Gute verbieten wollte, einen jeden Ruchlosen und Zweifler, der neben Gott noch einen anderen Gott setzte, werfet ihn in die peinvolle Strafe. Und sein Gefährte[12] wird sagen: O unser Herr, nicht ich habe ihn verführt, sondern er ist von selbst in den großen Irrtum verfallen. Und Gott wird sprechen: Streitet nicht in meiner Gegenwart, da ich ja schon früher meine Drohungen euch habe werden lassen. Mein Wort leidet keine Veränderung, und meinen Dienern tue ich kein Unrecht. An jenem Tage werden wir zur Hölle sagen: Bist du gefüllt? Sie aber sagt: Ist noch Zuschuß da?[13] Den Frommen aber wird, ohne Aufenthalt, das Paradies nähergebracht, mit den Worten: Das ist, was euch verheißen ist worden, und einem jeden, der sich zu Gott hinwendet, und seine Gebote beobachtet, und den Allbarmherzigen auch im geheimen fürchtet, und zu ihm hintritt mit bekehrtem Herzen. Gehet ein in dasselbe in Frieden, denn dies ist der Tag der Ewigkeit. Dort werden sie erhalten, was sie nur wünschen, und bei uns ist noch eine Vermehrung der Glückseligkeit. Wie manche Geschlechter vor ihnen (den Mekkanern) haben wir nicht vertilgt, die weit mächtiger waren als sie? Gehet einmal die Länder durch und sehet, ob es vor unserer Rache irgendeinen Zufluchtsort gibt. Wahrlich, hierin liegt eine Ermahnung für den, der ein verständiges Herz hat, oder ein aufmerksames Ohr, und dessen forschendes Auge stets gegenwärtig ist. Wir haben die Himmel und die Erde, und was zwischen beiden ist, in sechs Tagen geschaffen, und es hat uns keine Müdigkeit ergriffen.[14] Ertrage daher in Geduld was sie sagen, und preise das Lob deines Herrn vor Sonnenaufgang und Untergang, auch in der Nacht preise ihn, und auch die äußersten Teile der Anbetung verrichte.[15] Horchet auf den Tag, an welchem der Ausrufer von einem nahen Orte[16] die Menschen zum Gerichte rufet, auf den Tag, an welchem sie den Schall der Posaune in Wahrheit vernehmen werden. Dies ist der Tag, an welchem die Menschen aus ihren Gräbern steigen.

Wir geben Leben und Tod, und zu uns ist die Rückkehr. An jenem Tage wird sich die Erde plötzlich über ihnen[17] spalten, und leicht ist es uns, diese Versammlung zu verwirklichen. Wir wissen wohl, was die Ungläubigen sagen, du aber bist nicht berufen, sie mit Gewalt zum Glauben zu zwingen. Ermahne durch den Koran den, der meine Drohungen fürchtet.

EINUNDFÜNFZIGSTE SURE

Die Zerstreuenden[1]

Geoffenbart zu Mekka

Im Namen des allbarmherzigen Gottes

Bei den staubzerstreuenden Winden, bei den bürdetragenden Wolken, bei den leicht dahineilenden Schiffen und bei den alles austeilenden Engeln, das euch Angedrohte ist Wahrheit, und das Jüngste Gericht trifft sicherlich ein. Bei dem Himmel, mit seinen Pfaden,[2] ihr weicht ja in eueren Reden sehr voneinander ab,[3] doch nur der wendet sich vom Glauben ab, der (durch göttlichen Ratschluß) sich abwenden muß. Verflucht[4] seien die Lügner, welche, in den Wassertiefen der Unwissenheit watend, ihr Seelenheil vernachlässigen. Sie fragen spöttisch: Wann wird der Tag des Gerichts eintreffen? An diesem Tage sollen sie im Höllenfeuer brennen, und gesagt wird zu ihnen: Kostet nun euere Strafe, die ihr beschleunigt haben wolltet. Die Frommen aber sollen wohnen in Gärten bei Quellen und hinnehmen, was ihr Herr ihnen gibt, weil sie vor diesem Tage Rechtschaffene gewesen sind. Sie schliefen nur einen kleinen Teil der Nacht,[5] und schon des Morgens früh flehten sie um Vergebung, und gaben von ihrem Vermögen dem Bettler das ihm Zukommende, und auch dem, dem die Scham das Fordern verwehrt. Auf der Erde und in euch selbst sind Zeichen (der Allmacht Gottes), und ihr wollt sie nicht bemerken? Euere Versorgung ist im Himmel, ebenso auch das, was euch verheißen ist.[6] Bei dem Herrn des Himmels und der Erde geschworen, dies ist Wahrheit, geschworen, wie ihr zu schwören pflegt.[7]

Ist nicht die Geschichte der ehrwürdigen Gäste des Abraham zu deiner Kenntnis gekommen?[8] Als sie zu ihm kamen und zu ihm sagten: Friede, da antwortete er: Friede, und dachte: diese Leute sind fremd. Er ging still zu seinen Hausleuten und brachte ein fettes Kalb und setzte es ihnen vor. (Da sie nichts berührten), da sagte er: Wollt ihr denn nichts essen? Und es befiel ihn Furcht vor ihnen. Sie aber sprachen: Fürchte dich nicht, und sie verkündeten ihm einen weisen Sohn. Seine Frau trat nun mit Geschrei näher und schlug die Hände vor das Gesicht und sprach: Ich bin ja eine alte, unfruchtbare Frau. Sie aber antworteten: So hat es dein Herr gesprochen, der da ist der Allweise und Allwissende. Und Abraham sagte: Was ist denn eigentlich euer Geschäft, ihr Boten? Sie aber antworteten: Wir sind gesandt zu einem frevelhaften Volke, damit wir Steine aus Lehm gebrannt auf es herabsenden, die für die Übeltäter von deinem Herrn gezeichnet sind.[9] Die Gläubigen in der Stadt aber haben wir zuvor herausgeführt, aber wir fanden darin nur *ein* Haus von Muslimen bewohnt, und wir ließen in ihr ein Zeichen zurück für die, so sich vor strenger Strafe fürchten. Als wir den Moses mit offenbarer Gewalt zum Pharao schickten, da wandte ihm dieser und seine Fürsten mit ihm den Rücken und sagte: Dieser ist entweder ein Zauberer oder ein Verrückter. Darum erfaßten wir ihn und sein Heer und stürzten sie in das Meer, denn er war ein schuldbeladener Frevler. Und wider die Aditen schickten wir einen verheerenden Wind, der alles, worüber er hinfuhr, zu Staub zermalmte. Und als zu den Thamudäern gesagt wurde: Freuet euch noch eine Zeitlang,[10] da übertraten sie dennoch frevelmütig den Befehl ihres Herrn, darum erfaßte sie, während sie sich umsahen, ein Erdbeben, so daß sie nicht auf ihren Füßen stehen und sich auch sonst nicht retten konnten. Und vor ihnen schon vertilgten wir das Volk des Noah, denn auch sie waren frevelhafte Menschen. Den Himmel haben wir gebaut mit Macht, und ihm eine weite Ausdehnung gegeben, und die Erde haben wir ausgebreitet, und wie gleich und eben haben wir sie ausgebreitet! Und von allen Dingen haben wir zwei Arten[11] geschaffen, auf daß ihr bedenken möget. Fliehet daher zu Gott, denn ich bin von ihm zum öffentlichen Prediger für euch bestimmt. Setzet neben Gott nicht noch einen anderen Gott, denn ich bin von ihm zum öffentlichen Prediger für euch bestimmt. So ist auch noch kein Gesandter zu ihren Vorfahren gekommen, oder sie sagten: Dieser Mensch ist ein Zauberer oder ein Verrückter. Haben sie dieses Betragen durch Vermächtnis ererbt? Wahrlich, es sind ruchlose Menschen. Wende dich daher von ihnen weg, und dies soll dir nicht als Schuld angerechnet werden. Fahre fort zu ermahnen, denn Ermahnung nützt auch den Gläubigen. Geister und Menschen habe ich nur geschaffen, damit sie mir dienen. Ich verlange keinen Unterhalt von ihnen, und auch nicht, daß sie mich speisen sollen, denn Gott ist ja der alles Ernährende, und er besitzet mächtige Gewalt. Die, welche sich sündhaft betragen, sollen gleich denen bestraft werden, welche sich ebenfalls sündhaft betrugen, und dann werden sie die Strafe nicht beschleunigt wünschen. Wehe den Ungläubigen, ihres Tages wegen, der ihnen angedroht ist!

ZWEIUNDFÜNFZIGSTE SURE

Der Berg[1)]

Geoffenbart zu Mekka

Im Namen des allbarmherzigen Gottes

Bei dem Berge[2)], bei dem Buche, geschrieben auf ausgebreitetem Pergament,[3)] und bei dem besuchten Hause[4)], bei dem hohen Himmelsdache, bei dem schwellenden Meere, die Strafe deines Herrn kommt sicherlich herab und niemand wird sie zurückhalten können. An diesem Tage wird der Himmel erschüttern und wanken und die Berge werden erschüttert sich bewegen.[5)] Wehe an diesem Tage denen, welche die Gesandten des Betrugs beschuldigten, denen, die sich an eitlem Wortstreite ergötzten. An diesem Tage werden sie in das Höllenfeuer hinabgestoßen mit den Worten: Das ist nun das Feuer, so ihr geleugnet habt. Ist dies wohl eine Täuschung? Oder seht ihr es nicht? Brennet nun darin. Ihr möget seine Pein geduldig oder ungeduldig ertragen, das steht sich gleich. Ihr erhaltet den Lohn eueres Tuns. Die Gottesfürchtigen aber werden wohnen in Gärten und in Wollust, sich ergötzend an dem, was ihr Herr ihnen gibt, und ihr Herr wird sie befreien von der Höllenqual. Gesagt wird zu ihnen: Esset und trinket und freuet euch ob dem, was ihr getan, und sitzet auf in Reihen geordneten Ruhekissen, und vermählen werden wir sie mit Jungfrauen, begabt mit großen, schwarzen Augen. Die, so da glauben, und deren Nachkommen ihnen im Glauben folgen, die wollen wir auch mit ihren Nachkommen im Paradiese vereinigen und ihnen nicht im mindesten den Lohn ihrer Handlungen verkürzen. (Ein jeder Mensch ist Pfand seiner Handlungen).[6)] Und wir geben ihnen, wie sie es nur wünschen, Obst und Fleisch in Überfluß. Sie reichen sich dort einander den Becher, in welchem weder Veranlassung zu eitler Rede noch zur Sünde ist.[7)] Ein Kreis von Jünglingen, so schön wie Perlen, in ihren Muscheln eingeschlossen, wird sie umgeben. Und sie werden sich einander nähern und Fragen stellen. Und sagen werden sie: Wir waren früher der unsrigen wegen bekümmert,[8)] aber nun hat sich Gott gnädig gegeben und bewiesen und uns befreit von der Qual des brennenden Feuers, denn wir hatten vordem nur ihn allein angerufen, und er ist der Allgütige und Allbarmherzige. Darum ermahne sie (o Mohammed), denn du bist durch die Gnade deines Herrn weder ein Wahrsager, noch ein Verrückter. Sagen sie: Er ist nur ein Dichter, und wir warten seinetwegen auf die Notwendigkeit der Zeit,[9] so antworte: Wartet nur ab und ich will mit euch warten. Befiehlt ihnen irgendein Traum so zu sprechen?[10] Oder sind sie frevelhafte Menschen? Wollen sie sagen: Er hat ihn (den Koran) geschmiedet? Wahrlich, sie wollen nun einmal nicht glauben. Mögen sie doch, so sie Wahrheit sprechen, eine Abhandlung vorweisen, die ihm (dem Koran) ähnlich ist. Sind sie aus Nichts geschaffen? Oder haben sie sich selbst erschaffen? Oder haben sie Himmel und Erde geschaffen? Wahrlich, sie sind nicht fest überzeugt davon.[11] Besitzen sie die Schätze deines Herrn? Oder haben sie die höchste Herrschaft? Oder haben sie eine Leiter, wodurch sie die Geheimnisse des Himmels erhorchen können? Möge doch der, so sie vernommen, kommen mit deutlichen Beweisen (daß er sie vernommen). Hat Gott nur die Töchter und ihr die Söhne?[12] Kannst du wohl einen Lohn für dein Predigen von ihnen verlangen, da sie ja mit Schulden schwer beladen sind? Besitzen sie die Geheimnisse so, daß sie dieselben nur niederschreiben können? Wollen sie eine List gegen dich schmieden? Doch die Ungläubigen sollen überlistet werden.[13] Haben sie außer Gott denn noch einen Gott? Fern von Gott das, was sie ihm zugesellen. Und sähen sie auch ein Stück des Himmels auf sie herabfallen, so würden sie doch sagen: Es ist nur eine dicke Wolke. Darum laß sie nur, bis ihr Tag heranbricht, an welchem sie untergehen, jener Tag, an welchem ihre List nichts hilft und niemand sie rettet. Wahrlich, die Frevler sollen außer dieser noch eine Strafe erhalten, doch die meisten von ihnen wissen dies nicht. Du aber warte in Geduld auf das Urteil deines Herrn, denn du bist unter unseren Augen geschützt. Preise das Lob deines Herrn, wenn du aufstehst und zur Zeit der Nacht, und wenn die Sterne verlöschen.[14]

DREIUNDFÜNFZIGSTE SURE

Der Stern[1)]

Geoffenbart zu Mekka

Im Namen des allbarmherzigen Gottes

Bei dem Sterne, der da untergeht[2)], euer Gefährte (Mohammed) irret nicht und täuscht sich nicht, und spricht auch nicht nach eigenem Willen, sondern nur Offenbarung ist's, die ihm offenbart ist worden. Der Mächtige und Starke[3)] hat es ihn gelehrt. Er erschien ihm am höchsten Horizont und näherte sich dem Propheten, und kam immer näher, bis auf zwei Ellenbogen[4)] weit, oder noch näher, und offenbarte seinem Diener, was er offenbarte, und das Herz täuschte sich nicht in dem, was es sah.[5)] Wie wollt ihr nun streiten mit ihm über das, was er gesehen? Er sah ihn (den Engel) ja schon zu einer anderen Zeit, bei dem Lotusbaume, der nicht überschritten werden darf, der da steht am Garten der ewigen Wohnung.[6)] Und da den Lotusbaum bedeckte, was ihn bedeckt,[7)] da wandte er (Mohammed) sein Gesicht nicht weg und schweifte nicht umher, denn er sah die größten Wunderzeichen seines Herrn. Was denkt ihr denn wohl von Lat und Uzza und von Manat,[8)] der anderen dritten Göttin? Habt ihr nur die Söhne und Gott nur die Töchter?[9)] Wahrlich, das ist eine ungerechte Verteilung, und jene sind nur leere Namen, die ihr und euere Väter den Götzen beigelegt, wozu Gott keine Erlaubnis gegeben hat. Aber sie folgen nur einer vorgefaßten Meinung und den Gelüsten ihres Herzens, obgleich ihnen die wahre Leitung von ihrem Herrn geworden ist. Soll der Mensch wohl erhalten, was er wünscht? Gott ist der Letzte und Erste, und so viele Engel auch im Himmel sind, so kann doch ihre Vermittlung durchaus nichts helfen, aber Gott habe einem, dem er will und der ihm wohlgefällt, sie erlaubt. Nur die, so nicht glauben an das zukünftige Leben, geben den Engeln weibliche Namen. Sie haben aber keine Kenntnis hiervon und folgen nur einer vorgefaßten Meinung, aber eine bloße Meinung hat nichts von Wahrheit an sich. Darum entferne dich von dem, der sich von unserer Ermahnung abwendet und weiter nichts will als das irdische Leben, das seine höchste Weisheit ist. Dein Herz aber kennet den, der von seinem Wege abirret, ebenso wie den, der rechtgeleitet ist. Gott gehöret, was im Himmel und was auf Erden ist, und er belohnet die, welche Böses tun, nach ihrem Tun, und die Rechtschaffenen belohnet er mit der herrlichsten Belohnung. Denjenigen, welche große und schändliche Sünden[10] vermeiden und sich nur leichtere Vergehen zuschulden kommen lassen, wird dein Herr sich leicht versöhnlich zeigen. Er kannte euch, als er euch aus der Erde hervorbrachte, und auch schon, da ihr als Fruchtkeim in euerer Mutter Leibe waret. Darum rechtfertiget euch nicht selbst, denn er kennet am besten den, so ihn fürchtet. Was hältst du wohl von dem, der sich von der Wahrheit abwendet und der nur weniges von seinem Vermögen für sie hergibt und das übrige geizig zurückhält? Kennt er die verborgene Zukunft so, daß er in sie hineinsehen kann? Ist er denn nicht belehrt worden von dem, was in den Büchern Moses steht? Und ist ihm nicht bekannt, wie Abraham seine Pflichten treu erfüllte? So wisse: Eine bereits belastete Seele braucht nicht auch noch die Last einer anderen zu tragen, und nur das wird dem Menschen vergolten, was er mit Vorbedacht getan, und es wird endlich an das Licht gebracht sein gutes Werk, wofür er mit reichlichem Lohne belohnt wird, und das Ende aller Dinge ist bei Gott. Er ist's, der lachen und weinen macht, Tod und Leben gibt, und der da geschaffen zwei Geschlechter, das männliche und weibliche, durch ausgesäten Samentropfen. Er, der eine zweite Schöpfung[11] bewirken wird, der reich macht und Güter in Besitz gibt. Er ist Herr des Sirius[12], und er ist's, so vertilgt hat die alten Aditen und Thamudäer, und keinen am Leben ließ, und ebenso noch vor ihnen das Volk des Noah, denn sie waren ungerechte und lasterhafte Menschen, und er ist's, der die Städte umgekehrt und sie mit seiner Strafe bedeckte[13]. Wie willst du daher die Wohltaten deines Herrn noch in Zweifel ziehen? Dieser (Mohammed) ist nur ein Prediger, gleich den früheren Predigern. Der herannahende Tag des Gerichts nähert sich, doch niemand außer Gott kann seine Zeit genau offenbaren. Ihr wundert euch über diese Nachricht? Ihr lachet darüber und weinet nicht vielmehr? Ihr treibt noch eitlen Spott damit? O, betet doch Gott an und dienet ihm!

VIERUNDFÜNFZIGSTE SURE

Der Mond[1]

Geoffenbart zu Mekka

Im Namen des allbarmherzigen Gottes

Die Stunde des Gerichts naht heran, und schon spaltet sich der Mond,[2] aber wenn sie (die Ungläubigen) auch ein Wunderzeichen sehen, so sagen sie doch: Fortdauerndes Blendwerk ist das, und sie beschuldigen dich des Betrugs und folgen nur ihren Begierden, doch ein jedes Ding hat seine feste Bestimmung.[3] Nun ist ihnen geworden die Botschaft[4], welche vor dem Unglauben abschreckt und die vollkommene Weisheit enthält, doch Verwarner nützen ihnen nicht, darum wende dich ab von ihnen. An jenem Tage, wenn der Rufer sie zu schwerem Geschäfte aufrufet,[5] dann werden sie mit niedergesenkten Blicken, gleich ausgebreiteten Heuschrecken, aus ihren Gräbern steigen und werden mit Schrecken dem Rufer entgegeneilen, und die Ungläubigen sagen dann: Das ist ein schrecklicher Tag. Auch vor ihnen schon hat das Volk des Noah unseren Diener des Betrugs beschuldigt und gesagt: Er ist ein Verrückter, und so wurde er mit Vorwürfen verworfen. Er aber rief zu seinem Herrn und sagte: Man überwältigt mich, darum räche mich. Und wir öffneten die Pforten des Himmels, Wasser herabzugießen, und aus der Erde ließen wir Quellen hervorbrechen, so daß das Wasser des Himmels und der Erde sich begegneten, wie der feststehende Ratschluß es bestimmte. Ihn (den Noah) aber trugen wir in einem Schiffe, aus Brettern und Nägeln zusammengesetzt, welches sich unter unseren Augen[6] fortbewegte, zur Belohnung ihm, den man undankbar verwarf. Und dieses Schiff haben wir als ein Zeichen übrigbleiben lassen, hat sich aber einer dadurch warnen lassen? Und wie streng war doch meine Rache und Drohung! Wir haben auch den Koran zur Ermahnung sehr leicht gemacht, und dennoch, wer will sich mahnen lassen? Auch die Adäer beschuldigten ihren Gesandten des Betrugs, aber wie streng war meine Strafe und Drohung! Wir schickten an einem höchst unglückseligen Tage einen tobenden Wind

– 343 –

wider sie, der die Menschen in die Höhe hob, als wären sie ausgerissene Wurzeln von Palmbäumen. Wie streng war nicht meine Rache und Drohung! Wir haben auch den Koran zur Ermahnung sehr leicht gemacht, und dennoch, wer will sich mahnen lassen? Auch die Thamudäer beschuldigten die Ermahnungen ihres Propheten des Betrugs und sagten: Sollten wir wohl einem einzigen Menschen aus unserer Mitte folgen? Das wäre ja von unserer Seite Irrtum und Torheit. Sollte ihm auch wohl das Ermahnungsamt vorzugsweise vor uns anvertraut worden sein? Wahrlich, er ist ein unverschämter Lügner. (Aber Gott sagte zu Saleh:) Morgen sollen sie es erfahren, wer ein unverschämter Lügner ist. Wir wollen ihnen zur Prüfung eine Kamelin zuschicken,[7] du aber beobachte sie und ertrage ihre Beschimpfungen mit Geduld, und verkünde ihnen, daß das Wasser unter ihnen geteilt und der Trank wechselweise gereicht werden soll. Sie aber riefen einen ihrer Gefährten[8], dieser nahm ein Schwert und tötete sie. Wie streng aber war meine Rache und Drohung! Wir schickten nur einen Schrei über sie herab und sie wurden wie dürre Stäbe an Viehhürden.[9] Wir haben nun den Koran zur Ermahnung sehr leicht gemacht, und dennoch, wer will sich mahnen lassen? Auch das Volk des Lot beschuldigte dessen Ermahnungen des Betrugs, aber wir schickten einen Wind, mit einem Steinregen beladen, wider sie, der sie vertilgte mit Ausnahme der Familie des Lot, welche wir, in unserer Gnade, des Morgens früh erretteten. So belohnen wir den Dankbaren. Zwar hatte sie Lot vor der Strenge unserer Strafe gewarnt, aber sie bezweifelten diese Verwarnung und forderten ihm seine Gäste ab. Wir aber stachen ihnen die Augen aus[10] und sagten: Nehmet nun hin meine Strafe und Drohung, und des Morgens früh erfaßte sie die auf immer dauernde Strafe, mit den Worten: Nehmet nun hin meine Strafe und Drohung. Wir haben nun den Koran zur Ermahnung sehr leicht gemacht, und dennoch, wer will sich mahnen lassen? Auch dem Volke des Pharao sind die Ermahnungen des Moses zugekommen, aber sie beschuldigten alle unsere Zeichen des Betrugs, daher wir sie mit einer mächtigen und unwiderstehlichen Züchtigung heimsuchten. Sind nun euere Ungläubigen (o ihr Mekkaner) etwa besser als jene? Oder ist euch in den heiligen Büchern Freisprechung von der Strafe zugesichert? Wollen sie etwa sagen: Wir bilden eine Gesamtheit, die ihm (Mohammed) weit überlegen ist? Wahrlich, diese Menge soll in die Flucht geschlagen werden, und sie wird den Rücken wenden müssen. Außerdem ist ihnen die Stunde des Gerichts angedroht, und diese Stunde wird noch weit peinlicher und bitterer sein. Wahrlich, die Übeltäter befinden sich in der Irre und kommen in das Höllenfeuer. An jenem Tage sollen sie auf ihren Angesichtern in das Höllenfeuer gezogen werden mit den Worten: Kostet nun die Berührung der Hölle. Alle Dinge haben wir nach einem bestimmten Ratschlusse geschaffen, und unser Befehl ist nur ein einziges Wort, und wie in einem Augenblicke ist alles da. Auch vordem schon haben wir Völker gleich euch vertilgt, aber läßt sich einer dadurch warnen? Alles, was sie tun, ist in den Büchern aufgezeichnet, und alles, es sei klein oder groß, ist niedergeschrieben. Die Gottesfürchtigen werden in Gärten bei Bächen wohnen, in der Versammlung der Gerechten,[11] bei dem allmächtigen Könige.

FÜNFUNDFÜNFZIGSTE SURE

Der Allbarmherzige[1]

Geoffenbart zu Mekka[2]

Im Namen des allbarmherzigen Gottes

Der Allbarmherzige hat den Koran gelehrt. Er hat den Menschen geschaffen und ihn mit vernünftiger Sprache begabt.[3] Die Sonne und der Mond bewegen sich nach bestimmten Regeln und Gras und Baum verehren ihn. Und den Himmel hat er hoch erhoben, und die Waage hat er aufgestellt,[4] damit auch ihr in Ansehung der Waage nichts übertretet und richtiges Gewicht führt und die Waage nicht vermindert. Und für die lebenden Geschöpfe hat er die Erde zubereitet mit Obst und blütenreichen Palmbäumen und bedeckt mit Fruchtkörnern, mit Hülsen und Blättern. Welche von den Wohltaten eueres Herrn wollt ihr wohl leugnen?[5] Den Menschen schuf er aus Ton wie ein irdenes Gefäß, und den Genius[6] aus reinem Feuer. Welche von den Wohltaten eueres Herrn wollt ihr wohl leugnen? Er ist Herr der beiden Osten und der beiden Westen.[7] Welche von den Wohltaten eueres Herrn wollt ihr wohl leugnen? Die beiden Meere hat er freigelassen, damit sie sich begegnen, aber ein Riegel ist zwischen beiden, damit sie sich nicht vermischen können.[8] Welche von den Wohltaten eueres Herrn wollt ihr wohl leugnen? Aus beiden werden große und kleine Perlen geholt. Welche von den Wohltaten eueres Herrn wollt ihr wohl leugnen? Sein sind die Schiffe, die gleich Bergen das Meer durchsegeln. Welche von den Wohltaten eueres Herrn wollt ihr wohl leugnen? Was auf Erden, ist hinfällig, und nur das herrliche und hochverehrte Antlitz deines Herrn ist ewig dauernd. Welche von den Wohltaten eueres Herrn wollt ihr wohl leugnen? Was im Himmel und was auf Erden ist, flehet zu ihm, und täglich wirkt er. Welche von den Wohltaten eueres Herrn wollt ihr wohl leugnen? O ihr Menschen und Geister,[9] wir wollen euch gewiß zur Rechenschaft ziehen. Welche von den Wohltaten eueres Herrn wollt ihr wohl leugnen? O du Herr der Geister und Menschen, gehet doch einmal, so ihr es vermöget, aus den Grenzen des Himmels und der Erde, aber ihr werdet sie nur mit seiner Erlaubnis verlassen können. Welche von den Wohltaten eueres Herrn wollt ihr wohl leugnen? Eine Feuerflamme ohne Rauch und ein Rauch ohne Feuerflamme wird einst auf euch herabgeschickt, und ihr werdet euch nicht schützen können. Welche von den Wohltaten eueres Herrn wollt ihr wohl leugnen? Wie aber, wenn der Himmel zerrissen und rot wie eine Rose wird und wie Salböl zerschmilzt?[10] Welche von den Wohltaten eueres Herrn wollt ihr wohl leugnen? An jenem Tage werden Menschen und Geister über ihre Vergehen nicht erst befragt werden müssen. Welche von den Wohltaten eueres Herrn wollt ihr wohl leugnen? Die Frevler wird man an ihren Merkmalen erkennen, und an den Haaren und Füßen wird man sie ergreifen. Welche von den Wohltaten eueres Herrn wollt ihr wohl leugnen? Dies ist nun die Hölle, welche die Frevler geleugnet, und sie sollen zwischen ihr und heißsiedendem Wasser hin und her wandern. Welche von den Wohltaten eueres Herrn wollt ihr wohl leugnen? Für den aber, der die Gegenwart seines Herrn gefürchtet, sind zwei Gärten bestimmt. Welche von den Wohltaten eueres Herrn wollt ihr wohl leugnen? Ausgeschmückt mit Bäumen weit ausgebreiteter Zweige. Welche von den Wohltaten eueres Herrn wollt ihr wohl leugnen? In beiden befinden sich zwei fließende Quellen. Welche von den Wohltaten eueres Herrn wollt ihr wohl leugnen? In beiden befinden sich von allen Früchten zwei Arten. Welche von den Wohltaten eueres Herrn wollt ihr wohl leugnen? Ruhen sollen sie auf Polsterkissen, deren Inneres mit Seide und Gold durchwirkt ist, und die Früchte der beiden Gärten sollen ihnen nahe zur Hand sein. Welche von den Wohltaten eueres Herrn wollt ihr wohl leugnen? In den beiden Gärten befinden sich auch Jungfrauen mit keusch niedergesenkten Blicken, die vor ihnen weder Menschen noch Dschinnen berührt haben. Welche von den Wohltaten eueres Herrn wollt ihr wohl leugnen? Schön sind sie wie Rubinen und Perlen. Welche von den Wohltaten eueres Herrn wollt ihr wohl leugnen? Sollte auch wohl der Lohn der guten Werke anders als gut sein? Welche von den Wohltaten eueres Herrn wollt ihr wohl leugnen? Außer jenen beiden Gärten sind noch zwei Gärten bereit.[11] Welche von den Wohltaten eueres Herrn wollt ihr wohl leugnen? Beschattet mit dunklem Grün. Welche von den Wohltaten eueres Herrn wollt ihr wohl leugnen? In ihnen sind zwei Quellen, welche stets wasserreich strömen. Welche von den Wohltaten eueres Herrn wollt ihr wohl leugnen? In beiden befindet sich Obst, Palmen und Granatäpfel. Welche von den Wohltaten eueres Herrn wollt ihr wohl leugnen? Auch die herrlichsten und schönsten Mädchen. Welche von den Wohltaten eueres Herrn wollt ihr wohl leugnen? Mit großen, schwarzen Augen, in Zelten für euch aufbewahrt. Welche von den Wohltaten eueres Herrn wollt ihr wohl leugnen? Von Menschen und Dschinnen vor ihnen nicht berührt. Welche von den Wohltaten eueres Herrn wollt ihr wohl leugnen? Dort ruht man auf grünen Kissen und herrlichen Teppichen. Welche von den Wohltaten eueres Herrn wollt ihr wohl leugnen? Gelobt sei der Name deines Herrn, der Ruhm und Herrlichkeit besitzt!

٥٦

SECHSUNDFÜNFZIGSTE SURE

Der Unvermeidliche[1]

Geoffenbart zu Mekka

Im Namen des allbarmherzigen Gottes

Wenn der Unvermeidliche (Gerichtstag) eintreffen wird, dann wird keine Seele mehr dessen Eintreffen leugnen. Er erniedrigt und erhebt. Wenn die Erde mit heftiger Erschütterung erschüttert wird, und die Berge in Stücke zerschmettert und wie dünner zerfliegender Staub werden, dann werdet ihr in drei Klassen[2] geteilt: Gefährten der rechten Hand,[3] (und wie glückselig sind die Gefährten der rechten Hand!) und Gefährten der linken Hand (und wie unglückselig sind die Gefährten der linken Hand!) und die, welche anderen im Guten vorangegangen sind,[4] die werden ihnen auch in das Paradies vorangehen. Diese werden Gott am nächsten sein und in wonnevollen Gärten wohnen. Die meisten davon sind aus der früheren und nur wenige aus der späteren Zeit.[5] Sie werden ruhen auf Kissen, mit Gold und edlen Steinen ausgeschmückt, auf denselben einander gegenübersitzend. Jünglinge in ewiger Jugendblüte werden, ihnen aufzuwarten, um sie herumgehen mit Bechern, Kelchen und Schalen fließenden Weines, der den Kopf nicht schmerzen und den Verstand nicht trüben wird, und mit Früchten, von welchen sie nur wählen, und mit Fleisch von Vögeln, wie sie es nur wünschen können. Und Jungfrauen mit großen schwarzen Augen, gleich Perlen, die noch in ihren Muscheln verborgen, werden ihnen zum Lohn ihres Tuns. Weder eitles Geschwätz, noch irgendeine Anklage wegen Sünde werden sie dort hören, sondern nur den Ruf: Friede! Friede! Und die Gefährten der rechten Hand (und wie glückselig sind die Gefährten der rechten Hand!) werden wohnen bei dornenlosen Lotusbäumen und bei schön geordneten Talhabäumen[6], und unter ausgebreitetem Schatten, und bei einem immer fließenden Wasser, und bei Früchten im Überfluß, die nie vermindert und nie verboten werden. Wohnen werden sie bei Jungfrauen, gelagert auf erhöhten Kissen, die wir durch eine besondere Schöpfung

– 348 –

geschaffen,[7) wir machten sie zu Jungfrauen[8)], von ihren Gatten, welche in gleichem Alter mit ihnen, stets gleich geliebt. Dies den Gefährten der rechten Hand, deren viele aus der früheren und viele aus der späteren Zeit sein werden.[9)] Die Gefährten der linken Hand aber (und wie unglückselig sind die Gefährten der linken Hand!) werden wohnen in brennendem Winde und siedendheißem Wasser und unter dem Schatten eines schwarzen Rauches, der weder kühl noch angenehm ist. Denn sie haben sich vor diesem der Lust dieser Welt gefreut, und beharrten hartnäckig in ruchlosem Frevelmute und sagten: Sollten wir wohl, wenn wir tot sind und Staub und Knochen geworden, wieder auferstehen? Sollten wohl auch unsere Vorfahren wieder auferstehen? Antwort: Jawohl, die Früheren und die Späteren werden zur bestimmten Zeit an einem bestimmten Tage versammelt werden. Dann werdet ihr, die ihr euch dem Irrtum hingegeben und die Auferstehung geleugnet habt, von der Frucht des Baumes Sakkum[10)] essen, und eueren Bauch damit anfüllen, und darauf siedendheißes Wasser trinken müssen, so wie ein durstiges Kamel zu trinken pflegt. Dies ist ihre Behandlung am Tage des Gerichts. Wir haben euch ja geschaffen, und ihr wollt doch nicht an eine Auferstehung glauben? Was denkt ihr wohl? Den Samen, den ihr aussendet habt *ihr* ihn, oder haben *wir* ihn geschaffen? Wir haben euch allen den Tod bestimmt, und wir sind nicht verhindert daran, daß wir euch durch euresgleichen ersetzen und euch wieder auf eine Weise neu hervorbringen, die ihr noch nicht kennet. Ihr kennt ja die erste Schöpfung, und ihr wollt keiner zweiten eingedenk sein? Was dünkt euch wohl von der Saat, die ihr aussäet? Laßt *ihr* sie, oder lassen *wir* sie hervorwachsen? Wenn wir nur wollten, so könnten wir sie ja verdorren lassen und unfruchtbar machen, so daß ihr nicht aufhören würdet, euch zu verwundern und zu sagen: Wir haben uns Kosten gemacht, und es ist uns nicht einmal vergönnt zu ernten. Was denkt ihr wohl? Das Wasser das ihr trinket, habt *ihr* es, oder haben *wir* es aus den Wolken herabgeschickt? Wenn wir nur wollten, so könnten wir es ja salzig machen, und ihr solltet nicht dankbar sein? Was dünkt euch wohl von dem Feuer, das ihr schlaget? Habt *ihr* den Baum, von welchem ihr dasselbe erhaltet, oder haben *wir* ihn hervorgerufen?[11)] Diesen haben wir bestimmt zur Ermahnung[12)] und zum Nutzen derer, welche in der Wüste reisen.

Darum preise den Namen deines Herrn, des großen Gottes. Ich schwöre es bei dem Untergange der Sterne – und dies ist ein großer Schwur, so ihr verstehet – dies ist der verehrungswürdige Koran, der niedergeschrieben ist in dem aufbewahrten Buche[14)] und nur die Reinen dürfen ihn berühren.[15)] Er ist eine Offenbarung vom Herrn des Weltalls. Wollt ihr wohl diese neue

Offenbarung verachten? Beschafft ihr euch wohl selbst euere Nahrung, so daß ihr undankbar sein dürfet? Wie? Wenn die Seele eines Sterbenden ihm an die Kehle steigt und ihr zur selben Zeit ihn anblickt (wir aber stehen ihm noch näher, obgleich ihr es nicht sehen könnt), wollt ihr da nicht, da ihr ohne Hoffnung auf einstigen Lohn zurückbleibt, daß sie wieder in den Körper zurückkehre, so ihr wahrhaftig seid?[16] Ist der Sterbende einer von denen, die Gott nahe sind,[17] so wird ihm Ruhe, herrliche Versorgung und ein wonnevoller Garten zuteil. Gehört er zu den Gefährten der rechten Hand, so wird er von diesen mit dem Gruße begrüßt: Friede sei mit dir! Gehört er aber zu den Leugnern und Verirrten, so wird er mit siedendheißem Wasser bewirtet und in das brennende Feuer geworfen. Wahrlich, dies ist sichere Wahrheit, darum preise den Namen deines Herrn, des großen Gottes.

SIEBENUNDFÜNFZIGSTE SURE

Das Eisen[1]

Geoffenbart zu Mekka[2]

Im Namen des allbarmherzigen Gottes

Es preiset Gott, was im Himmel und was auf Erden ist, denn er ist der Allmächtige und Allweise. Ihm gehört das Reich des Himmels und der Erde, er belebet und tötet und ist aller Dinge mächtig. Er ist der Erste und Letzte, der Sichtbare und Verborgene, und er kennet alle Dinge. Er ist es, der Himmel und Erde geschaffen in sechs Tagen und sich dann auf den Thron niederließ. Er kennet, was in die Erde eingeht und was aus ihr hervorgeht, was vom Himmel herabsteigt und was zu ihm hinaufsteigt, und er ist mit euch, wo ihr auch sein möget, denn Gott sieht, was ihr tut. Ihm gehört das Reich des Himmels und der Erde, und zu Gott kehren alle Dinge zurück. Er läßt die Nacht auf den Tag und den Tag auf die Nacht folgen, und er kennet das Innerste der menschlichen Brust. Glaubet daher an Gott und seinen Gesandten und gebet Almosen von dem Vermögen, das er euch hat erben lassen, denn die von euch, so da glauben und Almosen geben, erhalten großen Lohn. Warum solltet ihr auch nicht an Gott glauben, da euch ja der Gesandte zuruft, an eueren Herrn zu glauben, und der auch euer Gelöbnis erhalten, daß ihr Gläubige sein möget. Er ist es, der seinem Diener deutliche Zeichen herabgesandt, damit er euch führe aus der Finsternis in das Licht, denn Gott ist huldvoll und barmherzig gegen euch. Warum wollt ihr nichts beisteuern für die Verteidigung der Religion Gottes, ja doch Gott die Erbschaft des Himmels und der Erde gehört? Die unter euch, welche vor der Einnahme von Mekka für Gott beigesteuert und gekämpft haben, sollen nicht gleichgehalten werden mit denen, welche nach dieser beigesteuert und gekämpft haben. Jene erhalten eine höhere Stufe, doch hat Gott allen die herrlichste Belohnung verheißen, denn Gott ist wohlbekannt mit dem, was ihr tut. Wer will wohl Gott ein schönes Darlehen leihen, da er es ihm ja zwiefach wiedererstatten und ihm außerdem noch herrlichen Lohn geben wird. An jenem Tag einst wirst du sehen, wie den gläubigen Männern und Frauen ihr Licht vorangeht, und noch eins ihnen zur Rechten,[3)] und gesagt wird zu ihnen: Frohe Botschaft wird euch heute, nämlich Gärten, von Wasserbächen durchströmt, und ewig sollt ihr darin verbleiben. Dies wird eine große Glückseligkeit sein. An jenem Tage werden die heuchlerischen Männer und Frauen zu den Gläubigen sagen: Wartet doch auf uns, damit wir uns Licht an euerem Lichte anzünden. Aber geantwortet wird ihnen: Kehret in die Welt zurück und suchet euch Licht. Und eine hohe Mauer wird zwischen ihnen aufgerichtet, an welcher sich ein Tor befindet, innerhalb desselben waltet Barmherzigkeit, und gegenüber, außerhalb desselben, herrscht die Höllenstraße. Die Heuchler werden dann den Gläubigen zurufen: Waren wir nicht mit euch? Sie aber werden antworten: Jawohl, aber ihr habt euere Seelen verführt, und habt auf unser Verderben gewartet, und bezweifeltet die Wahrheit, und euere lüsternen Wünsche täuschten euch so lange, bis Gottes Befehl eintraf,[4)] und so betrog euch in Hinsicht Gottes der Betrüger. An jenem Tage wird weder von euch noch von den Ungläubigen ein Lösegeld angenommen. Das Höllenfeuer soll euere Wohnung und euer Beschützer sein. Eine schlimme Reise ist es dorthin. Ist nun nicht für die Gläubigen die Zeit gekommen, ihr Herz vor der Ermahnung Gottes und vor der geoffenbarten Wahrheit zu demütigen und nicht zu sein wie die, denen die Schrift ehedem geworden,[5] deren Herz aber, obgleich die Zeit der Nachsicht ihnen verlängert ist worden, hartnäckig blieb, und deren viele Übeltäter waren? Wisset, daß Gott die Erde nach ihrem Tode wieder neu belebet. So machen wir euch unsere Zeichen deutlich, damit ihr begreifet. Die Almosenspender beiderlei Geschlechts, und die Gott ein schönes Darlehen leihen, werden es doppelt wiedererhalten und außerdem noch herrlichen Lohn. Die, so da glauben an Gott und seinen Gesandten, das sind wahrhaft Gläubige, und sie werden vor ihrem Herrn Zeugnis geben gegen die Ungläubigen, und sie werden bekommen ihren Lohn und ihr Licht. Die Ungläubigen aber und die, so unsere Zeichen des Betrugs beschuldigten, werden der Hölle Gefährten sein. Wisset, das irdische Leben ist nur ein Spiel, nur ein Scherz. Die Pracht, die Sucht nach Ruhm und die Vermehrung der Reichtümer und Kinder gleichen den Pflanzen, durch Regen genährt, deren Wachstum den Landmann erfreuen, die aber dann dürre und, wie du siehst, welk und zuletzt verdorrte Stoppeln werden. In jenem Leben erhalten die, so dem Irdischen nachstreben, schwere Strafe, die aber, welche demselben entsagen, Versöhnung von Gott und Wohlgefallen. Das irdische Leben ist nur ein Vorrat von Täuschungen. Beeilet euch mit Wetteifer, Versöhnung zu erhalten von euerem Herrn und das Paradies, dessen Ausdehnung so groß ist wie die Ausdehnung des Himmels und der Erde, und welches denen verheißen ist, so da glauben an Gott und seinen Gesandten. Dies ist die Güte Gottes, die er zuteil werden läßt, wem er will, denn Gott ist von großer Güte. Kein Geschick kommt über die Erde oder über euch, oder es ist schon vorher, ehe wir es entstehen ließen, in dem Buche unseres Ratschlusses aufgezeichnet gewesen, was Gott ein leichtes ist. Dies wird euch deshalb gesagt, damit ihr euch nicht zu sehr betrübet über die Güter, welche euch entzogen, und nicht zu sehr freut über die, so euch zuteil werden, denn Gott liebt nicht die Stolzen und Ehrfürchtigen und Geizigen, und die auch anderen den Geiz anbefehlen. Und wendet man sich auch ab davon (die pflichtigen Gaben zu geben), so ist doch Gott reich genug und des Preisens wert.

Wir haben schon vordem unsere Gesandten geschickt mit deutlichen Zeichen, und mit ihnen herabgesandt die Schrift und die Waage[6], damit die Menschen Gerechtigkeit beobachten mögen. Auch haben wir ihnen das Eisen[7] herabgesandt, in welchem gewaltige Kraft ist für den Krieg, und das auch sonst den Menschen nützlich ist, damit Gott kennenlerne den, der ihm und seinen Gesandten, auch im geheimen[8], Beistand leistet, denn Gott ist stark und allmächtig. Auch haben wir vormals den Noah und Abraham gesandt, und haben für ihre Nachkommen die Gabe der Prophezeiung und die Schrift bestimmt, von welchen sich einige leiten ließen. Die meisten aber waren Übeltäter. Darauf ließen wir andere unserer Gesandten in ihre Fußstapfen treten, und ließen ihnen nachfolgen Jesus, den Sohn der Maria, und gaben ihm das Evangelium, und legten in das Herz derer, so ihm folgten, Frömmigkeit und Erbarmen. Den Mönchsstand aber haben sie selbst errichtet – wir hatten denselben ihnen nicht vorgeschrieben – nur aus Verlangen, Gott wohlgefällig zu sein, sie aber beobachteten denselben nicht so, wie er in Wahrheit hätte beobachtet werden müssen. Denen unter ihnen, so da glaubten, gaben wir ihren Lohn, doch die meisten von ihnen waren Übeltäter. O ihr Gläubigen[9], fürchtet Gott und glaubet an seinen Gesandten, und er wird euch zwiefach[10] seine Barmherzigkeit zuteil werden lassen, und euch ein Licht geben, bei dem ihr wandeln könnet, und er wird euch vergeben, denn Gott ist versöhnend und barmherzig. Die Schriftbesitzer[11] mögen erkennen, daß sie durchaus keine Gewalt haben über die Güte Gottes, und daß die Gnade nur in der Hand Gottes ist, der sie gibt wem er will, denn Gott ist im Besitze großer Güte.

ACHTUNDFÜNFZIGSTE SURE

Die Streitende[1)]

Geoffenbart zu Medina[2)]

Im Namen des allbarmherzigen Gottes

Gott hat bereits gehört die Rede derjenigen, welche mit dir gestritten wegen ihres Ehemannes. Sie brachte ihre Klage vor Gott,[3)] und Gott hörte euere beiderseitige Unterredung, denn Gott hört und sieht alles. Diejenigen unter euch, welche sich von ihren Frauen trennen mit der Erklärung: daß sie dieselben wie den Rücken ihrer Mütter betrachten wollen, mögen wissen, daß dieselben ihre Mütter nicht sind. Nur diejenigen, welche sie geboren, sind ihre Mütter, und jene Erklärung, welche sie aussprechen, ist ungerecht und falsch. Doch Gott ist gnädig und verzeiht gerne. Diejenigen, welche sich von ihren Frauen trennen mit der Erklärung: daß sie dieselben wie den Rücken ihrer Mütter betrachten wollen, später aber das, was sie ausgesprochen, gern wieder zurücknehmen möchten, die sollen, ehe sie sich wieder berühren, einen Gefangenen freimachen. Dies zu tun, werdet ihr ermahnt, und Gott kennet euer Tun. Wer aber keinen Gefangenen zu befreien findet, der soll, bevor sie sich wieder berühren, zwei Monate nacheinander fasten. Der aber, welcher dies nicht vermag, der soll sechzig Arme speisen. Dieses ist angeordnet, damit ihr glaubet an Gott und seinen Gesandten. Dies sind Verordnungen Gottes, und die Ungläubigen erhalten peinliche Strafe. Die, welche sich Gott und seinem Gesandten widersetzen, werden schmachvoll erniedrigt werden, so wie die erniedrigt worden, welche vor ihnen lebten. Wahrlich, wir haben deutliche Zeichen herabgesandt, und den Ungläubigen ist schmachvolle Strafe bereitet. An jenem Tage wird Gott sie allesamt auferwecken und ihnen anzeigen, was sie getan. Gott hat genaue Rechenschaft darüber geführt, und wenn sie es vergessen, so ist doch Gott Zeuge aller Dinge. Siehst du es denn nicht ein, daß Gott weiß, was im Himmel und was auf Erden ist? Nicht drei können heimlich miteinander sprechen, oder er ist der vierte, nicht fünf, oder er ist der sechste, mögen es aber auch noch weniger oder noch mehr sein, er ist bei ihnen, wo sie auch sein mögen, und am Tage der Auferstehung wird er ihnen anzeigen, was sie getan, denn Gott weiß alles. Siehst du nicht, wie die, denen heimliche Unterredungen verboten worden sind,[4] dennoch zu dem, was ihnen verboten, zurückkehren und heimlich Ungerechtigkeiten, Feindschaft und Ungehorsam gegen den Gesandten verabreden? Wenn sie zu dir kommen, so grüßen sie dich, wie dich Gott nie gegrüßt,[5] und fragen sich spöttisch dann noch selbst: Wird uns Gott wohl dieser unserer Rede wegen zur Rechenschaft ziehen? Die Hölle soll ihnen Strafe zur Genüge sein, in welcher sie brennen müssen. Ein schlimmer Gang ist's dorthin. O ihr Gläubigen, wenn ihr vertraulich miteinander redet, dann redet nicht von Ungerechtigkeit, Feindschaft und Ungehorsam gegen den Gesandten, sondern sprechet nur von Gerechtigkeit und Frömmigkeit, und fürchtet Gott, zu dem ihr einst versammelt werdet. Wahrlich, die geheimen sündlichen Unterredungen veranlaßt der Satan, um dadurch die Gläubigen zu betrüben, denen er aber durchaus nicht schaden kann, oder Gott müßte es wollen. Darum mögen die Gläubigen nur auf Gott vertrauen. O ihr Gläubigen, wenn euch zugerufen wird: Machet Platz in der Versammlung,[6] so machet Platz, und Gott wird euch dafür auch großen Raum im Paradiese gewähren. Wird zu euch gesagt: Erhebet euch, so erhebet euch, und Gott wird die unter euch auf eine hohe Stufe erheben, so da glauben und Erkenntnis besitzen, und Gott kennet euer Tun. O ihr Gläubigen, wenn ihr mit dem Gesandten euch unterreden wollt, so gebet zuvor vor euerer Unterredung Almosen, so ist es am besten und reinsten für euch, doch habt ihr nichts zu geben, so ist doch Gott gnädig und barmherzig gegen euch. Wenn ihr es aber unterlasset, vor euerer Unterredung mit dem Gesandten Almosen zu geben, aus Furcht (ihr möchtet selbst verarmen), so wird euch Gott dies nachsehen, wenn ihr nur das Gebet verrichtet und die sonst *vorgeschriebenen* Almosen gebet und Gott und seinem Gesandten gehorchet, denn Gott kennet euer Tun. Hast du die noch nicht beobachtet, welche sich ein Volk zum Freunde nehmen, gegen welches[7] Gott zürnet? Sie gehören weder zu euch noch zu ihnen und beschwören wissentlich eine Lüge.[8] Diesen hat Gott schwere Strafe bereitet, denn böse ist ihr Tun. Sie nehmen ihre Eide nur zum Deckmantel, um andere vom Wege Gottes abzuleiten. Dafür aber wartet ihrer schmachvolle Strafe, und weder ihr Vermögen noch ihre Kinder werden ihnen etwas helfen können wider Gott. Sie sollen sein Gefährten des Höllenfeuers und werden ewig darin bleiben. An jenem Tage wird sie Gott allesamt auferwecken, und sie werden ihm dann schwören, wie sie euch jetzt schwören, glaubend, daß es ihnen etwas helfen werde. Sind sie nicht Lügner? Der

Satan hat sie überwältigt und hat sie vergessen lassen das Andenken Gottes. Sie gehören zur Partei des Satans, und sollten nicht die Parteigänger des Satans zum Untergange verdammt werden? Wahrlich, die, welche Gott und seinem Gesandten widerstreben, die gehören zu den Niederträchtigsten. Gott hat niedergeschrieben: Ich und meine Gesandten, wir werden siegen, denn Gott ist stark und allmächtig. Du wirst nicht finden, daß Menschen, so da glauben an Gott und den Jüngsten Tag, diejenigen lieben, so sich widersetzen Gott und seinem Gesandten, und wären sie auch ihre Väter, oder ihre Söhne, oder ihre Brüder, oder ihre sonst nächsten Anverwandten. Diesen hat Gott den Glauben in ihr Herz geschrieben und sie mit seinem Geiste gestärkt, und er wird sie führen in Gärten, welche Wasserbäche durchströmen, und ewig sollen sie darin bleiben. Gott hat Wohlgefallen an ihnen und sie haben Wohlgefallen an ihm. Diese gehören zur Partei Gottes, und sollten wohl die, so zur Partei Gottes gehören, nicht glücklich sein?

NEUNUNDFÜNFZIGSTE SURE

Die Auswanderung[1]

Geoffenbart zu Medina

Im Namen des allbarmherzigen Gottes

Was im Himmel und was auf Erden ist, preiset Gott, ihn, den Allmächtigen und Allweisen. Er ist es, der die ungläubigen Schriftbesitzer[2] bei ihrer ersten Auswanderung aus ihren Wohnungen vertrieb. Ihr dachtet es nicht, daß sie auswandern würden, und auch sie selbst hielten dafür, daß ihre Festungen sie wider Gott beschützen könnten. Aber Gottes Strafgericht kam über sie von einer Seite, woher sie sich's nicht erwarteten, und er jagte Schrecken in ihre Herzen, so daß sie ihre Häuser unter den Händen der Gläubigen mit ihren eigenen Händen niederrissen. Daran nehmt euch ein Beispiel, ihr, die ihr Augen habt. Und wenn auch Gott die Verbannung nicht über sie niedergeschrieben und verhängt hätte, so würde er sie doch auf eine andere Weise in dieser Welt gestraft haben, und in jener Welt ist ihnen außerdem die Strafe des Höllenfeuers bereitet. Dieses traf sie, weil sie sich Gott und seinem Gesandten widersetzten, denn wer sich Gott widersetzt, gegen den ist Gott streng im Bestrafen. Welche Palmbäume ihr auch abgehauen, oder auf ihren Wurzeln stehen ließet, beides geschah mit dem Willen Gottes, um die Übeltäter (die Juden) zu beschimpfen. Und die Beute von ihnen, welche Gott ganz seinem Gesandten gewährte,[3] die brachtet ihr nicht durch Pferde oder Kamele ein,[4] sondern Gott läßt seine Gesandten überwältigen, wen er will, denn Gott ist aller Dinge mächtig. Die Beute von den Bewohnern der Städte, welche Gott seinem Gesandten gewährte, gehöret Gott und dem Gesandten und dessen Anverwandten, und den Waisen, Armen und Wanderern, damit der Reichtum nicht allein unter den Reichen wie in einem Zirkel herumgehe.[5] Was der Gesandte euch gibt, das nehmet an, und was er euch versagt, dessen enthaltet euch und fürchtet Gott, denn Gott ist streng im Bestrafen. Ein Teil der Beute gehört auch den armen Mohadschirun[6], die, vertrieben aus ihren

– 357 –

Wohnungen und von ihrem Vermögen, nur die Gnade Gottes und dessen Wohlgefallen anstrebten und Gott und seinem Gesandten beistanden. Diese sind Wahrhaftige. Und die, welche ruhig die Stadt Medina bewohnten und den wahren Glauben schon längst vor ihnen hatten,[7] sollen die lieben, so zu ihnen fliehen mußten, und kein Bedürfnis fühlen zu dem, was ihnen zuteil wurde.[8] Ja sie werden ihnen, und wenn sie dessen auch selbst bedürftig wären, diesen Vorzug vor ihnen gönnen, denn wer seine Seele vor Habsucht bewahrt, der ist glücklich. Und die, welche nach ihnen gekommen sind,[9] werden sprechen: O unser Herr, vergib uns und unseren Brüdern, die uns im Glauben schon vorangegangen sind, und lege keine böse Gesinnung in unser Herz wider die, welche geglaubt haben, denn du, o Herr, bist gnädig und barmherzig. Hast du die Heuchler noch nicht beobachtet? Sie sagen zu ihren ungläubigen Brüdern, den Schriftbesitzern[10]: Sollet ihr vertrieben werden, so werden wir mit euch auswandern, und wir versagen, in betreff euerer,[11] jedem auf immer den Gehorsam, und wenn ihr bekämpft werdet, so wollen wir euch beistehen. Gott aber ist Zeuge, daß sie Lügner sind. Wenn jene vertrieben werden, so werden sie nicht mit ihnen auswandern, und wenn jene bekämpft werden, so werden sie ihnen nicht beistehen, und wenn sie ihnen auch Beistand leisten sollten, so werden sie doch den Rücken kehren, und jenen wird nicht geholfen sein. Wahrlich, ihr seid stärker denn sie, weil Gott einen Schrecken in ihr Herz geworfen, deswegen, weil sie unverständige Menschen sind. Sie (die Juden) wollen nicht vereint offen mit euch kämpfen, sondern nur hinter befestigten Städten und Mauern. Ihr Kriegsmut ist zwar groß, du denkst auch, daß sie vereinigt seien, aber nein, ihre Herzen sind getrennt, deswegen, weil sie unverständige Menschen sind. Sie gleichen denen, welche unlängst vor ihnen lebten,[12] welche die üblen Folgen ihrer Unternehmung empfunden und noch außerdem eine peinliche Strafe zu erleiden haben. Sie gleichen dem Satan, der zu einem Menschen sagt: Sei ungläubig! Und dann, wenn dieser ungläubig geworden, spricht: Ich spreche mich rein von dir, denn ich fürchte Gott, den Weltenherr. Das Ende beider aber soll sein das Höllenfeuer, in welchem sie ewig verbleiben. Dies sei der Lohn der Frevler. O ihr Gläubigen, fürchtet Gott, und eine jede Seele bedenke, was sie auf den Morgen[13] voranschicke. Fürchtet Gott, denn Gott kennet euer Tun. Seid nicht wie die, welche Gott vergessen haben, wofür er auch ihre eigenen Seelen hat vergessen lassen, denn dies sind Übeltäter. Die Gefährten des Höllenfeuers und die Gefährten des Paradieses sind nicht gleich zu halten. Die Gefährten des Paradieses freuen sich der Glückseligkeit.

Hätten wir diesen Koran auf einem Berge geoffenbart, so würdest du gesehen haben, wie derselbe sich demütige und sich spalte aus Furcht vor Gott.[14] Diese Gleichnisse stellen wir für die Menschen auf, damit sie nachdenken mögen. Er ist Gott und außer ihm gibt es keinen Gott. Er kennet die geheime Zukunft und die offenbare Gegenwart, er, der Allbarmherzige. Er ist Gott und außer ihm gibt es keinen Gott, er, der König, der Heilige, der Friedensstifter, der Zuversichtliche, der Wächter, der Mächtige, der Starke und Hocherhabene. Gott ist hocherhaben über die Götzen, welche sie ihm zugesellen. Er ist Gott, der Schöpfer, der Verfertiger, der Bildner. Er hat die herrlichsten Namen. Ihn preiset, was im Himmel und was auf Erden ist, ihn, den Allmächtigen, den Allweisen.

SECHZIGSTE SURE

Die Geprüfte[1)]

Geoffenbart zu Medina

Im Namen des allbarmherzigen Gottes

O ihr Gläubigen, nehmet nicht meinen und eueren Feind euch zu Freunden, indem ihr euch freundlich gegen sie bezeigen wolltet, da sie doch nicht glauben an die Wahrheit, die euch geworden, und euch und den Gesandten vertrieben haben, wegen eueres Glaubens an Gott, eueren Herrn. Wenn ihr ausziehet, für meine Religion zu fechten, um mein Wohlgefallen zu erlangen, dabei aber heimlich Freundschaft für jene heget, so weiß ich ebensowohl das, was ich verheimlicht, als das, was ihr veröffentlicht. Wer von euch solches tut, der ist bereits vom richtigen Wege abgeirrt. Wenn sie euch nur erst in ihrer Gewalt hätten, dann würden sie sich als euere Feinde zeigen, und ihre Hände und Zungen zum Bösen wider euch ausstrecken, und ernstlich wünschen, daß ihr Ungläubige würdet. Weder euere Verwandten noch euere Kinder können euch nützen am Tage der Auferstehung, der euch voneinander absondern wird, und Gott sieht euer Tun. Ihr habt ein herrliches Muster an Abraham und an denen, welche es mit ihm hielten. Diese sagten zu ihrem Volke: Wir sprechen uns rein von euch und von den Götzen, welche ihr außer Gott verehret. Wir entsagen euch, und auf immer sei zwischen uns und euch Feindschaft und Haß, wenigstens so lange, bis ihr glaubet an den einzigen Gott. Doch sagte Abraham[2)] zu seinem Vater: Ich will für dich um Vergebung bitten, aber ich werde von Gott nichts für dich erlangen. O unser Herr, auf dich vertrauen wir und zu dir wenden wir uns hin, und zu dir ist unsere einstige Rückkehr. O unser Herr, führe uns nicht durch die Ungläubigen in Versuchung, vergib uns, o Herr, denn du bist ja allmächtig und allweise. Auch habt ihr an ihnen ein herrliches Muster, nämlich der, so da hoffet auf Gott und den letzten Tag. Wenn aber einer sich abwendet, so ist doch Gott reich genug und preisenswert. Vielleicht geschieht es auch noch, daß Gott zwischen euch und denen, die euch jetzt Feinde sind,

Freundschaft herstellt,[3] denn Gott ist allmächtig, und Gott ist versöhnend und barmherzig. Was die betrifft, so euch der Religion wegen weder bekämpft noch vertrieben haben, so verbietet euch Gott es nicht, gegen diese freundlich und gerecht zu sein, denn Gott liebt die Gerechten. Wohl aber verbietet euch Gott, Freundschaft zu pflegen mit denen, welche der Religion wegen mit euch gekämpft und euch aus eueren Wohnungen vertrieben und zu euerer Vertreibung Beistand geleistet haben. Wer gegen diese Freundschaft heget, der ist ein Frevler. O ihr Gläubigen, wenn gläubige Frauen zu euch übergehen, dann prüfet sie.[4] Gott kennet ihr Glauben. Lernt ihr sie nun als wahre Gläubige kennen, so schicket sie nicht wieder zu den Ungläubigen zurück, denn die Ehe ist ihnen gegenseitig verboten. Gebet aber ihren Ehemännern zurück, was sie für ihre Morgengabe verwendet haben.[5] Ihr habt dann keine Sünde davon, wenn ihr sie dann heiratet, insofern ihr denselben ihre Morgengabe gebet. Verhindert auch euere Frauen nicht, sich in den Schutz der Ungläubigen zu begeben,[6] jedoch könnt ihr das zurückfordern, was ihr für ihre Morgengabe verwendet, ebenso wie jene zurückfordern können, was sie verwendet zur Morgengabe ihrer Frauen, die zu euch übergegangen sind. Das ist der Richterspruch Gottes, welchen er für euch ausgesprochen, und Gott ist allwissend und allweise. Wenn einigen von eueren Frauen zu den Ungläubigen überlaufen, und später macht ihr Beute, so gebet den gläubigen Männern, deren Frauen entlaufen sind, so viel davon, als sie für deren Morgengabe verwendet haben,[7] und fürchtet Gott, an den ihr ja glaubt. O Prophet, wenn gläubige Frauen der Ungläubigen zu dir kommen und dir eidlich versprechen, daß sie Gott kein Wesen an die Seite setzen, und nicht stehlen, nicht huren und ihre Kinder nicht mehr töten wollen, und mit keiner Verleumdung, welche sie zwischen ihren Händen und Füßen geschmiedet,[8] mehr kommen, und die in allem, was billig ist, den Gehorsam nicht versagen wollen, so nimm ihre eidliche Versprechung an und bitte für sie Gott um Vergebung, denn Gott ist versöhnend und barmherzig. O ihr Gläubigen, gehet keine Freundschaft ein mit einem Volke, gegen welches Gott zürnet.[9] Sie verzweifeln an dem zukünftigen Leben ebenso, wie die Ungläubigen an der Auferstehung derer verzweifeln, die in den Gräbern liegen.

EINUNDSECHZIGSTE SURE

Die Schlachtordnung[1)]

Geoffenbart zu Medina[2)]

Im Namen des allbarmherzigen Gottes

Was im Himmel und was auf Erden ist, preiset Gott, ihn, den Allmächtigen und Allweisen. O ihr Gläubigen, warum versprechet ihr mit Worten, was ihr in der Tat nicht erfüllet? Gott hasset es sehr, daß ihr sagt, was ihr nicht tut. Gott liebt die, welche für seine Religion in Schlachtordnung so kämpfen, als wären sie ein wohlzusammengefügtes Gebäude. Erinnere dich, wie Moses zu seinem Volke sprach: O mein Volk, wie könnt ihr mich beleidigen,[3)] da ihr doch wisset, daß ich der zu euch geschickte Gesandte Gottes bin? Da sie aber von der Wahrheit abweichen wollten, so ließ Gott ihre Herzen abirren, denn Gott leitet lasterhafte Menschen nicht. Und Jesus, der Sohn der Maria, sagte: O ihr Kinder Israels, wahrlich, ich bin euch ein Gesandter Gottes, bestätigend die Thora, welche bereits vor mir euch geworden, und frohe Botschaft bringend von einem Gesandten, der nach mir kommen und dessen Name Ahmed[4)] sein wird. Und als er nun mit deutlichen Wunderzeichen zu ihnen kam, da sagten sie: das ist ja offenbare Zauberei. Wer aber ist ungerechter als der, der, obgleich zum Islam eingeladen, Lügen von Gott erdichtet? Wahrlich, frevelhafte Menschen leitet Gott nicht. Sie wollen das Licht Gottes mit ihrem Munde ausblasen, aber Gott wird sein Licht vervollkommnen, obgleich die Ungläubigen sich widersetzen. O ihr Gläubigen, soll ich euch eine Ware zeigen, welche euch von peinvoller Strafe erretten kann? Glaubet an Gott und seinen Gesandten, und kämpfet mit Gut und Blut für die Religion Gottes. So ist's besser für euch, wenn ihr es wissen wollt. Dann wird Gott euere Sünden euch vergeben und euch führen in Gärten, welche Wasserbäche durchströmen, in eine angenehme Wohnung, nämlich: in Edens Gärten. Dies wird eine große Glückseligkeit sein. Und noch andere Dinge, die ihr wünschet, erhaltet ihr, nämlich: Gottes Beistand und einen nahen Sieg. Verkünde den Gläubigen

Gutes. O ihr Gläubigen, seid Gehilfen Gottes, so wie, als Jesus, der Sohn der Maria, zu den Aposteln sagte: Wer will mir in Ansehung Gottes Beistand leisten? Die Apostel antworteten: wir wollen Gehilfen Gottes sein. Ein Teil der Kinder Israels glaubte, und ein anderer Teil blieb ungläubig. Die Gläubigen aber stärkten wir wider ihren Feind, so daß sie die Oberhand behielten.

ZWEIUNDSECHZIGSTE SURE

Die Versammlung[1)]

Geoffenbart zu Medina

Im Namen des allbarmherzigen Gottes

Was im Himmel und was auf Erden ist, preiset Gott, den König, den Heiligen, den Allmächtigen und Allweisen. Er ist es, der aus der eigenen Mitte der unwissenden Araber einen Gesandten auferweckt hat, ihnen seine Zeichen vorzulesen und sie zu heiligen, und sie zu lehren die Schrift und Weisheit, indem sie vorher in offenbarem Irrtume sich befanden. Andere von ihnen haben sie zwar noch nicht erreicht, doch er ist allmächtig und allweise.[2)] Dies ist Gnade Gottes, die er gibt, wem er will, denn Gott ist von großer Güte. Die, welche mit der Thora beladen worden sind, sie aber nicht tragen wollen, gleichen einem mit Büchern beladenen Esel.[3)] Das ist ein böses Gleichnis für Menschen, welche die Zeichen Gottes des Betrugs beschuldigen, aber frevelhafte Menschen leitet Gott nicht. Sprich: O ihr, die ihr euch zur jüdischen Religion bekennet, wenn ihr glaubet, daß ihr vorzugsweise vor anderen Menschen Freunde Gottes seid, so

— 363 —

wünschet euch den Tod,[4] so ihr wahrhaftig seid. Sie wünschen ihn aber nie ob dem, was ihre Hände vorausgeschickt haben, doch Gott kennet die Frevler. Sprich: Wahrlich, der Tod, dem ihr zu entfliehen sucht, wird euch schon begegnen, und dann werdet ihr gebracht vor den, der das Geheime wie das Offenbare weiß, und er wird euch anzeigen, was ihr getan. O ihr Gläubigen, wenn ihr am Tage der Versammlung[5] zum Gebete gerufen werdet, so eilet hin zum Gedächtnis Gottes und lasset alle Handelsgeschäfte. Dies wird besser für euch sein, so ihr es wissen wollt. Wenn aber das Gebet zu Ende ist, dann könnt ihr euch nach Lust im Lande umher zerstreuen, und dürfet Reichtum von der Gnade Gottes zu erlangen suchen. Denket dabei aber oft an Gott, damit ihr glücklich werdet. Doch sehen sie irgendeinen Handel, oder ein lustiges Spiel, so strömen sie hin und lassen dich stehen.[6] Sprich: Was man bei Gott findet, ist besser als lustiges Spiel und Handelsgeschäft, und Gott ist der beste Versorger.

DREIUNDSECHZIGSTE SURE

Die Heuchler[1]

Geoffenbart zu Medina

Im Namen des allbarmherzigen Gottes

Wenn die Heuchler zu dir kommen, so sagen sie: Wir bezeugen es, daß du der Gesandte Gottes bist, und Gott weiß es, daß du sein Gesandter bist. Aber Gott bezeugt es auch, daß die Heuchler Lügner sind. Ihre Eide haben sie nur zum Deckmantel genommen, um andere vom Wege Gottes abzulenken. Wahrlich, das, was sie tun, ist böse, deshalb, weil sie bald glauben und dann wieder den Glauben aufgeben. Ein Siegel liegt auf ihrem Herzen, damit sie nicht erkennen. Wenn du sie siehst, so gefällt dir ihre Person, und wenn sie sprechen, so hörest du gern auf ihre Rede.[2)] Zwar gleichen sie mauerstützenden Balken, und doch halten sie jeden Laut gegen sie gerichtet.[3)] Sie sind Feinde, drum hüte dich vor ihnen. Möge sie Gott verderben, denn wie sehr sind sie von der Wahrheit abgewichen! Wird zu ihnen gesagt: Kommet doch, damit der Gesandte Gottes für euch um Vergebung bitte, dann wenden sie ihren Kopf weg, und du siehst, wie sie sich hochmütig und mit Verachtung zurückziehen. Es ist ihnen gleichviel, ob du um Vergebung für sie bittest oder nicht. Gott wird ihnen aber auch nicht vergeben, denn Gott leitet lasterhafte Menschen nicht. Das sind die, welche zu ihren Genossen sagen: Verwendet nichts zur Unterstützung derer, die es mit dem Gesandten Gottes halten, damit sie sich von ihm trennen. Aber Gott gehören die Schätze des Himmels und der Erde, doch die Heuchler erkennen dies nicht. Sie sagen: Kehrten wir nach Medina zurück, so würden die Mächtigeren die Geringeren daraus vertreiben, aber die höchste Macht hat doch nur Gott und sein Gesandter und die Gläubigen, doch die Heuchler wissen dies nicht. O ihr Gläubigen, laßt euch nicht abwendig machen, Gottes eingedenk zu sein, durch euer Vermögen und euere Kinder, denn wer solches tut, der ist verloren. Gebet Almosen von dem, was euch Gott gewährt hat, bevor der Tod einen von euch überkommt und er dann spricht: O Herr, willst du mir nicht noch eine kurze Zeit gönnen, damit ich Almosen gebe und rechtschaffen werde? Aber Gott wird keiner Seele Aufschub gewähren, nachdem die ihr bestimmte Zeit da ist, und Gott kennet, was ihr tut.

٦٤

VIERUNDSECHZIGSTE SURE

Der gegenseitige Betrug[1]

Geoffenbart zu Mekka[2]

Im Namen des allbarmherzigen Gottes

Alles, was im Himmel und auf Erden ist, preiset Gott. Ihm ist das Reich und ihm gebührt Lob, denn er ist aller Dinge mächtig. Er ist es, der euch geschaffen, und wenn einige von euch ungläubig, andere gläubig sind, so sieht Gott all euer Tun. Er hat Himmel und Erde in Wahrheit geschaffen, er hat euch gebildet und euch eine schöne Gestalt gegeben, und zu ihm kehret ihr zurück. Er weiß, was im Himmel und was auf Erden ist, und er kennet, was ihr verheimlicht und was ihr veröffentlicht, denn Gott kennet das Innerste des menschlichen Herzens. Ist euch denn nicht die Geschichte der früheren Ungläubigen bekannt geworden? Sie mußten die üblen Folgen ihres Verhaltens empfinden, und peinvolle Strafe ist ihnen außerdem bereitet. Deshalb, weil, als unsere Gesandten mit deutlichen Zeichen zu ihnen kamen, sie sagten: Soll wohl ein Mensch uns leiten? Und ungläubig blieben und den Rücken kehrten. Gott hat wirklich niemanden nötig, denn Gott ist reich genug und des Lobes wert. Die Ungläubigen bilden sich ein, daß sie nicht auferweckt werden. Sprich: Wahrlich, bei meinem Herrn, ihr werdet auferweckt werden und man wird euch dann anzeigen, was ihr getan, dies ist ja für Gott ein leichtes. Darum glaubet an Gott und seinen Gesandten, und an das Licht, das wir herabgesandt, denn Gott ist wohlbekannt mit euerem Tun. An jenem Tage wird er euch versammeln, an dem Tage der Versammlung, und dies ist der Tag des gegenseitigen Betrugs.[3] Wer nun glaubt an Gott und rechtschaffen handelt, dessen böse Handlungen wird er vergeben und ihn führen in Gärten, welche Wasserbäche durchströmen, und ewig soll er darin bleiben. Dies wird eine große Glückseligkeit sein. Die Ungläubigen aber, die unsere Zeichen des Betrugs beschuldigen, die sind Gefährten der Hölle und bleiben ewig darin. Ein unglückseliger Gang ist es dorthin. Kein Mißgeschick tritt ein ohne den Willen Gottes. Wer an Gott

– 366 –

glaubt, dessen Herz leitet er, denn Gott ist allwissend. Darum gehorchet Gott und dem Gesandten. So ihr euch aber auch abwendet, so hat unser Gesandter doch keinen anderen Beruf, als nur ein öffentlicher Prediger zu sein. Gott! Außer ihm gibt es keinen Gott, darum mögen die Gläubigen auf Gott vertrauen. O ihr Gläubigen, ihr habt an eueren Frauen und Kindern einen Feind[4], darum hütet euch vor ihnen. Doch wenn ihr nachsichtig seid und ihnen verzeihet und vergebet,[5] so ist auch Gott versöhnend und barmherzig gegen euch. Wahrlich, euere Reichtümer und Kinder sind nur eine Versuchung, und nur bei Gott ist große Belohnung. Darum fürchtet Gott, so sehr ihr nur könnt. Höret und gehorchet, und gebet Almosen zum eigenen Seelenheile, denn der, welcher seine Seele vom Geize freihält, der wird glücklich sein. Wenn ihr Gott ein schönes Darlehen leihet, so wird er es euch doppelt zurückerstatten und euch vergeben, denn Gott ist gnädig und gütig und kennet das Geheime und Offenbare, er, der Allmächtige und Allweise.

٦٥

FÜNFUNDSECHZIGSTE SURE

Die Ehescheidung[1]

Geoffenbart zu Medina

Im Namen des allbarmherzigen Gottes

O Prophet, wenn ihr Weiber scheidet, so scheidet sie zu ihrer bestimmten Zeit[2] und berechnet die Zeit genau, und fürchtet Gott, eueren Herrn. Vertreibt sie nicht aus ihren Wohnungen, welche sie vor der ihnen bestimmten Zeit nicht verlassen dürfen, oder sie hätten sich offenbarer Schandtat schuldig gemacht. Dies sind Verordnungen Gottes, und wer die Verordnungen Gottes übertritt, der handelt ungerecht gegen seine eigene Seele. Du kannst ja auch nicht wissen, ob nicht Gott inzwischen irgendetwas Neues eintreten läßt.[3] Wenn nun ihre bestimmte Zeit abgelaufen ist, dann behaltet sie, oder trennt euch von ihnen auf billige und vorschriftsmäßige Weise, und nehmet dazu rechtliche Männer aus euerer Mitte als Zeugen, und nehmet auch Gott zum Zeugen. Diese Ermahnung ist gegeben für den, so da glaubt an Gott und den Jüngsten Tag. Wer Gott fürchtet, dem wird er (aus allen Nöten) einen Ausgang verschaffen, und ihn von einer Seite, woher er es nicht erwartet, reichlich versorgen. Wer auf Gott vertrauet, dem ist er hinreichende Stütze, denn Gott erreicht seine Absichten, so wie Gott jedem Dinge seine Bestimmung gegeben. Denjenigen euerer Frauen, welche, ihres Alters wegen, an ihrem Monatlichen verzweifeln, gebet, wenn ihr selbst daran zweifelt, drei Monate Zeit, und dieselbe Zeit gewähret denen, welche ihr Monatliches noch nie hatten. Die Zeit der Schwangeren ist, bis sie sich ihrer Schwangerschaft entledigt haben. Wer Gott fürchtet, dem wird er seine Angelegenheiten erleichtern. So ist's Befehl Gottes, den er euch geoffenbart. Wer nun Gott fürchtet, dem wird er seine bösen Handlungen entnehmen und seinen Lohn vergrößern. Die Frauen, von welchen ihr euch scheidet, lasset wohnen, wo ihr wohnet, nach Bequemlichkeit der Wohnung, die ihr besitzet, und tut ihnen keine Gewalt an, daß ihr sie in Ängstlichkeit versetzet. Sind sie schwanger, so verwendet für sie, was sie nötig haben, bis sie

– 368 –

sich ihrer Schwangerschaft entledigt haben. Säugen sie ihre Kinder für euch, so gebet ihnen ihren Lohn[4] und findet euch nach Billigkeit miteinander ab. Erhebet sich aber hierin eine Schwierigkeit, und eine andere Frau muß für ihn das Kind säugen, so möge der, welcher viel Vermögen besitzt (nach Verhältnis desselben für Mutter und Amme) hergeben, und auch der, welcher nur kümmerlich versorgt ist, gebe verhältnismäßig von dem, was ihm Gott verliehen, denn Gott verpflichtet niemanden zu mehr, als er ihm gegeben, und Gott wird auf Schwierigkeit Leichtigkeit folgen lassen.[5] Wie manche Städte haben sich nicht abgewendet von dem Befehle ihres Herrn und seines Gesandten! Darum hielten wir strenges Gericht über sie und züchtigten sie mit qualvoller Strafe, und sie mußten empfinden die üblen Folgen ihres Handelns, und das Ende ihres Betragens war: Untergang. Gott hat schwere Strafe für sie bereitet, darum ihr, die ihr verständigen Herzens seid, fürchtet Gott. O ihr Gläubigen, nun hat euch Gott herabgesandt eine Ermahnung und einen Gesandten, der euch die deutlichen Zeichen Gottes vorlesen soll, um die, so da glauben und rechtschaffen handeln, aus der Finsternis in das Licht zu führen. Und den, so da glaubt an Gott und rechtschaffen handelt, den wird er führen in Gärten, welche Wasserbäche durchströmen, und ewig soll er darin verbleiben. Solch' herrliche Versorgung hat Gott für ihn bestimmt. Gott ist es, der da geschaffen sieben Himmel und ebenso viele Erden, und der göttliche Befehl fährt durch diese alle herab, damit ihr erkennen möget, daß Gott aller Dinge mächtig ist und daß Gott in seiner Allwissenheit alle Dinge umfasset.

SECHSUNDSECHZIGSTE SURE

Das Verbot[1]

Geoffenbart zu Medina

Im Namen des allbarmherzigen Gottes

O Prophet, warum willst du, um das Wohlgefallen deiner Weiber zu erlangen, dir verbieten, was Gott dir erlaubt hat?[2] Und Gott ist ja versöhnend und barmherzig. Und Gott hat euch ja bereits gestattet, euere Eide zu lösen,[3] und Gott ist ja euer Schutzherr, er, der Allwissende und Allweise. Da der Prophet irgendeine Begebenheit einer seiner Frauen als Geheimnis vertraute, diese aber dasselbe ausplauderte, wovon Gott ihn in Kenntnis setzte, da hielt er ihr einen Teil ihrer Plauderei vor und einen Teil verschwieg er, zu ihrer Schonung. Und als er ihr dieses vorhielt, da fragte sie: Wer hat dir denn Anzeige davon gemacht? Er aber antwortete: Der, so da alles weiß und kennt, hat es mir angezeigt. Wenn ihr beide (Ajischa und Hafza) nun euch wieder zu Gott wenden wollt, da euere Herzen abgewichen sind, so ist es gut. Verbindet ihr euch aber wider ihn (Mohammed), so ist sein Schutz: Gott und Gabriel, und die Frommen unter den Gläubigen, und auch die Engel werden ihm beistehen. Wenn er sich von euch scheidet, so kann es sehr leicht sein, daß sein Herr ihm zum Tausche andere Frauen gibt, die besser sind denn ihr, nämlich: gottergebene, wahre gläubige, demutsvolle, bereuende, fromme und enthaltsame, die teils schon Männer erkannt haben, teils noch Jungfrauen sind. O ihr Gläubigen, errettet euere Seelen und die euerer Angehörigen von dem Feuer, dessen Brandstoff Menschen und Stein[4] ist, über welches grimmige und furchtbare Engel gesetzt sind, die Gott nicht ungehorsam sind in dem, was er ihnen befohlen, sondern vielmehr das, was ihnen befohlen, wohl vollführen. O ihr Ungläubigen, heute[5] sucht euch nicht zu entschuldigen, ihr sollt nun belohnt werden für das, was ihr getan. O ihr Gläubigen, kehret zu Gott zurück mit aufrichtiger Reue, vielleicht, daß euer Herr euere bösen Handlungen von euch entnimmt und euch führt in Gärten, welche Wasserbäche durchströmen, an jenem Tage, an welchem Gott den Propheten und die Gläubigen mit ihm nicht zuschanden machen wird. Ihr Licht wird ihnen vorgehen und eins in ihrer rechten Hand[6] und sagen werden sie: O unser Herr, vervollkomme uns unser Licht und vergib uns, denn du bist ja aller Dinge mächtig. O du Prophet, bekämpfe die Ungläubigen und die Heuchler und behandle sie mit Strenge. Ihr Aufenthalt wird einst die Hölle sein und ein schlimmer Gang ist's dorthin. Gott hat den Ungläubigen die Frau des Noah und die Frau des Lot zum Gleichnisse aufgestellt. Sie lebten beide unter zwei unserer rechtschaffenen Diener, und dennoch täuschten sie beide, und beide konnten nichts für sie bei Gott ausrichten, und zu beiden Frauen wird einst gesagt: Geht nun ein in das Höllenfeuer mit denen, welche in dasselbe eingehen.[7] Für die Gläubigen stellt Gott die Frau des Pharaos[8] zum Gleichnisse auf. Sie sprach: O mein Herr, baue mir ein Haus bei dir im Paradiese und errette mich vom Pharao und seinem Tun und befreie mich von diesem frevelhaften Volke. Auch Maria, die Tochter des Amram (sei ihnen ein Beispiel). Sie bewahrte ihre Keuschheit und wir hauchten unseren Geist in sie und sie glaubte an das Wort ihres Herrn und an seine Schriften und war demutsvoll und gehorsam.

٦٧

SIEBENUNDSECHZIGSTE SURE

Das Reich[1]

Geoffenbart zu Mekka

Im Namen des allbarmherzigen Gottes

Gelobt sei der, in dessen Händen das Reich ist und der aller Dinge mächtig ist, der da geschaffen den Tod und das Leben, um dadurch zu prüfen, wer von euch am rechtschaffensten handelt, und er ist der Allmächtige, der gern Verzeihende. Er ist es, so da geschaffen die sieben Himmel, einen über dem anderen, und in der Schöpfung des Allbarmherzigen wirst du kein Mißverhältnis sehen. Erhebe deine Augen, ob du irgendeine Spalte sehen kannst, erhebe sie noch zweimal und deine Augen kehren matt und müde zu dir zurück. Die untersten Himmel haben wir mit Leuchten ausgeschmückt, um die Satane damit hinwegzusteinigen[2], für welche wir die Strafe des brennenden Feuers bereitet haben. Ebenso ist auch für die, so nicht glauben an ihren Herrn, die Strafe der Hölle bereitet, und eine schlimme Reise ist es dorthin. Wenn sie hineingeworfen werden, dann hören sie aus ihr ein Geschrei wie das des Esels[3] und sie wird glühen, so daß sie beinahe birst vor Wut gegen die Ungläubigen. So oft ein Haufen von ihnen hineingeworfen wird, so oft fragen sie die Hüter derselben: Ist denn kein Warner zu euch gekommen? Und sie werden antworten: Jawohl, ein Verwarner ist zu uns gekommen, aber wir beschuldigten ihn des Betrugs, und wir sprachen: Gott hat nichts geoffenbart und ihr seid in einem großen Irrtum. Aber nun werden sie sagen: So wir gehört hätten und verständig gewesen wären, so gehörten wir jetzt nicht zu den Gefährten des Höllenfeuers. Sie werden nun ihre Sünden bekennen, doch fern ist von den Gefährten des Höllenfeuers das Erbarmen Gottes. Die, so da fürchten ihren Herrn, selbst im Verborgenen, die erhalten Versöhnung und großen Lohn. Möget ihr euere Reden geheimhalten oder veröffentlichen, so weiß er doch, was im Innersten des menschlichen Herzens ist. Wie sollte auch er, der alles geschaffen, nicht alles wissen? er, der alles durchdringt und alles kennt? Er ist es, der die Erde für euch geeb-

– 372 –

net. Darum durchwandelt ihre bewohnten Gegenden und genießet die Speisen, womit er euch versorgt, und wisset: Zu ihm ist die Auferstehung. Seid ihr denn sicher, daß der, der im Himmel wohnt, die Erde nicht über euch zusammenstürze? Siehe, sie erbebt ja schon.[4] Oder seid ihr sicher, daß der, der im Himmel wohnt, nicht einen Wind wider euch schicke, der euch mit Sand überdecket? Dann werden sie es erfahren, wie ernst meine Verwarnung war. Auch die vor ihnen haben ihre Gesandten des Betrugs beschuldigt, aber wie streng war auch meine Rache! Haben sie denn noch nie die Vögel über ihnen beobachtet, wie diese ihre Flügel ausbreiten und zurückziehen und niemand sie hält als der Allbarmherzige, der da auf alle Dinge sieht? Wer, außer dem Allbarmherzigen, kann euch schützen wie ein Heer? Wahrlich, die Ungläubigen befinden sich in einer Selbsttäuschung. Wer ist es, der euch mit Nahrung versorgen kann, wenn er seine Versorgung zurückhält? Dennoch verbleiben sie hartnäckig in ihrer Verkehrtheit und fliehen die Wahrheit. Ist denn der, der mit seinem Angesichte auf der Erde dahinkriecht, besser geleitet als der, der aufrecht und gerade den richtigen Weg wandelt? Sprich: Er ist es, der euch ins Dasein gerufen, und der euch gegeben Gehör, Gesicht und verständiges Herz, und doch wie wenig dankbar seid ihr dafür! Sprich: Er ist es, der euch auf der Erde ausgesät hat, und zu ihm werdet ihr einst wieder versammelt. Sie sagen zwar: Wann trifft denn diese Drohung ein? Sagt es uns, so ihr wahrhaftig seid. Antworte: Die Kenntnis hiervon ist nur bei Gott allein, und ich bin nur ein öffentlicher Prediger. Wenn sie aber die angedrohte Hölle in der Nähe sehen, dann wird das Angesicht der Ungläubigen sich mit Traurigkeit bedecken und gesagt wird zu ihnen: Da habt ihr nun, was ihr herbeigewünscht. Sprich: Was denkt ihr wohl? Mag Gott mich und die mit mir vertilgen, oder sich unserer erbarmen, wer aber kann die Ungläubigen von peinvoller Strafe retten? Sprich: Er ist der Allbarmherzige, an ihn glauben und auf ihn vertrauen wir, und ihr werdet es einst erfahren, wer in offenbarem Irrtume sich befindet. Sprich: Was dünkt euch wohl? Wenn eines frühen Morgens euer Wasser von der Erde verschlungen wäre, wer könnte euch dann reines und fließendes Wasser wieder geben?

ACHTUNDSECHZIGSTE SURE

Die Feder[1)]

Geoffenbart zu Mekka

Im Namen des allbarmherzigen Gottes

N[2)]. Bei der Feder, und was sie damit schreiben,[3)] du (o Mohammed), bist durch die Gnade deines Herrn nicht von einem bösen Geiste besessen. Deiner wartet grenzenloser Lohn, denn du bist hoher und erhabener Natur.[4)] Du wirst es sehen, und auch sie werden es sehen, wer von euch seiner Sinne beraubt ist. Wahrlich, dein Herr kennet den, der von seinem Wege abirret, und auch die, welche rechtgeleitet sind. Darum gehorche nicht denen, welche unsere Zeichen des Betrugs beschuldigen. Sie wünschen, daß du gelinde mit ihnen verfahrest, und sie wollen auch gelinde mit dir verfahren.[5)] Aber gehorche nur nicht einem jeden gemeinen Schwörer, einem jeden Verächtlichen, einem jeden Lästerer, der mit Verleumdungen umhergeht, der das Gute verhindert, und so ein Übertreter und Sünder und Grausamer, und außerdem noch von unehelicher Geburt ist, obgleich er Vermögen und Kinder hat.[6)] Werden ihm unsere Zeichen vorgelesen, so sagt er: Das sind ja nur Fabeln der Alten. Dafür wollen wir ihn auf die Nase brandmarken.[7)] Wir haben sie (die Mekkaner) geprüft[8)], so wie wir die Besitzer des Gartens geprüft haben,[9)] als sie einander zuschwuren, die Früchte desselben des Morgens frühe einsammeln zu wollen, ohne die Bedingung (so Gott will) hinzuzufügen. Darum umzüngelte denselben, während sie schliefen, eine Zerstörung von deinem Herrn, und des Morgens früh war er wie ein Garten, dessen Früchte bereits eingesammelt sind. Als sie des Morgens aufstanden, riefen sie einander zu: Gehet doch früh zu euerer Pflanzung hin, wenn ihr einsammeln wollt. Und so gingen sie fort, und flüsterten sich einander zu: Heute soll euch kein Armer den Garten betreten, und so gingen sie in dieser bestimmten Absicht früh fort. Als sie endlich den zerstörten Garten sahen, da sagten sie: Wir müssen uns verirrt haben! (Als sie ihn endlich als den ihrigen erkannten, da riefen sie aus:) Wahrlich, es ist uns nicht vergönnt, seine Früchte einzuernten. Da sprach der Würdigste unter ihnen: Habe ich euch nicht gesagt, ihr solltet Gott preisen? Und sie sagten nun: Gelobet sei unser Herr, wahrlich, wir sind Frevler. Und sie machten einander Vorwürfe und sagten: Wehe uns, wir waren Übertreter, doch vielleicht gibt uns unser Herr zum Tausche einen besseren Garten als diesen, wenn wir unseren Herrn ernstlich darum angehen. Dies ist eine Strafe in diesem Leben, die Strafe in dem zukünftigen aber wird noch schwerer sein, möchten sie das doch einsehen! Für die Gottesfürchtigen aber sind wonnevolle Gärten bei ihrem Herrn bereitet.

Sollten wir wohl die Muslime und die Übeltäter gleich behandeln? Wie kommt ihr dazu, so zu urteilen? Habt ihr etwa eine Schrift, aus welcher ihr dies erforscht und die euch verspricht, was ihr nur wünschet? Oder habt ihr Eidschwüre von uns aufzuweisen, die uns binden bis zum Auferstehungstage, daß euch zuteil werde, was ihr euch nur einbildet? Frage sie: wer von ihnen dafür denn Bürge ist? Oder sind ihnen etwa die Götzen Bürge? So mögen sie denn herbringen ihre Götzen, so sie Wahrheit sprechen. An jenem Tage wird ihnen das Bein entblößt[11] und man wird sie rufen zur Anbetung, doch sie werden nicht können.[12] Ihre Blicke werden sie niederschlagen, und Schande wird sie bedecken, weil man sie damals, als sie noch wohlbehalten waren, vergeblich zur Anbetung Gottes rief. Darum lasset nur mich und den, der diese neue Offenbarung des Betrugs beschuldigt. Wir wollen sie stufenweise ins Verderben stürzen, von einer Seite, woher sie es nicht erwarteten. Ich will ihnen noch langes Leben vergönnen, denn mein Anschlag bleibt doch wirksam.

Wirst du wohl einen Lohn (für dein Predigen) von ihnen verlangen, da sie ohnedies mit Schulden schwer beladen sind? Steht das Geheimnis der Zukunft bei ihnen so, daß sie es nur abzuschreiben brauchen?[13] Darum erwarte nur in Geduld das Urteil deines Herrn, und sei nicht wie jener Bewohner des Fisches,[14] der erst in der Bedrängnis zu Gott rief. Hätte ihn die Gnade seines Herrn nicht aufgenommen, so wäre er, mit Schmach bedeckt, an das nackte Ufer geworfen worden. Aber sein Herr hat ihn auserwählt und zu den Rechtschaffenen gezählt. Nur wenig fehlt, und die Ungläubigen bohren dich mit ihren Blicken nieder, wenn sie die Ermahnung hören, und sie sagen: Er ist sicherlich verrückt, aber in der Tat ist er, der Koran, eine Ermahnung für alle Welt.

٦٩

NEUNUNDSECHZIGSTE SURE

Der Unfehlbare[1]

Geoffenbart zu Mekka

Im Namen des allbarmherzigen Gottes

Der Unfehlbare! Was ist der Unfehlbare? Und was lehrt dich den Unfehlbaren begreifen? Thamud und Ad leugneten zwar den Herzklopfen verursachenden Tag, dafür aber vertilgten wir Thamud durch einen schrecklichen Sturm und Ad durch einen brausenden und wütenden Wind, welchen Gott sieben Nächte und acht aufeinanderfolgende Tage lang sie überstürmen ließ. Hättest du die Menschen da ausgestreckt liegen sehen, gleich Wurzeln hohler Palmbäume, würdest du wohl da einen übriggeblieben gefunden haben? Auch den Pharao, und die, welche vor ihm lebten, und die zerstörten Städte[2] traf das Unglück, ihrer Sünden wegen, weil sie ungehorsam waren dem Gesandten ihres Herrn. Darum strafte er sie mit überhäufter Qual. Als das Wasser der Sintflut anschwoll, da trugen wir euch in der schwimmenden Arche, und wir ließen dieselbe euch zur Erinnerung werden, damit das bewahrende Ohr sie aufbewahre.[3] Wenn in die Posaune gestoßen wird, so werden sich beim ersten Posaunenschall die Erde und die Berge fortbewegen und mit einem Schlage zerschmettert werden, und an diesem Tage wird hereinbrechen die unvermeidliche Stunde, und die Himmel werden an diesem Tage sich spalten und herabfallen, und zur Seite stehen die Engel, und deren acht tragen an diesem Tage den Thron deines Herrn über sich. An diesem Tage werdet ihr vor Gericht gestellt, und nicht das Verborgenste euerer Handlungen bleibt verborgen. Der nun, so sein Buch in die rechte Hand bekommt,[4] der wird sagen: Nehmet doch einmal und leset dieses mein Buch, wahrlich, ich hätte geglaubt, daß ich zu dieser meiner Rechenschaft gezogen werden sollte. Dieser wird ein vergnügtes Leben führen in einem erhabenen Garten, dessen Früchte ihm überall nahe sind. Esset und trinket nach Lust, zum Lohne für die guten Handlungen, welche ihr in vergangenen Tagen vorausgeschickt. Der aber, so sein Buch in

– 376 –

die linke Hand bekommt, wird sprechen: O, daß ich doch dieses mein Buch nicht erhalten hätte, und wüßte ich doch nichts von dieser meiner Rechenschaft! O, hätte doch der Tod ein Ende aus mir gemacht! Mein Reichtum kann mir nun nichts helfen und meine Macht ist von mir gewichen. (Und Gott wird sagen zu den Wächtern der Hölle:) Ergreifet ihn und bindet ihn, und werfet ihn in das Höllenfeuer, damit er brenne, und legt ihn an eine Kette, deren Länge siebzig Ellen, weil er nicht glaubte an den großen Gott und sich nicht kümmerte um die Speisung der Armen. Darum soll er auch heute keinen Freund hier finden, und keine andere Speise erhalten als stinkende Fäulnis, welche nur die Sünder zu essen bekommen.

Ich schwöre bei dem, was ihr sehet und was ihr nicht sehet, daß dies die Sprache eines ehrwürdigen Gesandten und nicht die Sprache eines Poeten ist. Doch wie wenige nur wollen dies glauben! Auch ist es nicht die Sprache eines Wahrsagers. Doch wie wenige nur lassen sich ermahnen! Offenbarung ist's vom Herrn der Welten. Hätte er (Mohammed) einen Teil dieser Rede, als von uns gesprochen, ersonnen, so hätten wir ihn ergriffen an der rechten Hand und ihm die Herzadern durchschnitten, hätten auch keinen von euch zurückgehalten, ihn zu züchtigen. Wahrlich, dieses Buch ist eine Ermahnung für die Gottesfürchtigen, und wohl wissen wir es, daß einige von euch dasselbe des Betrugs beschuldigen. Aber die Ungläubigen werden einst seinetwegen Seufzer ausstoßen, denn es ist die Wahrheit des zuverlässigen Glaubens. Darum preise den Namen deines Herrn, des großen Gottes.

SIEBZIGSTE SURE

Die Stufen[1]

Geoffenbart zu Mekka

Im Namen des allbarmherzigen Gottes

Es fragte jemand[2] nach der Strafe, welche die Ungläubigen befallen soll. Niemand kann Gott von dieser Strafe zurückhalten, der da Herr ist der Stufen[3], auf welchen zu ihm hinaufsteigen die Engel und der Geist (Gabriel) an jenem Tage, dessen Länge fünfzigtausend Jahre ist.[4] Darum ertrage ihre Beleidigungen mit geziemender Geduld. Sie sehen jenen Tag noch ferner, wir aber sehen ihn nahe. An jenem Tage werden die Himmel sein wie geschmolzenes Erz, und die Berge gleich buntfarbiger Wolle, und der Freund wird nicht nach dem Freunde fragen, obgleich sie einander sehen. Der Frevler wird dann wünschen, sich von der Strafe dieses Tages auslösen zu können, mit seinen Kindern, seinem Weibe, seinem Bruder, mit seinen Verwandten, welche ihm Freundschaft erzeigt, überhaupt mit allem, was auf der Erde ist, daß sie ihn nur erretten. Aber nein! Das Höllenfeuer wird den am Kopfe an sich ziehen und zu sich rufen, so da den Rücken gewendet und sich von der Wahrheit entfernt und Reichtümer aufgehäuft und geizig aufgespeichert hat. Wahrlich, der Mensch ist ein geiziges Geschöpf[5]. Trifft ihn ein Übel, so ist er tief betrübt, wird ihm aber Gutes zuteil, so ist er karg. Nur die Betenden machen eine Ausnahme, so streng halten auf das Gebet und die gehörig und billig von ihrem Vermögen mitteilen dem Bettler und dem, so die Scham verbietet zu fordern, und die aufrichtig glauben an den Tag des Gerichts, und so da fürchten die Strafe ihres Herrn (denn niemand ist sicher vor der Strafe ihres Herrn), und die sich enthalten aller fleischlichen Lust, mit Ausnahme ihrer Frauen und Sklavinnen (denn dies ist unverwehrt, und nur die, welche außer diesen noch mehr begehren, sind Übertreter), und die, welche das ihnen Anvertraute und die Bündnisse treulich bewahren, und die, so aufrichtig sind in ihrem Zeugnisse und sorgfältig die Gebräuche ihres Gebets beobachten. Diese sollen hochgeehrt in Gärten wohnen. Was ist den

Ungläubigen, daß sie scharenweise, mit niedergesenkten Blicken, zur Rechten und Linken dir vorlaufen? Wünscht vielleicht jeder von ihnen in einen wonnevollen Garten einzugehen? Keineswegs, sie wissen ja, woraus wir sie geschaffen haben.6) Ich schwöre bei dem Herrn des Osten und Westen, daß wir vermögen, andere an ihre Stelle zu setzen, die besser sind als sie, und niemand kann uns hindern. Darum laß sie nur streiten und spotten, bis ihr Tag, der ihnen angedroht ist, ihnen begegnet, jener Tag, an welchem sie so eilig aus ihren Gräbern steigen, als wollten sie zu ihren Fahnen eilen. Aber niederschlagen werden sie ihre Blicke und Schmach wird sie bedecken. Dies ist der Tag, der ihnen angedroht ist.

EINUNDSIEBZIGSTE SURE

Noah[1]

Geoffenbart zu Mekka

Im Namen des allbarmherzigen Gottes

Wahrlich, wir hatten den Noah zu seinem Volke gesandt und gesagt: Verwarne dein Volk, bevor eine peinvolle Strafe sie überkommt. Und Noah sprach: O mein Volk, ich bin euch ein öffentlicher Verwarner, darum dienet Gott, und fürchtet ihn, und gehorchet mir, und er wird euch vergeben euere Sünden und euch nachsehen bis zur bestimmten Zeit, ist die bestimmte Zeit Gottes aber gekommen, dann hört Nachsicht auf. Könntet ihr das doch begreifen! Und er sprach: O mein Herr, ich habe meinem Volke zugerufen Nacht und Tag, aber mein Rufen hat ihren

Widerwillen nur vermehrt, und so oft ich ihnen zurufe, damit du ihnen vergebest, stecken sie ihre Finger in ihre Ohren und bedecken sich mit ihren Gewändern, und verharren in ihrem Unglauben, und verachten mit stolzem Hochmute meine Lehre. Ich rief ihnen öffentlich zu, und ich sprach öffentlich mit ihnen, und ermahnte sie auch im geheimen, und ich sagte: Bittet doch eueren Herrn um Vergebung, denn er verzeihet gerne, und er wird euch reichlichen Regen vom Himmel herabsenden, und er wird euch vermehren Reichtum und Kinder, und euch mit Gärten und Flüssen versorgen. Was ist euch denn, daß ihr nicht auf die Güte Gottes hoffet, da er euch ja so verschiedenartig[2]) geschaffen? Seht ihr denn nicht, wie Gott geschaffen sieben Himmel, einen über dem anderen, und wie er eingesetzt den Mond zum Lichte und die Sonne zur Fackel? Gott hat euch aus der Erde hervorgebracht, und er wird euch wieder in dieselbe zurückführen, und auch wieder aus derselben herausbringen. Gott hat euch die Erde wie einen Teppich ausgebreitet, damit ihr auf derselben in geräumigen Wegen einhergehen könnet. Noah sprach ferner: O mein Herr, sie sind mir ungehorsam und folgen nur dem, dessen Reichtümer und Kinder sich nur zu seinem Untergange mehren. Und sie ersannen manchen großen Plan wider Noah, und sie sprachen untereinander: Verlasset nur euere Götter nicht, nicht den Wad, nicht den Sowa, und nicht den Jaguth, und nicht den Jauk, und auch nicht den Neser.[3]) Schon viele haben sie zum Irrtume verführt, und durch dein Predigen wirst du den Irrtum der Frevler nur vermehren. Darum mußten sie ihrer Sünden wegen ertränkt und in das Höllenfeuer geworfen werden, und sie finden niemanden, der sie wider Gott beschützen kann. Und Noah sprach ferner: O mein Herr, laß von diesen Ungläubigen keine einzige Familie auf der Erde übrig, denn so du deren übrig lässest, so werden sie deine Diener verführen, und sie werden nur ein ebenso schlechtes und ungläubiges Geschlecht zeugen. O Herr, vergib mir und meinen Eltern und einem jeden, der in mein Haus eingeht,[4]) und den Gläubigen beiderlei Geschlechts, die Frevler aber vertilge gänzlich.

ZWEIUNDSIEBZIGSTE SURE

Die Dschinnen[1]

Geoffenbart zu Mekka

Im Namen des allbarmherzigen Gottes

Sprich: Geoffenbart ist mir worden, daß ein Haufen von Dschinnen mir (bei Vorlesung des Koran) aufmerksam zugehört[2] und gesprochen hat: Fürwahr, wir haben eine wunderbare Vorlesung mit angehört, die uns zur richtigen Lehre leitet, an welche wir nun glauben wollen, und von nun an setzen wir kein einziges Wesen mehr unserem Herrn zur Seite. Er (hocherhaben sei die Majestät unseres Herrn) hat kein Weib genommen und auch keine Kinder gezeugt, und nur der Tor unter uns spricht Fälschliches aus von Gott, obgleich wir der Meinung waren, daß weder Menschen noch Dschinnen Lügen von Gott aussagen dürfen. Es gab auch gewisse Menschen, die zu einer gewissen Art von Dschinnen ihre Zuflucht nahmen, und sie vermehrten nur ihre Torheit, und sie glaubten so wie ihr, daß Gott keinen einzigen wieder auferwecken werde. Wir versuchten es einst, den Himmel zu besteigen (um das Gespräch der Engel zu hören, aber wir fanden denselben angefüllt mit einer strengen Engelswache, mit flammenden Geschossen. Wir setzten uns daher auf Sitze, um zu horchen. Wer aber noch jetzt erlauschen will, der findet eine Flamme im Hinterhalte.[3] Wir wissen nun nicht, ob dadurch ein Übel wider die auf Erden beabsichtigt ist, oder ob sie ihr Herr auf den richtigen Weg leiten will. Es gibt deren unter uns, die rechtschaffen, aber auch solche, die anders sind, denn wir sind von verschiedener Art. Überzeugt sind wir aber, daß wir Gottes Macht auf Erden nicht schwächen, und daß wir ihm nicht entfliehen können, daher haben wir, als wir die Leitung vernommen, auch daran geglaubt, und wer da glaubt an seinen Herrn, der hat keine Verminderung seines Lohnes, noch irgendein Unrecht zu fürchten. Es gibt wahre Muslime unter uns, aber auch solche, die abschweifen vom Rechten. Wer den Islam ergreift, der sucht wahre Leitung, wer aber abschweift vom Rechten, der ist Brandstoff der Hölle.

Wenn sie den Weg der Wahrheit betreten, so wollen wir ihnen Wasserregen in Überfluß geben, um sie dadurch zu prüfen. Wer sich aber abwendet von der Ermahnung seines Herrn, den wollen wir hinschicken zu peinvoller Strafe. Die Bethäuser sind für Gott bestimmt, darum rufet neben Gott nicht noch einen anderen an. Als der Knecht Gottes (Mohammed) stand, ihn anzurufen, da hätten sie (die Dschinnen) ihn beinahe überdrängt.[4)] Sprich: Ich rufe nur meinen Herrn an, und ich setze ihm kein Wesen zur Seite. Sprich: Ich, für mich, vermag nicht, euch zu schaden, noch euch richtig zu belehren. Sprich: Niemand kann mich wider Gott beschützen, und außer ihm finde ich keine Zuflucht. Ich kann nichts anderes als den Auftrag und die Botschaft Gottes sprechen. Wer aber Gott und seinem Gesandten ungehorsam ist, für den ist das Höllenfeuer bestimmt, und auf immer und ewig soll er darin verbleiben. Nicht eher als bis sie sehen die ihnen angedrohte Strafe, werden sie es einsehen, wer einen schwächeren Beschützer hatte und wer geringer an Anzahl war. Sprich: Ich weiß es nicht, ob das, was euch angedroht, bereits nahe ist, oder ob mein Herr dessen Zeit noch hinausgeschoben hat. Er nur kennet die Geheimnisse der Zukunft, und er teilet die Geheimnisse niemandem mit, außer nur einem Gesandten, der ihm wohlgefällt, und er läßt vor und hinter ihm eine Engelswache einhergehen, auf daß man erkenne, daß sie nur die Botschaft ihres Herrn vollbringen.[5)] Er umfasset alles, was um sie ist, und er berechnet alles genau.

DREIUNDSIEBZIGSTE SURE

Der Verhüllte[1)]

Geoffenbart zu Mekka

Im Namen des allbarmherzigen Gottes

O du Verhüllter[2)], stehe auf zum Gebete in der Nacht, mit Ausnahme eines kleinen Teils derselben. Die Hälfte derselben verwende dazu, doch kannst du um ein weniges abkürzen, oder noch etwas hinzufügen, und singe den Koran mit singender und lauter Stimme ab. Wahrlich, wir legen dir hiermit ein schweres Gebot auf.[3)] Aber das Aufstehen in der Nacht ist geeigneter für standhafte Ausdauer der Andacht und ersprießlicher für mündliche Belehrung, denn des Tags über hast du zu viele anderweitige Beschäftigung. Gedenke des Namens deines Herrn und sondere dich ab von allem Irdischen und weihe ihm dich ganz. Er ist Herr des Ostens und Westens, und außer ihm gibt's keinen Gott. Darum nimm nur ihn zum Beschützer und ertrage mit Geduld die Verleumdungen, welche sie von dir sprechen, und entferne dich von ihnen auf anständige Weise. Laß mich nur allein gewähren mit denen, die unsere Zeichen des Betrugs beschuldigen und sich der Segnungen des irdischen Lebens freuen. Sieh ihnen nur noch nach auf eine kurze Zeit, denn wir haben ja schwere Fesseln, und das Höllenfeuer, und erwürgende Speise und peinvolle Strafe für sie. An jenem Tage wird erschüttert werden die Erde und die Berge, und die Berge werden sein gleich einem Haufen zusammengejagten Sandes. Wahrlich, wir haben euch gesandt einen Gesandten, Zeugnis zu geben wider euch, so wie wir auch zum Pharao einen Gesandten geschickt hatten, aber der Pharao zeigte sich ungehorsam gegen den Gesandten. Darum züchtigten wir ihn mit einer schweren Züchtigung. Wie wollt ihr nun, so ihr ungläubig seid, dem Tage entgehen, der auch Kindern graues Haar verursachen wird? Die Himmel werden an demselben zerreißen. Diese Verheißung wird in Erfüllung gehen. Wahrlich, dies ist eine Ermahnung. Wer sich nun ermahnen lassen will, der wird den Weg zu seinem Herrn ergreifen. Dein Herr weiß es, daß du manchmal beinahe

— 383 —

zwei Drittel derselben mit dem Gebete zubringest, und ebenso ein Teil derer, so es mit dir halten, denn Gott mißt die Nacht und den Tag, und er weiß es, daß ihr es nicht so genau berechnen könnet, darum wendet er sich euch huldvoll zu. Darum leset so oft in dem Koran, als es euch leicht und bequem ist, denn er weiß es, daß es deren unter euch gibt, die krank sind, und andere, welche das Land durchreisen, um sich Unterhalt durch die Güte Gottes zu verschaffen, und wieder andere, welche für die Religion Gottes kämpfen. Leset daher darin, wenn es euch bequem ist, und verrichtet das Gebet, und gebet Almosen, und leihet Gott ein schönes Darlehen, denn all das Gute, welches ihr euerer Seele vorausschicket, das findet ihr bei Gott wieder. Dies wird besser für euch sein und euch größeren Lohn bringen (als alles andere). Bittet Gott um Vergebung, denn Gott ist versöhnend und barmherzig.

٧٤

VIERUNDSIEBZIGSTE SURE

Der Bedeckte[1]

Geoffenbart zu Mekka

Im Namen des allbarmherzigen Gottes

O du Bedeckter[2], erhebe dich und predige, und verherrliche deinen Herrn, und reinige deine Kleider, und fliehe eine jede Schandtat[3], und sei nicht freigiebig in der Absicht, um dadurch mehr zurückzuerhalten, und warte geduldig auf deinen Herrn. Wenn die Posaune erschallen wird, so wird dieser Tag für die Ungläubigen sein ein Tag des Kummers und der Not. Laß mich dann nur gewähren mit dem, den ich als einzig geschaffen und dem ich Reichtümer gegeben im Überfluß, und Kinder, die ihn umgeben, und dessen Geschäftsbetrieb ich auf angenehme Weise ihm geordnet und der dennoch verlangt, daß ich noch mehr für ihn tue.[4] Aber keineswegs, denn er ist ein Gegner unserer Zeichen. Darum will ich ihn heimsuchen mit schwerer Not,[5] weil er (Lügen wider den Koran) erdichtet und vorbereitet! Nochmals Fluch ihm, denn wie schändlich hat er sie vorbereitet! Verflucht sei er,[6] denn wie schändlich hat er sie vorbereitet! Nochmals Fluch ihm, denn wie schändlich hat er sie vorbereitet! Dann sieht er sich um und runzelt die Stirne und nimmt eine ernste Haltung an, dann wieder kehrt er den Rücken, und ist hochmutsvoll und spricht: Dies (der Koran) ist nichts anderes als Täuschung, von anderen erborgt, nichts anderes als Worte eines Menschen. Aber ich will ihn, damit er verbrenne, hinabstoßen in das Höllenfeuer. Aber was lehrt dich begreifen, was denn eigentlich die Hölle ist? Sie läßt nichts übrig und unverzehrt und nichts entwischen. Sie verbrennt das Fleisch der Menschen, und neunzehn Wächter haben wir über sie gesetzt. Und nur Engel haben wir über das Höllenfeuer gesetzt, und die Zahl derselben haben wir nur zur Prüfung der Ungläubigen bestimmt,[7] damit die Schriftbesitzer[8] und die Gläubigen und die, deren Herzen schwach sind, fortan nicht mehr zweifeln und die Ungläubigen sprechen: Was will denn Gott eigentlich andeuten mit dieser Zahl? So führt Gott in den Irrtum, wen

– 385 –

er will, und leitet recht, wen er will. Die Heerscharen deines Herrn kennt nur er allein, und diese (Lehre von der Hölle) ist nur eine Ermahnung für die Menschen. So ist es. Bei dem Monde, und bei der zurückweichenden Nacht, und bei der aufgehenden Morgenröte, diese (die Hölle) ist eins der schrecklichsten Dinge, und diene den Menschen zur Warnung, sowohl dem von euch, der vorwärts zu schreiten, als auch dem, der zurückzubleiben wünscht. Eine jede Seele ist Unterpfand ihrer Handlungen. Die Gefährten der rechten Hand,[9] welche in Gärten wohnen, fragen dann die Frevler: Was hat euch denn in die Hölle gebracht? Diese aber werden antworten: Wir haben nicht das Gebet verrichtet und nicht die Armen gespeist, und haben uns mit Eitelkeitskrämern in eitles Geschwätz eingelassen, und den Tag des Gerichts geleugnet so lange, bis der Tod[10] uns überkommen. Keine Vermittlung irgendeines Vermittlers kann ihnen dann helfen. Was ist ihnen denn, daß sie sich von den Ermahnungen des Korans wegwenden, gleich furchtsamen Eseln, welche vor einem Löwen fliehen? Zwar wünscht jedermann von ihnen, daß ihm eine offene Schrift von Gott zukomme,[11] dies wird aber keineswegs geschehen, denn sie fürchten ja nicht einmal ein zukünftiges Leben. Es geschieht keineswegs, denn dieser Koran ist hinreichende Ermahnung. Wer sich will mahnen lassen, den wird er ermahnen, aber nicht anders werden sie sich ermahnen lassen, oder Gott müßte es wollen. Er ist es, dem Ehrfurcht gebührt, und er ist es, der gerne vergibt.

FÜNFUNDSIEBZIGSTE SURE

Die Auferstehung[1]

Geoffenbart zu Mekka

Im Namen des allbarmherzigen Gottes

Ich schwöre bei dem Tage der Auferstehung, und ich schwöre bei der Seele, die sich selbst anklagt,[3] will der Mensch wohl glauben, daß wir nicht seine Gebeine einst zusammenbringen können? Wahrlich, wir vermögen es, selbst die kleinsten Gebeine seiner Finger zusammenzufügen, doch der Mensch will selbst das, was vor ihm liegt, gern leugnen. Er fragt: Wann kommt denn der Tag der Auferstehung? Wenn das Auge sich verdunkelt und der Mond sich verfinstert, und Sonne und Mond sich verbinden, dann wird der Mensch an diesem Tage fragen: Wo findet man wohl einen Zufluchtsort? Aber vergebens, denn es gibt dann keinen Ort der Zuflucht. Vor deinem Herrn wird der Standort an diesem Tage sein, und an demselben wird man dem Menschen verkünden, was er zuerst und zuletzt getan, und der Mensch wird Zeuge wider sich selbst sein, und wenn er auch seine Entschuldigungen vorbringt, so werden sie nicht angenommen.

Rühre nicht deine Zunge, um ihn zu beschleunigen, denn unsere Sache ist es, ihn zu sammeln und ihn dir vorzulesen, und wenn wir ihn dir vorlesen, dann folge du nur der Vorlesung, und dann liegt es uns ob, ihn dir zu erklären.[4] So ist's.

Ihr liebt das dahineilende Leben und lasset das zukünftige ganz unbeachtet. Einige Angesichter werden an diesem Tag glänzen und ihren Herrn anblicken,[5] andere aber traurig aussehen, und vermeinen, schweres Trübsal komme über sie. Sicherlich! Wenn in der Todesstunde die Seele eines Menschen bis an die Kehle steigt und die Umstehenden sagen: Wer bringt zu seiner Rettung einen Zaubetrank? Und er nun glaubt, die Zeit der Abreise sei gekommen, und nun legt Bein an Bein,[6] dann wird er an diesem Tage hingetrieben zu deinem Herrn, denn er glaubte nicht[7] und betete nicht, sondern beschuldigte den Gesandten des Betrugs und wendete den Rücken und reiste, einherschreitend mit stolzer Miene, zu seiner Familie. Darum wehe dir, wehe! Und abermals wehe dir, wehe! Glaubt denn der Mensch, daß ihm volle Freiheit gelassen ist? War er nicht ein ausgeworfener Samentropfen? Darauf wurde ein wenig geronnenes Blut aus ihm, und Gott bildete ihn, und formte ihn nach zugehörigem Verhältnisse, und machte aus ihm zwei Geschlechter, das männliche und das weibliche. Sollte der, der dies getan, nicht auch die Toten zu neuem Leben auferwecken können?

SECHSUNDSIEBZIGSTE SURE

Der Mensch[1)]

Geoffenbart zu Mekka[2)]

Im Namen des allbarmherzigen Gottes

Ist denn nicht ein großer Zeitraum über dem Menschen verstrichen, seit welchem er ein unbemerkenswertes Ding gewesen?[3)] Wahrlich, wir haben den Menschen geschaffen aus dem vermischten Samentropfen beider Geschlechter, um ihn zu prüfen, und haben ihm gegeben Gehör und Gesicht. Wir haben ihn auch geleitet auf den rechten Weg, mag er nun dankbar oder undankbar sein. Wahrlich, für die Ungläubigen haben wir bereitet: Ketten, Halsbänder und das Höllenfeuer. Die Gerechten aber werden trinken aus einem Kelche Wein gemischt mit Wasser aus der Quelle Kafur[4)], einer Quelle, aus welcher nur die Diener Gottes trinken, und welche sie durch Leitungen leiten können, wohin sie wollen. Sie erfüllen ihre Gelübde, und fürchten den Tag, der seine Übel weithin sendet, und speisen aus Liebe zu Gott den Armen, Waisen und Gefangenen, und sprechen: Wir speisen euch nur um Gottes willen, und wir begehren von euch weder Lohn noch Dank, wir fürchten nur von unserem Herrn einen traurigen und schrecklichen Tag. Darum wird Gott sie befreien von dem Übel dieses Tages, und Heiterkeit und Freude auf ihrem Angesichte glänzen lassen, und sie belohnen für ihre ausharrende Geduld mit einem Garten und mit seidenen Gewändern, und sie werden dort ruhen auf Lagerkissen und weder Sonne noch Mond erblicken.[5] Die Schatten dort werden sich nahe über ihnen ausbreiten und die Früchte werden tief herabhängen, damit sie leicht gepflückt werden können. Und die Aufwärter werden um sie herumgehen mit silbernen Kelchen und Bechern und mit glashellen Silberflaschen, deren Maß sie nach eigenem Wunsche bestimmen können. Man gibt ihnen dort zu trinken aus einem Becher Wein mit Ingwer-Wasser[6], aus einer Quelle dort, welche Salsabil[7] heißt. Zu ihrer Aufwartung gehen um sie herum ewig blühende Jünglinge. Wenn du sie siehst, hältst du sie für ausgestreute Perlen, und wo du hinsiehst, erblickst du Wonne und ein großes Reich. Ihre Gewänder sind aus feiner, grüner Seide und aus Samt, durchwirkt mit Gold und Silber, und geschmückt sind sie mit silbernen Armbändern, und ihr Herr wird ihnen das reinste Getränk zu trinken geben und sagen: Dies ist euer Lohn und der Dank für euer eifriges Streben.

Wahrlich, wir haben dir den Koran durch stufenweise Offenbarung geoffenbart. Darum erwarte in Geduld das Gericht deines Herrn und gehorche keinem Sünder und Ungläubigen unter ihnen. Gedenke des Namens deines Herrn des Morgens und des Abends und auch in der Nacht, und verehre ihn und preise ihn während eines großen Teils der Nacht. Wahrlich, jene Menschen lieben nur das dahineilende Leben, und lassen unbeachtet hinter sich liegen den schweren Tag des Gerichts. Wir haben sie geschaffen und ihren Gelenken Stärke gegeben, und so wir nur wollen, so können wir andere, die ihnen gleich sind, an ihre Stelle setzen. Wahrlich, dies ist eine Ermahnung, und wer nun will, der nimmt seinen Weg zu seinem Herrn, doch nicht anders werdet ihr dies wollen können, als wenn Gott es will, denn Gott ist allwissend und allweise. Er führt in seine Barmherzigkeit, wen er will, für die Frevler aber hat er peinvolle Strafe bestimmt.

SIEBENUNDSIEBZIGSTE SURE

Die, so gesendet sind[1]

Geoffenbart zu Mekka

Im Namen des allbarmherzigen Gottes

Bei den Engeln, die aufeinanderfolgend in ununterbrochener Reihe[2] herabgesandt sind und sich in schnellströmender Bewegung fortbewegen, bei denen, die seine Gebote ausstreuen und auf der Erde verbreiten, bei denen, welche Wahres vom Falschen trennen, und bei denen, welche die göttlichen Ermahnungen überbringen zur Sündenentschuldigung oder Strafbedrohung, das, was euch angedroht ist, wird eintreffen. Wenn die Sterne erlöschen und die Himmel zerreißen und die Berge zerstäuben, und wenn den Gesandten der Tag des Zeugnisaussagens anberaumt ist, was für ein Tag wird dazu bestimmt sein? – Der Tag der Absonderung.[3] Wer lehrt dich aber begreifen, was eigentlich der Tag der Absonderung ist? Wehe an diesem Tage denen, so unsere Zeichen des Betrugs beschuldigten! Haben wir nicht auch die früheren Ungläubigen vertilgt? So wollen wir auch die der späteren Zeit ihnen nachfolgen lassen. So verfahren wir mit den Übeltätern. Wehe an diesem Tage denen, so unsere Zeichen des Betrugs beschuldigen. Haben wir euch nicht geschaffen aus einem verächtlichen Wassertropfen, den wir bis zur bestimmten Zeit (der Entbindung) an einen sicheren Ort gelegt? Dies vermochten wir zu tun in unserer Allmacht. Wehe an diesem Tage denen, so unsere Zeichen des Betrugs beschuldigen. Haben wir nicht die Erde zur Aufnahme der Lebenden und Toten bestimmt, und in sie gesetzt hohe und feste Berge, und euch frisches Wasser zum Trinken gegeben? Wehe an diesem Tage denen, so unsere Zeichen des Betrugs beschuldigen. (Gesagt wird zu ihnen:) Gehet nun zur Strafe hin, die ihr geleugnet habt, gehet nun hin in den Schatten (des Höllenrauchs), der in drei Säulen aufsteigt, und euch doch nicht beschatten und nichts helfen kann wider die Flamme. Diese sprühet Funken so groß wie ein Turm, als wären es rotgelbe Kamele. Wehe an diesem Tage denen, so unsere Zeichen des Betrugs beschuldigen. An diesem

Tage werden sie nicht sprechen und sich nicht entschuldigen dürfen. Wehe an diesem Tage denen, so unsere Zeichen des Betrugs beschuldigen. Dies ist der Tag der Absonderung, an welchem wir euch mit den Vorfahren versammeln werden. Habt ihr nun irgendeinen Anschlag, dieses zu verhindern, so bedienet euch desselben wider mich. Wehe an diesem Tage denen, so unsere Zeichen des Betrugs beschuldigen. Die Gottesfürchtigen werden wohnen unter Schatten und bei Quellen und bei Früchten, welche sie sich nur wünschen, und gesagt wird zu ihnen: Esset und trinket nach Belieben zum Lohne eueres Tuns, denn so belohnen wir die Rechtschaffenen. Wehe an diesem Tage denen, so unsere Zeichen des Betrugs beschuldigen. Ihr Übeltäter aber, esset nur und freuet euch noch auf eine kurze Zeit des irdischen Lebens. Wehe an diesem Tage denen, so unsere Zeichen des Betrugs beschuldigen. Wird zu ihnen gesagt: Beugt euch, so beugen sie sich dennoch nicht. Wehe an diesem Tage denen, so unsere Zeichen des Betrugs beschuldigen. An welche neue Offenbarung nach dieser wollen sie denn wohl glauben?

ACHTUNDSIEBZIGSTE SURE

Die Verkündigung[1]

Geoffenbart zu Mekka

Im Namen des allbarmherzigen Gottes

Worüber befragen sich wohl die Ungläubigen untereinander? Über die große Verkündigung der Auferstehung, über welche sie nicht einig sind. Doch bald werden sie die Wahrheit derselben erfahren, ja bald sollen sie Einsicht bekommen. Haben wir nicht die Erde zum Ruhebett gemacht und die Berge als Pfeiler hingestellt? Haben wir euch nicht zweierlei Geschlechts geschaffen? Haben wir nicht den Schlaf euch zur Ruhe, und die Nacht zur Behüllung, und den Tag zur Verschaffung des Lebensunterhalts bestimmt? Haben wir nicht sieben Festungen über euch erbaut und eine brennende Leuchte daran befestigt? Und senden wir nicht herab aus den vollgedrängten Wolken Wasser im Überfluß, auf daß wir hervorbringen Getreide und Kräuter und dichtbepflanzte Gärten?

Wahrlich, der Tag der Absonderung ist bestimmt; der Tag, an welchem in die Posaune gestoßen wird und ihr scharenweise herbeikommt, und an welchem der Himmel sich öffnen und voller Tore[2] sein wird und die Berge sich bewegen und in Dunst sich auflösen werden. Die Hölle aber bleibt ein Hinterhalt zur Aufnahme der Frevler, und sie sollen darin verbleiben ewige Zeit, und es labt sie keine Erfrischung und kein anderer Trank als siedendheißes Wasser und stinkende Fäulnis. Dies ist angemessene Belohnung dafür, daß sie nicht erwarteten, zur Rechenschaft gezogen zu werden, und nicht glaubten an unsere Zeichen und sie des Betrugs beschuldigten. Doch wir haben alles berechnet und aufgeschrieben. Nehmet nun hin die Strafe, die wir euch stets vergrößern werden. Für die Gottesfürchtigen aber ist bereitet ein Ort der Seligkeit, mit Bäumen und Weinreben bepflanzt, und sie finden dort Jungfrauen mit schwellenden Busen und gleichen Alters mit ihnen, und vollgefüllte Becher. Weder eitles Geschwätz noch Lüge werden sie dort hören. Dies ist Belohnung von deinem Herrn, ein hinreichendes Geschenk ist dies vom Herrn des Himmels und der Erde, und was zwischen beiden, vom Allbarmherzigen. Doch dürfen sie nicht reden mit ihm[3)] an dem Tage, an welchen der Geist[4)] und die Engel in Reihen geordnet stehen, da darf keiner sprechen, außer nur der, dem der Allbarmherzige Erlaubnis gibt,[5)] und der wird sprechen, was recht ist. Dies ist der unfehlbare Tag. Wer nun will, der bekehre sich zu seinem Herrn, denn wir drohen euch an eine baldige Strafe. An diesem Tage wird der Mensch erblicken die Handlungen, welche seine Hände vorausgeschickt haben, und der Ungläubige wird ausrufen: O wäre ich doch Staub!

NEUNUNDSIEBZIGSTE SURE

Die Entreißenden[1)]

Geoffenbart zu Mekka

Im Namen des allbarmherzigen Gottes

Bei denen, welche mit Gewalt entreißen, und bei denen, welche sanft entziehen[2)], und bei denen, welche schwimmend dahingleiten[3)], und bei denen, welche vorangehen und einführen[4)], und bei denen, welche die Dinge dieser Welt verwalten, an einem gewissen Tage wird die erschütternde Posaune alles erschüttern, und nachfolgen wird ein nachfolgender Posaunenschall[5)]. An diesem Tage werden die Herzen der Menschen erzittern und ihre Blicke niedergeschlagen sein und sprechen werden sie: Sollen wir wohl, da wir doch vermoderte Gebeine sind, in unseren früheren Zustand zurückkehren?[6)] Das wäre ja, sagen sie, eine Rückkehr, die zum Untergange führt.⁷⁾ Wahrlich, nur ein einziger Posaunenschall, und siehe, sie erscheinen auf der Oberfläche der Erde. Ist dir die Geschichte des Moses nicht bekannt geworden? Sein Herr rief ihm zu in dem heiligen Tale Tuwā⁸⁾ und sprach: Gehe hin zum Pharao, denn er ist ein übermütiger Sünder, und sprich: So du Verlangen trägst, gerecht und heilig zu sein, so will ich dich hinleiten zu deinem Herrn, damit du dich fürchtest, ferner zu sündigen. Und er zeigte ihm die größten Wunderzeichen, dennoch beschuldigte er ihn, den Moses, des Betrugs und empörte sich wider Gott. Darauf kehrte er eiligst den Rücken und versammelte die Zauberer und rief ihnen zu und sprach: Nur ich bin euer höchster Herr. Darum hat ihn Gott gezüchtigt mit Strafe im zukünftigen und im gegenwärtigen Leben. Hierin ist ein Beispiel für den, der Gott fürchtet. Seid ihr denn schwerer zu erschaffen, als die Himmel, die er erbaut hat? Er hat ihre Höhe aufgeführt und ihr die gehörige Bildung gegeben. Er hat die Nacht verdunkelt⁹⁾ und auch das Licht (die Sonne) hervorgerufen. Danach hat er die Erde ausgebreitet und das in ihr enthaltene Wasser und Futter hervorgebracht und die Berge befestigt zu euerem Nutzen und zum Nutzen eueres Viehes. Wenn nun herankommt der große überwältigende (Tag des Gerichts), dann wird der Mensch sich erinnern dessen, was er absichtlich getan, und die Hölle wird sichtbar sein einem jeden, der hinsehen will. Wer nun gefrevelt und sich dieses zeitliche Leben auserwählt hat, dessen Wohnung ist die Hölle. Wer aber die Gegenwart seines Herrn gefürchtet und seine Seele von Gelüsten zurückgehalten, dessen Wohnung ist das Paradies. Sie werden dich befragen über die letzte Stunde und deren Zeitbestimmung. Wie kannst du aber hierüber Belehrung geben? Nur Gott allein kennt ihre bestimmte Zeit, und du bist nur ein Prediger, der sie fürchtet. An jenem Tage, wenn sie dieselbe sehen werden, da wird es ihnen vorkommen, als hätten sie nur einen Abend oder nur einen Morgen verweilt.¹⁰⁾

ACHTZIGSTE SURE

Er runzelte die Stirn[1]

Geoffenbart zu Mekka

Im Namen des allbarmherzigen Gottes

Er, der Prophet, runzelte die Stirn und ging beiseite, als der blinde Mann zu ihm kam.[2] Konntest du denn wissen, ob er sich nicht von seinen Sünden wollte reinigen, oder sich ermahnen lassen, und ob nicht die Ermahnung ihm nützen würde? Den Reichen nimmst du ehrenvoll auf und kümmerst dich nicht darum, ob er auch sündenrein sei, dem aber, der zu dir kommt in der ernsten Absicht, sein Heil zu suchen, und Gott fürchtet, dem wendest du den Rücken. Dies tue nie wieder.

Wahrlich, dieser Koran ist eine Ermahnung (wer nun guten Willen hat, behält ihn im Gedächtnis), niedergeschrieben auf ehrwürdigen, erhabenen und reinen Blättern, mit den Händen hochgeehrter und gerechter Schreiber.[3] Verflucht sei der Mensch![4] Was verführt ihn denn zum Unglauben? Aus was hat ihn Gott denn geschaffen? Aus einem Samentropfen schuf und bildete er ihn und erleichterte ihm den Weg (aus dem Mutterleib). Dann läßt er ihn sterben und in das Grab legen. Darauf wird er, sobald er will, ihn wieder auferwecken. Nicht anders ist es. Bis jetzt aber hat der Mensch nicht erfüllt, was Gott ihm geboten. Der Mensch sehe doch nur einmal auf seine Speise. Wir gießen den Regen in Güssen herab, und spalten dann die Erde in Spalten und lassen hervorsprießen: Korn, Weintrauben, Kräuter, Oliven- und Palmbäume, und Gärten, mit Bäumen dicht bepflanzt, und Obst und Gras, für euch und euer Vieh. Wenn der betäubende Posaunenschall gehört wird, an diesem Tage wird der Mann fliehen von seinem Bruder, seiner Mutter, seinem Vater, seinem Weibe und von seinen Kindern, denn an diesem Tage wird jedermann mit sich selbst genug zu tun haben. Einige Gesichter werden an diesem Tage heiter, lächelnd und freudevoll sein, andere aber mit Staub und Finsternis bedeckt. Diese sind die Ungläubigen, die Missetäter.

EINUNDACHTZIGSTE SURE

Die Zusammenfaltung[1)]

Geoffenbart zu Mekka

Im Namen des allbarmherzigen Gottes

Wenn die Sonne sich zusammenfaltet[2)], und die Sterne herabfallen, und die Berge sich fortbewegen, und die schon zehn Monate trächtige Kamelin der Milch entbehrt,[3)] und die wilden Tiere zusammenlaufen, und die Meere in Flammen aufgehen, und die Seelen sich mit den Körpern wieder verbinden, und wenn man das lebendig begrabene Mädchen[4)] befragt, was für eines Verbrechens wegen man sie getötet, und wenn die Bücher offengelegt und die Himmel weggezogen werden, wie die Haut vom Kamele, und wenn die Hölle brennt lichterloh und das Paradies nähergebracht wird, dann wird eine jede Seele wissen, was sie getan. Ich schwöre bei den Sternen, welche sich rück- und vorwärts schnell bewegen und verbergen,[6)] und bei der heranbrechenden Nacht, und bei der erscheinenden Morgenröte, dieser Koran enthält die Worte eines ehrwürdigen Gesandten[7)], der viel vermag und in Ansehen steht bei dem Besitzer des Thrones, und dem die Engel gehorchen und der untrüglich ist. Euer Gefährte (Mohammed) ist kein Besessener. Er sah ihn, den Engel Gabriel, am hellen Horizonte,[8)] und er verschweigt sie nicht, die geheimen Offenbarungen, welche nicht sind Worte eines gesteinigten Satans.[9)] Wo denkt ihr hin? Der Koran ist nichts anderes als eine Ermahnung für alle Welt, namentlich für den unter euch, welcher den geraden Weg wandeln will. Doch werdet ihr dies nicht wollen können, so es Gott, der Herr des Weltalls, nicht will.

ZWEIUNDACHTZIGSTE SURE

Die Zerspaltung[1]

Geoffenbart zu Mekka

Im Namen des allbarmherzigen Gottes

Wenn die Himmel sich spalten, und die Sterne sich zerstreuen, und die Meere sich vermischen, und die Gräber sich umkehren, dann wird eine jede Seele wissen, was sie getan und was sie unterlassen. O Mensch, was hat dich denn verführt wider deinen verehrungswürdigen Herrn, der dich geschaffen, gebildet und geformt und dich in eine Gestalt zusammengefügt hat, die ihm gefiel? So und nicht anders ist's, und dennoch leugnen sie den Tage des Gerichts. Aber verehrungswürdige Wächter sind über euch gesetzt, die alles niederschreiben, und so da wissen, was ihr tut. Die Gerechten werden kommen in das wonnevolle Paradies, die Missetäter aber in die Hölle. An dem Tage des Gerichts werden sie hineingeworfen, um zu brennen, und nie werden sie abwesend von dort sein dürfen. Was lehrt dich aber den Tag des Gerichts begreifen? Was belehrt dich über die Beschaffenheit des Gerichtstages? An diesem Tage vermag keine Seele etwas für eine andere, denn Gottes ist die Herrschaft an diesem Tage.

DREIUNDACHTZIGSTE SURE

Die unrichtig Messenden[1)]

Geoffenbart zu Mekka[2)]

Im Namen des allbarmherzigen Gottes

Wehe denen, welche unrichtiges Maß geben, die, wenn sie von anderen Menschen zugemessen bekommen, volles Maß verlangen, so sie aber anderen zumessen oder zuwiegen, Maß und Gewicht verkürzen. Denken sie denn nicht daran, daß sie wieder auferweckt werden an jenem großen Tage, an jenem Tage, an welchem die Menschen vor dem Herrn des Weltalls stehen werden? Keineswegs. Wahrlich, das Buch der Missetäter ist im Sidschin[3)]. Was lehrt dich aber begreifen, was Sidschin ist? Ein deutlich geschriebenes Buch ist es. Wehe an diesem Tage denen, so unsere Gesandten des Betrugs beschuldigen und den Tag des Gerichts leugnen. Doch nur frevelhafte Sünder verleugnen denselben, nur solche, die, wenn unsere Zeichen ihnen vorgelesen werden, sprechen: Das sind nur Fabeln der Alten. Keineswegs ist dem so. Ihre bösen Taten haben ihre Herzen überwältigt. Nicht anders ist's. Dafür aber werden sie an jenem Tage ausgeschlossen sein von ihrem Herrn, und zum Brennen in die Hölle geworfen werden, und gesagt wird zu ihnen: Dies ist es nun, was ihr geleugnet habt. So ist's. Wahrlich, das Buch der Gerechten ist im Illium[4)]. Was lehrt dich aber begreifen, was Illium ist? Ein deutlich geschriebenes Buch ist es, welches die bezeugen, so Gott nahe sind.[5)] Wahrlich, die Gerechten sollen im wonnevollen Paradiese wohnen, und auf Ruhekissen sitzend, umherblicken, und auf ihren Gesichtern kannst du wahrnehmen freudige Heiterkeit. Zu trinken bekommen sie vom reinsten versiegelten Wein, zu dessen Versiegelung Moschus genommen wird[6)] (wonach die nach Glückseligkeit Strebenden streben mögen), und gemischt wird er mit Wasser aus Tasnim[7)], einer Quelle, woraus die trinken, so Gott nahe sind.

Die Übeltäter suchen die Gläubigen zu verlachen, und wenn sie an denselben vorübergehen, so winken sie wohl einander zu. Sobald sie aber wieder zu ihren Leuten zurückkehren, dann wenden sie sich ab mit höhnischem Spotte und sagen, wenn sie diese (die Gläubigen) sehen: Wahrlich, es sind irregeführte Menschen. Aber sie sind ja nicht gesandt, um Wächter über sie zu sein.[8)] Doch eines Tages werden die Gläubigen die Ungläubigen verlachen, wenn sie, liegend auf Ruhekissen, hinabsehen (auf die in der Hölle). Sollte den Ungläubigen nicht vergolten werden das, was sie getan?

VIERUNDACHTZIGSTE SURE

Die Zerreißung[1)]

Geoffenbart zu Mekka[2)]

Im Namen des allbarmherzigen Gottes

Wenn der Himmel zerreißt, gehorchend seinem Herrn pflichtgezwungen, und die Erde sich ausdehnt[3)], und herauswirft, was in ihr ist, und sich leeret[4)], gehorchend ihrem Herrn pflichtgezwungen, dann, o Mensch, wirst du dich bemühen, um zu deinem Herrn zu gelangen, den du auch treffen wirst. Der nun, so sein Buch in die rechte Hand bekommt, der wird eine leichte Rechenschaft zu geben haben und freudig zu seinen Angehörigen zurückkehren. Wer aber sein Buch hinter seinen Rücken bekommt,[5)] der wird bittend um gänzliche Vernichtung rufen. Aber in die Hölle wird er gesandt, um zu brennen, weil er inmitten seiner Angehörigen sich übermütig betragen und geglaubt, daß er nie zu Gott zurückkehren werde. Aber wahrlich, sein Herr beobachtete ihn. Ich schwöre es bei dem Abendrote und bei der Nacht, und bei dem, was sie zusammentreibt,[6)] und bei dem Monde, wenn er sich füllet, ihr werdet von einem Zustande in den anderen versetzt.[7)] Warum wollen sie denn nicht glauben? Und warum fallen sie nicht anbetend nieder, wenn ihnen der Koran vorgelesen wird? Ja, nur des Betrugs beschuldigen ihn die Ungläubigen, aber Gott kennet ihre geheimgehaltene Bosheit. Darum verkünde ihnen peinvolle Strafe, die Gläubigen aber, so rechtschaffen handeln, erhalten unvergänglichen Lohn.

FÜNFUNDACHTZIGSTE SURE

Die Türme[1)]

Geoffenbart zu Mekka

Im Namen des allbarmherzigen Gottes

Bei dem Himmel, mit seinen Türmen[2)], bei dem verheißenen Tage, bei dem Zeugen und Bezeugten,[3)] umgebracht wurden die Genossen der Gruben des brennenden Feuers, indem sie daran saßen und Zeugen waren dessen, was man tat an den Gläubigen, und sie wollten sie strafen bloß, weil sie glaubten an Gott, den Allmächtigen und Preiswürdigen, dem da gehöret das Reich des Himmels und der Erde, den Gott, der aller Dinge Zeuge ist.[4)] Wahrlich, für die, welche die wahren Gläubigen beiderlei Geschlechts verfolgen und solches später nicht bereuen, ist die Strafe der Hölle und des Verbrennens bestimmt. Die Gläubigen aber und die das Gute tun, erhalten Gärten, von Wasserbächen durchströmt. Große Glückseligkeit wird dies sein. Wahrlich, die Rache deines Herrn ist streng. Er erschuf und wird auch wieder von neuem hervorrufen,[5)] er, der Versöhnende und Gnädige, der Herr des glorreichen Thrones, so da tut, was er will. Ist dir nicht bekannt geworden die Geschichte des Heeres des Pharaos und die der Thamudäer? Doch die Ungläubigen hören nicht auf, die göttlichen Offenbarungen des Betrugs zu beschuldigen, aber Gott umfaßt sie von hinten.[6)] Wahrlich, dies ist der ruhmreiche Koran, niedergeschrieben auf der im Himmel aufbewahrten Tafel.

SECHSUNDACHTZIGSTE SURE

Der Nachtstern[1)]

Geoffenbart zu Mekka

Im Namen des allbarmherzigen Gottes

Bei dem Himmel und bei dem Nachtsterne! Doch was lehrt dich, was der Nachtstern ist? Er ist der Stern von durchdringender Klarheit,[2)] eine jede Seele hat einen Wächter über sich. Ein jeder Mensch bedenke daher, aus was er geschaffen. Aus ausgegossenem Wasser, kommend aus den Lenden und Brustbeinen.[3)] Wahrlich, er vermag es, ihn von neuem auferstehen zu lassen, an dem Tage, an welchem die Geheimnisse enthüllt werden, und dann wird er sein ohne Macht und ohne Helfer. Bei dem Himmel, der stets wiederkehrt[4)], und bei der Erde, die sich öffnet[5)], dieser Koran ist eine wohlunterscheidende Rede und nicht aus Leichtfertigkeit zusammengesetzt. Sie zwar ersinnen Anschläge gegen denselben, ich aber werde Gegenanschläge ersinnen. Darum trage Geduld mit den Ungläubigen und laß sie nur noch auf eine kurze Zeit gewähren.

SIEBENUNDACHTZIGSTE SURE

Der Allerhöchste[1)]

Geoffenbart zu Mekka

Im Namen des allbarmherzigen Gottes

Preise den Namen deines Herrn, des Allerhöchsten, der da geschaffen und gebildet seine Geschöpfe, und der da bestimmt ihre Zwecke, und sie dazu hinleitet, und der hervorbringt das Futter, und es dann werden läßt trockenes, dunkles Heu. Wir wollen dich (unsere Offenbarungen) lesen lehren, daß du nichts vergissest, außer nur das, was Gott will,[2)] denn er kennet, was offenbar und was verborgen ist. Wir wollen dir den Weg zur Glückseligkeit leicht machen. Darum ermahne nur, denn Ermahnung bringt Nutzen. Wer Gott fürchtet, der wird sich ermahnen lassen, und nur der elendeste Bösewicht wendet sich ab davon, der, um zu verbrennen, in das größte Höllenfeuer geworfen werden soll, wo er nicht sterben und nicht leben kann. Glückselig aber ist der, so sich geläutert durch den Glauben und eingedenk ist des Namens seines Herrn und betet. Ihr aber, ihr zieht das irdische Leben vor, obgleich das zukünftige besser und dauerhafter ist. So steht's geschrieben in den alten Büchern, in den Büchern des Abraham[3)] und Moses.

ACHTUNDACHTZIGSTE SURE

Der Bedeckende[1)]

Geoffenbart zu Mekka

Im Namen des allbarmherzigen Gottes

Ist dir nicht geworden die Kunde von dem bedeckenden Tage des Gerichts? Die Gesichter einiger werden niedergeschlagen sein an diesem Tage, sich abarbeitend und abmühend,[2)] und geworfen werden sie, um zu verbrennen, in das glühende Feuer. Zu trinken bekommen sie aus siedendheißer Quelle, und nichts anderes erhalten sie zur Speise als Dornen und Disteln[3)], welche keine Kraft geben[4)] und auch den Hunger nicht befriedigen. Auch freudige Gesichter gibt's an diesem Tage, die, so zufrieden sind mit ihrem früheren guten Verhalten. Sie kommen in einen erhabenen Garten, wo sie nicht hören werden eitles Gerede, und wo sie finden eine fließende Quelle und hohe Ruhebetten, und vorgesetzte Becher, und wohlgeordnete Kissen, und ausgebreitete Teppiche.

Betrachten sie denn nicht die regenschwangeren Wolken, wie sie geschaffen, und die Himmel, wie sie hocherhoben, und die Berge, wie sie befestigt wurden, und die Erde, wie sie ausgebreitet wurde? Darum ermahne sie, denn du bist ja nur ein Ermahner und hast sonst keine Gewalt über sie. Wer aber den Rücken wendet und ungläubig bleibt, den wird Gott strafen mit der schwersten Strafe. Zu uns sollen sie zurückkehren, und dann ist es an uns, Rechenschaft von ihnen zu fordern.

NEUNUNDACHTZIGSTE SURE

Die Morgendämmerung[1)]

Geoffenbart zu Mekka[2)]

Im Namen des allbarmherzigen Gottes

Bei der Morgendämmerung, und bei den zehn Nächten,[3)] und bei dem, was doppelt und was einfach ist,[4)] und bei der hereinbrechenden Nacht! Ist dies nicht ein verständiger Eid? Hast du noch nicht beobachtet, wie dein Herr verfahren mit Ad, dem Bewohner von Iram[5)], wo Säulen waren,[6)] dergleichen in dem ganzen Lande nicht aufgeführt wurden? Und wie er verfahren mit Thamud, welche sich Felsen ausgehauen im Tale,[7)] und mit dem Pharao, dem hartnäckigen?[8)] Alle diese waren ausschweifend und richteten großes Verderben im Lande an. Darum goß dein Herr die Geißel seiner Strafe über sie aus, denn dein Herr steht, um alles zu beobachten, auf einem Wachtturme. Der Mensch, wenn sein Herr ihn durch Wohltaten prüft und ihm Ehre und Güte erzeigt, dann sagt er wohl: Mein Herr hat mich geehrt. Wenn er ihn aber durch Widerwärtigkeiten prüft und ihm seine Nahrung entzieht, dann spricht er: Mein Herr verachtet mich. Dem aber ist nicht so. Ihr aber ehret die Waisen nicht und muntert euch gegenseitig nicht auf, den Armen zu speisen, und ihr verzehret mit Habgier das Erbe der Unmündigen und liebet mit zu großer Leidenschaft den Reichtum. So sollte es nicht sein! Wenn die Erde aber in Staub zergeht, und dein Herr kommt mit der Engelsschar in Reih' und Glied, und an diesem Tage die Hölle herangebracht wird,[9)] dann wird der Mensch sich seiner Taten erinnern, aber was soll ihm nun diese Erinnerung? Er wird dann sprechen: O hätte ich doch in meinem Leben nur gute Handlungen mir vorausgeschickt! An diesem Tage wird keiner, außer Gott, strafen und fesseln können.[10)] O du vollkommen beruhigte Seele,[11)] kehre zurück zu deinem Herrn, vollkommen zufrieden und befriedigt, trete hin zu meinen Dienern und gehe ein in mein Paradies.

NEUNZIGSTE SURE

Die Landschaft[1]

Geoffenbart zu Mekka

Im Namen des allbarmherzigen Gottes

Ich schwöre es bei dieser Landschaft[2] (und du wohnest ja in dieser Landschaft), und bei dem Erzeuger und dem Erzeugten,[3] der Mensch ist zum Drangsal geschaffen.[4] Denkt er wohl, daß ihn niemand überwältigen könne?[5] Er spricht: Großes Vermögen habe ich bereits verschwendet.[6] Glaubt er denn, daß ihn niemand sieht? Haben wir ihm nicht gegeben zwei Augen, eine Zunge und zwei Lippen, und ihm die zwei Wege des Guten und Bösen gezeigt? Und doch will er die Klippe nicht übersteigen. Was lehrt dich aber begreifen, was die Klippe ist? Sie ist: die Befreiung des Gefangenen, oder die Speisung einer verwandten Waise, oder eines auf der Erde liegenden Armen, zur Zeit der Hungersnot. Wer solches tut, gehört zu den Gläubigen, die sich gegenseitig zur Geduld und Barmherzigkeit anregen. Diese sind Gefährten der rechten Hand. Die aber, so unsere Zeichen leugnen, sind Gefährten der linken Hand.[7] Über diesen soll das Feuer sich wölben.

٩١

EINUNDNEUNZIGSTE SURE

Die Sonne[1]

Geoffenbart zu Mekka

Im Namen des allbarmherzigen Gottes

Bei der Sonne und ihrem Strahlenglanze, und bei dem Monde, der ihr folget, und bei dem Tage, wenn er sie zeigt in ihrer Pracht,[2] und bei der Nacht, die sie bedecket, und bei dem Himmel, und dem, der ihn gebaut, und bei der Erde, und dem, der sie ausgebreitet, bei der Seele, und dem, der sie gebildet und ihr eingegeben die Neigung zur Schlechtigkeit und Frömmigkeit, glückselig ist der, welcher sie läutert, elend aber der, so sie unter Sünden begräbt.

In dem Übermaße ihres Frevelsinns haben die Thamudäer ihren Gesandten des Betrugs beschuldigt. Als jener Elende herbeikam,[3] und der Gesandte Gottes zu ihnen sagte: Dies ist die Kamelin Gottes und dies ihr Trank, da beschuldigten sie ihn des Betrugs und töteten sie.[4] Darum, ob ihrer Sünden, hat sie ihr Herr vertilgt, und sie alle gleich bestraft, und er braucht die Folgen davon nicht zu fürchten.[5]

ZWEIUNDNEUNZIGSTE SURE

Die Nacht[1]

Geoffenbart zu Mekka

Im Namen des allbarmherzigen Gottes

Bei der Nacht, wenn sie alles mit Finsternis bedecket, und bei dem Tage, wenn er hell scheinet, und bei dem, der das Männliche und Weibliche erschuf, euere Bestrebungen sind sehr verschieden. Der nun, so da gehorchet[2] und gottesfürchtig ist, und sich zu der Wahrheit des herrlichsten Glaubens bekennet, dem wollen wir den Weg zur Glückseligkeit leichtmachen. Der aber, so da geizig ist und nur nach Reichtum strebt und die Wahrheit des herrlichsten Glaubens leugnet, dem erleichtern wir den Weg zum Elende, und dann, wenn er kopfüber in die Hölle stürzt, wird ihm sein Reichtum nichts helfen können. Die richtige Leitung der Menschen ist nur unsere Sache, und von uns hängt ab das zukünftige und das gegenwärtige Leben. Darum habe ich euch angedroht gewaltig loderndes Feuer, in welchem nur der Elendeste brennen soll, der, so nicht geglaubt und den Rücken gewendet hat. Weit fern davon aber bleibt der Fromme[3], der, zur Läuterung seiner Seele, sein Vermögen als Almosen hingibt, und der von keinem Wiedervergeltung seiner Wohltaten verlangt, sondern nur dahin strebt, das Angesicht seines Herrn, des Allerhöchsten, zu schauen. Dieser wird einst mit seiner Belohnung wohl zufrieden werden.

DREIUNDNEUNZIGSTE SURE

Der helle Tag

Geoffenbart zu Mekka

Im Namen des allbarmherzigen Gottes

Bei dem hellen Tage und bei der finsteren Nacht, dein Herr hat dich nicht verlassen und auch nicht gehaßt.[1] Wahrlich, das zukünftige Leben wird besser für dich sein, als das gegenwärtige, und dein Herr wird dir geben eine Belohnung, womit du vollkommen zufrieden sein wirst. Hat er dich nicht gefunden als eine Waise, und Sorge für dich getragen? Hat er dich nicht im Irrtume gefunden, und dich rechtgeleitet? Hat er dich nicht arm gefunden, und dich reich gemacht? Darum unterdrücke nicht den Waisen und verstoße nicht den Bettler, sondern verbreite[2] die Wohltat deines Herrn.

٩٤

VIERUNDNEUNZIGSTE SURE

Die Aufschließung

Geoffenbart zu Mekka

Im Namen des allbarmherzigen Gottes

Haben wir nicht deine Brust aufgeschlossen[1)] und dir erleichtert deine Bürde, welche deinen Rücken drückte?[2)] Und haben wir nicht deinen Ruf groß gemacht? Wahrlich, mit dem Schweren kommt auch das Leichte, ja mit dem Schweren kommt auch das Leichte.[3)] Wenn du vollendet (das Gebet), dann arbeite (zur Verbreitung des Glaubens) und flehe demütig zu deinem Herrn.

ט ס

FÜNFUNDNEUNZIGSTE SURE

Die Feige

Geoffenbart zu Mekka[1)]

Im Namen des allbarmherzigen Gottes

Bei der Feige und der Olive, und bei dem Berge Sinai, und diesem sicheren Gebiete[2)], wir hatten den Menschen auf die herrlichste Weise geschaffen, und ihn dann auf das tiefste erniedrigt,[3)] die ausgenommen, so da glauben und rechtschaffen handeln, diese erhalten grenzenlosen Lohn. Was veranlaßt dich nun später den Tag des Gerichts zu leugnen? Ist nicht Gott der weiseste und gerechteste Richter?

קץ

SECHSUNDNEUNZIGSTE SURE

Das geronnene Blut[1]

Geoffenbart zu Mekka

Im Namen des allbarmherzigen Gottes

Lies, im Namen deines Herrn, der alles erschaffen, und der den Menschen geschaffen aus geronnenem Blute. Lies, bei deinem Herrn, dem glorreichen, der da gelehrt den Gebrauch der Feder, und so da lehret den Menschen, was er nicht gewußt. So ist's. Wahrlich, der Mensch[2] übernimmt sich frevelhaft, wenn er sich in großem Reichtume sieht. Aber die Rückkehr ist zu deinem Herrn. Was hältst du wohl von dem, der unseren Diener vom Beten abhalten will? Glaubst du wohl, daß er sich auf der richtigen Leitung befinde und nur Frömmigkeit gebiete? Was hältst du wohl davon, wenn er unsere Zeichen des Betrugs beschuldigt und denselben den Rücken wendet? Weiß er denn nicht, daß Gott alles sieht? Wahrlich, so er nicht abläßet, so wollen wir ihn bei seinen Haaren ergreifen, bei seinen lügen- und sündhaften Haaren. Mag er dann rufen seine Freunde und Gönner, aber auch wir wollen rufen die furchtbaren Höllenwächter. Nicht anders wird es sein! Gehorche ihm nicht, sondern bete Gott an und ihm nahe dich.

٩٧

SIEBENUNDNEUNZIGSTE SURE

Al'Kadar[1]

Geoffenbart zu Mekka[2]

Im Namen des allbarmherzigen Gottes

Wahrlich, wir haben ihn, den Koran, in der Nacht Al'Kadar geoffenbart. Was lehrt dich aber begreifen, was die Nacht Al'Kadar ist? Die Nacht Al'Kadar ist besser als tausend Monate. In derselben stiegen herab die Engel mit dem Geiste[2], mit Erlaubnis ihres Herrn, mit den Bestimmungen Gottes über alle Dinge. Friede und Heil bringt diese Nacht bis zur Morgenröte.

ACHTUNDNEUNZIGSTE SURE

Der deutliche Beweis

Geoffenbart zu Mekka

Im Namen des allbarmherzigen Gottes

Die Ungläubigen unter den Schriftbesitzern und Götzendienern wankten nicht eher, als bis der deutliche Beweis ihnen zugekommen,[1] der Gesandte Gottes, der ihnen vorliest geläuterte und geheiligte Bücher, welche enthalten gerechte und fromme Vorschriften. Nicht eher auch trennten sich die Schriftbesitzer untereinander, als nachdem ihnen der deutliche Beweis zugekommen war. Und nichts anderes wird ihnen doch befohlen[2], als Gott zu dienen, und zu seiner reinen Religion sich zu bekennen, und rechtgläubig zu sein, und das Gebet zu verrichten, und Almosen zu geben, denn dies ist die rechte Religion. Die Ungläubigen aber der Schriftbesitzer und Götzendiener kommen in das Höllenfeuer und bleiben ewig darin, denn diese sind die schlechtesten Geschöpfe. Die Gläubigen aber und die, so das Gute tun, diese sind die besten Geschöpfe. Ihr Lohn bei ihrem Herrn besteht in Edens Gärten, welche Wasserbäche durchströmen, und ewig bleiben sie darin. Gott wird Wohlgefallen haben an ihnen und sie an ihm. Dies ist für den, so da fürchtet seinen Herrn.

NEUNUNDNEUNZIGSTE SURE

Das Erdbeben

Geoffenbart zu Mekka[1]

Im Namen des allbarmherzigen Gottes

Wenn die Erde durch ihr Erdbeben erschüttert wird[2], und die Erde auswirft ihre Last[3], und der Mensch fragt: Was geht vor mit ihr? Dann, an diesem Tage, wird sie, die Erde, ihre Nachrichten, welche dein Herr ihr eingibt, selbst erzählen.[4] An diesem Tage werden die Menschen in verschiedenen Abteilungen hervorkommen, um ihre Werke zu sehen, und wer auch nur so viel, wie eine Ameise schwer, Böses getan, der soll dasselbe sehen.[5]

EINHUNDERTSTE SURE

Die schnelleilenden Rosse

Geoffenbart zu Mekka[1]

Im Namen des allbarmherzigen Gottes

Bei den schnelleilenden Rossen,[2] mit lärmendem Schnauben, und bei denen, welche stampfend Feuerfunken sprühen, und bei denen, die wetteifernd des Morgens früh (auf den Feind) einstürmen und so den Staub aufjagen und die feindlichen Scharen durchbrechen, wahrlich, der Mensch ist undankbar gegen seinen Herrn, und er selbst muß solches bezeugen. Zu unmäßig hängt er der Liebe zu irdischen Gütern an. Weiß er denn nicht, daß dann, wenn alles, was in den Gräbern ist, herausgenommen, und was in des Menschen Brust verborgen, an das Licht gebracht wird, daß dann, an diesem Tage, ihr Herr sie vollkommen kennt?

EINHUNDERTUNDERSTE SURE

Der Klopfende[1)]

Geoffenbart zu Mekka

Im Namen des allbarmherzigen Gottes

Der Klopfende! Was ist der Klopfende? Wer lehrt dich begreifen, was der Klopfende ist? An jenem Tage werden die Menschen sein wie umhergestreute Motten, und die Berge wie verschiedenfarbige gekämmte Wolle. Der nun, dessen Waagschale mit guten Werken schwer beladen sein wird, der wird ein vergnügtes Leben führen, und der, dessen Waagschale zu leicht befunden wird, dessen Wohnung[2)] wird der Abgrund der Hölle sein. Was lehrt dich aber begreifen, was der Abgrund der Hölle ist? Er ist das glühendste Feuer.

EINHUNDERTUNDZWEITE SURE

Das Bestreben sich zu vermehren

Geoffenbart zu Mekka[1]

Im Namen des allbarmherzigen Gottes

Das eifrige Bestreben nach Vermehrung des Reichtums beherrscht euch, bis ihr die Gräber besucht.[2] Sicherlich, ihr erfahret es bald, ja, bald erfahret ihr es, wie töricht ihr gewesen. Könntet ihr doch euere Torheit einsehen mit überzeugender Gewißheit! Wahrlich, ihr werdet die Hölle sehen, ja, ihr werdet sie sehen mit überzeugendem Auge. An diesem Tage werdet ihr dann verantworten müssen die wollüstigen Freuden, die ihr hier genossen.

EINHUNDERTUNDDRITTE SURE

Der Nachmittag

Geoffenbart zu Mekka[1]

Im Namen des allbarmherzigen Gottes

Bei der Zeit des Nachmittags, der Mensch stürzt sich selbst ins Verderben, nur die nicht, so da glauben und rechtschaffen handeln und sich gegenseitig zur Wahrheit und Geduld anspornen.

EINHUNDERTUNDVIERTE SURE

Der Verleumder

Geoffenbart zu Mekka[1)]

Im Namen des allbarmherzigen Gottes

Wehe einem jeden Verleumder und Lästerer, der Reichtümer aufhäuft und für die Zukunft bereitet. Er glaubt, daß der Reichtum ihn unsterblich machen werde. Keineswegs! Hinabgeworfen wird er in Al'Hutama[2)]. Was lehrt dich aber begreifen, was Al'Hutama ist? Er ist das angezündete Feuer Gottes, das über die Herzen der Frevler schlägt. Es überwölbt sie gleichsam in hochaufgetürmten Säulen.

١٠٥

EINHUNDERTUNDFÜNFTE SURE

Der Elefant

Geoffenbart zu Mekka

Im Namen des allbarmherzigen Gottes

Hast du denn nicht gesehen, wie dein Herr verfahren ist mit den Führern der Elefanten?[1)] Hat er nicht ihre verräterische List irregeleitet und einen Schwarm Vögel wider sie gesandt, welche auf sie herabwarfen Steine von gebackenem Lehm, und sie gemacht gleich abgeweideten Blättern?

EINHUNDERTUNDSECHSTE SURE

Die Koraischiten[1)]

Geoffenbart zu Mekka

Im Namen des allbarmherzigen Gottes

Zur Vereinigung der Koraischiten, zur Vereinigung der Absendung der Karawanen zur Winter- und Sommerzeit, mögen sie verehren den Herrn dieses Hauses, der sie speiset in Hungersnot und sie sichert vor aller Furcht.

١٠٧

EINHUNDERTUNDSIEBENTE SURE

Die Zuflucht[1]

Geoffenbart zu Mekka[2]

Im Namen des allbarmherzigen Gottes

Hast du den gesehen, der das zukünftige Gericht leugnet? Dieser[3] verstößt die Waisen und reget niemanden an, den Armen zu speisen. Wehe denen, welche zwar beten, aber nachlässig beim Gebete sind, und nur gesehen sein wollen, und die, welche dem Notleidenden die Zuflucht versagen.

EINHUNDERTUNDACHTE SURE

Al'Chautsar[1]

Geoffenbart zu Mekka[2]

Im Namen des allbarmherzigen Gottes

Wahrlich, wir haben dir gegeben Al'Chautsar. Darum bete zu deinem Herrn und opfere. Wahrlich, der, so dich hasset, soll kinderlos bleiben.[3]

١٠٩

EINHUNDERTUNDNEUNTE SURE

Die Ungläubigen[1]

Geoffenbart zu Mekka[2]

Im Namen des allbarmherzigen Gottes

Sprich: O ihr Ungläubigen, ich verehre nicht das, was ihr verehret, und ihr verehret nicht, was ich verehre, und ich werde auch nie verehren das, was ihr verehret, und ihr werdet nie verehren das, was ich verehre. Ihr habt euere Religion, und ich habe die meinige.

EINHUNDERTUNDZEHNTE SURE

Die Hilfe

Geoffenbart zu Mekka[1)]

Im Namen des allbarmherzigen Gottes

Wenn da kommt die Hilfe Gottes und der Sieg,[2)] und du die Menschen scharenweise eintreten siehst in die Religion Gottes[3)], dann preise das Lob deines Herrn und bitte ihn um Vergebung, denn er vergibt gern.

EINHUNDERTUNDELFTE SURE

Abu Laheb[1)]

Geoffenbart zu Mekka

Im Namen des allbarmherzigen Gottes

Untergehen sollen die Hände des Abu Laheb, untergehen soll er selbst. Sein Vermögen und alles, was er sich erworben, soll ihm nichts helfen. Zum Verbrennen wird er kommen in das flammende Feuer, und mit ihm sein Weib[2)], welche Holz herbeitragen muß, und an ihrem Halse soll hängen ein Seil, geflochten aus Fasern eines Palmbaums.

EINHUNDERTUNDZWÖLFTE SURE

Das Bekenntnis der Gottes-Einheit

Geoffenbart zu Mekka[1)]

Im Namen des allbarmherzigen Gottes

Sprich: Gott ist der einzige und ewige Gott. Er zeugt nicht und ist nicht gezeugt, und kein Wesen ist ihm gleich.

EINHUNDERTUNDDREIZEHNTE SURE

Die Morgenröte

Geoffenbart zu Mekka[1]

Im Namen des allbarmherzigen Gottes

Sprich: Ich nehme meine Zuflucht zum Herrn der Morgenröte, daß er mich befreie von dem Übel, das er schuf,[2] und von dem Übel des Mondes, wenn er sich verfinstert,[3] und von dem Übel derer, welche die Zauberknoten anblasen,[4] und vor dem Übel des Neiders, wenn er beneidet.[5]

EINHUNDERTUNDVIERZEHNTE SURE

Die Menschen

Geoffenbart zu Mekka[1]

Im Namen des allbarmherzigen Gottes

Sprich: Ich nehme meine Zuflucht zu dem Herrn der Menschen, zum Könige der Menschen, und zu dem Gotte der Menschen, daß er mich befreie von dem Übel des Einflüsterers, so da entflieht,[2] so da einflüstert böse Neigungen in das Herz der Menschen, und mich befreie von bösen Geistern und Menschen.

ANMERKUNGEN

ZWEITE SURE

1) A, L, M sind die arabischen Buchstaben Alif, Lām, Mīm, welche der Schreiber Mohammeds hinzufügte. Sie vertreten den Satz: „Ich bin Allah, der Allwissende."

2) Im Original heißt es: zu ihren Teufeln, worunter jüdische Rabbiner und christliche Priester verstanden wurden.

3) Die falschen Götter.

4) Die steinernen Götzen.

6) Den Menschen.

7) Im Original heißt er: Iblis, wahrscheinlich das griech. διαβολοε.

8) Den Koran, die Offenbarung.

9) Dem Mohammed.

10) Im Gebet.

11) Die Bücher Mosis. (Die Thora)

12) Das Wort Furqān bedeutet eigentlich Erlösung. Vgl. Geiger, „Was hat Mohamed aus dem Judenthume aufgenommen?" (S. 56 u. 57)

13) Nämlich einen Teil von euch, der da gesündigt hat.

14) Eine Sage, nach welcher diejenigen, welche Gott schauen wollten, getötet und wieder lebendig wurden.

15) Verzeihung, Vergebung.

16) Sie haben statt „Hitatun" die Worte „Habat fi schairat" gesagt, nämlich statt versöhnend, kamen sie plündernd.

17) Nämlich 12 Quellen für die 12 Stämme Israels.

18) Nach vielen Erbsen.

19) Ägypten.

21) Nach einer jüdischen Sage (Tr. Sabbath) hat Gott den Berg Sinai über die Häupter der Israeliten erhoben und gesagt: Wenn ihr das Gesetz annehmet, so ist's gut, wo nicht, so sei hier euer Grab.

22) Hier zeigt Mohammed seine Unwissenheit über die wahre Bestimmung dieser Kuh, welche nachzulesen 4. Moses 19, und verwirrt dieses mit 5. Moses 21,1-9.

23) Hier spricht Mohammed zu seinen Anhängern, welche wünschten, daß die Juden Gläubige würden.

24) Mohammed beschuldigte die Juden, sie hätten die heilige Schrift, und namentlich die auf ihn bezüglichen Stellen, absichtlich verfälscht.

25) D.h. mit der Kraft, Wunder zu tun.

26) Hierunter verstehen die arabischen Ausleger den Engel Gabriel.

27) Der Koran.

28) Im Original: und sie mußten in ihr Herz das Kalb trinken, vgl. 2. Moses 22,20.

29) Namentlich wegen Verfälschung der heiligen Schrift.

30) Die Ausleger erzählen, daß der Satan Zauberbücher und magische Schriften unter den Thron Salomos vergraben hatte, welche nach dessen Tode auf Veranlassung des Teufels

ausgegraben, und so des Königs Frömmigkeit verdächtigt wurde, die aber durch Mohammed wieder befestigt worden ward.

31) Einige verstehen hierunter wirkliche, aber zur Sünde verleitende Engel. Andere zwei in
der Gegend von Babel wohnende Magier. Wörtlich: der „Zerreißer" und der „Brecher"

32) Beide Wörter heißen: blick uns an. Er wünschte aber das zweite, und nicht das erste
Wort, weil die Juden das Wort Raina, in der Bedeutung von, Verführer, Übeltäter nahmen, und ihn damit bezeichneten, weshalb er dieses seinen Anhängern verbot.

33) Hier rechtfertigt Mohammed die Widersprüche, Auslassungen und Zurücknehmungen,
welche im Koran sich finden, die auf Geheiß Gottes geschahen.

34) Nämlich Gott zu schauen.

35) D.h. da sie sehen, daß ich die Wahrheit euch geoffenbart.

36) D.h. keine Beweise für die Wahrheit ihrer Religion.

37) Die Ungläubigen werden es nicht einmal der Mühe wert finden, dich zu prüfen. So
erkläre ich mir diese Stelle.

38) Hierunter ist die Kaʿba zu Mekka zu verstehen.

39) Vom Götzendienste.

40) Im Original heißt es: zu Muslimen.

41) Womit Mohammed gemeint ist.

42) D.h. jeder wird für *seine* Handlungen belohnt oder bestraft.

43) Im Original steht eigentlich die Taufe, worunter die Beschneidung als Aufnahme in die
Religion zu verstehen ist.

44) Nämlich die Stellen in den heiligen Schriften, welche auf Mohammed Bezug haben sollen, verfälscht.

45) Mohammed befahl früher, daß die Qibla, die Gesichtsrichtung beim Gebete, um dadurch die Juden für sich zu gewinnen, gen Jerusalem sei.

46) D.h., als zwischen Juden und Christen die Mitte haltend.

47) D.h. im Falle ihr treulos werdet.

48) D.h. solche, die Juden bleiben.

49) Nämlich beim Gebete.

50) Die Heilige Moschee al-Majid al-Haram zu Mekka.

51) Im Original heißt es: für den Weg Gottes, worunter bei den Orientalen die Religion zu
verstehen ist. Hier nun nimmt Mohammed für die, welche im Religionskrieg gefallen
sind, das ewige Leben in Anspruch.

52) Zwei Berge bei Mekka, wo Götzenbilder standen, um welche, bei Gelegenheit der Wallfahrt nach Mekka, herumzugehen, Mohammed seinen Gläubigen erlaubt.

53) D.h. wer nur zu fluchen vermag, Engel und Menschen.

54) D.h. solches Vieh, bei dessen Schlachten nicht gesprochen wurde: „Im Namen Gottes",
oder auch solches Vieh, das nicht Gott, sondern Götzen geopfert wird, ist euch verboten.

55) Das ist nach arabischer Zeitrechnung der neunte.

56) So wörtlich. Der Sinn ist: ihr seid euch gegenseitig unentbehrlich.

57) D.h. bis es Tag ist, sind alle sinnlichen Genüsse erlaubt.

58) Von den Frauen.

59) Die Araber hatten die abergläubische Gewohnheit, bei der Rückkehr von der Wallfahrt nach
Mekka nicht durch den gewöhnlichen Eingang, sondern an der Hinterseite des Hauses,
durch eine hierzu besonders gemachte Öffnung in ihre Wohnung zu gehen, was ihnen
Mohammed hier verbietet.

60) D.h. für die Religion.

61) Der Sinn dieser wörtlich übersetzten, schwierigen Stelle ist, selbst den Heiligen Monat

– 432 –

Haram, in welchem, und Mekkas Tempel, bei welchem sonst kein Krieg geführt werden darf. Im Religionskriege, wenn notwendig, zu entweihen.

62) D.h. traget nach eurem Vermögen bei im Religionskriege.

63) Man pflegte nach Vollziehung aller Wallfahrtsgebräuche das Haupt zu scheren. Mohammed verbietet daher bei Sendung eines Opfers, dieses nicht eher zu tun, als bis dasselbe den Altar erreicht.

64) Das sind die Monate Schewal, Dulkada und Dulhedscha.

65) D.h. Wenn ihr auf der Pilgerreise gleichzeitig vorteilhafte Handelsgeschäft zu machen wünschet und suchet.

66) Ein in der Nähe Mekkas befindlicher, für die Araber heiliger Berg.

67) Die Wallfahrer pflegten die Wallfahrt eilenden Schrittes zu gehen.

68) Eine Redensart, die oft im Koran vorkommt und heißt: Gott braucht nicht lange Zeit, um die Handlungen der Menschen zu prüfen und zu beurteilen, und danach Lohn und Strafe zu bestimmen.

69) Dies waren drei Tage, welche nach Vollendung der Wallfahrt im Tale Mina mit Gebet zugebracht wurden.

70) Die Ausleger sagen: Dieser Mensch, namens Akhnas Ibn Shoraik, war ein großer Redner, und heuchelte dem Mohammed Freundschaft und daß er an ihn glaube und die Güter dieser Welt verachte. Gott aber offenbarte dem Mohammed diese Heuchelei.

71) Nach den Auslegern ist dies wörtlich von der Saat des Feldes zu verstehen, wir aber glauben, daß bildlich die Verführung der Jugend zu verstehen ist.

72) Dieser Mann ist Soheib, der, nachdem er im Kampfe gegen die Ungläubigen all sein Vermögen verloren, nach Medina flüchtete.

73) Im Original heißt es: dem Sohne des Wegs, welches den herumziehenden Bettler, oder auch den Wallfahrer bedeuten kann.

74) D.h. die Versuchung zum Götzendienste ist gefährlicher noch als der Krieg in diesem heiligen Monate.

75) Diese Weihe vor dem Beischlafe besteht in einem guten Werke oder Gebet oder Almosen.

76) D.h. schwöret nicht stets beim Namen Gottes.

77) Nämlich zum dritten Male.

78) Die vier oben bestimmten Monate.

79) D.h. seine Vorschriften.

80) Hier ist die Rede von einer geschiedenen Frau.

81) Unter Erbe ist hier der Vormund zu verstehen.

82) Die Ausleger erzählen eine Fabel: Die Israeliten sollen aus Furcht vor einer Pest ihre Wohnungen verlassen haben und in eine fremde Gegend gezogen sein. Dort habe sie Gott getötet. Nach drei oder acht Tagen sei der Prophet Ezechiel da vorübergegangen, und auf sein Bitten, als er die toten Gebeine gesehen, habe sie Gott wieder lebendig gemacht. Doch sollen sie die Spuren des Todes stets an sich getragen haben und ihre Kleider ihnen immer schwarz vorgekommen sein. Die Fabel scheint durch Ezechiel 37,1-10 entstanden zu sein.

83) D.h. wer für gute Werke Geld hergibt, der leiht dieses Kapital gleichsam Gott auf Zinsen.

84) D.h. er ist nach Wohlgefallen freigiebig, ebenso entzieht auch er die irdischen Güter.

85) Vgl. Samuel 1,8. Hier behandelt dies Mohammed wie gewöhnlich auf seine Weise.

86) Talut ist der Saul der Bibel.

88) Diese Reliquien sind Moses Stab und Schuhe, Aarons Stirnband, ein Gefäß mit Manna und die zerbrochenen Tafeln.

89) Hier scheint bei Mohammed eine Verwechslung mit Gideon, vgl. Richter 7,4-7 stattzufinden.

90) So viel als Goliath.
91) Hierunter wird der Engel Gabriel verstanden.
92) Tagut bedeutet: Götzenbild, Idol, namentlich zwei mekkanische Götzen: Lat und Uzza, oder Irrtum.
93) Dies ist nach den Auslegern Nimrod.
94) Die Ausleger verstehen Esra darunter, der bei der Zerstörung Jerusalems dieses gesagt haben soll. Wahrscheinlich bezieht es sich auf Nehem. 2.
95) Diese Fabel scheint durch Genesis 15,9 entstanden zu sein.
96) D.h. wer Armen gegebene Geschenke nicht zurückfordert, auch diese ihnen nicht unfreundlich vorwirft.
97) D.h. in Verzuckungen und Konvulsionen, welche die Orientalen den Wirkungen des Satans zuschreiben.
98) D.h. mit Redlichkeit und Wahrheit nach dem Willen Gottes.

DRITTE SURE

1) Arabisch Imran. Mohammed nennt den Vater der Jungfrau Maria Amran. Maria und Elisabeth hält er für Schwestern, welche mit Jesus, Johannes und Zacharias bei ihm die Familie Amrans ausmachen.
2) Das alte Testament.
3) Über das Wort vergl. Sure 2, Anm. 12.
4) In seiner ersten Schlacht besiegte Mohammed mit 319 Mann bei Badr ein feindliches mekkanisches Heer von 1.000 Mann.
5) Bedeutet vollkommene Hingebung und Ergebung in den Willen Gottes, was Fundamentallehre des Propheten ist.
6) Ungelehrte sind ihm die heidnischen Araber, die keine Offenbarung kennen.
7) Bezieht sich auf einen Religions-Meinungsstreit, den Mohammed mit den Juden hatte.
8) Dem Amran gibt Mohammed Hanna zum Weibe. Diese flehte um einen Sohn, gebar aber eine Tochter, die Maria, Mutter Jesu. Der Maria gibt er ferner die Elisabeth, Weib des Zacharias, zur Schwester. Elisabeth gebar Johannes den Täufer.
9) D.h. ein Mädchen kann nicht als Priester, gleich einem Knaben, dem Herrn geweiht sein.
10) So viel als verfluchten Satan. Der Sage nach soll der Satan den Abraham haben, hindern wollen, seinen Sohn zu opfern. Abraham aber habe ihn mit Steinen fortgejagt. Daher auch die Mohamedaner bei der Wallfahrt eine gewisse Zahl Steine werfen, um gleichsam den Satan zu vertreiben und sich auch jener Tat Abrahams zu erinnern.
11) Hierunter ist Jesus, der ohne Vater, durch Gottes Wort Gezeugte, verstanden.
12) Nur gegen Menschen war ihm die Sprache versagt, gegen Gott aber nicht.
13) Mohammed nimmt, wie viele christliche Sekten, an, Jesus sei nicht gestorben, sondern Gott habe ihn lebendig in den Himmel geführt, und ein ihm ähnlicher Mensch sei von den Juden ans Kreuz geschlagen worden.
14) Die Ähnlichkeit Jesus mit Adam besteht darin, daß beide keinen leiblichen Vater hatten.
16) Dies soll sich auf eine Gesandtschaft beziehen, welche die Christen zu Mohammed geschickt, um sich mit ihm über Religionsangelegenheiten zu besprechen.
17) Diese wollten den Abraham ihrer Religionsansicht angehörig wissen.
18) Unter den verschiedenen Erklärungen dieser Stelle ist die annehmbarste die: Die Juden und Christen sagten: wir wollen die Annahme des Islams heucheln, später aber wieder

– 434 –

davon abfallen, um dadurch die Anhänger des Propheten um so eher auch zum Abfall verleiten zu können.

19) Hier, wie fast überall im Koran, die, welche nicht Juden und nicht Christen sind.

20) Diese Stelle ist gegen Christus und die Christen gerichtet.

21) Jakob hat, nach den Auslegern, in einer Krankheit gelobt, sich des Fleisches und der Milch des Kamels zu enthalten.

22) Das Tal zu Mekka.

23) D.h. Er bedarf um seiner selbst willen euerer Verehrung nicht.

24) D.h. an seiner Leitung.

25) Juden und Christen.

26) Die Ausleger deuten dies auf einen Krieg zu Uhud, einem Berge bei Medina, gegen die Koraischiten.

27) Dort fiel die erste Schlacht gegen die Koraischiten vor.

28) Die Ausleger deuten „gezeichnete Engel" dahin, daß diese durch verschiedene Rüstung und Rosse ausgezeichnet und kennbar seien.

29) Wörtlich: esset nicht den Wucher mit Verdoppelung über Verdoppelung, d.h. meidet den Wucher, trotz des großen Gewinnes, den er bringt.

30) Hier lehrt Mohammed, daß das Gute und Böse in der Welt vorherbestimmt seien, und um seine Anhänger nicht durch Niederlagen im Kriege irre werden zu lassen, gibt er an, daß die Gefallenen zu Märtyrern der Wahrheit bestimmt sind. Überhaupt sind Glück und Unglück oft nur als göttliche Prüfung anzusehen.

31) D.h. zum Unglauben.

32) Hier lehrt übrigens Mohammed gleich den Rabbinern in Tr. Rosch Haschanah, daß es bei Gott Bücher gebe, in welche er die Lebensdauer der Menschen aufzeichne.

33) In der Schlacht bei Uhud wurden, nachdem man anfangs siegreich gekämpft, später die Befehle Mohammeds und der Anführer nicht mehr gehört, und dadurch entstanden Unordnungen und Unglücksfälle. Vgl. Abulfeda „Vita Mahomet" (p. 65).

34) Die Ersteren sind die, welche die Flucht ergriffen, die Letzteren, die standhaft, unbekümmert um ihr Leben, im Kampfe aushielten.

35) Um zu plündern und zu rauben, verließen sie die Schlachtreihen.

36) Hier verwahrt sich Mohammed gegen den Vorwurf, den man ihm gemacht, daß er nach der Schlacht bei Badr von der gemachten Beute vieles, und namentlich ein sehr reiches Kleid, unterschlagen und für sich behalten habe.

37) Unter Schrift verstehen viele den Koran und unter Weisheit die Sunna.

38) Darunter verstehen einige den Noaim, andere den Abu Sofia, den Anführer der Koraischiten.

39) Mohammed soll an die Juden vom Stamme Kainoka unter anderem auch geschrieben haben: Gott Geld auf gute Zinsen zu leihen, vgl. Sure 2. Hierauf antwortete Pinchas Ibn Azura: Gott muß arm sein, daß er von uns Geld leihen will.

40) Die Juden wiesen damit die Bekehrungsversuche Mohammeds zurück, verlangend, daß er himmlisches Feuer zu seiner Beglaubigung herabbeschwöre.

41) Juden und Christen.

42) Nämlich Mohammed.

43) Das Handelsglück der Mekkaner.

VIERTE SURE

1) So überschrieben, weil vorzugsweise von weiblichen Angelegenheiten handelnd.
2) Adam.
3) Eva.
4) D.h. nehmet ihre guten Sachen nicht für euch, um ihnen schlechte dafür zu geben.
5) Diese im Original sehr schwierige Stelle ist gegen die allgemeine Zerrüttung des Hauswesens gerichtet, entstanden dadurch, daß mancher acht bis zehn Frauen hatte, daher dem Araber nur höchstens vier zu heiraten, wenn es seine Verhältnisse zugeben, erlaubt wird.
6) D.h. sorget in allem für sie, bis sie mündig und selbstständig geworden, d.i. nach einigen bis zum 15., nach anderen bis zum 18. Jahre.
7) Je nach dem Vermögen und je nach der Mühe, welche die Erziehung und die Verwaltung des Vermögens verursachen.
8) Das übrige Drittel und die übrige Hälfte flossen in diesem Falle wahrscheinlich in den öffentlichen Schatz.
9) Die übrigen zwei Drittel erbt der Vater.
10) D.h. dieses Drittel wird gleichmäßig unter ihnen verteilt.
11) Nach den meisten Auslegern ist dies der Sinn dieser Stelle. Eine weitere Übersetzungsmöglichkeit wäre jedoch Unziemliches, für Anstriftung zum Streit, Unruhe stehend.
12) Vor Mohammed bestand die Sitte, wenn ein Mann starb, daß dessen Frau einem Verwandten anheimfiel und dieser sich ihres Vermögens bemächtigte. Dies wird hier verboten.
13) Was vor der Offenbarung des Korans bereits geschehen, wird als geschehen zugelassen.
14) Sklavinnen werden deshalb bei Ausschweifungen gelinder bestraft, weil bei ihnen keine so gute Erziehung vorauszusetzen ist.
15) D.h. nach den Lehren früherer Propheten und heiligen Männer.
16) D.h. er kann ohne Frauen und sonstige Gelüste gar nicht sein.
17) D.h. wendet es nicht auf unerlaubte Weise als Wucher und Betrug usw. an.
18) Der Hauptsünden gibt's sieben: Götzendienst, Mord, falsches Zeugnis, Waisen betrügen, im Religionskriege ausreißen, Ungehorsam gegen Eltern und Wucher.
19) D.h. sei er von euerem Glauben oder nicht.
20) D.h. das Gute wird über Verdienst belohnt, das Böse aber nur nach dem strengsten Rechte bestraft.
21) Dies lehrte Mohammed, bevor er noch der Wein verboten. Die hier gegebenen Vorschriften über das Gebet hat Mohammed wahrscheinlich dem Judentum entlehnt. Vgl. Tr. Erubin fol. 64 und Brachoth fol. 15.
22) Nämlich die Juden und ihre Rabbiner.
23) D.h. in der heiligen Schrift und namentlich solche, die auf Mohammed sich beziehen sollen.
24) Diese Zweideutigkeit ist in rainā, blick uns an enthalten, welches er verboten, und dafür das im folgenden Verse vorkommende unzurnā empfohlen. Vgl. oben Sure 2., Anm. 31.
25) Nämlich unzurnā statt rainā.
26) Welche nach Sure 2 S. 23 in Affen verwandelt wurden.
27) D.h. wer Götter und Götzen aller Art verehret.
28) Die Juden und Christen.
29) Bild des allerkleinsten Teilchens.

– 436 –

30) Die Juden.
31) Nämlich das arabische, da die Araber von Abraham abzustammen vorgeben.
32) An Mohammed.
33) Der Sinn dieses Zwischensatzes ist wahrscheinlich: Wenn er auch bedauert, an dem Kampfe keinen Anteil genommen zu haben, so ist dies Bedauern nicht aufrichtig, da er nie Freund euch war.
34) S. Sure 2., S. 40.
35) Einige von Mohammeds Anhängern waren nur so lange, als nicht zum Kampfe aufgefordert, rechtgläubig, und nicht länger.
36) D.h. den natürlichen Tod.
37) Nach den Auslegern sollen die Juden das Böse, welches sie zu Mohammeds Zeit getroffen, nur ihm zugeschrieben haben.
38) Dies widerspricht dem obigen Satze: Alles ist von Gott, durchaus nicht. Denn das Böse, welches von Gott kommt, ist nur Folge der bösen Handlungen des Menschen.
39) D.h. wenn Gott seinen Gesandten und den Koran euch nicht gegeben hätte.
41) Mehrere hatten sich bei einer gewissen, von Verschiedenen verschieden angegebenen Gelegenheit von Medina entfernt und sich mit Götzendienern vereinigt.
42) Der Sinn dieser wörtlich übersetzten Stelle ist: Keinen voreilig unter dem Vorwande, er sei kein Gläubiger, zu berauben, was wohl vordem Sitte gewesen, aber nun, da Gott nach seiner Güte den Koran offenbart, verboten ist, und Gott hat genug, um den Schaden der verbotenen Beute zu ersetzen.
43) Mehrere Mekkaner hatten im Kriege sich den Ungläubigen angeschlossen und wurden dafür von Engeln getötet. Sie wollten ihren Verrat damit beschönigen, daß sie zum Kriege zu schwach gewesen und nun gezwungen sich zu dem Feinde begeben hätten.
44) Auch die Rabbiner lehren, auf der Reise und in Gefahr das Gebet abzukürzen. Vergl. Tr. Brachoth fol. 28 und 29.
45) Vor Feindesüberfall.
46) Vergl. die Mischna Tr. Brachoth fol. 10.
47) Dies ward gesagt, als Mohammed einen Gläubigen, der einen Diebstahl begangen und einen Juden in Verdacht brachte, freisprechen und den Juden ungerechterweise für schuldig erklären wollte.
48) In der Anm. 47 angegebenen Angelegenheit.
49) Nämlich den Irrtum.
50) Dies war ein götzendienerischer, abergläubiger Gebrauch.
51) Hierunter ist der unnatürliche Gebrauch des menschlichen Körpers aller Art und die Vergöttlichung der Schöpfung zu verstehen.
52) D.h. die Verheißungen Gottes werden nicht erlangt, wenn ihr nur nach eigener Einsicht handelt, oder nach den Einfällen der Juden und Christen, sondern nur, wenn ihr die Gebote Gottes im Koran erfüllet.
53) Über alle im Anfange dieser Sure erwähnten Frauenangelegenheiten, weil sie sich nicht mit den ihren früheren Gewohnheiten widersprechenden Verordnungen Mohammeds befreunden konnten.
54) D.h. dadurch entsteht oft, hinsichtlich des Vermögens der Frau, häusliche Zwietracht.
55) Nämlich mit Ruhe und Frieden.
56) D.h. wenn ihr auch nicht glaubt, so schadet dies Gott nicht, denn er bedarf euerer nicht. Ihm gehört alles.
57) Das Wort qist bedeutet eigentlich Gerechtigkeit, aber da diese auf Wahrheit beruht, so bedeutet es auch Wahrheit.

58) Dies ist gegen die Juden, welche so oft dem Götzendienste huldigten und auch diesen wieder aufgaben, gerichtet.

59) Siehe Sure 6.

60) Die Juden.

61) D.h. wenn sie nicht über Religion mit euch sprechen und streiten wollen.

62) D.h. ohne unseren überlegenen Beistand hättet ihr nicht gesiegt.

63) Durch diese Sünde gebet ihr Gott Anlaß euch zu bestrafen.

64) In himmlischen Schriftzügen wie die steinernen Tafeln des Moses, oder im allgemeinen auf eine ihnen sichtbare Weise.

65) Hier hat wahrscheinlich Mohammed das 2. Moses 24,9.10.11 im Sinne.

66) Siehe Sure 2, S. 23.

67) Siehe oben S. 23.

68) Siehe oben S. 25. Vergl. Geiger a.a.O. S. 12.

69) Nämlich die Beschuldigung des Ehebruchs.

70) Die Worte dieses Nachsatzes stehen zwar nicht im Original, müssen aber nach den Auslegern hinzugedacht werden.

71) Siehe Sure 3, S. 47.

72) Den Juden wirft er hier vor, daß sie Jesus nicht als Propheten anerkennen wollen, den Christen, daß sie ihn der Gottheit gleichsetzen.

73) Von einer Dreifaltigkeit.

74) D.h. er braucht keinen Sohn zur Regierung des Weltalls.

75) Nämlich den Koran.

76) Vgl. den Anfang dieser Sure.

77) Die andere Hälfte fiel wahrscheinlich dem Staate anheim.

78) Er aber erbt alles.

FÜNFTE SURE

1) So genannt nach dem am Ende dieser Sure vorkommenden Tische, welcher Jesu vom Himmel zugekommen. Sonst heißt diese Sure auch nach dem Anfange derselben: Die Verträge.

2) Das Schwein.

3) Während der Pilgerschaft war die Jagd verboten.

4) Die Zeremonien bei der Wallfahrt.

5) D.i. der Monat Muharam.

6) Die nach Mekka gebrachten Opfer pflegte man mit allerlei Zierrat auszuschmücken.

7) Der Sinn erfordert, die eingeklammerten, im Original nicht vorkommenden Worte zu ergänzen.

8) Vgl. 2. Moses 22,30. 3. Moses 17,14.15. Ebend. 11,7. Ebend. 17,7.

9) Vgl. Tr. Cholin Kap. 3.

10) D.h. wenn das von Tieren Zerrissene noch Leben hatte, als es in euere Hände kam, und ihr habt es gesetzmäßig geschlachtet.

11) Im Original heißt es: was auf Steinen geschlachtet wird. Die heidnischen Araber pflegten vor ihren Häusern Steine aufzustellen und auf diesen den Götzen zu opfern.

12) Die Sitte, durchs Los zu entscheiden, war bei den heidnischen Arabern, wie überhaupt bei den Orientalen, herrschend.

13) Die Kommentatoren schließen aus dieser Stelle, daß dies die letzte Offenbarung Mohammeds sei und nach dieser keine Gebote mehr erfolgt seien.

14) D.h. was gesund ist.

15) So viel als: jetzt, nun.

16) Was Juden oder Christen bereitet haben.

17) Das Wort allah könnte hier vielleicht mit „Richter" übersetzt werden.

18) Die Kommentatoren erzählen hier verschiedene Geschichten, worauf sich dieses beziehen soll.

19) Nach Anzahl der Stämme. Vergl. 3. Moses 7,2 und 12,2.

20) D.h. zu den heiligen Kriegen Geld vorschießet.

21) Nämlich in der Heiligen Schrift, und namentlich solche Stellen, die auf Mohammed bezug haben sollen.

22) Wenn sie bereuen und glauben oder ihren Tribut zahlen, muß hinzugedacht werden.

23) Die vielen christlichen Stellen, welche sich gegenseitig verketzern.

24) Wahl übersetzt: und er wird euch viel vergeben. Sale übersetzt wie wir und bemerkt, daß nur solche Stellen, deren Wiederherstellung in der Heiligen Schrift überflüssig, übergangen werden.

25) So heißt das Wort: fatra. Der Zeitraum, der zwischen der Erscheinung des einen und des anderen nach ihm folgenden Propheten liegt.

26) Das Manna, die Wolkensäule, die Meeresspaltung usw.

27) Über diese ganze Geschichte vgl. 3. Moses 13 u. 14.

28) Kaleb und Josua.

29) Die Geschichte Kains und Abels, welche bei den Muslimen gewöhnlich Kabil und Habil heißen.

30) Vgl. 1. Moses 4. Über die jüdischen Quellen der hier angebrachten Ausschmückungen dieser Erzählung vergl. Geiger: „Was hat Mohammed aus dem Judenthume aufgenommen?" (S. 103, 104 u. 106.)

31) Im Original heißt's: die Scham, Schande seines Bruders. Es wird ferner erzählt, daß Kain nicht wußte, wie er den Körper seines Bruders verbergen könne, bis er gesehen, wie ein Rabe die Erde aufscharrte, um einen anderen, toten Raben zu begraben. Vgl. Geiger a.a.O.

32) Über diese Stelle ganz besonders vgl. Geiger a.a.O.

33) D.h. entweder die rechte Hand und der linke Fuß, oder umgekehrt der rechte Fuß und die linke Hand.

34) Die Rabbiner.

35) D.h. die Juden und Christen werden in Streitigkeiten unter sich dich zum Richter nehmen. Es bleibt dir aber die Wahl, ob du urteilen willst oder nicht.

36) D.h. sie werden dein Urteil, wenn es ihnen nicht gefällt, doch nicht beachten.

37) Über das Wort rabānī vgl. Geiger S. 53.

38) D.h. zu wachen darüber, daß sie nicht verfälscht werde.

39) Vgl. 2. Moses 21.24 u. 25. Der Talmud lehrt, daß diese Strafen nicht als wirkliche Leibesstrafen, sondern nur als entsprechende Geldstrafen zu nehmen seien, was auch Mohammed im folgenden Verse anzunehmen scheint.

40) D.h. mit Absicht hat Gott mehrere Religionen zugelassen. Das Wort (minhādsch) übersetzen alle, auch Freytag in seinem Wörterbuche, mit „offener Weg". Ich halte es aber gleichbedeutend mit „religiöser Gebrauch".

41) D.h. er will sehen, ob jeder an dem besonderen Glauben, der ihm geworden, auch festhalte.

42) D.h. folgen sie nicht deiner Entscheidung.

43) Die Zeit vor dem Koran, in welcher die Araber dem Götzendienste huldigten, wird die der Unwissenheit genannt.

44) Siehe Sure 2, S. 23. Die Jungen verwandelte Gott in Affen und die Alten in Schweine.
45) Siehe Sure 2, S. 40.
46) D.h. den Segen des Himmels und der Erde.
47) Auf ihre Reue und Buße.
48) D.h. verschlossen Auge und Ohr der göttlichen Offenbarung.
49) D.h. sie hatten ihre Bedürfnisse wie alle Menschen.
50) Nämlich ihrer früheren Geistlichen.
51) D.h. die Sünden, welche der Mensch in die Ewigkeit vorausschickt.
52) Über qissīs und ruhbān vgl. Geiger a.a.O. S. 51 u. 53.
53) Dies ist gegen das asketische Mönchsleben gerichtet.
54) Entweder Götzenbilder oder hervorragende Abbildungen von Geschöpfen überhaupt, was auch im Judentum verboten.
55) Vor diesem Verbote.
56) Wein und Spiel.
57) Es soll bei einer Wallfahrt einst, wo das Jagen verboten, den Pilgern so viel Wild begegnet sein, daß sie im Gehen aufgehalten wurden, was für sie eine Versuchung sein sollte.
58) D.i. der Tempel zu Mekka.
59) Hier soll man namentlich in Zeiten der Gefahr und Not Sicherheit, Ruhe und Rettung finden.
60) Namen gewisser Kamele, welche von den heidnischen Arabern gezeichnet und zum Götzendienste gebraucht wurden.
61) D.h. die nicht euerem Glauben zugetan.
62) D.i. am Jüngsten Tage.
63) D.h. wir wissen nicht, ob die Äußerungen der Menschen aufrichtig waren oder nicht, du aber kennst die Herzen.
64) Über die Geschichte dieses Tisches und der darauf sich befunden habenden Speisen, nach welchem auch diese Sure benannt, sprechen die Ausleger auf verschiedene Weise. Er scheint aber nichts anderes zu sein, als das Abendmahl.

SECHSTE SURE

1) So genannt, weil darin von gewissen Tieren gesprochen wird, welchen die Araber eine abergläubische Verehrung erwiesen.
2) D.h. den Jüngsten Tag.
3) D.h. den Mekkanern.
4) D.i. der Koran.
5) D.h. durch ihre Bestrafung und durch den siegreichen Erfolg der neuen Lehre.
6) D.h. diese waren weit mächtiger und stärker als ihr, und doch ließen wir sie zugrunde gehen.
7) Mohammed.
8) D.h. die unglückseligen Folgen und Strafen ihrer Sünden werden ihnen nun zuteil.
9) D.h. wisse, daß es nicht Gottes Absicht ist, alle Menschen durch Wunder u. dergl. von der Wahrheit einer bestimmten Religion überzeugen zu wollen.
10) So übersetzen wir mit Augusti diese Stelle.
11) D.i. der Jüngste Tag.
12) D.h. wir gaben ihnen allen irdischen Segen, um sie so auf bessere Gesinnungen zu bringen. Augustis Übersetzungen dieser Stelle ist dem Original durchaus nicht entsprechend.

– 440 –

13) Plötzlich heißt, wenn nicht vorher verkündet, öffentlich aber, wenn eine Verkündigung vorhergegangen.

14) D.h. ich bin weder allmächtig noch allwissend.

15) Die Ungläubigen wollten Wunder von ihm zu seiner Beglaubigung sehen. Dieses Verlangen weist er hier ab.

16) D.h. er weiß das Verborgenste. Die Ausleger sprechen von fünf wirklichen Schlüsseln, die in Gottes Händen seien, sowie der Talmud von dreien. Vgl. Tr. Tanith fol. 1.

17) D.h. alles, auch das Unbedeutendste, geschieht nur mit seinem Willen.

18) D.i. Engel begleiten den Menschen im Leben, und auch ein Engel veranlaßt seinen Tod, nämlich der Todesengel.

19) D.h. aus den Gefahren, die zu Lande und zu Wasser euch drohen.

20) D.h. vom Himmel herab und von der Erde herauf.

21) D.h. wenn sie trotz der Spötter fromm geblieben, so werden sie über das Verweilen bei denselben nicht zur Rechenschaft gezogen werden. Jedoch ist es, um vor Verführung sicher zu sein, besser, sich fern von den Spöttern zu halten.

22) D.i. am Jüngsten Tage. Vgl. Jes. 27,13 und Zachar. 9,14.

23) Der Vater des Abraham heißt in der Bibel Therah, bei Mohammed aber Lazru. Über die Etymologie dieses Wortes siehe Geiger a.a.O. S. 128. Über die jüdische Quelle dieser Erzählung von Abraham vgl. Geiger a.a.O. S. 123 und 124.

24) Wahrscheinlich anspielend auf 1. Moses Kap, 15,5

25) D.h. die Naturerscheinungen, welche ihr göttlich verehrt, sind nur Äußerungen der allerhöchsten Kraft, durch deren Willen allein sie auf uns wirken.

26) Hier so viel als Götzendienst.

27) Nämlich die Koraischiten.

28) Nämlich was sich auf Mohammed beziehen soll.

29) D.i. Mekka.

30) D.h. mit Zurücklassung aller irdischen Güter.

31) Die Lenden des Vaters und den Leib der Mutter.

32) Im Original heißt's: ähnliche und unähnliche.

33) Im Original heißt's, die Dschinnen, worunter sowohl gute als böse Geister und Engel verstanden werden. Vgl. Geiger a.a.O. S. 83.

35) Den Vers 2 Moses 22,27 erklärt Philo auf ähnliche Weise, und somit scheint auch diese Stelle dem Judentum entnommen. Vgl. de Rossi: „Meor Enaim" Kap. 5.

36) D.i. der Koran.

37) D.i. die Juden und Christen.

38) D.h. die öffentlichen und heimlichen Sünden.

39) Unter diesen Personen wird von einigen Hamza, Mohammeds Oheim und Abu Jahl verstanden.

40) Der Sinn ist: Den Ungläubigen scheint das Böse, was sie tun, gut zu sein.

41) Die Mekkaner.

42) D.h. so unmöglich es ist, den Himmel zu besteigen, ebenso unmöglich wird es ihnen sein, ihr Herz der Religion zuzuwenden.

43) D.h. um sie zur Sünde zu verleiten.

44) D.h. in der Hölle werden einige mehr, andere weniger bestraft werden, je nachdem sie es verdient.

45) D.h. keine Gefahr fürchten, daher Gott erst Propheten schicket, sie zu warnen und zur Buße zu mahnen.

46) D.h. verfolget mich, so viel ihr könnet, ich werde doch nicht aufhören, euch Gottes Wort zu predigen.

47) D.h. den Götzen, welche sie als Gefährten Gottes betrachten.

48) Beim Schlachten.

49) D.h. Lebendes, was im geschlachteten Vieh gefunden wird, darf nur von Mannspersonen, solches aber, das bereits geworfen, auch von Frauen genossen werden.

50) D.i. Almosen und den Zehnten.

51) D.h. gebet auch nicht zu viel an Arme, damit eurer Familie etwas bleibe.

52) D.h. 4 Paare.

53) Hier muß hinzugedacht werden, alles, was ungespaltene Klauen hat. Vgl. 3. Moses 11,3.4.

54) Vgl. 3. Moses 7,23 und 3,16.

55) Worunter namentlich Ehebruch und Habsucht zu verstehen sind.

56) Nämlich nur Mörder, Ketzer und Ehebrecher.

57) D.h. nur den Juden und Christen ward die Thora und das Evangelium gegeben, denn uns ist ja Sprache und Inhalt fremd.

58) D.h. das Gute wird zehnfach seines Wertes belohnt, das Böse aber nur nach seinem wahren Werte bestraft.

59) D.h. der erste, der ganz Gott ergeben ist.

SIEBENTE SURE

1) So genannt, weil in dieser Sure die Rede ist von der Mauer, welche das Paradies von der Hölle trennt.

2) Über die Bedeutung dieser Buchstaben Alif, Lām, Mīm, Sād sind die Ausleger im Zweifel, und die meisten gestehen ihre Unwissenheit ein und sagen, daß nur Gott allein die Bedeutung kenne. Wahrscheinlich sind es die Anfangsbuchstaben von amara lī Muhammad sādīq und bedeuten: Mir sagte Mohammed, der Wahrhaftige. Welche Mohammeds Schreiber hinzugefügt. Weiterhin stehen die Buchstaben stellvertretend für: Ich bin Allah, der Allwissende, der Warhhaftige.

3) Dies Bild, welches auch bei den Rabbinern vorkommt (vgl. Tr. Rosch Haschana Fol. 17 a. mit dem Kommentar Raschi zur Stelle), wird von den Muslimen wörtlich verstanden.

4) Vgl. oben Sure 2, S. 22 und über die jüd. Quelle Geiger a.a.O. S. 98, 99 und 203.

5) Nämlich dem Paradiese.

6) Über diese Darstellung des Sündenfalls des ersten Menschenpaars vgl. Geiger a.a.O. S. 101 und 102.

7) Nämlich, aus dem Paradiese hinab auf die Erde.

8) D.h. nicht nur die Stoffe zu den Kleidern, sondern auch die Geschicklichkeit, solche anzufertigen.

9) Der Satan.

10) Dies gegen die frühere Sitte, nackt um die Ka'ba herumzugehen.

11) Dies gegen die, welche sich bei der Wallfahrt alles, bis auf das Notdürftigeste, versagten.

12) D.h. irdische Güter.

13) Des göttlichen Ratschlusses.

14) Die Todesengel.

15) Am Auferstehungstage.

16) D.i. diejenige Nation, welche zum Götzendienst verführt hat.

– 442 –

17) Die einen werden zwiefach bestraft, weil sie gesündigt und zugleich ein böses Beispiel gegeben, die anderen, weil sie sich vergangen, und weil sie dem bösen Beispiele gefolgt.

18) Vgl. Matth. 19,24, Mark. 10,25, Luk. 18,25. Daß in diesen Stellen χαμηλος und nicht χαμιλος (Schiffstau) zu lesen, geht aus unserer Leseart im Koran hervor, da Schiffstau dschamal = Kamel heißt. Ferner aus dem ähnlichen rabbinischen: ah'bāl. Wie ein Elefant in ein Nadelöhr eingeht. Vgl. Geiger a.a.O. S. 71.

19) D.h. eine jede Feindschaft in diesem Leben hört in jenem auf.

20) D.h. die Bewohner.

21) Einige sagen: dieser Herold sei der Engel Israfil.

22) D.h. zwischen den Seligen und den Verdammten.

23) Auf dieser Zwischenmauer, nach welcher auch diese Sure genannt ist, flehen, nach den Auslegern, Leute, deren gute und schlechte Handlungen gleich sind, wodurch sie weder des Paradieses noch der Hölle teilhaftig werden können, und daher einen Zwischenort einnehmen müssen, von welchem aus sie in das Paradies und in die Hölle sehen können. Über die jüdische Quelle dieser Vorstellung vgl. Geiger a.a.O. S. 69 und 70.

24) Diese Zwischenmänner, so nach Geiger a.a.O. und so übersetzt auch Sale, nicht wie Wahl.

25) Die Bewohner.

26) Die Zwischenmänner fragen die Ungläubigen, auf die Gläubigen hindeutend: Sind das die Leute usw.? und dann zu den Gläubigen selbst sich wendend, rufen sie ihnen zu: Gehet nur ein usw.

27) Vgl. dieses mit der Parabel des Reichen und des armen Lazarus, Luk. 16,19.

28) Am Jüngsten oder am Tage der Auferstehung.

29) Den Mekkanern.

30) Den Koran.

31) Auslegung heißt hier so viel als das Eintreffen der darin ausgesprochenen Drohungen und Belohnungen.

32) D.i. die falschen Götzen.

33) Unter welchen hier besonders die gemeint sind, welche sich auf ihr Gebet etwas einbilden, oder mit überlauter Stimme, oder mit einer Menge nichtssagender Worte zu ihm beten.

34) Durch die Propheten und die göttlichen Offenbarungen.

35) D.i. der Regen.

36) D.h. dürre und trockene.

37) Mohammed betrachtet den Regen als Barmherzigkeit, während die Rabbiner ihn als „Macht und Kraft Gottes" bezeichnen. Vgl. Tr. Tanith fol. 1. Ebenso verhält es sich bei beiden mit der Totenauferstehung, vgl. Tr. Brachoth fol. 33, a. Daß Geiger a.a.O. S. 80, wo er dazu Gelegenheit hat, auf diesen Unterschied nicht aufmerksam macht, wundert uns.

38) Daß Noah seine Zeitgenossen namentlich wegen des Götzendienstes zur Besserung gemahnt, findet sich auch bei den Rabbinern. Vgl. Geiger a.a.O. S. 107-110.

39) D.h. entweder den Tag der Auferstehung, oder den der Sintflut.

40) Sie sagten, wenn es wahr wäre, was er uns im Namen Gottes verkündet, so hätte wohl Gott uns einen Engel und nicht einen Menschen als Verkünder gesandt.

41) Ein alter, mächtiger, götzendienender Stamm.

42) Hud ist der Eber der Bibel. Das folgende bezieht sich auf den Turmbau und die Sprachenverwirrung. Vgl. Geiger a.a.O. S. 113-119.

43) Die Aditen sollen der Sage nach 100 Ellen groß gewesen sein.

44) D.h. den Götzen, welchen sie solche Namen, Attribute und Eigenschaften usw. beilegten, wie sie nur Gott allein zukommen.

45) D.h. auf das Strafgericht Gottes, welches euch treffen wird, und wovon auch ich Zeuge sein werde.

46) Den Hud.

47) Über den Untergang der Aditen wissen die Ausleger manche Geschichtchen zu erzählen.

48) Dies war auch ein mächtiger, götzendienender Stamm, dessen Abstammung von Thamud, Sohn des Gether, Sohn des Aram 1. Moses 10,23 angegeben wird, vgl. Poc. Spec. 36.

49) Wer dieser Saleh sein soll, darüber sind die Meinungen verschieden. Bochart hält ihn für Peleg 1. Moses 11,16. D'Herbelot „Bibl. Orient.", 740 hält ihn für Schelah 1. Moses 11,13. Vgl. auch Geiger a.a.O. S. 119, 120.

50) Die Thamudäer verlangten, daß er zu seiner Beglaubigung eine trächtige Kamelin aus einem Felsen hervorbringe, was er auch getan, und worauf einige gläubig wurden. Über diese Kamelin wissen die Kommentatoren wieder artige Fabeln zu erzählen.

51) Wörtlich: Getöse.

52) Wörtlich: auf der Brust.

53) Den Leuten von Sodom hielt er ihre Sodomiterei vor, welches Verbrechen, wie schon der Name besagt und wie auch 1. Moses 13,13.18.20 andeutet, dort heimisch war. Der hier erzählte Untergang Sodoms stimmt ziemlich mit 1. Moses, 19 überein. Siehe auch 11. Sure.

54) Nämlich Lot und seine Familie und die, so es mit ihm halten.

55) Siehe 11. Sure.

56) Nachkommen des Midian, Sohn des Abraham von der Kedura. Vgl. 1. Moses 25,2.

57) Dieser Schoaib ist nach den meisten Auslegern Jethro, der Schwiegervater des Moses, 2. Moses 2,18; 3,1. Über die Etymologie des Wortes Schuaïb und über diese ganze Erzählung vgl. Geiger a.a.O. S. 173-180.

58) Nämlich die Wunder, welche Schoaib, nach den Kommentatoren, getan haben soll. Auch soll er im Besitze des Wunderstabs (vgl. 2. Moses 18,13) gewesen sein, welchen er später dem Moses gegeben. Vgl. Schalscheleth hakabala pag. 6, a. und Pirke R. Elieser Kap. 40.

59) Einige nehmen dies wörtlich als Straßenraub, andere bildlich: als Besetzung des Wegs der Wahrheit oder der Religion, um die Gläubigen davon abzuhalten.

60) Gerade wie die Thamudäer, siehe die vorige Seite.

61) Nämlich: sie glaubten, alles sei Zufall, ohne göttliche Fügung und Bestimmung.

62) So heißt es wörtlich. List Gottes heißt hier die Art und Weise, wie er mit den Sündern verfährt. Er läßt das Maß ihrer Sünden füllen, ohne durch Strafen sie zur Sinnesänderung anzuregen, bis er sie plötzlich, wenn sie es am wenigsten gewärtig sind, dem Untergange weiht.

63) D.h. mit Wundern.

64) D.h. sie glaubten nicht daran.

65) Die Tradition macht den Moses zu einem Schwarzen, daher das Wunder, daß seine Hand weiß geschienen. In der Bibel (2. Moses 7,8) ist nicht erwähnt, daß Moses das Wunder des Aussatzes seiner Hand vor Pharao gezeigt. Dieses findet sich jedoch Pirke R. Elieser C. 48. Vgl. Geiger a.a.O. S. 159.

66) Nämlich ihre Stöcke, welche sie in Schlangen verwandelt hatten.

67) Er glaubte, daß sie mit Moses im Einverständnis seien, und das Ganze nur zum Nachteil des Landes ersonnen wurde.

68) Siehe Sure 5.

– 444 –

69) D.h. gib uns.

70) Hier schiebt Mohammed, den Islam ins frühe Altertum hinein.

71) Nach einigen Lesarten heißt 's: und dich als Gott verlassen, da, nach der 26. und 28. Sure, was auch die Rabbiner sagen, der Pharao sich als Gott betrachtet und göttliche Verehrung für sich gefordert habe. Vgl. Geiger a.a.O. S. 160 und 161.

72) Mit den ägyptischen Plagen war Mohammed auch nicht im reinen. Einige Male spricht er von neun, vgl. Sure 17 und 27, und hier von fünfen. Er hat sogar hier eine neue Plage, welche in der Bibel nicht vorkommt, nämlich die Flut. Diese kann nicht mit dem Versinken ins Meer einerlei sein, weil dieses erst weiter unten erwähnt wird. Vgl. Geiger a.a.O. S. 162. Auffallend ist uns, daß Geiger dort dscharād mit Gewild übersetzt, da es doch Heuschrecken heißt.

73) D.h. eine der Plagen.

74) Hierüber siehe ausführlich die 22. Sure.

75) Vgl. hierüber Sure 28 und 40.

76) Nach einigen soll dieses Volk der Stamm Amalek und sein Abgott das Bild eines Ochsen gewesen sein, wodurch auch die Kinder Israels auf die Verehrung des goldenen Kalbes gekommen.

77) Das ist hier so viel als 30 Tage.

78) Vgl. 2. Moses 24,18 und 32, und 5. Moses 9,11ff. Dies sind die 40 Tage, welche Moses auf dem Berge Sinai war, um die Gesetzestafeln zu empfangen, was Veranlassung zu dem goldenen Kalbe gegeben hat.

79) Diesen Berg nennen die Muslime Al Zabir.

81) D.h. durch die Aufträge, welche ich dir erteilt, und daß ich von Angesicht zu Angesicht mit dir gesprochen. Wahls Auffassung dieses Satzes ist falsch.

82) D.h. entweder die verwüsteten Wohnungen der Ägypter, oder des Stammes Ad und Thamud, oder auch vielleicht die Hölle, welche den Frevlern in jener Welt als Wohnung dient.

83) Nämlich während der oben erwähnten 40 Tage.

84) Nämlich aus Ringen, Armbändern usw.

85) Nach einigen bestand das Kalb aus Fleisch und Blut.

86) Daß das Kalb blökte, findet sich auch Pirke R. Elieser C. 45. Vgl. Geiger a.a.O. S. 167.

87) Die Worte: walammā suqita fi aidihīm übersetzt Marrac. falsch durch: et cum cadere factus fuisset in manibus eorum. Vgl. Freytags Wörterbuch u.d.W. saqata.

88) Wahl übersetzt: Habt ihr nicht die rächende Gewalt Gottes beschleunigt? Sale: have ye hastened the command of your Lord?

89) Wörtlich: machte mich schwach.

90) D.h. die zerbrochenen Stücke.

91) Die folgende Sage ist wahrscheinlich entstanden durch 2. Moses 24,9-11.

92) D.h. bestimme für uns.

93) D.i. Mohammed selbst, denn er konnte nicht lesen und schreiben. Über das Wort: ummī = Analphabet, etym. Laie vgl. Geiger a.a.O. S. 28.

94) Mohammed soll, wie wir schon oft bemerkt, in der Schrift schon angedeutet sein. Vgl. auch Maimonides im Agereth Themon fol. 124, 2. in der Amsterdamer Ausgabe.

95) S. 3. Sure S. 50.

96) Z.B. Schweinefleisch, Blut usw.

97) Nach einigen soll dies ein in China wohnender jüdischer Stamm sein, der an Mohammed glaubt, und den Mohammed in der Nacht, in welcher er die Reise nach dem Himmel gemacht, gesehen haben soll.

98) Die Kinder Israels.

99) Vgl. 4. Moses 20,8 und 11.

100) S. 2. Sure S. 23.

101) Vgl. 4. Moses 11.

102) Vgl. Sure 2, S. 23, Note 15 und 16. Nach einigen sollen sie statt: Hitatun, welches: „Vergebung" bedeutet, das Wort: Hintatun gesagt haben, das „Gerste" bedeutet.

103) Die Ausleger sind nicht einig, welche Stadt hier gemeint sein soll.

104) Über diese Fabel wissen die Ausleger auch unterschiedliches zu berichten.

105) Der bessere Teil sagte zu den anderen: wozu die Frevler warnen? Worauf diese erwiderten: Es ist jedenfalls unsere Pflicht, sie zu mahnen, vielleicht hilft's, wo nicht, so haben wir doch das unsrige getan.

106) S. Sure 2, S. 23.

107) Vielleicht anspielend auf 5. Moses 28,49 und 50.

108) Namentlich daß Gott nur dann Sünden vergibt, wenn wahre Reue und Besserung folgt.

109) S. 2. Sure, S. 23. Diese Sage findet sich auch Tr. Abodah sarah fol. 2, b.

110) Es scheint aus dieser Stelle hervorzugehen, daß die Ansicht von einer Präexistenz auch den Muslimen nicht fremd gewesen.

111) Eitle Menschen sind hier solche, welche Götzen anbeten.

112) Nach vielen soll hierunter die Geschichte des Bileam verstanden sein. Vgl. 4. Moses 22-25.

113) D.h. solche, die seine Attribute bezeichnen. Die muslimischen Araber haben deren neunundneunzig, welche Marrac. in seinem Koran S. 414 aufzählt.

114) D.h. solche, welche die Namen und Attribute Gottes den Götzen beilegen.

115) D.h. selbst die Gewährung eines glücklichen Lebens gehört zur Strafe der Bösen und liegt als solche im Plane Gottes, damit die Bösen sich ganz frei und sorglos und ruhig der Sünde hingeben können.

116) D.i. Mohammed, denn als er vom Berge Safa herabkam und mehrere Familien warnt vor der Rache Gottes, wenn sie nicht den Götzendienst verließen, da hielten diese ihn für besessen.

117) D.h. da sie den Koran verwerfen, welche Offenbarung kann ihnen denn überzeugender sein?

118) D.h. die Mekkaner.

119) D.h. der Jüngste Tag. Vgl. auch Freytags Wörterbuch u.d.W. mursin

120) Hierüber wissen die Ausleger unterschiedliches zu berichten. Vgl. D'Herbelot Bibl. Orient. P. 438.

121) D.h. Sonne, Mond und Sterne, welche die vorzüglichen Götter der Araber waren, sind auch nur Diener des einzigen Gottes.

122) Ähnlich Psalm 115,5 und 6.

123) D.i. den Koran.

124) D.h. ohne Wunder.

125) Ohne Wunder werden sie nicht an die Göttlichkeit des Korans glauben, sondern sagen, daß er aus Thora und Evangelium, Sagen und Fabeln zusammengeflickt sei.

126) Bei dem Gebete.

ACHTE SURE

1) So genannt, weil sie bei Gelegenheit eines Streites wegen der in der Schlacht bei Badr gemachten Beute geoffenbart wurde. Die im Kampfe gewesene Jugend behauptete: die gemachte Beute gehöre ganz ihr. Die zurückgebliebenen Alten aber sagten, daß auch ihnen ein Teil derselben rechtmäßig zukomme.

2) D.i. der Koran.

3) D.h. als dein Herr dir befahl, in dem Kampfe von Badr für die Wahrheit, d.h. für die Religion, zu streiten, da zeigten viele deiner Anhänger Widerwillen dagegen.

4) D.h. über den glücklichen Erfolg des Kampfes, den Gott im voraus versichert hatte.

5) Diese Furcht entstand durch die weit größere Anzahl des Feindes.

6) Wahl nimmt mit Marrac. S. 297 an, daß hier von zwei Nationen die Rede sei, nämlich von den Koraischitischen Stämmen Air und Nefir, und die Airier seien schlechter bewaffnet und daher leichter zu besiegen gewesen. Sale aber sagt: Es handelte sich um eine reich beladene, schlecht beschützte Karawane und um die Besiegung der bewaffneten Mekkaner. Deshalb zogen die Gläubigen es vor, es mit der ersteren aufzunehmen.

7) Der Götzendienst.

8) Oben Sure 3 S. 52 ist die Rede von 3.000 Engeln. Daher auch nach einigen Lesarten „Tausenden von Engeln" hier übersetzt werden muß.

9) Es wird erzählt, daß das muslimische Heer in einer sandigen, wasserlosen, das feindliche Heer dagegen in einer wasserreichen Gegend gestanden habe. Der Satan gab deshalb den Muslimen im Schlafe beunruhigende Träume ein, zu deren Widerlegung in derselben Nacht Gott durch Regen reichlich Wasser herabströmen ließ.

10) Diese Strafe ward ausdrücklich für die Feinde der islamischen Religion bestimmt, welche Strafe aber von den Muslimen gegen die Gefangenen in der Schlacht bei Badr nicht in Anwendung gebracht wurde, was ihnen später in dieser Sure auch zum Vorwurfe gemacht wird.

11) Eines der Wunder in dieser Schlacht soll gewesen sein, daß Mohammed eine Handvoll Sand dem Feinde entgegenwarf, worauf dieser die Flucht ergriff.

12) D.h. durch unseren Sieg.

13) D.i. die Religion.

14) D.h. des Menschen Herz ist ganz in Gottes Hand gegeben.

15) D.h. zu Mekka.

16) Vgl. Geiger a.a.O. S. 57.

17) Nämlich aus der Stadt Mekka.

18) Wörtlich: Gott ist der beste Verschwörer.

19) Im Koran.

20) Vgl. Sure 6.

21) Ein gewisser Al Nodahr Ibn al Hareth soll das gesagt haben.

22) Die Mekkaner verboten den Gläubigen den Zutritt zu der in ihrem Gebiete liegenden Kaʻba.

23) Nach einigen war dies wirklich die Art und Weise der Mekkaner, ihre Götzen zu verehren. Nach anderen haben sie dies nur getan, um die Gläubigen in ihrer Andacht zu stören.

24) Namentlich sollen 12 Koraischiten große Opfer gebracht haben, um das feindliche Heer bei Badr mit Nahrung zu versorgen.

25) D.h. mit dem Schwerte zerstöret allen Götzendienst und mit dem Schwerte verbreitet den Islam.

26) Hier heißt es wieder: dem Sohne des Weges. Vgl. Sure 2, Anm. 73.

27) D.h. den Sieg, den wir euch im Kampfe bei Badr gegeben. Jener Siegestag wird Tag der Erlösung genannt.

28) D.h. Gott gab euch an jenem Tage auf eine wundervolle Weise den Sieg, ohne daß ihr euere Pläne in Anwendung zu bringen brauchtet, so daß alle, die in der Schlacht Getöteten sowohl, wie die am Leben Gebliebenen, sich von diesem Wunder überzeugt hatten.

29) Den Widerspruch dieser Stelle mit Sure 3 Seite 52 suchen die Kommentatoren dadurch zu heben, daß sie einen Unterschied machen zwischen der Zeit vor und während der Schlacht.

30) Die Einwohner von Mekka nämlich eilten in der Schlacht bei Badr hinaus, den Ungläubigen zur Hilfe.

31) Wörtlich: Er trat mit seinen Fersen zurück, d.h. er gab Fersengeld.

32) Nämlich die unsichtbaren Engel, welche den Gläubigen beistehen.

33) D.h. solche, deren Herz verzagt und mutlos war.

34) D.h. nur die Religion kann solch einen kleinen Haufen zu der Torheit verleiten, gegen ein so mächtiges Heer anzukämpfen.

35) Vgl. 3. Moses 26,8.

36) Solange der Islam noch auf schwachen Füßen stand, war die größte Strenge gegen die gefangenen Feinde geboten. Später erst, als der Islam hinreichend ausgebreitet war, durften die Gefangenen am Leben bleiben.

37) Nämlich weil sie in der Schlacht von Badr alle Beute und von den Gefangenen Lösegeld nahmen, wozu ihnen damals keine Erlaubnis gegeben war. Diese kam erst später durch Offenbarung nach.

38) D.h. wenn sie bereuen und den Islam annehmen.

39) Sie sollen folglich sich einander beerben können. Diese Verfügung ist aber am Ende dieser Sure wieder zurückgenommen.

40) So übersetzen wir diese Stelle mit Sale.

NEUNTE SURE

1) So genannt, weil darin den Feinden vier Monate Zeit gegeben wird zur Bereuung ihrer Sünden. Von einigen wird diese Sure, nach dem Anfangsworte derselben: „die Befreiung" genannt. Übrigens ist diese Sure die einzige, bei welcher die Segensformel: Im Namen des allbarmherzigen Gottes, fehlt. Über das Warum? Sind die Ausleger verschiedener Meinung.

2) Nach einigen ist die Frist von 4 Monaten hierunter zu verstehen, während welcher jede Feindseligkeit aufhört, nach anderen gerade umgekehrt, die Zeit nach diesen 4 Monaten, in welcher die Gläubigen von ihrem eingegangenen Bündnisse freigesprochen werden.

3) Diese 4 Monate sind der 10., 11., 12. und 1. des muslimischen Jahres.

4) D.h. es wird kein Götzendiener dem Tempel von Mekka mehr nahekommen. Siehe Abulf. „Vita Moh." (HS. 127).

5) D.h. bis zur Zeit, welche im Traktat festgesetzt ist, aber auch bis nach Ablauf der heiligen Zeit, in welcher kein Blut vergossen werden darf.

6) D.h. wenn er sich durch Anhörung des Wortes Gottes nicht vom Islam überzeugen kann, dann mußt du ihm sicheres Geleit geben.

7) Ähnlich Psalm 24,3.4.

8) Diese Worte wurden gesagt, als die Muslime den Al Abdas, Oheim des Mohammed,

– 448 –

gefangen nahmen, und ihn über seinen Unglauben bitter tadelten. Da sagte dieser: Ihr sehet nur auf unsere bösen, aber nicht auf unsere guten Handlungen, denn wir besuchen den Tempel zu Mekka und geben den Pilgern zu trinken aus dem Brunnen Semsem usw.

9) D.h. bis seine Strafe eintrifft.

10) Die Schlacht bei Honein, einem Tale drei Meilen von Mekka, gegen die Stämme Hawazen und Thakif, fiel vor im 8. Jahre der Flucht. Der Feind war nur 4.000 und die Muslime 12.000 Mann stark, dennoch siegte anfangs das feindliche Heer und die Anhänger Mohammeds ergriffen die Flucht. Nur Mohammed hielt mit einigen wenigen stand. Als man sich nach und nach wieder sammelte, da warf Mohammed eine Handvoll Staub dem Feinde entgegen, wodurch dieser mit göttlicher Hilfe völlig besiegt wurde.

11) Indem der Feind von allen Seiten angriff.

13) Unsichtbare Engel.

14) D.i. das neunte Jahr der Flucht. Zufolge dieses Verbotes wird bis auf den heutigen Tag Heiden, Christen und Juden der Besuch Mekkas versagt.

15) Indem der Handelsverkehr mit Fremden durch dieses Verbot gänzlich aufhört.

16) Wir lassen die Worte: an iadin unübersetzt, da über die Bedeutung derselben die Meinungen zu sehr voneinander abweichen. Wahrscheinlich sollen sie „bar" bedeuten, wie auch Wahl annimmt.

17) Die hohe Verehrung der Juden für Esra, den Wiederhersteller des Gesetzes und der Schrift, ist bei denselben nie so weit gegangen, deshalb den Esra für Gottes Sohn zu erklären. Vgl. Geiger a.a.O. S. 194.

18) D.h. die Juden verehren außer Gott noch ihre Rabbiner, und die Christen außer Christus auch ihre Mönche.

19) So heißt diese Stelle wörtlich, deren Sinn übrigens klar genug ist.

20) Einige verstehen Bestechung hierunter. Wahrscheinlicher aber ist, daß auf die für Geld zu erkaufenden Dispensationen aller Art angespielt wird.

21) Vgl. Sure 2, S. 35.

22) Die Ausleger sagen, daß es Sitte der alten heidnischen Araber gewesen, den heiligen Monat Muharam nach Belieben mit dem folgenden Monate Safar zu vertauschen, was Mohammed hier verbiete. Mir aber scheint die ganze Stelle gegen die Juden gerichtet zu sein, die, um ihr Mondenjahr mit dem Sonnenjahre in Einklang zu bringen, alle 19 Jahre sieben Schaltjahre einsetzen, wovon jedes aus 13 Monaten besteht und wodurch alle Fest- und Feiertage um einen ganzen Monat hinausgeschoben werden. Wahl übersetzt: Die Verlegung eines heiligen Monats auf einen anderen Monat hilft den Unglauben verwehren. Dies ist wahrscheinlich ein Druckfehler und soll heißen: vermehren.

23) Wörtlich: daß ihr euch schwerfällig zur Erde neigt. Bildlicher Ausdruck für: sich nicht von der Stelle bewegen wollen. Dies ward gesagt bei Gelegenheit des Kampfes bei Tabuk, einer Stadt gelegen halbwegs zwischen Medina und Damaskus, welchen Mohammed mit einem Heere von 30.000 Mann im 9. Jahre der Hidschra gegen die Römer unternahm. Mit dem größten Widerwillen zogen die Muslime aus, weil der Angriff in der größten Sommerhitze und bei großer Dürre, wodurch sie manche Not auszustehen hatten, unternommen wurde.

24) Wörtlich: als er der zweite von zweien war. Als die Mekkaner ihn vertrieben, da folgte ihm nur der einzige Abu Bakr.

25) D.h. mit unsichtbaren Engeln.

26) So heißt's wörtlich. Wahl erklärt es mit: reich oder arm. Savary mit: jung oder alt. Wahrscheinlicher aber ist die Erklärung: mit Fußvolk und Reiterei.

27) Mohammed hatte wirklich einige, die sich auf diese Weise bei der angeführten Schlacht

bei Tabuk zu entschuldigen und zu entfernen suchten, entlassen, was ihm hier zum Vorwurfe gemacht wird.

28) D.h. bleibet daheim bei den Weibern, Kindern und Schwachen. Hier lehrt Mohammed einen Fatalismus, der alle Willensfreiheit aufhebt, und alle, durch freies Denken und Wollen sich äußernde Handlungen des Menschen auf Vorherbestimmung Gottes zurückführt.

29) D.h. durch Verrat oder sonstige Vergehen, wozu ich mich, wenn wider Willen zum Kampf gezwungen, genötigt sehe.

30) D.h. dadurch, daß wir zu Hause geblieben, und uns vom Kampf entfernt hielten.

31) D.i. Sieg oder Märtyrertod.

32) Die Frage: Warum es oft dem Tugendhaften schlecht und dem Gottlosen wohl ergehe wird in unzähligen Schriften des Judentums dahin beantwortet: Da kein Mensch ohne Sünden, und auch keiner ohne irgendeine Tugend ist, so wolle Gott, um dem Tugendhaften in jenem Leben die ungestörteste Glückseligkeit zu bereiten, ihn für seine wenigen Sünden hier bestrafen, und den Bösen, um ihm dort nur sein Böses zu vergelten, die Belohnung seiner wenigen Tugenden durch irdisches Glück in diesem Leben geben. Vgl. Saadia Emunoth vedeoth Adsch. 5. Mit dieser Lehre scheint Mohammed hier wie auch anderswo, einverstanden zu sein. Vgl. Geiger a.a.O. S. 77.

33) D.h. für die Feinde des Islams, die sich aber zu diesem bekehrt haben.

34) D.h. für den Religionskrieg.

35) S. Sure 2, Anm. 73.

36) Wörtlich: Er ist ein Ohr. Mohammeds Landsleute machen ihm Vorwürfe, daß er so vieles den Juden und Christen für wahr nacherzähle, welchen Vorwurf er hier zurückweist.

37) D.h. wir sprechen von ganz anderem, als von dir und deiner Religion.

38) D.i. Sodom und Gomorrha.

39) 1. Moses 2,8, der glückliche Aufenthaltsort des ersten Menschenpaares, welcher Ort zur Bezeichnung des jenseitigen glückseligen Aufenthalts gebraucht wird. Vgl. Geiger a.a.O. S. 47.

40) Einige der Kommentatoren sagen, man habe den Mohammed bei seiner Rückkehr von dem Kampfe zu Tabuk, umbringen, andere, man habe ihn von Medina verjagen wollen. Letzteres scheint der Nachsatz zu begründen, denn der Aufenthalt Mohammeds zu Medina war der Stadt sehr vorteilhaft.

42) Das Zeitwort sadaqa und das Hauptwort sadaqatun bedeuten eigentlich gerecht sein und Gerechtigkeit. Und erst später wurde auch Almosen und Almosen geben darunter verstanden.

43) Siehe S. 123.

44) D.h. wenn du glücklich und wohlbehalten aus der Schlacht von Tabuk nach Medina zu diesen Heuchlern zurückkommst.

45) D.h. verweigere ihm die gebräuchlichen letzten Ehrenbezeigungen.

46) D.h. daß ihr sie nicht züchtigen und bestrafen möget.

47) D.h. durch ihre wilde Lebensweise und ihre Abgeschlossenheit von der gesitteten Außenwelt.

48) Zur Förderung der Religionsverbreitung.

49) Um dadurch sich von ihrem Tribute zu befreien.

50) Das sind die, welche der Religion wegen ihr Vaterland Mekka verlassen hatten.

51) Das sind die Bewohner Medinas, welche den Mohammed und seine Anhänger in ihren Schutz aufnahmen.

52) Bis jetzt war die Rede von den Arabern der Wüste.

53) Worin diese doppelte Strafe bestehe, darüber sind die Ausleger nicht einig.

54) D.h. sie waren keine Heuchler, und haben ihr Vergehen, nicht mit nach Tabuk gezogen zu sein, offen eingestanden, und es nicht zu entschuldigen gesucht. Das Zurückbleiben wird als eine böse, das Geständnis des Unrechts als eine gute Handlung angesehen.

55) Es wird erzählt, daß, als die Anhänger des Mohammed eine Moschee zu Koba erbaut hatten, seine Gegner einen Gegentempel dort errichteten, unter der Leitung eines christlichen Mönchs, namens Abu Amer, der ein geschworener Feind des Mohammed war, und der sogar zur Vertilgung des Mohammed beim Kaiser Heraklius Hilfe suchte.

56) D.h. entweder der erwähnte, von den Anhängern Mohammeds erbaute Tempel zu Koba, oder der Tempel zu Medina.

57) So heißt diese Stelle wörtlich. Über deren Bedeutung sind die Ausleger verschiedener Meinung. Die richtige ist wahrscheinlich die: dieses Gebäude wird so viele Religionszweifel an- und aufregen, daß sie über deren Lösung alle gesunde Vernunft verlieren.

58) Einige sagen: Abraham habe seinem Vater versprochen, für sein Seelenheil zu beten, andere aber umgekehrt: dieser habe jenem versprochen, vom Götzendienste ablassen zu wollen. Über den scheinbaren Widerspruch dieser Stelle mit den jüdischen Schriften vgl. Geiger a.a.O. S. 125.

59) D.h. Gott bestraft nicht die Vergehen, welche man gegen seine Gebote vor der Zeit ihrer Offenbarung begangen, sondern erst die, welche nach dieser ausgeübt wurden.

60) Vgl. S. 128.

61) D.i. in dem Kampfe zu Tabuk.

62) Diese drei Männer waren aus Medina und hießen: Caab Ibn Malek, Helal Ibn Omeya und Merara Ibn Rabbi.

63) Durch die vieler- und mancherlei unglücklichen und traurigen Erscheinungen, welche sich unvermeidlich in dem Leben eines jeden Menschen fast in jedem Jahre zeigen, und die als eine Versuchung Gottes betrachtet werden.

64) D.h. wenn eine Sure von Mohammed vorgelesen wird, dann schleichen sich die Ungläubigen, wenn es unbemerkt geschehen kann, leise hinweg.

ZEHNTE SURE

1) So überschrieben, weil dieses Propheten am Ende der Sure gedacht wird. Die eingeklammerten Worte werden bei den Muslimen wie bei den Juden aus Pietät gegen Personen, die in Frömmigkeit gelebt und gestorben, bei Nennung derselben hinzugefügt.

2) Alif, Lām und Rā sind die arbischen Anfangsbuchstaben von amara li rabbi: Mein Herr hat mir befohlen oder gesagt, sie können aber auch für Ich bin Allah, der Allsehende stehen.

3) D.i. Mohammed.

4) Vgl. 1. Moses 1,14-19.

5) Wahrscheinlich ist dies dem Judentum entlehnt, welches lehrt, daß Wahrheit Grundbedingung des Ent- und Bestehens der Schöpfung sei, wie dies die Endbuchstaben der Anfangsworte der Schöpfung andeuten Vgl. Breschith rabba Kap. 1.

6) D.h. die, welche nicht glauben an den Jüngsten Tag.

7) Vgl. oben Sure 4.

8) Nämlich Mohammed trat erst in seinem 40. Jahre als Prophet auf. Seine Landsleute kannten ihn als ungelehrt, und so sollte ihnen gerade diese merkwürdige Umwandlung, welche mit ihm plötzlich vorgegangen, als Beweis göttlicher Sendung gelten.

9) Vgl. 1. Moses 11,1.

– 451 –

10) Dies soll eine siebenjährige große Teuerung gewesen sein.
11) D.h. die Engel.
12) D.i. das Paradies.
13) Siehe Seite 62.
14) Wörtlich: euere Gefährten, d.h. die Götzen, welche sie Gott zugesellt haben.
15) D.h. nicht uns, sondern eueren Leidenschaften und Gelüsten habt ihr gedient.
16) Die Muslime glauben, daß Gott am Jüngsten Tag den Götzen das Sprachvermögen erteilen werde.
17) D.h. mögen die Ungläubigen während deines Lebens schon bestraft werden, oder mögest du ihre Bestrafung nicht erleben, so werde dadurch nicht irre, denn die eigentliche Strafe trifft sie in jenem Leben.
18) Die Ansicht, daß Gott allen Völkern Propheten gesandt, damit sie sich einst nicht damit entschuldigen können, daß sie den göttlichen Willen nicht gekannt, ist dem Judentume entlehnt. Vgl. zu 4. Moses 22,2 den Midrasch Rabba und Midrasch Jalkut.
19) D.i. der Koran.
20) Vgl. oben Sure 6 S. 95.
21) Nämlich die Christen.
22) Vgl. oben Sure 7, S. 102.
23) Daß Noah als Ermahner aufgetreten, findet sich auch bei den Rabbinern, siehe überhaupt die Quellen der Geschichte des Noah bei Geiger a.a.O. Seite 109-113.
24) Wörtlich: Ein Muslime zu sein.
25) Wörtlich: Im Schiffe.
26) Als z.B. Hud, Saleh, Abraham, Lot, Schoaib usw.
27) Siehe oben Sure 7, S. 105-107.
28) D.i. der Stamm Levi, vgl. Geiger a.a.O. S. 160.
29) Wörtlich heißt es wieder: Wenn ihr Muslime sein wollt.
30) Vgl. 2. Moses 7,3-6 u. 10,1-4.
31) Wir übersetzen diese fast von allen mißverstandene Stelle nach Geiger a.a.O. S. 162.
32) D.h. nicht eher entstanden Religionsstreitigkeiten, als bis Gott dem Moses die Thora offenbarte.
33) D.h. über die berichteten Sagen und Erzählungen.
34) Hier gesteht er seine Entlehnungen aus der Thora und dem Evangelium selbst ein.
35) D.h. die Bewohner Ninives, vgl. Jonas 3.
36) D.h. bis zu ihrem natürlichen Tode.
37) Vgl. Psalm 19,2.
38) D.h. wieder: O ihr Mekkaner.

ELFTE SURE

1) So genannt, weil die Geschichte dieses Propheten in dieser Sure erzählt wird. Vgl. Sure 7.
2) Siehe Sure 10, Anm. 2.
3) D.i. der Koran, im Gegensatze zu den früheren Offenbarungen, die, nach der Angabe Mohammeds, von Juden und Christen verfälscht wurden.
4) D.h. bis zum Tode.
5) D.h. vor der Schöpfung, wie dies auch die Rabbiner lehren. Vgl. Raschi, 1. Moses 1,2. und Geiger a.a.O. S. 66.
6) Auch die Rabbiner lehren, Gott habe deshalb die Welt in sechs Tagen, und mit zehn Aus-

sprüchen geschaffen, um die Bösen, welche das Bestehen der sittlichen Welt gefährden, um so mehr zu bestrafen und die Frommen, welche sie erhalten, um so mehr zu belohnen. Vgl. Tr. Aboth, Kap. 5. Mischna 1.

7) D.h. geheimhalten und nicht veröffentlichen zu wollen.

8) D.h. kein himmlischer Schatz, was wahrscheinlich soviel ist, als die Gabe und Macht Wunder zu tun.

9) D.i. Mohammed.

10) D.h. daß der Koran nur Gottes Weisheit enthalte. Übrigens kann es auch heißen: Wisset, daß der Koran nur mit dem Vorwissen Gottes herabgesandt wurde.

11) Wir bemerken hier nochmals ein für allemal, daß Muslim mit: „ganz Gott ergeben sein", gleichbedeutend ist.

12) D.i. Mohammed.

13) D.h. göttlicher Zeuge, welcher nach einigen der Koran, nach anderen der Engel Gabriel sein soll.

14) Nämlich: um Zeugnis von ihm zu geben.

15) Das sind die Engel und Propheten.

16) D.h. in diesem und in jenem Leben.

17) D.h. die Gläubigen und Ungläubigen.

18) Vgl. 7. Sure S. 102.

19) Wie Mohammed überhaupt alle Anklagen, welche seine Zeitgenossen gegen ihn erhoben, auch gegen die Propheten vor ihm von deren Mitbürgern erheben und von jenen widerlegen läßt, so auch hier. Die Koraischiten verlangten von Mohammed, die Gläubigen, welche arm waren, zu verjagen, was er aber verweigerte. Eine ähnliche Verweigerung legt er nun dem Noah in den Mund.

20) D.h. öffentlich, daß es jedermann sieht, damit sie dadurch vielleicht in sich gehen und sich bessern. Wie solches auch bei den Rabbinern gelehrt wird. Vgl. Raschi zu 1. Moses 6,14 u. 7,13.

21) Daß man Noah auslachte, als er die Arche machte, wird auch im Midrasch Tanchumah gelehrt. Vgl. Geiger a.a.O. S. 110.

22) Das heißt nichts anderes, als das Wasser der Sintflut war siedend heiß. Wie dies auch die Rabbiner behaupten. Vgl. Tr. Sanhedrin fol. 108. Vgl. Geiger a.a.O. S. 112.

23) Nämlich dein Weib, deine drei Söhne Sem, Ham und Japhet und ihre Frauen. Vgl. 1. Moses 7,6.

24) Dies soll ein ungläubiger Sohn des Noah sein, dessen auch weiter unten erwähnt wird, und den die Ausleger Kanaan nennen. Kanaan ist aber nicht ein Sohn, sondern ein Enkel des Noah. Diese Fabel scheint durch 1. Moses 9,20-25 entstanden zu sein. Vgl. Geiger a.a.O.

25) Mohammed nimmt an, daß außer der Familie des Noah noch eine gewisse Anzahl, und zwar wie gesagt wird, noch 70 Mann, welche er bekehrt hatte, mit ihm gerettet wurden.

26) Dies soll der obengenannte Kanaan sein.

27) Nämlich von Gott.

28) Der Berg Dschudi ist der Berg Ararat der Bibel, 1. Moses 8,4. Vgl. Freytag Wörterbuch u.d.W. dschudiun.

29) D.h. du hast mir verheißen, meine Familie retten zu wollen, und doch ist mein Sohn ertrunken, wie vereint sich dieses mit deiner Wahrheit und Gerechtigkeit?

30) D.h. durch seinen Unglauben hat er es verwirkt, daß er nicht mehr als dein Sohn betrachtet werden kann. Wir übersetzen nach der Leseart 'amila Nach der Leseart 'amalun heißt es: Wahrlich, dein Bitten für ihn ist unrecht. So auch Marrac.: Quod petis pro eo, est opus non rectum. Sale: this intercession of thine for him, is not a righteous work.

– 453 –

31) D.h. solche, welche im Glauben beharren.
32) Das sind solche, die später entweder selbst, oder deren Nachkommen einst sich zum Unglauben hinneigen.
33) Vgl. Sure 7.
34) Die Aditen wurden nämlich mit drei Jahre lang dauernder Dürre heimgesucht.
35) Nach den Auslegern soll auch während dieser drei Jahre die Zeugungskraft aufgehört haben. Vielleicht auch war während der Hungersnot der eheliche Umgang verboten, wie dieser auch zur Zeit der allgemeinen Not im Judentume verboten ist. Vgl. Tr. Tanith fol. 1. 1.
36) D.h. keine Wunderzeichen.
37) D.h. dir den Verstand genommen hat. Die Beraubung des gehörigen Gebrauchs der Vernunft und des Verstandes schrieb man gewöhnlich der Wirkung höherer Mächte zu.
38) D.h. er ist allmächtig.
39) 4.000 sollen ihm geglaubt haben.
40) Siehe Sure 7.
41) Es kann auch heißen, sie schnitten ihr die Sehnen der Füße durch, denn das Zeitwort 'aqara hat auch diese Bedeutung.
42) Nämlich die Engel, welche dem Abraham erschienen, um ihm einen Sohn zu verkünden, und Sodom und Gomorrha zu zerstören. Vgl. 1. Moses 18.
43) Im 1. Moses 18,8 heißt es zwar: sie aßen, worauf der Talmud Tr. Baba Meziah fol. 86, b, sagt: sie taten bloß, als ob sie äßen. Nach Mohammed aber hätten sie nicht einmal zum Scheine gegessen.
44) D.h. wir sind Engel, und nur deshalb nehmen wir keine Speise.
45) In der Bibel geht die Sohnes-Verheißung dem Lachen der Sarah voran und erstere war Ursache des letzteren. Vgl. 1. Moses 18,10 u. 12. Hier aber lacht sie schon vor der Verkündigung. Daher die Ausleger in großer Verlegenheit sind über die Ursache desselben. Nur Elpherar vermutet das Richtige, daß der Vers hier versetzt sei und eigentlich so heißen müsse: und seine Frau stand dabei, und wir verkündeten ihr usw. und lachte. Vgl. auch Geiger a.a.O. S. 130.
46) Es ist zweifelhaft, ob sich dies auf Gott oder auf Abraham bezieht.
47) D.h. er unterhandelte mit uns, sie zu schonen. Vgl. 1. Moses 18,20-32.
48) D.h. vor den bösen und sündhaften Absichten seiner Mitbürger.
49) Vgl. mit dieser ganzen Darstellung 1. Moses 19.
50) Die verschiedenen Lesearten des Originals lassen es unbestimmt, ob die Engel dem Lot befohlen, seine Frau zurückzulassen, oder ob sie ihm nur den bevorstehenden Untergang seiner Frau vorher verkündeten. Vgl. Geiger a.a.O. S. 132 und Marrac. S. 348.
51) Die Ausleger sagen, daß der Engel Gabriel die Städte zerstört habe. Dies findet sich auch bei den Rabbinern. Vgl. Midrasch Jalkut zu 1. Moses 19.
52) Die Ausleger nehmen an, daß die Steine mit den Namen derer, welche durch sie getötet wurden, bezeichnet waren. Wahrscheinlicher aber ist, daß diese Steine durch ihre Gestalt und ihren Schwefelgeruch ganz besonders als unmittelbare Strafe Gottes kennbar waren und noch heute sind. Vgl. auch Midr. Jalkut a.a.D.
53) D.h. entweder ihre Lage nicht weit von Sodom, oder ihr sittliches Verhalten steht dem der Sodomiten wenig nach.
54) Siehe die vorhergehende Note.
55) D.h. wir sehen durchaus keine höhere Kraft in dir, welche dich berechtigte, den Propheten zu spielen.
56) D.h. entweder das Mitleid für dieselbe, oder die Furcht vor derselben.

57) Auch Sale übersetzt diese Stelle so. Wahl aber übersetzt nach Marrac., dem er überhaupt zu sehr zu folgen scheint: In dieser Welt haben sie den Fluch zum Gefährten gehabt, und der wird auch hinter sie her sein am Tage der Auferstehung. Unglückselige Hilfe, die sie vom Pharao hatten!

58) Wörtlich: abgemäht sind.

59) D.h. zu ihrer Entschuldigung.

60) D.h. Über den Inhalt und die Erklärung der Schrift entstanden Meinungsverschiedenheiten, die Gott absichtlich zuläßt, und nicht durch unmittelbare Entscheidung derselben eingreift.

61) So heißt's wörtlich, und bedeutet: des Morgens und des Abends und nach Sonnenuntergang.

ZWÖLFTE SURE

1) So genannt, weil sie die ganze Geschichte des Joseph 1. Moses 39-50 enthält. Diese Sure ist durch die Ausschmückung dieser Geschichte eine der lieblichsten des ganzen Korans. Auch steht sie bei den Muslimen in ganz besonderem Ansehen.

2) Siehe die Note zu Anfang der zehnten Sure.

3) Im Original heißt's: durch Offenbarung dieses Korans. Das Wort qur'ān steht aber auch oft nur für einen Teil, für eine Sure desselben.

4) Nach 1. Moses 37,9 hatte Joseph diesen Traum bereits seinen Brüdern mitgeteilt, als er ihn dem Vater erzählte. Vom ersten Traume ibid. V. 7 scheint Mohammed nichts zu wissen.

5) D.i. die Kunst: Träume zu deuten und auszulegen.

6) Nach 1. Moses 37,10 hat Jakob nicht nur dem Joseph seine Träume nicht gedeutet, sondern ihm sogar das Erzählen derselben streng verwiesen.

7) Nämlich der Benjamin, der mit Joseph eine und dieselbe Mutter hatte, und deshalb ganz besonders sein Bruder heißt.

8) Nach 1. Moses 37,21 u. 22 sagte dies Ruben.

9) Ähnlich übersetzten Wahl und Marrac. Sale aber: we shall be weak indeed.

10) Wahl übersetzt: die sie jetzt so wenig zu Herzen nehmen. Sale: and they shall not perceive thee to be Joseph. Augusti: und sie werden es nicht begreifen können.

11) Wörtlich: mit falschem, lügenhaftem.

12) Nach 1. Moses 37,24 war kein Wasser in der Grube des Joseph.

13) Einige nehmen das Wort: buschra für den Eigennamen desjenigen, der den Wasserschöpfenden begleitete, und es hieße also: O Boschra, hier ist ein Jüngling!

14) Nach einigen verleugneten die Brüder ihn als Bruder, um ihn als Sklave zu verkaufen. Nach anderen verheimlichten die, welche den Joseph gefunden, auf welche Weise sie zu demselben gekommen, um ihn usw.

15) Nämlich Potiphar 1. Moses 39,1.

16) Diese wird gewöhnlich Suleicha genannt. Einige nennen sie auch Rail.

17) Einige beziehen dies auf Gott, andere auf Potiphar.

18) Auch die Rabbiner erzählen, daß Joseph die Absicht gehabt, mit der Frau des Potiphar zu sündigen, wenn ihn nicht die Gestalt seines Vaters, welcher ihm erschienen, zurückgehalten hätte. Siehe Tr. Sotah fol. 36. b. Vgl. auch Geiger a.a.O. S. 142.

19) Nämlich Joseph, um zu entfliehen, und sie, um ihn zurückzuhalten.

20) D.h. ihrem Manne.

21) Dies soll ein Kind in der Wiege gewesen sein, welches Zeuge war der sündhaften Auffor-
derung. Ähnliches berichtet das Sepher Hajjascher Vgl. Geiger a.a.O. S. 143 u. 144.

22) D.h. wir sehen sie tief gesunken und gefallen. Augustis Übersetzung: wir wissen aber, daß
sie sich gewaltig betrogen hat, liegt nicht in den Worten des Originals.

23) Augusti übersetzt falsch: sie redete mit dem Joseph in ihrer Gegenwart.

24) Die alten lateinischen Übersetzer haben diese Stelle mißverstanden, indem sie das Wort:
akboruahn mit menstruatae sunt übersetzen, und dann sich veranlaßt finden, am Rande
zu bemerken: o foedum et obscoenum prophetam! Dies Zeitwort hat allerdings in der 4.
Konjugation auch diese Bedeutung, welche aber hier des angehängten pronom. suffix.
wegen nicht die richtige sein kann.

25) D.h. sie waren so durch die Betrachtung der Schönheit des Joseph bezaubert, daß sie es
nicht einmal merkten, daß sie, statt in die Speisen oder die Früchte, sich in die Hände
schnitten. Dies findet sich auch im Midr. Tanchumah zu 1. Moses 40 und im Sepher
Hajjascher. Vgl. Geiger a.a.O. S. 143. Wahls Erklärung ist höchst gezwungen.

26) Diese Anrede bezieht sich auf Gott.

27) D.h. dem Potiphar und seinen Freunden.

28) Nämlich dem Obermundschenk und der Oberbäcker.

29) D.i. der Mundschenk.

30) Alle Übersetzer übertragen das mudschsinun durch braven, oder gefälligen Menschen,
was aber nicht genügt, um sich deshalb, ohne weitere Veranlassung, von einem solchen
Traume deuten zu lassen. Darum ziehen wir unsere Übersetzung vor, da dies Wort auch:
fromm und gelehrt bedeutet. Vgl. Freytags Wörterbuch u.d.W.

31) D.h. der Satan verleitete den Joseph, sein Vertrauen nicht in Gott, sondern in einen Menschen zu setzen, und darum mußte er noch längere Zeit im Gefängnisse bleiben. Ähnlich
im Midrasch rabba 1. Moses Par. 89 und Midrasch Jalkut ibid. Kap. 147 Vgl. auch Geiger a.a.O. S. 146 u. 147. Alle Übersetzer haben daher unrecht, wenn sie übersetzen: Der
Satan ließ den Mundschenk vergessen, sich des Joseph bei seinem Herrn zu erinnern.
Doch hat Sale in der Note 6 auch das Richtige.

32) Nach 1. Moses 41,14 wurde Joseph vor der Deutung des Traumes aus dem Gefängnis
geholt.

33) D.h. Joseph wollte nicht eher das Gefängnis verlassen, als bis er öffentlich reingesprochen
worden, und Genugtuung erhalten.

34) D.i. entweder Gott oder Potiphar.

35) D.i. des Potiphar.

36) Wahl läßt dies alles noch die Frau des Potiphar sagen.

37) Nach 1. Moses 41,39 bietet Pharao ihm dieses Amt an.

38) Nämlich mit Getreide.

39) Den Benjamin.

40) Ebenso im Midrasch Rabba Par. 91 und Midrasch Jalkut Kap. 148. Vgl. auch Geiger
a.a.O. S. 148.

41) Nach 1. Moses 45,1 gibt sich Joseph allen seinen Brüdern, auch dem Benjamin, erst nach
der Geschichte mit dem Becher zu erkennen. Doch erzählt auch das Sepher Hajjacher, daß
Joseph sich dem Benjamin zuerst habe zu erkennen gegeben. Vgl. Geiger a.a.O. S. 149.

42) Nämlich der Herold und seine Begleiter.

43) Vgl. 1. Moses 44,7.

44) Nach 1. Moses 44,9 trugen sie auf den Tod des Diebes an, und nur der Herold milderte
diese Strafe, sagend, daß der Dieb allein als Sklave zurückbleibe. Die Worte V. 10: Es soll
dabei bleiben, wie ihr gesagt, der, bei dem der Becher gefunden wird, soll Sklave und ihr

– 456 –

frei sein, welche V. 9 widersprechen, werden dadurch klar, wenn sie, wie hier gesagt wird, hinzugefügt hatten, daß nach ihrem Haus- und Familienrechte die eigentliche Strafe eines Diebes sei, als Sklave verkauft zu werden.

45) Nach ägyptischen Gesetzen wurde ein Dieb gestäupt und mußte den doppelten Wert des Gestohlenen ersetzen.

46) D.h. indem die Brüder selbst den Dieb zur Sklaverei verurteilten.

47) Die Ausleger rätseln darüber, worin der Diebstahl des Joseph bestanden. Dieser Ausspruch ist offenbar eine Verfälschung der Worte des Midrasch Rabba Par. 92, wo es heißt: „Er ist ein Dieb und Sohn einer Diebin", was sich bezieht auf Rahels Entwendung der Götzenbilder ihres Vaters. 1. Moses 31,19. Vgl. auch Geiger a.a.O. S. 148.

48) Die eingeklammerten Worte stehen nicht im Originale.

49) D.h. blind, wie auch weiter unten erzählt wird.

50) Nämlich, daß Joseph noch lebt. Vgl. Midr. Tanchumah zu 1. Moses 44,27. Vgl. auch Geiger a.a.O. S. 148 u. 149.

51) Das Kleid oder Hemd, welches Joseph seinem Vater geschickt, soll er, als die Brüder ihn in die Grube warfen, vom Engel Gabriel erhalten, und dasselbe einen paradiesischen Geruch enthalten haben.

52) Nämlich einer der zurückgekommenen Söhne.

53) Josephs Mutter war schon längst tot, siehe 1. Moses 35,19, aber hier ist seine Pflegemutter Bilha gemeint, wie auch die Rabbiner sagen. Vgl. Raschi zu 1. Moses 37,10 und Geiger a.a.O. S. 150.

DREIZEHNTE SURE

1) So genannt, weil in einem Verse dieser Sure des Donners erwähnt wird.

2) Nach einigen Handschriften wurde diese Sure zu Medina geoffenbart.

2a) Alif, Lām, Mīm und Rā bedeuten hier: Ich bin Allah, der Allwissende, der Allsehende.

3) Nämlich männliches und weibliches, oder auch süßes und saueres, kleines und großes usw.

4) Wahl übersetzt: Und auf der Erde sind Landstriche von verschiedener Güte, so genau sie auch sonst aneinandergrenzen. Wir haben die Übersetzung Augustis vorgezogen.

5) Verwandt heißt, wenn mehrere aus einer Wurzel hervorwachsen. Einzeln stehende heißen nicht verwandt.

6) Nach einigen ist dies wörtlich zu verstehen, nach anderen als Bild der Hartnäckigkeit.

7) D.h. dem Mohammed.

8) D.h. Furcht, der Blitz könnte sie treffen, und Hoffnung, weil er erquickenden Regen verkündet.

9) Sale versteht unter freiwillig: die Gläubigen, und unter gezwungen: die Ungläubigen. Ich glaube aber, es heißt soviel als: sowohl die mit freiem Willen Begabten, als die, welche unwandelbaren Naturgesetzen notwendig folgen.

10) Dies ist eine Anspielung auf die verschiedene Länge des Schattens nach Verhältnis der Sonnenhöhe. Des Morgens und des Abends ist er am längsten, und er scheint dann, gleichsam wie zur Anbetung, auf dem Boden ausgestreckt zu liegen.

11) D.h. die Glaubenslehren mit den Lebenspflichten.

12) D.i. der Jüngste Tag.

13) Wörtlich: Edens Gärten. S. oben Sure 9, S. 126.

14) D.h. die Mekkaner.

– 457 –

15) Vgl. Mischnah Aboth 4,17 und Geiger a.a.O. S. 71.
16) Derartige Wunder verlangten die Mekkaner zu seiner Beglaubigung.
17) Einige nehmen diese Stelle als Anrede an Mohammed, nämlich so: und du, o Moham-med, lasse dich an ihren Wohnungen nieder, d.h. belagere Mekka, bis Gottes Verheißung in Erfüllung gegangen, d.h. bis du es eingenommen.
18) D.h. denkt ihr selbst nichts dabei, wenn ihr von Götzen redet?
19) Außerdem, daß man dem Mohammed vorhielt, er solle zu seiner Beglaubigung Wun-der verrichten, machten ihm die Juden noch besonders seine Sinnlichkeit und seine Begierden zum Vorwurfe, welche sich durch die Menge seiner Frauen und Kinder hin-länglich begründen ließen, was nach jüdischen Begriffen nicht mit dem Propheten-tume vereinbar ist. Vgl. Moshe Ben Maimon (Maimonides) „Sever Moreh Nebuchim II. 36." Diesem Vorwurfe sucht er hier zu begegnen.
20) Wörtlich: die Mutter des Buchs.

VIERZEHNTE SURE

1) So genannt, weil dieser Patriarch am Ende der Sure erwähnt wird.
2) Wörtlich: an die Tage Gottes.
3) D.h. Ihr folgtet nur den Begierden euerer Sinne, welche ich aufgeregt, die ihr aber hättet unterdrücken können und sollen.
4) Vgl. Psalm 1,3 u. 4.
5) Nämlich der Unglaube, der Götzendienst usw.
6) Nämlich dem mekkanischen Gebiete.
7) Als Abraham nämlich 1. Moses 21,14 die Hagar mit ihrem Sohne Ismael wegschickte, sollen diese sich bei Mekka niedergelassen haben.
8) D.h. der Jüngste Tag.
9) D.h. weder Tod, noch Strafe nach demselben.
10) D.i. der Aditen und Thamudäer.

FÜNFZEHNTE SURE

1) Al'Hidschr ist ein Tal zwischen Medina und Syrien, in welchem die Thamudäer gewohnt, dessen am Ende der Sure erwähnt wird. Daher diese auch so benannt.
2) D.h. entweder wenn sie den glücklichen Erfolg der Gläubigen sehen, oder wenn sie ster-ben, oder am Tage der Auferstehung.
3) Wörtlich: der nicht ein bekanntes Buch geworden wäre.
4) Die Mekkaner.
5) D.i. der Koran.
6) D.h. an Mohammed.
7) Darunter wird der Zodiakus verstanden.
8) D.i. verfluchten Satan. Siehe S. 46. Nach einer Sage hatten die bösen Geister die Erlaub-nis, in den Tierkreis zu steigen und die Geheimnisse des Himmels zu erhorchen und den Zauberern mitzuteilen. Seit Mohammed wurden sie aber durch Feuerflammen von dort vertrieben. Vielleicht erklärte man sich so die Sternschüsse, als seien diese zur Vertreibung und Steinigung des Satan. Vgl. auch Geiger a.a.O. S. 84.
9) Hierunter verstehen einige die Tiere, andere: Sklaven, Kinder und Frauen.

– 458 –

10) D.h. wenn nichts mehr da ist, so ist doch Gott noch da, und alles fällt ihm als Erbe heim. Diese Zusammenstellung, daß Gott im Besitz des Regens, der Nahrungsmittel, und Herr über Tod und Leben sei, hängt eng mit dem Ausspruch der Rabbiner Tr. Tanith Fol. 1 a zusammen. Vgl. auch oben S. 102.

11) D.i. der im Orient so häufige heiße, alles verzehrende Giftwind. Vgl. Geiger a.a.O. S. 83.

12) Vgl. oben S. 22 und Geiger a.a.O. S. 98-102.

13) Vgl. S. 166, Anm. 8

14) Vgl. eine ähnliche Unterredung zwischen Gott und dem Satan. Hiob 1 u. 2.

15) Vgl. Geiger a.a.O. S. 68.

16) Vgl. Sure 11 Seite 140 u. 1. Moses 18 u. 19.

17) D.h. zu den Einwohnern Sodoms.

18) Vgl. Geiger a.a.O. S. 132.

20) Diese wohnten in der Nähe von Midian. Nach Geiger a.a.O. S. 178, wo übrigens unsere Stelle übergangen ist, sind die Midianiter selbst darunter zu verstehen.

21) D.h. diese und Sodom.

22) Dies sind die Thamudäer. Vgl. Sure 7, S. 103.

23) Diese 7 Verse sind die erste Sure, welche als Hauptgebet der Muslime oft hergesagt werden müssen. So verstehen fast alle Ausleger diese Stelle. Eine ganz abweichende Erklärung hat Geiger a.a.O. S. 58 u. 59.

24) D.h. der Tod.

SECHZEHNTE SURE

1) So genannt, weil der Bienen in einem Verse dieser Sure gedacht wird.

2) Einige verstehen unter Geist den Engel Gabriel, andere die Offenbarung.

3) Als Mohammed die Auferstehung lehrte, da trat ein gewisser Obba Ibn Khalf mit einem abgestorbenen Fuße zu ihm, und fragte ihn, ob es Gott wohl möglich sei, diesem Beine wieder neues Leben zu geben? Er, Mohammed, erwiderte aber hier: Wenn es Gott möglich ist, aus nichts, aus Äther, einen Menschen zu schaffen, um wieviel mehr vermag er die Toten aus dem vorhandenen Stoffe wieder zu erwecken. Ganz ähnlich wird die Toten-Auferstehung bewiesen in Tr. Sanhedrin Fol. 91, a.

4) Nämlich die Wolle und das Fell zur Bekleidung.

5) Haus- und Reisetiere.

6) D.h. Fische.

7) D.h. Perlen und Korallen.

8) Die alten Araber hielten die Berge für Stützen und Säulen der Erde.

9) D.h. nach einigen: wer sie gebildet hat, und wann und wie sie gebildet worden, nach anderen: sie wissen nicht, wann sie und ihre Verehrer zum Gerichte auferweckt werden.

10) Dies bezieht sich wahrscheinlich auf den Turmbau 1. Moses 11,1-10. Vgl. auch Geiger a.a.O. S. 118.

11) D.h. die Götzen, die ihr mir zugesellt.

12) Siehe oben Sure 9, S. 126.

13) D.h. wenn der Götzendienst sündlich wäre, so würde ihn Gott ja nicht zulassen.

14) Siehe oben S. 40.

15) Vgl. Psalm 35,9.

16) Vgl. Sure 7 und Sure 12.

17) Wörtlich: die Erinnerung.

18) Siehe oben Sure 13, Seite 158, Anm. 10.
19) Die alten Araber hielten die Engel für Töchter Gottes. Sie selbst wünschten nur Söhne zu zeugen, denn die Geburt einer Tochter wurde als ein großes Unglück betrachtet, daher sie diese, gleich nach der Geburt, oft ums Leben brachten.
20) D.h. Töchter.
21) Die Ausleger sagen: die gröberen Teile der Nahrung gehen in Unrat, die feineren in Milch und die feinsten in Blut über.
22) Nämlich da der Wein verboten, so dienen die Trauben zur Speise und Nahrung.
23) Nämlich der Honig.
24) So heißt es wörtlich, was nach einigen so viel als: von euerer Ration, heißt. Andere denken hier an Eva, welche aus der Rippe des Adam erschaffen wurde.
25) Wörtlich: machet kein Bild von Gott, wie 2. Moses 20,4.
26) D.h. die Götzen sind den Sklaven gleich, die nichts besitzen, ja selbst im Besitze anderer sind. Gott aber dem freien Manne, der von seinem Vermögen freigiebig anderen mitteilt.
27) D.h. die Auferweckung der Toten.
28) Nämlich Bäume, Berge usw.
29) Nämlich die Höhlen und Grotten.
30) Im Original steht zwar: „vor der Hitze", was aber nach Jallaledin statt des Gegenteils: vor der Kälte, steht.
31) D.h. vom Islam.
32) D.h. wir sind keine Götter, auch habt ihr in Wahrheit nicht uns, sondern nur eueren Leidenschaften gedient.
33) Die Ausleger erzählen von einer Frau, namens Reita Bint Saad Ibn Teym, die, der Penelope gleich, des Nachts auftrennte, was sie des Tages gewebt. Auf solche leichtsinnige Weise nun, sagt Mohammed, soll man mit seinen Eiden nicht spielen.
34) D.h. daß alle sich nur zu einer und derselben Religion bekennen würden.
35) D.h. alle irdischen Güter und Vorteile sind vergänglich, und nur das wahrhaft Göttliche ist ewig bleibend.
36) Wörtlich: gesteinigten. S. oben S. 46. Mohammed soll einst beim Vorlesen des Korans eine schreckliche Gotteslästerung entfallen sein, welches er mit der Eingebung des Satans entschuldigte. Daher auch die Muslime vor dem Lesen des Korans beten: Ich nehme meine Zuflucht zu Gott, mich vor dem gesteinigten Satan zu schützen.
38) D.h. der Engel Gabriel, vgl. S. 25.
39) Hieraus wie noch aus anderen Stellen erhellt, daß schon Mohammeds Zeitgenossen den Verdacht hegten und aussprachen, Mohammed habe durch Hilfe anderer, und namentlich eines gelehrten Rabbiners Abdallah Ibn Salam den Koran erdacht und niedergeschrieben, welchen Verdacht Mohammed hier abzuweisen sucht. Vgl. auch Geiger a.a.O. S. 39.
40) Diese Stadt ist Mekka.
41) Nämlich er, Mohammed selbst, zu den Mekkanern.
42) S. S. 31.
43) Nämlich in der 6. Sure, S. 95.
44) Mohammed, der im Gegensatze zu den Juden und Christen den Freitag als wöchentlichen Ruhetag bestimmt, will auch dafür das höchste Altertum in Anspruch nehmen, und sagt, daß dieser Tag ursprünglich zum Ruhetag eingesetzt worden. Nur habe Moses den Juden nachgegeben, welche hierüber mit ihm stritten und den Samstag als solchen forderten. Dennoch behielt der Samstag den Namen sabatun gleich Sabbat, d.h. Ruhetag. Vgl. Geiger a.a.O. S. 54.
45) D.h. du, o Mohammed, ertrage mit Geduld und Nachsicht ihre Widersetzlichkeit.

SIEBZEHNTE SURE

1) So genannt, nach dem Anfange dieser Sure, wo er erzählt, daß er in einer gewissen Nacht, welche daher bei den Muslimen lailatu almi'rādschi, Nacht der Auffahrt, genannt wird, von Gott, durch den Engel Gabriel, nach Jerusalem im Fluge durch die Luft gebracht ward. Hierüber ausführlich die allgemeine Einleitung. Nach einigen Handschriften ist diese Sure mit: „Die Kinder Israels" überschrieben, weil am Anfange und Ende der Sure dieser gedacht wird.

2) Das erste Verbrechen soll nach den Auslegern sein: die Vernachlässigung des Gesetzes und die Ermordung des Jesajas und die Gefangennehmung des Jeremias. Das zweite: die Tötung des Zacharias und Johannes des Täufers und die vermeintliche Hinrichtung Jesu.

3) Nach einigen ist Goliath und sein Heer, nach anderen Sanherib oder Nebukadnezar hierunter zu verstehen.

4) D.h. entweder durch David, welcher den Goliath erschlug, oder durch das unglückliche Ende, welches das Heer Sanheribs genommen. Vgl. Jesaja 37,36.

5) Nach einigen soll sich dieses auf die Perser, nach anderen auf Antiochus Epiphanes, nach anderen, was wahrscheinlicher, auf die Römer, welche die Juden verfolgten, beziehen. Auch in Tr. Gittin Fol. 57, b, findet sich, daß wegen der Ermordung des Zacharias die Juden große Drangsale zu erleiden hatten.

6) Einem jeden Menschen haben wir seinen Vogel an den Hals gebunden, so heißt's wörtlich. Das Bild entstand daher, weil den Alten der Vogelflug als bedeutungsvoll für das menschliche Geschick betrachtet wurde.

7) Vgl. Mischnah Aboth Kap. 3,20. Das Musaf-Gebet der Israeliten am Neujahrsfeste sagt dasselbe.

8) Wörtlich: Neige ihnen die Fittiche der Demut zu.

9) D.h. wenn du selbst nichts hast und für dich selbst die Gnade und Barmherzigkeit Gottes in Anspruch nehmen mußt, dann usw.

10) So heißt's wörtlich. Der Sinn ist: sei weder geizig noch zu freigiebig, denn ersteres führt zur Schande, letzteres an den Bettelstab.

11) S. Sure 6, S. 96.

12) Über den Bluträcher vgl. auch 5. Moses 19.

13) Siehe Sure 4, S. 58-59.

14) Vgl. 5. Moses 25,13-16.

15) D.h. falschen, vorgefaßten Meinungen.

16) Vgl. Sure 16, S. 172, Anm. 19.

17) Auch die Rabbiner lehren, daß es sieben Himmel gebe. Tr. Chagiga Fol. 9, b. Vgl. Geiger a.a.O. S. 65 u. 66.

18) Dies soll den Vorwurf abweisen, welchen die Koraischiten dem Mohammed machten, indem sie sagten: Wenn Gott einen Gesandten schicken wollte, so würde er wohl nicht einen von niedriger Herkunft abstammenden Menschen wie Mohammed, als solchen sich auserwählen.

19) D.h. die Engel und Propheten.

20) Hier sucht er, die allgemein gemachte Forderung, zu seiner Beglaubigung doch Wunder zu tun, auf bekannte Weise abzuweisen.

21) Vgl. 7. Sure, S. 103.

22) Unter Gesicht ist die Vision auf der Nachtreise, nach welcher diese Sure benannt ist, und unter dem verfluchten Baume der Höllenbaum zu verstehen, der in Sure 37 erwähnt wird und sadscharatu azzaqūm heißt, und dessen Früchte den Verdammten zur Nahrung dienen. Auch die Rabbiner reden von einem Höllenbaume. Vgl. Geiger a.a.O. S. 68.

– 461 –

23) Vgl. Sure 2, S. 22 und Sure 7, S. 99.

24) Wörtlich: Stürme auf sie ein mit deiner Reiterei und mit deinem Fußvolke.

25) Vgl. 4. Sure, S. 63. Das Wort fatilūn bedeutet Faden, und nicht Haar, wie Wahl und Sale übertragen.

26) Die Kommentatoren erzählen, daß der Stamm Thakif, im Tale Tayef, mehrere Privilegien und einige Dispensionen von Mohammed forderte als Bedingung der Annahme des Islam, mit dem Hinzufügen, daß er ja, den Gläubigen gegenüber, diese Nachgiebigkeit durch eine vorgebliche, ausdrücklich deshalb ihm gewordene Offenbarung Gottes beschönigen könne.

27) Die Ausleger erzählen, daß die Juden zu Mohammed gesagt, als Prophet müsse er Medina verlassen und sich nach Syrien begeben, da der Prophetismus nur in Palästina möglich sei. Vgl. Geiger a.a.O. S. 12, der diesen Grundsatz des Judentums, ohne Quelle nachzuweisen, hinstellt. Siehe übrigens Midrasch Jalkut zu Ezechiel und Jonas am Anfang.

28) Im Originale steht zwar: Lies beim Anbruche des Tages, denn das Lesen bei Tagesanbruch wird bezeugt. Einige verstehen: das Lesen des Korans, andere: die Verrichtung des Gebetes darunter, welches von den Engeln mit Wohlgefallen aufgenommen und bezeugt werden soll. Mir scheint hier eine Anspielung auf das Morgengebet der Engel zu liegen, welches Tr. Cholin fol. 91 b erwähnt wird.

29) Auch Tr. Brachoth fol. 4 a wird das Beten zur Mitternacht als ein Werk großer Frömmigkeit betrachtet.

30) Diese hohe Stufe soll sein: das ehrenvolle Amt eines Vermittlers und Fürsprechers für die übrigen Menschen.

31) Nach einigen soll dies so viel heißen als: meinen Ausgang aus dieser Welt und meinen Eingang in jene. Vgl. 4. Moses 23,10 u. 5. Moses 28,6. Da aber der Betende Mohammed ist, so ist die Erklärung wahrscheinlicher, welche das Gebet auf einen glücklichen Auszug aus Mekka und den glücklichen Einzug in Medina bezieht, vgl. Tr. Brachoth fol. 54 a.

32) Nämlich beim Einzug in Mekka.

33) D.h. der Götzendienst.

34) D.h. entweder über die Seele des Menschen, oder nach einigen: über den Engel Gabriel. Vgl. Geiger a.a.O. S. 82.

35) Einige übersetzen: Der Geist gehört zu den Dingen, die nur Gott allein bekannt sind.

36) Siehe oben Sure 7, S. 107.

37) D.h. nach und nach geoffenbart.

38) D.h. Juden und Christen.

39) Viele glaubten, daß Mohammed unter allah und arrahmanun Gott und Barmherziger zwei verschiedene Wesen göttlich verehre, was er hier widerlegt.

40) Vgl. Tr. Brachoth fol. 31 a und Geiger a.a.O. S. 89.

41) Dies gegen die Christen.

ACHTZEHNTE SURE

1) So genannt, weil in dieser Sure die Höhle erwähnt wird, in welcher die Siebenschläfer ruhten.

2) Unter den Bewohnern der Höhle werden jene sieben christlichen Jünglinge aus Ephesus verstanden, welche nach der Legende, sich vor den Verfolgungen des Kaisers Decius in eine Höhle flüchteten und dort sieben Jahre in einem fort verschliefen. Was ist aber unter Al-Rakim zu verstehen? Die Ausleger wissen es auch nicht, und darum lassen wir auch die-

– 462 –

ses Wort unübersetzt. Nach einigen ist es der Name des Tales oder Berges, wo die Höhle gelegen. Nach anderen ist es der Name des Hundes, welchen die Jünglinge bei sich hatten. Wieder andere glauben: es sei eine bleierne Tafel, welche über dem Eingange der Höhle gestanden und die Namen der Jünglinge enthalten habe. Andere beziehen es auf eine, von den Siebenschläfern verschiedene Begebenheit. Vgl. Freytag Wörterbuch u.d.W.

3) Wörtlich: Wir schlugen sie auf die Ohren.

4) Nämlich die Schläfer und die übrigen Menschen.

5) Vgl. Freytag Wörterbuch u.d.W. schatatun.

6) D.h. damit die Hitze sie nicht belästige, mußte die Sonne einen anderen Weg nehmen.

7) Weil sie mit offenen Augen schliefen.

8) Damit das beständige Liegen auf einer Seite sie nicht schmerze.

9) Diesem Hund geben die Muslime sogar Anteil am Paradiese.

10) Auch Tr. Tanith fol. 23 a. wird von einem Frommen erzählt, daß er 70 Jahre lang ununterbrochen geschlafen.

11) Nach den Auslegern war dies Tarsus, nach der Legende aber Ephesus.

12) D.h. die Auferstehung. Dieser lange Schlaf und diese Wiedererweckung soll, als Bild des Todes und der Auferstehung, diese versinnlichen.

13) Als der Jüngling mit seinem Gelde in die Stadt kam, so wird erzählt, da staunten die Leute über das alte Gepräge desselben und glaubten, er müsse einen Schatz gefunden haben, und führten ihn zum Fürsten. Diesem erzählte er die Wahrheit, worauf derselbe einige Männer mit zur Höhle schickte, um sich von der Wahrheit zu überzeugen. Als diese Leute mit den Jünglingen gesprochen hatten, fielen diese wieder in Schlaf, und zwar in den Todesschlaf. Nun stritt man darüber, ob sie wirklich tot seien, oder nur schliefen? Ob man daher ein Haus oder einen Tempel über ihnen errichten solle? Endlich entschied man, daß sie wirklich tot seien, worauf der Fürst sie begraben und eine Kapelle über ihnen errichten ließ.

14) Um diesen Satz mit dem vorhergehenden in Zusammenhang zu bringen, erzählen die Ausleger: Mohammed, von Juden und Christen über die Geschichte der Siebenschläfer befragt, habe geantwortet: Er wolle ihnen morgen die Sache mitteilen. Da ihm aber keine Offenbarung inzwischen geworden, konnte er erst später Wort halten. Daher die Lehre: nie mit Bestimmtheit ohne Hinzufügung „So Gott will" etwas zu versprechen. Diese Lehre des Mohammed wird von den Türken streng befolgt. Auch bei den Juden ist diese Formel alter und allgemeiner Brauch.

15) Nach der Legende flüchteten sie sich unter Decius, und erwachten unter Theodosius, was hiermit nicht übereinstimmt.

16) Sale übersetzt: do you make him to see and to hear. Marrac.: fac videre in eo, et fac audire. Wahl: Sieh und höre du einmal mit ihm?

17) Wörtlich: sein Angesicht. Das arab. wadschhun hat die Bedeutung Angesicht, und daher auch Zorn und Gnade, vom Gesichte ab- und zuwenden.

18) D.h. schäme dich nicht der Armen, ihrer Armut wegen, und ehre nicht die Vornehmen ihrer Schätze wegen.

19) Dies ist Omeya Ibn Chalf, der von Mohammed verlangte, daß er seine dürftigen und niedrigen Anhänger entlasse.

20) Vgl. Sure 9, S. 126.

21) Obgleich die beiden folgenden Personen nur als Bild dienen sollen, und daher nicht wirklich existiert zu haben brauchen, so machen doch die Ausleger zwei Zeitgenossen des Mohammed namhaft, welche er hier gemeint haben soll.

22) Nämlich zu seinem Nächsten, den er mit sich zieht, um ihn durch den Anblick seines reichen Besitzes zu demütigen.

23) Das Wort husbān bedeutet Strafe, kurzer Pfeil, Blitz, Hagel, Heuschrecken. Vgl. Freytag Wörterb. u.d.W. Wir haben letzteres gewählt.
24) Nämlich die Menge seiner Kinder oder Sklaven, deren er sich gerühmt.
25) Vgl. Jesaja 2,12 u. 40,4. u. 5.
26) D.h. der Teufel.
27) Zu den Götzendienern.
28) D.h. wir machen zwischen ihnen und den Götzen eine Scheidewand.
29) Zu Josua, dem Sohne des Run.
30) Um den Leser nicht mit den Fabeln der Ausleger über diese Fabel zu langweilen, lassen wir alle geographischen Bemerkungen über die beiden Meere und über die Reise des Moses überhaupt weg, da auch die Kommentatoren sich darüber nicht einigen können, bemerken aber, daß das hier von Moses und seinem Diener und dem Diener Gottes, den die Ausleger Pinehas nennen und der, nach den Rabbinern, mit dem Propheten Elias identisch ist, Gesagte von den Rabbinern, dem Josua Ben Levi und Elias nacherzählt wird. Vgl. Zung: „Die gottesdienstlichen Vorträge der Juden", Berlin 1832. Seite 130, und Geiger a.a.O. 171 u. 191.
31) Welchen sie zur Zehrung mitgenommen.
32) D.i. der erwähnte Pinehas, oder Elias.
33) Nach den Auslegern: Antiochien
34) Dulkarnain, arab. dulkarninun (Kyros), der Zweihörnige, soll, nach vielen, Alexander der Große, nach einigen aber ein anderer, zur Zeit Abrahams lebender Alexander sein. Das Prädikat: Zweihörnig ist wahrscheinlich aus Daniel, Cap. 8 entlehnt, und ist Bild der Kraft und Stärke. Die abenteuerlichen Reisen Alexanders des Großen finden sich auch bei den Rabbinern, von welchen sie Mohammed entnommen und nach seiner Weise entstellt haben mag. Siehe nur Tr. Tanith fol. 32, und in mehreren Midraschen.
35) Auch bei dieser fabelhaften Reise lassen wir alle geographischen Bemerkungen, die doch zu keinem Resultate führen, weg.
36) D.h. die weder Kleider noch Häuser hatten.
37) Jadschudsch und Madschudsch, welche hier zwei Völker ausmachen, sind identisch mit Gog, dem Fürsten von Magog in der Bibel, Ezech. 38 u. 39. Bei den Rabbinern werden Gog und Magog als zwei verschiedene Fürsten, und der Krieg mit denselben als Zeichen der Ankunft des Messias betrachtet. Vgl. Geiger a.a.O. S. 74. Siehe auch Tr. Sabbat fol. 118, a.
38) Oder auch: der Erde gleichmachen.
39) Über das Wort: firdausun vgl. Freytag Wörterbuch u.d.W., und Geiger a.a.O. S. 48.

NEUNZEHNTE SURE

1) So genannt, weil in dieser Sure von Maria, der Mutter Jesu, erzählt wird.
2) KHIAZ, Kāf, Hā, Yā, 'Ain Sād, stehen für Allwissender, Warhaftiger! Du genügst, bist der Führer.
3) Siehe Sure 3, S. 46.
4) Den Namen Johannes führten auch schon früher mehrere. Vgl. 2. Könige 25,23. 1. Chronik 3,16. Esra 8,12. Jerem. 40,8. Vgl. auch Geiger a.a.O. Seite 26.
5) Wörtlich: drei Nächte.
6) D.h. die Thora in der ernstlichen Absicht und mit dem festen Vorsatze, ihre Vorschriften zu erfüllen.

– 464 –

7) D.h. nach einem östlichen Gemache im Tempel, wahrscheinlich um zu beten.
8) Wahl übersetzt: und den Schleier abgelegt.
9) D.i. der Engel Gabriel.
10) Nach einigen: der Engel Gabriel, nach anderen: das Kind selbst.
11) Wörtlich: Erheitere dein Auge.
12) D.h. Ich will mich daher auch des überflüssigen Redens enthalten.
13) Um von Mohammed den Anachronismus, als glaube er, diese Maria sei die Schwester des Moses und Aaron, zu entfernen, bieten die Ausleger alle möglichen Vermutungen auf. Vgl. Geiger a.a.O. S. 173.
14) Über Jesus.
15) Siehe Sure 15, S. 166, Anm. 10.
16) Vgl. Sure 6, S. 90.
17) Vgl. 2. Moses 4,15 u. 16.
18) Edris soll der Henoch der Bibel sein. Siehe 1. Moses 5,21-25 und Geiger a.a.O. S. 105 u. 106.
19) Vgl. über rai Freytag Wörterbuch u.d.W.
20) Sale übersetzt: as an object of faith, Marrac.: in absentia.
21) Dieser Mensch soll der am Anfange der 16. Sure, Anm. 3 genannte Obba Ibn Khalf sein.
22) D.h. auch der Frommste muß beim Eingang des Paradieses der Hölle nahe kommen.
23) Ein gewisser Al'az Ibn Wail war einem, namens Khabab, Geld schuldig. Als dieser es forderte, wollte jener das Geld so lange verweigern, bis Khabab dem Islam abschwöre, worauf dieser sagte, daß er weder im Leben, noch im Tode abtrünnig würde. Hierauf sagte nun Al'az: So will ich denn mit der Zahlung warten, bis du wieder auferstanden bist, dann werde ich genug Vermögen und Kinder haben, um dich befriedigen zu können.
24) D.h. in dieser Welt möge er nach seinem Wunsche Reichtümer und Kinder haben.
25) D.h. die Christen.
26) D.h. dadurch, daß wir ihn in arabischer Sprache geoffenbart haben.

ZWANZIGSTE SURE

1) Diese Sure hat zur Überschrift die zwei einzelnen Buchstaben tä hä, über deren Bedeutung die Ausleger mancherlei träumen. Wir führen daher nur die eine an, nach welcher täh (vgl. auch Freytag Wörterbuch u.d.W.) Ausrufungswort ist, Tah! Wie St! Stille gebietend.
2) Vgl. die vorhergehende Note.
3) D.h. dich durch Fasten, Wachen und sonstige Anstrengungen für die Verbreitung des Islams schwach und elend zu machen.
4) Vgl. Sure 7, S. 111.
5) Vgl. 2. Moses 3.
6) Die Ausleger erzählen, Moses habe von seinem Schwiegervater die Erlaubnis erhalten, seine Väter in Ägypten zu besuchen. Auf der Reise nun habe er den rechten Weg verloren und diese Erscheinung gehabt.
7) Vgl. Sure 7, S. 106.
8) So wörtlich. Der Sinn ist: Stärke mich.
9) Vgl. 2. Moses 4,10. Der Ausleger Dschelaleddin bei Marrac., Seite 447, erzählt die Veranlassung, wodurch Moses die Fähigkeit, geläufig zu reden, verloren, wie sie sich im Midr. Jalkuth zu 2. Moses 166, und auch in Schalscheleth Hakabalah, pag. 5, b, edit. Amsterd. findet.
10) Vgl. 2. Moses 4,15.16. Im Originale steht das Wort: Wazir, woraus das bekannte Wesir.

– 465 –

11) Wörtlich: Stärke meine Lenden.
12) Über das Wort: talbût vgl. Geiger a.a.O. S. 44 u. 45.
13) Vgl. 2. Moses 2.
14) Die Ausleger erzählen, daß man mehrere ägyptische Ammen geholt, an welchen aber das Kind Moses nicht saugen wollte, was auch die Rabbiner erzählen. Vgl. Tr. Sotah, fol. 12, h. und Midr. Jalkut zu 2. Moses 166. Vgl. auch Geiger a.a.O. S. 157.
15) Wörtlich: ihr Auge.
16) Vgl. 2. Moses 5,2.
17) Marrac. Übersetzt: quae ergo fuit mens generationum priorum in colendis idolis?
18) Der Midrasch Tanchumah zu Moses 7 teilt ein ähnliches Gespräch zwischen Pharao und Moses mit.
19) Sale übersetzt: for he shall not prosper who deviseth lies.
21) Vgl. Sure 9, S. 126.
22) Die Ausleger erzählen, daß sich das Meer in zwölf Wege für die zwölf Stämme geteilt habe, was sich auch bei Pirke R. Elieser Kap. 42 findet.
23) Nämlich um euch die Thora zu offenbaren.
24) Vgl. 2. Moses 16.
25) D.h. durch Unmäßigkeit, Undankbarkeit und Übermut usw.
26) Als Moses nämlich mit den 70 Ältesten den Berg bestieg, um das Gesetz zu empfangen, soll er diesen vorausgeeilt sein und sie weit hinter sich gelassen haben.
27) Nach einigen soll der Al Samir ein Samariter, nach anderen Aaron sein, weil Aaron während der Entfernung Moses die Aufsicht über das Volk hatte, und welcher das goldene Kalb gemacht. Wahrscheinlicher ist Geigers Vermutung, daß Al Samir aus Samael entstanden ist, der bei der Verfertigung des Kalbes behilflich gewesen sein soll. Vgl. Geiger a.a.O. S. 160 u. 167.
28) Nämlich die Thora und das Gesetz euch geben zu wollen.
29) Wahl übersetzt: Ist euch die Zeit der Erfüllung zu lang geworden?
30) Wörtlich: eine Last.
32) D.h. warum hast du sie nicht verlassen, und bist zu mir auf den Berg gekommen, mir das Vorgefallene anzuzeigen?
33) Hierunter soll der Engel Gabriel verstanden sein. Derselbe soll oft mit Moses verkehrt haben, bei welcher Gelegenheit Al Samir den Staub seiner Fußtritte, welcher belebende Kraft gehabt, genommen und ins Feuer geworfen habe, wodurch das lebendige Kalb entstand.
34) Nach den Auslegern: weil mit ansteckenden Krankheiten behaftet. Vgl. übrigens auch Sale zur Stelle, S. 160, Note f. und Geiger a.a.O. S. 167.
35) Vgl. 2. Moses 32,20.
36) D.i. der Koran.
37) Das Wort zurqan kann auch „blind" oder „mit grauen Augen" heißen.
38) D.h. entweder im Leben oder im Grabe.
39) D.h. Nicht einmal zehn Tage, wie ihr glaubt, habt ihr verweilt.
40) Darunter wird die Formel verstanden: Es gibt keinen Gott außer Gott, und Mohammed ist sein Prophet.
41) So heißt diese Stelle wörtlich, deren Sinn ist: Dem Engel Gabriel, der ihm den Koran stellenweise geoffenbart, nicht in die Rede zu fallen, und auch den Koran nicht mitzuteilen, als bis er durch weitere Erklärung ihm selbst klargeworden usw.
42) Nämlich nicht vom Lebensbaume und dem Baume der Erkenntnis zu essen. Vgl. 1. Moses 3.
43) Vgl. oben Sure 2, S. 22, und Sure 7, S. 99.

44) Während 1. Moses 3,4 die Schlange verführt, von dem Baume der Erkenntnis zu essen, läßt Mohammed hier den Lebensbaum Gegenstand der Verführung sein. Vgl. Geiger a.a.O. S. 102.

45) Vgl. Sure 7, S. 99-100, und 1. Moses 3,7.

46) Vgl. Sure 2, S. 22.

47) Nämlich ihnen noch eine Zeitlang nachzusehen.

EINUNDZWANZIGSTE SURE

1) So genannt, weil viele Propheten in dieser Sure erwähnt werden.

2) Namentlich die Mekkaner.

3) D.i. der Koran.

4) Wörtlich: die Besitzer der Ermahnung, nämlich die Juden und Christen. Ahlu addikri ist hier so viel wie ahlu alkitābi:

5) Die eingeklammerten Worte stehen nicht im Original.

6) D.h.: Warum eilet ihr so, euere Verhältnisse zu verlassen, da diese doch euerer Gegenwart bedürfen?

7) Sondern damit man unsere Allmacht, Allgüte und Allweisheit usw. in der Schöpfung erkenne und uns verehre.

8) D.h. nicht zu unserer Unterhaltung haben wir die Schöpfung hervorgerufen, denn wir bedürfen einer solchen nicht.

9) D.h. die vielen entgegengesetzten selbständigen Kräfte und Ursachen müßten ja alle Wirkungen aufheben.

10) D.h. sie wagen es nicht, etwas zu sagen, bis er gesprochen.

11) Vgl. Sure 16, S. 170, Anm. 8.

12) Nämlich die Berge.

13) Über das Wort: furqān vgl. S. 22, Anm. 12.

14) D.h. der Koran.

16) Über die jüdischen Quellen dieser Geschichte vgl. Geiger a.a.O. S. 122-124. Ferner Schalscheleth Hakabalah S. 2, und Maimon, „de idol." Kap. 1.

17) Wörtlich: Sie neigten sich nach ihren Köpfen.

18) Diese, aus dem Verse 1. Moses 11,28 entstandene Sage findet sich auch bei den Rabbinern, welche den Nimrod als Verfolger Abrahams bezeichnen. Vgl. Raschi und Targum Jonathan zu obigem Verse und zu 1. Moses 15,7. Über weitere Verfolgungen des Abraham siehe Tr. Baba Bathra, fol. 91 a. Pirke R. Elieser, Kap. 26. und Maimon „Doctor perplex". III, 29.

19) Vgl. Geiger a.a.O. S. 126.

20) D.i. Palästina.

21) Vgl. Geiger a.a.O. S. 138.

23) Vgl. Sure 7, S. 104, und Sure 11.

24) Inhalt und Quelle dieser Sage ist uns unbekannt. Vgl. Geiger a.a.O. S. 183.

25) Vgl. Geiger a.a.O., und Wahl zu dieser Stelle.

26) Nämlich David. Vgl. Geiger a.a.O.

27) D.h. der Wind trug ihn auf seinem Throne, wohin er, Salomo, wollte.

28) Über die jüdische Quelle dieser Sage vgl. Geiger a.a.O. S. 185.

29) D.h. die Teufel, damit sie kein Unheil stiften.

30) Vgl. Hiob 42,12-16.

– 467 –

31) Über diesen Edris siehe Sure 19, Anm. 18.
32) Wer dieser Dulkefel, arabisch dulkifli sein soll, darüber sind die Ausleger uneinig. Einige halten ihn für Elias oder Josua oder Zacharias, andere für einen Sohn des Hiob. Geiger a.a.O. S. 195 hält ihn, der Etymologie nach, gleichbedeutend mit Obadiah Könige 18,14. oder mit Ezechiel.
33) Dulnun, arabisch dulnūni ist Jonas, der Fischbewohner. Vgl. Jonas C. 1 und 2.
34) D.h. im Bauche des Fisches.
35) Vgl. Sure 37.
36) D.i. die Jungfrau Maria.
37) D.h. die islamische.
38) D.h. die Juden und Christen, welche sich in Sekten zersplitterten.
39) Wir übersetzen hier harāmun mit „Bann".
40) Vgl. Sure 18, Anm. 37.
41) Nach einigen Lesarten heißt es: und die Menschen aus ihren Gräbern hervoreilen.
42) D.h. ihr Mekkaner.
43) Vgl. die Parallelstelle Jesaja 34,4. Daher wir auch das Wort: sidschil nicht für Eigennamen eines Engels, sondern als: Schrift, Buch, Pergamentrolle nehmen. Vgl. auch Freytag Wörterbuch u.d.W.
44) Wörtlich: nach der Ermahnung.
45) Vgl. Psalm 37,29.
46) Wir übersetzen diese Stelle nach Wahl, weil der Zusammenhang, wenn auch nicht die Worte, diese Übersetzung fordert.

ZWEIUNDZWANZIGSTE SURE

1) So überschrieben, weil in dieser Sure einige bei der Wallfahrt nach Mekka übliche Gebräuche erwähnt werden.
2) Dieser Mensch soll ein gewisser Nodar Ibn al Hareth gewesen sein. Er behauptet: die Engel seien Töchter Gottes, und der Koran enthalte nur alte Mähren und Fabeln, und er leugnete die Auferstehung.
3) Vgl. Sure 96.
4) Vgl. Sure 7.
5) Hierunter soll Abu Jahl, ein vornehmer Koraischite, aber geschworener Feind des Mohammed gemeint sein. Sein wahrer Name war Amru Ibn Haschem, aus dem Stamme Machsum. Er blieb in der Schlacht bei Badr. Vgl. Sure 8.
6) Dies Bild ist von der Stellung eines Kriegers am äußersten Punkte der Schlachtordnung entlehnt, der je nach dem Kriegsglücke auf seinem Posten bleibt, oder die Flucht ergreift.
7) D.h. sie kehren wieder zu ihrem früheren Götzendienste zurück.
8) D.h. dem Mohammed.
9) Wörtlich: bis an den Himmel.
10) D.h. den Muslimen.
11) Weil sie Gott die gebührende Ehrfurcht und Verehrung nicht bezeigen.
12) D.h. die Gläubigen und Ungläubigen.
13) D.h. nach dem Worte Gottes.
14) Nämlich der Ka'ba zu Mekka.
15) Diese Vorteile sind teils die Handelsgeschäfte, welche während der Wallfahrt gemacht werden, teils das frohe Bewußtsein, seiner religiösen Pflicht genug getan zu haben.

– 468 –

16) Nämlich die zehn ersten Tage des Monats Dulhadscha.
17) Vgl. Freytag Wörterbuch u.d.W. tafafa, nämlich: sie sollen jetzt ihr Haupt scheren, den Bart abnehmen usw. Vgl. auch Sure 2.
18) D.i. die Ka'ba zu Mekka. Vgl. Sure 3.
19) Vgl. Sure 5.
20) D.h. in betreff Gottes.
21) D.h. zum Schlachten, wobei die Tiere an dem linken Vorderfuß festgebunden wurden und nur auf drei Füßen stehen durften. Vgl. Freytag Wörterbuch u.d.W. sâfa.
23) D.h. zu ihm kehrt einst alles zurück.
24) Vgl. Psalm 90,4, und Geiger a.a.O. Seite 78.
25) D.h. die den Koran zu vernichten suchen.
26) Die Ausleger erzählen, daß bei Vorlesung der 53. Sure zwischen Vers 18 und 23, wo von drei weiblichen Gottheiten die Rede ist, Mohammed die Worte entfahren seien: Dies sind die erhabensten und schönsten Jungfrauen, deren Vermittlung wohl zu erwarten ist. Der Engel Gabriel soll aber diese Unanständigkeit gleich verbessert haben, welche hier als Eingebung des Satans bezeichnet wird. Vgl. auch Sure 16.
27) D.i. der Jüngste Tag.
28) So wörtlich, d.h. ins Paradies.
29) D.h. wer sich an den Ungläubigen nicht mehr und nicht weniger rächet, als sie ihm unrecht getan usw.
30) Nämlich am Jüngsten Tage.
31) D.h. laß dich in keine Religionszänkereien ein, lade sie nur zur wahren Religion ein, und damit genug.
32) D.i. der Koran.
33) Nämlich von den Opfern.
34) D.h. was sie getan haben und was sie noch tun werden.

DREIUNDZWANZIGSTE SURE

1) So genannt, weil diese Sure von dem Glück der Gläubigen spricht und dies Wort auch das vierte vom Anfang derselben ist.
2) D.h. beim Gebete. Vgl. auch Prediger 5,1 und Geiger a.a.O. Seite 88.
3) D.h. im Mutterleibe.
4) Nämlich einen Menschen, der aus Leib und Seele besteht.
5) Wörtlich: sieben Wege, vgl. auch Geiger a.a.O. Seite 66.
6) D.i. nach den Auslegern der Olivenbaum.
7) Das Vieh, welches hier besonders gemeint, ist das Kamel, das bei den Arabern auch das Landschiff heißt, weil es sicher durch die Wüste, das Sandmeer, trägt.
8) Vgl. Sure 11.
9) So wörtlich, und soll wahrscheinlich heißen so viel als: Zwei, nämlich ein Männchen und ein Weibchen, die zusammen ein Paar bilden.
10) Dies soll ein Sohn des Noah gewesen sein, vgl. Sure 11.
11) Nämlich den Stamm Ad oder Thamud.
12) Nämlich den Propheten Hud oder Saleh.
13) Wörtlich heißt es: Wir sterben und leben.
14) Als die Sodomiter und Midianiter usw.
15) Wörtlich: zum Gegenstand des Erzählens.

– 469 –

16) Die Ausleger sagen, dieser Ort sei entweder Jerusalem, oder Damaskus, oder Palästina, oder Ägypten. Vielleicht auch, daß der Berg gemeint ist, auf welchem, nach Mohammed, Maria niedergekommen. Vgl. Sure 19.
17) Vgl. Sure 21.
18) D.h. bis zu ihrem Tod.
19) Hierunter ist entweder die Schlacht bei Badr, wo mehrere vornehme Koraischiten ihr Leben ließen, oder eine große Hungersnot zu Mekka zu verstehen.
20) Nach Wahls Meinung wirft Mohammed seinen Zeitgenossen hier ihre Liebe zu abendlichen Märchenerzählungen vor, welche sie der Anhörung seines Korans weit vorzogen.
21) Vgl. Sure 21.
22) D.h. den Koran.
23) Nämlich von der Hungersnot.
24) Mit besagter Hungersnot.
25) D.i. die Niederlage bei Badr.
26) Vgl. Sure 17.
27) D.h. so lasse dessen Strafe an mir vorübergehen und mich nicht mittreffen.
28) D.h. vergib ihnen das Böse, das sie dir zufügen, und tue ihnen Gutes dafür.
29) Es kann auch heißen: damit ich usw. in der Welt, die ich nun verlasse.
30) Nämlich das Grab. Vgl. Freytag Wörterbuch u.d.W. barzadsch.
31) D.h. ihr verursachet dadurch, daß sie euch nicht mehr zum Guten ermahnten.
32) Nämlich die Höllenbewohner.
33) D.h. die Engel.

VIERUNDZWANZIGSTE SURE

1) So genannt, weil in dieser Sure Gott und seine Offenbarung unter dem Bilde des Lichtes vorgestellt wird.
2) Nach der Sunna wird diese Strafe nur bei Nichtfreien angewendet. Freigeborene aber werden gesteinigt. Dieselbe Strafe findet bei Ehebrechern statt.
3) D.h. sie mögen bei der Bestrafung gegenwärtig sein.
4) Vgl. Sure 4.
5) Man vgl. hiermit 4. Moses 5,11-31. Mohammed scheint die dort enthaltenen Gesetze gekannt zu haben.
6) Die eingeklammerten Worte stehen nicht im Texte, müssen aber hinzugedacht werden.
7) Zum Verständnis dieser und der folgenden Stelle diene in aller Kürze nachstehendes: Ajischa, die dritte und liebste Frau des Mohammed, die ihn bei dem Feldzuge gegen den Stamm Mozdalek im fünften Jahre der Hidschra begleitete, kam in der Nacht vom Wege ab. Safan Ibn Al'moattel, einer der vornehmsten Heerführer, blieb zufällig auch zurück und fand des Morgens die Ajischa schlafend. Als diese jenes gewahr wurde, warf sie den Schleier übers Gesicht. Safan, ohne weiter ein Gespräch mit ihr anzuknüpfen, ließ sie sein Kamel besteigen und brachte sie zurück. Durch diesen Vorfall suchten Mohammeds Feinde, namentlich ein gewisser Abdhalla Ibn Obba, ihre Jugend zu verdächtigen, was dem Mohammed großen Kummer verursachte. Zu seiner Beruhigung und zum Troste der Ajischa und ihres Vaters Abu Bakr und des Safan wurden nun diese Verse geoffenbart welche diese Verleumdung als eine Prüfung und zur Erhöhung ihres Seelenheils beitragend darstellt.

– 470 –

8) Ungefähr vier Personen erhielten jeder achtzig Peitschenhiebe.
9) Nämlich Abdhalla Ibn Obba, der zur Strafe nicht Muslime werden durfte, sondern als Ungläubiger sterben mußte.
10) D.h. die erwähnte Verleumdung.
11) Vgl. Anm. 6.
12) Diese Worte sind gegen Abu Bakr, Vater der Ajischa, gerichtet, der sich vorgenommen hatte, dem Mestah, seinem Neffen, der an obiger Verleumdung teilgenommen, nichts mehr geben zu wollen.
13) D.h. Frauen, die durch freieres Benehmen und ungezwungenere Haltung zu falscher Beschuldigung Veranlassung geben.
14) Vgl. Tr. Tanith fol. 11, a, und Geiger a.a.O. Seite 74.
15) Nämlich im zukünftigen Leben.
16) Wörtlich: Dies ist besser für euch, damit ihr eingedenk seid.
17) D.h. solche Häuser, die nicht Privaten angehören, sondern zu allgemeinen Zwecken bestimmt sind, als: Herbergen, Gasthöfe, Läden.
18) Wörtlich: vor ihren Schamteilen.
19) D.h. ihren nackten Körper.
20) Nämlich ihren Stiefsöhnen.
21) D.h. Kammerfrauen, Gespielinnen, Ammen usw.
22) Nämlich Verschnittene oder alte Leute.
23) D.h. entweder ihren nackten Körper, oder auch allerlei Zierrat, welchen die orientalischen Frauen an den Knien usw. zu tragen pflegten. Schon Jesajas 3,16 wirft den israelitischen Frauen ihren buhlerischen und verführerischen Gang vor, wodurch sie jenen verborgenen Schmuck bemerkbar zu machen suchten.
24) Vgl. 5. Moses 15,12-15.
25) Der erst erwähnte Abdhalla Ibn Obba soll seine Sklavinnen gezwungen haben, sich als öffentliche Dirnen gebrauchen zu lassen und eine gewisse Summe ihm dafür zu entrichten, wogegen diese Stelle eifert.
26) Nämlich die oben angeführte Verleumdung der Ajischa, welche mit der des Joseph und der Maria Ähnlichkeit hat.
27) Dies sind namentlich die Tempel zu Mekka, Medina und Jerusalem.
28) D.h. der Jüngste Tag.
29) Das arab. Wort saráb bedeutet den in den Sandwüsten zur Mittagszeit aufsteigenden Wasserschein, der die nach Wasser lechzenden reifenden Menschen und Tiere oft schrecklich täuscht. Vgl. auch Freytag Wörterb. u.d.W.
30) Die Kommentatoren verstehen unter Wasser hier den Samentropfen. Vielleicht auch ist diese Behauptung Mohammeds durch 1. Moses 1,20-21 entstanden. Vgl. auch Tr. Cholin fol. 27, a.
31) Diese Stelle und die in Sure 4 sollen sich auf zwei Streitsachen beziehen, in welchen sich die Parteien lieber der Entscheidung eines Juden, als der des Mohammed unterwerfen wollten.
32) D.h. in den Kampf für Gott und seine Religion.
33) Nämlich die Israeliten den heidnischen kanaanitischen Völkern.
34) D.i. die Zeit, wo man aus dem Bett kommt.
35) Nämlich um der, dem Orientalen notwendigen, Mittagsruhe zu pflegen.
36) Wo man sich auskleidet, um zu Bett zu gehen, und es für unanständig gehalten wird, sich vor Kindern und Sklaven unbedeckt sehen zu lassen.
37) D.h. die schon längst das männliche Alter erreicht haben. Wahl übersetzt gerade umge-

– 471 –

kehrt: so, wie andere darum bitten müssen, die noch vor ihnen sind, ihre mannbaren Jahre noch nicht erreicht haben.

38) Nämlich ihre Obergewänder.

39) D.h. ihren bloßen Körper.

40) Das Essen in einem fremden Hause oder in Gesellschaft, namentlich aber mit Blinden, Lahmen oder Kranken, wurde für verunreinigend gehalten. Gegen diesen Aberglauben spricht Mohammed hier. In eueren Häusern, heißt hier so viel als: mit euerer Familie oder mit eueren Frauen, oder auch soviel als: in den Häusern euerer Söhne, welche ihr als die eurigen betrachtet.

41) D.h. die euch anvertraut worden sind.

42) Wörtlich: Dann grüßt euch selbst.

43) Nämlich dafür, daß sie die zeitlichen Vorteile den ewigen vorziehen.

44) D.h. durch Elend in dieser Welt.

45) D.h. in jenem Leben.

FÜNFUNDZWANZIGSTE SURE

1) Über dieses Wort siehe Sure 2. Al'Furkan heißt hier: die Erlösung, womit die Offenbarung, welche von dem sündlichen Leben erlöst, bezeichnet wird. Dieses Wort kommt in dem ersten Verse dieser Sure vor, daher sie so benannt ist. Wahls Erklärung ist gänzlich verfehlt.

2) Wörtlich: alfurqān den Furkan, die Erlösung.

3) Vgl. Sure 16. Namentlich beschuldigte man die Juden, daß sie geholfen hätten, den Koran zu schmieden. Vgl. auch Geiger a.a.O. S. 39.

4) Nämlich Mohammed.

5) D.h. er ist ja nur ein Mensch.

6) Vgl. Sure 17.

7) Nämlich als das, was sie zu deiner Beglaubigung von dir wünschen.

8) Nämlich seiner Bewohner.

9) Vgl. 5. Moses 32,15.

10) Indem wir nämlich Gelegenheit geben zu Neid und Bosheit usw. So ist der Reiche und Gesunde ein Gegenstand des Neids für den Armen und Kranken usw.

11) D.i. entweder ihr Sterbetag, oder der Tag der Auferstehung.

12) Nämlich mit dem Buche, in welchem die Handlungen der Menschen aufgezeichnet sind.

13) Diese, wenn auch ganz allgemein gehaltene, dennoch sehr klare Stelle beziehen die Kommentatoren auf einen besonderen Fall, und erzählen eine Geschichte von einem gewissen Okba und einem Obba, das wir übergehen. Das arab. Wort fulān, welches ich bei Freytag nicht gefunden, kann hier soviel heißen, wie „Der und Jener".

14) Sowie, nach der Ansicht der Araber, die Thora und das Evangelium auf einmal offenbart wurden, während die Offenbarung des ganzen Korans dreiundzwanzig Jahre Zeit brauchte.

15) D.h. wir haben den Koran deshalb teilweise geoffenbart, damit du ihn besser verstehen und behalten kannst, denn Mohammed konnte nicht wie Moses und Jesus schreiben und lesen. Er mußte sich daher ganz auf sein Gedächtnis verlassen.

16) Wo und was Raß ist, darüber sind die Ausleger uneinig. Nach einigen ist dies der Name eines Brunnen in Midian, zu dessen Bewohnern der Prophet Schoaib gesandt wurde. Vgl. Geiger a.a.O. S. 178.

– 472 –

17) D.i. Sodom.
18) Wir sehen mit Geiger a.a.O. S. 193 hier eine Anspielung auf 2. Könige 20,9-12, daher wir auch die Stelle nach ihm übersetzen.
19) Vgl. Sure 7.
20) D.h. und hätten dich nicht bemüht, der Prediger der ganzen Welt zu sein.
21) D.h. das frische Quellwasser und das gesalzene Meerwasser.
22) D.h. entweder das Wasser, welches mit dem Lehm, woraus Adam entstand, vermischt wurde, oder Wasser heißt hier soviel als Samen. Vgl. Sure 24.
23) D.h. sich zum Islam bekehre. Es kann auch heißen: als den, der freiwillig zur Förderung der Religion Gottes gespendet wird.
24) Vgl. Sure 17.
25) D.i. der Zodiakus. Vgl. Sure 15.
26) Die Sonne.
27) D.h. Götzendiener.
28) Friede heißt hier soviel als: jede weitere Unterhaltung abbrechen.
29) Vgl. Sure 17.

SECHSUNDZWANZIGSTE SURE

1) So genannt, weil am Ende der Sure die arabischen Dichter getadelt werden.
2) Nach einigen sind die fünf letzten Verse dieser Sure zu Medina geoffenbart worden.
3) Die arabischen Buchstaben Tā, Sīn und Mīm, die zu Anfang dieser Sure stehen, sind stellvertretend für: der Reinigende, der Erhörende, der Erhabene!
4) D.i. der Koran.
5) Vgl. 2. Moses 4,10 u. 13.
6) Nämlich die Ermordung eines Ägypters. Vgl. 2. Moses 2,12.
7) Vgl. 2. Moses 2,10. Vgl. auch Schalscheleth Hakabalah, S. 5, b.
8) Nämlich den erwähnten Mord. Vgl. Geiger a.a.O. S. 159.
9) Vgl. Geiger a.a.O. S. 157.
10) Vgl. Sure 7.
11) Vgl. Sure 7.
12) Vgl. Sure 20.
13) Vgl. 2. Moses 7,12. Dort ist von Stricken nichts erwähnt. Vgl. auch Sure 20.
14) Vgl. Geiger a.a.O. S. 160.
15) Vgl. Sure 5.
16) D.h. die Israeliten.
17) Wörtlich: und gaben es den Kindern Israels zum Erbe. Nach einigen sollen die Kinder Israels nach dem Untergange der Ägypter nach Ägypten zurückgekehrt sein und ihre Schätze in Besitz genommen haben, nach anderen soll bloß angedeutet sein, daß die Kinder Israels eben solches, nämlich im Lande Kanaan, erben werden. Vgl. übrigens auch Midr. Jalkut Kap. 208 zu 2. Moses 12.
18) Vgl. Sure 20 und 2. Moses 14,22.
19) D.h. die Ägypter.
20) Wörtlich heißt's: Gib mir eine Zunge der Wahrheit. Derselbe Ausdruck findet sich auch in der 19. Sure, woselbst wir ihn übersetzten: die erhabenste Sprache der Wahrhaftigkeit.
21) D.i. das Paradies.
22) Vgl. Sure 9 und Sure 14.

23) Vgl. Sure 21.
24) Nämlich in der Geschichte des Abraham.
25) D.h. ihre Gesinnung, ob sie aufrichtig oder nur irdischer Vorteile wegen sich zu meiner Lehre bekennen, das ist mir unbekannt.
26) Vgl. Sure 11.
27) D.h. Götzendienst zu treiben. Vgl. Geiger a.a.O. S. 115.
28) D.h. entweder ewig darin wohnet, oder euch einen ewigen Namen machet. Dies bezieht sich auf den Turmbau 1. Moses 11,1-10. Vgl. Geiger a.a.O. S. 114.
29) Vgl. Sure 7.
30) Der Sage nach soll diese Kamelin alles Wasser in dem Brunnen an einem Tage gänzlich ausgetrunken haben. Daher Saleh hier verordnet, daß an einem Tage die Kamelin und am anderen Tage die Thamudäer trinken mögen.
31) Sale übersetzt: But they slew her. Ebenso Wahl: sie töteten die Kamelin.
33) D.i. die Frau des Lot.
34) Vgl. Sure 7 und Sure 15. Da hier Schoaib nicht als ihr Bruder bezeichnet wird, so scheint es, daß die Waldbewohner nur in der Nähe der Midianiter gewohnt haben, aber nicht mit denselben zu identifizieren sind.
35) Der Sage nach plagte sie Gott mit einer siebentägigen furchtbaren Hitze. Dann ließ er eine finstere Wolke über ihnen aufsteigen, unter deren Schatten sie Schutz suchen wollten, dort aber durch einen glühenden Feuerwind verzehrt wurden.
36) D.i. der Engel Gabriel.
37) D.h. im Alten und Neuen Testament.
38) D.h. nicht nur dir, weil du, Mohammed, ihr Landsmann, bist, sondern auch einem Fremden hätten sie den Glauben versagt.
39) Vgl. Sure 15.
40) D.h. den Koraischiten.
41) Wörtlich: Neige deine Flügel.
42) D.h. ob und wie du ihnen die Art und Weise des Gebetes lehrest.
43) D.h. was sie von den Engeln gehört haben.
44) D.h. wie sie sich ohne Maß ihrer schwärmerischen Phantasie und Einbildungskraft ganz hingeben.
45) D.h. mit der Feder. Bei dem großen Ansehen, in welchem die Dichter bei den Arabern standen, war es nötig, daß Mohammed sich ihrer Unterstützung bediente und ihre Feder in Anspruch nehmen mußte. Auch werden mehrere Dichter wirklich namhaft gemacht, die für ihn und seine neue Lehre schrieben.

SIEBENUNDZWANZIGSTE SURE

1) So genannt wegen der Fabel, welche von der Ameise in dieser Sure erzählt wird.
2) Vgl. Sure 26, Anm. 3. Tā und Sīn stehen für: der Reinigende, der Erhörende.
3) Vgl. Sure 20.
4) D.h. Gott und die Engel und Moses selbst.
5) Dies bezieht sich wahrscheinlich auf den Mord, den Moses an dem Ägypter begangen.
6) Vgl. Sure 7.
7) Nämlich der Erbe seines Thrones, seiner Weisheit und seiner Prophetengabe.
8) Wahrscheinlich entstanden durch 1. Könige 5,13. Vgl. Geiger a.a.O. S. 185.
9) Nämlich Dschinnen. Die Sage von der Herrschaft des Salomon über die Geisterwelt ent-

stand durch Prediger 2,8. Vgl. Geiger a.a.O. S. 185. Ferner Midrasch Jalkut Kap. 182 zu 1. Könige 6 und Tr. Gitin, fol. 68.

10) Einige versetzen dieses Tal, welches seinen Beinamen wahrscheinlich von der Menge der Ameisen, die man daselbst findet, erhalten hat, nach Syrien, andere nach Tayef.

11) Diese Sage von den Ameisen ist wahrscheinlich entstanden durch Sprüche. Salomon 6,6.

12) Die Araber nennen diese Königin Balkis. Diese Sage, welche auch im zweiten Targum zum Buche Esther erzählt wird, ist entstanden durch 1. Könige 10,1-10. Vgl. auch Geiger a.a.O. S. 185-188.

13) D.h. von deinem Richterstuhl.

14) D.h. in einem Nu. Dieser Schriftgelehrte soll Asaf, der Sohn des Barachia, Salomos Vezir, gewesen sein und dieses Kunststück vermittelst des unaussprechlichen allerheiligsten Namens ausgeführt haben.

15) D.h. er bedarf des Dankes nicht.

16) D.h. ob Gott mit ihr ist oder nicht.

17) Der Text ist hier unbestimmt. Wir nehmen aber mit den meisten Erklärern die folgende Stelle als Worte des Salomon.

18) Oder auch: in diesen Saal.

19) Die Erzählungen, welche die Kommentatoren, durch den Text veranlaßt, auf diese Geschichte gründen und erzählen, übergehen wir.

20) Es wird erzählt, daß sie den Saleh und seine Leute in einem engen Felswege anfielen, diese sich jedoch retteten, die Angreifer aber durch herabfallende Felsenstücke schändlich das Leben einbüßten.

21) Vgl. Sure 25.

22) Vgl. Sure 7.

23) Dieses Tier, welches Al'dschesaset, oder der Spion heißt, soll eine Anzeige des Jüngsten Tages sein.

24) Wir übersetzen nicht nach der Lesart taklimuhum, sondern nach tukalimuhum. Erstere würde zu übersetzen sein: welches sie verwunden und sagen wird.

25) Wörtlich: um zu sehen.

26) D.i. das Gebiet um Mekka.

27) Nämlich: die glücklichen Erfolge in den Kriegen gegen die Ungläubigen.

ACHTUNDZWANZIGSTE SURE

1) Diese Sure hat ihre Überschrift von dem 26. Verse derselben erhalten, wo es heißt, daß Moses die Geschichte seiner Begebenheiten dem Schoaib erzählt habe.

2) Vgl. Sure 26.

3) D.h. die Israeliten.

4) Vgl. Sure 26.

5) Hier wird der zur Zeit des Ahasverus lebende, judenfeindlich gesinnte Haman als Ratgeber und Helfershelfer des Pharao genannt, bei den Rabbinern aber Korach, Jethro und Bileam. Vgl. Geiger a.a.O. S. 156 und Midrasch Jalkut K. 1 § 162 und K. 2 § 168 zu 2. Moses und Tr. Sotah fol. 11, a.

6) Die Rabbiner erzählen, daß der Pharao zu seiner Grausamkeit gegen die israelitischen Knaben durch einen Traum veranlaßt wurde, in welchem er gesehen, daß er durch einen Israeliten untergehen werde. Vgl. Midrasch Jalkut a.a.O. § 164, und Pirke R. Elieser Cap. 48. Vgl. auch Geiger a.a.O.

7) Die Ausleger erzählen, daß die Hebamme den Moses deshalb nicht getötet, sondern der Mutter gelassen habe, weil sie bei der Geburt desselben ein Licht zwischen den Augen des Kindes gesehen. Ähnliches findet sich auch Midrasch Jalkut a.a.O. § 166, und Tr. Sotah fol. 12, a.

8) Nach 2. Moses 2,5-10 hat die Tochter des Pharaos den Moses vom Tode errettet. Die Frau des Pharaos heißt bei den Auslegern wahrscheinlich aus Verwechslung wie die Tochter des Pharaos heißt. Vgl. 1. Chronik 4,18, und Geiger a.a.O. S. 157.

9) Vgl. 2. Moses 2,4.

10) Vgl. Sure 20.

11) Wörtlich: ihrer Augen.

12) D.h. zur Mittagszeit, wo man der Mittagsruhe pflegte, oder nach anderen: gegen Abend.

13) D.h. einer war Israelit, der andere ein Ägypter. Vgl. 2. Moses 2,10-16.

14) D.h. den Ägypter. Nach 2. Moses 2,13 u. 14 geben zwei streitende Israeliten die Veranlassung zu dem folgenden.

15) Vgl. 2. Moses 2,15.

16) Vgl. 2. Moses 2,16 u. 17. Indessen ist dort nicht von zweien, sondern von sieben Mädchen die Rede. Vgl. Geiger a.a.O. S. 158.

17) Dies war die Zifura oder Zippora, welche Moses später zur Frau nahm.

18) Vgl. 2. Moses 2,18-22.

19) Nämlich: Schoaib oder Jethro, wie er in der Bibel genannt wird.

20) Von einem derartigen Vertrage zwischen Moses und Jethro weiß die Bibel nichts. Mohammed scheint der Vertrag zwischen Laban und Jakob 1. Moses 29,15-39 vorgeschwebt zu haben.

21) Nach den Auslegern hat er die längere Zeit, nämlich zehn Jahre, gedient.

22) Nach der Bibel, 2. Moses 3, wird Moses erst durch die Erscheinung im Dornbusche veranlaßt, nach Ägypten zu gehen, während er hier schon früher diesen Entschluß gefaßt hat. Vgl. auch Geiger a.a.O. S. 158.

23) Vgl. Sure 20.

24) Wörtlich: deine Flügel.

25) Vgl. Sure 7.

27) Wodurch sich die Wahrheit des Erzählten von Mund zu Mund fortpflanzen konnte.

28) D.h. den Arabern.

29) D.h. dem Mohammed.

30) Nämlich Moses und Mohammed.

31) D.h. den Koran.

32) Nämlich die Juden und Christen, welche zum Islam sich bekehrt haben.

33) D.h. bevor wir noch von demselben etwas wußten, da ja unsere frühere Offenbarung auf diese hinweist und mit ihr übereinstimmt.

34) Weil sie an ihre eigenen Schriften und auch an den Koran glauben.

35) Vgl. Sure 25.

36) Dieser Einwurf wurde von Al'Hareth Ibn Othmann Ibn Nawfal Ibn Add Menaf gemacht. Er sagte zu Mohammed: die Koraischiten würden sich gern öffentlich zum Islam bekennen, wenn sie nicht die Übermacht der übrigen Araber fürchteten.

37) Nämlich das heilige Gebiet Mekkas.

38) Vgl. Sure 10.

39) Wörtlich: die Rechenschaft wird sich ihnen verdunkeln.

40) D.h. durch Fleiß und Arbeitsamkeit eure Bedürfnisse zu erlangen suchet.

41) Nämlich die Propheten eines jeden Volkes.

42) Karun ist der Korach der Bibel 4. Moses 16 u. 17. Von dessen großem Reichtum erzählen auch die Rabbiner. Vgl. Midrasch Jalkut § 972 zu Prediger 5,12, u. Tr. Psachim, fol.
119 a. Über seinen Streit mit Moses, dessen auch in der 33. Sure gedacht sein soll, was
aber Wahl richtig auf 4. Moses 12,1 zurückführt, sind die Ausleger uneinig. Nach einigen
hatte er den Moses des Ehebruchs beschuldigt, was sich auch bei den Rabbinern findet.
Vgl. Tr. Sanhedrin, fol. 110 a. Nach anderen soll er ihm den Tod des Aaron Schuld gegeben haben. Eine Parallelstelle findet sich Midrasch Jalkut § 764 zu 4. Moses 20,29, und
im Midrasch Tanchumah zu dieser Stelle. Vgl. auch Geiger a.a.O. S. 168-171.
43) Das Wort bedeutet im Arabischen eigentlich eine Anzahl Personen zwischen zehn und
vierzig.
44) Nach einigen war er nach Moses und Aaron der gelehrteste Mann in Israel. Nach anderen war er Alchimist. Wieder andere sagen: er habe die Schätze Josephs in Ägypten
gefunden, was auch die Rabbiner sagen.
45) Vgl. 4. Sure.
46) Dieser Vers soll dem Mohammed auf seiner Flucht von Mekka nach Medina, bei seiner
Ankunft zu Schoffa, zu seinem Troste geoffenbart worden sein.
47) D.i. der Koran.

NEUNUNDZWANZIGSTE SURE

1) So genannt, weil der Spinne in der Mitte dieser Sure Erwähnung geschieht.
2) Vgl. Sure 2.
3) Diese und die folgende Stelle soll den Ungläubigen ihre Ungeduld über die erlittenen
Unfälle verweisen und diese als Prüfungen darstellen. Namentlich sollen die unmäßigen
Klagen der Hinterlassenen des in der Schlacht bei Badr gebliebenen Mahja, eines Sklaven
des Omar, Veranlassung dazu gegeben haben.
4) D.h. am Jüngsten Tage.
5) Ähnliches findet sich Tr. Jebamoth, fol. 5 b. und Midrasch Jalkut § 604 zu 3. Moses 19,3.
Vgl. auch Geiger a.a.O. S. 86.
6) D.h. auch die Sünden der durch sie Verführten.
7) Mohammed läßt hier den Noah zur Zeit der Sintflut 950 Jahre alt sein, während dies
nach 1. Moses 9,29 seine ganze Lebensdauer ist. Vgl. auch Geiger a.a.O. S. 111.
8) Dieses und das folgende spricht noch immer Abraham. Vgl. Geiger a.a.O. S. 126 u. 127.
9) D.h. alle Gewächse jedes Jahr von neuem, was der Auferstehung zum Beweise dienen soll.
10) Vgl. Psalm 139,7.
11) Vgl. Sure 21.
12) Vgl. Geiger a.a.O. Seite 126.
13) Vgl. Geiger a.a.O. S. 138 u. 139.
14) Wahl übersetzt nach Marrac.: Scheucht ihr nicht alle züchtigen Leute von euch weg? Sale:
and lay wait in the highways.
15) Nämlich die Engel. Vgl. Sure 11.
16) Vgl. Sure 11.
17) Nämlich die Spuren der Zerstörung sind an der eigentümlichen Beschaffenheit des
Bodens jener Gegend noch heute sichtbar.
18) Vgl. Sure 7.
19) Vgl. die vorhergehende Sure.
20) Nämlich wider Sodom und Gomorrha.

21) Nämlich Ad und Thamud.
22) Nämlich Karun.
23) Nämlich die Zeitgenossen des Noah und des Pharaos und sein Heer.
24) D.h. der Koran.
25) D.h. Juden und Christen.
26) Vgl. Geiger a.a.O. Seite 21.
27) Seine bekannte frühere Unwissenheit soll die Göttlichkeit seines Korans beweisen.
28) Vgl. Sure 6.
29) D.h. wenn man euch der Religion wegen an einem Orte nicht dulden will, so wählet und suchet einen anderen auf der großen, weiten Erde.
30) D.h. falsche Götter.

DREISSIGSTE SURE

1) So genannt nach dem Anfang der Sure. Unter Römer wird das griechisch-römische Reich, dessen Hauptstadt Konstantinopel war, verstanden.
2) Die Griechen oder Römer sollen um das Jahr 615 nach Chr. Geb., also sechs Jahre vor der Hidschra, durch die Perser geschlagen worden sein. Mohammed prophezeit nun, daß die Perser binnen kurzem auch wieder von den Römern besiegt werden, was auch wirklich im 4. Jahre der Hidschra, im Jahre 625 nach Chr. Geb., eintraf. Daher die Muslime auf diese Weissagung sehr stolz sind.
3) Oder: sie gruben die Erde auf, d.h. um die darin verborgenen Schätze zu suchen.
4) Wörtlich: wenn ihr Mittagsruhe haltet.
5) Auch bei den Rabbinern findet sich die Auferstehung durch das Bild des Regens, der die tote Erde neu belebt, veranschaulicht. Vgl. Geiger a.a.O. S. 80. Vgl. auch Sure 6.
6) Nämlich aus Adams Rippe. Vgl. 1. Moses 2,21 u. 22.
7) Wahl und Sale haben hier eine andere Leseart gehabt. Vgl. Marrac., Seite 541.
8) D.h. zur Mittagszeit.
9) D.h. in Furcht, er möchte sie treffen, und in Hoffnung, daß er ihnen erquickenden Regen bringe.
10) D.h.: Nur in den erhabensten Bildern darf von ihm gesprochen werden.
11) Vgl. Sure 16.
12) D.h. die Religion, welche Gott eingesetzt, ist auf ewige Zeiten verbindlich.
13) Vgl. Sure 2.
14) D.h. sein Wohlgefallen.
15) Vgl. Psalm 15,5.
16) Nämlich Pest, Hagel, Stürme, Schiffbruch usw.
17) So heißt's wörtlich.
18) D.i. der Regen. Vgl. Sure 7.
19) D.h. Reichtümer durch den Handelsverkehr.
20) Wörtlich: die Fußstapfen.
21) D.h. durch den Wassermangel und den Giftwind wird die Saat gelb und dürre und unbrauchbar.
22) D.h. entweder in der Welt oder im Grabe. Vgl. auch Sure 23.
23) D.h. entweder wie es im Buche des göttlichen Ratschlusses, oder wie es im Koran aufgezeichnet ist. Vgl. Sure 23.

EINUNDDREISSIGSTE SURE

1) So genannt, weil in dieser Sure von dem weisen Lokmann (arab. Luqmān) die Rede ist, Wer dieser Lokmann gewesen, ob der bekannte Fabeldichter, oder wer sonst, darüber sind die Ausleger uneinig.

2) Vgl. Sure 23. Dieser Mensch hier soll ein gewisser Nodar Ibn Al'Hareth gewesen sein, der sich lange in Persien aufgehalten und von dort manche Erzählungen, namentlich die von Rustem und Islander, mitgebracht und sie seinen Landsleuten, den Koraischiten, vorgelesen hatte. Diese fanden mehr Geschmack an diesen Erzählungen als an den im Koran enthaltenen, daher denn dieser Nodar dem Mohammed höchst unwillkommen sein und von ihm bekämpft werden mußte, was denn auch hier geschieht.

3) Vgl. Sure 16. Nach Golius in append. ad Erpenii Gram. S. 187 ist diese Stelle eine Nachahmung von Psalm 104,5.

4) Dieser Sohn wird bald Anam, bald Eschkam, auch bald Mathan genannt.

5) Wörtlich: mit Arbeit über Arbeit.

6) Bei Mohammed ist es, wie bei den Rabbinern, vgl. Tr. Kethuboth fol. 60 a, Religionsvorschrift, daß die Mütter ihre Kinder zwei Jahre lang säugen sollen. Vgl. auch Sure 2, Seite 26, und Geiger a.a.O. S. 90.

7) Dies soll sich auf Abu Bakr beziehen, auf dessen Zureden Sad Ibn Abi Wakaz sich bekehrte.

8) Diese zwei Verse, von den Worten: Auch haben wir dem Menschen usw. an, bis: und ich werde euch dann anzeigen, was ihr getan, sind Worte des Mohammed und nicht des Lokmann an seinen Sohn. Dieser störende Zwischensatz paßt weit eher in die 29. Sure. Wahl versetzt diese Stelle ohne weiteres und weist ihr hinter den Worten des Lokmann ihren Platz an.

9) Unter äußerlich sind die Bedürfnisse des Körpers und unter innerlich die des Geistes zu verstehen.

10) Eine ganz ähnliche Stelle befindet sich im Talmud, wenn ich nicht irre, in Tr. Sabbat. Vgl. auch Sure 18.

11) D.i. der Satan.

12) Vgl. Tr. Taanith fol. 1 a.

ZWEIUNDDREISSIGSTE SURE

1) So genannt, weil in der Mitte dieser Sure vom Anbeten der Gläubigen gesprochen wird.

2) Vgl. Sure 28.

3) Vgl. Sure 22. Vgl. auch Sure 70.

4) Vgl. Sure 7 und Sure 11.

5) Wörtlich: Freude ihrer Augen.

6) D.h. daß die Thora göttliche Offenbarung ist.

7) Wörtlich: Führer.

8) Die Mekkaner kamen auf ihren Handelsreisen oft an den Orten vorbei, wo früher die Aditen, Thamudäer, Midianiter usw. gewohnt hatten.

9) D.i. der Tag des Gerichts.

DREIUNDDREISSIGSTE SURE

1) So genannt, weil in dieser Sure erwähnt wird, daß mehrere sich gegen Mohammed verschworen hatten. Ein Teil dieser Sure wurde bei Gelegenheit des sogenannten Krieges des Grabens offenbart. Dieser fiel vor im fünften Jahre der Hidschra, als Medina über zwanzig Tage lang von mehreren vereinigten jüdischen Stämmen und von den Mekkanern und den Einwohnern von Nadsched und Thama, auf Anstiften des jüdischen Stammes Nadir, den Mohammed ein Jahr vorher vertrieben hatte, belagert wurde.

2) Nach einigen wurde diese Sure zu Mekka geoffenbart.

3) Zum Verständnisse dieser Stelle diene folgendes: Sitte der Araber war es, wenn sie sich von einer Frau scheiden, diese aber dennoch im Hause behalten wollten, daß sie dies taten mit der Erklärung: Sei mir von nun an wie der Rücken meiner Mutter. Wodurch sie für den Mann und alle übrigen Verwandten in allen Beziehungen wirklich in das Verhältnis einer Mutter trat. Ferner wurden Adoptivsöhne wie natürliche Söhne betrachtet und die Hindernisse bei Verheiratung, welche letzteren durch Verhältnisse der Verwandtschaft im Wege standen, galten auch für erstere. Beide Sitten will Mohammed hier aufheben, und zwar mit der Bemerkung: daß der Mensch ja keine zwei Herzen habe, d.h. eingebildete Verwandte ja nicht wie wirkliche lieben könne. Die zweite Sitte hob Mohammed deshalb auf, weil er selbst die Frau seines freigelassenen Sklaven Seid, den er als Sohn adoptiert hatte, geheiratet, was er der Sitte gemäß nicht gedurft hätte.

4) Nämlich wenn es Findlinge oder Kriegsgefangene sind.

5) D.h. was ihr früher irrtümlich getan, ist keine Sünde, wohl aber was ihr jetzt, nach dieser Offenbarung, in dieser Beziehung tut.

6) D.h. durch seine Lehren meint er es weit besser mit ihnen, als sie es selbst gegen sich meinen können. Daher sie ihm auch kindliche Liebe erweisen und seine Frauen als ihre Mütter betrachten sollen. Daher durften auch seine von ihm geschiedenen Frauen und seine hinterlassenen Witwen nicht wieder heiraten.

7) Diese Stelle ist durchaus nicht in Widerspruch mit Sure 8 zufolge unserer Übersetzung dort.

8) D.h. im Koran, oder nach anderen: im Pentateuch.

9) Dieses Bündnis mit den Propheten soll, nach den Kommentatoren, wie auch nach den Rabbinern, schon in dem Bündnisse mit Moses am Sinai enthalten sein. Vgl. auch Sure 3.

10) D.h. er wird sie einst zur Rechenschaft ziehen, und je nachdem sie das Bündnis treu hielten oder treulos verletzten, sie belohnen oder bestrafen.

11) Als die Koraischiten mit den Ghatfaniten, in Verbindung mit den Juden von Nadhir und Koreidha, mit 12.000 Mann Medina belagerten, da zog Mohammed, nachdem er auf den Rat des Persers Seymar einen Graben um Medina gezogen, mit 3.000 Mann ihnen entgegen. Während eines ganzen Monats standen sich beide Heere gegenüber, bis in einer Winternacht sich ein kalter Wind erhob, der dem Feinde den Staub in das Gesicht jagte, seine Feuer auslöschte, seine Zelte umwarf usw., so daß er sich genötigt sah, die Belagerung aufzuheben, was Mohammed hier dem Beistande unsichtbarer Engel zuschreibt.

12) Die Ghatfaniten lagerten auf der Ostseite der Stadt, auf einer Anhöhe, und die Koraischiten auf der Westseite, in einer Niederung.

13) Wörtlich: krank.

14) Dieses soll Moateb Ibn Kosheir gesagt haben.

15) Nämlich Auß Ibn Keidhi und seine Anhänger.

16) So hieß Medina früher.

– 480 –

17) D.h. in der Stadt, indem die Strafe Gottes sie daraus vertrieben haben würde.

18) Dies taten die Benu Har.

19) D.h. sie wollen euch deshalb nicht unterstützen. Es kann auch heißen: sie sind habsüchtig nach der Beute.

20) D.h. um nur nicht mit in den Kampf zu müssen.

21) Nämlich: daß nur durch Versuchungen und Prüfungen in diesem Leben das ewige erlangt werden kann. Vgl. Sure 29.

22) D.h. die standhaft dem Propheten in seinem Kampfe für die Religion zur Seite bleiben.

23) D.h. sind bereits als Märtyrer im Kriege gefallen.

24) Nämlich die Juden vom Stamme Koreidha. Über den Krieg mit denselben vgl. Abulfeda „Vit. Moh." S. 77, und Gagnier „Vie de Moh." 1,4 Kap. 2.

25) Dies wurde geoffenbart, als die Frauen des Mohammed die Mittel zu größerem Luxus und Aufwande von ihm forderten, worauf er ihnen die Wahl ließ, bei ihm zu bleiben, oder sich von ihm zu scheiden. Ajischa wählte sogleich ersteres und die anderen folgten ihr nach.

26) Die Zeit vor der Offenbarung des Korans wird die Zeit der Unwissenheit genannt.

27) D.h. im Koran.

28) Zum Veständnisse dieser und der folgenden Stelle diene: Seid Ibn Haretha, früher Sklave des Mohammed, dann von ihm freigelassen und als Sohn angenommen, erhielt von ihm die Seineb, Tochter des Dschahasch und der Amima, welche Mohammeds Muhme war, zur Frau. Später aber verliebte sich Mohammed in die Seineb und wollte, daß sich Seid von ihr scheide, damit er sie heirate. Die Seineb und ihr Bruder Abdallah waren aber dem entgegen, worauf Mohammed scheinbar von seinem Begehren abstand, bis es ihm endlich doch gelang, beide und den Seid für sich zu gewinnen, so daß dieser sich von der Seineb trennte, welche nun Mohammed heiratete.

29) D.i. Seid. Die Gnade Gottes besteht darin, daß er durch sie Muslime geworden, und die Gnade des Mohammed, daß er ihn zum Sohne angenommen. Mohammed stellt seine Liebe zu Seineb als von Gott gebilligt und bestimmt hin.

30) Bemerkenswert ist, daß von allen Anhängern des Mohammed nur Seid im ganzen Koran namentlich angeführt wird.

31) Vgl. Note 3.

32) D.h. der letzte aller Propheten, der mit niemandem in leiblicher Verwandtschaftsbeziehung steht und daher heiraten darf, wen er will.

33) Es kann auch heißen: Unterlasse es, ihnen zu schaden.

34) Denn um bereits beschlafenen Frauen zu trennen, bedurfte es einer viermonatlichen Bedenkzeit. Vgl. Sure 2. Die eben daselbst gegebene Vorschrift, daß eine geschiedene Frau drei Monate warten muß, bis sie wieder heiraten darf, findet sich auch im Judentume. Vgl. Geiger a.a.O. S. 90.

35) Im Orient war es Sitte, daß der Mann die Frau erkaufte, wie dies aus vielen Stellen des Alten Testaments sich erhellt.

36) D.h. im Kriege, jedoch will er die erkauften Sklavinnen nicht ausgeschlossen wissen.

37) Mohammed will für sich selbst eine Ausnahme von der Vorschrift in Sure 4 in Anspruch nehmen.

39) Um den Schwierigkeiten zu entgehen, welche die Ausleger in dieser Stelle finden und daher dieselbe verschiedenartig erklären, nehmen wir Wahls Übersetzung und Auffassung an, nach welcher dem Propheten hier verboten wird, sich Nebenweiber, d.h. Kebsweiber, Konkubinen, zu halten.

40) Dieselbe Anstandsregel findet sich bei den Rabbinern mit den Worten: Auf die Ein-

– 481 –

ladung des Hausherrn tue alles, was er dich heißt, nur mit dem Weggehen warte nicht, bis er dich dazu auffordert. Vgl. Tr. Derech erez.

41) D.h. entweder ein Vorhang sei zwischen euch und den Frauen, oder Vorhang heißt hier soviel als Schleier: die Frau sei verschleiert.

42) D.h. die, von welchen er sich getrennt, oder die er bei seinem Tode hinterläßt.

43) Vgl. Sure 24.

44) Diese Worte sind an die Frauen des Propheten gerichtet.

45) Wörtlich: beten für den Propheten. Darum bittet für ihn. Daher denn auch die Muslime nie den Namen des Propheten aussprechen, ohne hinzuzufügen: „Segen und Friede Gottes komme über ihn".

46) Dies Gewand, gewöhnlich aus weißer Leinwand, bedecket die Frauen vom Kopfe bis zu den Füßen und hat nur eine kleine Öffnung vor den Augen.

47) D.h. die, welche zwischen Glauben und Unglauben hin und her schwanken.

48) Dies bezieht sich auf 4. Moses 12,1. Vgl. Sure 28.

49) Oder: Er war ein vortrefflicher Diener Gottes.

50) Der Sinn dieser schwierigen Stelle ist: Himmel und Erde und was darin, würden den Glauben nicht angenommen haben, aus Furcht, seine Vorschriften nicht halten zu können. Der Mensch aber hat ihn freiwillig übernommen und dennoch demselben zuwider gelebt, darum soll er denn auch bestraft werden.

VIERUNDDREISSIGSTE SURE

1) So genannt, weil in dieser Sure das Volk von Saba erwähnt wird.

2) Nämlich Regen, Samen, die Toten usw.

3) Pflanzen, Metalle, Wasser usw.

4) Engel, Regen, Donner, Blitz usw.

5) Dünste, Rauch, das Gebet und die Handlungen der Menschen.

6) D.h. den Inhalt des Koran zu verdächtigen und dessen Ansehen zu schwächen suchen.

7) D.h. Juden und Christen.

8) Wörtlich: von einem bösen Geiste besessen.

9) Wörtlich: was vor ihnen und was hinter ihnen.

10) Vgl. Sure 21.

11) Vgl. Sure 21.

12) Vgl. Sure 27.

13) Diese Quelle soll der Sage nach drei Tage lang jeden Monat für ihn geflossen sein.

14) Vgl. Sure 21.

15) Dies alles bezieht sich auf den Tempelbau, der nach den Rabbinern durch Hilfe der Geister und eines Wurms entstand. Vgl. Tr. Gittin fol. 68 und Midrasch Jalkut zu 1. Könige 6,7.

16) Vgl. Geiger a.a.O. Seite 187.

17) Saba, der vierte jemische König, war der Sohn des Jeschah, dieser der Sohn des Jareb, Sohn des Khatan. Sein Reich wird Saba und seine Residenz Mareb genannt.

18) D.h. von allen Seiten glich ihr Land einem gesegneten Garten.

21) D.h. zwischen den Sabäern und den Städten in Syrien fand man häufig noch andere Städte, wodurch das Reisen bequem und sicher war.

22) D.h. sie wünschten aus Habsucht ihre Handelsreisen noch weiter auszudehnen. Zur Strafe dafür wurden sie zerstreut, so daß sie den Menschen zum warnenden Beispiele

dienten, indem man von untergegangenen Völkern sagte: Sie sind untergegangen wie Saba.

23) Hierunter will Mohammed nur seine eigene Fürbitte verstanden wissen.
24) Weil sie einen Fürsprecher haben.
25) D.h. an die Thora und das Evangelium.
26) D.h. zu ihren Verführern. Vgl. Sure 14.
27) D.h. einzeln, ruhig und ohne Leidenschaft, und nicht in Massen voller Aufregung.
28) Vgl. Sure 25.
29) D.h. der Götzendienst.
30) D.h. am Jüngsten Tage.
31) D.h. aus ihren Gräbern. Das Grab heißt deshalb naher Ort, weil es von der Oberfläche der Erde ins Grab hin nur ein Schritt ist.
32) D.h. der Glaube kann nur in dieser, nicht aber in jener Welt Statt haben.
33) D.h. in diesem Leben.

FÜNFUNDDREISSIGSTE SURE

1) So genannt, weil dieser im ersten Verse gedacht wird. Aus demselben Grunde ist bei einigen diese Sure „Der Schöpfer" überschrieben.
2) D.i. der Satan.
3) Vgl. Sure 7.
4) Er meint hier die Anschläge, welche die Koraischiten gegen sein Leben machten. Vgl. Sure 8.
5) Vgl. Sure 25.
6) Vgl. Sure 16.
7) Diese Gegensätze sollen den Gegensatz des Glaubens und Unglaubens veranschaulichen.
8) D.h. die verstockten Ungläubigen, welche mit den Toten in ihren Gräbern zu vergleichen sind.
9) D.h. mit der Thora und dem Evangelium.
10) D.h. von verschiedener Art. Vgl. Sure 16.
11) Wörtlich: rabenschwarze.
12) D.i. den Koran.
13) D.h. die ewige Glückseligkeit
14) Indem er die Lehren des Korans nicht befolgt.
15) Indem er seine Pflichten wohl erfüllt, aber unvollkommen.
16) D.h. das Aufhören ihres Seins, wodurch sie ihre Strafe nicht mehr fühlen würden.
17) Nämlich Mohammed.

SECHSUNDDREISSIGSTE SURE

1) So genannt von den beiden Buchstaben jā und sīn (j und s), welche an der Spitze der Sure stehen, die für Führer stehen. Die Muslime pflegen diese Sure den Sterbenden in den letzten Zügen vorzulesen, und Mohammed selbst soll diese Sure „Herz des Koran" genannt haben.
2) Nämlich schon beim Falle des ersten Menschen. Vgl. Sure 7 und Sure 11.
3) Oder Halsbänder.

4) Das ganze ist Bild des starren und hartnäckigen Unglaubens, zu welchem Gott die Bösen verdammt.

5) D.h. das Gute und Böse, welches ihnen in die Ewigkeit vorangeht und dessen Wirkungen auf der Erde zurückbleiben.

6) Hierunter wird Antiochien verstanden. Die Ausleger erzählen von einer Sendung zweier Apostel, zu welcher noch ein dritter kam, und welche die Leute durch Wunder bekehrt haben sollen. Vgl. Marrac. S. 580 und 581.

7) Dieser Mann wird Habib, der Zimmermann, genannt und dessen Grab noch zu Antiochien gezeigt und von den Muslimen stark besucht wird.

8) Sie steinigten nämlich den Habib zu Tode.

9) Wörtlich: Unheil über die Knechte.

10) Vgl. Sure 29 und Geiger a.a.O. S. 80.

11) Der Sonne Untergang gleicht einem Reisenden, der zur Ruhe eilt.

12) Man glaubte, daß der Mond 28 Sterne zu Wohnungen, die daher auch Häuser des Mondes genannt werden, habe, und daß er jede Nacht durch einen derselben gehe.

13) Der Palmzweig schrumpft zusammen und wird gelb, wenn er altert. Hiermit wird der Mond als Neumond verglichen.

14) D.h. zur Zeit des Noah.

15) D.h. durch Schiffbruch.

16) D.h. die Strafe in dieser und in jener Welt.

17) Die Posaune am Jüngsten Tage und bei der Auferstehung, welche in vielen Suren des Korans vorkommt, spielt auch bei den Rabbinern an unzähligen Stellen eine sehr wichtige Rolle, und es muß daher auffallen, daß Geiger auf diesen Gegenstand nicht aufmerksam macht.

18) Daß sie sich nicht verteidigen können.

19) Vgl. Sure 24.

20) D.h. wir hätten Mittel genug gehabt, sie vom Unglauben abzuhalten, wenn wir in die Willensfreiheit hätten eingreifen wollen.

21) D.h. sowie wir euch durch das Alter körperlich beugen, so solltet ihr euch auch geistig vor uns beugen.

22) Dies soll einerseits dem Vorwurfe begegnen, der Koran sei nur ein Werk der Dichtkunst, und andererseits soll dies gegen die gerichtet sein, welchen poetische Erzählungen angenehmer waren, als der trockene Koran. Vgl. Sure 23 und Sure 31.

23) So wörtlich, und bedeutet die Vernünftigen, indem die Toren den Toten gleich sind.

24) So übersetzen wir nach Wahl. Sale übersetzt: yet are they a party of troops ready to defend them. Marrac: et ipsis sunt exercitus praesentandi.

25) Vgl. Sure 16.

26) Man pflegte im Orient sich durch Aneinanderreiben zweier Hölzer Feuer zu verschaffen.

SIEBENUNDDREISSIGSTE SURE

1) So genannt nach dem Anfang dieser Sure.

2) D.h. die Engel, welche sich in Ordnungen vor Gott aufstellen, ihn anzubeten.

3) Nämlich die Bosheit der Menschen und bösen Geister.

4) D.h. den Koran, denn nach Mohammeds Meinung oder Vorgehen lesen auch die Engel denselben.

5) Vgl. Sure 17.

6) D.h. Engel.
7) Vgl. Sure 15.
8) D.h. die Teufel.
9) Wörtlich: von der rechten Hand, welches entweder heißt: mit täuschenden Eiden, die ihr durch Aufhebung der rechten Hand geschworen, oder: mit Gewalt habt ihr uns zum Unglauben gezwungen.
10) Vgl. Sure 15.
11) Den Orientalen ist dies das schönste Bild für die liebliche Farbe und die zarte Beschaffenheit seiner Schönen.
12) Vgl. Sure 17.
13) Oder: der Schlange, denn das Original hat beide Bedeutungen.
14) D.h. und ich kann deshalb eueren Opferfesten nicht beiwohnen. Abraham benutzte ihren Aberglauben, daß man alles in den Sternen lesen könne, und gab vor, daß er in diesen eine ihm bevorstehende Krankheit sehe, um sich so auf eine anständige Weise ihnen zu entziehen.
15) Aus Furcht, angesteckt zu werden.
16) Vgl. Geiger a.a.O. S. 123 und 124.
17) Vgl. Sure 21.
18) Nach den Auslegern in das dreizehnte.
19) Vgl. 1. Moses 22. Aus unserer ganzen Stelle scheint hervorzugehen, daß Mohammed geglaubt, Ismael sei derjenige gewesen, der zum Opfer bestimmt war. Vgl. auch Geiger a.a.O. S. 131 u. 133.
20) Vgl. 1. Moses 22,14.
22) Vgl. 1. Könige Kap. 18.
24) Vgl. Sure 7 und Sure 11.
25) Vgl. Sure 10.
26) Vgl. Sure 21.
27) Nämlich im Bauche des Fisches.
28) Nämlich zu den Einwohnern von Ninive.
29) D.h. des natürlichen Todes. Vgl. Jonas 1-4.
30) Vgl. Sure 16.
31) Dies sind entweder Worte des Mohammed oder der Engel.
32) D.h. wie Gott sie strafen wird.

ACHTUNDDREISSIGSTE SURE

1) So genannt nach dem am Anfang dieser Sure stehenden Buchstaben säd (z). Nach einigen bedeutet er soviel als fidq „die Wahrheitsliebe", der steht auch für den Ausruf „Wahrhaftiger!" (Gott). Wahl überschreibt die Sure mit „die Wahrheit".
2) D.h. entweder die christliche, oder die, welcher man bis jetzt folgte.
3) Das Heer der Koraischiten, der Gegner des Mohammed, wird gewöhnlich Heer der Verbündeten genannt.
4) Wörtlich: der Herr der Pfähle, was bildlich den in der Übersetzung ausgedrückten Sinn haben kann. Einige nehmen es wörtlich und sagen: der Pharao heiße deshalb so, weil er die, welche er bestrafen wollte, an Pfähle befestigen ließ.
5) Vgl. Sure 15.
6) Vgl. Sure 21.

– 485 –

7) Die folgende Geschichte ist nichts anderes als die im 1. Samuel 12,1-15 enthaltene Fabel, welche Mohammed als wirklich geschehen behandelt. Vgl. Geiger a.a.O. S. 183.

8) Weil sie unerwartet und plötzlich kamen.

9) Nämlich seine Sünde mit Urias und dessen Weibe.

10) Wörtlich: chalīfa zum Kalifen.

11) Das arabische Wort bedeutet nach den Auslegern: Pferde, die auf drei Füßen stehen, während sie mit der Spitze des vierten den Boden berühren.

12) Der Pferdeluxus des Salomon findet sich auch 1. Könige 5,6 u. 10,26, und hierdurch übertrat er das Verbot im 5. Moses 16,16. Er ließ daher, als er Buße tat, seine Pferde untauglich machen. Vgl. auch Tr. Sanhedrin fol. 21 b und Geiger a.a.O. S. 188.

13) Er wurde nämlich durch seine Sünden gezwungen, seinen Thron zu verlassen, welchen, bis zu seiner Bekehrung, ein Geist in seiner Gestalt einnahm. Vgl. Tr. Sanhedrin fol. 20 b, und Midrasch Jalkut § 182 zu 1. Könige, Kap. 6, und Geiger a.a.O.

14) Oder bösen Geister.

15) Vgl. Sure 21.

16) Vgl. Sure 21.

17) Vgl. Geiger a.a.O. S. 192.

18) Die Ausleger erzählen, daß Hiob geschworen, seine Frau ihrer Gotteslästerung wegen, vgl. Hiob 2,9, zu züchtigen, welches, wenn auch mit Nachsicht, zu tun, ihm befohlen wurde.

19) Vgl. Sure 6. Merkwürdig, daß Elisa beide Male unmittelbar hinter Ismael genannt wird.

20) Vgl. Sure 21.

21) D.h. der Engel.

22) Vgl. Sure 2 und Geiger a.a.O. S. 100 u. 203.

23) Vgl. Sure 15.

NEUNUNDDREISSIGSTE SURE

1) So genannt, weil am Ende der Sure gesagt wird, daß die Frevler scharenweise in die Hölle und die Frommen scharenweise in das Paradies kommen werden.

2) Vgl. Sure 6. Hierunter werden verstanden: Kamele, Rinder, Schafe und Ziegen. Aus dem Ausdruck: herabgesandt, folgern die Ausleger, daß diese Tiere aus dem Paradiese auf die Erde gekommen sind.

3) Vgl. Sure 22. Die dreifache Finsternis ist: der Bauch, die Gebärmutter und die Membranen, welche das Embryo einschließen.

4) D.h. wenn ihr irgendwo an der Ausübung euerer Religion gehindert seid, so könnt ihr euch ja anderswohin begeben.

5) Über das Wort Tagut, vgl. Sure 2.

6) Vgl. Geiger a.a.O. S. 31 und 59.

7) Wörtlich: schaudert oder schrumpft zusammen die Haut derer.

8) Dies soll den Unterschied zwischen der Vielgötterei und der Verehrung des einzigen Gottes deutlich machen.

9) Nämlich Mohammed wird sie ihres Unglaubens wegen anklagen und sie werden sich zu entschuldigen suchen.

10) D.h. Mohammed.

11) Die Koraischiten pflegten dem Mohammed mit der Rache ihrer Götter zu drohen.

12) D.h. den Koran.

– 486 –

13) Der Schlaf ist ein Bild des Todes, und in demselben kommen die Seelen vor Gott. Wer nun sterben soll, dessen Seele behält Gott zurück. Wer aber noch leben soll, dessen Seele wird wieder herabgesandt, bis auch ihre Stunde kommt.

14) Oder auch: Dieses habe ich der Einsicht Gottes, meiner Verdienste wegen, zu verdanken.

15) Vgl. Sure 21.

16) In welchem die Handlungen der Menschen aufgezeichnet sind. Vgl. Sure 10.

VIERZIGSTE SURE

1) So genannt, weil in dieser Sure eines Dieners des Pharaos erwähnt wird, der dem Moses glaubte. Auch wird diese Sure, nach dem Anfang des 2. Verses, von einigen „der Versöhnende", und von anderen, nach dem Anfang des dritten Verses, „die Sure der Länge" genannt.

2) Die Bedeutung der Buchstaben Hā und Mīm, welche auch an der Spitze der sechs folgenden Suren stehen und denen in der 42. Sure noch die Buchstaben A, S, K hinzugefügt sind, ist: der Preiswürdige, der Erhabene!

3) Vgl. 2. Moses 34,6 und 7.

4) D.h. das Glück der Bösen möge niemanden zum Bösen verleiten.

5) Vgl. Geiger a.a.O. S. 82.

6) Nämlich erstens das Leben ohne Bewußtsein und Empfindung im Mutterleibe, welches Leben und Tod zugleich ist, und zweitens das Leben nach der Geburt, welchem der natürliche Tod folgt. Vgl. Sure 2. Manche verstehen auch unter dem zweiten Leben und Tode ein Leben und einen Tod, welche noch nach dem natürlichen Tode stattfänden.

7) Wörtlich: Er ist auf der erhabensten Stufe.

8) D.i. der Engel Gabriel.

9) D.i. der Jüngste Tag.

10) Vgl. Sure 28.

11) Vgl. Sure 7.

12) Dieser scheint identisch zu sein mit dem oben, Sure 28, genannten.

13) Vgl. Geiger a.a.O. S. 161.

14) D.i. der Jüngste, an welchem die Verführten mit ihren Verführern Worte wechseln.

15) Vgl. Geiger a.a.O. S. 161.

16) Vgl. Sure 28.

17) Vgl. Sure 14.

18) Vgl. Sure 22

19) D.i. den Koran.

20) Vgl. Geiger a.a.O. S. 27.

21) Vgl. Sure 16.

22) D.h. sie waren nur in ihre Irrlehren verliebt und spotteten der Lehren der Gesandten.

EINUNDVIERZIGSTE SURE

1) So genannt nach dem Anfang der Sure. Übrigens hat dieselbe in den Handschriften auch noch andere Überschriften.

2) Vgl. die Note am Anfang der vorhergehenden Sure.

3) D.h. in den zwei ersten Tagen der Woche.

4) D.h. mit Einschluß der obigen zwei Tage.
5) D.h. Finsternis. Dieser Rauch oder Dunst stieg von dem unter dem Throne Gottes sich befindenden Wasser auf. Durch die Verdunstung des Wassers ward die Erde sichtbar, und der Dunst gab den Stoff zur Bildung des Himmels. So sagen die Ausleger.
6) Vgl. Geiger a.a.O. S. 64 und 66.
7) Vgl. Sure 15.
8) Wörtlich: von vorn und von hinten.
9) Vgl. Sure 7.
10) Haut heißt hier so viel als ihre übrigen Glieder.
11) Wörtlich: Häuten.
12) Wörtlich: Häute.
13) Wörtlich: besiegt.
14) Diese beiden sollen der Satan und Kain sein, welche zum Unglauben und zum Morde verführten. Vgl. Geiger a.a.O. S. 75.
15) D.h. entweder in der Todesstunde, oder wenn sie aus dem Grabe steigen.
16) Wörtlich: weder von vorn noch von hinten, d.h. er kann durchaus nicht vereitelt werden.
17) D.h. seine Verse.
18) Vgl. Sure 16.
19) Und folglich nicht hören können.
20) D.h. die Offenbarungen Gottes in der ganzen Natur, und die wunderbaren Siege und Eroberungen, welche sie erkämpfen und machen werden.

ZWEIUNDVIERZIGSTE SURE

1) So genannt, weil in dieser Sure den Gläubigen empfohlen wird, sich miteinander zu beratschlagen.
2) H, M, Hā Mīm, der Preiswürdige, der Erhabene. A, S, K, 'Ain Sīn Qāf, der Allwissende, der Allhörende, der Allmächtige.
3) Wörtlich: die Mutter der Städte, d.i. Mekka.
4) Nämlich die Juden und Christen.
5) D.h. dich mit Geduld gegen die Beschuldigungen der Ungläubigen stärken.
6) D.h. den Götzendienst.
7) Wörtlich: über diesen gibt's keinen Weg.
8) D.h. der handelt so, wie es recht und vorgeschrieben ist.
9) Vgl. Geiger a.a.O. S. 81 und 82. Dieser Bote ist der Heilige Geist, und dieser der Engel Gabriel.
10) D.i. der Engel Gabriel.

DREIUNDVIERZIGSTE SURE

1) So genannt nach dem Inhalt des 23. Verses dieser Sure.
2) Wörtlich: in der Mutter des Buchs. Vgl. Sure 13.
3) Vgl. Sure 7.
4) Nämlich eines Mädchen. Vgl. Sure 16.
5) So nehmen die meisten Erklärer diese Stelle. Wahl übersetzt: Kann, wer bei Weiberzierde aufwächst, auf also unerklärlichen Widersinn geraten?

– *488* –

6) D.i. Mekka und Tajef.
7) D.h. die prophetische Gabe.
8) D.h. zum Satan.
9) Nämlich das, was dir geoffenbaret worden, der Koran.
10) Vgl. 2. Moses 8,4-11 und Vers 24-28 usw.
11) D.h. der Nil und seine Arme, unter mir fließen, heißt soviel als: auf meinen Befehl. Vgl. auch Geiger a.a.O. S. 161.
12) Vgl. Sure 20.
13) Goldene Armbänder und Halsketten sind bei den Ägyptern Zeichen königlicher Würde. Wurde jemand zur fürstlichen Würde erhoben, dann erhielt er die Erlaubnis, solche zu tragen. Vgl. 1. Moses 41,42.
14) Nach einigen wurde diese Stelle geoffenbart bei Gelegenheit, als Mohammed den Arabern ihren Götzendienst vorhielt, und diese sich auf die Christen beriefen, welche auch Jesus göttlich verehren, um wieviel mehr also den Engeln göttliche Verehrung gezollt werden dürfe.
15) Nach der Lehre des Islams ist die Wiederkunft Jesu auf Erden ein Zeichen des baldigen Eintreffens des Jüngsten Tages.
16) Nach einigen sind die Juden, nach anderen die Christen unter den Sekten verstanden, welche sich über die Person Jesu nicht verständigen konnten.
17) Dies soll der Name des Oberaufsehers der Hölle sein.
18) Dies sind nämlich die Schutzengel der Menschen.
19) D.h. die Wahrheit der Lehre eines einzigen Gottes. Unter diesen, welche als Vermittler auftreten dürfen, verstehen die Ausleger: Jesus, Esra und die Engel.
20) Vgl. Sure 25.

VIERUNDVIERZIGSTE SURE

1) So genannt, weil in dem 10. Verse dieser Sure des Rauchs erwähnt wird.
2) Es wird angenommen, daß in der Nacht vom 23. auf den 24. des Monats Ramadan, welche laila alhādar „die Nacht Alkadar" heißt, der Koran aus dem siebenten Himmel herabgesandt worden.
3) Die Muslime glauben, daß in dieser Nacht alle menschlichen Schicksale für das kommende Jahr entschieden und bestimmt werden. Diese Nacht ist ihnen das, was den Juden der Neujahrstag.
4) Dies ist ein Zeichen des Jüngsten Tages. Vgl. auch Geiger a.a.O. S. 74.
5) Vgl. Sure 16.
6) D.h. der Rauch soll eine Zeitlang aufhören.
7) Nach einigen ist der Tag der Schlacht bei Badr, nach anderen der Tag des Weltgerichts hierunter zu verstehen.
8) D.h. laßt die Kinder Israels mit mir ziehen.
9) D.h. wenn ihr mir Böses zufügen wollt.
10) D.h. lasse das Meer, wenn du mit den Kindern Israels hindurchgegangen bist, ruhig geteilt, damit auch die Ägypter nachfolgen und untergehen.
11) Vgl. Sure 26.
12) Vgl. 2. Moses 20,17. und 5. Moses 8,16.
13) D.h. den natürlichen, dem kein zweites Leben folgt, auf welches man zum zweiten Male sterben könnte.

14) Das sind die Hamyariten, die alten Araber unter der Regierung der Könige des glücklichen Arabiens. Ein gewisser Tobba nahm zuerst diesen Königstitel an, daher sie das Volk
des Tobba genannt werden.
15) Vgl. Sure 21.
16) D.h. zur Offenbarung unserer Allmacht usw. Vgl. auch Sure 10.
17) D.i. der Jüngste Tag, an welchem die Bösen von den Frommen abgesondert werden.
18) Vgl. Sure 37. Unter diesem Gottlosen verstehen die Ausleger den Abu Jahl, den Verwandten und Feind des Mohammed.

FÜNFUNDVIERZIGSTE SURE

1) So genannt, weil im 28. Verse dieser Sure gesagt wird, daß die Völker am Jüngsten Tage
auf den Knien liegen werden.
2) Nämlich die Verse des Korans.
3) Dies sind die Vornehmen der Koraischiten, welche den Mohammed drängten, wieder zur
Religion seiner Väter zurückzukehren.
4) Wörtlich: wir sterben und leben.
5) In welchem seine Handlungen aufgezeichnet sind.

SECHSUNDVIERZIGSTE SURE

1) Al'Ahkaf bedeutet eigentlich Sandhaufen und ist daher auch der Name eines Tales in der
Provinz Hadramaut, wo die Aditen gewohnt haben sollen. Dieses Tales wird in dem 21.
Verse dieser Sure gedacht, daher sie so überschrieben.
2) Nämlich: vor der Offenbarung des Korans.
3) D.h. meine Lehre ist nicht verschieden von den Lehren der früheren Gesandten, und ich
bin auch nicht mehr als sie.
4) Dieser Zeuge ist der Sure 16 genannte Abdallah Ibn Salam, der zum Islam sich bekehrte
und Mohammeds Freund war.
5) Die Anhänger des Mohammed waren in den Augen der Koraischiten verächtlich, weil es
größtenteils Menschen von gemeinem und niederem Stande waren. Daher diese ihre
Worte.
6) Wenn eine Frau zwei Jahre ihr Kind säugen muß, vgl. Sure 2, so ist hier für die Schwangerschaft nur die kürzeste Zeit, nämlich sechs Monate, angenommen. Vgl. Geiger a.a.O.
S. 90.
7) Wahrer Verstand wird dem Menschen hier, wie auch von den Rabbinern, vgl. Tr. Aboth.
Mischna 5,21, erst mit dem vierzigsten Jahre beigelegt. Man braucht daher die folgenden
Worte nicht, wie die Ausleger, einer bestimmten Person zuzuschreiben. Vgl. Geiger
a.a.O. S. 92.
8) D.h. die Belohnung euerer wenigen guten Handlungen habt ihr bereits auf Erden erhalten, darum kann euch nun das Böse jetzt in vollem Maße vergolten werden.
9) D.i. der Prophet Hud, der unter dem Stamme Ad lehrte.
10) Vgl. Sure 7 und Geiger a.a.O. S. 116.
11) Nämlich: Sodom und Gomorrha, die Wohnungen der Thamudäer usw.
12) Wohl übersetzt: und denen sie sich mit dem gottesdienstlichen Opfer näherten.
13) Diese Geister (Dschinnen), sieben oder neun an Zahl, sollen, da sie zuerst sich zur jüdi-

schen Religion bekannt hatten, nach Anhörung des Korans sich und ihr ganzes Geschlecht zum Islam bekehrt haben.

SIEBENUNDVIERZIGSTE SURE

1) So genannt, weil in dieser Sure der Religionskrieg empfohlen wird. Nach einigen ist diese Sure „Mohammed" nach dem zweiten Verse derselben überschrieben.
2) Nach einigen: zu Mekka geoffenbart.
3) D.h. ihre Gegensätze.
4) Die Hanifiten halten dieses strenge Gesetz nur für den Kampf zu Badr gegeben, später aber aufgehoben. Die Schiiten dagegen halten dasselbe für immer gegeben, und glauben sich verpflichtet, die ihnen während der Schlacht in die Hände fallenden Feinde töten zu müssen, die ihnen aber später in die Hand fallenden Feinde, entweder umsonst oder gegen ein Lösegeld oder gegen Auswechselung muslimischer Gefangener freilassen zu dürfen.
5) Die, so da getötet worden sind, usw.
6) Nämlich zu den gelehrten Freunden des Mohammed, als Ibn Masud und Ibn Abbas.
7) Die Andeutung und das Zeichen der letzten Stunde soll sein: Die Sendung des Mohammed, die Spaltung des Mondes und der in Sure 44 erwähnte Rauch.
8) Wörtlich: euere Beschäftigung und euere Wohnung.
9) D.h. deren Inhalt nicht wieder durch spätere Offenbarung aufgehoben ist.
10) D.h. die Heuchler und Unbeständigen, usw.
11) D.h. Äußerung des Muts und der Tapferkeit.
13) Sale übersetzt: and God shall bear with them for a time.
14) D.h. darin, daß wir nicht in den Krieg ziehen, sondern zu Haus bleiben wollen.
15) Nämlich nach dem Tode stellen die Engel mit den Menschen im Grabe ein Verhör an, wobei sie dieselben körperlich züchtigen.
16) D.h. der wahren Religion, und euch weigert, sie zu unterstützen.
17) Unter diesem Volke sollen die Perser gemeint sein.

ACHTUNDVIERZIGSTE SURE

1) So genannt nach dem ersten Verse dieser Sure, in welchem eines erlangten Sieges erwähnt wird. Was für ein Sieg dies sein soll, darüber sind sich die Ausleger uneinig, doch nehmen die meisten an, daß die Eroberung der Stadt Mekka darunter zu verstehen sei.
2) D.h. wodurch du sehen kannst, daß er deine Sünden verzeiht.
3) Über das Wort sukūn vgl. Geiger a.a.O. S. 54, 55 u. 56.
4) D.h. Gott ist Zeuge ihres Eides und belohnt denselben. Dieser Ausdruck bezieht sich auf die Art und Weise, wie man solche Eide zu leisten pflegte.
5) Das sind die Stämme Aslam, Dschoheina, Moseina und Ghifar, welche, aufgefordert, dem Mohammed auf dem Feldzuge nach Hodeibia (im sechsten Jahre der Flucht) zu folgen, zurückblieben und sich mit ihrer Armut entschuldigten, und sagten, daß in ihrer Abwesenheit ihre armen Familien auch noch um das Wenige, was sie besäßen, kommen würden.
6) Nach dem Friedensschlusse zu Hodeibia, bei welcher keine Beute gemacht werden konnte, versprach er denen, die ihm in diesem Feldzuge gefolgt waren, reichliche Beute

– 491 –

von dem bevorstehenden Kampfe gegen die Juden zu Chaibar, gegen die er im siebenten Jahre der Flucht zog, und auch wirklich große Reichtümer zur Beute machte, von welchen er, im Namen Gottes, nur den Teilnehmern am Kampfe zu Hodeibia ihren Anteil gab.

7) Nämlich das eben Angeführte: daß die von Hodeibia Zurückgebliebenen auch nichts von der Beute zu Chaibar bekommen sollen.

8) Vgl. Sure 9.

9) Dieses Volk sind nach einigen die Perser, nach anderen die Griechen, und wieder nach anderen die Bnu Honeifa, welche Jemam bewohnten.

10) Als Mohammed zu Hodeibia war, da sandte er den Othman Ibn Afsan nach Mekka, um den Bewohnern desselben durch ihn anzuzeigen, daß er nur in friedlichen Absichten komme. Später kam ein Gerücht, die Mekkaner hätten denselben erschlagen, worauf Mohammed, unter einem Baume sitzend, seine Leute zusammenkommen und sie den Eid der Treue schwören ließ.

11) D.h. mit dem Siege zu Chaibar.

12) Die Juden nämlich machten einen heimlichen Anschlag gegen die Muslime, wurden aber durch Fügung Gottes davon abgehalten.

13) Zur Erläuterung dieser Stelle wird erzählt, daß 80 Mann der Ungläubigen sich heimlich in das Lager Mohammeds zu Hodeibia schlichen, um seine Leute zu überfallen. Sie wurden aber ergriffen und vor den Propheten gebracht, der sie begnadigte und in Freiheit setzte. Dieser Großmut gab die Veranlassung zum Friedensschlusse.

14) Beim Feldzuge nach Hodeibia beabsichtigte Mohammed, nur den heiligen Tempel zu Mekka zu besuchen, und das gebräuchliche Opfer im Tale Mina zu bringen. Beides aber versagten ihm die Koraischiten.

15) D.h. des Unglaubens usw.

16) Bei dem Friedensabschlusse zu Hodeibia bestand der Abgesandte der Koraischiten, Sohail Ibn Amru, darauf, daß nicht, wie Mohammed verlangte: Im Namen des allbarmherzigen Gottes, und auch nicht: Mohammed der Gesandte Gottes, niedergeschrieben werden durfte, sondern nur: In deinem Namen, o Gott! Und Mohammed, Sohn des Abdallah. Unter den Bedingungen des Friedensschlusses war auch die, daß Mohammed im nächsten Jahre auf drei Tage den Tempel zu Mekka besuchen dürfe.

17) Vor dem Feldzuge nach Hodeiba träumte dem Mohammed zu Medina, daß er und seine Gefährten teils mit geschorenem Haupte, teils mit abgeschnittenen Haaren, sicher in Mekka einzöge. Seine Gefährten, hocherfreut darüber, glaubten, daß dieser Traum noch im Laufe dieses Jahres in Erfüllung gehen werde. Durch besagten Friedensschluß aber wurde der Einzug erst im folgenden Jahre gestattet. Er tröstet seine Anhänger daher hier, daß die Erfüllung erst nach einem anderen baldigen Siege, dem Siege zu Chaibar, eintreffen werde. Daher denn auch Mohammed die wirkliche Vollziehung des Besuchs zu Mekka „die vollendete Erfüllung" nannte.

18) Vgl. Matt. 13,3-9.

NEUNUNDVIERZIGSTE SURE

1) So genannt nach dem vierten Verse dieser Sure.

2) D.h. entscheidet nichts ohne seinen Ausspruch.

3) Namentlich Djeina Ibn Hosein und Akra Ibn Habeß sollen einst den Mohammed, als er im Harem seiner Frauen der Mittagsruhe pflegte, mit lauter Stimme herausgerufen haben.

4) Al Walid Ibn Okba wurde von Mohammed zur Einsammlung von Almosen zu dem Stamme Moztalek gesandt. Dieser, wegen früherer Feindschaft sich vor diesem Stamme fürchtend, kam mit der falschen Nachricht zurück, daß dieselben sich geweigert, die Almosen zu geben, und ihm sogar nach dem Leben getrachtet hätten. Mohammed, erzürnt hierüber, wollte sie mit Gewalt zwingen, schickte aber zuerst den Khaleb Ibn Al Walid hin, wodurch man erfuhr, daß Al Walid gelogen und sie noch immer in ihrem Gehorsam verharrten.

5) D.h. dadurch, daß ihr zu falschen Schritten verleiten würdet.

6) Zafai Bint Hojai, eine der Frauen des Mohammed, klagte demselben, daß die Frauen sie schimpften und sie Judenkind hießen, worauf er erwiderte: Kannst du denn nicht sagen: Aaron ist mein Vater und Moses mein Oheim und Mohammed mein Mann?

7) In einem unfruchtbaren Jahre kamen die Araber des Stammes Asad mit ihren Familien zu Mohammed und gaben vor, daß sie sich zum Islam bekennen, um Unterstützung von ihm zu erhalten.

8) D.h. wollt ihr ihn wohl täuschen und sagen, ihr seid wahre Gläubige, ohne es zu sein?

FÜNFZIGSTE SURE

1) So genannt nach dem Anfangsbuchstaben qâf dieser Sure. Nach einigen bedeutet dieser den Berg Kaf, der um die ganze Erde herumgehen soll, nach anderen steht dieser Buchstabe für die Worte: die Sache ist beschlossen. Weiterhin steht qâf für: der Allmächtige.

2) D.h. in Zweifeln hinsichtlich des Koran und aller übrigen Religionsfragen.

3) Wörtlich: Riß, Spalte.

4) Vgl. Sure 16.

5) Vgl. Sure 25.

6) Vgl. Sure 26.

7) Vgl. Sure 44.

8) D.h. an der Auferstehung.

9) D.h. wir kennen ihn besser, als er sich selbst.

10) D.h. in der Todesstunde schreiben zwei Engel die Handlungen des Menschen nieder, der zur rechten Seite die guten und der zur linken Seite die bösen Handlungen, und der Mensch wird für die letzteren keine Entschuldigung vorbringen können.

11) Nämlich der Engel, der sie zu Gericht führt, und ein anderer, der von ihren Handlungen Zeugnis gibt.

12) D.i. der Satan.

13) Vgl. Sprüche 30,15 und Geiger a.a.O. S. 69. Die von demselben angeführte Stelle aus Otioth De Rabbi Akiba konnten wir nicht finden.

14) Vgl. Geiger a.a.O. S. 65.

15) D.h. selbst die nicht vorgeschriebenen, sondern freiwilligen zwei Verbeugungen nach dem Morgen- und Abendgebete.

16) Dieser Ort soll der Tempelberg zu Jerusalem sein, der allen Menschen gleich nahe sein soll. Vgl. auch Otioth De Rabbi Akiba 9,2.

17) D.h. über den Toten.

EINUNDFÜNFZIGSTE SURE

1) So genannt nach den Anfangsworten dieser Sure.
2) D.h. die Sternkreise, oder die Wolkenstriche.
3) Nämlich hinsichtlich des Mohammed oder des Korans und des Jüngsten Tages.
4) Wörtlich: getötet.
5) Indem sie den größten Teil der Nacht mit Gebeten und frommen Religionsübungen zubrachten.
6) D.h. euere Nahrung kommt von oben, ebenso wie auch euere künftige Belohnung oben im Paradiese ist.
7) Wörtlich: Ähnlich wie ihr zu sprechen pflegt, d.h. dieser Schwur ist ebenso aufrichtig und wahrhaftig, als die Eide, welche ihr einander zuschwöret.
8) Vgl. Sure 11 und Sure 15.
9) Vgl. Sure 11.
10) Nämlich noch drei Tage, vgl. Sure 11.
11) D.h. männlich und weiblich.

ZWEIUNDFÜNFZIGSTE SURE

1) So genannt nach dem Anfang der Sure.
2) Nach einigen der Berg Sinai, nach anderen der Berg Tabor.
3) D.i. entweder der Koran, oder die Thora.
4) D.i. die Ka'ba zu Mekka.
5) Vgl. Psalm 68,9.
6) D.h. er ist verantwortlich für sein Tun.
7) D.h. in dem hier verbotenen Weine liegt Veranlassung zur Torheit und Sünde, aber nicht in dem, der im Paradiese gereicht wird.
8) D.h. hinsichtlich ihres Zustandes nach dem Tode.
9) So wörtlich, d.h. auf die Zeit, welche notwendig kommen und lehren wird, ob er wirklich ein Gesandter Gottes oder ein Lügner ist.
10) Sale übersetzt: Do their mature understandings bid them say this?
11) Nämlich, daß Gott sie erschaffen.
12) Vgl. Sure 16.
13) Vgl. Sure 8.
14) D.h. wenn der Tag anbricht.

DREIUNDFÜNFZIGSTE SURE

1) So genannt nach den Anfangsworten dieser Sure.
2) Oder: der da aufgeht, denn das Zeitwort raraba bedeutet beides.
3) D.i. der Engel Gabriel.
4) Oder: zwei Bogenschüsse.
5) D.h. dieses Gesicht war keine Täuschung der Phantasie.
6) Dieser Baum, auch Grenzbaum genannt, soll sich im siebenten Himmel, zur rechten Seite des göttlichen Thrones befinden und von niemandem überschritten werden dürfen.

– 494 –

7) Nach einigen bedecken Engel, nach anderen Vögel die Zweige dieses Baumes.
8) Namen dreier Göttinnen der alten heidnischen Araber.
9) Vgl. Sure 16.
10) Diese sind: Menschenmord, Hurerei und Diebstahl.
11) D.h. die Totenauferstehung.
12) Diesen Stern verehrten die alten Araber.
13) Wörtlich: daß sie das bedeckt hat, was sie bedeckte, nämlich der Schwefel-, Feuer- und Steinregen, der Sodom und Gomorrha vernichtete.

VIERUNDFÜNFZIGSTE SURE

1) So genannt nach dem ersten Verse dieser Sure.
2) Dieses soll ein Zeichen der nahen Stunde des Gerichts sein. Mehrere glauben, daß Mohammed zu seiner Beglaubigung dies Wunder getan und den Mond gespalten habe.
3) D.h. alles hat ein Ende in dieser Welt, aber in jener Welt erhält alles einen unwandelbaren und unveränderlichen Standpunkt.
4) D.i. der Koran, welcher das unglückliche Ende der früheren Ungläubigen erzählt.
5) D.h. wenn der Engel Israfil die Menschen zu Gericht rufet.
6) D.h. durch unsere besondere Leitung und Vorsehung.
7) Vgl. Sure 7 und Sure 26.
8) D.h. Mitbürger. Dies soll ein gewisser Keder Ibn Salef gewesen sein.
9) D.h. das Erdbeben, welches sie ergriff und sie wie dürres Holz an Viehställen zerknickte, wird einem Schrei des Engels Gabriel zugeschrieben.
10) Vgl. 1. Moses 19,11.
11) Wörtlich: in dem Sitze der Wahrheit oder Gerechtigkeit.

FÜNFUNDFÜNFZIGSTE SURE

1) So genannt nach dem Anfangsworte dieser Sure.
2) Die Ausleger sind in Zweifel, ob diese Sure zu Mekka oder Medina, oder teils zu Mekka und teils zu Medina geoffenbart wurde.
3) Wörtlich: und ihn Unterscheidung gelehrt.
4) D.h. den Himmel hat er so in das Gleichgewicht gebracht, als wäre alles mit der Waage abgewogen. Durch dieses Bild nimmt Mohammed Gelegenheit, seine Anhänger zu ermahnen, richtiges Maß und Gewicht zu führen.
5) Dieser Vers wird nicht weniger als 31mal wiederholt, und scheint eine Nachahmung des 136. Psalm zu sein.
6) D.h. die Dschinnen und den Geist des Menschen.
7) Die Ausleger verstehen darunter die beiden Sonnenwenden im Sommer und Winter.
8) Vgl. Sure 25. Hier kann auch der arab. und pers. Meerbusen gemeint sein.
9) Wörtlich: Wir wollen auf euch merken, ihr beiden Lasten. Warum Menschen und Geister „Lasten" genannt werden, darüber wissen die Ausleger keine Auskunft zu geben.
10) Oder: wie rotes Leder aussieht.
11) Nach den Auslegern sind diese beiden Gärten, welche nur Kräuter u.dgl. hervorbringen, für die geringeren Klassen bestimmt.

SECHSUNDFÜNFZIGSTE SURE

1) D.h. der Jüngste Tag. Diese Sure hat ihre Überschrift von ihrem Anfang.
2) Nämlich in ganz Fromme und ganz Schlechte und in solche, welche die Mitte gehalten. Vgl. auch Tr. Rosch haschanah fol. 16, b.
3) D.h. die das Buch ihrer Handlungen in der rechten Hand haben, nämlich die Frommen.
4) Das sind die Propheten, oder die, welche sich zuerst zum Islam bekehrten.
5) D.h. die meisten Propheten, von welchen die Rede ist, gehören der Zeit vor Mohammed, und nur wenige der Zeit nach ihm an.
6) Akazien. Vgl. Freytag u.d.W. talha.
7) D.h. die himmlischen Jungfrauen sind von besonderer Natur. Sie altern nie, gebären nie, bleiben immer schön usw.
8) D.h. man wird sie stets im Zustande der Jungfernschaft finden.
9) Marrac. Glaubt, daß diese Stelle der obigen widerspreche, wo es heißt, daß nur wenige aus der späteren Zeit seien. Allein Al Beidaw sagt: daß oben von den Propheten, hier aber von nur ganz gewöhnlichen Frommen die Rede sei.
10) Vgl. Sure 44.
11) Vgl. Sure 36.
12) Daß die Menschen die Auferstehung, von welcher das Feuer ein Bild ist, oder das Höllenfeuer sich zu Herzen nehmen.
14) D.h. das Original ist bei Gott.
15) Nur die körperlich und geistig Reinen dürfen den Koran in die Hand nehmen.
16) Diese dunkle Stelle soll denen, welche das jenseitige Leben leugnen, deutlich machen, wie sehr dieser Unglaube ihrem inneren Gefühle widerstreitet.
17) D.h. einer von denen, welche anderen in allem Guten vorangegangen.

SIEBENUNDFÜNFZIGSTE SURE

1) So genannt, weil des Eisens am Ende der Sure erwähnt wird.
2) Nach einigen: zu Medina.
3) Das erste Licht zeigt ihnen den Weg zum Paradiese, das zweite strahlet aus dem Buche in ihrer rechten Hand hervor.
4) D.h. bis in eueren Tod.
5) D.h. Juden und Christen.
6) D.h. die Waage der Gerechtigkeit. Die Ausleger denken an eine wirkliche Waage, welche der Engel Gabriel dem Noah gebracht habe, um den Menschen deren Gebrauch zu lehren.
7) D.h. wir haben sie gelehrt, das Eisen zu verarbeiten. Vgl. 1. Moses 4,22. Die Ausleger erzählen, daß Adam bereits aus dem Paradiese einen Amboß, eine Zange usw. mitgebracht habe. Vgl. auch die Mischna Tr. Aboth 5,9.
8) D.h. entweder aufrichtig und mit ganzem Herzen, oder: wenn selbst die Gesandten abwesend sind.
9) Diese Anrede ist an die Christen namentlich und auch an die Juden gerichtet.
10) D.h. für den Glauben an Mohammed und an die früheren Propheten.
11) D.h. die Juden und Christen.

– 496 –

ACHTUNDFÜNFZIGSTE SURE

1) So genannt nach dem Anfang der Sure, welcher von einer streitenden Frau erzählt.
2) Nach einigen sind die zehn ersten Verse zu Mekka geoffenbart worden.
3) Die Chaula Binth Thaleba ward von ihrem Manne, Aus Ibn Zameth, mit der aus der Zeit der Unwissenheit stammenden Scheidungsformel: Du sollst mir sein wie der Rücken meiner Mutter, entlassen. Vgl. Sure 33. Sie ging daher zu Mohammed und fragte ihn, ob sie dadurch unabänderlich geschieden sei, da doch ihr Mann sie nicht aus dem Hause entfernt? Er bejahte dies, worauf das Weib ihrer kleinen Kinder wegen sehr betrübt nach Hause ging und zu Gott flehte. Hierauf wurde diese Stelle geoffenbart, welche einem Manne, wenn er auch seine Frau mit obiger Formel entlassen, erlaubt, dieselbe wieder zu nehmen, wenn er zur Büßung gewisse Werke der Liebe und der Fleischeszüchtigung ausüben will.
4) Hierunter sind die Juden und die heuchlerischen Muslime verstanden.
5) Sie sagten nämlich zu ihm anstatt: salām = Friede sei mit dir, samm = Todesgift werde dir. Vgl. auch Geiger a.a.O. S. 18.
6) D.h. für Mohammed und seinesgleichen. Stoßt und drängt euch nicht zu ihm hin.
7) D.h. das jüdische Volk.
8) D.h. diese sind weder Juden noch Muslime, und schwören wissentlich falsch, wenn sie beteuern, dem Islam anzugehören.

NEUNUNDFÜNFZIGSTE SURE

1) So genannt nach der Auswanderung der Juden aus Medina, welche im Anfange dieser Sure erzählt wird.
2) Dies sind die Juden vom Stamme Nadir, welche zu Medina wohnten. Als Mohammed von Mekka nach Medina fliehen mußte, da schlossen sie ein Bündnis mit ihm und versprachen, gänzlich neutral bleiben zu wollen, und nach dem Siege bei Badr erkannten sie ihn sogar als Propheten an. Nach Mohammeds Unfall bei Uhud aber brachen sie ihr Bündnis und Kaab Ibn Al-Asraf zog gegen ihn mit 40 Reitern und verband sich mit Abu Sofian. Den Kaab aus dem Wege räumend zog Mohammed im 4. Jahre der Flucht (625) gegen den Stamm Nadir und belagerte dessen drei Meilen von Medina gelegene Festung, welche nach sechs Tagen kapitulieren mußte. Freier Abzug wurde ihnen unter der Bedingung zugestanden, ihr Vaterland gänzlich zu verlassen, worauf sie teils nach Syrien, teils nach Chaibar und Hira auswanderten. Dies ist die erste Auswanderung. Die zweite fand mehrere Jahre nachher unter dem Kalifen Omar statt, welcher die Juden zu Chaibar aus ganz Arabien vertrieb.
3) Die Beute, welche man beim Stamme Nadir machte, wurde nicht nach Vorschrift (vgl. Sure 8) verteilt, sondern Mohammed behielt sie ganz für sich, aus dem Grunde, weil der Ort ohne Hilfe der Reiterei genommen wurde.
4) Weil der Stamm Nadir so nahe bei Medina wohnte, zog man zu Fuß wider sie aus.
5) D.h. damit nicht immer der Reichtum nur den Reichen anheimfalle.
6) Das sind die, welche aus Mekka fliehen mußten, den Ansaren aber, d.h. den Bewohnern Medinas, gab er, mit Ausnahme von dreien, die in sehr dürftigen Umständen lebten, nichts von der Beute.
7) Das sind die Ansaren, welche schon vor der Hidschra ihren Glauben frei und ungestört ausüben und bekennen durften.

8) D.h. die Mohadschirun nicht um den Anteil an der Beute beneiden.
9) D.h. die, welche aus Mekka flohen, da Mohammed bereits angefangen, mächtig zu werden, und der Islam schon Fortschritte gemacht hatte.
10) D.h. zu den Juden vom Stamme Nadir.
11) D.h. jedem, der uns wider euch aufreizen will.
12) Das sind die Juden von Kainoka, welche vor den Nadirern geplündert und vertrieben wurden.
13) D.h. in das zukünftige Leben.
14) Dies ist wahrscheinlich eine Anspielung auf die Offenbarung auf dem Sinai, welcher Berg, nach den Rabbinern, eben seiner Niedrigkeit wegen auserwählt wurde, damit die Menschen erkennen mögen, daß Gott die Demütigen liebe.

SECHZIGSTE SURE

1) So genannt, weil in dieser Sure vorgeschrieben wird, die Aufrichtigkeit der Frauen, welche zum Islam übergehen, zu prüfen.
2) Hierin jedoch sollen die Muslime dem Beispiele Abrahams nicht folgen. Vgl. Sure 9.
3) Was auch nach der Einnahme von Mekka geschah, indem Abu Sofian und andere Koraischiten, früher geschworene Feinde der Muslime, Freunde und Gläubige wurden.
4) D.h. ob sie, nur um aufrichtig den Islam anzunehmen, und nicht aus unreinen Absichten zu euch übertreten.
5) Dies war eine der Friedensbedingungen zu Hodeibia.
6) D.h. sich mit den Ungläubigen zu verheiraten.
7) Da die Ungläubigen die gestellte Bedingung, die Morgengabe der zu ihnen übergelaufenen Frauen zurückzugeben, nicht erfüllten, so mußte man sich auf diese Weise zu entschädigen suchen.
8) D.h. nach Dschelaleddin, keine uneheliche Kinder ihren Männern mehr unterschieben wollen.
9) D.h. mit den Ungläubigen im allgemeinen.

EINUNDSECHZIGSTE SURE

1) So genannt nach dem vierten Verse dieser Sure.
2) Nach einigen: zu Mekka.
3) Vgl. Sure 28.
4) D.h. Mohammed.

ZWEIUNDSECHZIGSTE SURE

1) So genannt, weil im neunten Verse dieser Sure die Versammlung am Freitage, dem wöchentlichen Feiertage der Muslime, erwähnt wird.
2) D.h. noch manche sind, die den Glauben noch nicht kennen, was aber mit Gott noch geschehen wird.
3) D.h. die, welche die Thora erhalten haben, deren Beachtung aber anderen überlassen, gleichen dem Esel, der Bücher für andere trägt. Vgl. Geiger a.a.O. S. 92.

4) D.h. damit ihr in seine Nähe kommt, vgl. Sure 2.
5) D.h. am Freitage. Dieser Tag hieß früher wie bei den Juden soviel als Sonnabend. Als dieser Tag aber wöchentlicher Sonntag wurde, erhielt er den Namen Tag der Versammlung. Vgl. auch den Kommentar des Abr. Ben Esra zu 2. Moses 16,1.
6) D.h. in der Moschee mitten im Gebet. Es wird erzählt, daß an einem Freitag, als Mohammed predigte, eine Karawane von Kaufleuten unter klingendem Spiele vorüberzog und die ganze Versammlung, bis auf zwölf Personen, den Tempel verließ, um solche zu sehen.

DREIUNDSECHZIGSTE SURE

1) So genannt nach dem Anfang dieser Sure.
2) Die Kommentatoren erzählen, daß Abdallah Ibn Obba ein solcher Heuchler war, für den Mohammed seiner schönen Person und großen Beredsamkeit wegen sehr eingenommen war, solange er ihn nicht als Heuchler kannte.
3) D.h. trotz ihrer scheinbaren Stärke, fürchten sie doch, weil sie sich ihrer Heuchelei bewußt sind, jeden Laut.

VIERUNDSECHZIGSTE SURE

1) So genannt, weil im zehnten Verse dieser Sure gesagt wird, daß am Jüngsten Tage die Gläubigen und Ungläubigen sich gegenseitig betrügen.
2) Nach einigen: zu Medina.
3) Die Seligen betrügen die Verdammten dadurch, daß jene im Paradiese die Plätze einnehmen, welche diese erhalten hätten, wenn sie gläubig gewesen wären, und so umgekehrt.
4) D.h. sie können euch leicht, namentlich zur Zeit der Not, von eueren Pflichten abwendig machen.
5) Da sie ja nur aus Liebe und guter Absicht euch von manchen Pflichten, namentlich in den heiligen Krieg zu gehen, abhalten.

FÜNFUNDSECHZIGSTE SURE

1) So genannt, weil diese Sure manches hinsichtlich der Ehescheidung verordnet, was auch bereits anderswo, namentlich in Sure 2, vorkommt.
2) Vgl. Sure 2.
3) D.h. ob nicht in der vorgeschriebenen Zeit irgendetwas eintritt, wodurch die Gemüter sich versöhnen, und dadurch von der Scheidung abstehen.
4) Der zu ihrem Unterhalte und ihrer Kleidung hinreicht. Vgl. Sure 2.
5) D.h. auf Armut Reichtum.

SECHSUNDSECHZIGSTE SURE

1) So genannt nach dem Anfang dieser Sure.
2) Zum Verständnisse dieses und des folgenden wird erzählt, daß Mohammed einst in seinem 59. Jahre bei der im 7. Jahre der Flucht (628) von Elmokaukas, ägyptischem Land-

– 499 –

pfleger, zum Geschenk erhaltenen koptischen Sklavin Maria geschlafen, welche ihm im 8. Jahre der Flucht den Ibrahim gebar, der aber schon im 10. Jahre der Flucht wieder starb. Dieser Beischlaf geschah in der Wohnung seiner abwesenden Gattin Hafza, Tochter des Omar, und zwar auf deren eigenem Bette, und noch dazu an einem Tage, an welchem der Beischlaf dieser oder der Ajischa gebührt hätte. Als die Hafza solches vernahm und ihn deshalb zur Rede stellte, versprach er, das Mädchen nicht mehr berühren zu wollen, wenn sie das Geschehene geheimhalte, und versprach zugleich, daß Omar und Abu Bakr dereinst seine Nachfolger in der Regierung werden sollen. Hafza erzählte den Vorfall dennoch der Ajischa, worauf Mohammed, als er dies gewahr wurde, einen ganzen Monat lang, von allen seinen Frauen geschieden, in den Zimmern der Maria zubrachte, bis er vorgeblich auf die Verwendung des Engel Gabriel die Hafza wieder in Gnaden annahm. Die Maria, nebst ihrer Schwester Schirina, die er mitgeschenkt erhalten, blieben übrigens bis zu seinem Tode bei ihm. Erstere starb 5 Jahre nach ihm und liegt zu Medina begraben.

3) Vgl. Sure 5.
4) D.h. die Götzen aus Stein.
5) Diese Worte werden am Jüngsten Tage gesprochen.
6) Vgl. Sure 57.
7) Daß auch die Frau des Noah ungläubig gewesen, davon findet sich in der Bibel nichts. Vgl. auch Geiger a.a.O. S. 111. Über das Ende der Frau des Lot vgl. Sure 11.
8) Vgl. Sure 28.

SIEBENUNDSECHZIGSTE SURE

1) So genannt nach dem Anfang dieser Sure.
2) Vgl. Sure 15.
3) Vgl. Sure 31.
4) Marrac. übersetzt: ecce illa superior remanebit.

ACHTUNDSECHZIGSTE SURE

1) So genannt nach dem Anfang dieser Sure.
2) Über die Bedeutung des vorgesetzten Buchstaben N sind die Ausleger verschiedener Meinung.
3) D.h. entweder, was man im allgemeinen damit schreibt, oder: was sie, die Engel, mit derselben aufzeichnen.
4) D.h. indem du mit so vieler Geduld die Beleidigungen anderer erträgst. Marrac. übersetzt: tu sane es in religione magna, und bemerkt: quidam exponunt: religionem.
5) D.h. daß du sie in ihrem Unglauben ruhig belassen mögest, dann wollen auch sie dich ungestört lassen.
6) Hier denken die Ausleger wieder an eine bestimmte Person, und nennen den Walid Ibn Al'Mogheira und Acheas Ibn Schoraik.
7) Der eben genannte Walid soll in der Schlacht bei Badr durch einen Hieb die Nase aufgeschlitzt bekommen haben.
8) D.h. durch jene mehrfach erwähnte Hungersnot.
9) Zum Verständnisse dieser Stelle wird erzählt: Ein wohltätiger Mann habe nicht weit von

— 500 —

der Stadt Sanah einen großen Garten mit Palmbäumen besessen. Wenn er seine Datteln eingesammelt, habe er die Armen davon in Kenntnis gesetzt, damit sie die Früchte, welche der Wind abgejagt oder das Messer verfehlt, für sich nehmen. Nach seinem Tode beschlossen seine Kinder aus Geiz, am frühen Morgen, bevor es die Armen gewahr werden, die Früchte einzusammeln. Als sie nun zu dem Ende des Morgens kamen, fanden sie zu ihrer Bestürzung den ganzen Garten zerstört.

11) Mit dieser Bezeichnung will man das größte Elend ausdrücken.
12) D.h. da es jetzt zu spät ist.
13) D.h. von der aufbewahrten Tafel der göttlichen Ratschlüsse. Vgl. Sure 52.
14) D.i. Jonas. Vgl. Sure 21.

NEUNUNDSECHZIGSTE SURE

1) D.h. Tag des Gerichts. So genannt nach dem Anfang dieser Sure.
2) D.i. Sodom und Gomorrha.
3) So heißt's wörtlich. Der Sinn ist: wir machten die Arche zur ewigen Erinnerung an unsere Allmacht und Fürsehung.
4) Vgl. Sure 45.

SIEBZIGSTE SURE

1) So genannt nach dem vierten Verse dieser Sure.
2) Nach einigen war dies Nodar Ibn Hareth, nach anderen Abu Jahl.
3) D.h. der Stufen des Thrones.
4) Der Widerspruch hier mit Sure 32 wird auf mannigfache Weise zu lösen gesucht.
5) Vgl. Freytag u.d.W. mahlûq.
6) D.h. aus unreinem Samen. Sie müssen sich daher erst läutern und heiligen, wenn sie zum Paradiese zugelassen werden wollen.

EINUNDSIEBZIGSTE SURE

1) So genannt, weil diese Sure von Noah handelt.
2) D.h. nach den Auslegern, die stufenweise Veränderung vom Keime des Menschen an bis zu dessen völliger Ausbildung.
3) Dies sind Namen von Götzen der alten heidnischen Araber.
4) D.h. meinen Anverwandten.

ZWEIUNDSIEBZIGSTE SURE

1) So genannt nach dem Inhalt dieser Sure. Die Dschinnen, Genien, Dämonen, bilden bei den Arabern wie bei den Rabbinern eine Mittelklasse zwischen Mensch und Engel. Vgl. Geiger a.a.O. S. 81 u. 82.
2) Vgl. Sure 46.
3) Vgl. Sure 15.

4) Vgl. Geiger a.a.O. S. 84.
5) D.h. daß Mohammed und die Engel nur die Offenbarung Gottes verkünden.

DREIUNDSIEBZIGSTE SURE

1) So genannt nach dem Anfange dieser Sure.
2) D.i. Mohammed. Als Gabriel ihm diese Stelle offenbarte, verhüllte Mohammed sich in sein Gewand aus Ehrfurcht vor dieser Erscheinung, und darum redet ihn Gabriel an: O du Verhüllter.
3) D.h. entweder dadurch, daß wir dich verpflichten, einen Teil der Nacht zu durchwachen, oder, wie die Ausleger glauben, der Inhalt des Korans ist von schwerem Gewichte und hoher Bedeutung.

VIERUNDSIEBZIGSTE SURE

1) So genannt nach dem Anfang dieser Sure.
2) Vgl. die Note 2 am Anfang der vorhergehenden Sure.
3) Die Ausleger verstehen hierunter namentlich: Götzendienst.
4) Die Ausleger verstehen darunter den Walid Ibn Al'Mogheira.
5) Wörtlich: Ich will ihn steile Berghöhen hinantreiben.
6) Wörtlich: Getötet werde er.
7) D.h. nach den Auslegern, damit sie darüber streiten, ob er, Mohammed, auch diese Angabe von den Juden entlehnt habe.
8) D.h. hier namentlich die Juden.
9) Vgl. Sure 56.
10) Wörtlich: bis das, was gewiß ist.
11) Die ungläubigen Koraischiten sagten, daß sie nur dann glauben wollten, wenn an jeden besonders ein Schreiben vom Himmel herabkomme des Inhalts: Von Gott an N.N. Gehorchet dem Mohammed.

FÜNFUNDSIEBZIGSTE SURE

1) So genannt nach dem Anfang und Inhalt dieser Sure.
3) D.h. ihre Sünden bekennt.
4) Der Sinn dieser weder mit dem Vorhergehenden noch mit dem Folgenden zusammenhängenden Stelle ist: Unterbrich den Engel Gabriel nicht, wenn er dir den Koran vorliest, denn wir werden schon sorgen, daß du den Koran in deinem Gedächtnisse wirst behalten und lesen können usw.
5) Vgl. Geiger a.a.O. S. 72.
6) Wie Sterbende zu tun pflegen.
7) Oder: Er gab kein Almosen. Einige verstehen darunter den Abu Jahl, andere einen gewissen Adi Ibn Rabia.

SECHSUNDSIEBZIGSTE SURE

1) So genannt nach dem Anfang dieser Sure.
2) Nach einigen zu Medina.
3) D.h. seit seiner Entstehung im Mutterleibe.
4) So heißt die Paradiesquelle. Kāfūr bedeutet eigentlich Kampher, und die Quelle hat diesen Namen, weil sie Geschmack und Farbe des Kamphers haben soll.
5) D.h. werden weder Tageshitze noch Nachtkälte zu empfinden haben.
6) Zanjabil bedeutet Ingwer, den die Araber gern im Wasser tranken.
7) Bedeutet schnellfließendes helles Wasser, und ist der Name einer Quelle im Paradiese.

SIEBENUNDSIEBZIGSTE SURE

1) So genannt nach dem Anfang der Sure.
2) Vgl. Freytag Wörterbuch u.d.W. schaff.
3) Vgl. Sure 44.

ACHTUNDSIEBZIGSTE SURE

1) So genannt nach dem Anfang dieser Sure.
2) D.h. für die aus- und eingehenden Engel.
3) D.h. um Fürbitte für andere vorzubringen.
4) D.i. der Engel Gabriel.
5) D.i. Mohammed selbst.

NEUNUNDSIEBZIGSTE SURE

1) So genannt nach dem Anfang dieser Sure.
2) D.h. bei den Engeln, welche die Seelen der Gottlosen mit Gewalt und die der Frommen auf gelinde Weise entziehen.
3) D.h. durch die Luft mit den Befehlen und Offenbarungen Gottes.
4) D.h. bei den Engeln, welche die Frommen in das Paradies führen.
5) D.h. vierzig Jahre nach dem ersten Posaunenschall wird ein zweiter folgen. Vgl. Sure 36.
6) D.h. können wir wieder ganz so hergestellt werden, als wie wir auf der Erde lebten?
7) Marrac. übersetzt: hic sane reditus est falsus.
8) Vgl. Sure 20.
9) Wahl übersetzt: Seine Nacht hat er entdüstert.
10) D.h. im Grabe oder auf der Erde.

ACHTZIGSTE SURE

1) So genannt nach dem Anfang der Sure.
2) Es wird erzählt, als Mohammed einst sich mit einem vornehmen Koraischiten unterhielt und ihn zu bekehren suchte, da kam ein blinder armer Mann, namens Abdallah Ibn

Umm Maktum, und unterbrach ihn. Als dieser keine Antwort erhielt, rief er aus: O Gesandter Gottes, lehre mich, was Gott dich gelehrt! Mohammed, verdrießlich über diese Unterbrechung, runzelte die Stirn und ging weg, was ihm hier zum Vorwurfe gemacht wird. Später aber erzeigte der Prophet dem Abdallah große Achtung, und sprach, wenn er ihn sah: Willkommen der Mann, um dessentwillen mein Herr mir Vorwürfe gemacht hat! Und er setzte ihn zweimal zum Statthalter von Medina ein.

3) D.h. der Engel.
4) Wörtlich: Tod dem Menschen!

EINUNDACHTZIGSTE SURE

1) Oder: Zusammenrollung. So genannt nach dem Anfang der Sure.
2) D.h. ihr Licht verliert.
3) Marrac. übersetzt: cum camelae praegnantes destitutae fuerint lacte vel pastore. Augusti: Wenn die trächtigen Kamele vor der Zeit gebären.
4) Bei den alten Arabern konnte der Vater seine Tochter lebendig begraben. Vgl. Sure 16. Nach einem Kommentator hat man die Töchter nur dann lebendig begraben, wenn sie Huren geworden.
6) Hierunter sind die fünf Planeten: Merkur, Venus, Jupiter, Mars und Saturn zu verstehen.
7) D.h. des Engels Gabriel.
8) Vgl. Sure 53.
9) Vgl. Sure 15.

ZWEIUNDACHTZIGSTE SURE

1) So genannt nach dem Anfang der Sure.

DREIUNDACHTZIGSTE SURE

1) So genannt nach dem Anfang der Sure.
2) Nach einigen zu Medina.
3) Sidschin bedeutet eigentlich Kerker, Gefängnis, daher auch Name eines Ortes der Unterwelt, in welchem das Verzeichnis der Handlungen der bösen Menschen und Geister aufbewahrt wird, daher auch dies Verzeichnis selbst Sidschin genannt wird.
4) Illiun bedeutet eigentlich ein hoher Ort, namentlich im siebenten Himmel, wo das Verzeichnis der Handlungen der frommen Menschen und Geister aufbewahrt wird. Daher auch dies Verzeichnis selbst Illiun genannt wird. Vgl. auch Freytag Wörterbuch u.d.W.
5) D.h. die Engel.
6) Damit der Wein einen Moschusgeschmack erhalte, den die Araber liebten.
7) Name einer Paradiesquelle, deren Wasser bis zu den höchsten Gemächern des Paradieses hinaufgeleitet ist.
8) D.h. die Ungläubigen sind nicht von Gott dazu beauftragt, das Tun der Gläubigen zu überwachen, zu prüfen und zu beurteilen.

VIERUNDACHTZIGSTE SURE

1) So genannt nach dem Anfang der Sure.
2) Nach einigen zu Medina.
3) Dadurch, daß alle Berge und Hügel schwinden.
4) D.h. die Toten wieder gibt.
5) D.h. in die linke Hand, welche auf den Rücken gebunden wird.
6) D.h. bei den Tieren und Menschen, welche sich in der Nacht enger aneinanderschließen.
7) D.h. vom Leben in den Tod, und aus diesem in die Auferstehung.

FÜNFUNDACHTZIGSTE SURE

1) So genannt nach dem Anfang der Sure.
2) D.h. der Zodiakus. Vgl. Sure 15.
3) Von den vielen Erklärungen dieser Worte führen wir nur die eine an, nach welcher der Zeuge Mohammed, und das Bezeugte die Auferstehung sein soll.
4) Während alle Ausleger diese Stelle auf eine Christenverfolgung durch einen jüdischen König beziehen, übersetzen wir dieselbe nach Geiger a.a.O. S. 192, und beziehen sie auf Daniel Kap. 3, woselbst erzählt wird, wie drei Gläubige, weil sie sich nicht vor Götzen bücken wollten, in einen Feuerofen geworfen und errettet wurden, und wie die, so sie hineingeworfen, von der Hitze verbrannten.
5) D.h. bei der Auferstehung.
6) D.h. damit sie ihm nicht entfliehen können.

SECHSUNDACHTZIGSTE SURE

1) So genannt nach dem Anfang der Sure.
2) Nach einigen der Morgenstern, nach anderen der Saturn, wieder nach anderen die Plejaden.
3) D.h. aus Samenstoff, der aus den Lenden des Mannes und den Brustbeinen der Frau sich entwickelt.
4) D.h. alljährlich zu seinem Ausgangspunkte.
5) D.h. zur Hervorbringung der Pflanzen.

SIEBENUNDACHTZIGSTE SURE

1) So genannt nach dem Anfang der Sure.
2) D.h. das, was Gott als aufgehoben und zurückgenommen betrachtet haben will.
3) Auch die Rabbiner legen dem Abraham Bücher zu, namentlich das Buch Jezirah. Vgl. auch Geiger a.a.O. S. 122.

– 505 –

ACHTUNDACHTZIGSTE SURE

1) So genannt nach dem Anfang der Sure. Der Jüngste Tag wird der Bedeckende genannt, weil er plötzlich die Menschen überkommt und sie mit Schrecken bedeckt.
2) D.h. unter ihrer Kettenlast.
3) Nach den Auslegern ist hier ein bestimmter, unbekannter Dornstrauch gemeint. Vgl. auch Freytag Wörterbuch u.d.W.
4) Wörtlich: welche nicht fett machen.

NEUNUNDACHTZIGSTE SURE

1) So genannt nach dem Anfang der Sure.
2) Nach einigen zu Medina.
3) D.h. bei den zehn heiligen Nächten im Monate Dulhedscha, oder auch andere zehn heilige Nächte, da es deren bei den Muslimen viele gibt.
4) Unter den vielen Erklärungen dieser Stelle findet sich auch die: doppelt sind alle geschaffene Wesen, weil sie in zwiefacher Gattung vorhanden sind, einfach aber ist der Schöpfer.
5) Iram ist das Aram der Bibel.
6) Dies bezieht sich auf den Turmbau. Vgl. Sure 26.
7) Vgl. Sure 7.
8) Vgl. Sure 38.
9) Dies nehmen die Muslime ganz wörtlich.
10) Wörtlich: Niemand an diesem Tage wird mit seiner Strafe strafen, niemand mit seinen Banden binden.
11) D.i. der Zustand der Seelenruhe des Frommen im Paradiese. Vgl. Geiger a.a.O. S. 72.

NEUNZIGSTE SURE

1) So genannt nach dem Anfang der Sure.
2) D.h. beim heiligen Gebiete von Mekka.
3) D.h. bei allem, was zeugt und gezeugt ist. Andere verstehen unter Zeuger Adam oder Abraham, und unter Erzeugten deren Nachkommen.
4) Dies wurde geoffenbart, um ihn zu trösten wegen der Verfolgungen, die er zu erdulden hatte.
5) Die Ausleger denken hier an eine bestimmte Person, an einen bestimmten Gegner Mohammeds.
6) D.h. um mich dem Mohammed mit Nachdruck zu widersetzen.
7) Vgl. Sure 56.

EINUNDNEUNZIGSTE SURE

1) So genannt nach dem Anfang der Sure.
2) D.h. zur Mittagszeit.
3) Nämlich jener Kedar, um die Kamelin zu töten. Vgl. Sure 54.
4) Vgl. Sure 11.
5) D.h. daß sie dafür wieder Rache an ihm nehmen werden.

ZWEIUNDNEUNZIGSTE SURE

1) So genannt nach dem Anfang der Sure.
2) Oder: so da Almosen gibt.
3) Die Ausleger denken sich unter diesem Frommen den Abu Bakr.

DREIUNDNEUNZIGSTE SURE

1) Als Mohammed einst 15 Tage lang ohne Offenbarung blieb, da sagten seine Feinde, daß ihn Gott verlassen habe und hasse. Vgl. auch Sure 18.
2) Wörtlich: verkünde, erzähle.

VIERUNDNEUNZIGSTE SURE

1) D.h. dich fähig gemacht für die Wahrheit, Weisheit und Offenbarung.
2) D.h. die Last der Sünde und Unwissenheit.
3) D.h. nach Leid kommt Freude.

FÜNFUNDNEUNZIGSTE SURE

1) Nach einigen zu Medina.
2) D.h. das heilige Gebiet von Mekka.
3) D.h. auf die vollkommenste Weise wurde Adam geschaffen, welche Vollkommenheit er aber durch den Sündenfall einbüßte.

SECHSUNDNEUNZIGSTE SURE

1) Nach einigen ist diese Sure nach dem ersten Worte derselben mit „Lies" überschrieben. Die Ausleger halten die fünf ersten Verse dieser Sure für die erste Offenbarung, welche dem Mohammed geworden, indem Gabriel mit derselben zu ihm kommt und von ihm verlangt, daß er sie lesen soll. Als Mohammed sich damit entschuldigt, daß er nicht lesen könne, wiederholt Gabriel sein Verlangen, und Mohammed versucht es, und siehe, er kann lesen.
2) Dieser Mensch soll Abu Jahl, ein geschworener Feind des Mohammed, sein.

SIEBENUNDNEUNZIGSTE SURE

1) Al'Kadar ist die Nacht der Herrlichkeit und Macht, in welcher der Engel Gabriel den Koran vom siebenten Himmel brachte. Vgl. Sure 44.
2) Nach einigen zu Medina.
3) D.h. der Engel Gabriel.

ACHTUNDNEUNZIGSTE SURE

1) D.h. Christen und Juden und Heiden erwarteten wohl einen Propheten, aber nun, da er, Mohammed, mit dem Koran gekommen, fangen sie an zu zweifeln.
2) D.h. im Koran, in der Thora und im Evangelium.

NEUNUNDNEUNZIGSTE SURE

1) Nach einigen zu Medina.
2) Dieses erfolgt nach einigen bei dem ersten, nach anderen bei dem zweiten Posaunenschalle.
3) D.h. die in ihr liegenden Schätze und Toten.
4) D.h. durch die Folgen dieses Erdbebens wird die Ursache desselben von selbst klar werden.
5) D.h. seinen Lohn dafür erhalten.

EINHUNDERTSTE SURE

1) Nach einigen zu Medina.
2) D.h. bei dem Schlachtrosse.

EINHUNDERTUNDERSTE SURE

1) So heißt der Jüngste Tag, weil er Herzklopfen verursacht.
2) Wörtlich; dessen Mutter.

EINHUNDERTUNDZWEITE SURE

1) Nach einigen zu Medina.
2) D.h. bis in den Tod.

EINHUNDERTUNDDRITTE SURE

1) Nach einigen zu Medina.

EINHUNDERTUNDVIERTE SURE

1) Nach einigen zu Medina.
2) Al'Hutama ist ein Beiname der Hölle. Vgl. Freytag Wörterbuch u.d.W.